编委会名单

云南民族医药系列丛书

国家“十三五”少数民族语言文字出版规划项目
民族文字出版专项资金资助项目
云南省哲学社会科学学术著作出版专项经费资助项目
国家哲学社会科学基金项目研究成果
国家中医药管理局“十二五”重点学科中医人类学建设成果
国家中医药管理局中医药古籍修复能力建设项目成果
云南传统医药交往交流交融研究创新团队建设成果

总主编 徐士奎

云南民族医药文献目录提要

YUNNAN MINZU YIYAO WENXIAN MULU TIYAO

戴 翥 祁苑红 主编

云南大学出版社
YUNNAN UNIVERSITY PRESS
·昆明·

图书在版编目（CIP）数据

云南民族医药文献目录提要 / 戴翥，祁苑红主编
. — 昆明 : 云南大学出版社，2023
（云南民族医药系列丛书 / 徐士奎主编）
ISBN 978-7-5482-4232-1

Ⅰ. ①云… Ⅱ. ①戴… ②祁… Ⅲ. ①民族医学－医学文献－图书目录－云南 Ⅳ. ①Z88：R29

中国版本图书馆CIP数据核字(2020)第261089号

策划编辑：蔡红华
责任编辑：严永欢　谭丽娜
民文审校：岩温龙（傣文）　吉克曲日（彝文）　赵庆莲（东巴文）　阿错（藏文）
装帧设计：刘　雨

云南民族医药系列丛书

总主编　徐士奎

云南民族医药文献目录提要

YUNNAN MINZU YIYAO WENXIAN MULU TIYAO

戴　翥　祁苑红　主编

出版发行：云南大学出版社
印　　装：昆明理煋印务有限公司
开　　本：889mm×1194mm　1/16
印　　张：36.25
字　　数：708千
版　　次：2023年11月第1版
印　　次：2023年11月第1次印刷
书　　号：ISBN 978-7-5482-4232-1
定　　价：199.00元

社　　址：昆明市一二一大街182号（云南大学东陆校区英华园内）
邮　　编：650091
电　　话：（0871）65033244　65031071
网　　址：http://www. ynup. com
E-mail：market@ynup. com

若发现本书有印装质量问题，请与印厂联系调换，联系电话：0871-64167045。

总 序

构建民族医药知识体系的创新路径

党的十八大以来，以习近平同志为核心的党中央对中医药传承与发展、全民健康、乡村振兴等工作高度重视，陆续作出“中医药学是中国古代科学的瑰宝，也是打开中华文明宝库的钥匙”，“切实把中医药这一祖先留给我们的宝贵财富继承好、发展好、利用好”，“没有全民健康，就没有全面小康”，“人民对美好生活的向往，就是我们的奋斗目标”，“建立健全城乡融合发展体制机制和政策体系”，“推动人才、土地、资本等要素在城乡之间双向流动和平等交换”，“要遵循中医药发展规律，传承精华，守正创新……为建设健康中国、实现中华民族伟大复兴的中国梦贡献力量”等重要指示，中医药工作受到社会各界广泛重视，并表现出与健康中国、大健康产业、乡村振兴、国际合作、公共医疗卫生体系建设等工作融合发展的良好态势。民族医药作为中医药的重要组成部分，迎来了千载难逢的发展机遇并逐渐步入良性发展的轨道。

中医药文化由中华民族的不同民族医药文化组成，表现出“多元一体，和而不同”的总体特征，云南民族医药文化历来是中医药文化不可分割的重要组成部分。云南民族医药从概念上说，应该有两个层面的界定：从地理层面界定，就是指产生于云南这片土地上的医药；从主体属性层面界定，就是指生活在云南的各民族群体所创造的医药。这就使云南民族医药在概念上具有广义与狭义之分。广义概念是指云南所有民族（包括汉族在内）所创造的医药，与《中华人民共和国中医药法》所规定的“中医药”属局部与整体的关系；而狭义概念则指云南人口在5000人以上的25个世居少数民族所创造的医药，是从发生学与原创角度对云南民族医药的概念界定。本套“云南民族医药系列丛书”所说的“云南民族医药”自然是以狭义概念为主，指云南各世居少数民族所创造的

医药，包括彝族、白族、哈尼族、壮族、傣族、苗族、回族、傈僳族、拉祜族、佤族、纳西族、瑶族、景颇族、藏族、布朗族、布依族、阿昌族、普米族、蒙古族、怒族、基诺族、德昂族、水族、满族、独龙族等民族创造的医药。

云南地处中原文化、南亚文化、东南亚文化、青藏高原文化的接合部与交汇地带，历来是古人类发祥地与多民族聚居区。云南上古时期的各种文化遗存异常丰富，可追寻到数千年前与人类生存生活息息相关的衣饰文化、稻作文化、建筑文化、交通文化、医药文化等文化遗迹或形态[①]，独特的地理区位优势与多民族的特点使得云南民族医药的文化景观呈现出“多元复合”的结构特征。目前针对中医药的研究包括以临床为导向对药材等自然资源的开发利用与可持续发展，以及对人文资源的开发利用与保护传承这两个方面的内容。这就要求研究者与政府部门要正确处理好突出经济效益的开发利用与关注社会效益的保护传承两者间的关系，做到开发利用与保护传承两者并重。作为以民族医药群体及其文化为研究对象的云南民族医药研究者，面对“脱贫攻坚”“乡村振兴”“中医药传承精华、守正创新”“健康中国建设”“一带一路”“文化强国”等一系列前所未有的宏伟规划，如何充分有效地认识与发掘云南各民族医药的价值与功能，构建“传承精华、服务当代、接续未来”的民族医药知识体系，使其在中国传统医药传承与发展中发挥积极作用，也就成为当代民族医药界高度关注的现实问题与首要任务。

自20世纪80年代中期以来，云南民族医药研究者就针对各民族医药知识传承与发展陆续开展过探索性研究。研究者除直接为国家、为当地政府部门就云南中医药经济发展事项献计献策外，还撰写了一些与云南民族医药有关的学术著作，并取得了初步的成果。从民族医药学学科体系角度看，各民族医药资源的保护传承与开发利用研究不仅表现形式不同，研究视域与着眼点亦各不相同。既有从原创思维、主导观念、认知方式等角度对各民族医药理论体系进行的全新构建，如《彝医理论溯源》《彝医揽要》等，亦有从基原考证、生态环境、植物形态、主治功效等角度对分散在民间与古籍中的药物知识的系统梳理与总结，如《迪庆藏药》《哀牢本草》等；既有针对民族医家特色诊疗方法与适宜技术的整理之作，如《彝医理论与应用》《藏医尿诊》等，亦有从古籍文献或口述资料中发掘民族医学原理者，如《傣医四塔五蕴的理论研究》等；既有对民族医药古籍的系统搜集整理与分类研究，如《彝族医药古籍文献总目提要（汉彝对照）》《傣族医药古籍调查研究与提要编纂》《傣族医药古籍调查研究与总目提要》等，亦有对民族医药古籍进行的校勘、注释、辑录、类编研究，如《哀牢山彝族医药》《元阳彝医书》等；既有对民族医药古籍进行的翻译、标注、索引研究，如《布朗族医药古籍文献翻译整理

① 王懿之：《云南上古文化史》，云南人民出版社2013年版。

研究》，亦有针对临床病症开展的专题研究，如《藏医精要》。各种研究成果虽然外在表现形式不同，但都有一个共同目标，那就是要讲清楚云南民族医药的内涵与价值。然而，在肯定所取得的成绩的同时也应该承认，目前有关云南民族医药研究的成果仍处于零散、单一、粗浅的初级阶段，在学术界尚未形成大的气候和突出的优势，远远适应不了"乡村振兴""中医药传承精华、守正创新""健康中国建设""一带一路""文化强国"等一系列宏伟规划对民族医药知识挖掘整理与开发利用的客观现实需求。

各民族医药传承并非对某个要素或某个层次的局部传承，而是针对该民族医药领域的整个知识体系的传承，需要构建体现各民族医药原创思维的知识体系。然而，有的民族医药理论有专书记载，如藏族医药、傣族医药等，就比较容易被人们认识和接受[①]；有的民族医药理论分散记载于各类典籍之中，尚未形成系统著述，但用药经验有专书记载，如彝族医药、白族医药、纳西族医药等，研究起来有一定难度；有的民族原没有文字，他们的各种医药理论、医药知识与实践经验等主要依靠口耳相传的方式代代相传，如傈僳族、怒族等，这些民族的医家多各承家技，自成体系，其民族医药以经验知识为主，尚未总结概括为系统的理论知识，不仅研究难度大，而且很容易造成传承断裂。当前，各民族医药虽存在发展参差不齐的状况，但各具特色，各有所长，势必需要有一种兼容并蓄的胸怀和气度，贯彻百家争鸣、百花齐放的方针，尊重任何一个民族的医学成果，承认客观存在，重视实践经验，善于去粗取精，强调当代应用，体现学术平等，注意协调发展，以各民族医药不同的侧重点为切入点，构建体现自身发展规律的民族医药知识体系。

当前，国家提出并实施"建设优秀传统文化传承体系，弘扬中华优秀传统文化"的文化强国战略。民族医药学是中华优秀传统文化的重要组成部分，是"打开中华文明宝库的钥匙"，因"独特的卫生资源、潜力巨大的经济资源、具有原创优势的科技资源、优秀的文化资源、重要的生态资源"而备受关注。要实现当代世界语境下民族医药文化回归民间、走向世界的传播使命，势必要构建一个符合其自身发展规律的知识体系，既能促进该民族医药活态传承，立足于传统、服务于当下，又能建立历史与现实之间的联系，深入阐发其医药学理论精髓，实现传统知识的价值表达和现代转换。对于各民族医药知识体系的构建，许多研究者提出，"对民族医药理论发掘整理工作，即使付出艰辛努力亦只能学到一方一技，很难形成自己的知识结构，所开展的研究工作经常出现'为文献整理而整理''理论学不会，临床用不上'而囿于'知其然不知其所以然'的尴尬境遇"。事实上，这些问题不仅广大研究者经常遇到，而且是制约各民族医药知识体系构

① 诸国本：《中国民族医药散论》，中国医药科技出版社2006年版，第105页。

建的瓶颈。对于各民族的医药文化来说，无论是有专书记载，还是分散记载，甚至没有文字记载，知识体系的构建都是一个全新课题。要知道，过去的古籍不是拿来就用的，历代医家都不是“拿来主义”者，而是需要推陈出新，进行创新性发展和创造性升华，梳理出该民族固有的医药学理论并使之系统化，且为当代服务，方能古为今用。[①]同时也要意识到，民族医药知识主要是以物质载体和口碑相结合的形式实现传承与传播，仅以古籍整理方式获取信息和知识是远远不够的，还需要将古籍整理与田野调查相结合，与医家学术思想整理相结合，与人用经验挖掘相结合，将概念、判断、推理、假说、猜想等思维形式及理论、经验等组成的结构体系各个环节进行梳理、考证与阐发，提炼该民族医药的原创性思维模式，明确相关核心概念，进而构建知识体系。基于此目的，研究团队希望通过本系列丛书的研究与总结，开创一种“以文献学为主，同时又与民族医学和人类学等学科交叉渗透的民族医药知识体系建设路径”的研究思路，即“古籍与医家学术思想相结合、本草考证与人用经验相结合的互参式整理——提炼原创思维，明确核心概念，构建知识体系——临床验证，在实践中总结新理论”。通过践行此路径，对云南各少数民族的生命知识、养生知识、疾病知识、诊法知识、疗法知识、针灸知识、方剂知识、药物知识等进行系统挖掘与整理，实现传统医药知识防御性保护与积极性保护的有机结合，以此探索出一条理论与实践相结合的创新发展与活态传承之路。这有助于将民族医药文献、医药学理论和临床研究紧密结合起来，使其为构建有完整知识体系的民族医药传承体系服务，达到有效地传承学术和延续传统的目的，并促进传统知识的价值表达和现代应用。

与国内其他同类书籍相比，本丛书在研究对象、学术取向和研究思路等方面具有以下几个鲜明特点。

（一）重视古籍整理与医家学术思想整理相结合，为云南民族医药发展奠定坚实基础

古籍整理是构建民族医药知识体系的重要基础工作，是梳理理论范畴、考证理论概念的重要途径和方法，是传承学术、延续传统的专门之学和必由之径。没有文字的民族可以通过对口述资料的整理来实现这一目标。如果认识不到文献学对民族医药理论阐释、临床实践和科学研究的重要指导作用，民族医药的继承与发展也就无从谈起。发挥文献学正本清源、回溯历史、尊重传统的功能，可以有效解决目前各民族医药发展过程

① 徐士奎、罗艳秋：《彝族医药古籍文献总目提要（汉彝对照）》，云南科技出版社2016年版，第4页。

中所存在的思维弱化、技术退化、特色优势淡化等诸多问题。同时也要意识到，知识体系由系列知识和实践经验所构成，是各民族医药传承体系得以构建的核心和主体，是经得起实践检验的、相对稳定的网状结构体系，可以交流与传递给下一代而成为人类共同的精神文化财富。知识体系不是生来就有的，需要借助一定的语言文字形式与分类体系来实现由经验知识到理论知识的转化。理论体系并不会主动呈现，需要研究者对医学典籍和医家经验实现互参式整理研究，条分缕析，以凝练其科学内涵。民族医药古籍一方面是对古籍文献和口述资料的系统整理，另一方面是医者在临床实践过程中获取的临证经验的记录和总结，是理论的高度概括和对人体生命活动普遍规律的系统认识。深化民族医药文献的搜集整理研究并将临床实践中形成的医学共识进行高度凝练，从而整合成的该民族医药的理论表达，对于该民族的医药知识体系构建至关重要。民族医药古籍通常有以下特点：（1）有些民族的医药古籍载有多种文字。如彝文虽然具有统一性，但由于方言的差别，彝文中的异体字很多，不同方言区的彝族医学古籍会因文字的差别而不能互通，从而导致医学古籍的传播和使用受到限制，许多医学知识理论化的层次则只能停留在地方层面。（2）医药专书数量少。专门记录医药内容的专书数量少，医药内容分散记载于其他类别的古籍之中的情况较多。（3）内容简洁，缺乏引证资料。相互传抄，但不注明来源，有的甚至抄自数家文献，从而导致无法追溯理论发展的源流，不同记载各执一词，无法形成系统化、集大成性的著作。（4）只记录现象，不阐述原理。如彝文古籍《哎哺啥呃》曰："气之路三条，先之路一条，心白之中经；次之路一条，体之喉上经，七门之上升；后之路一条，肺肝上之生，肾水中之生。"对其所记载的"气三条路"在临床上如何指导实践，读后完全一头雾水。（5）记载的药名与实物对照难以考证。对药物名称的记录多为当地土名、俗称，没有形态描述，这些药名被翻译为汉文后更不知其基源。（6）处于"自然凋亡"困境。由于民族医药古籍文献本身材质老化或保存、使用不当等因素，许多宝贵的医药知识因古籍"自然凋亡"而流失。许多古籍因得不到保护与誊抄，破损严重，字迹无法辨认。更严峻的问题是，有的民族医药古籍虽得以流传至今，但其所记载的相当一部分诊疗方法和医药知识已不为当前医生所使用，成为无法破解和使用的"天书"。除此之外，民族医药古籍还具有所在地域边远、时间跨度大、载体形式多、传播范围小、成书著者杂（许多书多以相互传抄的形式流传，难以形成对某个医家学术思想和发展源流的全面研究）等特点。民族医药古籍的以上特点决定了其知识体系构建的复杂性、困难性和长期性。虽然民族医药古籍文献整理工作任重而道远，但是可以通过"古籍与医家学术思想互参式整理"达到挖掘知识的效果。

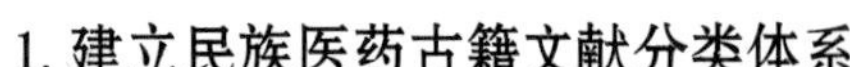

1. 建立民族医药古籍文献分类体系

在把握传统分类情况的基础上，民族医药古籍文献分类体系的建立首先是要符合该民族的医药知识结构。分类必须基于该民族传统医药知识思想秩序的再现，体现其独特的历史文化和传统的知识体系。按照各民族医药的学科属性和文化特征，将相关学者对民族医药古籍分类体系进行等级划分，综合考察中图法、科图法、古籍普查分类法、中华古籍总目编目规则、《中国中医古籍总目》、历代学者对医药古籍的分类方法以及实地调查情况，并结合其内容特征，将相同类目进行合并、上下级类目进行归类后，分为上级类目和所属下级类目。[①]有了类目结构，相当于为该民族医药的知识体系勾勒出基本的框架。如笔者将发掘的222种彝医药古籍文献分为医经、医理、诊治、本草、病症用药、调护、医史、作祭献药、医算、综合十大类，基本上就能建立彝医药知识体系的雏形。[②]

其次是要对各民族医学古籍进行版本比较，从各个类目中找出源头性文献，梳理出清晰的文献传承脉络，厘清各类古籍文献之间的学术关联。确定各个类目的底本，对其进行深入研究，挖掘概念术语含义及其相互关系，揭示概念术语含义变迁及流传特点。同一概念的含义在不同时代、不同书籍中经常会产生各种变迁或异释，概念与概念间的语义关系亦经常表现出其特有的历史时代性与学科流传特性，需要通过考证、对比等方式给予揭示，而这一切均依赖于文献整理和理论研究两方面的保证。[③]如彝医理论中的“气浊三条路”在医经类古籍《土鲁黎咪数》《哎哺啥呃》《宇宙人文论》中能够找到相关记述，通过对这三本古籍进行比较和考证后发现，三者虽然在文字表述上略有差别，但均将轻清的、向上升的物质称为“气”，气在人体中主要有三条通路，称为“气三条路”，发挥首、萌、长的功能，也就是将气血供应到全身的作用；与之对应，将重浊的、向下降的物质称为“浊”，浊在人体中有三条通路，称为“浊三条路”，发挥退、遍、藏的作用，也就是将气血转化为浊精储存备用的作用。[④]

2. 古籍与医家学术思想整理相结合

许多民族医生在记录医药知识和诊疗方法时，往往省略对诊断过程和药物功效的记录，只记载病症名称和药物名称。要想掌握其中的诊疗方法就必须结合当地民族医生的临床实践经验，只有通过参与式整理，结合民族医生对古籍内容的理解和实践，以学术

① 罗艳秋、徐士奎、郑进:《少数民族医药古籍文献分类体系构建研究（下）——民族医药古籍文献的分类体系研究》,《中医学报》2014年第12期，第1851–1854页。

② 徐士奎、罗艳秋:《彝族医药古籍文献总目提要（汉彝对照）》，云南科技出版社2016年版，第1–4页。

③ 朱玲、崔蒙:《文献·理论·信息——试论中医古籍语言系统构建的三个重要维度》,《世界科学技术：中医药现代化》2009年第4期，第586页。

④ 徐士奎、罗艳秋:《彝医理论溯源》，云南科技出版社2019版，第83页。

研究为导向，深入揭示古籍的内容特征，提炼理、法、方、药的各个环节，对古籍的内容才能“讲得清、用得上”。这种互参式的“比较—梳理—溯源”与“挖掘—整理—验证”研究步骤，正是医药类古籍与其他类别古籍的整理方法的区别所在，我们将这种方式称为“古籍与医家学术思想互参式整理”。要知道，名老中医的独到之处就是善于把中医理论与临床实践相结合，从细微之处抓住事物的本质，巧妙的构思，严谨的思维，准确的遣方用药，在长期的临床实践中形成自己独特的观察问题、分析问题的视角。[①]对医家学术思想的整理有助于从该民族的生境条件、生活经验、知识背景来理解和阐释医理、药理之间的内在逻辑关系。只有找到这些逻辑，才能明白该民族医药知识体系所遵循的医学原理和哲学思想是什么。医理、药理之间的内在逻辑关系蕴含于医家的诊疗活动之中，来源于点点滴滴的经验积累，需要全面继承和归纳总结。如彝族医经古籍《哎哺啥呃》所说的“气之路三条，先之路一条，心白之中经”是什么意思呢？彝医名老专家张之道常使用樟木根治疗胸内出血病症。樟木根是彝医常用药物之一，具有通心脉、行气的作用。行气之药为什么能止血呢？作为气路的第一条循环线路由心经过，说明心主血亦主气，为气血之大主。“主”有主导、主宰的含义，对于各种出血症都要从心主气主血这个功能入手。有人可能会产生疑问，肝和脾在出血症的治疗过程中不是也很重要吗？特别是脾统血的功能，能统摄血液不外溢；肝藏血的功能，能贮藏血液，人卧血归，调节血量，分配体内血液在各个部位的多少。为什么主要应该考虑心主气主血的功能呢？从气和血的关系来讲，气为血帅，血为气母，气能统血，气能行血，血能载气，气统则血统。通过服用行气的药物，能够打通心力，使心主气主血的功能得以恢复正常，血就不会外溢经外。[②]这足以说明医家学术思想整理对民族医药理论内涵阐释的重要性和必要性了。

（二）重视本草考证与人用经验相结合，使云南民族医药资源优势与特色得到充分展示

博物学与以实验方法为特征的数理学虽是相对立的认知系统，但二者是近代以来世界科学史上非常重要的两大研究范式，均对中国传统医药学产生过重大影响，并导致了经典中医药学与近现代中医药学两大学科体系群的分化。所谓博物学就是人类与大自然打交道的一门古老学问，指对动物、植物、矿物、生态系统、宇宙星空等做宏观层面的观察、描述、分类。其作为自然科学研究的四大传统之一，包括了当今意义上的天文

① 李振吉、贺兴东、王思成等：《名老中医临床经验、学术思想传承研究的战略思考》，《世界中医药》2012 年第 1 期，第 1–4 页。

② 徐士奎、罗艳秋：《彝医理论溯源》，云南科技出版社 2019 年版，第 186 页。

学、地质学、地理学、生物学、气象学、人类学、生态学、动物行为学、保护生物学等学科的部分内容。中国古代历来倡导"博物多识"的优良传统，形成了地志学、本草学、名物学、农学、理学、图符学、天文学、修辞学等众多学科，极大地促进了中国传统知识累积而形成中国特色的博物学学科体系。[①]中国博物学非常重视考据学研究，与西方博物学学科体系具有根本性区别。基于中国博物学学科体系所构建的中医药学知识体系，在思维方式与认知方法上均体现了对宏观宇宙、自然万物的认知与比拟，体现了"人与天地同"的医学思想，这一医学思想一直根植于中华民族的血脉中。

近现代以来，伴随着新学与旧学之争、学校与科举之争、西学与东学之争、传统文化与新文化之争等，中国社会面临巨大的动荡与变革，曾引领"科学时尚"的博物学在科学前沿中几乎销声匿迹，而以物理学、化学、环境科学、分子生物学等为代表的数理科学却异军突起，在这种大背景下的中医药学经历"研究方法的求新与理论体系异化"洗涤而呈现与经典中医药学明显不同的面貌[②]，出现了"医药分离式"的教育框架，这其实是西方数理、控制实验、数值模拟等自然科学传统与西方医学教育模式对经典中医药学改造、重构与规范的结果，通常称为中医药学科学化或中医药学现代化。这样的后果就是汉族医药（即狭义中医药学）在研究方法与研究思路上发生巨大嬗变，具体表现为"以西医学为参照，运用近代科学方法对中医理论体系进行整理与研究；通其所通、存其互异的中西合璧、外部比附式研究成为中医理论研究的主要方式；中西并用，初步形成了辨病与辨证相结合的临床诊疗模式。而中医内部结构'科学化'、外部形式'现代化'的重要表现形式之一，是为了顺应近代教育学制、教材、教学计划统一等要求，建立起一个以西医模式为参照的近代中医学科体系"[③]，其所表达的中医药学思维模式及相关概念、术语、词汇等已与经典中医学大相径庭，很难再准确表达原初意思，核心理论也不断被所谓"科学化""现代化"等所解构而产生各种异化。其后果就是现代中医已经不知不觉在使用异化的思维模式理解、阐释甚或曲解历代典籍所记载的中医药理论、各种药物知识与各种诊疗技法，自然在临床无法收到应有疗效。[④]中医药理论嬗变所导致的思维模式、认知方法与评判标准等的转变甚或出现扭曲，对包括汉族医药与各少数民族医

① 王振国、张冰等:《中医药理论的近代嬗变及其影响——以本草诠释方法为视角》,《山东中医杂志》2019年第1期，第1–8页。

② 王振国、张冰等:《中医药理论的近代嬗变及其影响——以本草诠释方法为视角》,《山东中医杂志》2019年第1期，第1–8页。

③ 王振国、张冰等:《中医药理论的近代嬗变及其影响——以本草诠释方法为视角》,《山东中医杂志》2019年第1期，第1–8页

④ 王振国、张冰等:《中医药理论的近代嬗变及其影响——以本草诠释方法为视角》,《山东中医杂志》2019年第1期，第1–8页。

药在内的医药体系发展道路影响如何，各民族医药学该如何“守正”而实现自我创新，各民族医学未来发展方向该如何抉择？这一系列问题不能不引起我们深深的反思。

中医药学经过数千年实践与累积，已形成体系独特、理论完整、成果辉煌、多元并存的多民族医药学学科体系群。传统中医药虽然受到“科学化”“现代化”等的冲击而产生巨大嬗变，甚或异化，但仍以强大的生命力在人民群众中代代相传而成为一种社会现实，即几千年来中华民族不断追求幸福、追求健康的智慧结晶。这一智慧结晶以日月运行为坐标，通过观察万物随季节交替而表现出不同的动静涨落节律，反观人体气血运行之升浮降沉，形成一种人们利用自然界的事物与规律对身心进行培育和调节的文化与科学，亦形成一种顺应宇宙和自然规律的认知而具有“社会整体”和“共同社会”的特性。这是中华民族一种活态的、整体的生活方式，既不会因为“科学化”而变味，亦不会因为“现代化”而变质。只要日月运行规律不变，中国传统医学的定律就不会过时。可以说，中国传统医学是一种超越医药本身的活着的存在，是不断发展的文化形态与生活方式。从这个角度来看，民族医药更能为理解中国传统医学的这种特质提供“横看成岭侧成峰”的多元视域。在不同的生存环境、地理气候、族群体质、民族文化对不同医药形态进行模塑的过程中，各个民族的医学在开放共享、相互交流中形成了“和而不同、美美与共”的精神品格和兼容并蓄的文化特性，为全面、系统理解中国传统医学全貌，体现“人类只有一个地球，各国共处一个世界”的人类命运共同体所蕴含的深刻哲理而积极贡献力量，为全人类带来了基于大生态观的健康理念和精神福祉。显然，在此背景下挖掘整理与研究云南各少数民族医药学知识就显得十分重要且具有现实意义。

民族医学植根于各民族传统文化土壤中，具有不同文化背景的民族从本民族的自然环境、经济生活、体能素质等实际出发，其传统用于预防、治疗和保健的天然药物以及应用这些药物防病治病的系统理论知识或经验知识在起源、形成和发展过程中与本民族文化、信仰、民俗、生态环境等密切相关，因此云南少数民族医药是在特定自然环境条件和历史文化背景下人类社会与自然界相互作用的产物。其理论规范、思维方式、技术手段等都蕴含着各民族传统文化的特征，以此形成了丰富的诊断和治疗系统，积累了丰富的临床经验，具有突出的民族性、地域性和历史传承性。笔者调研前期根据云南各少数民族的文化类型及其生存生境的植被、地理、气候等特征，将云南民族医药文化分布划分为滇南滇西南低热带民族医药区、滇东南低热带民族医药区、滇中中暖带民族医药区、滇东北中暖带民族医药区、滇西滇西北高寒带民族医药区五个区域，可统称为“云南民族医药文化类型区”。云南民族医药“和而不同”的特性要求研究者从纵向的历史文献与横向的人用经验相结合的角度深入挖掘与阐释各民族的医药理论、本草知识、临

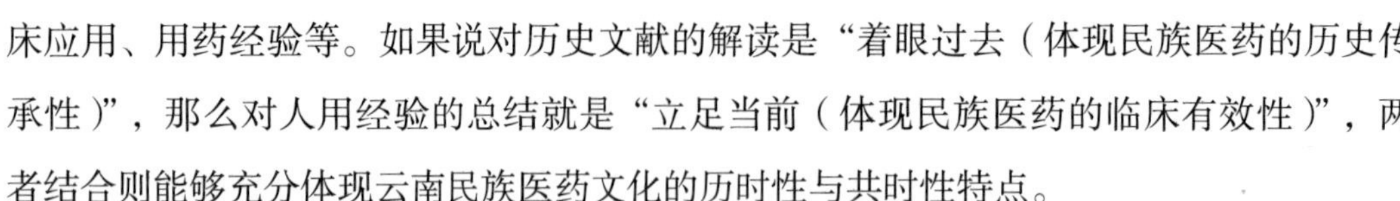

床应用、用药经验等。如果说对历史文献的解读是“着眼过去（体现民族医药的历史传承性）”，那么对人用经验的总结就是“立足当前（体现民族医药的临床有效性）”，两者结合则能够充分体现云南民族医药文化的历时性与共时性特点。

考据学作为治学方法，也被称为考证学，主要工作是对文献古籍加以整理、校勘、注疏、辑佚等。明清之际的学者顾炎武等主张“经世致用”，开创考据学之先河。对考据学，梁启超在《清代学术概论》中将其扼要概括为：其治学之根本方法，谨遵“实事求是”“无证不信”，其研究范围以经学为中心而衍及小学、音韵、史学、天算、水地、典章制度、金石、校勘、辑佚等诸多领域。祝尚书谈到考据学时说其理解的学术研究就是“拼接历史，复原历史，解读历史，认识历史”。民族医药古籍的保存研究具有收藏分散、民间流散、涉及范围广、类目庞杂、年代久远、文义古奥、理论深邃、阅读难度大等问题，严重制约了研究者与传承人对古籍内容的释读、理解与应用。从人用经验总结方面讲，无论是经典名方的追溯，还是临床经验的整理，本草考证始终伴随左右。但目前本草考证研究主要基于“二重证据法”而开展，常苦于史料匮乏而停滞不前，而在民族医药研究方式中具有大量鲜活经验的田野调查则是弥补“二重证据法”不足的重要切入点。王国维首倡的“二重证据法”是据“地下之新材料”以补正“纸上之材料”。[①]出土文物作为历史文物收藏与考察的证据实物，具有重要学术资料价值，弥足珍贵，是各版本传世古医籍远不能比拟的。[②]但出土文物与文献资料相比较更显凤毛麟角，能得以辗转保存而流传下来者更是少之又少。加之出土医药文献绝大多数破损严重，书名多有缺失，不同收藏单位的编号方式亦各异[③]，这在客观上削弱了“二重证据法”在各民族医药研究领域的实际应用效果。

如何使历代古籍或传承人以口碑文献形式进行承载的医药学知识得以服务于当代社会，我们认为在开展民族医药研究时始终要遵循三大原则：现代没有的，问问古人（古籍）；书中没有的，看看地下（出土文物）；地下没有的，看看田间（鲜活的口述资料）。古籍文献、出土文物、口碑文献能够从不同角度、不同层面为各民族医药知识体系构建提供证据，这种研究方法我们称为“三重证据法”。古籍可提供经典引申式的逆向追溯而实现探源查流；出土文物不仅能弥补古籍资料缺乏的问题，而且能再现古人生活场景、意识形态与文明特征；口述资料亦称口碑文献，通过口耳相传方式流传至今，事关生命的认识、防病治病的各种医学知识与经验，多是各民族历代沿袭下来的、鲜活的、正被广泛使用的医药学遗存，其虽未“书之于册”却能流传至今，足以说明生命力之强大。

① 傅杰：《王国维论学集》，中国社会科学出版社 1997 年版，第 38–39 页。

② 马继兴：《出土亡佚古医籍研究》，中医古籍出版社 2005 年版，第 38 页。

③ 马继兴：《出土亡佚古医籍研究》，中医古籍出版社 2005 年版，第 39 页。

各民族的医学原始知识体系历来是以民间普通常识形式存在并流传至今，而一切正式意义上的科学认识与活动都是从民间普通常识发展而来[①]，人用经验的总结就是在文献整理基础之上对实践经验与普通常识的挖掘与深化。

2019 年 10 月出台的《中共中央国务院关于促进中医药传承创新发展的意见》提出改革完善中药注册管理，加快构建中医药理论、人用经验和临床试验相结合的中药注册审评证据体系，优化基于古代经典名方、名老中医方、医疗机构制剂等具有人用经验的中药新药审评技术要求，加快中药新药审批。2020 年 9 月与 12 月，国家药品监督管理局依次发布的《中药注册分类及申报资料要求》《国家药监局关于促进中药传承创新发展的实施意见》再次强调人用经验的重要性，对具有人用经验的中药新药审评技术要求进行了明确规定。显然，国内已相当认可利用"人用经验"来支持中药新药的研发上市。[②]从美国《植物药新药研究指南》规定的"申请者必须提交在研药物以前的人用经验"看，西方植物药的人用经验主要从应用历史方面规定，包括制备加工和配制的方法、服药途径、给药方案、剂量、适应证、禁忌证以及人和动物应用所出现的不良反应事件、该植物药以往临床应用的传统地域和人群、拟用的临床配方和传统制剂异同之处的比较说明等信息。[③]

医学上的人用经验，是指在长期医疗实践中积累的用于满足临床需求，具有一定规律性、可重复性的关于临床诊疗认识的概括总结[④]；而中医药学上的人用经验，如依照《中华人民共和国中医药法》则可简单定义为通过中医药学来认知人类生命、维持人类健康、治疗人类疾病的，具有规律性、可重复性的各种诊疗经验与规律的总结。中医药学的人用经验应该包括中药人用经验、诊疗技法人用经验等类别，这些类别在中药研发中具有重要价值。民族药人用经验信息主要来源于古籍记载的医案与医说、医疗机构的民族药制剂、名老民族医经验方及民族习用药等。从这方面来讲，云南省已经在民族药人用经验开发方面积累了不少成功经验与案例。如根据白族药用动物美洲大蠊的特性，开发出主治心血管病的"心脉隆"、外用药"康复新"、治疗肝病的"肝宝"等；根据红河哈尼族彝族自治州医疗机构和驻军医院使用青叶胆临床治疗急性黄疸型肝炎的经验，开发出青叶胆片；根据白族、纳西族常用药物青阳参的特性，开发出治疗癫痫的青阳参片；根据彝族、苗族、白族、纳西族、藏族常用药物灯盏细辛治疗偏瘫的经验，开发出治疗脑病的注射剂、片剂、胶囊剂、颗粒剂、胶丸剂、含片和薄膜等多种剂型；根

① 王亚南:《口承文化论——云南无文字民族古风研究》，云南人民出版社 2011 年版，第 89 页。

② 魏仲义、谢雁鸣:《人用经验挖掘为中药研发赋能》,《中国中医药报》2021 年 1 月 7 日 005 版。

③ 蔡仲德:《中药研究论文集》，中医古籍出版社 2002 年版，第 528 页。

④ 魏仲义、谢雁鸣:《人用经验挖掘为中药研发赋能》,《中国中医药报》2021 年 1 月 7 日 005 版。

据哈尼族药用植物火把花根的特性，开发出治疗风湿性关节炎的昆明山海棠片；根据景颇族药用动物胡蜂的特性，开发出治疗风湿病的胡蜂酒；等等。数不胜数的民族药成方制剂无不来源于对人用经验的挖掘整理与开发利用。同时我们也要意识到，各民族习用药材在流传过程中容易因品种或产地变迁而出现“同名异物”“异物同名”等问题，从而造成药材运用的混淆。这是自《神农本草经》诞生以来就始终存在的现象[①]，特别是部分民族古籍对药物仅记录药名与对应病症，通常没有形态描述、气味归经等内容，且药材名称多为当地民族医生习用的别名或称谓，极大地增加了药物研究的难度。习近平总书记在有关传承与发展中华优秀传统文化的讲话中反复强调要“创造性转化，创新性发展”。究竟该如何使古代医籍所记载的药物高效服务于临床与科学研究？显然，民族药领域的任何科学研究、临床应用、价值研判等均离不开对药物的本草考证研究。综观历代中医药学著作，我们会发现本草考证工作由来已久，但“本草考证”作为专业名词术语出现却并不久远。古代本草学者在考证药物基源品种时尚未形成相对独立的研究领域，常用“考据”概言之。如1931年本草学家赵橘黄出版《中国新本草图志》时就将每味药物列在“考据”项下，而其在1956年对当归原植物品种进行考据时则使用术语“本草学研究”，这些工作的性质事实上就是现代意义的本草考证。[②]“本草考证”作为专业名词术语是谢宗万在1963年提出并为广大本草学者在学术交流中采用，这标志着“本草考证”在中医药学研究中已形成相对独立的领域与研究方法。承载民族医药精粹的历代民族医药古籍虽尚未出现“本草考证”这样的专业术语，但各医学流派在传承中将辨药、识药作为很重要的技能，重视对易混淆药物的基源品种及名称、气味功效、临床主治、用法用量、原植（动）物形态、药材性状等的区别与沿革研究，如藏医的《晶珠本草》、彝医的《哀牢本草》等。这实际上就是“本草考证”学术思想在民族医药临床与传承中具体运用的体现。得益于历代医家在持续的古籍整理、田野调查、反复考证和临床验证过程中系统深入地总结出各类药物知识，民族医药才得以不断推陈出新而延续传统，实现古为今用。

总之，民族医药知识体系构建是一个复杂的新鲜事物，不仅需要研究者综合运用校勘学、训诂学、方言学、古文字学、历史学等考据学方法对古籍中悬而未决、聚讼不已的各类问题进行分门别类、系统深入的考据研究，还需对临床使用、民间流传、古籍记载的各种人用经验进行挖掘整理，使两者有机结合，达到“辨章学术、考镜源流”之目的。

---

① 张瑞贤、张卫、刘更生：《神农本草经译释》，上海科学技术出版社2018年版，第651页。

② 张瑞贤、张卫、刘更生：《神农本草经译释》，上海科学技术出版社2018年版，第652页。

（三）提炼原创思维，构建知识体系，为进一步认识云南民族医药诊疗方法提供总体思维模式与分析框架

构建知识体系可为民族医药传承体系的建设创造必要条件。通过知识体系的构建，可以得出该民族医药的医学体系、学科门类、学术思想和基础理论等重要内容，是民族医药学科学研究的关键节点问题。

1. 提炼原创思维

民族医药知识体系构建要体现原创思维特色和优势。原创思维的提炼需要研究者熟练掌握民族医药经典所表达的医学思维和价值取向，通过对历代文献梳理、分类、汇总并对历代医学家学术经验归纳与分析，在哲学、思维科学的指导下提炼思维方法的特点，为临床诊治提供最佳思维方法和路径。[①] 唯有如此才能将古籍所表达的思维方式内化为研究者对本民族传统知识的自觉意识，形成符合民族医药自身发展规律的治病思路和诊疗经验。

思维模式是对思维活动主导思想的高度概括，即用最精练的语言勾画出该思维活动基本规律的框架，往往能够反映出思维的主要特征，具有相对的独立性和稳定性，是一门学科理论体系的灵魂，是在长期的临床实践过程中形成的相对稳定的抽象化解释性系统，蕴含着相对稳定的世界观、认识观和方法论。[②] 原创思维模式指的是不同于其他民族的、具有原创性特点的对生命与疾病的认知方式，是构成每个民族医药理论与实践的关键所在。提炼原创思维模式需从问题境域、认识基础、逻辑起点、根本特征四个方面入手。

明确问题境域。传统医学主要通过主体对生存环境的体验、经验来把握人体的生命活动规律以及健康与疾病的转化规律，并借助大量哲学术语来建构其理论体系。对生存环境的体验与经验决定了某一民族认识疾病与健康问题的境域。该民族医生经常用在生存环境的体验、经验中形成的已知概念去描述人体体内看不到的生理和病理变化的未知概念。人体自身的功能是人类最想弄清楚的问题，但由于人类的认知能力受到时间、空间以及自身感知器官的限制，只有通过借助已知的概念和概念系统，并将此隐喻映射到未知的领域，才能获得新的知识和理解。[③] 如彝族先贤在乾阳运年时期制定太阳周天历法，提出以 360 度圆周天为基本变化单位，将一年分为四时、八节、二十四气、七十二候，并以此作为人体气浊运行的变化单位，表现为首、萌、长、遍、退、藏的六气变化

① 王琦：《中医原创思维研究十讲》，科学出版社 2015 年版，第 16 页。

② 王琦：《中医原创思维研究十讲》，科学出版社 2015 年版，第 4 页。

③ 郭瑨、贾春华、赵勇：《基于隐喻结构理论的中医水代谢分析》，《世界中医药》2016 年第 11 期，第 2241 页。

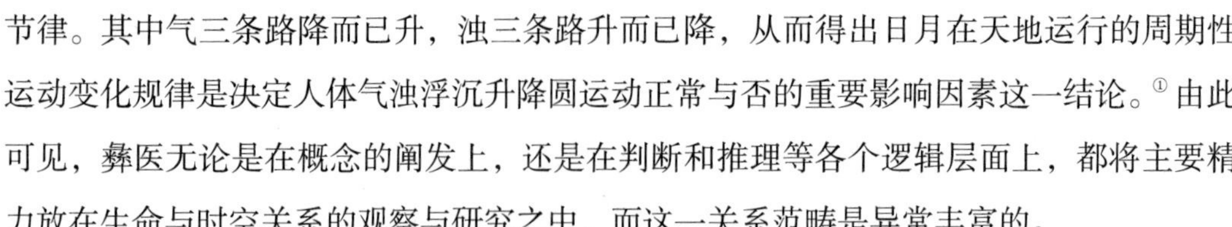

节律。其中气三条路降而已升，浊三条路升而已降，从而得出日月在天地运行的周期性运动变化规律是决定人体气浊浮沉升降圆运动正常与否的重要影响因素这一结论。[①]由此可见，彝医无论是在概念的阐发上，还是在判断和推理等各个逻辑层面上，都将主要精力放在生命与时空关系的观察与研究之中，而这一关系范畴是异常丰富的。

归纳认识基础。“天人合一”是中华文化认识和对待世界的基本立场与态度。[②]中国传统医学是研究宇宙与生命关系的智慧之学，是各民族共同的智慧结晶，以“天人合一”观为认识基础。对这一认识基础的认知，各个民族有各自不同的角度。对人体疾病的认识无论是藏医的“隆”“赤巴”“培根”三大因素，还是傣医的“四塔五蕴”，都是将人体分为几个功能系统，而其“分”为的是强调它的“合”，强调整体生命状态下的恒动观，并且这些元素失调而致病的原理表达的都是无形的、超形态的功能作用。例如，藏族医药认为人体内有三大因素，即“隆”“赤巴”“培根”，三者失调则为病；纳西族医药认为“精威”有木、铁、水、火、土五元质，五元质的偏斜为生病，崩裂为死；傣族医药认为土、水、火、风四塔失调则为病；佤族医药认为自然界有天、地、风、水、木、火、石、气八种物质，每种物质都有自己的特性和规律性，如果这种规律性有所改变则会导致各物质与人的平衡失调而致病。[③]中医药学作为中华民族原创的医学科学，注重时间演进、整体认知，从宏观、系统的角度揭示了人的健康和疾病的发生发展规律，深刻体现了中华民族的世界观、价值观和认识论，成为人民治病祛疾、强身健体、延年益寿的重要手段。[④]这一根本特征亦是对我国各个少数民族医药自身发展规律的高度概括，体现了我国少数民族医药深厚的文化土壤和历史积淀。

凝练逻辑起点。中国传统文化形成了以“关系”，即事物的相关性和相对性为中心的思想，与以现代科学、数学和逻辑学为基础的关系实在论有相通之处。[⑤]例如，彝医药以气升浊降的二元运动作为逻辑起点，展开了对宇宙起源、生命起源的认识探索。气与浊作为宇宙万物产生、发展、变化之本源，是一种古老的彝族二元观哲学思想，体现了彝医学“以太阳论生命，以时空论疾病”的思维特点，体现了升降相因、寒热互果、阴阳互根的思维理念，其核心观念包括气浊流行与气浊对待两种关系。在彝医这种二元观的原创思维模式下，生命活动的物质性与功能性在“气升浊降”的二元范畴中达到圆满

① 徐士奎、罗艳秋：《彝医理论溯源》，云南科技出版社 2019 年版，第 166–180 页。

② 邢玉瑞：《关于中医原创思维方法体系的初步研究》，《中医杂志》2012 年第 1 期，第 9 页。

③ 罗艳秋、郑进、李玉娟：《在中华民族发展整体性下的云南民族医药》，《云南中医学院学报》2006 年第 29 卷增刊，第 31–32 页。

④ 王国强：《以高度文化自信推动中医药振兴发展》，《人民日报》2017 年 2 月 24 日 007 版。

⑤ 邢玉瑞：《关于中医原创思维方法体系的初步研究》，《中医杂志》2012 年第 1 期，第 9 页。

结合与统一。[①] 所谓气浊二元，在于强调宇宙与生命由两种属性截然不同的物质共同构成，即气与浊，两者作为宇宙生命的本源物质，缺一不可。

把握根本特征。民族医药是以少数民族的传统文化为背景，以当地自然药物为资源，采用适合本民族生产生活的行医方式，以本民族人民为服务对象的传统医学。[②] 文化是一个民族对其赖以生存的自然环境和社会环境的适应体系，是各民族通过社会实践活动创造的，不仅体现在生产活动方面，也体现在精神活动、观念形态和生活方式中。[③] 要把握民族医药的根本特征，就必须深入了解该民族的文化习俗和价值理念。彝文典籍《恒特数》所载太阳周天历法提出：戊己属土，居中央，主四季月的活动时令数，即从春、夏、秋、冬的季月中减出前后 9 天作为活动时令数属于戊己土，因此龙、狗、牛、羊兼属中央戊己土，也就是说每时节的 90 天当中丑、辰、未、戌四个季月的前后 9 天，共 18 天是活动时令数，4 个 18 天就是 72 天，是属戊己土的占有数。[④]（参考图 1）基于此，彝医药提出土主万物的观念，并将此观念引入医学理论中，形成“脾胃为轴，四象为轮”的理论认识。从彝族太阳周天历法所表达的文化内涵的角度看，彝族对“土生万物，万物归土”这一核心观念进行的诠释和表达，体现了彝医原创思维的根本特征。

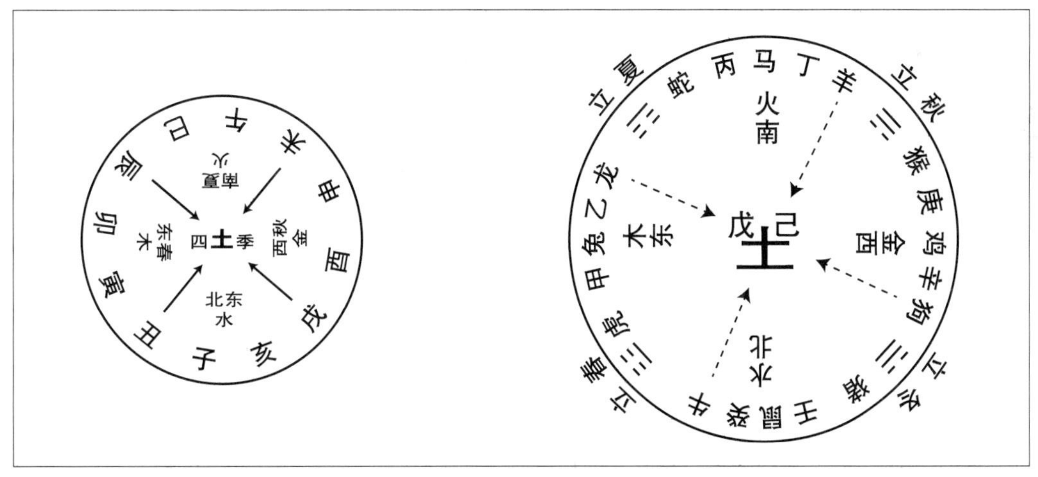

图 1　彝文典籍《恒特数》的地支配属五行图

① 徐士奎、罗艳秋：《彝医理论溯源》，云南科技出版社 2019 年版，第 85–87 页。

② 诸国本：《中国民族医药散论》，中国医药科技出版社 2006 年版，第 83 页。

③ 徐士奎、罗艳秋：《论民族医药文化学的构建》，《中华中医药学刊》2011 年第 1 期，第 103 页。

④ 龙正清：《精气易发微：彝文献精气易八卦历法数理研究》，巴蜀书社 2011 年版，第 537 页。

2. 明确核心概念

张效霞在谈到如何重新认识中医基础理论现有体系时说道："将中医理论的一个个概念，一条条理论，一项项学说，回置于其产生、发展的特定历史条件下，放在其得以产生、发展的具体历史环境的哲学、文化、宗教、伦理道德等背景下，运用文献学、史学、文字学、哲学、社会学、逻辑学、发生学等综合方法，进行理论范畴梳理、理论概念考证、理论内涵阐发。"[①]说到底，就是要用本民族医药原创思维去理解和阐释各种理论、各个概念和各项学说。

概念是人们对事物本质的认识，是逻辑思维的最基本单位与形式，任何学科的形成和发展都必须有一定的基本概念作为它构建理论的前提。[②]概念是思维的基本形式之一，它反映客观事物的一般的本质特征。人类在认识过程中，把所感觉到的事物的共同点抽出来，从感性认识上升到理性认识，概括出事物的本质属性，形成概念；概念随着历史的发展和认识的深化而不断变更。[③]知识体系构建的最根本问题就是解决概念所反映的概貌、含义和本质属性。

如果对该民族医药理论体系基本概念的认识含混不清，就谈不上对其进行深层次的开发与利用。随着对研究对象的认识不断深化，还需对概念赋予新的知识内涵，此过程被称为"概念转变"。民族医药在发展过程中虽然形成了自己的思维方式与概念系统，带有本民族认识问题、看待事物的认知特点，但尚需从逻辑学、认知心理学、认知语言学等学科角度对基本概念进行阐释和研究，以反映其本质意蕴。鉴于此，要将思维模式影响下所形成的判断与推理等内容与概念区别开来。任何民族医药文献所承载的对概念的提炼与研究均离不开该民族思维方式的指导，但概念却更加强调对研究对象本质属性的概括与总结。人类对事物的认识都是不断深化和前进的过程，没有一成不变的概念，因此需以临床实践验证古籍整理的成效，只有与时俱进才能反映出研究对象的本质属性，增强概念的解释性与稳定性，才能实现传统医药知识的现代性转换。

（四）传承与创新并重，在深入剖析云南各民族医药特点的基础上实现宏观与微观相结合的整体研究

知识体系的构建事关该民族医药能否形成现代化的医疗、教学、科研、产业体系。

---

① 张效霞、王振国：《如何重新认识中医基础理论现有体系》，《医学与哲学：人文社会医学版》2006 年第 2 期，第 70 页。

② 谷浩荣：《基于范畴理论的中医风邪概念隐喻研究》，博士学位论文，北京中医药大学，2011 年，第 22 页。

③ 商务印书馆辞书研究中心编：《古今汉语词典》，商务印书馆 2000 年版，第 439 页。

这个体系的构建一方面要坚持民族医药的基本理论，另一方面要将其原创思维与现代科技结合，产生为当代服务的原创性成果。归根结底，民族医药理论与实践的结合就是要走标准化研究道路。传统医学的基础标准蕴含在经典文献之中，一方面要在经典文献中挖掘用传统概念表达的医药理论的科学内涵，另一方面要吸纳一切有利于自身发展的先进科学成果，将民族医药原创思维与现代科技相结合，加强民族医药原创理论创新及现代传承研究，从而建立符合自身特点和规律的科学、客观、权威、具有公信力的疗效评价方法和标准体系。① 标准化工作必须开发和建立能体现民族医药知识体系自身特色和属性的分类方法和类目，并结合当前国际疾病诊疗发展的需要，在临床实践和实证研究中摸索出与国际标准接轨的各项技术方法和标准规范体系。这是一项长期、复杂的系统工程。如果仅停留在文献整理上而不实现新的发展和突破，长此以往，民族医药的自我“造血功能”将会一点点退化。

“古籍与医家学术思想互参式整理，本草考证与人用经验相结合——提炼原创思维，明确核心概念，构建知识体系——临床验证，在实践中总结新理论”这一民族医药知识体系构建的创新路径的实践过程，是民族医药理论升华、学术水平提高、特色优势发挥的过程，其将加强民族医药传统经验与现代医疗需求、文化传承、产业发展对接，为民族医药标准化、规范化建设奠定坚实的基础，特别是在保证民族医药原创思维的导向作用方面具有重要的意义。此创新路径还需结合实践中涌现出的新问题，不断地深化、修正、调整和完善，在各界专家学者的共同努力下，把民族医药的传承和发展提高到一个新的水平。

综上所述，目前学术界尚未针对云南各民族医药从知识体系构建角度进行系统研究，本丛书从该角度进行研究，不仅可以最大限度地保护与传承各民族宝贵的医药文化遗产，亦可给云南各民族医药以准确的历史定位，使其为文化强国、乡村振兴、脱贫攻坚等国家战略贡献积极力量。本套丛书被列入国家“十三五”图书出版规划之后，其下各册图书又相继得到国家民族文字出版专项资金资助。全套书的编辑和出版得到了有关方面的大力支持和帮助。其中，云南大学出版社副社长蔡红华最早提出了编写这套丛书的构思，并在具体策划和编审过程中付出了辛勤的劳动，对丛书出版给予了全力支持。各分册的责任编辑皮晓易、严永欢、范娇、李平、谭丽娜为图书的编辑出版倾心尽力，郭家骥、林超民、王正坤、马双成、郑进、方文才、钱子刚、郭增军、师有福、王继超、张纯德、范兵、李海山、茅向军、郑健等诸位专家与前辈多年来无私地为团队从事云南民族医药研究及本套丛书的编写提供诸多帮助、支持与咨询；在此一并表示感谢！

① 李振吉：《中医标准体系构建研究》，中国中医药出版社 2010 年版，第 8 页。

本丛书在研究与出版过程中得到了云南省食品药品监督检验研究院、云南中医药大学、云南省各地州县市政府部门及当地的药检部门、民族医药研究所、中医院、卫生院、文化馆、图书馆、档案馆、民宗委等单位领导、专家与同行的大力支持，在此表示衷心的感谢！

徐士奎

2021 年 9 月 20 日于昆明呈贡

徐士奎，“云南民族医药系列丛书”总主编，云南省食品药品监督检验研究院副主任药师，兼任全国药检系统民族药专业委员会副秘书长、中国中药协会中药数字化专业委员会委员、中国民族医药学会科普分会专家委员会委员、中国民族医药学会彝医药分会理事、中国民族医药协会理事、云南省民族民间医药学会彝医药文化专业委员会常务副主任委员。2016 年云南省中医药管理局成立彝医药古籍文献及名老专家学术经验整理研究工作小组，担任彝药与方剂整理组组长。被云南省中医药管理局和云南中医药大学聘为彝医学本科教材《彝药学》《彝医经典选读》主编，《中国中医药年鉴（学术卷）》民族医药方向撰稿人。主持或参与国家社科基金项目 3 项，省部级、地厅级等项目十余项；相关研究成果获得省部级奖一等奖 2 项、二等奖 2 项、三等奖 2 项。致力于将民族医药知识体系构建应用与传承创新的相关理论与理念融入中药民族药质量控制、监管研究、产业开发等领域，旨在阐明少数民族医药在中国传统医药学的地位及其贡献，促进民族医药的产业开发与品牌培育。

前 言

《云南民族医药文献目录提要》的编撰是基于国家社科基金项目“云南少数民族医药文献联合目录编纂与研究”项目实施了长达5年的基层调查和文献研究，通过多种途径与方法，在搜集了大量云南少数民族医药古籍文献原本、复印件、影印译注版本和现代民族医药文献的书目信息基础上整理、分类编纂成书。这是一部民族性、文献性、学术性、专科性都很强的专业目录检索工具。

“民族医药古籍文献”时限的划分按目前国内主要观点以“部分少数民族文献可延至1949年10月建国以前”为界。收录版本类型包括多种少数民族文字或与汉文字合璧的手抄本、绢帛本、木刻本、石印本、铅印本、油印本、贝叶经及上述文献的复制品等。本书收录的“民族医药古籍文献”共429种，载体形式多为贝叶、自制构树皮纸、绵纸等，记录方式多为手抄、刻写、石印或木刻油印，经籍多为民族文字刻写。这些古籍抄本、写本或刻本等文献中，藏族的48种、彝族的97种、瑶族的22种、傣族的182种、纳西族的56种、普米族的24种，很多古籍文献是第一次被调研和采集，在此之前从未被报道或译注过，未参加过任何普查，未被其他文献或工具书记载。本次调研真实反映了这些珍贵古籍的收藏和保存情况，具有重要的民族医药、民族文化和历史文献价值。

“民族医药现代文献”收录范围限国内出版物，以在国家图书馆、超星、CALIS系统等公开网络信息中能查询到的出版物为主。

编纂本书目时，将调研采集到的原始书目数据经核对、考证后，删除不含民族医药内容的中医药类、兽医、命相类古籍、期刊文献数据，删除数据不完整的条目后，有效数据为1938条；经反复审核比对，去除重复数据、合并复本信息后，对最终数据1568条分别进行分类著录和编目。先按“文献属性”归类书目信息，再按文献“民族属性”分类组织。具体分为：

一、民族医药古籍文献及影印再版译注文献，共591种，包含民族医药古籍文献

429 种，民族医药古籍影印再版译注文献 120 种，民族古籍影印再版译注文献含医药内容的文献 42 种。

二、民族医药图书等现代文献，共 782 种，包含民族医药专著 410 种，民族医药教材 112 种，民族医药论文集 19 种，民族民间草药验方疗法图书 88 种，中医药类综合类图书含民族医药内容的图书 121 种，民族药用植物及现代研究图书 16 种。

三、民族医药文献检索工具、参考工具书，共 196 种，包含民族医药专科工具书 65 种，医药学综合类工具书含民族医药内容的图书 80 种，综合类检索工具书含民族医药内容的文献 51 种。

每一大类后再按“民族属性”列出各民族文献目录，按照条目数量和音序进行编排。小类目下文献数量较少或每个民族的文献目录数量少于 3 种的，不再分民族类别而合并归入“其他民族”一并列出。

收录的云南 25 个世居少数民族医药文献种数为：藏族文献 388 种，彝族文献 182 种，瑶族文献 38 种，壮族文献 38 种，苗族文献 33 种，蒙古族文献 24 种，回族文献 15 种，满族文献 5 种，布依族文献 4 种，水族文献 4 种；云南特有（独有）少数民族傣族文献 253 种，纳西族文献 89 种，普米族文献 28 种，拉祜族文献 11 种，哈尼族文献 9 种，白族文献 9 种，傈僳族文献 6 种，德昂族文献 5 种，独龙族文献 5 种，佤族文献 5 种，阿昌族文献 4 种，基诺族文献 4 种，布朗族文献 3 种，景颇族文献 3 种，怒族文献 3 种；同时还收录了我国其他省份少数民族医药文献：维吾尔族文献 26 种，土家族文献 21 种，朝鲜族文献 17 种，侗族文献 10 种，畲族文献 6 种，哈萨克族文献 5 种，羌族文献 5 种，黎族文献 4 种，毛南族文献 3 种，鄂伦春族、鄂温克族、仫佬族文献各 2 种，达斡尔族、赫哲族、柯尔克孜族、塔吉克族、锡伯族、仡佬族文献各 1 种，多民族综合文献 291 种。

《云南民族医药文献目录提要》收录的民族医药专科文献目录信息数量较多，范围较广，著录项目较为丰富，能较全面地反映文献的收藏、出版状况，可以为广大学者提供较好的参考和专题检索帮助，希望能对少数民族医药工作者的研究和学习有所裨益。

因编者学识有限，错漏之处难免，请同人们不吝指教。

云南少数民族医药文献联合目录编纂与研究课题组

《云南民族医药文献目录提要》编委会

2019 年 10 月

目 录

凡　例

《云南民族医药文献目录提要》收录云南少数民族医药专科或综合文献，著录民族医药古籍和现代文献书目信息，旨在较全面、准确地反映云南少数民族医药古籍和现代文献的存藏佚情况。我们将各古籍收藏单位和个人所收藏图书资料的普查信息登记入调查表，作为档案长期留存，以备查考，分类整理编纂《云南民族医药文献目录提要》。

《云南民族医药文献目录提要》编纂体例、正文格式等参照《全国中医图书联合目录》《中国中医古籍总目》《全国古籍普查登记目录》编写，同时结合云南民族医药文献自身的特点，突出了民族医药古籍不同于中医古籍的载体、文字、刻抄等特点，注重民族性、地域性和学术性。

《云南民族医药文献目录提要》的体例为：前言、目录、凡例、文献收藏单位和个人一览表、正文、附录、索引等。

一、民族医药古籍文献及影印再版译注文献收藏单位和个人名录

经统计，本项目收录古籍收藏单位（或个人）共涉100余个，因为少数民族医药古籍文献大部分为孤本，一般都具有唯一性的特点，存在副本的情况极少，较少出现多个单位或个人收藏有同一版本的情况，故而在编撰联合目录时，著录每一种古籍文献的收藏单位或个人信息，更便于读者直接检索到文献的存藏佚情况。列出古籍收藏单位和个人名录表，在正文部分后附“民族医药古籍、影印再版译注文献收藏单位和个人音序索引”，对每个收藏单位或个人所藏图书目录的流水号进行标记，不制作收藏馆代码表。现代文献因复本数量巨大，在网络或各大书店均可查询和购买，在各大图书馆也有藏书，检索和利用方便，且涉及单位太多不具有著录意义，故未标注收藏单位和个人信息，亦未使用收藏馆或个人代码来描述。

二、正文

“正文”分列少数民族医药古籍文献（含古籍复印复制件及抄本、影印再版译注等）、现代民族医药图书资料、民族医药文献检索工具参考工具书三个部分。每一大类文献再细分二级类目，按民族属性归类后按书目汉语正题名音序排 列，以方便查找。

根据文献类型不同的特点，每种民族医药文献目录信息的基本著录内容有所区别：

（一）古籍的著录 突出民族医药古籍的特点，反映古籍的主要内容、载体形式、版本及收藏情况（包含复本），注重内容提要、版本信息、存佚、收藏及普查出版情况的著录。此类文献属民族医药类古籍文献，大多单独保存和收藏，很多没有分类，多为自行编号，故不著录中国图书馆图书分类号。

流水号：民族医药文献目录编号

题名项：主要书名、民族语言题名、并列书名、附录及其卷数等

民族语言题名项：民族语言题名及语种说明

正文文种：正文的文种

内容提要：文献的主要内容及相关说明

著者项：主要著者、其他著者姓名、著作方式等，包含团体责任者信息

字数：古籍文献大约字数统计

版本项：成书年代、刻抄年代、刻抄地、文献载体形式、版本类型、文献尺寸等

页数：总页数

版式项：插图、书口装订、装帧形式等

保存状况项：对保存状况、保存环境、古籍缺损情况等补充说明

普查及整理项：说明是否参与过普查、出版、整理译注的情况

收藏情况：古籍文献的收藏单位或个人及地址

（二）古籍影印再版译注本的著录 现代译注影印再版的古籍，注重反映古籍主要内容及译注再版信息的著录，著录版权信息页的 ISBN、中国图书馆图书分类法分类号、撰著者信息等，以方便查检利用。

流水号：民族医药文献目录编号

题名项：主要书名、民族语言题名、并列书名、附录及其卷数等

民族语言题名项：民族语言题名及语种说明

正文文种：正文的文种

内容提要：文献的主要内容及相关说明

ISBN 或统一书号（CN）：ISBN 或统一书号（CN）的标识号

主题词：主题词

中图分类号：文献收藏单位分配的中图分类号

著者项：主要著者、其他著者姓名、著作方式等，包含团体责任者信息

版本项：成书年代、刻抄年代、刻抄地点、出版者、出版地、出版社、出版年月、文献载体形式、版本类型等，如为常规纸质、铅印等则不做著录

页数：总页数

字数：出版字数统计

版式项：插图、书口装订、装帧形式等，常规左侧装订等不做著录

普查及整理项：说明是否参与过普查、出版、整理译注的情况

收藏情况：文献的收藏单位或个人及地址

（三）现代图书文献及资料等的著录 因现代图书文献在各馆的收藏量和复本量较大，注重文献版权项的著录以内容提要、主题词、中图分类号和版权页信息的著录为主，读者可根据文献题名、ISBN、著者项等多种信息进行查检和获取。

流水号：民族医药文献目录编号

题名项：主要书名、民族语言题名、并列书名、附录及其卷数等

民族语言题名项：民族语言题名及语种说明

正文文种：正文的文种

内容提要：文献的主要内容及相关说明

ISBN 或统一书号（CN）：ISBN 或统一书号（CN）的标识号

主题词：主题词

中图分类号：文献收藏单位分配的中图分类号

著者项：主要著者、其他著者姓名、著作方式等，包含团体责任者信息

版本项：出版地、出版社、出版年月

字数：出版字数统计

版式项：插图、书口装订、装帧形式等，常规左侧装订等不做著录

（四）参考工具书及检索工具等的著录 此类图书专业性较强，注重文献利用的各版权项的著录，从而方便学者们利用题名、ISBN、著者项等信息进行查检，以内容提要和版权页信息著录为主。

流水号：民族医药文献目录编号

题名项：主要书名、民族语言题名、并列书名、附录及其卷数等

民族语言题名项：民族语言题名及语种说明

正文文种：正文的文种

内容提要：文献的主要内容及相关说明

ISBN 或统一书号（CN）：ISBN 或统一书号（CN）的标识号

主题词：主题词

中图分类号：文献收藏单位分配的中图分类号

著者项：主要著者、其他著者姓名、著作方式等，包含团体责任者信息

版本项：出版地、出版社、出版年月

三、附录

附录 1：中国少数民族主要分布区域地图

附录 2：云南少数民族名录

附录 3：新中国成立以来民族医药大事记。我们编撰了新中国成立以来民族医药的大事记，其中特别突出了民族医药文献工作的相关情况。

四、索引

正文后附有："民族医药文献题名音序索引""民族医药文献按少数民族分类音序索引""民族医药古籍、影印再版译注文献收藏单位和个人音序索引"，读者可通过民族分类途径、书名途径、收藏者途径进行查检，检索途径的选择需根据已有的文献线索而定。

五、几点说明

（1）民族医药古籍文献历史久远，容易破碎，古籍文献的保存环境和状况好坏不一，从字迹清晰到字迹模糊，完好无损到残缺破烂、纸张变色腐蚀等，一般由文献所有人保管。我们对古籍文献的存藏情况做了调查，并著录在条目中。尽量采用拍照、复印、影印、扫描等方法复制复件，同时填写"云南少数民族医药文献信息采集表"等，记录文献的收藏保存情况，详细著录各项信息，归入民族医药古籍类目中；采集中发现，很多文献是以前普查时没有收录过的，有较高价值，在古籍的文献条目中已做了说明，以利于学者们了解文献的基本情况和开展古籍文献的挖掘与整理研究。如有的傣族家传的纸板经只提供了复制件或做了封面、封底、部分正文的拍照采集等，经最后核对无误后把信息录入"云南少数民族医药文献信息数据表"中，进而开展《目录提要》编撰。

（2）很多古籍文献为非公开查阅，且为少数民族语言编撰，较为珍贵，有的收藏于专门的柜子或供奉于神龛之上，专人保管和使用，相关信息采集难度较大。但在调研和著录信息时，为保证能较全面反映古籍情况，经多方协调，在收藏单位及管理人员、当地民族医生的协助、翻译下，尽可能采集了民族语言题名（或汉译名）、内容提要、题名语种、版本、字数、总页数等项，均著录入条目信息。

（3）有些古籍文献使用民族语言和文字刻写，艰涩难懂，且日久风化破损，相当珍贵，少数文字缺失，后人亦未及对其内容进行研读破译，只对文献首页书名进行翻译归类收藏，尚未整理出内容提要，故有的条目只按民族医药文献条目归类，但未著录内容提要项。

（4）有的古籍书名是用民族语言手抄或刻写的，在“云南少数民族医药文献信息采集表”中和编撰本目录时均以汉语书名著录。少数民族文字题名因民族语言种类太多，如“古傣文”“老东巴文”等，且年代久远，很多文字字迹不清，能够识别和使用的民族医药工作者也极少了，绝大部分现代人无法译读，只能摘取图片信息，这对研究人员提出了很高的要求。我们在多位民族语言文字专家的帮助下，克服困难对民文进行了著录。如纳西族东巴文字的古籍《挪尼书》（音译）文献题名为“[illegible]”，《查看药物书，占卜，巴格占卜经》（音译）文献题名为“[illegible]”，均著录为“民族语言题名＋民族文字题名”，目前著录了傣文、彝文、藏文和纳西文的题名。

（5）近现代，傣医传抄古时傣医药经书等的纸板经、贝叶经、树皮书的手抄、手刻文献，因其珍贵价值和不可再生性，也著录入古籍目录中。

（6）民族医药古籍文献中由于一些少数民族不留姓名的习俗，很多原著中没有著者姓氏名称，且经多代高僧或民众抄刻传承，故无法考证著者，本目录中均不著录责任者（著者）项。

（7）遇有民族纪年时，考证准确的则按实际年代录入，如有描述不够详尽且考证后仍不能确定年代的，则据调查表原始信息录入。如藏族医药古籍《藏药学》成书年代原文记载为“木兔年”，属藏历的纪年方式，经考证，“藏历由于受到汉历的影响，从9世纪以来，藏历也一直采用干支纪年法，不同之处是以五行代替十干：甲乙为木，丙丁为火，戊己为土，庚辛为金，壬癸为水；以十二生肖代替十二地支即子为鼠、丑为牛……依此类推。木—寅、卯，火—巳、午，金—申、酉，水—亥、子，土—辰、戊、丑，农历中的年份是天干地支组合的循环，跟十二生肖结合起来，木兔年就是寅兔年”，但更具体的时间没有详注，为真实反映文献信息，我们也按“木兔年”著录，读者可深入研究。

（8）民族医药古籍文献多为用民族文字手抄或刻写而成，因为数量较大，传抄次数

太多，且因民族语言难懂等障碍，内容识别翻译工作都未能完成，更谈不上版本鉴定和考证，故未著录版本项。

（9）相同书名，考证为不同年代版本的文献，分别著录为不同的条目，在正文部分按文献类型、按民族、按题名编制，流水号相对集中；在正题名音序索引中按音序排列，并标识流水号，文献信息全部集中，便于读者查询。

（10）一些民族的少数民族医药古籍文献都统称为相同的名称，实则内容各不相同，且由不同的民族医生撰著刻写，产生了“同名异书”的现象，对此则分条著录。如傣族的医药书统称为《档哈雅》，不同地区有不同的摩雅撰写和传承下来；瑶族的很多医药书均统称为“救患科”“看病书”，则分别著录多条《救患科》《看病书》，分述每种文献的详细信息，强调每本文献的藏存佚信息。在书后正题名索引中在同一书名下著录所有流水号，以查全文献。

（11）文献研究中著录信息时忠实于原文献内容提要和信息采集表登记人的记述，有的语言描述不准确，若不影响对内容的理解则不做改动；如有明显错漏，则予以补正。收集的现代民族医药文献信息，在国家图书馆联合目录数据库、超星、读秀学术搜索、CALIS 系统中进行检索，对书名、作者、ISBN 进行补充、核实、查重，去除重复题录，并核对修正数据后才予采用和著录，以保证数据的准确性和质量。

（12）规范文献的正题名、民族语言题名、简要题名、并列题名项和各版权项信息的著录，以便于检索。

（13）通过对网络、其他研究者的研究报告、专著、论文等途径的文献研究查找搜集到一些古籍的基本信息，但现已佚失的书籍，则著录为“存目古籍”，并补充和核实文献版权项，收录编目。

（14）对于同书异名的情况，则均以统一的“正题名”加上“又名：……”来著录，在正题名音序索引中以轮排来标注多个流水号。如彝文医药古籍《娃娃生成书》又名《小儿生长书》，且版本相同，则信息著录为《娃娃生成书（又名：小儿生长书）》和《小儿生长书（又名：娃娃生成书）》，正题名音序索引中则用“娃娃生成书”和“小儿生长书”进行轮排，并标两个流水号以利于检索。如“聂苏诺期”“元阳彝医书”“尼苏诺期”“聂苏若期”“元阳彝族医药”为同一本书的不同版本，收藏于不同地点，名称也各异，实则为同书异名，则每条书目在正文部分分别著录，分别给予单独的流水号，并在书末正题名索引中对所有书名进行轮排，并著录所有流水号。

（15）大部分丛书和类书全书名因前缀无实质内容意义，且不便于分册（卷）的查找，故而在编排正文条目时以分册（卷）正题名音序来排序，著录时仍使用全书名，把每个民族的文献归属到相应类型和民族文献中，给出流水号。同时为了兼顾把丛书类书聚类，编制一条丛书、类书的文献题录，总体描述丛书和类书的卷册情况，并在《民族医药文献题名音序索引》中按音序编入，标引收录的该套丛书、类书分册的多个流水号。如《云南省少数民族古籍译丛》包含彝族的“尼苏夺节·彝族创世史诗”“夷僰榷濮（六祖史诗）”“裴妥梅妮苏嫫（祖神源流）”“尼补木司：彝族撒尼祭奠词”；哈尼族的“斯批黑遮·哈尼族殡葬祭歌”“哈尼阿培聪坡坡”；纳西族的“纳西东巴古籍译著”和其他不同民族卷册等，均按分册正题名“尼苏夺节·彝族创世史诗”“夷僰榷濮（六祖史诗）”“裴妥梅妮苏嫫（祖神源流）”“尼补木司：彝族撒尼祭奠词”“斯批黑遮·哈尼族殡葬祭歌”“哈尼阿培聪坡坡”“纳西东巴古籍译著”的音序排列编入彝族、纳西族、哈尼族等各民族文献类别中，但使用文献全名《云南省少数民族古籍译丛——*》著录，虽然增加了编排的难度，但是利于按丛书、类书归类检索和单本图书的检索，提供了更实用的检索途径，保证了查检的准确性和全面性。

（16）民族医药图书等现代文献、工具书、检索工具等，正文部分的著录文字仅使用“汉文”的则不著录文种，如使用民族语言或同时使用民族语言撰述的则著录其正文文种。如《哀牢本草》现代版本只使用了“汉文”，则不著录；《藏英汉对照藏医会话》正文部分使用了“汉文、藏文、英文”撰述，则在正文文种项著录为“正文文种：汉文、藏文、英文”；其余项仿此。

（17）民族医药图书有丰富的插图，本书目篇幅有限，也不是本目录编纂的重点，暂不做备注。

（18）傣族手写贝叶或构树皮古籍中，采集到有记载傣医医治牛、马等牲畜疾病和诊治方药的文献，均已删除；暂时还未考证清楚的信息，宁缺勿用，不予著录。

（19）本书中涉及的各地区彝族文献题名的书写，统一使用规范彝文。

民族医药古籍文献及影印再版译注文献收藏单位和个人名录

楚雄彝族自治州民族文化研究所

楚雄彝族自治州图书馆

德宏傣族景颇族自治州盈江县兴和村公所允哏寨奘房　银泉寺

德宏傣族景颇族自治州盈江县兴和村委会云哏社二社　刀保忠

迪庆藏族自治州藏医院柏玛丹争名医资料室

迪庆藏族自治州藏医院佛堂

迪庆藏族自治州图书馆

迪庆藏族自治州维西县永春乡拖枝大村三社　吉绍英

红河哈尼族彝族自治州河口瑶族自治县民族宗教事务局　李明辉

红河哈尼族彝族自治州金平县金河镇板板桥村　罗承阳等

红河哈尼族彝族自治州金平县民族局　罗文福

红河哈尼族彝族自治州金平县石桩村等村　黄金祥等

昆明市禄劝彝族苗族自治县茂山乡斗乌村委会养德村　李加禄（毕摩）

昆明市禄劝彝族苗族自治县民族宗教事务局　张健智等

昆明市禄劝彝族苗族自治县至租村　王建文

昆明市盘龙区　昌永云

昆明市石林彝族自治县档案馆

昆明市石林彝族自治县民委文史研究室（现石林县民族宗教事务民族研究所）

昆明市石林彝族自治县月湖镇大老挖村　毕凤林、黄玉峰

昆明市五华区　熊招

丽江市宁蒗彝族自治县

丽江市宁蒗彝族自治县大兴镇干河子社区第五组　依火乌撒

丽江市宁蒗彝族自治县拉伯乡加泽村委会树枝村　石宝寿

丽江市宁蒗彝族自治县拉伯乡托甸村委会布落村　石佳阿等

丽江市宁蒗彝族自治县拉伯乡油米村　石玉吓

丽江市宁蒗彝族自治县新营盘乡常青自然村（又称开发村）阿余双梯

丽江市玉龙纳西族自治县宝山乡吾木村委会吾木村　和学义、和茂春、木光、六十胡等

丽江市玉龙纳西族自治县鲁甸乡新主村委会红光社　和桂生

丽江市玉龙纳西族自治县鲁甸乡新主村委会红光社　和盛典

丽江市玉龙纳西族自治县塔城乡陇巴村委会 10 村　杨万清、和武

丽江市玉龙纳西族自治县塔城乡陇巴村委会 11 村　杨俊

丽江市玉龙纳西族自治县塔城乡陇巴村委会 2 村　陈四才、李文先

丽江市玉龙纳西族自治县塔城乡陇巴村委会补妥下村　和国秀（露鲁支系东巴）

丽江市玉龙纳西族自治县太安乡天红村委会天红村　杨学红

临沧市双江拉祜族佤族布朗族傣族自治县　张文彬

临沧市永德县大众书社

四川凉山州木里县俄亚乡（当地民族与云南少数民族跨境而居）拖丁村　英丹茨理等

四川凉山州木里县依吉乡（当地民族与云南少数民族跨境而居）机素村、达都村、后所村　麦色偏处、邀基扎拉、扎西、南卡、东龙·阿巴

文山壮族苗族自治州富宁县

文山壮族苗族自治州广南县

文山壮族苗族自治州广南县底圩乡石尧村委会那学村　卢经龙

文山壮族苗族自治州广南县底圩乡同剪村民委会那洪村　盘应晓

文山壮族苗族自治州麻栗坡县

西双版纳傣族自治州傣医医院

西双版纳傣族自治州景洪市　岩香

西双版纳傣族自治州景洪市大勐龙镇

西双版纳傣族自治州景洪市大勐龙镇　岩罕（康朗罕）

西双版纳傣族自治州景洪市大勐龙镇　岩康

西双版纳傣族自治州景洪市大勐龙镇　康朗亮

西双版纳傣族自治州景洪市大勐龙镇　康朗龙

西双版纳傣族自治州景洪市大勐龙镇　岩旺

西双版纳傣族自治州景洪市大勐龙镇曼扣村　岩康

西双版纳傣族自治州景洪市大勐龙镇曼纳囡村　岩温

西双版纳傣族自治州景洪市大勐龙镇小街

西双版纳傣族自治州景洪市嘎洒镇曼达村　岩罕香

西双版纳傣族自治州景洪市嘎沙曼沙村　岩洪脑

西双版纳傣族自治州景洪市嘎沙曼沙村委会曼栋老栋　岩吨栋

西双版纳傣族自治州景洪市景哈乡景哈村　波柏光

西双版纳傣族自治州景洪市景哈乡景哈村　波香温

西双版纳傣族自治州景洪市景洪市勐罕镇曼嘎俭村　艾诺

西双版纳傣族自治州景洪市曼栋曼栋龙村 8 号　岩南说

西双版纳傣族自治州景洪市曼贺纳村　岩温、波涛温

西双版纳傣族自治州景洪市曼贺纳村　波旺、岩香

西双版纳傣族自治州景洪市勐罕镇　岩翁罕

西双版纳傣族自治州景洪市勐罕镇　波罕洪

西双版纳傣族自治州景洪市勐罕镇曼法村　岩罕单、岩翁罕

西双版纳傣族自治州景洪市勐罕镇曼法村　岩翁罕

西双版纳傣族自治州景洪市勐罕镇曼法代村　岩燕

西双版纳傣族自治州景洪市勐罕镇曼法代村　波罕燕

西双版纳傣族自治州景洪市勐罕镇曼嘎俭村　艾诺

西双版纳傣族自治州景洪市勐罕镇曼景欢村　波玉波

西双版纳傣族自治州景洪市勐罕镇曼脑村　岩洪温

西双版纳傣族自治州景洪市勐罕镇曼脑村　岩温洪

西双版纳傣族自治州景洪市勐罕镇曼脑村　岩温洪脑

西双版纳傣族自治州景洪市勐罕镇曼脑村　波温洪脑

西双版纳傣族自治州景洪市勐罕镇勐罕镇曼秀村　波温洪

西双版纳傣族自治州景洪市勐龙镇

西双版纳傣族自治州景洪镇曼阁佛寺

西双版纳傣族自治州勐海县打洛镇　岩尖

西双版纳傣族自治州勐海县打洛镇　康朗顿

西双版纳傣族自治州勐海县勐混乡　岩顿

西双版纳傣族自治州勐海县勐混乡　岩温

西双版纳傣族自治州勐海县勐混乡曼飞村　岩温飞

西双版纳傣族自治州勐腊县象明乡 波岩糯波村　岩糯

西双版纳傣族自治州勐腊县象明乡（龙骨）波叶

西双版纳傣族自治州勐腊县勐润乡曼沙囡村　阿奴满

西双版纳傣族自治州勐龙镇曼南村　波岩温

西双版纳傣族自治州勐养镇曼纳庄　波丙

西双版纳傣族自治州民族医药研究所

玉溪地区玉溪市民族宗教事务局

玉溪市峨山彝族自治县民族宗教事务局　李增华

玉溪市通海县里山彝族乡芭蕉村公所葫芦田，芭蕉村　普发启、李发元

玉溪市新平彝族傣族自治县桂山镇　普家学

玉溪市新平彝族傣族自治县平甸乡梭克村民委员会马厂自然村　李家荣（毕摩）

玉溪市新平彝族傣族自治县平甸张磨皮村

玉溪市新平彝族傣族自治县新化乡彝族毕摩　柳长荣

玉溪玉溪市新平彝族傣族自治县新化乡小黑达自然村　柳长荣、普朝富

玉溪元江县澧江镇弯街村　白文瑞

玉溪元江县洼垤乡坡垤村　李和宝

云南省中医药民族医药博物馆

云南中医药大学（原云南中医学院）民族医药学院

云南中医药大学（原云南中医学院）图书馆　滇文轩

云南中医药大学（原云南中医学院）图书馆中医药图书借阅室

云南中医药大学（原云南中医学院）图书馆医药样本书工具书室

中国彝族文献图书馆

一、民族医药古籍文献及影印再版译注文献

（一）民族医药古籍文献

1. 傣　族

流水号：10001

《阿皮踏麻基干比》

民族语言题名：ဘ ဘၜေ ဝမ္ဗ မ္ဘာ ရ ကမ္ဗေ ဌ၆

其他题名文种：傣文

正文文种：傣文

内容提要及说明：傣医手抄本在民间流传最为广泛，历代傣医古籍手抄本的流传对傣医药的发展起到了巨大的推动作用。《阿皮踏麻基干比》为傣医药古籍，同《档哈雅龙》《嘎牙山哈雅》《及打撇达》《萨打依玛拉》等傣医药著作一起流传至今。因受佛教的影响，很多古籍手抄本均不署名。《阿皮踏麻基干比》在其他文献中有记述，但未采集到原书。

收藏：存目古籍

流水号：10002

《昂谷打腊尼该》

民族语言题名：ဘ်ၵ႑ ဂပ္ဓ တ လ ၵ၆ ကၡ

其他题名文种：傣文

正文文种：傣文

内容提要及说明：该书记载了南传上座部佛教的原始教义、南传上座部佛教在西双版纳的传播情况，以及当时西双版纳的社会、政治、经济、文化、宗教、哲学、医学等历史情况。贝叶刻本，尺寸为480×42毫米，共514页，133.64千字，绳串联梵夹装。保存状况良好，保存环境良好，保存完好。

收藏于：西双版纳傣族自治州民族医药研究所、西双版纳傣族自治州傣医医院

流水号：10003

《八雅》（药方）

民族语言题名：ၯာ� ပါ

其他题名文种：傣文

正文文种：傣文

内容提要及说明：傣族医药古籍文献。绵纸抄本，共24页。书目信息于2006年9月在勐罕镇曼嘎俭村由玉康对艾诺进行调查整理。艾诺，傣族，景洪市勐罕镇曼嘎俭村人，生于傣历1310年2月20日，即1948年12月26日，曾进皖匡佛寺当和尚，后入嘎里小学、允景洪中学读书。1969年9月9日起，进入云南人民广播电台第二编辑部，当过记者、编辑、傣文翻译、傣语播音员，是第一个用傣、汉两种文字采写新闻稿件并同时播发新闻的记者。

收藏于：西双版纳傣族自治州景洪市勐罕镇曼嘎俭村 艾诺

流水号：10004

《巴吉抵》

民族语言题名：ပ ဝဵၼ တဵ

其他题名文种：傣文

正文文种：傣文

内容提要及说明：书中记载了用于治疗产期疾病、腰背痛、肢体麻木、心脏病、肠胃寒证、哮喘咳嗽、肝炎黄疸、睾丸肿痛、脘腹绞痛、腹痛腹泻、高热癫狂、食物中毒、溃疡生脓、疔疮痈疮、皮肤瘙痒、痉挛抽搐、头痛头昏、风湿热痹、疟疾发烧、周身浮肿、硬结硬块、尿急尿痛、便稀便秘、肠炎胃炎等疾病，止血止痛、清热解毒等的配方1000多种，几乎囊括了日常病症及部分疑难杂症，资料翔实，内容丰富，很多方药至今仍在民间广泛运用。传抄，贝叶刻本，尺寸为480×60毫米，共744页，约267.84千字，绳串联梵夹装。保存状况良好，保存环境良好，保存完好。

收藏于：西双版纳傣族自治州民族医药研究所、西双版纳傣族自治州傣医医院

流水号：10005

《巴腊吉》

民族语言题名：ပ လ ၓဵၵျ

其他题名文种：傣文

正文文种：傣文

内容提要及说明：傣族医药古籍。本书依据“四塔五蕴”理论和傣医诊断疾病的方法，按患者症状、诊断疾病、用药来确定所用药引、内服或外用。可选用的外用方法有搽、擦、揉、捏、拖、拍等，或可选择坐（药）或睡（药）的模式来治疗。共录入治疗各种疾病的处方260多个，药物达530多种，还介绍了几种膏剂、丸剂、散剂的制作方法，其中疗效显著的方药被作者誉为“值一百金”“贵如千金”。传抄，贝叶刻本，尺寸为480×60毫米，共516页，约154.8千字，绳串联梵夹装。保存状况良好，保存环境良好，保存完好。

收藏于：西双版纳傣族自治州民族医药研究所、西双版纳傣族自治州傣医医院

流水号：10006

《巴力往》

民族语言题名：ᨷ ᩃᩮᩬ ᩅᩢ᩠ᨦ

其他题名文种：傣文

正文文种：傣文

内容提要及说明：傣医药古籍文献。该书系统性地概述了行医做人、治病用药的基本原则，指出医生要把病人的利益与幸福放在首位，应该把行医视作个人的修持，而不是一种求取名利及糊口的手段，还指出用药要分清主次。传抄，贝叶刻本，尺寸为 480×60 毫米，共 580 页，约 185.6 千字，中间装订，绳串联梵夹装。保存状况良好，保存环境良好，保存完好。

收藏于：西双版纳傣族自治州民族医药研究所、西双版纳傣族自治州傣医医院

流水号：10007

《别呀赫奔》

民族语言题名：ᨷᩮ᩠ᨿ ᨿᩣ ᩉᩮ ᨻᩪ᩠ᨶ

其他题名文种：傣文

正文文种：傣文

内容提要及说明：傣医药古籍文献。书中记录和详释了如何预防凶恶、防疾病、防别人使坏、除恶除邪、寻找失传的民间秘法。书目信息于 2007 年 2 月由克原秀在允哏寨二社对刀保忠进行调查整理。

收藏于：德宏傣族景颇族自治州盈江县兴和村委会允哏寨二社　刀保忠

流水号：10008

《波嘎腊班牙迪》

民族语言题名：ᨻᩮᩬ ᨣ ᩃ ᨷᩢ᩠ᨶ ᨿᩣ ᨴᩦ

其他题名文种：傣文

正文文种：傣文

内容提要及说明：含傣医药内容的古籍。主要讨论不同种类的人。传抄，贝叶刻本，尺寸为 480×57 毫米，共 151 页，58.89 千字，绳串联梵夹装。保存状况良好，保存环境良好，保存完好。

收藏于：西双版纳傣族自治州民族医药研究所、西双版纳傣族自治州傣医医院

流水号：10009

《波罕短干若呀康坦荡哈列塔都荡西》（关于傣医傣药方面的问题）

民族语言题名：ᨻᩳ ᩉᩢ᩠ᨶ ᨴᩬ᩠ᨶ ᨠᩢ᩠ᨶ ᨿᩣ ᨡᩢ᩠ᨶ ᨵᩢ ᨴᩢ᩠ᨦ ᩉᩖ᩶ ᨵᩣ ᨲᩩ ᨴᩢ᩠ᨦ ᩈᩦ

其他题名文种：傣文

正文文种：傣文

内容提要及说明：傣医药古籍文献。该书简略介绍了傣族医药发展史、傣医人体生理解剖；解释了人体生理现象和病理变化的风、火、水、土；记述了人类生命的起源、体内风、火、水、土间的共栖平衡关系等。贝叶经。波丙（ᨻᩳ ᨷᩥ᩠ᨦ）收藏。波丙又叫岩拉，8 岁时出家当小和尚，19 岁升为佛爷，还俗后又名康朗拉。波丙家的经书是用贝叶刻写的，由于时间较长，有的贝叶经已经残缺，有的被虫蛀，有的被撕烂只剩下一半，但波丙还是把它们视作宝贝，用黄土布包了一层又一

层。书目信息于 2007 年 5 月由玉腊在勐养镇曼纳庄对波丙进行调查采集。

收藏于：西双版纳傣族自治州勐养镇曼纳庄　波丙

流水号：10010

《波豪当哈雅》（药物经典）

民族语言题名：ပဓကျွေ ၆ဘဍေ တမ္ဂေ ၅ာ ၯ်ာe

其他题名文种：傣文

正文文种：傣文

内容提要及说明：傣医药古籍文献。绵纸抄本。该书为波岩温（ဩ၃ေ ဘ၃ျe ဘ၃ၒ၆ေ）收藏，波岩温又名岩香，男，傣族，曼南村人。他 12 岁在瓦治巴龙南罕（音译）当和尚，17 岁还俗。家住曼南村最南边，家屋附近都是稻田，前边是茂密的竹林，还有一条清澈的小河。波岩温家居住的是新式傣族楼房，全家有 7 口人，经济来源主要是种植橡胶、水稻获得的收入，在当地属富裕人家。波岩温老人在村里算是一个有知识、有地位的人，收藏有多部经籍。书目信息于 2007 年 4 月由玉腊在勐龙镇曼南村对波岩温进行调查收集整理。

收藏于：西双版纳傣族自治州勐龙镇曼南村　波岩温

流水号：10011

《达沙斑》

民族语言题名：၆ဒျe ဿ ၯ်ၒ

其他题名文种：傣文

正文文种：傣文

内容提要及说明：傣医药古籍文献。贝叶经。曼阁佛寺收藏。曼阁佛寺（傣语称“洼拉所深曼阁”，简称“洼曼阁”）位于景洪市允景洪澜沧江岸边的曼阁寨西面，离江仅几十米，是景洪地区有影响的佛寺之一。全寺布局紧凑，建筑简洁、古朴，别具一格，是傣族人民智慧的结晶。1984 年 11 月 2 日，被西双版纳傣族自治州人民政府列为重点文物保护单位。曼阁佛寺收藏的贝叶经及纸本经典籍，十分珍贵，大部分保存完好，只有少部分由于保存年限较长，有的残缺不全，有的被撕烂成残片，但字迹可识。书目信息于 2007 年 5 月由玉腊对曼阁中心佛寺的曼阁波章进行调查整理。

收藏于：西双版纳傣族自治州景洪市曼阁佛寺

流水号：10012

《达沙维玛腊》

民族语言题名：၆ ဿ ဝဓe မွာ လာ

其他题名文种：傣文

正文文种：傣文

内容提要及说明：傣族医药古籍文献。传抄，贝叶刻本，尺寸为 525 × 60 毫米，共 11 页，绳串联。

收藏于：云南省中医药民族医药博物馆

流水号：10013

《达沙赞》

民族语言题名：၆ာ ဿ ၉ကျ

其他题名文种：傣文

正文文种：傣文

内容提要及说明：傣族医药古籍文献。传抄，贝叶经，刻本，尺寸为 505×60 毫米，共 135 页，绳串联。保存状况一般，保存环境良好，有缺损。

收藏于：云南省中医药民族医药博物馆

流水号：10014

《单哈雅》（药典）

民族语言题名：တမ္ဂေ ၵၢ ယၢ

其他题名文种：傣文

正文文种：傣文

内容提要及说明：傣族医药古籍文献，手抄绵纸经书。波伯光收藏。波伯光，男，傣族，退休人员，9 岁当和尚，18 岁还俗。波伯光家现住在景哈村曼沙湾小组，家中保存了很多经书，平日分装在两个袋子里，存放在主人卧室上方。在所有的经书中，年代久远的手抄绵纸经书有 10 本，用现代纸张抄写的有 7 本，其中有的经书用黄色布料做封面和封底，《单哈雅（药典）》为其中一本。书目信息于 2007 年 4 月由玉康龙在曼哈村对波伯光等进行调查采集。

收藏于：西双版纳傣族自治州景洪市景哈乡景哈村　波伯光

流水号：10015

《档哈哈帕雅》

民族语言题名：တမ္ဂေ ၵၢ ဘၢး ယၢၷ

其他题名文种：傣文

正文文种：傣文

内容提要及说明：讲述人体的各种疾病，例如：拢尚拢、沙里坝、拢沙龙、拢麻想乎、拢牛、拢档来、拢檬沙很等。传抄，纸质，手抄本，尺寸为 360×130 毫米，共 11 页，经折装，上口装订，保存状况差，有缺损。已普查，未整理，未出版。

收藏于：西双版纳傣族自治州民族医药研究所、西双版纳傣族自治州傣医医院

流水号：10016

《档哈哈帕雅毫雅帕沙傣》

民族语言题名：တမ္ဂေ ၵၢ ဘၢး ယၢၷ ၐၢဂေ ယၢ ဘၢ သၢ ၆ၐ

其他题名文种：傣文

正文文种：傣文

内容提要及说明：该书是由康朗腊（ၶ ၯၢၵ ၯၜေ）多年积累收集记载成书的傣族医药书。该书记载了傣医诊治方药 2016 方，其中大方药有 150 方，制剂小方有 11 方。该书有各种疾病方药和采药的时辰记载，收录有制备用料和用药的动物胆汁、药的水汁，傣医 40 种风病症、41 种水病症、60 种火病症，傣医病种 141 种疾病名及诊治疾病方药等内容。康朗腊抄写，纸质手抄本，尺寸为 370×270 毫米，共 32 页，55 千字，上口装订。保存状况一般，保存环境一般，缺损。已普查。

收藏于：西双版纳傣族自治州景洪市勐罕镇曼法村　岩罕单、岩翁罕

流水号：10017

《档哈外芽》

民族语言题名：ᨲᩣᩴ ᩁᩣ ᨿᩣ ᩅᩥ ᨿᩣ

其他题名文种：傣文

正文文种：傣文

内容提要及说明：该书主要论述诊病方法。传抄，纸质，手抄本，尺寸为360×130毫米，共25页，约13.6千字，经折装。保存状况差，保存环境一般，边角缺损，字迹因年久而模糊。已普查，未整理，未出版。

收藏于：西双版纳傣族自治州民族医药研究所、西双版纳傣族自治州傣医医院

流水号：10018

《档哈牙》（草医药典）

民族语言题名：ᨲᩣᩴ ᩁᩣ ᨿᩣ

其他题名文种：傣文

正文文种：傣文

内容提要及说明：书目信息于2006年9月在勐罕镇曼嘎俭村由玉康对艾诺进行调查整理。绵纸抄本，共32页。

收藏于：西双版纳傣族自治州景洪市勐罕镇曼嘎俭村　艾诺

流水号：10019

《档哈牙》（药典）

民族语言题名：ᨲᩣᩴ ᩁᩣ ᨿᩣ

其他题名文种：傣文

正文文种：傣文

内容提要及说明：傣族草医药典。抄写本。绵纸抄本，共12页。书目信息于2006年9月由玉康在勐罕镇曼嘎俭村对艾诺进行调查整理。

收藏于：西双版纳傣族自治州景洪市景洪市勐罕镇曼嘎俭村　艾诺

流水号：10020

《档哈牙贺迈》（草医药典）

民族语言题名：ᨲᩣᩴ ᩁᩣ ᨿᩣ ᩉᩬ ᨾ᩠ᨿᩮ

其他题名文种：傣文

正文文种：傣文

内容提要及说明：傣族草医药典。艾诺（ᩋᩣ᩠ᨿ ᩉ᩠ᨶᩬ）传抄，绵纸抄本，共139页。书目信息于2006年9月由玉康在勐罕镇曼嘎俭村对艾诺进行调查整理。

收藏于：西双版纳傣族自治州景洪市勐罕镇曼嘎俭村　艾诺

流水号：10021

《档哈雅》

民族语言题名：ᨲᩣᩴ ᩁᩣ ᨿᩣ

其他题名文种：傣文

正文文种：傣文

内容提要及说明：傣族医药古籍文献。康朗帕寺利（ᨡ ᩉ᩠ᩃᩣ᩠ᨦ ᨽᩕ ᩈ ᩁᩦ）传抄，共28页。

收藏于：西双版纳傣族自治州民族医药研究所、西双版纳傣族自治州傣医医院

流水号：10022

《档哈雅》（医药书）

民族语言题名：ᨲᩣᩴ ᩁᩣ ᨿᩣ ᨷᩮ᩠ᨿᩥ ᩁᩣ᩠ᨿ ᨿᩣ

其他题名文种：汉文、傣文

正文文种：傣文

内容提要及说明：该书记载了傣医常用的传统方药及傣医的诊病法。方药包括治疗浮肿、腹痛腹泻、久病不愈、头痛、头晕眼花、妇科杂病、小儿疾病、胸痛、沙里坝、拢沙龙、拢麻想乎、泌尿系疾病、风湿病等病症的方药。1989 年收，纸质，写本复印件，尺寸为 340×302 毫米，共 16 页，约 7000 字，上口装订，简装。保存状况一般，保存环境一般。未普查，未整理，未出版。

收藏于：西双版纳傣族自治州民族医药研究所、西双版纳傣族自治州傣医医院

流水号：10023

《档哈雅波罕燕》

民族语言题名：ᨲᨾ᩠ᩁᩤ ᩉᩣ ᨿᩣ（ᨻᩬᩁᩮ ᩉᩢ᩠ᨾ ᩃᩃᩣᨿᩢ᩠ᨶᩮ）

其他题名文种：傣文

正文文种：傣文

内容提要及说明：傣族医药古籍文献。波罕燕藏版记载的傣医方药有治疗发热胡言乱语、皮肤瘙痒、小便出血、发热发冷、食物中毒、腰痛、结石、泌尿疾病、全身疼痛等的方药，亦有大方制剂。传抄，勐罕自制构树皮纸，手抄本，尺寸为 300×250 毫米，共 30 页，约 1500 字，上口装订，线装。保存状况良好，保存环境一般，保存完好。

收藏于：西双版纳傣族自治州景洪市勐罕镇曼法代村　波罕燕

流水号：10024

《档哈雅波玉儿》

民族语言题名：ᨲᨾ᩠ᩁᩤ ᩉᩣ ᨿᩣ（ᨻᩬᩁᩮ ᨧᩢᨶᩮ ᩃᩣᨧᩢᩁᩮ）

其他题名文种：傣文

正文文种：傣文

内容提要及说明：傣族医药古籍文献。波玉儿藏版共 16 页。

收藏于：西双版纳傣族自治州民族医药研究所、西双版纳傣族自治州傣医医院

流水号：10025

《档哈雅》

民族语言题名：ᨲᨾ᩠ᩁᩤ ᩉᩣ ᨿᩣ

其他题名文种：汉文、傣文

正文文种：傣文

内容提要及说明：该书记载了傣医方药和星算等内容，诸如治疗浮肿、腹痛腹泻、久病不愈、头痛、头晕眼花、妇科杂病、小儿疾病、胸痛、拢沙里坝、拢沙龙、泌尿系疾病、风湿病等的治疗。1989 年收，纸质，写本复印件，尺寸为 355×300 毫米，共 30 页，约 13 千字，有插图，上口装订，简装。保存状况良好，保存环境一般。

收藏于：西双版纳傣族自治州民族医药研究所、西双版纳傣族自治州傣医医院

流水号：10026

《档哈雅》（康朗刀香嫩传把干）

民族语言题名：ᨲᨾ᩠ᩁᩤ ᩉᩣ ᨿᩣ（ᨡᩴ ᩉ᩠ᩃᩢ᩠ᨦ ᨴᩣ᩠ᩅ ᩃᩃᩣᩈᩮ ᨶᩢ᩠ᨶ ᨧᩫ᩠ᨶ ᨻᩣ ᨠᩢ᩠ᨶ）

其他题名文种：傣文

正文文种：傣文

内容提要及说明：傣族医药古籍。共21页。由把干收藏。

收藏于：西双版纳傣族自治州民族医药研究所、西双版纳傣族自治州傣医医院

流水号：10027

《档哈雅》

民族语言题名：တမ္ၶေ ၵျာ ပျာ

其他题名文种：傣文

正文文种：傣文

内容提要及说明：傣族医药古籍。封面为帆布，写有傣文书名。该书记载有口功、星算内容。主要论述治风痛药方、头晕眼花方、饮食调护方、皮肤湿疹方、咽喉肿痛方、各种皮肤病方药等。为民间家传。1990年刻抄，自制构树皮纸，共49页，8286字，上口装订，线装。保存状况一般。

收藏于：西双版纳傣族自治州景洪市大勐龙镇小街乡

流水号：10028

《档哈雅岩尖》

民族语言题名：တမ္ၶေ ၵျာ ပျာ（ဘြၡ်ေ [illegible]）

其他题名文种：傣文

正文文种：傣文

内容提要及说明：傣族医药古籍。共42页。

收藏于：西双版纳傣族自治州民族医药研究所、西双版纳傣族自治州傣医医院

流水号：10029

《档哈雅阿奴麻》

民族语言题名：တမ္ၶေ ၵျာ ပျာ ဘြာ ၵုမ မ္ၸမ

其他题名文种：汉文、傣文

正文文种：傣文

内容提要及说明：傣族医药古籍。该书为老傣医康朗腊（ၶ ဟ္လၵ ယ္လေ）的手抄本，收集了勐腊、勐海的《档哈雅阿奴麻》《档哈雅波迈叫》《档哈雅波应扁》《档哈雅岩甩》中的传统制剂、诊断方法及治病疗法，涉及的病种有：咽喉疼、眼睛疼、头痛、皮肤疾病、发冷发热、“拢阿麻巴呆坟”（半身不遂）、各种泌尿系疾病、各种妇科杂病、咳嗽、牙痛、“拢沙里坝”、肝病、风湿病，以及保健、强身的方药。1983年7月由康朗腊（ၶ ဟ္လၵ ယ္လေ）抄写，抄写地为西双版纳傣族自治州民族医药研究所，纸质，手抄本，尺寸为380×280毫米，共60页，56千字，上口装订，线装。保存状况一般，保存环境良好，保存完好。已普查，已整理，该书已由民族医药文献整理项目整理出版。

收藏于：西双版纳傣族自治州民族医药研究所、西双版纳傣族自治州傣医医院

流水号：10030

《档哈雅阿奴满》

民族语言题名：တမ္ၶေ ၵျာ ပျာ ဘြာ ၵုမ မ္ၸမ

其他题名文种：汉文

正文文种：傣文

内容提要及说明：该书讲述了傣医传统经方的药物组成、制法等，还介绍了如

何根据病人的肤色、血型确定用药。该手抄本还附载了从勐仑曼打鸠波卖叫、波陶问，勐海曼回贡波应扁、谢岩甩等几位老傣医处收集的验方。书中记载的各种单方验方和传统经方共计千余个。该书成书于400多年前，手抄本。全书共60页，约56千字。

收藏于：西双版纳傣族自治州勐腊县勐润乡曼沙囡村　阿奴满

流水号：10031

《档哈雅啊吕塔档细》

民族语言题名：တမ္ဖ ၍ာ ပ်ာ ဘၩာ လၯ ဓာ႗ ၆ၡ ၄

其他题名文种：汉文、傣文

正文文种：傣文

内容提要及说明：该书的传抄者是一位佛爷。书中记载了傣医理论中对疾病的认识，如“四塔”的变化与季节变化的关系，人体的气血与肤色的关系，肤色与用药的关系，居住环境与疾病的关系等，还记录了傣医对各种风证的诊断和治疗方药，以及傣医传统制剂的制法和作用。尤其是开篇就提出，医生理解和认识到“四塔”对人体的作用是非常关键的。纸质，写本复印件，尺寸为295×211毫米，共61页，约20千字，原稿为线装，左侧装订。简装，保存状况、环境一般。

收藏于：西双版纳傣族自治州民族医药研究所、西双版纳傣族自治州傣医医院

流水号：10032

《档哈雅巴朗》

民族语言题名：တမ္ဖ ၍ာ ပ်ာ ပ် လ၇

其他题名文种：傣文

正文文种：傣文

内容提要及说明：傣族医药古籍。该书记载了傣医疾病方药和傣医“四塔五蕴”理论部分和疾病的来源，以及小儿疾病的诊断治疗等。传抄，自制构树皮纸，手抄本，尺寸为360×280毫米，共32页，约20千字，线装。保存状况差，保存环境较差，缺损。

收藏于：西双版纳傣族自治州景洪市大勐龙镇曼纳囡村　岩温

流水号：10033

《档哈雅办咱那里》

民族语言题名：တမ္ဖ ၍ာ ပ်ာ ပ်ာၛ ၀ ၵာ လၸ

其他题名文种：傣文

正文文种：傣文

内容提要及说明：傣族医药古籍。成书年代不详。书中记载了产期疾病、腰背痛、肢体麻木、心脏病、肠胃寒证、哮喘咳嗽、肝炎黄疸、睾丸肿痛、脘腹绞痛、腹痛腹泻、高热癫狂、食物中毒、溃疡生脓、疔疥痈疮、皮肤瘙痒、痉挛抽搐、头疼头昏、风湿热痹、疟疾发烧、周身浮肿、硬结硬块、尿急尿痛、便稀便秘、肠炎胃炎、止血止痛、清热解毒等的治疗配方1000多个，几乎囊括了日常病症及部分疑难杂症。资料翔实，内容丰富，很多方药至今仍在民间广泛运用。该书是岩

罕（[illegible]）的手抄本，讲述和记载了傣医传统经方、方药制剂，包括 10 个大方，各种风症疾病与治疗方药。记载了诊治各种拢麻想乎疾病的方药、各种拢沙里坝的诊治与方药、拢沙龙的医治方药、解毒方药、孕妇生病方药。岩罕传抄，纸质，手抄本，尺寸为 212 × 344 毫米，共 26 页，11.96 千字，上口装订，简装。保存状况差，缺损，第 11 页缺，第 1、2 页缺损。

收藏于：西双版纳傣族自治州民族医药研究所、西双版纳傣族自治州傣医医院

流水号：10034

《档哈雅比响哈龙勐腊》

民族语言题名：[illegible]

其他题名文种：傣文

正文文种：傣文

内容提要及说明：傣族医药古籍。该书已下传四五代，目前由波岩糯（[illegible]）收藏。据说该书已有上千年历史，封面已严重缺损，封面布破烂。该书记载了傣医方药，如治疗大流血（血崩）、咳血、头昏眼花、心烦意乱、风湿致全身麻木酸痛、各种皮肤疾病、妇女月经不调、发热、结石等的方药，也有口功、咒语类，以及傣医采药时辰、加工等的记述。自制构树皮纸，手抄本，尺寸为 320 × 250 毫米，共 86 页，约 20 千字，有插图，上口装订，线装。保存状况差，保存环境较差，缺损。

收藏于：西双版纳傣族自治州勐腊县象明乡　波岩糯

流水号：10035

《档哈雅比咱哈》

民族语言题名：[illegible]

其他题名文种：傣文

正文文种：傣文

内容提要及说明：傣族医药古籍。成书年代已不可考，“比咱哈”是医生的意思。全书共 106 页，约 57 千字。书中收载了大量的传统经方、验方，以及傣医对解毒方、治疗“拢牛”（泌尿系统结石）方、治疗“害沙里坝”（冷热风毒邪）方的应用等。还论述了傣医对人体患风湿病的过程、转化和治疗方法的认识，提出了风病有“拢西十一占波”（四十一种风）和“拢西十占波”（四十种风）的分法，根据人的肤色分出不同血型予以不同的治疗。该书中收集了 3 位老傣医的治病方药，其一为勐腊康朗坝的甘比雅（大药方），其二为勐腊波扁治疗各种“拢”（风病）的方药，其三为曼贵（人名不详）医治多种疾病的方药（此部分已有 164 年历史）。除此之外，还有抄写人本身治疗拢麻想乎、拢沙里坝、小儿病的方药，并阐述了傣药的药性、药味，不同的药味如何用于治疗疾病。1983 年波岩糯（[illegible]）刻抄，刻抄地为勐腊县象明乡曼赛村。纸质，手抄本，尺寸为 280 × 265 毫米，共 107 页，57.24 千字，上口装订，线装。保存状况一般，保存环境一般，保存完好。已普查，未整理，未

出版。

收藏于：西双版纳傣族自治州民族医药研究所、西双版纳傣族自治州傣医医院

流水号：10036

《档哈雅波罕洪》

民族语言题名：တမွၔ ၵှၥ ယ်ၥ ၣ္ၜေ ၷမွ ၵှၣၷွေ

其他题名文种：傣文

正文文种：傣文

内容提要及说明：该书记载有傣医诊治方药和傣药大方药制剂，有熏蒸方药、睡药方药、腹痛腹泻方药、外包关节骨痛方药、头晕头痛方药、发冷发热疾病方药等。傣药大方药制剂有丸散剂方药。传抄，自制构树皮纸，手抄本，尺寸为 280 × 220 毫米，共 28 页，约 9000 字，线装。保存状况一般，保存环境一般。

收藏于：西双版纳傣族自治州景洪市勐罕镇　波罕洪

流水号：10037

《档哈雅波罕应》

民族语言题名：တမွၔ ၵှၥ ယ်ၥ ၣ္ၜေ ၷမွ ဘ္ဗိၵ္ၔ

其他题名文种：傣文

正文文种：傣文

内容提要及说明：该书是勐海县勐派曼飞波罕应传抄的。传抄于 1978 年，用新傣文抄写，封面有新傣文标题。该书主要记载傣医诊治方药，如治疗皮肤瘙痒、发热疾病、结石、风湿全身酸痛等的方药。传抄，抄写地为勐混镇。自制构树皮纸，手抄本，尺寸为 200 × 500 毫米，共 38 页，约 18 千字，折叠装。保存状况良好，保存环境一般，保存完好。

收藏于：西双版纳傣族自治州勐海县勐混镇曼飞村　岩温飞

流水号：10038

《档哈雅波磨勐龙》

民族语言题名：တမွၔ ၵှၥ ယ်ၥ ၣ္ၜေ ၆ၯၷ ၛမွဗိၵ္ ၆လၵ

其他题名文种：傣文

正文文种：傣文

内容提要及说明：该书记载了治疗口干、体黄、口水多的方药，还有心慌心悸方药、头痛方药、祛风大药方、祛除疾病方药、产后食物中毒方药、腹痛腹泻方药、头晕眼花方药、固胎方药、癫痫方药、泡酒方药、咳喘方药、各种高热疾病方药、风湿关节疼痛方药等。传抄，自制构树皮纸，共 70 页，21.9 千字，折叠装。

收藏于：西双版纳傣族自治州景洪市勐龙镇

流水号：10039

《档哈雅波涛法》

民族语言题名：တမွၔ ၵှၥ ယ်ၥ ၣ္ၜေ ၵှၵ ၵၥၜ

其他题名文种：傣文

正文文种：傣文

内容提要及说明：该书记载了傣医治疗各种风症、各种皮肤病、妇女小腹疼痛、结石症、腹痛腹泻、食物中毒、头昏头痛、咳嗽、发热疾病等的方药，还载有咒语祛除疾病的内容。传抄，抄写地为勐

罕镇曼法村，自制构树皮纸，手抄本，尺寸为350×270毫米，共80页，约55千字，线装。保存状况差，保存环境较差，缺损。

收藏于：西双版纳傣族自治州景洪市勐罕镇曼法村　岩翁罕

流水号：10040

《档哈雅波涛磨雅嘎囡》

民族语言题名：တမ္ဓ ၵှ ယ်ၥ ၛ္ဓ ၵ္ဒ ၯ္ဓ ယ်ၥ ကၥ ၄ဓ

其他题名文种：傣文

正文文种：傣文

内容提要及说明：傣族医药古籍。该书记载有治疗高热疾病方、“四塔”方药、“万应小药丸”方、皮肤湿疹方。19.825千字，线装。保存状况一般，保存完好。

收藏于：西双版纳傣族自治州景洪市勐龙镇小街乡

流水号：10041

《档哈雅波涛磨雅勐龙》

民族语言题名：တမ္ဓ ၵှ ယ်ၥ ၛ္ဓ ၵ္ဒ ၯ္ဓ ယ်ၥ ၵမ္ဓ ၶလ

其他题名文种：傣文

正文文种：傣文

内容提要及说明：该书记载了热风毒邪引起的各种病症，如全身发黄、发冷发热、咽喉肿痛、眼红、尿频尿急等。纸质，手抄本。

收藏于：云南省中医药民族医药博物馆

流水号：10042

《档哈雅波温法》

民族语言题名：တမ္ဓ ၵှ ယ်ၥ ၛ္ဓ ၁ၣ္ဓ ၵၥဓ

其他题名文种：傣文

正文文种：傣文

内容提要及说明：傣族医药古籍。该书封面完好，写有老傣医本人名和抄写年代日期字样。主要记载傣医诊治方药，有治疗皮肤瘙痒、腰痛、结石、泌尿疾病、全身酸痛麻木、妇科杂病等疾病的方药，还有口功、咒语、星算等内容。传抄，刻抄地为勐罕镇曼秀村。自制构树皮纸，手抄本，尺寸为350×230毫米，共87页，约20千字，有插图，上口装订，线装。保存状况一般，保存环境一般，保存完好。

收藏于：西双版纳傣族自治州景洪市勐罕镇曼秀村　波温洪

流水号：10043

《档哈雅波温洪》

民族语言题名：တမ္ဓ ၵှ ယ်ၥ ၛ္ဓ ၁ၣ္ဓ ၵၣ္ဓ

其他题名文种：傣文

正文文种：傣文

内容提要及说明：傣族医药古籍。该书自波温洪的祖父传下，至今已有三代，已无封面。该书记载有傣药制药大方药、傣药诊治疾病及医治方药、腹内块状方药、头昏头痛方药、腹痛腹绞痛方药、发热病方药、皮肤病方药、全身酸痛麻木方药、关节疼痛方药、预防牙脱方药、解食物中毒方药、妇女杂病方药、结石方药等。还记载有口功、咒语等。传抄，抄写地为勐罕镇。自制构树皮纸，手抄本，共90页，约42千字，线装。保存状况差，保存环境较差，缺损。

收藏于：西双版纳傣族自治州景洪市勐罕镇曼秀村　波温洪

流水号：10044

《档哈雅波叶》

民族语言题名：ᨲᩢ᩠ᨦ ᩉᩣ ᨿᩣ ᨻᩬ᩠ᨦ ᩃᩮ᩠ᨿ

其他题名文种：傣文

正文文种：傣文

内容提要及说明：傣族医药古籍。该书是勐腊县象明乡（龙骨）老傣医波叶祖传四代的折叠型傣医药书（纸板经）。该书记载了傣医“四塔”疾病理论和“四塔”疾病方药，如治疗全身酸痛麻木、发冷发热病、妇科杂病、各种皮肤疾病、头昏头痛、腹痛、腹泻等疾病的方药。刻抄地为景洪市嘎洒镇曼达村。自制构树皮纸，手抄本，共80页，约15千字，上口装订，线装。保存状况差，保存环境较差，缺损。

收藏于：西双版纳傣族自治州勐腊县象明乡（龙骨）波叶

流水号：10045

《档哈雅波应勐龙》

民族语言题名：ᨲᩢ᩠ᨦ ᩉᩣ ᨿᩣ ᨻᩬ᩠ᨦ ᩋᩥ᩠ᨶ ᨾᩮᩬᩥᨦ ᩃᩮᩬᨦ

其他题名文种：傣文

正文文种：傣文

内容提要及说明：傣族医药古籍。该书记载有毒虫方药、湿疹方药、小腹疼痛方药、癫痫方药、麻风和手关节疼痛方药、泌尿系疾病方药等。1973年4月传抄，纸质，共14页，3024字，中间装订。

收藏于：西双版纳傣族自治州景洪市大勐龙镇

流水号：10046

《档哈雅波玉波》

民族语言题名：ᨲᩢ᩠ᨦ ᩉᩣ ᨿᩣ ᨻᩬ᩠ᨦ ᩋᩩ᩠ᨿ ᨻᩳ

其他题名文种：傣文

正文文种：傣文

内容提要及说明：傣族医药古籍。该书已祖传四代。主要讲述傣医诊断疾病和医治方药、解食物中毒方药、浮肿水肿病方药、胎死腹中方药、头昏头痛方药、发热抽风疾病方药、发冷发热疾病方药，全身酸痛方药等，还有口功等内容。自制构树皮纸，手抄本，尺寸为250×200毫米，共74页，约20千字，线装。保存状况差，保存环境较差，缺损。

收藏于：西双版纳傣族自治州景洪市勐罕镇曼景欢村　波玉波

流水号：10047

《档哈雅波玉儿婻》

民族语言题名：ᨲᩢ᩠ᨦ ᩉᩣ ᨿᩣ ᨻᩬ᩠ᨦ ᩋᩩ᩠ᨿ ᩃᩪᨠ ᨶᩣ᩠ᨦ

其他题名文种：傣文

正文文种：傣文

内容提要及说明：该书记载了拢沙巴旧（各种痉挛）疾病方药、食物中毒大解方药、“四塔”疾病方药、皮肤疾病方药、气血疾病方药、治疗疮疖癣疾病方药、各种风湿病方药、咳嗽方药、腹痛腹泻方药、鼻出血方药、咽喉肿痛方药等。傣历 1213 年 9 月传抄，自制构树皮纸，手抄本，尺寸为 280×400 毫米，共 32 页，1120 字，有插图，上口装订，线装。保存状况一般，保存环境一般，缺损。

收藏于：西双版纳傣族自治州民族医药研究所、西双版纳傣族自治州傣医医院

流水号：10048

《档哈雅波在腊》

民族语言题名：တမ္ဒေ ၅ာ ပ်ာ ဣ၀ေ ၆ချ ၸ္လာ၉

其他题名文种：傣文

正文文种：傣文

内容提要及说明：该书记载傣医诊治疾病方药，有腹痛腹泻方药、便血方药、风湿疾病方药、熏蒸方药、发热发冷疾病方药、妇科疾病方药、各种皮肤疾病方药等。传抄，自制构树皮纸，手抄本，尺寸为 310×260 毫米，共 62 页，约 30 千字，线装。保存状况一般，保存环境一般。

收藏于：西双版纳傣族自治州景洪市勐罕镇曼法村　岩翁罕

流水号：10049

《档哈雅补英宰鲁旺》

民族语言题名：တမ္ဒေ ၅ာ ပ်ာ ဆပုဓ ယာၿဇ္ ၆ချ လပု႒ ဘူ၀ဌေ

其他题名文种：傣文

正文文种：傣文

内容提要及说明：傣族医药古籍。该书记载了大量的傣医传统方药，如治疗腹胀腹痛、止呕吐、止鼻衄、九窍出血、治疗难产、止血崩、治哮喘，以及治疗拢沙里坝、皮肤病、妇科杂症等的方药。1982 年 11 月复印，纸质，写本复印件，尺寸为 300×210 毫米，共 63 页，约 3700 字，上口装订，简装。保存状况差，保存环境一般。

收藏于：西双版纳傣族自治州民族医药研究所、西双版纳傣族自治州傣医医院

流水号：10050

《档哈雅补占》

民族语言题名：တမ္ဒေ ၅ာ ပ်ာ ပ်ပုေ ၀ာဌ

其他题名文种：傣文

正文文种：傣文

内容提要及说明：该书记载了傣医诊治疾病的方药和咒语、星算。傣医方药有：浮肿疾病方药、发热病方药、呃逆方药、腹痛方药、腹泻方药、咽喉疼痛方药、头痛方药、心慌心悸方药等。传抄，抄写地为景洪市大勐龙镇，自制构树皮纸，手抄本，尺寸为 330×280 毫米，共 60 页，约 25 千字，线装。保存状况一般，保存环境一般，缺损。

收藏于：西双版纳傣族自治州景洪市大勐龙镇　岩康

流水号：10051

《档哈雅傣当来》

民族语言题名：ᨲᩴᩣ ᩁᩣ ᨿᩣ ᨴᩱ ᨲᩢ᩠ᨦ ᩃᩣ᩠ᨿ

其他题名文种：傣文

正文文种：傣文

内容提要及说明：该书封面多处盖有古印章。专门记载有关傣医方药诊治疾病的内容，包括拢麻想乎、拢沙尤（咽喉疼痛）及各种发冷发热疾病等的诊治方药，还记载有疾病的起源和咒语等内容。传抄，抄写地为勐海县打洛镇。自制构树皮纸，手抄本，尺寸为250×240毫米，共100页，约37.5千字，有插图，线装。保存状况差，保存环境较差，缺损。

收藏于：西双版纳傣族自治州勐海县打洛镇　康朗顿

流水号：10052

《档哈雅傣泐塔都嘎他》

民族语言题名：ᨲᩴᩣ ᩁᩣ ᨿᩣ ᨴᩱ ᩃᩬᩥᩈ ᨵᩤ᩠ᨲᩩ ᨠᩣ᩠ᨳᩣ

其他题名文种：傣文、汉文

正文文种：傣文

内容提要及说明：傣族医药古籍文献。成书年代不详。该书讲述了傣医“四塔”与“五蕴”、季节与疾病的关系，以及人体体质、年龄与用药的关系，还有如何根据傣医传统人体解说所分的患病部位用药、傣医“四塔”学说对人体产生疾病的论述等，还记载了傣医的传统疗法，如睡药疗法、刺药疗法等，介绍了“麻想乎”（湿疹、风疹等）、“麻想害巴”（带状疱疹）、“拢沙里坝”（风热毒邪）、“拢匹勒”（月子病）、“拢习都”（麻风病）的治疗。书中收载的傣医单方、验方及传统方有上千个。传抄，纸质手抄本，尺寸为380×280毫米，共63页，46千字，上口装订，线装。保存状况一般，保存环境良好，保存完好。

收藏于：西双版纳傣族自治州民族医药研究所、西双版纳傣族自治州傣医医院

流水号：10053

《档哈雅迪勐滚》

民族语言题名：ᨲᩴᩣ ᩁᩣ ᨿᩣ ᨯᩦ ᨾᩮᩬᩥᨦ ᨣᩫ᩠ᨶ

其他题名文种：傣文

正文文种：傣文

内容提要及说明：该书为复印本。主要记载傣医诊治方药，如解食物中毒方药、皮肤病方药、风湿病方药、妇科杂病方药等，同时还记载了采药时辰和加工时辰。传抄本影印本，刻抄地为勐罕镇。纸质，尺寸为350×250毫米，共43页，约15千字，上口装订，平装。保存状况良好，保存环境一般，保存完好。

收藏于：西双版纳傣族自治州景洪市勐罕镇曼脑村　岩温洪脑

流水号：10054

《档哈雅顿多滇》

民族语言题名：ᨲᩴᩣ ᩁᩣ ᨿᩣ ᨲᩫ᩠ᨶ ᨲᩰ ᨴᩯ᩠ᨶ

其他题名文种：傣文

正文文种：傣文

内容提要及说明：傣族医药古籍。该

书记载有诊治发冷发热、头昏头痛、心慌心悸、骨痛麻木、妇科疾病、皮肤疾病等的方药，同时也记载了傣族口功、星算等内容。传抄，抄写地为景洪嘎洒镇曼达村。自制构树皮纸，手抄本，尺寸为320×250毫米，共72页，约23.8千字，上口装订，线装。保存状况差，保存环境较差，缺损。

收藏于：西双版纳傣族自治州景洪市嘎洒镇曼达村　岩罕香

流水号：10055

《档哈雅嘎龙》

民族语言题名：တမ္ဘေ ၵၥ ယ်ၥ ကၥၣ ၔလ္လၵ

其他题名文种：傣文

正文文种：傣文

内容提要及说明：傣族医药古籍。该书记载有星算、口功、咒语等内容，还记载有治疗各种发烧发热、骨痛筋痛、湿疹、发热头痛、手足尖头痛、咽喉红肿疼痛、腰痛、中暑、大汗淋漓、腹泻、失眠、心慌呕吐、妇科疾病、便血、止呕、止痛等的方药和“四塔”药。1987年传抄，抄写地为大勐龙镇小街乡。自制构树皮纸，手抄本，11.04千字，上口装订，线装。保存状况一般，缺损。

收藏于：西双版纳傣族自治州景洪市大勐龙镇小街乡

流水号：10056

《档哈雅嘎拢》

民族语言题名：တမ္ဘေ ၵၥ ယ်ၥ ကၥၣ လဥမ္ဘ

其他题名文种：傣文

正文文种：傣文

内容提要及说明：该书记载内容包括能祛除疾病的咒语、部分方药，如治疗各种风症的方药。传抄，纸质手抄本，尺寸为360×130毫米，共48页，约13.6千字，经折装。保存状况差，保存环境一般，边角缺损，字迹因年久而模糊。已普查，未整理，未出版。

收藏于：西双版纳傣族自治州民族医药研究所、西双版纳傣族自治州傣医医院

流水号：10057

《档哈雅嘎囡》

民族语言题名：တမ္ဘေ ၵၥ ယ်ၥ ကၥၣ ၵၿၔ

其他题名文种：傣文

正文文种：傣文

内容提要及说明：该书记载有婴儿满月祝福语，还记载了诊治大便出血、口干舌燥、头晕眼花、食物中毒、心慌心悸、鼻衄、泌尿疾病等的方药。传抄，自制构树皮纸，手抄本，2268字，上口装订，线装。保存状况一般，保存完好。

收藏于：西双版纳傣族自治州景洪市大勐龙镇小街乡

流水号：10058

《档哈雅嘎塔》

民族语言题名：တမ္ဘေ ၵၥ ယ်ၥ ဂၥ ၵၥ

其他题名文种：傣文

正文文种：傣文

内容提要及说明：该书记载有治疗人和牲畜的疾病方药，包括诊治孕妇腹痛、发热发冷、各种瘤疮、皮肤疾病，以及增力的方药等。传抄，自制构树皮纸，手抄本，尺寸为 270×210 毫米，共 36 页，约 10 千字，线装。保存状况、环境一般，缺损。

收藏于：西双版纳傣族自治州景洪市大勐龙镇　岩康

流水号：10059

《档哈雅敢满》

民族语言题名：ᨲᩴᩣ ᩉᩣ ᨿᩣ ᨠᩣ᩠ᨾ ᨾᩣ᩠ᨶ

其他题名文种：傣文

正文文种：傣文

内容提要及说明：全书分为三个部分：第一部分为“麻腊□”，论述人体重病、大病的治疗；第二部分为“干麻推”，指出应讲究清洁卫生，注意身体保健；第三部分介绍了各种风病的治疗方药，以及“拢沙力坝”的治疗。传抄，1988 年 12 月复印，纸质，写本复印件，尺寸为 450×300 毫米，共 133 页，83.128 千字，上口装订，线装。保存状况、环境一般。

收藏于：西双版纳傣族自治州民族医药研究所、西双版纳傣族自治州傣医医院

流水号：10060

《档哈雅滚档来》

民族语言题名：ᨲᩴᩣ ᩉᩣ ᨿᩣ ᩃᩫ᩠ᨶ ᨲᩴᩣ ᩃᩱ

其他题名文种：傣文

正文文种：傣文

内容提要及说明：该书主要介绍了傣医看病的步骤、大方制剂方药，如“鸭波郎”“雅打沙撇”“雅维些”“雅三板哈”“雅拢档三”“雅阿塔拿来”等，以及诊治胎死腹中、咽喉肿痛、乳房胀痛、月子病等病症的方药。纸质，手抄本。

收藏于：云南省中医药民族医药博物馆

流水号：10061

《档哈雅滚害沙巴帕雅》

民族语言题名：ᨲᩴᩣ ᩉᩣ ᨿᩣ ᩃᩫ᩠ᨶ ᩉᩱ ᩈᩣ ᨷᩣ ᨽᩣᩈᩣ

其他题名文种：傣文

正文文种：傣文

内容提要及说明：该书为老傣医康朗仑（ᨡᩣ᩠ᨶ ᩉᩖᩢ᩠ᨦ ᩃᩩ᩠ᨶ）的手写本。康朗仑老医生为了能把自己的医技医术永久地传承下去，在西双版纳傣族自治州民族医药研究所（西双版纳州傣医医院）工作期间，把自己的所学所得全部记录下来，赠予西双版纳州民族医药研究所。该书内容丰富，包括“四塔”理论、对“四塔”不调引起病变的阐述，对各种风病、“拢沙里坝”“拢沙龙”“拢麻想乎”“拢牛”等治疗方药的探讨和记载。1983 年 2 月在景洪市大勐龙镇曼龙村撰写，纸质，手写本，尺寸为 280×230 毫米，共 20 页，4900 字，上口装订，线装。保存状况、环境一般，保存完好。已普查，未整理，未出版。

收藏于：西双版纳傣族自治州民族医药研究所、西双版纳傣族自治州傣医医院

流水号：10062

《档哈雅哈》

民族语言题名：တမ္ဓေ ၅ာ ၓ်ာ ၆ာ႙

其他题名文种：傣文

正文文种：傣文

内容提要及说明：该书记载有美容养颜方、皮肤病方、祛湿方、蛔虫方及治疗头痛、咽喉疼痛、腰痛等的方药。纸质，手抄本。

收藏于：云南省中医药民族医药博物馆

流水号：10063

《档哈雅哈拢档来》

民族语言题名：တမ္ဓေ ၅ာ ၓ်ာ လဥမ္ဓ ၆ၐ ၦၥ႑

其他题名文种：傣文

正文文种：傣文

内容提要及说明：该书中记载了大量方药，如调节“四塔”失调的方药、因风引起变热病的处方药、疮毒方药、各种肿瘤方药。传抄，纸质，写本复印件，尺寸为388×267毫米，共11页，5500字，上口装订，简装。保存状况差，保存环境较差。

收藏于：西双版纳傣族自治州民族医药研究所、西双版纳傣族自治州傣医医院

流水号：10064

《档哈雅害沙里坝》

民族语言题名：တမ္ဓေ ၅ာ ၓ်ာ ၓ၅ေ ၁ လ၆ေ ပာ႙

其他题名文种：傣文

正文文种：傣文

内容提要及说明：该书讲述了“拢沙力坝”的发生、转变及其与“四塔”的关系，以及治病的方药；还有风病的发生、诊断和治疗方药。纸质，康朗顿（ခ ၦာ႑ တ၉႑）手写本，尺寸为245×190毫米，共46页，约10.08千字，上口装订，线装。保存状况一般，保存环境良好，最后一页缺损。已普查，未整理，未出版。

收藏于：西双版纳傣族自治州民族医药研究所、西双版纳傣族自治州傣医医院

流水号：10065

《档哈雅罕香达磨雅曼达》

民族语言题名：တမ္ဓေ ၅ာ ၓ်ာ ၆မ္ဓ ဂဂသၐ ၆ာေ

其他题名文种：傣文

正文文种：傣文

内容提要及说明：该书记载了治疗哮喘咳嗽、心慌心悸、眼黄、腹痛腹泻、蛔虫、骨痛、皮肤病等的方药。传抄地为景洪市嘎洒镇曼达村，纸质，影印本，尺寸为400×300毫米，共43页，约33千字，经折装，线装。保存状况良好，保存环境一般。

收藏于：西双版纳傣族自治州景洪市嘎洒镇曼达村 岩罕香

流水号：10066

《档哈雅夯塔》

民族语言题名：တမ္ဓေ ၵျာ ပ်ၥ ၶၵ္ ထႊ

其他题名文种：傣文

正文文种：傣文

内容提要及说明：该书记载了傣医药大方药制剂，包括“雅崩郎”（黑药散）、“雅洪批坝”（精神分裂症方药）、洗药方等。同时，还有治疗风湿病、腹中生疮、风症等病症的方药。纸质，手抄本。

收藏于：云南省中医药民族医药博物馆

流水号：10067

《档哈雅贺埋》

民族语言题名：တမ္ဓေ ၵျာ ပ်ၥ ၔဟ ဥမ္ဗ

其他题名文种：傣文

正文文种：傣文

内容提要及说明：该书记载了大量治疗民间常见病、多发病的傣族传统方药，如治疗“拢沙力坝”“拢沙龙接火”等病的方药。波玉拉（ၓွၵ ဘၛိး ၯၥ）于1984年抄写，抄写地为景洪市勐罕镇曼远村，纸质，手抄本，尺寸为275×350毫米，共14页，13.524千字，上口装订，线装。保存状况、环境一般，保存完好。已普查，未整理，未出版。

收藏于：西双版纳傣族自治州民族医药研究所、西双版纳傣族自治州傣医医院

流水号：10068

《档哈雅欢》

民族语言题名：တမ္ဓေ ၵျာ ပ်ၥ ၵျ၀မ္ဓ

其他题名文种：傣文

正文文种：傣文

内容提要及说明：该书记载了许多治疗疾病的方药，如治疗“拢沙力坝”“拢牛”“拢麻想乎”“拢巴沙哈阿麻巴”“拢梅兰申”“拢匹勒”等疾病，以及治疗浮肿、水肿、泌尿系统疾病的方药。传抄，纸质手抄本，尺寸为350×368毫米，共19页，27.9千字，上口装订，以竹片与尼龙绳为材料装订。保存状况良好，保存环境一般，保存完好。未整理，未出版。

收藏于：西双版纳傣族自治州民族医药研究所、西双版纳傣族自治州傣医医院

流水号：10069

《档哈雅几内罕》

民族语言题名：တမ္ဓေ ၵျာ ပ်ၥ ၃ၑေ ၄ၿေ ၆မ္ဓ

其他题名文种：傣文

正文文种：傣文

内容提要及说明：封面上写有成书于傣历1343年（公元1981年）8月，为小和尚还俗，希望传给子孙医治疾病，波文南燕著等信息。该书内容记载有口功、星算、咒语，还有湿疹方药，发热、高热不语方药，下颌脱臼方药，止咳方药，鼻衄方药，腰痛方药，胸痛方药，解热毒方药。传抄，自制构树皮纸，手抄本，共40页，9324字，上口装订，线装。保存状况一般，缺损。

收藏于：西双版纳傣族自治州景洪市大勐龙镇小街乡

流水号：10070

《档哈雅解三哈》

民族语言题名：တမွေ ၵၥ ယ်ၢ ꩣꩣꩡ ၃ ၆ၢ

其他题名文种：傣文

正文文种：傣文

内容提要及说明：该书书名中的“雅解三哈”意为“解毒三棵药”，即组合增减后用解药方法治疗气血病、头晕头痛、腹痛腹泻等病症。传抄，纸质，手抄本，尺寸为 302×135 毫米，共 7 页，约 1400 字，上口装订，线装。保存状况一般，保存环境一般，缺损。已普查，未整理，未出版。

收藏于：西双版纳傣族自治州民族医药研究所、西双版纳傣族自治州傣医医院

流水号：10071

《档哈雅康朗刀香嫩》

民族语言题名：တမွေ ၵၥ ယ်ၢ ၆ၢၦေ ꩣꩣၪၷ ၔၥၷ

其他题名文种：傣文

正文文种：傣文

内容提要及说明：该书记载了傣医对疾病的起源及生病的月数、季节与疾病的关系，应服用何种药，对“拢麻想乎”等的认识，亦记载各种皮肤疾病方药、发冷发热疾病方药、傣药制剂大方药（丸、散、剂）、浮肿病方药、腹泻方药等。传抄，抄写地为勐海县打洛镇，自制构树皮纸，手抄本，尺寸为 285×235 毫米，共 44 页，19.5 千字，线装。保存状况一般，保存环境一般，缺损。

收藏于：西双版纳傣族自治州民族医药研究所、西双版纳傣族自治州傣医医院

流水号：10072

《档哈雅康朗罕》

民族语言题名：တမွေ ၵၥ ယ်ၢ ၶ ၯၢၷ ၆မွ

其他题名文种：傣文

正文文种：傣文

内容提要及说明：傣族医药古籍。该书记有“嘎牙尚哈雅”（傣医解剖）和小傣医书、大傣医书等内容。据传，该书成书已有 2500 年，抄写已有 20 年，抄写地为勐龙镇曼亮尚，尺寸为 200×350 毫米，共 61 页，2560 字，右侧装订，简装。保存状况良好，保存环境优，保存完好。

收藏于：西双版纳傣族自治州景洪市曼栋村曼栋龙 8 号　岩南说

流水号：10073

《档哈雅康朗腊》

民族语言题名：တမွေ ၵၥ ယ်ၢ ၶ ၯၢၷ ၸွၢေ

其他题名文种：傣文

正文文种：傣文

内容提要及说明：该书记载有傣药处方 103 个。据传，成书已有 1000 多年，抄写已有 30 年，纸质，手抄本影印件，尺寸为 250×400 毫米，3420 字，上口装订，简装。保存状况良好，保存环境优，保存完好。未普查，未整理，未出版。

收藏于：西双版纳傣族自治州景洪市曼栋村曼栋龙 8 号　岩南说

流水号：10074

《档哈雅康朗龙》

民族语言题名：ᨲᩴᩣᩁᩣ ᨿᩣ ᨡ ᩉ᩠ᨶᩣ᩠ᨦ ᩃ᩠ᩅᨦ

其他题名文种：傣文

正文文种：傣文

内容提要及说明：傣族医药古籍。该书记载了多种傣医方药，包括无名肿方药、妇科疾病方药、耳聋方药、解毒方药、各种皮肤病方药、风湿疾病方药、小儿疾病方药、腰痛方药、腹泻方药等。传抄，约传四代，刻抄地为景洪市勐龙镇，自制构树皮纸，手抄本，尺寸为 340×300 毫米，共 42 页，约 13 千字，线装。保存状况差，保存环境较差。

收藏于：西双版纳傣族自治州景洪市大勐龙镇　康朗龙

流水号：10075

《档哈雅康朗仑》

民族语言题名：ᨲᩴᩣᩁᩣ ᨿᩣ ᨡ ᩉ᩠ᨶᩣ᩠ᨦ ᩃᩬ᩠ᨶ

其他题名文种：傣文

正文文种：傣文

内容提要及说明：康朗仑（ᨡ ᩉ᩠ᨶᩣ᩠ᨦ ᩃᩬ᩠ᨶ）下传岩吨栋。该书有傣医方药 77 种，包括治疗小儿腹痛、腰痛方药、耳聋等的方药。20 年前抄写，纸质，手抄本，尺寸为 295×205 毫米，共 32 页，3440 字，上口装订，简装。保存状况良好，保存环境优，保存完好。未普查，未整理，未出版。

收藏于：西双版纳傣族自治州景洪市嘎洒镇曼沙村委会曼栋村老村 23 号　岩吨栋

流水号：10076

《档哈雅康朗仑曼老》

民族语言题名：ᨲᩴᩣᩁᩣ ᨿᩣ ᨡ ᩉ᩠ᨶᩣ᩠ᨦ ᩃᩬ᩠ᨶ ᨷᩢ᩠ᨶ ᩉᩮᩢ᩠ᨠ

其他题名文种：傣文

正文文种：傣文

内容提要及说明：傣族医药古籍。该书记载有多种傣医疾病方药，以及治疗青光眼病、食物中毒的方药和傣医大方药制剂。60 多年前抄写，纸质，手抄本影印件，尺寸为 200×300 毫米，共 71 页，3070 字，上口装订，线装。保存状况良好，保存环境优，保存完好。未普查，未整理，未出版。

收藏于：西双版纳傣族自治州景洪市曼栋村曼栋龙 8 号　岩南说

流水号：10077

《档哈雅康朗仑勐龙》

民族语言题名：ᨲᩴᩣᩁᩣ ᨿᩣ ᨡ ᩉ᩠ᨶᩣ᩠ᨦ ᩃᩬ᩠ᨶ ᨾᩮᩬᩥᨦ ᩃ᩠ᩅᨦ

其他题名文种：傣文

正文文种：傣文

内容提要及说明：傣族医药古籍。傣历 1362 年抄写，抄写地为勐龙镇曼龙村，纸质影印件，共 36 页，2880 字，上口装订，线装。保存状况良好，保存环境优，保存完好。未普查，未整理，未出版。

收藏于：西双版纳傣族自治州景洪市曼栋村曼栋龙 8 号　岩南说

流水号：10078

《档哈雅康朗囡》

民族语言题名：တမ္ဖေ ၅ာ ပ်ာ ခ ဟ္ဘာၵ ၵၽe

其他题名文种：傣文

正文文种：傣文

内容提要及说明：该书以方歌形式编排了傣医治疗季节性疾病的方药，以及治疗痔疮、风湿病、哮喘、狂犬病、毒蛇咬伤等病的方药。纸质手抄本。

收藏于：云南省中医药民族医药博物馆

流水号：10079

《档哈雅康朗帕圭利》

民族语言题名：တမ္ဖေ ၅ာ ပ်ာ ခ ဟ္ဘာၵ ဘ ဝ လိဗ

其他题名文种：傣文

正文文种：傣文

内容提要及说明：傣族医药古籍。该书讲述药性与疾病的关系、季节与疾病的关系，还载有诊治疾病的方药，如产妇大流血方药、“四塔”过盛方药、九窍出血方药、大毒疮方药、咽喉肿痛方药、咳喘方药、发冷发热疾病方药、食物中毒方药及各种风湿方药、皮肤病方药等。传抄，傣历 1289 年（公元 1927 年）12 月抄写，自制构树皮纸，手抄本，共 56 页，约 15.68 千字，上口装订，线装。保存状况、环境一般，缺损。

收藏于：西双版纳傣族自治州民族医药研究所、西双版纳傣族自治州傣医医院

流水号：10080

《档哈雅康朗庄》

民族语言题名：တမ္ဖေ ၅ာ ပ်ာ ခ ဟ္ဘာၵ ဝဎမ္ဖ

其他题名文种：汉文、傣文

正文文种：傣文

内容提要及说明：傣族医药古籍。该书为老傣医波溜远的手抄本，原著者为康朗庄。内容包括对风、寒、热病的论述（各类又分为十多种类型）；对傣语病名的释义；对与炎症相关的 20 种病的解释；治疗方药；论不同的月份采药与疗效的关系。波溜远手抄，抄写地为勐远村，纸质，写本，尺寸为 295 × 211 毫米，共 29 页，9800 字，上口装订，线装。已普查，未整理，未出版。

收藏于：西双版纳傣族自治州民族医药研究所、西双版纳傣族自治州傣医医院

流水号：10081

《档哈雅腊鹏》

民族语言题名：တမ္ဖေ ၅ာ ပ်ာ ၯ္ဘာe ဘာ၃မ္ဖ

其他题名文种：汉文、傣文

正文文种：傣文

内容提要及说明：该书内容主要以星算为主，讲述通过星算可以了解人一生的命运、容易患什么样的病、要怎样预防、生活中应注意些什么等内容。纸质，写本复印件，尺寸为 421 × 298 毫米，共 34 页，约 10 千字，有插图，上口装订，简装。保存状况、环境一般。

收藏于：西双版纳傣族自治州民族医药研究所、西双版纳傣族自治州傣医医院

流水号：10082

《档哈雅龙宗泰帕雅滚档来》

民族语言题名：တမ္ဘေ ၵ႒ာ ယ်ာ လ၃မ္ဘ ၆ၐ႗ ၉ၑ ဘၥး သာ႒ ၈၃ၵ ၆႗ ႘႗႒

其他题名文种：傣文

正文文种：傣文

内容提要及说明：记载有傣药大方制剂方药，以及治疗咽喉疼痛、头痛、牙痛、发冷发热病、骨瘤、肌肉酸痛麻木、各种皮肤疾病、妇科杂病等的方药。传抄地为景洪市嘎洒镇曼达村，自制构树皮纸，尺寸为250×250毫米，共76页，约35千字，右侧装订，线装。保存状况良好，保存环境一般，保存完好。

收藏于：西双版纳傣族自治州景洪市嘎洒镇曼达村　岩罕香

流水号：10083

《档哈雅拢》

民族语言题名：တမ္ဘေ ၵ႒ာ ယ်ာ လ၃မ္ဘ

其他题名文种：傣文

正文文种：傣文

内容提要及说明：傣族医药古籍。记载了傣医药大方制剂，包括治疗“雅西利勐”“雅帕中补”及热风毒邪引起的眼红、耳鸣、头痛、咽喉肿痛等疾病的方药。纸质手抄本。

收藏于：云南省中医药民族医药博物馆

流水号：10084

《档哈雅拢档来》（傣医）

民族语言题名：တမ္ဘေ ၵ႒ာ ယ်ာ ဟ၃မ္ဘ ၆႗ ႘႗႒

其他题名文种：傣文

正文文种：傣文

内容提要及说明：傣族医药古籍。《档哈雅拢档来》历史悠久，因书中涉及的方药名称大多为巴利语，故推测成书于900多年前。西双版纳傣族自治州民族医药研究所收集的是已故名老傣医康朗仑（ၶ ဟ္လၥ ၆ၵ）的手抄本。全书共记载52个传统经方，百余个单验方，治疗的疾病包括“拢沙力坝”（风热毒邪）、“拢麻想乎”（湿疹、风疹等）、“拢沙龙”（热风毒邪）、“拢沙龙档勐”（各种风症）、“拢斗”（结石）等。书中还介绍了治疗不同年龄阶段“巴它麻外”（1—20岁）、“麻西麻外”（20—40岁）、“巴西麻外”（60岁以上）患者的用药方法，以及治疗人体的“塔都档西”（四塔）不均衡所致病的用药方法。该书成书于900多年前，康朗仑于1983年1月抄写，抄写地为西双版纳傣族自治州民族医药研究所，纸质，手抄本，尺寸为320×240毫米，共80页，约41.7千字，上口装订，线装。保存状况一般。已普查，2010年国家中医药管理局公共卫生专项资金民族医药文献整理项目已整理，待出版。

收藏于：西双版纳傣族自治州民族医药研究所、西双版纳傣族自治州傣医医院

流水号：10085

《档哈雅拢档勐》

民族语言题名：[illegible]

其他题名文种：傣文

正文文种：傣文

内容提要及说明：该书记载了许多傣医收集来的传统经方、验方，如调节"四塔"平衡的方药、治疗全身酸痛症状的方药，以及治疗"拢麻想乎""拢沙力坝""拢梅"的方药等。波卖扁（[illegible]）编写，抄写地为勐腊镇，纸质，写本复印件，尺寸为297×211毫米，共77页，约15千字，上口装订，简装。

收藏于：西双版纳傣族自治州民族医药研究所、西双版纳傣族自治州傣医医院

流水号：10086

《档哈雅拢害沙巴》

民族语言题名：[illegible]

其他题名文种：汉文、傣文

正文文种：傣文

内容提要及说明：傣族医药古籍。成书年代不详。该书依据"四塔五蕴"理论和傣医诊断疾病的方法，按患者有什么样的症状，诊断为什么生病，用什么药，以什么作药引，内服还是外用，外用是搽擦还是揉捏、拖拍，或者是坐（药）睡（药）的模式，共录入治疗各种疾病的处方260多个，药物达530多种，还介绍了几种膏剂、丸剂、散剂的制作方法。对其中疗效显著的方药，作者称"值一百金""贵如千金"。该书共有70多个处方，涉及男科、妇科、儿科的方药，其中第4—9页中有部分关于如何诊断疾病的记载，如各种风病的病因、病程和诊断方法。由于复印保存过程中有部分内容不清楚，整理后可能会缺失部分。原件持有者为波迈干利。1982年11月复印，复印地为勐腊县勐捧镇，纸质，写本复印件，尺寸为388×268毫米，共95页，约33千字，上口装订，线装。保存状况、环境一般，保存完好。

收藏于：西双版纳傣族自治州民族医药研究所、西双版纳傣族自治州傣医医院

流水号：10087

《档哈雅拢龙》

民族语言题名：[illegible]

其他题名文种：傣文

正文文种：傣文

内容提要及说明：傣族医药古籍。该书记载有很多种疾病方药和傣医传统大方制剂，如治疗皮肤病的外洗方、治疗风湿病肢体酸痛麻木的方药、治疗麻风病的方药等。1982年11月复印，纸质，写本复印件，尺寸为388×268毫米，共20页，约5500字，上口装订，简装。保存状况、环境一般，保存完好。

收藏于：西双版纳傣族自治州民族医药研究所、西双版纳傣族自治州傣医医院

流水号：10088

《档哈雅拢沙巴档勐》

民族语言题名：[illegible]

ᦵᦍᦲᧃ

其他题名文种：汉文、傣文

正文文种：傣文

内容提要及说明：该书是勐腊县勐捧镇曼批村波香比（ᦔᦸᧄ ᦵᦙᦰᦂ ᦔᦸᧈ）的手抄本，记载了对21种风病的诊治方法，以及妇科杂病、"拢沙龙"等多种疾病的诊断方法和治疗方药。波香比编写，1978年11月抄写，抄写地为勐满镇曼批村，纸质，手抄本，尺寸为259×170毫米，共17页，约6800字，右侧装订，简装。保存状况差，保存环境一般，保存完好。未普查，未整理，未出版。

收藏于：西双版纳傣族自治州民族医药研究所、西双版纳傣族自治州傣医医院

流水号：10089

《档哈雅罗嘎》

民族语言题名：ᦎᦱᧂ ᦠᦱ ᦍᦱ ᦟᦾ ᦂᦱ

其他题名文种：汉文、傣文

正文文种：傣文

内容提要及说明：傣族医药古籍。该书记载的傣医传统方药包括治疗"拢沙龙""拢沙里坝""拢麻想乎"、风湿病、全身酸痛等的方药。1982年11月复印，纸质，手抄本影印件，尺寸为389×268毫米，共14页，约2700千字，上口装订，简装。保存状况差，保存环境一般。

收藏于：西双版纳傣族自治州民族医药研究所、西双版纳傣族自治州傣医医院

流水号：10090

《档哈雅麻滚》

民族语言题名：ᦎᦱᧂ ᦠᦱ ᦍᦱ ᦙᦱ ᦂᦳᧃ

其他题名文种：傣文

正文文种：傣文

纸质手抄本。

内容提要及说明：该书记载有"四塔"药方、风热毒邪方、治疗季节病的方药。

收藏于：云南省中医药民族医药博物馆

流水号：10091

《档哈雅麻哈蒙》

民族语言题名：ᦎᦱᧂ ᦠᦱ ᦍᦱ ᦙᦱ ᦂᦳᧃ

其他题名文种：傣文

正文文种：傣文

内容提要及说明：傣族医药古籍。记载了傣药大方制剂、治风湿病方药、治腹泻方药，以及口功等。纸质，写本复印件，尺寸为265×190毫米，共13页，约1500字，上口装订，保存状况、环境一般。

收藏于：西双版纳傣族自治州民族医药研究所、西双版纳傣族自治州傣医医院

流水号：10092

《档哈雅麻腊》

民族语言题名：ᦎᦱᧂ ᦠᦱ ᦍᦱ ᦙᦱ ᦟᦱ

其他题名文种：傣文

正文文种：傣文

内容提要及说明：傣族医药古籍。论

述如何根据患者的症状识别病因、如何根据"四塔"辨病、如何用药的理论等内容。1937年抄写，纸质写本，尺寸为388×268毫米，共50页，约30千字，上口装订，简装。保存状况差，保存环境一般，缺损。已普查，未整理，未出版。

收藏于：西双版纳傣族自治州民族医药研究所、西双版纳傣族自治州傣医医院

流水号：10093

《档哈雅马》

民族语言题名：တမ္ၜ ၅ာ ပ်ာ မ္ဘာေ

其他题名文种：傣文

正文文种：傣文

内容提要及说明：傣族医药古籍。载有马和人患病时的治疗方药，如马不吃草方、马的皮肤病方、马的接骨方、马的发热方等方药。记述有少部分人患病的内容纸质，手抄本。

收藏于：云南省中医药民族医药博物馆

流水号：10094

《档哈雅玛哈香勐混》

民族语言题名：တမ္ၜ ၅ာ ပ်ာ မ ဟာ ဂဂသ၅ ဂမ္ဗ၅ ဟ၃၄

其他题名文种：傣文

正文文种：傣文

内容提要及说明：傣族医药古籍。该书传抄于勐混镇玛哈香。该书记载了傣医诊治方法和方药，包括治疗发热病、便血、便秘、头痛、咽喉疼痛、咳嗽、妇科杂病、风湿病等疾病的方药，同时也载有口功、咒语。传抄，自制构树皮纸，手抄本，尺寸为300×200毫米，共32页，12千字，线装。保存状况良好，保存环境一般，保存完好。

收藏于：西双版纳傣族自治州景洪市勐罕镇曼脑村　岩洪温

流水号：10095

《档哈雅迈捧》

民族语言题名：တမ္ၜ ၅ာ ပ်ာ ၸႁ္ဂ ဘ၃မ္ဒ

其他题名文种：汉文、傣文

正文文种：傣文

内容提要及说明：傣族医药古籍。该书记载了许多傣医方药，如胸闷胸痛方药、双肋疼痛方药、无名肿痛方药、咽喉肿痛方药、各种"拢沙里坝"方药、腹痛腹泻方药、妇科疾病方药、便秘方药以及传统经方制剂等。纸质，写本复印件，尺寸为259×184毫米，共30页，约7000字，上口装订，简装。保存状况、环境一般。

收藏于：西双版纳傣族自治州民族医药研究所、西双版纳傣族自治州傣医医院

流水号：10096

《档哈雅曼达岩罕香》

民族语言题名：တမ္ၜ ၅ာ ပ်ာ ဘ၃ျေ ဂဂသ၅ ၆မ္ဒ ပ၁၄ေ ၆၁ေ

其他题名文种：傣文

正文文种：傣文

内容提要及说明：该书为岩罕香藏

本，记载了多种傣医方药，包括腹痛、腹泻、头昏头痛、咽喉痛、骨折、骨痛、浮肿、水肿、体黄、难产等疾病的诊治方药和治疗胸痛、全身酸痛等的方药。传抄，纸质手抄本，尺寸为 300 × 250 毫米，6000 字，上口装订，线装。保存状况良好，保存环境一般。

收藏于：西双版纳傣族自治州景洪市嘎洒镇曼达村　岩罕香

流水号：10097

《档哈雅曼飞勐混》

民族语言题名：တမှ၆ ၅ာ ပ်ာ ပၥၷေ ပ်ျ၆ ဂမှ၆ဂ ဟ၉၄

其他题名文种：傣文

正文文种：傣文

内容提要及说明：该书记载有傣医诊治各种风病症的方药，以及各种“拢阿麻巴”“拢沙龙”“拢沙里坝”“拢匹勒”的医治方药。传抄，自制构树皮纸，手抄本，尺寸为 400 × 200 毫米，共 54 页，约 13 千字，经折装。保存状况一般，保存环境良好，保存完好。

收藏于：西双版纳傣族自治州勐海县勐混镇曼飞村　岩温飞

流水号：10098

《档哈雅曼米》

民族语言题名：တမှ၆ ၅ာ ပ်ာ ပၥၷေ ဂမှ၃

其他题名文种：傣文

正文文种：傣文

内容提要及说明：该书是景洪市曼未村傣医岩温叫（ ၁၃ျေ ၁၃၉၄၆ ဂဂကွေ ）的手抄本，内容包括星算、叫魂为病人治病，并有少部分为傣医治疗“拢沙里坝”的方药。岩温叫手抄，抄写地为景洪市曼未村，纸质，手抄本，尺寸为 260 × 240 毫米，共 21 页，约 11.9 千字，有插图，上口装订，线装。保存状况、环境一般，保存完好。未普查，未整理，未出版。

收藏于：西双版纳傣族自治州民族医药研究所、西双版纳傣族自治州傣医医院

流水号：10099

《档哈雅曼那麻勐海》

民族语言题名：တမှ၆ ၅ာ ပ်ာ ပၥၷေ ၄ာ မှာေ ဂမှ၆ဂ ၅ၣ

其他题名文种：傣文

正文文种：傣文

内容提要及说明：傣族医药古籍。传抄，纸质手抄本，尺寸为 257 × 343 毫米，共 8 页，上口装订，简装。保存状况差，右半部分缺损严重。

收藏于：西双版纳傣族自治州民族医药研究所、西双版纳傣族自治州傣医医院

流水号：10100

《档哈雅檬达很拢沙巴》

民族语言题名：တမှ၆ ၅ာ ပ်ာ ဂမှ၆ဂ ၆ာ ၃၆၃ လ၉မှ ဿ ဌ

其他题名文种：汉文、傣文

正文文种：傣文

内容提要及说明：该书讲述了傣医对疾病的认识，如“四塔”过盛或衰败将

导致什么疾病；人的肤色体现出不同的血味，易患的疾病不同，采用的治疗方法也不同；采药的时辰与药物疗效的关系，还记载了治疗“拢檬沙很”（泄泻疾病）以及各种风症的治疗方药。纸质（信笺）写本，尺寸为266×192毫米，共55页，15千字，上口装订，简装。保存状况、环境一般，保存完好。未普查，未整理，未出版。

收藏于：西双版纳傣族自治州民族医药研究所、西双版纳傣族自治州傣医医院

流水号：10101

《档哈雅勐傣》

民族语言题名：ᨲᩴᩣ᩠ᨿ ᩉᩣ ᨿᩣ ᨾᩮᩥ᩠ᨦ ᨴᩱ

其他题名文种：傣文

正文文种：傣文

内容提要及说明：该书由傣族医药古籍传抄而来。1983年抄写，抄写地为云南景洪市，纸质手抄本，尺寸为385×265毫米，共67页，上口装订，线装。保存状况一般，保存环境良好，保存完好。

收藏于：西双版纳傣族自治州民族医药研究所、西双版纳傣族自治州傣医医院

流水号：10102

《档哈雅勐罕》

民族语言题名：ᨲᩴᩣ᩠ᨿ ᩉᩣ ᨿᩣ ᨾᩮᩥ᩠ᨦ ᩉᩢ᩠ᨾ

其他题名文种：傣文

正文文种：傣文

内容提要及说明：封面为粗布面，写有“档哈雅勐罕”字样。作者为岩罕香，收藏于第四代家传人。该书记载了傣族星算、咒语、口功以及傣医方药，发热发冷病、皮肤病等疾病。传抄，抄写地为勐罕镇，自制构树皮纸，手抄本，尺寸为320×250毫米，共85页，约35千字，上口装订，线装。保存状况、环境一般，有缺损。

收藏于：西双版纳傣族自治州景洪市勐罕镇　岩翁罕

流水号：10103

《档哈雅勐龙》

民族语言题名：ᨲᩴᩣ᩠ᨿ ᩉᩣ ᨿᩣ ᨾᩮᩥ᩠ᨦ ᩉᩖ᩠ᩅᨦ

其他题名文种：傣文

正文文种：傣文

内容提要及说明：傣族医药古籍。该书封面为帆布。记载有治疗季节疾病的方药、解毒小药丸、高热疾病方药、关节疼痛方药、心慌心悸中暑方药、解食物毒方药、皮肤块状病变方药、九窍出血方药、心慌呕吐方药、胸痛方药。传抄，自制构树皮纸，手抄本，6000字，上口装订，线装。保存状况一般，缺损。

收藏于：西双版纳傣族自治州景洪市勐龙镇

流水号：10104

《档哈雅勐龙康朗应》

民族语言题名：ᨲᩴᩣ᩠ᨿ ᩉᩣ ᨿᩣ ᨾᩮᩥ᩠ᨦ ᩉᩖ᩠ᩅᨦ ᨡᩣᩴ ᩉᩖ᩠ᩅᨦ ᩋᩥ᩠ᨶ

其他题名文种：傣文

正文文种：傣文

内容提要及说明：该书记载有口功、星算，药性、药味，以及“雅里西勐冈”（万应、小丸药）、五宝药散、高热疾病方药、呕吐方药、湿疹方药、小儿疾病方药、头晕眼花方药、急性热风湿方药、九窍出血方药、大方制剂等，还说明了疾病用药方法。传抄，自制构树皮纸，共40页，11.52千字，经折装。

收藏于：西双版纳傣族自治州景洪市勐龙镇

流水号：10105

《档哈雅勐捧》

民族语言题名：တမ္ဂ ၡာ ပ်ာ ဂမ္ဗဂ္ဂ ဘာဥဂ္ဂ

其他题名文种：汉文、傣文

正文文种：傣文

内容提要及说明：傣族医药古籍。该书记录了治疗多种疾病的方药，如腹绞痛、腰痛、头痛、双肋刺痛、“拢沙里坝”、食物中毒、毒虫咬伤、风湿骨痛等。写本复印件，纸质，1988年12月复印，尺寸为307×259毫米，约3500字，上口装订，线装。保存状况、环境一般。

收藏于：西双版纳傣族自治州民族医药研究所、西双版纳傣族自治州傣医医院

流水号：10106

《档哈雅帕拢》

民族语言题名：တမ္ဂ ၡာ ပ်ာ ဖာပ္ လဥမ္

其他题名文种：傣文

正文文种：傣文

内容提要及说明：该书记载的方药包括治疗“拢麻想乎”、皮肤病、耳聋耳鸣、风湿酸痛、毒虫咬伤、妇科杂病等疾病的方药。纸质，写本复印件，尺寸为385×273毫米，共50页，约20千字，上口装订，线装。保存状况、环境一般。

收藏于：西双版纳傣族自治州民族医药研究所、西双版纳傣族自治州傣医医院

流水号：10107

《档哈雅帕雅鲁莫》

民族语言题名：တမ္ဂ ၡာ ပ်ာ ဘာႏ ယာဒ္（ဒ္ပ ၯမ）

其他题名文种：傣文

正文文种：傣文

内容提要及说明：该书记载有傣族咒语、星算、祛除疾病、辟邪、采药时辰等内容。傣医治病方药包括发冷发热疾病方药、各种皮肤病方药、胎死腹中方药、风湿骨痛方药、头痛方药、妇科杂病方药等。传抄，尺寸为350×280毫米，共100页，约45千字，有插图，线装。保存状况、环境一般。

收藏于：西双版纳傣族自治州勐海县打洛镇　岩尖

流水号：10108

《档哈雅帕雅滚当来》

民族语言题名：တမ္ဂ ၡာ ပ်ာ ဘာႏ ယာဒ္ ဂဥဌ ဖြ ၯ၃ျ

其他题名文种：傣文

正文文种：傣文

内容提要及说明：傣族医药古籍。该书已传至第四代。该书记载的傣医治病方药包括大方药制剂（丸、散剂）、发冷发热疾病方药、外包风湿骨痛方药、内服风湿骨痛方药等。传抄，自制构树皮纸，手抄本，尺寸为 360×280 毫米，共 30 页，约 14 千字，线装。保存状况、环境一般。

收藏于：西双版纳傣族自治州景洪市大勐龙镇曼龙扣村　岩康

流水号：10109

《档哈雅帕雅滚害档来》

民族语言题名：[illegible]

其他题名文种：傣文

正文文种：傣文

内容提要及说明：该书记载了各种疾病诊治的方法和方药，利用星算和口功对疾病进行诊治是该书的特点。1982 年 11 月纸质写本复印，尺寸为 388×268 毫米，共 13 页，约 2500 字，上口装订，简装。保存状况、环境一般，保存完好。

收藏于：西双版纳傣族自治州民族医药研究所、西双版纳傣族自治州傣医医院

流水号：10110

《档哈雅帕雅害岩康》

民族语言题名：[illegible]

其他题名文种：傣文

正文文种：傣文

内容提要及说明：收载有傣医治疗各种冷热风湿的方药，还有各种“拢沙里坝”医治方药与各种皮肤病诊治方药。自制构树皮纸，手抄本，共 40 页，约 6500 字，上口装订，线装。保存状况一般，保存环境良好，保存完好。

收藏于：西双版纳傣族自治州景洪市大勐龙镇曼扣村　岩康

流水号：10111

《档哈雅帕雅拢龙》

民族语言题名：[illegible]

其他题名文种：傣文

正文文种：傣文

内容提要及说明：该书收载了大量的傣医传统治疗方药，如咳嗽胸痛方药、口干舌燥方药、孕妇难产方药、头痛方药、心慌心悸方药、风湿病方药、妇科杂病方药、腹痛腹胀腹泻方药、形瘦体黄方药、治疗“拢麻想乎”方药等。1982 年 11 月纸质写本复印，尺寸为 388×268 毫米，共 14 页，约 5500 字，上口装订，简装。保存状况、环境一般，保存完好。未普查，未整理，未出版。

收藏于：西双版纳傣族自治州民族医药研究所、西双版纳傣族自治州傣医医院

流水号：10112

《档哈雅帕雅麻》

民族语言题名：[illegible]

其他题名文种：傣文

正文文种：傣文

内容提要及说明：该书记载马疾病的诊治，已传三代，多有傣医医治马类、牛类疾病的方法和诊治方药。传抄，抄写地为勐混镇，自制构树皮纸，手抄本，尺寸为310×240毫米，共40页，约15千字，上口装订，线装。保存状况差，保存环境较差。

收藏于：西双版纳傣族自治州勐海县勐混镇　岩顿

流水号：10113

《档哈雅帕亚害》

民族语言题名：တမ္ဒေ ၅ာ ပ်ာ ဘာႏ ယာဒ္ ဇ္ဓေ

其他题名文种：傣文

正文文种：傣文

内容提要及说明：该书记载有傣医诊治人体和部分兽类疾病的方药，兽类方药有10种，诊治人体疾病的方药包括癫痫疾病方药、抽风疾病方药、腹痛腹泻方药、解食物中毒方药、妇科杂病症方药、各种皮肤疾病方药、小儿疾病方药、发热发冷疾病方药等。传抄，抄写地为勐罕镇，自制构树皮纸，手抄本，尺寸为330×270毫米，共40页，约16千字，线装。保存状况差，保存环境较差，缺损。

收藏于：西双版纳傣族自治州景洪市勐罕镇曼法代村　岩燕

流水号：10114

《档哈雅帕亚沙巴》

民族语言题名：တမ္ဒေ ၅ာ ပ်ာ ဘာႏ ယာဒ္ သ ဌ

其他题名文种：傣文

正文文种：傣文

内容提要及说明：傣族医药古籍。该书已无封面，由岩温收藏，已传至第四代。该书主要阐述傣药性味与治疗疾病的理论，载有傣医诊治疾病的方药，包括腹痛腹泻方药、人体内各种风症疾病治疗方药、妇科病症方药、发热病方药、皮肤疾病方药、结石方药、浮肿病方药、周身酸痛方药等，还载有口功、咒语祛除疾病的内容。传抄，抄写地为勐海县，自制构树皮纸，手抄本，尺寸为280×220毫米，共80页，约20千字，线装。保存状况差，保存环境较差，缺损。

收藏于：西双版纳傣族自治州勐海县勐混镇　岩温

流水号：10115

《档哈雅帕亚沙塔当来》

民族语言题名：တမ္ဒေ ၅ာ ပ်ာ ဘာႏ ယာဒ္ သ ထာ Gၡ ၯၥ

其他题名文种：傣文

正文文种：傣文

内容提要及说明：傣族医药古籍。该书记载了傣医“四塔五蕴”理论，人的三个年龄阶段、居住环境、疾病发生的起源、诊治、“四塔”疾病、季节与疾病的关系、各种风湿疾病症、血液与津液疾病的关系，以及视病情选用药、各种疾病方

药等。传抄，自制构树皮纸，手抄本，尺寸为 330×260 毫米，共 40 页，约 25 千字，有插图，线装。保存状况、环境一般，保存完好。

收藏于：西双版纳傣族自治州景洪市大勐龙镇曼龙扣村　岩康

流水号：10116

《档哈雅帕亚题罗嘎》

民族语言题名：တမ္ဓ ၅ာ ပ်ာ ဘာႏ ယာ၇ ဓဗဓ ၆လ ဂာ

其他题名文种：傣文

正文文种：傣文

内容提要及说明：傣族医药古籍。该书记载的傣医方药包括止泻方药、外按搽风湿方药、蛔虫病方药、癫痫疾病方药、风证疾病方药、大毒疮方药、哮喘方药、胸口胧闷方药、胎死腹中方药等各种方药。传抄，自制构树皮纸，手抄本，尺寸为 350×250 毫米，共 42 页，约 11.2 千字，线装。保存状况差，保存环境较差，缺损。

收藏于：西双版纳傣族自治州勐海县打洛镇　康朗顿

流水号：10117

《档哈雅排帕亚》

民族语言题名：တမ္ဓ ၅ာ ပ်ာ ၑ႖ ဘာႏ ယာ၇

其他题名文种：傣文

正文文种：傣文

内容提要及说明：傣族医药古籍。该书记载了“四塔”疾病与方药、傣医大方药制剂、热风疾病方药、泌尿系疾病方药、各种皮肤病方药、接骨方药等。纸质，手抄本。

收藏于：云南省中医药民族医药博物馆

流水号：10118

《档哈雅千应》

民族语言题名：တမ္ဓ ၅ာ ပ်ာ ဂဂသၵ ၁ဗၵ

其他题名文种：傣文

正文文种：傣文

内容提要及说明：傣族医药古籍。该书记载了傣族星算、傣医各种疾病方药、傣药方药大方制剂（丸、散、酒剂）等，还包括解毒方药、头痛方药、咳嗽方药、全身酸痛方药、各种皮肤疾病方药、各种妇科杂病方药等。书中还有星算图和星算口诀等内容。传抄，1931 年抄写，抄写地为大勐龙镇曼仗村，自制构树皮纸，写本手抄本，尺寸为 378×260 毫米，共 62 页，约 30 千字，有插图，上口装订，线装。保存环境良好，保存完好。

收藏于：西双版纳傣族自治州景洪市勐龙镇　岩旺

流水号：10119

《档哈雅沙巴》

民族语言题名：တမ္ဓ ၅ာ ပ်ာ သ ၛ

其他题名文种：傣文

正文文种：傣文

内容提要及说明：傣族医药古籍。该书记载了腹部肿块方药、妇科出血症方药及“雅解嘎扎拉”方药、风湿麻木方药、“苏塔片领”方药、“雅比扎哈”方药、腹痛腹泻方药的用法和功效。纸质，手抄本。

收藏于：云南省中医药民族医药博物馆

流水号：10120

《档哈雅沙巴》

民族语言题名：တမ္ဗေ ၅ာ ပ်ာ သ ဌ

其他题名文种：傣文

正文文种：傣文

内容提要及说明：傣族医药古籍。该书介绍了治疗各种病症的方药，如血吸虫病方药、毒疮方药、接骨方药、腹水方药、九窍出血方药及祛除疾病的拖擦方药。

收藏于：云南省中医药民族医药博物馆

流水号：10121

《档哈雅沙巴岩罕香》

民族语言题名：တမ္ဗေ ၅ာ ပ်ာ သ ဌ ဘ႒ျၜၵမ္ဗ ဟၡ

其他题名文种：傣文

正文文种：傣文

内容提要及说明：傣族医药古籍文献，岩罕香藏版。该书记载了采药时辰和药的功效与作用、泌尿系统疾病与方药治疗，还收载有治疗口面歪斜、腹部疼痛、胎儿死于腹中、发热发冷病、妇科杂病、腹泻头痛、骨痛麻木等疾病的方药。传抄，纸质，手抄本，尺寸为400×400毫米，共32页，约33千字，上口装订，线装。保存状况、环境一般，保存完好。

收藏于：西双版纳傣族自治州景洪市嘎洒镇曼达村　岩罕香

流水号：10122

《档哈雅沙巴档勐》

民族语言题名：တမ္ဗေ ၅ာ ပ်ာ သ ဌ ဖြၡ ၓမ္ဗ႖

其他题名文种：傣文、汉文

正文文种：傣文

内容提要及说明：该药书的传抄者是勐海县城子村的波糯香（ဌ္ဘေ ဟ္ဘေ ဂဂသာ႖）。书中记载了大量的方药，如治疗中风偏瘫的方药、解食物毒的方药、诊治“四塔”失调的方药、治疗各种妇科杂病的方药、治疗“拢沙里坝”及“拢麻想乎”的方药等。波糯香传抄，抄写地为勐海县城子村，纸质，手抄本影印件，尺寸为388×268毫米，共17页，约7800字，上口装订，简装，原著为线装。保存状况、环境一般，保存完好。未普查，未整理，未出版。

收藏于：西双版纳傣族自治州民族医药研究所、西双版纳傣族自治州傣医医院

流水号：10123

《档哈雅沙巴害》

民族语言题名：တမ္ဗေ ၅ာ ပ်ာ သ ဌ ဗ႖ေ

其他题名文种：傣文

正文文种：傣文

内容提要及说明：傣族医药古籍。该书由岩尖的祖父传抄，已传至第三代。封

面有古印章（两处古地方行政章），同时还注有抄写于傣历 1263 年（公元 1901 年），至今已有 100 多年历史。书中记载的傣医疾病方药，包括大方制剂“雅西里勐”和方药应用、全身酸痛麻木方药、发冷发热病方药、头痛方药、皮肤病方药等。还记载有口功、咒语等。传抄，傣历 1263 年抄写，抄写地为勐海县勐混镇，自制构树皮纸，手抄本，尺寸为 330 × 240 毫米，共 52 页，约 20 千字，线装。保存状况、环境一般，保存完好。

收藏于：西双版纳傣族自治州勐海县勐混镇　岩温

流水号：10124

《档哈雅沙巴龙》

民族语言题名：တမ္ဓေ ဒြာ ပ်ာ သ ဗြ လဥမ္ဓ

其他题名文种：傣文

正文文种：傣文

内容提要及说明：傣族医药古籍。该书记载的傣医方药包括解食物中毒方药、腰痛方药、腹泻方药、头痛方药、各种发热发冷疾病方药、各种皮肤疾病方药及各种风湿疾病方药等。传抄，自制构树皮纸，手抄本，尺寸为 350 × 250 毫米，共 38 页，约 10 千字，线装。保存状况差，保存环境较差，缺损。

收藏于：西双版纳傣族自治州景洪市勐龙镇　岩罕、康朗罕

流水号：10125

《档哈雅沙巴拢》

民族语言题名：တမ္ဓေ ဒြာ ပ်ာ သ ဗြ လဥမ္ဓ

其他题名文种：汉文、傣文

正文文种：傣文

内容提要及说明：傣族医药古籍。该书是勐腊县名老傣医波扁（ ဗြွေ ဂဂဗြဓ ）祖传四代的经书，记载了常见疾病的诊治和常用方药，以及傣医传统制剂的制作方法。成书年代不详。书中记载了 300 多种药物配方，所治疾病有伤风感冒、跌打损伤、风湿热痹、哮喘咳嗽、痢疾腹泻、死胎难产、长痘生疮、肝炎黄疸、高热抽搐、腹痛头痛、虚脱昏厥等，也有避孕助孕、增力壮阳、美容美肤、延年益寿等药方。书中还讲述了如何根据血液的特点、不同年龄、病期长短来用药。波扁传抄，抄写地为勐腊县，纸质，复印件，尺寸为 265 × 190 毫米，共 21 页，约 6000 字，右侧装订，简装。保存状况、环境一般，保存完好。未普查，未整理，未出版。

收藏于：西双版纳傣族自治州民族医药研究所、西双版纳傣族自治州傣医医院

流水号：10126

《档哈雅沙巴拢帕雅》

民族语言题名：တမ္ဓေ ဒြာ ပ်ာ သ ဗြ လဥမ္ဓ ဘား ယာဒ

其他题名文种：汉文、傣文

正文文种：傣文

内容提要及说明：该书收载了大量的美容养颜方药、毒虫咬伤方药、腹痛腹泻

方药、全身酸痛方药、皮肤病方药、咽喉疼痛方药、津少口渴方药、风湿骨痛方药、心痛心悸方药、便秘方药、头昏头痛方药、肋痛外包方药、中风偏瘫方药、“四塔”过盛方药等。波淄远（ၓ္ဓ၆ ၵ3ၛ ၵၵဝၵ）刻写，刻抄地为勐腊县，纸质，写本，尺寸为388×268毫米，共35页，约15千字，上口装订，简装。保存状况、环境一般，保存完好。未普查，未整理，未出版。

收藏于：西双版纳傣族自治州民族医药研究所、西双版纳傣族自治州傣医医院

流水号：10127

《档哈雅沙巴帕雅》

民族语言题名：တမ္ဓေ ၅ၥ ပၥ သ ၓ ဘး ယၥ႗

其他题名文种：傣文

正文文种：傣文

内容提要及说明：该书记载了一些傣医治疗疾病的方药，包括“拢沙龙”（咽喉疼痛）方药、小儿疾病方药、发热体黄疾病方药、大毒疮方药、发冷发热疾病按搽方药、冷热风湿病方药、皮肤病方药等，还收载了傣医诊断疾病的方法及疗法、药物与疾病的关系、季节与疾病的关系等内容。传抄，自制构树皮纸，手抄本，尺寸为310×255毫米，共82页，39.36千字，有插图，上口装订，线装。保存状况一般，保存环境较差，缺损。已普查，未整理，未出版。

收藏于：西双版纳傣族自治州民族医药研究所、西双版纳傣族自治州傣医医院

流水号：10128

《档哈雅沙巴帕雅》

民族语言题名：တမ္ဓေ ၅ၥ ပၥ သ ၓ ဘး ယၥ႗

其他题名文种：傣文

正文文种：傣文

内容提要及说明：傣族医药古籍。成书年代不详。该书论述了傣药药性、药味、药效与采药时辰，以及人的年龄与用药、服药与吃饭的间隔、季节与病症、病期长短与用药的关系等，还记载了很多方药，如治疗牙痛、头痛、腹痛的方药，治疗“拢麻想乎”“拢沙力坝”“拢牛”“拢洞烘”“拢沙龙”及各种“帕雅拢”的方药，以及一些外洗方。传抄，纸质，手抄本，尺寸为365×290毫米，共75页，43.8千字，上口装订，布面装。保存状况良好，保存环境一般，保存完好。已普查，未整理，未出版。

收藏于：西双版纳傣族自治州民族医药研究所、西双版纳傣族自治州傣医医院

流水号：10129

《档哈雅沙巴塔》

民族语言题名：တမ္ဓေ ၅ၥ ပၥ သ ၓ ၅

其他题名文种：傣文

正文文种：傣文

内容提要及说明：傣族医药古籍。该书为西双版纳地区的宫廷药书之一。该书封面和正文有宫廷印章，书题名为《档哈雅沙巴塔》（各种疾病医药书）。该书记载有傣医的“四塔”疾病诊治方法及方药，采药时辰和药的功效性味，还有

傣药大方制剂，如“雅西利勐”“雅帕中补”“雅叫哈顿”“雅塔”及傣药各种疾病诊治方药，还有治疗皮肤病、腹痛、腹泻等的方药。传抄，自制构树皮纸，手抄本，尺寸为300×250毫米，共52页，约20千字，有插图，上口装订，线装。保存状况、环境一般。

收藏于：西双版纳傣族自治州景洪市曼贺纳村　岩温、波涛温

流水号：10130

《档哈雅沙巴塔》

民族语言题名：တမ္ဘေ ၵၢ ယၢ သ ၸ ၵ

其他题名文种：傣文

正文文种：傣文

内容提要及说明：傣族医药古籍。该书记载有治疗牲畜及人体疾病的方药，如治疗饮食不佳、风热毒邪引起的呕吐、类风湿性关节炎、各种风病等的方药。自制构树皮纸，手抄本。

收藏于：云南省中医药民族医药博物馆

流水号：10131

《档哈雅沙巴雅档来》

民族语言题名：တမ္ဘေ ၵၢ ယၢ သ ၸ ယၢ ၆ၡ ၎ၺ

其他题名文种：傣文

正文文种：傣文

内容提要及说明：该书主要记载傣医治疗疾病的方药，如治疗腹泻腹痛、妇科病、头痛、皮肤病、全身痛麻木等的方药，还有星算、口功、咒语等内容。自制构树皮纸，手抄本，尺寸为350×250毫米，共34页，约6500字，上口装订，线装。保存状况一般，保存环境良好，保存完好。

收藏于：西双版纳傣族自治州景洪市勐罕镇曼脑村　岩温洪

流水号：10132

《档哈雅沙巴岩康》

民族语言题名：တမ္ဘေ ၵၢ ယၢ သ ၸ ဘၣၺ ၷၺ

其他题名文种：傣文

正文文种：傣文

内容提要及说明：傣族医药古籍。该书是岩康老傣医祖传的傣医药书，已传至第四代。该书中记载有傣医治疗疾病的诊治方法、治疗方药，包括治疗“四塔”不足和过盛疾病的方药，以及治疗头晕眼花、心慌心悸、呕吐、腹痛、腹泻、妇女杂病、各种皮肤病等的方药等。传抄，自制构树皮纸，手抄本，尺寸为270×300毫米，共26页，约6500字，上口装订，线装。保存状况良好，保存环境一般，保存完好。

收藏于：西双版纳傣族自治州景洪市勐龙镇曼龙扣村　岩康

流水号：10133

《档哈雅尚迈》

民族语言题名：တမ္ဘေ ၵၢ ယၢ ၵၢၺ ၻၸေ

其他题名文种：傣文

正文文种：傣文

内容提要及说明：该书是于1985年

12月转抄自老名傣医康朗听之药书的。该书记载有多种傣医方药，如小儿病方药、热风毒邪方药、发冷发热病方药、眼痛方药、耳聋方药、全身紫黑色疾病方药、全身酸痛方药、腹痛腹泻方药、皮肤疾病方药、头昏头痛等方药。还记有部分诊疗方法。传抄，抄写地为景洪市，纸质，手抄本，尺寸为270×200毫米，共30页，约15千字，上口装订，线装。保存状况良好，保存环境一般，保存完好。

收藏于：西双版纳傣族自治州景洪市　岩香

流水号：10134

《档哈雅思龙》

民族语言题名：[illegible]

其他题名文种：傣文

正文文种：傣文

内容提要及说明：傣族医药古籍。该书主要介绍了傣医治病方药，包括腹泻方药、“拢沙龙”方药、“拢沙里坝”方药、各种风湿病症方药以及傣医传统方剂等。纸质，写本，共25页，约5500字，上口装订，线装。保存状况一般，保存环境良好，保存完好。

收藏于：西双版纳傣族自治州勐海县勐混镇　岩温

流水号：10135

《档哈雅涛磨雅勐龙》

民族语言题名：[illegible]

其他题名文种：傣文

正文文种：傣文

内容提要及说明：傣族医药古籍。该书已无封面，是老傣医祖传五代的古傣医书籍。该书记载的傣医诊治疾病方药包括体黄疾病方药、发热疾病方药、急性湿疹方药、全身酸痛刺痛方药、胰腺肿大外包方药、头痛方药、皮肤疾病方药等。传抄，自制构树皮纸，手抄本，共92页，约41千字，线装。保存状况差，保存环境较差，缺损。

收藏于：西双版纳傣族自治州景洪市勐龙镇　康朗亮

流水号：10136

《档哈雅陶西里》

民族语言题名：[illegible]

其他题名文种：汉文、傣文

正文文种：傣文

内容提要及说明：傣族医药古籍。该书是勐海县勐满镇波陶西里（[illegible]）祖传五代的药书。记载的内容包括“夯搭档哈”“塔嘟档细”与疾病的关系，季节与疾病的关系，诊断疾病的方法，季节与“四塔”不调引起疾病的关系，“拢沙里坝”的治疗方药，“拢三占波”（三种风证）的诊断和治疗，泌尿系统疾病的诊断和治疗，各种风症的诊断和治疗。波陶西里编写，刻写地为勐满镇勐远村，纸质，写本复印件，尺寸为388×268毫米，共60页，约24千字，有插图，上口装订，简装。未普查，未整理，未出版。

收藏于：西双版纳傣族自治州民族医药研究所、西双版纳傣族自治州傣医医院

流水号：10137

《档哈雅维些》

民族语言题名：ᨲᩴᩣᩁᩣ ᩉᩣ ᨿᩣ ᩅᩥᨩ᩠ᨩᩮ ᩃᩈᩮ᩠ᨿ

其他题名文种：傣文

正文文种：傣文

内容提要及说明：傣族医药古籍。该书记载了7个傣医传统经方制剂，其中有在傣医中使用颇为广泛、知名度较高的传统经方“雅西金嘎叫”“雅矢达苏巴帕”，同时也记载了其他多种治病方药。传抄，纸质，手抄本，尺寸为368×222毫米，共29页，12千字，上口装订，简装。保存状况差。

收藏于：西双版纳傣族自治州民族医药研究所、西双版纳傣族自治州傣医医院

流水号：10138

《档哈雅西利担》

民族语言题名：ᨲᩴᩣᩁᩣ ᩉᩣ ᨿᩣ ᩈ ᩃᩥᨾ ᨴᩣ᩠ᨶ

其他题名文种：傣文

正文文种：傣文

内容提要及说明：傣族医药古籍。该书记载有治疗“沙龙更旧”方药，以及治疗“雅维些沙郎干”、风湿疾病、疮毒、热风毒邪疾病、痉挛剧痛等病症的方药。纸质，手抄本。

收藏于：云南省中医药民族医药博物馆

流水号：10139

《档哈雅辛》

民族语言题名：ᨲᩴᩣᩁᩣ ᩉᩣ ᨿᩣ ᩈᩥ᩠ᨦ

其他题名文种：傣文

正文文种：傣文

内容提要及说明：傣族医药古籍。该书记载有咒语、大方药制剂、大出血方药，以及治疗风湿病的拖擦方药、傣药制剂“苏晚纳朗西”。纸质，手抄本。

收藏于：云南省中医药民族医药博物馆

流水号：10140

《档哈雅岩吨》（第1集）

民族语言题名：ᨲᩴᩣᩁᩣ ᩉᩣ ᨿᩣ ᩋᩱ᩠ᨿ ᨲᩩ᩠ᨶ（ᨹᩪ᩠ᨠ ᨴᩦ ᩑ）

其他题名文种：傣文

正文文种：傣文

内容提要及说明：该书记载有傣医诊治各种疾病的方药，如医治腹痛、头痛、呃逆、眼红病、发冷发热病、骨痛病、全身酸痛、各种皮肤病、泌尿系统疾病等的方药。300多年前成书，刻抄10年，刻抄地为曼栋老村，自制构树皮纸，手抄本，尺寸为310×270毫米，共36页，20.80千字，上口装订，线装。保存状况良好，保存环境优，保存完好。未普查，未整理，未出版。

收藏于：西双版纳傣族自治州景洪市嘎洒镇曼沙村委会曼栋老村　岩吨栋

流水号：10141

《档哈雅岩吨》（第 2 集）

民族语言题名：ᨲᩴᩣᩁ ᩉᩣ ᨿᩣ ᩋᩱ᩠ᨿ ᨲᩪ᩠ᨶ（ᨹᩪ᩠ᨠ ᨴᩦ ᪒）

其他题名文种：傣文

正文文种：傣文

内容提要及说明：该书记载有傣医大方药、发热病方药、各种风疾病方药、泌尿系疾病方药、呃逆方药、发冷发热病方药。成书 500 多年，刻抄 40 多年，刻抄地为曼栋老村，纸质，手抄本影印件，尺寸为 297×210 毫米，共 77 页，74.54 千字，上口装订，简装。保存状况良好，保存环境优，保存完好。未普查，未整理，未出版。

收藏于：西双版纳傣族自治州景洪市嘎洒镇曼沙村委会曼栋老村　岩吨栋

流水号：10142

《档哈雅岩罕香达》

民族语言题名：ᨲᩴᩣᩁ ᩉᩣ ᨿᩣ ᩋᩱ᩠ᨿ ᨡᩢ᩠ᨶ ᩈᩮᩢ᩠ᨦ ᨲᩣ

其他题名文种：傣文

正文文种：傣文

内容提要及说明：该书是老傣医岩罕香祖传傣医书。书中记载了单方药治疗疾病和治疗各种骨痛麻木、各种皮肤疾病的方药，还有傣药大方制剂方药，以及治疗妇科杂病、腹痛腹泻、头晕眼花、心慌心悸等各种疾病的方药。传抄，手抄本，尺寸为 220×150 毫米，共 50 页，约 17.5 千字，有插图，经折装，线装。保存状况良好，保存环境良好。

收藏于：西双版纳傣族自治州景洪市嘎洒镇曼达村　岩罕香

流水号：10143

《档哈雅岩洪脑》

民族语言题名：ᨲᩴᩣᩁ ᩉᩣ ᨿᩣ ᩋᩱ᩠ᨿ ᩉᩫ᩠ᨦ ᨶᩬᩴ

其他题名文种：傣文

正文文种：傣文

内容提要及说明：傣族医药古籍。该书记载了季节与疾病的关系，以及傣医疾病方药，包括各种疾病外洗方药、全身酸痛方药、头昏头痛方药、咳嗽方药、腹痛腹泻方药、傣药大方制剂、腹内肿块方药、各种皮肤病方药等。传抄，自制构树皮纸，手抄本，尺寸为 280×220 毫米，共 32 页，约 8000 字，线装。保存状况、环境一般。

收藏于：西双版纳傣族自治州景洪市嘎洒镇曼沙村　岩洪脑

流水号：10144

《档哈雅岩燕》

民族语言题名：ᨲᩴᩣᩁ ᩉᩣ ᨿᩣ ᩋᩱ᩠ᨿ ᩋᩮᩢ᩠ᨶ

其他题名文种：傣文

正文文种：傣文

内容提要及说明：该书由岩燕传抄自其师父，已传三代。该书记载了居住环境与疾病的关系，以及傣医诊疗疾病的各种方药，包括发热病方药、呕吐方药、风湿周身酸痛方药、癫痫病方药、止咳方药等。传抄，自制构树皮纸，手抄本，尺寸为 310×270 毫米，共 66 页，线装。保存状况差，保存环境较差，缺损。

收藏于：西双版纳傣族自治州景洪市勐罕镇曼法代村　岩燕

流水号：10145

《档哈雅宰腊》

民族语言题名：[illegible]

其他题名文种：傣文

正文文种：傣文

内容提要及说明：傣族医药古籍。记载有咒语、人方制剂、祛邪药方药、妇科疾病方药及治疗便血、鼻衄、热风毒邪引起的痉挛疼痛、少腹刺痛等的方药。纸质，手抄本。

收藏于：云南省中医药民族医药博物馆

流水号：10146

《档哈雅扎西题》

民族语言题名：[illegible]

其他题名文种：傣文

正文文种：傣文

内容提要及说明：傣族医药古籍。该书是名老傣医康朗听传给儿子继承的傣药经书。该书封面写有“本医书是从古时名傣医扎西题抄写，由曼贺纳的徒弟康朗先传承，同时由儿子波旺接传，希望该书能继续下传岩叫、岩香、岩坦，同时也希望能发挥更大的作用，为人民服务”。抄写于 1970 年 7 月 22 日。该书载有傣医诊治小儿疾病、发冷发热病、眼病、耳病、各种身痛、骨痛、阴道疾病、接骨、泌尿系疾病、结石、呕吐、癫痫病等病症的方药。传抄，抄写地为景洪市，纸质，手抄本，尺寸为 260×240 毫米，共 64 页，约 18.6 千字，有插图，上口装订，线装。保存状况、环境一般，保存完好。

收藏于：西双版纳傣族自治州景洪市曼贺纳村　波旺、岩香

流水号：10147

《档哈雅扎雅尚嘎哈》

民族语言题名：[illegible]

其他题名文种：汉文、傣文

正文文种：傣文

内容提要及说明：该书为名老傣医康朗腊（[illegible]）的手抄本，书中记载了傣医对“拢麻想乎”“拢牛”“拢沙里坝”“拢匹勒”的医治方药，以及治疗风病、肝病等的方药，还有部分传统剂型（如丸、散、酒）的制法、用法。据记载，该书于 1000 多年前成书，康朗腊于 1948 年抄写，抄写地为景洪市嘎洒镇曼海树，手抄本，尺寸为 260×220 毫米，共 16 页，约 3328 字，上口装订，线装。保存状况差，保存环境一般，缺损。已普查，未整理，未出版。

收藏于：西双版纳傣族自治州民族医药研究所、西双版纳傣族自治州傣医医院

流水号：10148

《档哈雅召傣当来》

民族语言题名：[illegible]

其他题名文种：汉文、傣文

正文文种：傣文

内容提要及说明：该书记载的方药包括治疗咳嗽哮喘、疔疮脓肿、腹痛腹泻、乳腺病、肝病的方药，以及傣医用于治疗“拢沙力坝”的方药。波为拉（ဩွဝေ ဂၢ႒ၯ ၃ၢ）传抄，1985 年 5 月抄写，抄写地为勐阿曼迈，手抄本，尺寸为 395×273 毫米，共 7 页，约 3860 字，上口装订，线装。保存状况一般，保存环境良好，保存完好。已普查，未整理，未出版。

收藏于：西双版纳傣族自治州民族医药研究所、西双版纳傣族自治州傣医医院

流水号：10149

《档哈雅召发先迪》

民族语言题名：တမ္ဓေ ၵ္ဒၢ ပ်ၢ ဝၵ္ဓေ ၆ၢဧ ဂဂၢၵ ၆ၒၦ

其他题名文种：傣文

正文文种：傣文

内容提要及说明：傣族医药古籍。该书封面记有：本书是古代名傣医召发先迪传抄下来的药书。该书封面标有：本书是古名傣医召发先迪勐混曼贺勐的经书。该书记载了傣医的诊法、诊治疾病的方药和“四塔五蕴”理论、采药时辰和药的功效，同时也记载了傣族的星算、口功等内容。传抄，尺寸为 300×300 毫米，共 45 页，约 19 千字，有插图，上口装订，线装。保存状况、环境一般。

收藏于：西双版纳傣族自治州景洪市勐罕镇曼脑村　波温洪

流水号：10150

《档哈雅召法》

民族语言题名：တမ္ဓေ ၵ္ဒၢ ပ်ၢ ဝၵ္ဓေ ၆ၢဧ

其他题名文种：傣文

正文文种：傣文

内容提要及说明：该书由岩温洪转抄自勐派老草医。该书封面印有傣医个人印章“召法药书”字样。书中记载的傣医方药包括治疗全身酸痛、发热、胸口疼痛、发热发冷病、呕吐、妇科疾病等病症的方药，同时也有口功、咒语等内容。传抄，刻抄地为勐混镇，纸质，手抄本，尺寸为 350×230 毫米，共 52 页，约 15 千字，上口装订，线装。保存状况良好，保存环境一般，保存完好。

收藏于：西双版纳傣族自治州景洪市勐罕镇曼脑村　岩温洪

流水号：10151

《档哈雅召书婉娜》

民族语言题名：တမ္ဓေ ၵ္ဒၢ ပ်ၢ ဝၵ္ဓေ ၁ၢဥ ဝၵ ၵ္ဒၢ

其他题名文种：傣文

正文文种：傣文

内容提要及说明：傣族医药古籍。该书涉及的内容包括治疗“拢匹勒”（各种妇科病）、“拢旧达郎”“拢麻想乎”“拢阿麻巴呆兮”“拢梅兰申”（风湿病、风湿痛）、“拢其哈”（湿疹及其他皮肤病）、“拢沙里坝”“拢匹坝”的方药，以及一些制成丸、散、酒等剂型的传统制法等。传抄，纸质，手抄本，尺寸为 360×260 毫米，共 60 页，约 2100 字，上口装订，线

装。保存状况差，保存环境一般，缺损。已普查，未整理，未出版。

收藏于：西双版纳傣族自治州民族医药研究所、西双版纳傣族自治州傣医医院

流水号：10152

《迪卡尼阶》

民族语言题名：ᦑᦲᦰ ᦅᦱ ᦓᦲᦰ ᦂᦱᦻ

其他题名文种：傣文

正文文种：傣文

内容提要及说明：又名《长阿含经》，因为收录的经文篇幅比较长，所以也称为“长部”，共收录34部经文。传抄，贝叶经，刻本，尺寸为480×57毫米，共288页，112.32千字，绳串联。保存状况良好，保存环境良好，保存完好。

收藏于：西双版纳傣族自治州民族医药研究所、西双版纳傣族自治州傣医医院

流水号：10153

《嘎比迪沙迪巴尼》（傣医诊治书）

民族语言题名：ᦂᦷᦙᦵ ᦗᦲ ᦑᦲ ᦉᦱ ᦑᦲ ᦔᦱ ᦓᦲ

正文文种：傣文

内容提要及说明：傣族医药古籍。书名意为“医药经典”，成书约在公元1320年，具体时间已无法考证。由于受佛教观念的影响，该书和其他许多流传下来的傣医典籍一样，都没有标明著作者。该书论述了傣医基础理论、人体不同年龄的好发疾病、用药规则、采药时间和部位与药物功效的关系、傣医传统经方及傣医单验秘方等。内容涉及内科、妇科、儿科、外伤科等的疾病和一些疑难杂症。对许多疾病的诊断、治疗、用药方法等较为独特，体现了傣医别具一格的诊病、治病、用药特色。如临床上看到神疲、多寐、易怒之症时，就将其诊断为属土（“巴他维塔”）偏盛所致的疾病，其病位在肝胆、脾胃；如见肤色黑则提示血为苦性，含糖少，用药宜选酸味或甜味药。问诊要注意患者的居住环境条件，如“居住高寒山区、湖海易生风、生湿；若肤色黑红则属血辣、酸少”，治疗时宜选用平性药、凉性药；等等。

收藏：存目古籍

流水号：10154

《嘎比迪沙嫡巴尼》

民族语言题名：ᦂᦷᦙᦵ ᦗᦲ ᦑᦲ ᦉᦱ ᦑᦲᦵ ᦔᦱ ᦓᦲ

正文文种：傣文

内容提要及说明：傣族医药古籍。该书论述了傣医界论、人体解剖、用药规则、采药时间和部位与药物效能的关系等，是一部较综合的傣医药典籍。

收藏：存目古籍

流水号：10155

《嘎牙桑哈雅》（人体）

民族语言题名：ᦂᦱᦵ ᦍᦱ ᦉᦣ ᦠ ᦍᦱ

其他题名文种：傣文

正文文种：傣文

内容提要及说明：傣族医药古籍。书目信息于2007年5月由玉腊在勐养镇曼纳庄村对波丙进行调查采集。波丙，又叫

岩拉，8 岁时出家当小和尚，19 岁升为佛爷，还俗后又名康朗拉。波丙家的经书都是用贝叶刻写的，由于存放时间已较长，有的贝叶经已经残缺，有的被虫蛀，有的被撕烂只剩下一半，波丙还是把它们视作宝贝，用黄土布包了一层又一层。该书主要内容为人体解说。波丙传抄，贝叶。

收藏于：西双版纳傣族自治州勐养镇曼纳庄村　波丙

流水号：10156

《嘎牙山哈雅》

民族语言题名：ᦂᦱᧈ ᦍᦱ ᦉᦱᧂ ᦠᦱ ᦍᦱ

正文文种：傣文

内容提要及说明：傣族医药古籍。纸质手抄本。现已整理，由云南民族出版社出版，共 31 页。

收藏于：西双版纳傣族自治州民族医药研究所、西双版纳傣族自治州傣医医院

流水号：10157

《嘎牙山哈雅》

民族语言题名：ᦂᦱᧈ ᦍᦱ ᦉᦱᧂ ᦠᦱ ᦍᦱ（ᦂᦱᧂ ᦂᦱᦑᦱ）

其他题名文种：汉文、傣文

正文文种：傣文、汉文

内容提要及说明：该书为傣族民族医药学古籍。纸质手抄本。版本不详。

收藏于：临沧市双江拉祜族佤族布朗族傣族自治县　张文彬

流水号：10158

《嘎牙山哈雅》（人体解说）

民族语言题名：ᦂᦱᧈ ᦍᦱ ᦉᦱᧂ ᦠᦱ ᦍᦱ（ᦉᦱᧂ ᦂᦱᦑᦱ ᦂᦱᦑᦱ ᦂᦱ ᦂᦱᧂ）

其他题名文种：傣文、汉文

正文文种：傣文

内容提要及说明：该书是系统论述傣医学基础理论的第一部专著，是傣医药理论体系形成的标志之一，也是现存傣医药文献中最早的典籍。据说该书是由佛祖释迦牟尼的徒弟阿仑达听编著的，随印度古经书传入西双版纳，后被翻译为傣文。该书系统地总结了傣医药的医疗成就和诊疗经验，确立了傣医药的独特理论体系，成为傣医药学发展的基础。该书共分为 5 集，其中，1 ~ 2 集阐述了以下内容：1. 人体生理解剖与组织结构。2. 人体受精与胚胎的形成、生长和发育。3. 人和自然界的生存关系。4. "塔都档细"（简称"四塔"，即风、火、水、土）、"夯塔档哈"（简称"五蕴"，即色、识、受、想、行五种精神因素）的生理功能、相互关系，"四塔"衰败的预后与临床主要表现。5. 人与气候、居处环境与疾病发生的关系。将一年 12 个月分为"腊鲁档三"（热季、冷季、雨季）三个季节，提出各季的发病特点及预防措施、常用方药。6. 人生 3 个不同年龄阶段的生理变化、好发疾病及预防发病、抗衰防老之药。7. 肤色与血味及选择用药之关系。8. 人体内"暖"（类似细胞、微生物、寄生虫类）的特点。传抄，贝叶，刻本，尺寸为 480 × 50 毫

米，共 138 页，44.82 千字，绳串联。保存状况良好，保存环境良好，保存完好。

收藏于：西双版纳傣族自治州民族医药研究所、西双版纳傣族自治州傣医医院

流水号：10159

《过帕雅和沙干》

民族语言题名：ᨠᩣ᩠ᨿ ᨷᩤ ᨿᩣ ᨣᩢ᩠ᨻ ᨪ ᨣᩢ᩠ᨶ

其他题名文种：傣文

正文文种：傣文

内容提要及说明：傣族医药古籍。该书载有星算和傣医看病的方法、天文地理知识等内容。其中记载傣医诊治疾病方药的有 10 页，其他均为口功、星算内容。傣医方药有治疗接骨、跌打损伤、全身酸痛等的方药。自制构树皮纸，手抄本，尺寸为 300×250 毫米，共 34 页，约 15 千字，有插图，上口装订，线装。

收藏于：西双版纳傣族自治州勐海县勐混镇曼飞村　岩温飞

流水号：10160

《及打撇达》

民族语言题名：ᨧᩥ᩠ᨶ ᨪ ᨣᩣ

正文文种：傣文

内容提要及说明：傣医药古籍手抄本，在民间流传最为广泛，因受佛教的影响，各手抄本均不署名。

收藏于：存目古籍

流水号：10161

《决当脉牙借劳》（解除苦难治病痛）

民族语言题名：ᨣᩮᩢ ᨴᩣᨦ ᨿᩣ᩠ᨦ ᨿᩣ ᨣᩢᨦ ᨽᩕᩢ᩠ᨶ（ᨿᩣ ᨣᩢᨠᩣ᩠ᨿ ᨣᩢᨿ ᨪ ᨽᩕ）

其他题名文种：傣文

正文文种：傣文

内容提要及说明：2007 年 2 月，由克原秀在允哏寨的奘房调查整理的书目信息中发现。该书讲述药能医治疾病，佛经能教化不健康的心灵。

收藏于：德宏傣族景颇族自治州盈江县兴和村公所允哏寨奘房银泉寺

流水号：10162

《列嘎拉》（来嘎那）

民族语言题名：ᨣᩮᩢ ᨠ ᩃᩣ

其他题名文种：傣文

正文文种：傣文

内容提要及说明：2007 年 2 月，由克原秀在允哏寨的奘房调查整理的书目信息中发现。这是一本占卜病因之书。傣族人认为，人的肉眼看不到的地方，到处都是精灵和一些不健康的东西，如果人们出门或到野外碰到这些东西就会患病。人生了病就要去找通晓占卜方法的占卜师帮助占卜。占卜师询问病人最近的活动及外出情况，根据占卜书中每月的初一到二十九日或三十日的记录，占出病人某日生病是什么原因或者是碰到什么鬼魂跟着来要食物，然后告诉病人化解的方法。病人或病人的家人只要按照占卜师指点的方法去做，病就会好起来。

收藏于：德宏傣族景颇族自治州盈江县兴和村公所允哏寨奘房银泉寺

流水号：10163

《列嘎拉》（占卦病因）

民族语言题名：ၵၢမ ၵ လၢ

其他题名文种：傣文

正文文种：傣文

内容提要及说明：2007 年 2 月，由克原秀在允哏寨二社对刀保忠进行调查整理书目信息时发现该书。

收藏于：德宏傣族景颇族自治州盈江县兴和村委会允哏社二社　刀保忠

流水号：10164

《麻哈娃》

民族语言题名：မႃ ႁႃ ဝၢႆ

其他题名文种：傣文

正文文种：傣文

内容提要及说明：傣族医药古籍。成书年代不详。书中记载了 300 多种药物配方，所治疾病有伤风感冒、跌打损伤、风湿热痹、哮喘、咳嗽、痢疾腹泻、死胎难产、长痘生疮、高热抽搐、肝炎黄疸、腹痛头痛、虚脱昏厥等，也载有避孕助孕、增力壮阳、美容美肤、延年益寿等方药。书中还讲述了如何根据血液的特点、不同年龄、病期长短来用药。传抄，贝叶经，刻本，尺寸为 480×60 毫米，共 443 页，约 210.86 千字，中间装订，绳串联。保存状况良好，保存环境良好，保存完好。

收藏于：西双版纳傣族自治州民族医药研究所、西双版纳傣族自治州傣医医院

流水号：10165

《玛哈呢板》

民族语言题名：မႃ ႁႃ ၼိမ ပၢၼ

其他题名文种：傣文

正文文种：傣文

内容提要及说明：傣族医药古籍。传抄，贝叶经，手抄本，尺寸为 475×55 毫米，共 106 页，线装。

收藏于：云南省中医药民族医药博物馆

流水号：10166

《呢该档哈》（五阿含）

民族语言题名：ၼိၵ ၵၢႆ ထႅ ႁ

其他题名文种：傣文

正文文种：傣文

内容提要及说明：傣族医药古籍。传抄，贝叶经，手抄本，尺寸为 481×55 毫米，共 496 页，线装，缺损。

收藏于：云南省中医药民族医药博物馆

流水号：10167

《尼该煌》

民族语言题名：ၼိၵ ၵၢႆ ထႅ ႁ

其他题名文种：傣文

正文文种：傣文

内容提要及说明：该书又名《阿含节选》，是五阿含的精简缩写版。传抄，贝叶经，刻本，尺寸为 505×60 毫米，共

160 页，62.4 千字，绳串联。保存状况良好，保存环境良好，保存完好。

收藏于：西双版纳傣族自治州民族医药研究所、西双版纳傣族自治州傣医医院

流水号：10168

《帕鲁宛》（根据时间占卜病因）

民族语言题名：ᨽᩣ ᩁᩩ ᩅᩢ᩠ᨶ（ᩁᩪ᩶ᨧ ᨲᩣ᩠ᨾ ᨣᩬ ᩃᩣ ᩁᩩ ᨠᩢ᩠ᨶ ᨣᩢ᩠ᨶᩣ ᨽᩣ ᨿᩣ᩠ᨿ）

其他题名文种：傣文

正文文种：傣文

内容提要及说明：2007 年 2 月，由克原秀在允哏寨的奘房调查整理的书目信息中发现该书。该经书讲述月、日、夜与人们生病有对应关系。根据月、日、夜得出人们生病后病情的轻重、会病几天、痊愈或会死去的具体时间。还有六十花甲与月份日期的对应关系。有的月份用傣汉文对照来记录。

收藏于：德宏傣族景颇族自治州盈江县兴和村公所允哏寨奘房银泉寺

流水号：10169

《萨打依玛拉》

民族语言题名：ᩈᨲ᩠ᨲᩥ ᨿᨾ ᨾ ᩃᩣ

正文文种：傣文

内容提要及说明：傣医药古籍。手抄本，未署名。

收藏：存目古籍

流水号：10170

《桑格尼》

民族语言题名：ᩈᩢ᩠ᨦ ᨣᩥ ᨶᩥ

其他题名文种：傣文

正文文种：傣文

内容提要及说明：傣族医药古籍。传抄，贝叶经，刻本，尺寸为 480×48 毫米，共 422 页，164.58 千字，中间装订，绳串联。保存状况良好，保存环境良好，保存完好。

收藏于：西双版纳傣族自治州民族医药研究所、西双版纳傣族自治州傣医医院

流水号：10171

《舒婉纳》

民族语言题名：ᩈᩩ ᩅᩢ᩠ᨶ ᨶᩣ

其他题名文种：傣文

正文文种：傣文

内容提要及说明：傣族医药古籍。传抄，贝叶经，手抄本，尺寸为 475×55 毫米，共 67 页，线装，缺损。

收藏于：云南省中医药民族医药博物馆

流水号：10172

《四塔》（一）

民族语言题名：ᩈᩦ ᨵᩣ᩠ᨲᩩ（᪑）

其他题名文种：傣文

正文文种：傣文

内容提要及说明：该书介绍了傣医人体生理解剖，解释了人体生理现象和病理变化的风、火、水、土“四塔”的相关

理论。传抄，贝叶经，抄刻本，尺寸为488×58毫米，共35页，绳串联。

收藏于：云南省中医药民族医药博物馆

流水号：10173

《四塔》（二）

民族语言题名：ၶ ထာႇ（၂）

其他题名文种：傣文

正文文种：傣文

内容提要及说明：该书介绍了傣医人体生理解剖，解释了人体生理现象和病理变化的风、火、水、土“四塔”的相关理论。传抄，贝叶经，抄刻本，尺寸为475×54毫米，共50页，绳串联。

收藏于：云南省中医药民族医药博物馆

流水号：10174

《塔都当细》

民族语言题名：ထာႇ တုဝ် ၸၢင် ၶ

其他题名文种：傣文、汉文

正文文种：傣文

内容提要及说明：该书为傣医康朗仑（ၶ ႁၢမ်ႈ ၼိူၼ်）献给西双版纳傣族自治州民族医药研究所的手抄本。内容包括“四塔”的辨病论治方法、方药，以及治疗“拢沙力坝”“拢麻想乎”“拢檬沙很”“拢匹勒”的方药，还记载有傣医传统经方，制成丸、散、酒等剂型的大方。康朗仑（ၶ ႁၢမ်ႈ ၼိူၼ်）传抄，纸质，手抄本，尺寸为315×260毫米，共16页，约9100字，上口装订，线装。保存状况一般，保存环境良好，保存完好。已普查，未整理，未出版。

收藏于：西双版纳傣族自治州民族医药研究所、西双版纳傣族自治州傣医医院

流水号：10175

《塔都嘎他》

民族语言题名：ထာႇ တုဝ် ၵ ထႃ

其他题名文种：傣文

正文文种：傣文

内容提要及说明：该贝叶经书中记载了“塔都嘎他”及“四塔五蕴”之意，主要讲述“四塔五蕴”的理论及“四塔”在人体内的各种功能。传抄，贝叶经，刻本，尺寸为480×60毫米，共124页，48.36千字，绳串联。保存状况、环境良好，保存完好。

收藏于：西双版纳傣族自治州民族医药研究所、西双版纳傣族自治州傣医医院

流水号：10176

《维旁嘎苏》

民族语言题名：ဝိ ၽင် ၵထ သုတ်

其他题名文种：傣文

正文文种：傣文

内容提要及说明：该贝叶经中记有分别、分析、蕴、处、界、跟、谛等法义。传抄，贝叶经，刻本，尺寸为480×50毫米，共403页，157.17千字，中间装订，绳串联。保存状况、环境良好，保存完好。

收藏于：西双版纳傣族自治州民族医药研究所、西双版纳傣族自治州傣医医院

流水号：10177

《西玛板》

民族语言题名：ᩉᩥᨾᩛ ᨾ᩠ᨾ ᨻᩣ᩠ᨶ

其他题名文种：傣文、傣文

正文文种：傣文

内容提要及说明：傣族医药古籍。传抄，贝叶经，抄刻本，尺寸为475×54毫米，共35页，绳串联。有缺损。

收藏于：云南省中医药民族医药博物馆

流水号：10178

《星算医书勐混岩温》

民族语言题名：ᨲᩴᩣᩁᩣ ᩉᩮᩣ ᨿᩣ ᩅᩢᩃᩮ ᩅᩢᨴᩮᩬᩥ ᩃᩥ᩠ᨾᩢᩁ ᩉᩬᩢ᩠ᨶ

其他题名文种：傣文

正文文种：傣文

内容提要及说明：该书叙述了傣族拴线叫魂的仪式，论述人的生命是否能延续，还载有部分傣医疾病方药，如治疗控骨、全身酸痛、腹痛腹泻等的方药。传抄，自制构树皮纸，手抄本，共45页，8600字，上口装订，线装。保存状况一般，保存环境良好，保存完好。

收藏于：西双版纳傣族自治州勐海县勐混镇　岩温

流水号：10179

《药典》

民族语言题名：ᩈ᩠ᨾᩫᨯ ᩉᩴᩣᩁᩣ ᨿᩣ ᨴᩦ

其他题名文种：汉文、傣文

正文文种：傣文

内容提要及说明：该书由波香温用绵纸抄写，平日捆扎存放在一个编织袋里，挂存在竹楼正堂上方的房梁上。波香温，男，傣族。12岁出家，1958年还俗，居住在景哈村的南边，属景哈村的曼沙湾村民小组，居住的房子是傣族传统竹楼，家中目前收藏的佛教经籍文献共有7本，《药典》为其中一本。绵纸抄本，李国文项目调研成果。2007年由玉康龙在景洪市景哈乡景哈村调查整理书目信息。

收藏于：西双版纳傣族自治州景洪市景哈哈尼族乡景哈村　波香温

流水号：10180

《佚名医药书》（01）

民族语言题名：ᩈ᩠ᨾᩫᨯ ᩉᩴᩣᩁᩣ ᨿᩣ

其他题名文种：傣文

正文文种：傣文

内容提要及说明：该书记载有治疗腹绞痛、热风毒邪导致的呕吐、风湿冷痛等疾病的方药。纸质，手抄本。

收藏于：云南省中医药民族医药博物馆

流水号：10181

《佚名医药书》（02）

民族语言题名：ᩈ᩠ᨾᩫᨯ ᩉᩴᩣᩁᩣ ᨿᩣ

其他题名文种：傣文

正文文种：傣文

内容提要及说明：该书记载了治疗麻风病、风湿病麻木肿痛、热风毒邪疾病及胸痛等病症的方药。纸质，手抄本。

收藏于：云南省中医药民族医药博物馆

流水号：10182

《著腊哇》

民族语言题名：[illegible]

其他题名文种：傣文

正文文种：傣文

内容提要及说明：该书论述了傣药药性、药味、药效与采药时辰的关系，人的年龄与用药、服药与吃饭的间隔、季节与病症的关系，病期长短与用药等内容，还记载了很多方药，如治疗牙痛、头痛、腹痛，治疗“拢麻想乎”“拢沙力坝”“拢牛”“拢洞烘”“拢沙龙”及各种“帕雅拢”的方药，以及一些外洗方。传抄，刻抄地为西双版纳，贝叶经，刻本，尺寸为480×60毫米，共754页，约199.28千字，中间装订，绳串联。保存状况、环境良好，保存完好。

收藏于：西双版纳傣族自治州民族医药研究所、西双版纳傣族自治州傣医医院

2. 彝　族

流水号：10183

《百解和解诸不祥》

民族语言题名：[illegible]

正文文种：彝文

内容提要及说明：彝族医药古籍。为抢救保护民族文化遗产，禄劝彝族苗族自治县民族宗教事务局曾于1984年11月组建民族古籍整理办公室，专职从事民族古籍的发掘、整理、翻译工作。截至2007年，该局共收存彝文书籍400多册，并对所收存的彝文古籍做了详细编目，保存在禄劝县古籍整理办公室，目前主要是对其进行翻译和整理。据统计，现完整的古籍有368部，均为实物，这些古籍实物统一放置于档案柜内。该书为禄劝县民族宗教事务局收集保存的彝文古籍原抄件之一。2008年2月，由昂自明在禄劝县民族宗教事务局对张健智等人调查整理书目信息。

收藏于：昆明市禄劝彝族苗族自治县民族宗教事务局　张建智等

流水号：10184

《百解经之一》

民族语言题名：[illegible]

正文文种：彝文

内容提要及说明：彝族医药古籍。该书为禄劝县民族宗教事务局收集保存的彝

文古籍原抄件之一。2008 年 2 月由昂自明在禄劝县民族宗教事务局对张建智等人调查整理书目信息。传抄，武定县于清朝年间出版，共 34 页。

收藏于：昆明市禄劝彝族苗族自治县民族宗教事务局　张建智等

流水号：10185

《百解经之二》

民族语言题名：[illegible]

正文文种：彝文

内容提要及说明：彝族医药古籍。该书为禄劝县民族宗教事务局收集保存的彝文古籍原抄件之一。2008 年 2 月由昂自明在禄劝县民族宗教事务局对张建智等人调查整理书目信息。传抄，武定县于清朝年间出版，共 34 页。

收藏于：昆明市禄劝彝族苗族自治县民族宗教事务局　张建智等

流水号：10186

《百解书》

民族语言题名：[illegible]

正文文种：彝文

内容提要及说明：彝族医药古籍。2007 年 1 月 28 日由昂自明、李贵平在楚雄彝族自治州民族文化研究所对朱琚元调查整理书目信息。传抄。

收藏于：楚雄彝族自治州民族文化研究所

流水号：10187

《百解书之三》

民族语言题名：[illegible]

正文文种：彝文

内容提要及说明：彝族医药古籍。该书为禄劝县民族宗教事务局收集保存的彝文古籍原抄件之一。2008 年 2 月由昂自明在禄劝县民族宗教事务局对张建智等人调查整理书目信息。传抄。

收藏于：昆明市禄劝彝族苗族自治县民族宗教事务局　张建智等

流水号：10188

《百解献牲经之一》

民族语言题名：[illegible]

正文文种：彝文

内容提要及说明：彝族医药古籍。该书为禄劝县民族宗教事务局收集保存的彝文古籍原抄件之一。2008 年 2 月由昂自明在禄劝县民族宗教事务局对张建智等人调查整理书目信息。

收藏于：昆明市禄劝彝族苗族自治县民族宗教事务局　张建智等

流水号：10189

《百解献牲经之二》

民族语言题名：[illegible]

正文文种：彝文

内容提要及说明：彝族医药古籍。此书为禄劝县民族宗教事务局收集保存的彝文古籍原抄件之一。2008 年 2 月由昂自明在禄劝县民族宗教事务局对张建智等人调查整理书目信息。

收藏于：昆明市禄劝彝族苗族自治县民族宗教事务局　张建智等

流水号：10190

《病况预测书之一》

民族语言题名：[illegible]

正文文种：彝文

内容提要及说明：彝族医药古籍。2007 年 8 月由昂自明在石林县民委文史研究室调查整理书目信息。

收藏于：昆明市石林彝族自治县民委文史研究室（现石林县民族宗教事务民族研究所）

流水号：10191

《病况预测书之二》

民族语言题名：[illegible]

正文文种：彝文

内容提要及说明：2007 年 8 月 18 日晚，昂自明在石林县石林镇大老挖村对毕摩毕凤林、黄玉峰调查整理书目信息。老挖村位于石林县石林镇东南部，距镇政府驻地北大村 14 千米，居民多为彝族。该村的毕凤林是石林县境内年龄最长的毕摩，生于 1921 年 4 月，精通彝文，懂汉语，略识汉字，2007 年，被命名为省级非物质文化遗产传承人。他自幼受家庭的影响，跟随父辈参加当地的祭祀等活动，耳濡目染深谙不少彝族的世俗文化和祭祀仪式。他平时以农业生产为主，农闲时参加各种仪式和活动。他热心于彝族传统文化的收集整理，精心保存祖辈流传下来的彝文古籍，同时还收集整理了大量的其他资料。该书不分卷，1 册 16 页，佚名。人们久病不愈时可查询此书，书中可查病人是否能痊愈、病程有多长等。尺寸为 200×160 毫米，旧抄本，绵纸，线订册页装，无边框，21 行，每行 18 字，白口，有麻布护封，边角有破损，字面保存基本完好。

收藏于：昆明市石林彝族自治县石林镇大老挖村　毕凤林、黄玉峰

流水号：10192

《查努尼书》

民族语言题名：[illegible]

正文文种：彝文

内容提要及说明：2007 年 7 月由李国文在新平县平甸乡梭克村委会马厂自然村对李家荣等毕摩调查整理书目信息。李家荣毕摩经师是当地保存彝文古籍较多的人。李家荣，男，1948 年生，毕摩经师，家住平甸乡马厂自然村（又称老杨寨）。李家祖上有很多代人都是毕摩经师，据说较远时代的毕摩老高祖是李金宝，现在李家荣也是当地有名的毕摩经师。2007 年 6 月，他被云南省文化厅、云南省民族宗教事务委员会命名“为云南省非物质文化遗产传承人”。李家荣家目前保存的彝文经书，旧抄本有 41 本。其住所为当地常见的土木结构小天井四合院，有楼，这些古籍盛装于一个木制的塑皮木箱和三个塑料绳编制的小竹篮中，平日存放于楼上供

桌旁，秘不示人。该书为李家荣家藏的彝文旧抄本，是有关查看生病原因的经书或占病书。绵纸，横长本，共50多页，页面边角卷缩破损，书前书后各有若干页残缺，无麻布护封。李家荣编写。

收藏于：玉溪市新平彝族傣族自治县平甸乡梭克村民委员会马厂自然村　李家荣

流水号：10193

《查诗拉书》

民族语言题名：[彝文]

正文文种：彝文

内容提要及说明：该书放置于手抄专柜。手抄本。

收藏于：楚雄彝族自治州图书馆·中国彝族文献图书馆

流水号：10194

《超度书，吃药好书》

民族语言题名：[彝文]，[彝文]

正文文种：彝文

内容提要及说明：该书放置于手抄专柜。手抄本。

收藏于：楚雄彝族自治州图书馆·中国彝族文献图书馆

流水号：10195

《答白笨书额则》

民族语言题名：[彝文]

正文文种：彝文

内容提要及说明：2007年7月由李国文在峨山县民族宗教事务局对李增华调查整理书目信息。该书属《祭白虎星神经》，书中汇集《祭白虎星神经》《驱邪除秽经》《占择病因》等内容，出自李增华编的《峨山彝族古籍编目》收录的59种彝文旧抄本名录。尺寸为340×270毫米，共68页，绵纸，1册，线订册页装，麻布护封，第1到16页页面边角缺损。

收藏于：玉溪市峨山彝族自治县民族宗教事务局　李增华

流水号：10196

《除患经》

民族语言题名：[彝文]

正文文种：彝文

内容提要及说明：彝族医药古籍。该书为禄劝县民族宗教事务局收集保存的彝文古籍原抄件之一。2008年2月由昂自明在禄劝县民族宗教事务局对张建智等人调查整理书目信息。

收藏于：昆明市禄劝彝族苗族自治县民族宗教事务局　张建智等

流水号：10197

《此切额》

民族语言题名：[彝文]

正文文种：彝文

内容提要及说明：2007年8月由肖建华在丽江市宁蒗县大兴镇干河子社区第五组的依火乌撒家调查采集书目信息。该书为祭祖类经书之一，可译为《献药经》。在安灵仪式上可念诵此经，其主要目的不是为了向活人传授医学知识，而是教祖灵如何与疾病斗争。如果说献药仪式行为本身是给祖灵治病除疾，以达到药到病除的目的，那么为祖灵诵《献药经》便是教导祖灵如何采药、制药、配药，以及传授如何对症下药的秘方。绵纸，竹线装订，外有白布护封，为旧抄本，但抄写年代不详。保存完好，共 7 页。

收藏于：丽江市宁蒗彝族自治县大兴镇干河子社区第五组　依火乌撒

流水号：10198

《丁贴挪尼书额则》

民族语言题名：[illegible]

正文文种：彝文

内容提要及说明：2007 年 7 月由李国文在峨山县民族宗教事务局对李增华调查整理书目信息。该书属滇中彝族毕摩常用的占病经书，根据一个人的生辰年月，占卜病人于某年某月某日某时生病的原因，然后指出应到何方驱送鬼邪。佚名。绵纸，1 册，线订册页装，麻布护封，尺寸为 250×240 毫米，共 102 页。书末有 17 页边角残缺。

收藏于：玉溪市峨山彝族自治县民族宗教事务局　李增华

流水号：10199

《峨山彝族药》

民族语言题名：[illegible]

正文文种：彝文

内容提要及说明：《峨山彝族药》是云南省玉溪地区食品药品检验所和峨山县食品药品检验所共同编撰的。书中药物采用中药名，附有彝文（音译、意译）。该书载有植物科属、来源、生长环境、药用部位及药用经验等内容，并附有黑白图。书中记载彝族药 23 种。

收藏于：云南中医药大学（原云南中医学院）民族医药学院

流水号：10200

《供牲献药经》

民族语言题名：[illegible]

正文文种：彝文

内容提要及说明：该书放置于手抄专柜。手抄本。

收藏于：楚雄彝族自治州图书馆·中国彝族文献图书馆

流水号：10201

《看病书》

民族语言题名：[illegible]

正文文种：彝文

内容提要及说明：该书放置于手抄专柜。手抄本。

收藏于：楚雄彝族自治州图书馆·中国彝族文献图书馆

流水号：10202

《看人辰书》

民族语言题名：[illegible]

正文文种：彝文

内容提要及说明：《看人辰书》是在云南省楚雄彝族自治州双柏县发现的。该书系统地记载了某些特定日子，针刺特定部位会发生危险，就把相应的日子定为“禁日”。它用阴阳历推算禁日，按每月36天计算，从初一到三十六，每日有禁刺部位。《看人辰书》明确指出：“在这些日子针刺时，要注意碰着人辰而发生意外。”《看人辰书》记载足拇指、脚底板、臀部，在初一、初二、初三三天为禁针部位，此为复印件。

收藏于：云南中医药大学（原云南中医学院）民族医药学院、楚雄彝族自治州图书馆

流水号：10203

《看人辰书》

民族语言题名：[彝文]

正文文种：彝文

内容提要及说明：彝族医药古籍。手抄本。

收藏于：楚雄彝族自治州图书馆·中国彝族文献图书馆

流水号：10204

《看凶神病魔所在日书》

民族语言题名：[彝文]

正文文种：彝文

内容提要及说明：彝族医药古籍。2007年1月27日由昂自明、李贵平在楚雄彝族自治州民族文化研究所对朱琚元调查整理书目信息。

收藏于：楚雄彝族自治州民族文化研究所

流水号：10205

《库色占目额》

民族语言题名：[彝文]

正文文种：彝文

内容提要及说明：2007年8月由肖建华在丽江市宁蒗县新营盘乡开发村对阿余双梯调查采集书目信息。宁蒗县新营盘乡长青自然村村民全部为彝族，主要有阿西、金石、贾三、阿余、沙马等几种姓氏，阿余、沙马两姓是毕摩世家，但因沙马姓氏人数少，因而毕摩也少，阿余姓氏毕摩则相对多一些。村里有7位毕摩，藏有彝文经书，7位毕摩均出自同一系统，且所行的祭仪都相差无几，所以各自的经书内容也大同小异。相比较而言，年轻的阿余双梯手里的经书较多，内容也最丰富。阿余双梯虽然年轻，但出道较早，在新营盘乃至县城一带颇有名气。他12岁时赴四川省凉山州昭觉县，师从著名的毕摩学习3年，15岁学成归来，自此走上了行毕的道路，其爷爷阿余盐加也是宁蒗县有名的毕摩。阿余盐加在晚年不但将其知识传授给孙子阿余双梯，而且把所有的经文连同毕摩所用的法具都毫无保留地传给了阿余双梯。阿余双梯家住小四合院，卧室的墙壁上设有供台，以供奉祖先及各种神灵，供台下放置有一个木箱，专门用来存放彝文经书，此处被认为是神圣之地，一般外人不得入内。经书有常用经书和不常用经书，常用的经书装在一个包里，以备随时取用。该书为占卜书之公篇，书中有近40个小标题，各个小标

题下的内容既相互联系，亦可独立成篇。其内容遍涉家牧、天文、地理、气象、物候、生老病死、婚嫁、命运等。新闻纸，线装，尺寸为370×260毫米，墨框310×200毫米，每页12行，每行20字，共120页。保存完好。

收藏于：丽江市宁蒗彝族自治县新营盘乡长青自然村　阿余双梯

流水号：10206

《老五斗彝医书》

民族语言题名：[illegible]

正文文种：彝文

内容提要及说明：《老五斗彝医书》是1987年聂鲁、赵永康在云南省玉溪市新平彝族傣族自治县老五斗村一带发现的。据考证，此书为清末时期的著作。这次发现的是民国三年（1914年）手抄本，全书均用彝文手抄，是一本较珍贵的彝族医药文献，它可以为研究彝族南部方言区的医学流派和发展情况提供参考。

《老五斗彝医书》记载疾病53种。其中内科疾病17种，伤科疾病5种，外科疾病18种，妇科疾病4种，虫咬伤4种，中毒性疾病2种，儿科疾病3种。该书记载了针刺部位5处：人中、七宣、百会、涌泉、太阳，火罐拔毒法1种；记载动物药123种，其中多数为动物内脏，如胆类药11种、肺脏3种、肝脏4种、脂类5种、血类3种、肾脏1种、骨类12种、胎类2种、肉类15种、分泌物18种、卵类8种、昆虫类23种、皮毛类9种、蛙蛇类9种；记载植物药235种，其中树脂类9种、果子类13种、块茎类15种、饮食类5种、草木类194种；记载金属化学类药物21种；记载方剂301方。该书的特点：记载动物药中昆虫类、胆类及分泌物类药物较多；记载毒蛇咬伤的疾病较多；记载内脏药、昆虫药较多，同时也记载了不少针刺部位。此为复印件。

收藏于：云南中医药大学（原云南中医学院）民族医药学院

流水号：10207

《老五斗彝医书》

民族语言题名：[illegible]

正文文种：彝文

内容提要及说明：该书记载了几十种病症和上百种彝药配方，包括动物药、植物药和矿物药，还记有若干手术疗法等。2008年9月在玉溪市民族宗教局整理书目信息时发现该书。

收藏于：玉溪地区玉溪市民族宗教事务局

流水号：10208

《老五斗彝族医药书》

民族语言题名：[illegible]

正文文种：彝文

内容提要及说明：彝族医药古籍。影印本。

收藏于：楚雄彝族自治州图书馆·中国彝族文献图书馆、云南省中医药民族医药博物馆

流水号：10209

《尼苏夺节》

民族语言题名：[illegible]

正文文种：彝文

内容提要及说明：也写作“尼苏夺书”。手抄本。

收藏于：楚雄彝族自治州图书馆·中国彝族文献图书馆

流水号：10210

《聂苏诺期》

民族语言题名：[illegible]

正文文种：彝文

内容提要及说明：该书根据彝文古籍《彝族医药之书》和《彝族医药》整理而成，内容包括治疗 53 种病症的 134 个方剂、273 种彝族药，并对其中的 94 种彝药做了较详细的叙述和解释。上述两本古籍分别为民国九年（1920 年）抄本及流传于新平迤施河一带的民国十年（1921 年）发现的抄本，后经聂鲁、赵永康、马光发、徐金富翻译整理编撰，由云南民族出版社于 1988 年出版发行。该书为手抄本复印件。

收藏于：云南中医药大学（原云南中医学院）民族医药学院

流水号：10211

《聂苏诺期》（尼苏诺期、聂苏若期、元阳彝族医药）

民族语言题名：[illegible]（[illegible]、[illegible]、[illegible]）

正文文种：彝文

内容提要及说明：彝族医药古籍。后经整理由云南民族出版社出版。

收藏于：西双版纳傣族自治州民族医药研究所、西双版纳傣族自治州傣医医院

流水号：10212

《聂苏诺期》（尼苏诺期、聂苏若期、元阳彝族医药）

民族语言题名：[illegible]（[illegible]、[illegible]、[illegible]）

正文文种：彝文

内容提要及说明：玉溪市新平县平甸乡磨皮村的彝族医药书，原彝文书名为“皮此苏维”，为明朝末年的传抄本。后于 1988 年由云南民族出版社以彝汉对照的形式出版。

收藏于：玉溪市新平彝族傣族自治县平甸乡磨皮村

流水号：10213

《聂苏诺期》（元阳彝医书）

民族语言题名：[illegible]（[illegible]）

正文文种：彝文

内容提要及说明：尼苏诺期（聂苏诺期、聂苏若期）应为民间手抄彝文的通称，内容各不相同。手抄本。

收藏于：楚雄彝族自治州图书馆·中国彝族文献图书馆

流水号：10214

《努苦苏》

民族语言题名：[illegible]

正文文种：彝文

内容提要及说明：彝族医药古籍。

收藏于：楚雄彝族自治州图书馆·中国彝族文献图书馆

流水号：10215

《努苦苏》（医病书）

民族语言题名：[illegible]（[illegible]）

正文文种：彝文

内容提要及说明：《努苦苏》又称《医病书》，前者是音译，后者是意译。该书是1979年普查时，由禄劝县团街区自租乡自租村王学光献出的。《努苦苏》是一本用彝文抄写的著作，此书成书于清雍正八年（公元1730年）八月十五。《努苦苏》记载疾病49种、其中内科疾病29种、妇科疾病6种、儿科疾病2种、眼科疾病3种、外科疾病5种、伤科疾病4种。该书记载彝族药103种，其中植物药72种（在植物药中根类药6种、寄生类药7种、树脂类3种、树心类2种、全草入药54种）；动物药25种（其中肉类药9种、胆类药5种、内脏药4种，虫类药7种）；其他药6种，还记载方剂70首（其中汤剂52首、酒剂14首、外用剂4首）。

收藏于：云南中医药大学（原云南中医学院）民族医药学院

流水号：10216

《挪的书额地》

民族语言题名：[illegible]

正文文种：彝文

内容提要及说明：2007年7月20日，由李国文在新平县新化乡小黑达自然村对柳长荣、普朝富调查采集书目信息，由调查向导普家学翻译。在彝族民间，人生病后要请毕摩翻书占卜生病原因，如占得是某种鬼灵作祟使人生病，就要驱鬼祭送。该书即属驱鬼送病书，是新平县新化乡彝族毕摩柳长荣家藏的彝文古籍。柳长荣，男，76岁，1994年于新平县供销社退休，稍习汉文，会木工，彝文和毕摩技艺主要习自父亲柳学成，所传承毕摩技艺主要是推算阴阳，占择阴阳宅地。遇有人起房盖屋，婚丧嫁娶，他即为之推求吉日良辰，但不做红白喜事祭祀、诵经之类。其父亲去世后，家中的彝文经书传到他手里。柳长荣家的住屋具有当地的特点，是一座土木结构的小四合院，靠着墙一侧的床头一角设有一个古旧的小木柜，专门存放家传的彝文古籍。这些经书平时不轻易示人，共有10多本，大多数已破损，经过认真观察可以辨识记录文字。该书为绵纸，20页，粗麻线装订，第2、3、4页缺失，全书右侧卷缺。

收藏于：玉溪市新平彝族傣族自治县新化乡小黑达自然村　柳长荣、普朝富

流水号：10217

《挪尼书额则之一》

民族语言题名：[illegible]

正文文种：彝文

内容提要及说明：2007 年 7 月由李国文在峨山县民族宗教事务局对李增华调查整理书目信息。佚名撰。汉译名《占病经书》。绵纸，1 册，16 页，线订册页装，尺寸为 280×240 毫米，麻布护封。保存基本完好。

收藏于：玉溪市峨山彝族自治县民族宗教事务局　李增华

流水号：10218

《挪尼书额则之二》

民族语言题名：[illegible]

正文文种：彝文

内容提要及说明：2007 年 7 月由李国文在峨山县民族宗教事务局对李增华调查整理书目信息。该书属彝族毕摩历算占卜的《占病经书》。绵纸，1 册，84 页，线订册页装，尺寸为 310×260 毫米，麻布护封，部分页面边角残缺。

收藏于：玉溪市峨山彝族自治县民族宗教事务局　李增华

流水号：10219

《挪尼书之一》

民族语言题名：[illegible]

正文文种：彝文

内容提要及说明：新平县新化乡彝族毕摩柳长荣家藏的彝文古籍。该书属占卜人生疾病原因类经书。2007 年 7 月 20 日，由李国文在新化乡小黑达自然村对柳长荣、普朝富调查采集书目信息，由调查向导普家学翻译。绵纸，42 页，全书古旧，每页正中已断裂，正数第 2、3 页残缺，第 13 页朽坏，倒数第 8 页右上角残缺，麻布护封基本完好。

收藏于：玉溪市新平彝族傣族自治县新化乡小黑达自然村　柳长荣

流水号：10220

《挪尼书之二》

民族语言题名：[illegible]

正文文种：彝文

内容提要及说明：新平县新化乡彝族毕摩柳长荣家藏的彝文古籍。该书属占卜人生疾病原因类经书。2007 年 7 月 20 日，由李国文在新化乡小黑达自然村对彝族毕摩柳长荣、普朝富调查采集书目信息，由调查向导普家学翻译。绵纸，54 页，用纸大小不一，第 24、25、26 页页面稍小，封面页残缺，全书右端几乎破损卷缩成纸条状，缺损严重，无麻布护封。

收藏于：玉溪市新平彝族傣族自治县新化乡小黑达自然村　柳长荣

流水号：10221

《挪尼书之三》

民族语言题名：[illegible]

正文文种：彝文

内容提要及说明：据说，历史上最早的彝族书护封是用鞣制过的麂子皮制成的，该书是本次调查中所见到的唯一一本用麂子皮做护封的经书，属占卜疾病类书。新平县新化乡彝族毕摩柳长荣家藏的彝文古籍。2007 年 7 月 20 日，由李国文在新化乡小黑达自然村对柳长荣、普朝富调查采集书目信息，由调查向导普家学翻译。绵纸，60 页，全书非常古旧，页面约三分之一破损、残缺，尚存部分页面卷缩成纸条状，字迹难辨。

收藏于：玉溪市新平彝族傣族自治县新化乡小黑达自然村　柳长荣

流水号：10222

《诺土额》

民族语言题名：[illegible]

正文文种：彝文

内容提要及说明：该书于 2007 年 2 月由肖建华在丽江市宁蒗县新营盘乡长青自然村对阿余双梯、沙马阿基调查采集书目信息。《诺土额》又叫《诺土特依》，前者的“额”是“是”的意思，后者的“特依”是“经书”的意思。此书是用来防治麻风病的，据说麻风病的病源有的来自天上，有的来自地上，也有的来自姻亲（实指遗传）。针对不同的病源，所念诵的经文内容和进行的仪式也不同。绵纸，竹线装订，白布护封，旧抄本，600 多行诗文。保存完好。

收藏于：丽江市宁蒗彝族自治县新营盘乡长青村　阿余双梯

流水号：10223

《诺土额》

民族语言题名：[illegible]

正文文种：彝文

内容提要及说明：该书于 2007 年 8 月由肖建华在丽江市宁蒗县大兴镇干河子社区第五组的依火乌撒家调查采集书目信息。依火乌撒出身于毕摩世家，乌撒是其尊名，本名叫以诺（凉山彝族每个人都有尊名或称雅名，以及本名或称俗名），汉名叫马亮才。依火乌撒的爷爷叫依火鲁青，是当地远近闻名的大毕摩，于 1982 年病逝，享年 81 岁。乌撒的祖籍在四川省凉山州盐源县卫城镇，约一百年前从盐源县辗转迁到宁蒗县白牛（银）厂，因时局动荡没带经书。依火姓氏本是源自古候系，有自己的一整套经文和毕摩的“毕术”。后依火拉布拜师求学于宁蒗县本地的阿余毕摩家，继承了阿余家的经文和“毕术”，阿余家是出自曲涅系的毕摩，他们念的是阿余家的经文。阿余乌撒现住宁蒗县城南郊宁蒗县民族中学背后，住所是当地特有的木楞子房。阿余乌撒经常用的经书装在一个经柜里，而不常用的经书则装在经包里。该经文的内容为防治麻风病。绵纸，竹线装订，有白布护封，旧抄本，保存完好，有 29 页。

收藏于：丽江市宁蒗彝族自治县大兴镇干河子社区第五组　依火乌撒

流水号：10224

《诺吐额叶麻》

民族语言题名：ꊿꇖꎁꃀ

正文文种：彝文

内容提要及说明：该书于2007年8月由肖建华在丽江市宁蒗县新营盘乡开发村对阿余双梯调查采集书目信息。书名汉语直译为《防治麻风病》。因避讳“麻风”二字，一般口语称之为“斯土色土”。凡娶妻嫁女、逢年过节及喝酒吃肉的场合均用此书，意恐麻风病从酒肉中传来。在周边有麻风病人的地方，一般老百姓怕染此病，专门请毕摩抄写此书珍藏在家中以避此疾。该经书末3页是图画，第1页的上方为降服雷电、射日射月的英雄支格阿龙像，下方是斯母都点神马像；第2页为神孔雀像；第3页是巴哈撮多（疑因龙）像。绵纸，竹线装订，白布护封，尺寸为380×260毫米，墨框310×220毫米，共18页，每页12行，每行20字，保存完好。

收藏于：丽江市宁蒗彝族自治县新营盘乡长青村　阿余双梯

流水号：10225

《卜病经》

民族语言题名：ꆏꇁꀊꄮ

正文文种：彝文

内容提要及说明：本书放置于手抄专柜。为手抄本。

收藏于：楚雄彝族自治州图书馆·中国彝族文献图书馆

流水号：10226

《齐苏书》

民族语言题名：ꀊꇖꇖ

正文文种：彝文

内容提要及说明：彝族医药古籍。影印本。

收藏于：楚雄彝族自治州图书馆·中国彝族文献图书馆、云南省中医药民族医药博物馆

流水号：10227

《启谷署》

民族语言题名：ꀊꂰꇖ

正文文种：彝文

内容提要及说明：《启谷署》是贵州省仁怀市政协王荣辉同志保存的一本彝族医药古籍手抄本。该书是其祖父王鸿元遗留下来的医药书，由其继祖父陈国安保存，据查已保存了六代。为了不使此书受虫蛀或损坏，陈国安将《启谷署》用笋壳包好，再用牛皮纸密封，然后用鸡蛋清涂抹烘干藏于“香火”顶上的房屋草内。该书至今字迹清秀，完整无缺。陈国安留下遗言“不予公开，只能以男性代代相传”。此书成书年代难以考证。据遵义医学院华有德教授鉴定推测，该书成书年代“不会晚于明万历庚寅年”（存考）。《启谷署》经过翻译整理，记载有5科38类，263个药方。其中有传染性疾病、呼吸系统疾病、消化系统疾病、血液循环系统疾病、生殖系统疾病、神经系统疾病的处方76个；妇科疾病类有痛经、带下、妊娠

病、产后病、乳病、杂病等的处方34个；儿科类有传染性疾病、消化系统疾病、营养性疾病、杂病等的处方12个。外科类有痈疽、痔疮、疥癣、黄水疮、跌打损伤、虫兽咬伤、烫火伤等的处方90个；五官科有耳疮、眼红、鼻病、牙痛、咽喉肿痛等的方剂50个。该书是一部临床价值较高的彝医书。《启谷署》源于彝文古医籍，彝音《医药书》，是黔北和川南毗邻地区的彝族民间老医师历代独自掌管和运用中草药配合治疗各类疾病的彝文手稿，现存于贵州省仁怀市王荣辉同志家中，已传六代人。经王荣辉、关祥祖翻译整理，1991年由中国医药科技出版社出版了《启谷署》彝、汉文对照本。该书在编排方法上基本遵照原始本，在剂量上则使用现代医学的常用量。此书是一部临床价值较高的彝族医书，是研究彝族医学的具有参考价值的文献资料。该书收录在《彝族医药学》中，云南中医药民族医药博物馆有影印本。手抄本。

收藏于：楚雄彝族自治州图书馆・中国彝族文献图书馆、云南中医药民族医药博物馆

流水号：10228

《人病看卦书》

民族语言题名：[illegible]

正文文种：彝文

内容提要及说明：该书于2008年9月由普开福、宋自华在澧江镇对白文瑞调查收集书目信息。白佑三，彝族，2007年病逝，享年82岁，遗留的彝文书有90多本，由其子白文瑞继承保管。澧江镇位于元江县城内（东南面），当地居住着彝族700多人。该书为民间祭祀书，人得病请毕摩看病时看此书。书中记录了何日得病，就可以从卦书上查出是什么鬼害的，主人家应该怎样驱赶恶鬼，怎样祭献或怎样叫魂。鬼害的病，看什么方位染上的病：有的方位染上的病，会忽而发冷、忽而发热、坐不住、睡不宁、吃不下、喝不下；有的方位染上的病，会使患者手脚不能动、说胡话。卦书能让你知晓病因、病情、病状，也让你知晓治病的种种方法，等等。旧抄本，绵纸，线订册页装，行体，墨书。横本，尺寸为240×280毫米，左右双栏，12行，每行15字，有句读符号，保存完好，不分卷，1册，26页，佚名撰。

收藏于：玉溪元江县澧江镇　白文瑞

流水号：10229

《三马头彝医书》

民族语言题名：[illegible]

正文文种：彝文

内容提要及说明：《三马头彝医书》是1986年在云南省玉溪市元江县洼垤乡三马头李四甲家发现的。该书没有记载具体年代。据考证，该书为晚清彝族医学著作，全书均用彝文书写。《三马头彝医书》记载了疾病69种，其中内科疾病41种、妇科6种、儿科1种、外科16种、喉科1种、伤科1种、中毒性疾病3种。记载

药物263种，其中动物药80种（肉类20种、胆类10种、血类6种、皮毛类14种、脂类2种、分泌物8种、胎类3种、昆虫类9种、蛙蛇类9种）；记载粮食及化学类15种；植物药168种。该书的特点是在记载的药物中胆类、血类药较多，同时也记载了中毒的抢救方法。纸质，手抄本。

收藏于：楚雄彝族自治州图书馆·中国彝族文献图书馆

流水号：10230

《双柏彝医书》（明代彝医书）

民族语言题名：[illegible]（[illegible]）

正文文种：彝文

内容提要及说明：《双柏彝医书》又称《明代彝医书》，前者以发掘地址命名，后者以年代命名。该书是1979年云南省楚雄彝族自治州开展民族医药大普查时，在云南省楚雄州双柏县雨龙公社蚕豆田大队杨思有家发现的。《明代彝医书》是一本用彝文抄写的著作，成书于明嘉靖四十五年（1566年），现在发现的是民国五年（1916年）的抄本，为目前发现的最早的一本彝族医学古籍。《明代彝医书》记载了疾病59种，其中内科疾病31种，儿科疾病2种，外科疾病17种，妇科疾病4种，眼科疾病1种，伤科疾病4种；记载药物231种，其中动物药79种、植物药140种、矿物药12种；记载方剂226首，其中汤剂133首、散剂3首、兑酒服剂19首、酊剂5首、外用剂66首。《明代彝医书》原始本现保存在楚雄州食品药品检验所。手抄本。

收藏于：楚雄彝族自治州食品药品检验所、楚雄彝族自治州图书馆·中国彝族文献图书馆、云南省中医药民族医药博物馆

流水号：10231

《斯包比特依》（斯色比特依）

民族语言题名：[illegible]（[illegible]）

正文文种：彝文

内容提要及说明：该书名也有见写作《斯色比特依》的，用凉山彝文书写。彝族认为“斯色”的疾病属汉医学中的风湿一类疾病。“斯”意为神灵，“色”意为游荡，“斯色”即游荡不定的神灵之意，故称天气、山气、地气、水气等所引起的疾病为“斯色”病。《斯包比特依》比较详细地论述了“斯色”病的起源，传播及驱赶这些病邪的方法。书中记载风、云、雨、雪、雾、雷、电、高山、平坝、土、水、海、河、大森林及蝇、蛾、蝉、蚊、老鼠、狐狸等皆附有“斯色补丝”。这些“斯色补丝”不断繁衍，分支已达99支，其中大森林、岩洞、高山等处是它古老的基地。彝医在实践中不断总结，认识到治疗本病的措施和方法。手抄本。

收藏于：楚雄彝族自治州图书馆·中国彝族文献图书馆

流水号：10232

《斯顶色车额》

民族语言题名：[illegible]

正文文种：彝文

内容提要及说明：该书于 2007 年 8 月由肖建华在丽江市宁蒗县大兴镇干河子社区第五组的依火乌撒家调查采集书目信息。16 页，内容与《斯顶色车者额叶》大同小异，属“祛风湿病”一类经书。

收藏于：丽江市宁蒗彝族自治县大兴镇干河子社区第五组　依火乌撒

流水号：10233

《斯顶色车者额叶》

民族语言题名：[illegible]

正文文种：彝文

内容提要及说明：该书于 2007 年 8 月由肖建华在丽江市宁蒗县大兴镇干河子社区第五组的依火乌撒家调查采集书目信息。该书可意译为《除风湿病经》，内容是念诵经文与各种药物的蒸疗相结合，为病人祛除风湿。佚名撰，旧抄本，绵纸，竹线装订，白布护封，15 页，保存完好。

收藏于：丽江市宁蒗彝族自治县大兴镇干河子社区第五组　依火乌撒

流水号：10234

《斯而结额》

民族语言题名：[illegible]

正文文种：彝文

内容提要及说明：该书于 2007 年 2 月由肖建华在丽江市宁蒗县新营盘乡长青自然村对阿余双梯、沙马阿基调查采集书目信息。按毕摩的说法，东方有“斯而鬼”，西方有“斯里鬼”。“斯而斯里”害人，使人头晕目眩、腰痛腹痛等，须念诵此经将其打撵出去，方可病愈。绵纸，竹线装订，白布护封，约有 140 行诗文，保存完好。

收藏于：丽江市宁蒗彝族自治县新营盘乡长青自然村　阿余双梯

流水号：10235

《斯色比特依》（斯包比特依）

民族语言题名：[illegible]（[illegible]）

正文文种：彝文

内容提要及说明：《斯色比特依》是在四川省凉山州发现的一本彝医书，全书均用凉山彝文书写。彝族认为“斯色”的疾病属汉医学中的风湿一类疾病。“斯”意为神灵，“色”意为游荡，“斯色”即游荡不定的神灵之意，故称天气、山气、地气、水气等所引起的疾病为“斯色”病。《斯色比特依》比较详细地论述了“斯色”病的起源、传播及驱赶这些病邪的方法。书中记载风、云、雨、雪、雾、雷、电、高山、平坝、土、水、海、河，大森林及蝇、蛾、蝉、蚊、老鼠、狐狸等皆附有“斯色补丝”。这些“斯色补丝”不断繁衍，分支已达 99 支，其中大森林、岩洞、高山等处是它古老的基地。彝医在实践中不断总结，认识到治疗本病的措施和方法。

收藏于：云南中医药大学（原云南中

医学院）民族医药学院

流水号：10236

《死耳色觉额》

民族语言题名：

正文文种：彝文

内容提要及说明：该书于2007年2月由肖建华在丽江市宁蒗县新营盘乡长青自然村对阿余双梯、沙马阿基调查采集书目信息。阿余和沙马为毕摩世家，但在该村当毕摩的只有沙马家族。长青村有毕摩4人。沙马阿基生于毕摩世家，其父沙马常发是有名的毕摩，其哥沙马光史也是毕摩，沙马阿基19岁开始独立做毕摩，虽然年龄不大，但是他已属老毕摩，且其手里保存的经籍相对其他几位毕摩更为全面。“死耳”即“风湿病”一类，“色觉”系动词，有“预防、防治”之意。行此仪式时除念经外，还要捏两个泥人，用少许猪油、马粪、鸡粪和大蒜将象征“死色鬼”的两个泥人送走。绵纸，竹线装订，白布护封，旧抄本，抄写年代不详，约有150行诗文，保存完好。

收藏于：丽江市宁蒗彝族自治县新营盘乡长青自然村　阿余双梯

流水号：10237

《算病神出门日书》

民族语言题名：

正文文种：彝文

内容提要及说明：彝族古籍，含民族医药内容。该书为禄劝县民族宗教事务局收集保存的彝文古籍原抄件之一。2008年2月由昂自明在禄劝县民族宗教事务局对张建智等人调查整理书目信息发现该书。

收藏于：昆明市禄劝彝族苗族自治县民族宗教事务局　张建智等

流水号：10238

《推算寿命书》

民族语言题名：

正文文种：彝文

内容提要及说明：彝族古籍，含民族医药内容。该书为禄劝县民族宗教事务局收集保存的彝文古籍原抄件之一。2008年2月由昂自明在禄劝县民族宗教事务局对张建智等人调查整理书目信息发现该书。

收藏于：昆明市禄劝彝族苗族自治县民族宗教事务局　张建智等

流水号：10239

《挖药治病》

民族语言题名：

其他题名文种：彝文

正文文种：彝文

内容提要及说明：2007年8月由昂自明在石林县民委文史研究室调查整理书目信息时发现该书。古籍。

收藏于：昆明市石林彝族自治县民委文史研究室（现石林县民族宗教事务民族研究所）、昆明石林彝族自治县档案馆

流水号：10240

《挖药治病》

民族语言题名：[illegible]

正文文种：彝文

内容提要及说明：2007年8月由昂自明在石林县档案馆调查整理书目信息时收录。

收藏于：昆明市石林彝族自治县档案馆

流水号：10241

《洼垤彝医书》

民族语言题名：[illegible]

正文文种：彝文

内容提要及说明：《洼垤彝医书》是1986年在云南省玉溪市元江县洼垤乡李春荣家发现的。据考证属于晚清著作。《洼垤彝医书》记载了疾病48种，其中内科28种、妇科3种、儿科2种、外科2种、伤科8种、误吞异物2种、虫兽伤5种、中毒性疾病3种；记载动物药75种，其中脑类2种、脂类3种、肉类6种、骨类9种、皮毛类8种、分泌物类10种、胆类9种、内脏药6种、胎类6种、生殖器类3种、鱼蛇类6种、昆虫类7种；记载植物药261种，其中寄生类14种、参类12种、树皮19种、草木类216种。该书的特点是其记载的疾病中，内科疾病较多，还记载了误吞异物的抢救方法及虫兽伤的治疗方法；在动物药中使用胎类、生殖器类及分泌物类药物较多；在植物中使用参类、寄生类、树皮类药物较多。该书同《三马头彝医书》是在同一地方发现的，但从记载的疾病和药物来看各有特色，可以看出，两书不是互相传抄之作。复印件。

收藏于：云南中医药大学（原云南中医学院）民族医药学院、云南省中医药民族医药博物馆

流水号：10242

《洼垤彝医书》

民族语言题名：[illegible]

正文文种：彝文

内容提要及说明：《洼垤彝医书》是1986年在云南省玉溪市元江县洼垤乡李春荣家发现的。据考证属于晚清著作。《洼垤彝医书》记载了疾病48种，其中内科28种、妇科3种、儿科2种、外科2种、伤科8种、误吞异物2种、虫兽伤5种、中毒性疾病3种。记载动物药75种，其中脑类2种、脂类3种、肉类6种、骨类9种、皮毛类8种、分泌物类10种、胆类9种、内脏药6种、胎类6种、生殖器类3种、鱼蛇类6种、昆虫类7种；记载植物药261种，其中寄生类14种、参类12种、树皮19种、草木类216种。该书的特点是其记载的疾病中，内科疾病较多，还记载了误吞异物的抢救方法及虫兽伤的治疗方法；在动物药中使用胎类、生殖器类及分泌物类药物较多；在植物中使用参类、寄生类、树皮类药物较多。该书同《三马头彝医书》是在同一地方发现的，但从记载的疾病和药物来看各有特

色，可以看出，两书不是互相传抄之作。纸质，手抄本。

收藏于：楚雄彝族自治州图书馆·中国彝族文献图书馆

流水号：10243

《娃娃生成书》

民族语言题名：[illegible]

正文文种：彝文

内容提要及说明：该书又名《小儿生成书》，彝文手抄本，抄于清雍正年间。该书以朴素、生动的彝族文字将胎儿逐月发育、生长的情况做了描述，是介绍妇科、儿科部分生理知识的专著。

收藏于：楚雄彝族自治州图书馆

流水号：10244

《威品洛特额》

民族语言题名：[illegible]

正文文种：彝文

内容提要及说明：该书于2007年8月由肖建华在丽江市宁蒗县新营盘乡长青村对阿余双梯调查采集。这是《猪胛骨卜（公篇）》，“威品”即“猪胛骨”，猪胛骨卜主要用于安灵祭祖仪式上，亦可用于咒鬼仪式，还适用于久病不愈之人。毕摩在取猪胛骨时用一细绳拴住胛骨的一端，边念经边用力抽出胛骨，视其颜色及光滑程度定吉凶，若表面光滑且呈白色为吉，黄色为中，黑色（实为胛骨上有肉）为凶。绵纸，竹线装订，白布护封，横长本，尺寸为440×280毫米，墨框330×220毫米。全书有90页，每页14行，每行12字，保存情况完好。

收藏于：丽江市宁蒗彝族自治县新营盘乡长青村　阿余双梯

流水号：10245

《西南彝志》

民族语言题名：[illegible]

正文文种：彝文

内容提要及说明：该书记载了彝族的医疗实践活动产生于哎哺原始社会时期。彝医采用宏观取象比类法，把自然界这个大宇宙、大天地与人体相类比，认为人体是一个小宇宙、小天地，“人体如天体，识人知天体”，“人与天地同”。人体与天体相仿，同样具有五行，当清浊二气充溢，由五行而形成天地之后，随着五行的变化，形成人体的根本。“五行中的水就是人的血，金就是人的骨，火就是人的心，木就是人的筋，土就是人的肉。”“天的五行是金木水火土，人的五行是心肝脾肺肾。”上述内容构成了古代彝医“人与天地同”的天人相应观。彝医的天地人三才相应观，将天地人合称“三才”，主要包括人体与天时季节变化、人体与地理自然环境、人体的因素与人文社会环境三个方面的内涵。《西南彝志》是一部彝族历史文献的代表作，原名叫《哎哺哈额》。它指出了宇宙和人类的产生，先有“清气”与“浊气”；由于清浊二气的发展变化，出现了天、地、人以至万物的影形，就产生了天、地、人及万物的形体。这样一个概念表达了彝族先民哲学的基本观点，也反映了全书的核心理论。《西南彝志》是热卧慕史编纂的，具体成书年代不详，仅从书中记载的一些事件去推测，可能在康熙三年（公元1664年）吴三桂平水西之后，雍正七年（公元1729年）改土归流之前。该书原本是贵州省大方县三元公社陈朝光家祖辈留传下来的，现在作为国家珍贵的民族历史文献，保存在北京民族文化宫。书中内容由贵州省民族研究所毕节地区彝文翻译组翻译，1982年由贵州人民出版社出版发行。《西南彝志》除记载了大量的历史之外，还记载了很多医学思想，在描写人体生理时写道：“人生肾先生，肾与脾成对，肾属壬癸水，脾属戊己土，心出形与威，心属丙丁火，后长肺和肝，肺属庚辛金，肝属甲乙木。”这里的肝木、心火、脾土、肺金、肾水的归属方法与中医五行学说的五脏归属一致。而“人生肾先生”的记述，也与中医学“肾为先天之本”的理论类似。《西南彝志》在论述人以气血为生命根本时说：“人死气血断，气出于九窍，大肠小肠间，脐底之上生，气血流通了，运动不停息。”彝医认识到气血是构成人体的基本物质，是人体赖以维持生命活动的根本。由于受原始社会的多方面局限，这些理论记述未能进一步发展，也未与彝医实践经验结合起来，致使彝医始终停留在以经验为主的阶段上，未能发生飞跃性的理论升华。放置于手抄专柜，为手抄本。

收藏于：楚雄彝族自治州图书馆·中国彝族文献图书馆

流水号：10246

《献药经》

民族语言题名：[illegible]

正文文种：彝文

内容提要及说明：彝族医药古籍。2007年1月25日由昂自明、李贵平在楚雄彝族自治州民族文化研究所对朱琚元调查整理书目信息。

收藏于：楚雄彝族自治州民族文化研究所

流水号：10247

《献药献牲经》

民族语言题名：[illegible]

正文文种：彝文

内容提要及说明：彝族医药古籍。该书为禄劝县民族宗教事务局收集保存的彝文古籍原抄件之一。2008年2月由昂自明在禄劝县民族宗教事务局对张建智等人调查整理书目信息。

收藏于：昆明市禄劝彝族苗族自治县民族宗教事务局　张建智等

流水号：10248

《献药献牲经》

民族语言题名：[illegible]

正文文种：彝文

内容提要及说明：彝族医药古籍。2007年1月26日由昂自明、李贵平在楚雄彝族自治州民族文化研究所对朱琚元调

查整理书目信息。

收藏于：楚雄彝族自治州民族文化研究所

流水号：10249

《小儿生长书》（娃娃生成书）

民族语言题名：[illegible]（[illegible]）

正文文种：彝文

内容提要及说明：《小儿生长书》又名《娃娃生成书》，该书是在云南省禄劝县团街区发现的。具体成书年代不详，从书中内容来看，该书很像从《作祭献药供牲经》中抄录的。全书均用彝文书写，从纸张来看，与《医病好药书》是同时代的书。《小儿生长书》分三部分内容。第一部分是描写胎儿从受精卵开始，一直到胎儿降生的整个胚胎发育过程。如一月胎儿像秋水清，二月胎儿像茅草叶，三月胎儿像青蛙，四月胎儿像山壁虎，五月胎儿像四脚蛇，六月胎儿已成人体形，七月胎儿在母体中转动，八月胎儿与母同呼吸，九月胎儿降生于母怀中。第二部分描写胎儿从出生到一周岁的生长发育、生理变化情况。书中是这样记载的：婴儿出生一个月，蒙昧无知，犹如水不清；婴儿出生两个月，能够发出哇哇的声音；婴儿出生四个月，温暖睡在母怀中；婴儿出生五个月，添助辅食吃得香；婴儿出生六个月，会坐不稳，头偏歪；婴儿出生七个月，坐着能够打转转；婴儿出生八个月，站立不稳常摔跤；婴儿出生九个月，面带笑容乐滋滋。第三部分内容描写幼儿的生长发育、智力及思维活动：幼儿出生一个月，嘴里布布学发音；幼儿年满两周岁，嘴里达达学唱歌；幼儿年满三周岁，牵着父母手游逛；幼儿年满四周岁，串家门来找小伴；幼儿年满五周岁，认亲友来走亲戚；幼儿年满六周岁，能认字来能学诗；少儿年满七周岁，学养牲畜种庄稼……从以上记载可以看出，彝医在很早以前就认识到幼儿的整个生长发育过程。该书用朴素的比喻和取象比类的方法描述各个时期小孩的生长发育情况。手抄本。

收藏于：楚雄彝族自治州图书馆·中国彝族文献图书馆

流水号：10250

《小儿生长书》（娃娃生成书）

民族语言题名：[illegible]（[illegible]）

正文文种：彝文

内容提要及说明：彝族医药古籍。手抄本影印本。

收藏于：云南中医药大学（原云南中医学院）民族医药学院

流水号：10251

《寻药找药经》

民族语言题名：[illegible]

正文文种：彝文

内容提要及说明：彝族医药古籍。

收藏于：楚雄彝族自治州图书馆·中国彝族文献图书馆

流水号：10252

《药理经》

民族语言题名：

正文文种：彝文

内容提要及说明：彝族医药古籍。该书放置于手抄专柜。手抄本。

收藏于：楚雄彝族自治州图书馆·中国彝族文献图书馆

流水号：10253

《药书》

民族语言题名：

正文文种：彝文

内容提要及说明：该书为云南省玉溪市通海县里山彝族乡芭蕉村发现的彝文古籍，内容涉及医药，由李成保收藏保存。中华人民共和国成立后，葫芦田村的老毕摩李文昌（已故）、大黑冲村公所下打马坎村的李永德（已故）识得彝文，其他能诵经文的毕摩已不能指出某字读某音，仅凭口念而已。该书于 2008 年 8 月由普开福在里山乡芭蕉村对普发启、李成保两位毕摩调查收集书目信息。李成保，里山乡芭蕉村葫芦田小组毕摩，父辈是当地的知名毕摩，其父李文昌毕摩去世后，李成保继承了父亲的事业，保存和使用祖辈留下的 30 多本彝文典籍，时常为当地群众做一些民俗仪式。

收藏于：玉溪市通海县里山彝族乡芭蕉村　普发启、李发元

流水号：10254

《业此顶牛那顶额》

民族语言题名：

正文文种：彝文

内容提要及说明：该书 2007 年 8 月由肖建华在丽江市宁蒗县新营盘乡长青村对阿余双梯调查采集书目信息。书名可译为《驱猴鬼》。相传，人是由猴子变来的，猴子是人类的祖先，因此，在所有的鬼经中由猴变成的鬼最为凶猛，对人的伤害最大。凉山彝族认为，肝炎、肺结核等传染病和癌症之类的疾病系由猴鬼作怪所致。得了此类病，需请毕摩念诵此经，并伴以一定的仪式将猴鬼驱除，方可病愈。绵纸，竹线装订，白布护封，横长本，60 多页，保存完好。

收藏于：丽江市宁蒗彝族自治县新营盘乡长青村　阿余双梯

流水号：10255

《医病好药书》

民族语言题名：

正文文种：彝文

内容提要及说明：该书又称《好药医病书》。该书抄于乾隆丁巳年（公元 1737 年），记载了内科、外科、妇产科、儿科和五官科等的 39 种疾病，共有 317 个处方。迄今发现的明、清彝医书中，该书收载的药物最多，是最先收载了推拿、刮痧、拔罐疗法的古代彝医书。该书收录在《彝族医药学》中。云南省中医药民族医药博物馆有影印本。手抄本。

收藏于：楚雄彝族自治州图书馆·中国彝族文献图书馆、云南省中医药民族医药博物馆

流水号：10256

《医病书》

民族语言题名：[illegible]

正文文种：彝文

内容提要及说明：彝族医药古籍。该书收录在《彝族医药学》中。云南省中医药民族医药博物馆有影印本。手抄本。

收藏于：楚雄彝族自治州图书馆·中国彝族文献图书馆、云南省中医药民族医药博物馆

流水号：10257

《医算书》

民族语言题名：[illegible]

正文文种：彝文

内容提要及说明：《医算书》是流传在四川省凉山彝族自治州的一本较有影响的医药书籍，它是彝族根据十月太阳历和阴阳历来推算病人的年龄、禁日和衰年的一部著作。书中记载了大量治疗疾病的方法，如内服麂胆、猴胆、熊胆或大蛇胆治尾椎骨痛；饮金（或银）烧红后淬过的水，或吃麂胆、獐（或和）胆治咽喉病、腰部伤病；吃青蛙治疗乳痈、乳头病痛；外擦骡子药（骡宝）治太阳穴痛；内服杉木鱼（羌活鱼）胆治疗胃脘痛；用熊胆点眼治疗眼睛伤痛。

《医算书》系统地记载了针刺的时日禁忌思想。彝族针刺部位遍及脚掌心、手掌心、心口、头盖骨以及胸、腹、腰、背、腿、臂等全身主要部位，并十分讲究针刺的时日禁忌。彝族人认为某些特定时日针刺特定部位，会发生危险，就把相应的日子定为“禁日”。即按每月三十六天计，从初一到三十六日逐日有禁刺部位。中医《千金要方·针刺宜忌》中指出：“人神所在，并不可针灸及损伤，慎之。”因此彝族针刺禁日同中医学的“人神日”“天忌日”极为相似。若将《医算书》同《千金要方·针刺宜忌》等比较，可发现彝汉禁日日序完全相同，禁刺部位也有不少相同或类似。彝汉针刺禁日思想可能具有时间生物节律科学的某些内涵，应进一步整理研究。

《医算书》中记载动物药 9 种，其中胆类药 7 种、植物药 1 种、矿物药 2 种。《医算书》记载疗法 8 种，如内服、外擦、滴液、熏蒸。该书是一部奴隶社会彝文文献中保存下来的较为珍贵的医药资料。云南省中医药民族医药博物馆有影印本。

收藏于：云南中医药大学（原云南中医学院）民族医药学院、楚雄彝族自治州图书馆·中国彝族文献图书馆

流水号：10258

《医药经》

民族语言题名：[illegible]

正文文种：彝文

内容提要及说明：该书为禄劝县茂山乡养德村李加禄毕摩保存的彝文典籍。李

加禄，男，彝族，家住茂山乡斗乌村委会养德村，该村距离县城约 30 千米，全村约 300 人，均为彝族。李加禄毕摩非常慈祥，说起话来和蔼可亲，他不认识汉字，但是从记事起就接触彝文，所以可以用彝语诵读彝文经书。祖上为毕摩出身，可以说是世代为毕摩。然而现在不仅村里没有人学习彝文古籍，就连自己的孩子也不再子承父业。家人有时不理解，村民对彝文的掌握程度不高，而且态度冷漠，所以基本上没有年轻人学习彝文，更无人从事毕摩活动。李加禄毕摩家里主要保存有三本彝文古籍和一个毕摩法铃，保存较为完好，每本古籍的封面都用塑料纸装裱，经书为手抄体，墨书，无句读。据说祖上有很多经书，在“文化大革命”中，仅留下了三本，其中一本就叫作《医药经》。该书主要记载各种治病药物验方及各种草药名称，主要用于治病救人。这三本书平日保存于专用的毕摩包内，包已经被烟熏黑且有破损。平日有事需要使用经书时先要举行酒祭，进行法事请愿，方可取用。2007 年 8 月 25 日昂自明、李贵平在禄劝县茂山乡斗乌村委会养德村对李加禄毕摩进行调查整理书目信息时发现该书。不分卷，一册，共 20 页，绵纸，线订册装，有上百年的历史，保存完好。

收藏于：昆明市禄劝彝族苗族自治县茂山乡斗乌村委会养德村　李加禄

流水号：10259

《医药书》

民族语言题名：[illegible]

正文文种：彝文

内容提要及说明：彝族医药古籍。手抄本。

收藏于：楚雄彝族自治州图书馆・中国彝族文献图书馆

流水号：10260

《彝文医药》（译本）

民族语言题名：[illegible]

其他题名文种：汉文、彝文

正文文种：汉文、彝文

内容提要及说明：该书为彝汉文译本记载彝族医药内容的古籍。手抄本，尺寸为 269×196 毫米，共 35 页。

收藏于：楚雄彝族自治州图书馆・中国彝族文献图书馆

流水号：10261

《彝医药经》

民族语言题名：[illegible]

正文文种：彝文

内容提要及说明：《彝医药经》原名《凉山彝医》，是郝应芬经过多年的努力，将古文献中记载的和深入彝族民间调查收集的资料结合整理而成的。全书共分三部分：第一部分，彝医发展简史，包括彝医的起源和发展、彝医药的兴衰、彝医基础理论三部分内容，简要阐述了彝族及医药的起源与发展。第二部分，临床各论，即

凉山彝族民间一些常见疾病的主要病因、病证、诊断、治疗以及方药的归纳整理。第三部分，临床各论，对内科、妇科、儿科、外科某些病证、病因进行了比较详细的论述。全书记载疾病 197 种，方剂 1364 首，载药 1046 种。该书是目前较完整系统的一部彝族医学著作。

收藏于：云南中医药大学（原云南中医学院）民族医药学院

流水号：10262

《彝族民间医药书》

民族语言题名：[illegible]

正文文种：彝文

内容提要及说明：玉溪市新平县坝塘村朱正亮家里有藏书 10 多本，其中有一本珍贵的《彝族民间医药书》，记录着 100 多个医药处方，据说有人与他商量，用 1000 元购买此书，然后把它翻译出来，但是他坚持不卖。该书于 2007 年 7 月 19 日由李国文在新平县桂山镇对普家学调查收集书目信息。

收藏于：玉溪市新平彝族傣族自治县桂山镇　普家学

流水号：10263

《彝族植物药》

民族语言题名：[illegible]

正文文种：彝文

内容提要及说明：《彝族植物药》是凉山州药检所“彝族医药考察”课题组于 1985 年完成的科研成果。该课题经四川省及北京有关专家评审，被评为四川省科技成果二等奖。该书编写体例为：采用药物彝名音译，附有彝文、植物来源科属、彝医用药经验、评述及中医文献记载等。《彝族植物药》共收载彝药 105 种。

收藏于：云南中医药大学（原云南中医学院）民族医药学院

流水号：10264

《宇宙人文论》

民族语言题名：[illegible]

正文文种：彝文

内容提要及说明：《宇宙人文论》是一本彝文古籍，书中主要论述天文、气象、地理、哲学方面的内容，其中也有不少内容为彝医学理论。

书中论述宇宙间一切事物都是由“清气”和“浊气”构成的，是由这二气升降离合运动变化及相互作用而不断产生、运动、繁衍的。人以二气维持生命活动。它提到“人体同于天体”“人与天地同”。天有日月，人有眼睛；天有风，人有气；天会雷鸣，人会说话；天有阴晴，人有哀乐；天有星辰八万四千颗，人有头发八万四千根；天有周围三百六十度，人有骨头三百六十节。这种取象比类、天人相应的整体观，是按大自然发展规律来指导彝族医学思想的。

在提到经络问题时，《宇宙人文论》说：“作为生命之气的清浊二气，各有三条通路。清气的三条通路是：一是经过心的清气；二是经过肝和肺的清气；三是发源于中焦的清气。浊气的三条循环路线是：一是起始于中焦，经血海之前，到达头顶；二是起始于头髓，经臂膀；三是起始于尾根，经头顶直达耳底。”这些理论为我们进一步探索彝族医学找到一定的根据。此为复印件。

收藏于：云南中医药大学（原云南中医学院）民族医药学院

流水号：10265

《元江三马头彝医书》

民族语言题名：[illegible]

正文文种：彝文

内容提要及说明：该书于2008年9月由普开福在洼垤乡坡垤村对李和宝调查整理书目信息。该书1986年在云南省玉溪市元江县洼垤乡三马头李四甲家被发现，没有记载具体年代。据考证，该书属于晚清彝族医学著作，全书均用彝文书写。书中记载疾病69种，其中内科疾病41种、妇科疾病6种、儿科疾病1种、外科疾病16种、喉科疾病1种、伤科疾病1种、中毒性疾病3种。记载药物263种。

收藏于：玉溪市元江县洼垤乡坡垤村李和宝

流水号：10266

《元江洼垤彝医书》

民族语言题名：[illegible]

正文文种：彝文

内容提要及说明：该书于2008年9月由普开福在洼垤乡坡垤村对李和宝调查整理书目信息。1986年在云南省玉溪市元江县洼垤乡李春荣家发现。据考证，该书属晚清著作，记载了几十种病症的上百种彝药配方，包括动物药、植物药和矿物药，还记有若干手术疗法等。

收藏于：玉溪市元江县洼垤乡坡垤村李和宝

流水号：10267

《元阳彝医书》

民族语言题名：[illegible]

正文文种：彝文

内容提要及说明：该书成书于公元957年，是迄今为止发掘出来的彝族医药典籍中最古老的一部。全书收藏了动植物药200多种，病名68个，以及一些简易的外科手术方法，是研究宋代以前彝族药物、医疗技术及当时常见病的第一手资料。《元阳彝医书》是1985年春云南省红河哈尼族彝族自治州普查民族医药古籍时，在元阳县攀枝花公社彝族社员马光福家发现的，由于书中记载的内容较多，其中医药部分占13页，遂以发掘地命名为《元阳彝医书》。该书首页记载成书于道光二十二年（注：原报道为大理国二十二年，“道光”和“大理国”彝语音同，属翻译时失误）十月初五。原始本现保存在元阳县卫生局。

该书用古彝文书写而成，通篇没有巫术咒语、符章，它记载了80种病症，200多种动植物药，以及一些简易的外科手术方法。每个病症都有治法、方药，有的还记录了效果和服药中毒后的解救药方。书中所列病症多为彝族山寨的常见病、多发病，所列药物更是当地的野生植物和山林中经常出没的可以入药的动物。书中一般都是一病数方，一方几药，一药多用。书中的一些治疗方法，如难产、肿物、风湿病等的治疗方法在当地民间医生中至今仍沿用。

该书 80 种病症和 200 多种药物的记载，反映了彝族医药是千百年来积累起来的医药实践经验。复印件。

收藏于：云南中医药大学（原云南中医学院）民族医药学院

流水号：10268

《造药治病书》

民族语言题名：[illegible]

正文文种：彝文

内容提要及说明：彝族医药古籍。

收藏于：楚雄彝族自治州图书馆·中国彝族文献图书馆

流水号：10269

《造药治病书》（此母都齐）

民族语言题名：[illegible]

正文文种：彝文

内容提要及说明：《造药治病书》又叫《此母都齐》，是在四川省甘洛县发现的。全书用凉山彝文书写。该书成书年代不详，后经沙光荣翻译，郝应芬、李耕冬整理成汉文本。

从翻译整理后的情况来看，该书充分反映了凉山彝医的特点。凉山彝医不论在用药方面，还是在治疗方法上，与云南的彝医有一定的区别。《造药治病书》载述了内科、外科、妇科、眼科疾病，杂病及许多畜病；在论治疾病时，不是笼统地讲患某病用某药，而是遵循治病求本原则，病因不同，治则各异。《造药治病书》中记载的内科疾病，包括哮喘、咳嗽、头昏、眼花、心发慌、虚瘦病、风湿和风毒、腹痛、胃痛、腹泻、痢疾、肝病、肺病；外科疾病包括疮疡类、皮肤病类、外伤类等；眼科病包括胬肉攀睛、迎风流泪、火眼、飞丝、视物不明、外伤；妇科病包括月经过多、胎衣不下、妊娠恶阻、不孕症、产后腹痛、堕胎、闭经、小腹痛、月经不调等，还记述了避孕方法；儿科疾病包括麻疹、夜啼哭、夜尿、乳糜尿。杂病包括疟疾、牙痛、肾痛、恶性传染病（瘟病）及口眼破溃、鼻痛、性交后尿闭。此外，还记载了大量兽医治疗方法。该书为我们研究凉山彝族医药学提供了理论和文字依据。复印件。

收藏于：云南中医药大学（原云南中医学院）民族医药学院、楚雄彝族自治州图书馆

流水号：10270

《择日占病经》

民族语言题名：[illegible]

正文文种：彝文

内容提要及说明：本书放置于手抄专

柜。手抄本。

收藏于：楚雄彝族自治州图书馆·中国彝族文献图书馆

流水号：10271

《赠嫫尼书额则》

民族语言题名：

正文文种：彝文

内容提要及说明：该书于2007年7月由李国文在峨山县民族宗教事务局对李增华调查整理书目信息，又译为《星象占卜书》。成书年代为清光绪三十三年（公元1907年），毕摩柏玉璋传抄。彝族历算占卜经书《星象占卜书》，其中汇集《占病经书》《星象占卜书》两部占卜经书。绵纸，1册，不分卷，线订册页装，尺寸为295×265毫米，共50页，麻布护封。

收藏于：玉溪市峨山彝族自治县民族宗教事务局　李增华

流水号：10272

《赠嫫尼书额则》

民族语言题名：

正文文种：彝文

内容提要及说明：该书于2007年7月由李国文在峨山县民族宗教事务局对李增华调查整理书目信息。该书汉译名为《星象占卜书》，属滇中彝族毕摩经师常用经书，书中汇集“占卜女儿出嫁时辰”“占卜儿子娶妻时辰”“择吉凶日”“占卜儿女生辰星相”“占卜夫妻相配生辰”“占卜生儿娶媳庚年”“占病因”等篇目内容。绵纸，1册，98页，线订册页装，尺寸为280×255毫米。保存完好，著者佚名。

收藏于：玉溪市峨山彝族自治县民族宗教事务局　李增华

流水号：10273

《占目额叶麻》

民族语言题名：

正文文种：彝文

内容提要及说明：该书于2007年8月由肖建华在丽江市宁蒗县新营盘乡长青村对阿余双梯调查采集书目信息。此为占卜书之母篇，其内容与公篇、子篇有一定的内在联系，但公篇与母篇的内容侧重点不同，公篇偏重于对人的生辰八字的测算，占卜夫妇命宫的对碰与否、相合与否、每个人的“克克”（天赋的命运）运如何等；母篇则重在“推断”病理，“分析”病因并给出对应的“处方”。绵纸，竹线装订，白布护封，开本370×260毫米，墨框310×200毫米，每页12行，每行20字，100页。保存完好。

收藏于：丽江市宁蒗彝族自治县新营盘乡长青村　阿余双梯

流水号：10274

《哲格额》

民族语言题名：

正文文种：彝文

内容提要及说明：该书于2007年8

月由肖建华在丽江市宁蒗县大兴镇干河子社区第五组的依火乌撒家调查采集书目信息。“哲”系古代彝语，意为“疯”，“格”可理解为“治”，“哲格额”即“治疯病经”。经文的内容因疯源的不同而不同。绵纸，竹线装订，白布护封，旧抄本，抄写年代不详，39 页。保存完好。

收藏于：丽江市宁蒗彝族自治县大兴镇干河子社区第五组　依火乌撒

流水号：10275

《指路经》

民族语言题名：[彝文]

正文文种：彝文

内容提要及说明：彝族医药古籍。

收藏于：楚雄彝族自治州图书馆·中国彝族文献图书馆

流水号：10276

《指路书》

民族语言题名：[彝文]

正文文种：彝文

内容提要及说明：《指路书》又名《人生三部曲》，彝语名为《卓莫苏》，由金国库老人和罗希吾戈先生译为汉文。据推测成书年代在明末清初之际。该书属彝族丧葬仪式上唱诵的经书，内容主要讲死者的祖先某人曾在何地生息。“指路”是给死者的灵魂指明道路，把死者的灵魂从当地沿着迁徙来的路线送回彝族祖先的发源地。

书中还记载了大量的医学理论，运用唯物主义的思想对妇幼保健、人体发育、胎产进行了详细的论述。《指路书》对产后接生保健的情景是这样叙述的：“到你出生时将你地上放，阿爸拿刀来，割断你脐带，刀下血淋淋……”针对刀割断脐带后，出血不止的情况，书中这样记载了处理方法：用火来烧脐带头。根据彝族的风俗习惯，对婴儿的处理方法是，从头到脚全身擦洗，至婴儿皮肤发红，以布紧裹婴儿，再由母亲哺乳。这反映了彝医对婴儿的护理喂养的认识。另外，书中还有一位彝族男子生平活动的描述。

在儿童生长发育方面，该书记叙了从婴儿降生 3 月至 20 岁的过程。书中说：三月会笑，六月会跳（婴儿脚蹬之意），七月学会坐，八月学会爬，九月开始站立。在形容这一过程时，书中这样写道：“你还没站稳，伸脚就想走，只见你跌倒。”描写婴儿的喂养：“阿爸端来饭，让你饱饱吃，喂得你打噎。”当进入青年时代，书中这样记载：“进入二十岁，成家好时光。”书中还记载了亡人饥饿贫困“厄运”。此外，书中还有对中年因“恶梦”致病而亡的描述分析，指出疾病是由于饥寒、积劳成疾所致，“病了睡不好，病了吃不好，要想除病痛，快去把药找”。

书中对采药的记载是，二三十人携带药篮药锄上山采挖。该书反映了彝医提倡生病后积极博采众方予以治疗，而不是“降志屈节，钦望巫祝，告穷归天，束手受败”。这充分体现了唯物史观在彝族医学中的运用。

收藏于：云南中医药大学（原云南中医学院）民族医药学院

流水号：10277

《嚗白笨书额则》

民族语言题名：[illegible]

正文文种：彝文

内容提要及说明：该书于2007年7月由李国文在峨山县民族宗教事务局对李增华调查整理书目信息。该书是彝族毕摩祭祀活动使用的《驱邪禳灾书》，书中汇集了《祭午时邪魔经》《驱鬼除邪经》《送鬼经》《占病书》《占儿女生辰经》《招病人灵魂经》等篇目。尺寸为260×195毫米，后20页为260×240毫米，共101页。

收藏于：玉溪市峨山彝族自治县民族宗教事务局　李增华

流水号：10278

《作祭献药供牲经》

民族语言题名：[illegible]

正文文种：彝文

内容提要及说明：该书于2007年8月由昂自明、李贵平在禄劝县茂山乡至租村对王建文调查整理书目信息。该书是茂山乡至租村王学光毕摩家保存的彝文典籍。王学光，男，彝族，已于2006年5月去世，享年67岁。据其子王建文介绍，王学光曾是远近闻名的毕摩，彝文水平在全县都较为出名，他在世时邀请他的人络绎不绝，还曾被禄劝县民族宗教事务局聘为彝文翻译专家。全村有60户360多人，彝汉杂居的村寨里只有王学光一人是毕摩，为世代祖传，师从张兴大毕摩。但自从父亲这一辈以后，家里再没有人学习彝文或从事毕摩这一行业，加上对经书的重视程度不够，先后烧毁和丢弃了数本，现家中仅存7部经籍，此书即在其中。

收藏于：昆明市禄劝彝族苗族自治县茂山乡至租村　王建文

流水号：10279

《作祭献药供牲经》（献药经）

民族语言题名：[illegible]（[illegible]）

正文文种：彝文

内容提要及说明：《作祭献药供牲经》是一部十分珍贵的彝族古籍。该书写于明嘉靖十四年（公元1535年），是著名历史学家、社会学家马学良教授于1947年在云南省禄劝彝族苗族自治县团街区安多康村彝族毕摩张文元家调查时发现的，后经马教授翻译整理成彝汉对照本。

《献药经》中记载了很多医学理论，内容涉及内科、妇科、儿科、外科、伤科、胚胎、采药、药物加工炮制等。其中内科记载了18种病症及其治疗，如冷病、瘦病、落水得的病、寒热往来病、瘴气病、眼花目眩病、中毒身体消瘦病、哮喘病、哼病、嚎病、呃逆病等。妇科疾病中记载了不孕症、性淡漠症。儿科方面主要论述人从出生到成年的生长发育过程中不同阶段的生理特征及思维活动。外科疾病

主要记载了癫病、痒病、痈疽的症状及治疗方法。该书在癫病治疗中充分体现了同病异治的原则。伤科疾病中主要记载了跌打损伤及犬咬伤的治疗。值得注意的是，在治疗伤科疾病时，由于受伤的环境不同，该书所用的药物也不同。

在胚胎学方面，该书将从男女之间的恋爱过程直到胎儿在母腹中的变化发育都描写得生动形象。在采集药物方面，从东南到西北、从高山到河流药物，该书无所不包。更有趣的是，采药姑娘采回药后，加工则是属于小伙子的事。在药物加工炮制方面，该书强调要用最好的碓（duì）来舂，用最好的磨来磨，用铜锅来煎，用铁勺子来搅拌；对煎药也有一定的论述，当用武火将药液煮沸腾至罐口后，改文火煎煮，直到合适为止，再给病人服用。

在论述药物疗效方面，该书有“因无药而得病，得药而疾病除，擦上药啊病情轻，饮下药啊病痊愈”等描述；遇到患者死亡时则悲叹：因为“疾病早来了一天，良药迟来了一日”。

《献药经》中还记载有兽类禽类药、蛙类蛇类药、畜类谷类药、蔬菜配制药，共有植物药 9 种、动物肉类药 39 种、胆类药 28 种。

《献药经》是一部较完整、较全面的彝族医学著作，它为我们研究彝族医学提供了较珍贵的资料。写本复印本。

收藏于：云南中医药大学（原云南中医学院）民族医药学院

3. 纳西族

流水号：10280

《查看药物书，占卜，巴格占卜经》

民族语言题名：

正文文种：纳西东巴文

内容提要及说明：2007 年 12 月由和力民在鲁甸乡新主村委会红光社对和盛典调查采集书目信息。和盛典，又名和圣典，1960 年生，高中学历，新主村委会红光社的人，是有名的东巴大师和世俊、和文质之族裔。和盛典小时候受父亲的影响，七八岁时就向父亲学习祭祖、祭署、献药等仪式经典。父亲去世后，他开始做祭祖等日常祭祀仪式。1992 年后，老一辈东巴相继过世，和盛典开始为村里做东巴教开丧仪式和祭署献药等仪式。从那时起，新主村以及鲁甸乡各地都邀请他做祭祀仪式。和盛典汉文化修养好，从小学习和掌握东巴文，又受过国际音标记音及汉译训练，自己勤学好问，从 20 世纪 90 年代初起，他就从民间私人手中借来东巴经书一本本地手抄，后来又到东巴文化研究所借来复印本传抄。在他保存的经书中有少数是他从村子里收集来的前辈东巴的经书，有几本是鲁甸东巴和云章的手抄本。这些抄本是用厚白纸和竹笔书写的，他说是和云章送给他的，这可能是和云章 20 世纪 80 年代在东巴文化研究室手抄的，其余经书基本上都是和盛典个人的手抄本。据他家人说，和盛典一旦借到一本新的抄本，就会不知疲倦地去抄写。如今他是鲁甸乡东巴里藏书量最大的东巴，也是鲁甸乡能做祭天、祭祖、开丧、求寿等较多仪式的东巴，并能够解读较多经书。他家的经书和东巴法器都放在正房楼上的一间储藏室里。和盛典家收藏有东巴经书263册：一是种类较多，共23类；二是较为系统；三是书写较为规范美观；四是不断运用于祭祀活动中；五是成为鲁甸乡，特别是新主村东巴学习的教材，常被学生们传抄。其中16册经书与医药有关，均在此列。

收藏于：丽江市玉龙纳西族自治县鲁甸乡新主村委会红光社　和盛典

流水号：10281

《超度死者亡灵仪式，超度有眼疾亡灵使之复明经》

民族语言题名：

正文文种：纳西东巴文

内容提要及说明：2007年12月由和力民在鲁甸乡新主村委会红光社对和盛典调查采集书目信息。

收藏于：丽江市玉龙纳西族自治县鲁甸乡新主村委会红光社　和盛典

流水号：10282

《超度死者亡灵仪式，崇忍潘迪献药经》

民族语言题名：

正文文种：纳西东巴文

内容提要及说明：2008年1月由和力民在托甸村委会布落村对石佳阿等调查采集书目信息。

收藏于：丽江市宁蒗彝族自治县拉伯乡托甸村委会布落村　石佳阿等

流水号：10283

《超度死者亡灵仪式，崇忍潘迪找药经》

民族语言题名：

正文文种：纳西东巴文

内容提要及说明：2007年10月由和力民在塔城乡陇巴村委会11村对杨俊调查采集书目信息。

收藏于：丽江市玉龙纳西族自治县塔城乡陇巴村委会11村　杨俊

流水号：10284

《超度死者亡灵仪式，崇忍潘迪找药经》

民族语言题名：

正文文种：纳西东巴文

内容提要及说明：2007年7月由和力民在太安乡天红村委会天红村对杨学红调查采集书目信息。

收藏于：丽江市玉龙纳西族自治县太安乡天红村委会天红村　杨学红

流水号：10285

《超度死者亡灵仪式，绸布之来历，以五色绸布献药》

民族语言题名：

正文文种：纳西东巴文

内容提要及说明：2007 年 12 月由和力民在鲁甸乡新主村委会红光社对和盛典调查采集书目信息。

收藏于：丽江市玉龙纳西族自治县鲁甸乡新主村委会红光社　和盛典

流水号：10286

《超度贤能者亡灵仪式，给贤能者献药》

民族语言题名：

正文文种：纳西东巴文

内容提要及说明：2007 年 10 月由和力民在塔城乡陇巴村委会 9 村（补妥下村）对和国秀（露鲁支系东巴）调查采集书目信息。此卷经书为和国秀家收藏的东巴经书之一。和国秀，1964 年出生，陇巴村委会 9 村人，东巴世家后裔。据他介绍，他家属于纳西族露鲁支系人家。其祖上三代以前是占卜东巴，到了祖父和四洋（1951 年去世）时，向巴甸的大东巴和绍文学习祭祀经典，父亲和玉清（亦名和金堂，1982 年去世）也是东巴。和国秀 15 岁开始向父亲学习用于查看日子的 3 本占卜经书，之后向洛固村委会的东巴和亮军学习《开丧仪式，用绵羊做牺牲祭献死者经》《开丧仪式，开路经》等。家中至今仍保存有祖父传抄下来的东巴经书 70 多本，其中在一本祭素神仪式的除秽燃灯经中，篇末有“皇帝民国十一年的狗年这年写的啊，和四洋我男儿活到 26 岁时的手迹啊，祝愿健康长寿”字样，说明这是 1922 年的抄本。他家的书主要是他祖父和四洋手抄的，字迹清秀，笔画流畅，经书虽是旧本，但保存完好，没有破损现象。此外，他还保存有三幅东巴教的神像画幛，均为其祖父和四洋所画。祭祀经书的尺寸为 290 × 100 毫米，占卜经书大者 200 × 110 毫米，小者 150 × 100 毫米（5 本），折叠式左拉占卜经尺寸为 200.5 × 110 毫米。

收藏于：丽江市玉龙纳西族自治县塔城乡陇巴村委会 9 村　和国秀（露鲁支系东巴）

流水号：10287

《崇忍潘迪寻找金子和银子般珍贵的药》

民族语言题名：

正文文种：纳西东巴文

内容提要及说明：2008 年 1 月由和力民在拉伯乡加泽村委会树枝村对石宝寿调查采集书目信息。

收藏于：丽江市宁蒗彝族自治县拉伯乡加泽村委会树枝村　石宝寿

流水号：10288

《崇忍潘迪寻找起死回生药》

民族语言题名：

正文文种：纳西东巴文

内容提要及说明：2006 年 8 月由和力民在四川省凉山州木里县俄亚乡拖丁村对英丹茨理等调查采集书目信息。俄亚纳西族乡位于四川省西南部的滇川交界处。俄亚乡东隔水洛河与四川省木里县依吉乡和云南省宁蒗县拉伯乡相望，南与云南省玉龙县奉科乡和今香格里拉市洛吉乡相邻，西与香格里拉市尼汝乡和德钦县接壤，北与四川省临城县相连。俄亚乡的纳西族分为两个支系：一是操纳西族西部方言，自称为纳西的纳西族，据历史传说，他们是从丽江等地迁来的，他们的语言与丽江盆地纳西族语言差异不大，东巴经书文字也基本上相同，主要居住在俄亚村；二是操纳西族东部日柯方言的纳西族，他们的语言与丽江盆地和香格里拉市操西部方言的纳西族的语言有差别，文字上大部分相同，但少数字不同，他们主要居住在苏达、鲁司、卡瓦等村委会。俄亚村有年轻东巴英丹茨理（2008 年 41 岁），他 20 岁时就主持开丧超度死者亡灵仪式，一直向俄亚大村和本村的大东巴学习，自己又有汉文化知识，所以如今是年富力强的东巴，现在他还带着村里的两个学生。他保存有东巴经 13 个类别，共 170 本，这些经书中夹杂有日柯支系纳西族东巴用的象形文字。其实，俄亚村日柯派系的纳西东巴教文化与白地派系的东巴教文化都有相互交融的情况。

收藏于：四川凉山州木里县俄亚乡（当地民族与云南少数民族跨境而居）拖丁村　英丹茨理等

流水号：10289

《给病人化符治病的咒语》

民族语言题名：

正文文种：纳西东巴文

内容提要及说明：2007 年 12 月由和力民在鲁甸乡新主村委会红光社对和盛典调查采集书目信息。

收藏于：丽江市玉龙纳西族自治县鲁甸乡新主村委会红光社　和盛典

流水号：10290

《给活人献药》

民族语言题名：

正文文种：纳西东巴文

内容提要及说明：2007 年 10 月由和力民在拉伯乡油米村对石玉吓调查采集书目信息。

收藏于：丽江市宁蒗彝族自治县拉伯乡油米村　石玉吓

流水号：10291

《给署献药》（下卷叙述木牌的出处来历经）

民族语言题名：

正文文种：纳西东巴文

内容提要及说明：2008 年 1 月由和力民在拉伯乡加泽村委会树枝村对石宝寿调查采集书目信息。

收藏于：丽江市宁蒗彝族自治县拉伯

乡加泽村委会树枝村　石宝寿

流水号：10292

《给优麻神献药经》

民族语言题名：[东巴文]

正文文种：纳西东巴文

内容提要及说明：2008年1月由和力民在拉伯乡加泽村委会树枝村对石宝寿调查采集书目信息。树枝村全村35户都是纳西族摩梭人（日柯）家。石保布（2008年73岁），属油米、树枝村一带有名的东巴。石宝寿（2008年37岁），是大东巴石保布的三儿子，他家藏的经书有300多本，相当一部分是他父亲自20世纪80年代以来重抄的，有的借四川省凉山州木里县依吉乡甲保村、争伍村东巴家的经书传抄，有的借油米村东巴家的经书传抄。这些经书平时用夹板夹装，并存放在家屋火塘边的神柜里，保存都比较完好。其中医药相关的有10多册。

收藏于：丽江市宁蒗彝族自治县拉伯乡加泽村委会树枝村　石宝寿

流水号：10293

《给璪神献药的来历经》

民族语言题名：[东巴文]

正文文种：纳西东巴文

内容提要及说明：2008年1月由和力民在拉伯乡加泽村委会树枝村对石宝寿调查采集书目信息。

收藏于：丽江市宁蒗彝族自治县拉伯乡加泽村委会树枝村　石宝寿

流水号：10294

《花吕》（即《咒语》和《古许吕》）（即占卜疾病原因的经书）

正文文种：纳西东巴文

内容提要及说明：该书是迪庆藏族自治州香格里拉市三坝乡甲戛几东巴收藏的东巴经书之一。甲戛几东巴是白地村吾树湾村人，又称吾树湾“别些家”的甲戛几，1989年去世，享年82岁，是白地村恩水湾村大东巴鸠干吉的弟子之一。家中藏有60多册东巴经，其中有采用藏语读音的《花吕》等经书。该书后被其儿子以物易物，不知去向。李国文于香格里拉市三坝乡对和开珍、树银甲等调查采集书目信息。

收藏：存目古籍

流水号：10295

《祭壬神仪式，献饭、献药及仪式规程》

民族语言题名：[东巴文]

正文文种：纳西东巴文

内容提要及说明：2007年12月由和力民在鲁甸乡新主村委会红光社对和盛典调查采集书目信息。

收藏于：丽江市玉龙纳西族自治县鲁甸乡新主村委会红光社　和盛典

流水号：10296

《祭署神仪式，崇忍潘迪找药经》

民族语言题名：[东巴文]

正文文种：纳西东巴文

内容提要及说明：2007年4月由和力民在玉龙县塔城乡陇巴村委会2村对陈四才、李文先调查收集书目信息。该书为传抄本。

收藏于：丽江市玉龙纳西族自治县塔城乡陇巴村委会2村　陈四才、李文先

流水号：10297

《祭署神仪式，给署神献药经》

民族语言题名：

正文文种：纳西东巴文

内容提要及说明：2007年12月由和力民在鲁甸乡新主村委会红光社对和盛典调查采集书目信息。

收藏于：丽江市玉龙纳西族自治县鲁甸乡新主村委会红光社　和盛典

流水号：10298

《祭署神仪式，举行祭仪陈述因由，署神之出处来历，给署神献药》

正文文种：纳西东巴文

内容提要及说明：2007年12月由和力民在鲁甸乡新主村委会红光社对和盛典调查采集书目信息。

收藏于：丽江市玉龙纳西族自治县鲁甸乡新主村委会红光社　和盛典

流水号：10299

《祭署神仪式，举行祭仪陈述因由，署神之出处来历，给署神献药》

民族语言题名：（书写不同于上一册）

正文文种：纳西东巴文

内容提要及说明：2007年12月由和力民在鲁甸乡新主村委会红光社对和盛典调查采集书目信息。

收藏于：丽江市玉龙纳西族自治县鲁甸乡新主村委会红光社　和盛典

流水号：10300

《祭署神仪式，署神之来历，给署神献药，招署神之魂》

民族语言题名：

正文文种：纳西东巴文

内容提要及说明：2007年4月由和力民在玉龙县塔城乡陇巴村委会2村对陈四才、李文先调查收集书目信息。该书为传抄本。

收藏于：丽江市玉龙纳西族自治县塔城乡陇巴村委会2村　陈四才、李文先

流水号：10301

《祭署神仪式，署神之来历，给署神献药经》

民族语言题名：

正文文种：纳西东巴文

内容提要及说明：2007年10月由和力民在塔城乡陇巴村委会9村、12村对杨志高、杨理、杨万清、和武、杨志坤等调查采集书目信息。杨志高，1953年生，陇巴村委会9村（补妥下村）人，现保存有7本东巴经书。据说是他父亲乌纳向和国秀的爷爷和四洋要来的，经书书写风格与和国秀家的经书一样，保存完好。杨理，陇巴村委会10村（补妥上村）人。

杨万清，陇巴村委会10村人，据杨俊介绍，他家有祭天神经书一套4本。另外，本村和武家收藏有8本东巴经，属于祭天仪式的4本，祭署仪式的1本，占卜经3本。杨志坤家有1本海贝占卜经。

收藏于：丽江市玉龙纳西族自治县塔城乡陇巴村委会10村　杨万清、和武等

流水号：10302

《祭署神仪式，许愿，献药，还债》

民族语言题名：

正文文种：纳西东巴文

内容提要及说明：2007年4月由和力民在玉龙县塔城乡陇巴村委会2村对陈四才、李文先调查收集书目信息。传抄本。

收藏于：丽江市玉龙纳西族自治县塔城乡陇巴村委会2村　陈四才、李文先

流水号：10303

《祭署神仪式，许愿，献药，还债经》

民族语言题名：

正文文种：纳西东巴文

内容提要及说明：2007年7月由和力民在太安乡天红村委会天红村对杨学红调查采集书目信息。

收藏于：丽江市玉龙纳西族自治县太安乡天红村委会天红村　杨学红

流水号：10304

《祭署神仪式，许愿署神，偿还署神的债，给署神献药》

民族语言题名：

正文文种：纳西东巴文

内容提要及说明：2007年12月由和力民在鲁甸乡新主村委会红光社对和盛典调查采集书目信息。

收藏于：丽江市玉龙纳西族自治县鲁甸乡新主村委会红光社　和盛典

流水号：10305

《祭水神大仪式留宿水神之规程，祭水神仪式规程，为病人做法事祭水神仪式规程》

正文文种：纳西东巴文

内容提要及说明：2008年1月由和力民在拉伯乡加泽村委会树枝村对石宝寿调查采集书目信息。

收藏于：丽江市宁蒗彝族自治县拉伯乡加泽村委会树枝村　石宝寿

流水号：10306

《祭素神仪式，给素神献神药》

民族语言题名：

正文文种：纳西东巴文

内容提要及说明：2007年12月由和力民在鲁甸乡新主村委会红光社对和桂生调查采集书目信息。和桂生，1957年生，初中学历，新主村委会红光社人。其祖上有一位叫阿普林的人，是鲁甸有名的大东巴，擅长巫术。阿普林之子为乌嘎，乌嘎之子乌布是个桑尼（巫师），擅巫术，曾与大东巴和世俊结拜为兄弟。乌布之子为阿普茨里，阿普茨里之子为阮补，阮补之子是乌胡，乌胡就是和桂生的父亲。和

桂生5岁开始向祖父阮补学习抵灾仪式经文，当时不看经文只是听祖父念诵。他23岁时开始正式学东巴文经典，先是与本村的和学典学东巴文，用录音机录下经语，然后跟着录音机念诵；24岁又拜和盛典为师，系统学习东巴文字经典。现在他拥有祭神开丧仪式等的东巴经书30多本。此卷正在其中。尺寸为315×120毫米。

收藏于：丽江市玉龙纳西族自治县鲁甸乡新主村委会红光社　和桂生

流水号：10307

《祭素神仪式，叙述考神药之来历，给素神献考神药》

民族语言题名：[东巴文]

正文文种：纳西东巴文

内容提要及说明：2007年12月由和力民在鲁甸乡新主村委会红光社对和盛典调查采集书目信息。

收藏于：丽江市玉龙纳西族自治县鲁甸乡新主村委会红光社　和盛典

流水号：10308

《祭素神仪式，叙述神药的来历，给素神献神药》

民族语言题名：[东巴文]

正文文种：纳西东巴文

内容提要及说明：2007年12月由和力民在鲁甸乡新主村委会红光社对和盛典调查采集书目信息。

收藏于：丽江市玉龙纳西族自治县鲁甸乡新主村委会红光社　和盛典

流水号：10309

《祭天神地神居中的柏神仪式，献神药，许愿经》

民族语言题名：[东巴文]

正文文种：纳西东巴文

内容提要及说明：2007年12月由和力民在鲁甸乡新主村委会红光社对和盛典调查采集书目信息。

收藏于：丽江市玉龙纳西族自治县鲁甸乡新主村委会红光社　和盛典

流水号：10310

《祭天神仪式，求考神药经》

民族语言题名：[东巴文]

正文文种：纳西东巴文

内容提要及说明：2007年7月由和力民在太安乡天红村委会天红村对杨学红调查采集书目信息。历史上太安乡纳西族的东巴文化比较有名，曾出现过被称为“东方王”的东巴大师。清末至民国时期，太安乡吉子村委会汝南化村东巴文化崛起，出现了康爸才、青爸严这两位东巴以及大批东巴大师。1947年汝南化村的什罗洞处曾举行东巴大法会，四方东巴都赶来参加，美国学者约瑟夫·洛克曾亲临此次盛会，这是当代纳西东巴文化史上的一次空前的标志性盛会。民国时期，许多中外学者慕名来到太安乡吉子村委会的吉子村和汝南化村，先后从这里收集了许多东巴经，如今珍藏在国内外各个图书馆、博物馆和私人手中。20世纪50年代，许多

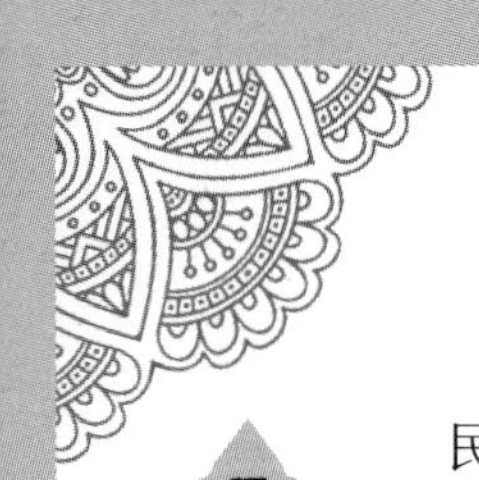

民间珍藏的东巴经书遭到毁坏。20世纪80年代，东巴文化研究开始受到学术和文化界的重视，1983年在丽江召开东巴达巴座谈会，太安乡的吉子、汝南、天红等村委会的多位东巴参加了座谈会。1999年10月，首届国际东巴文化艺术节期间，太安乡的多位东巴也参加了这次活动。天红村的东巴经大多已被毁。1983年，老东巴和石把他收藏的几本经书捐赠给云南省社会科学院东巴文化研究室。1998年，老东巴和国良从七河借到一些旧的东巴经进行传抄，这些经书多属东巴教开丧仪式经书。如今每个东巴都有一些自己使用的东巴经抄本，而拥有经书最多的要数杨学红东巴。杨学红，1952年生，太安乡天红村委会天红自然村人。1995年，他到位于黑龙潭的丽江县博物馆做木工，其间向受聘在丽江县博物馆工作的太安乡吉子村委会汝南化村东巴和学文学习东巴文字经典，又拜本村的东巴和国良为师，学习象形文字，从何国良那里借来丽江七河后山的东巴开丧仪式经典抄写，后来又参加和力民创建的丽江纳西文化研习馆，学习东巴经文舞蹈和祭祀仪式规程。2000年，他到丽江玉水寨神龙三叠水生态文化旅游公司做木匠，随后又成为该公司下属的东巴文化传承基地员工，在这里进行东巴文字经典舞蹈仪式的学习，并成为玉水寨的骨干东巴。他传抄的东巴经书共39类，209本，包含一些医药类经书。

收藏于：丽江市玉龙纳西族自治县太安乡天红村委会天红村　杨学红

流水号：10311

《祭天神仪式，神药之来历，献神药》

民族语言题名：

正文文种：纳西东巴文

内容提要及说明：2007年10月由和力民在塔城乡陇巴村委会9村、12村对杨志高、杨理、杨万清、和武、杨志坤等调查采集书目信息。和学清家有一套4本祭天经，和世新家亦有一套4本祭天经。此卷正在其中。

收藏于：丽江市玉龙纳西族自治县塔城乡陇巴村委会10村　杨万清、和武

流水号：10312

《祭天神仪式，神药之来历，献神药》

民族语言题名：

正文文种：纳西东巴文

内容提要及说明：2007年10月由和力民在塔城乡陇巴村委会9村、12村，对杨志高、杨理、杨万清、和武、杨志坤等调查采集书目信息。

收藏于：丽江市玉龙纳西族自治县塔城乡陇巴村委会10村　杨万清、和武等

流水号：10313

《祭天神仪式，神药之来历，献神药》

民族语言题名：

正文文种：纳西东巴文

内容提要及说明：2007年10月由和力民在塔城乡陇巴村委会11村对杨俊调查采集书目信息。

收藏于：丽江市玉龙纳西族自治县塔

城乡陇巴村委会 11 村　杨俊

流水号：10314

《祭天神仪式，许愿、献饭、献神药》

民族语言题名：[东巴文]

正文文种：纳西东巴文

内容提要及说明：2007 年 4 月由和力民在玉龙县塔城乡陇巴村委会 2 村对陈世才、李文先调查收集书目信息。李文先，1938 年出生，陇巴村委会 2 村（拉市洛虑昌）的勒巴舞传人，掌握全套的勒巴歌舞艺术，是云南省文化厅命名的“民间舞蹈师”。他不仅传承了勒巴舞，还掌握了东巴造纸技术。他自 20 世纪 90 年代起学习东巴文和东巴祭仪，有东巴教祭天仪式等仪式的经书。陈世才 1986 年出生，小学文化程度，陇巴村委会 2 村人。他从小跟随外公李文先学习勒巴舞艺术，会唱许多塔城民歌。2000 年 10 月，他到丽江东巴文化研究院学习东巴经典至今，参加过东巴教祭天、祭署、祭风、开丧等东巴教祭仪活动。他手抄的东巴经书共有 15 类，115 本，抄本依据主要是丽江东巴文化研究所编译出版的《纳西东巴古籍译注全集》。此卷即在其中。传抄本。

收藏于：丽江市玉龙纳西族自治县塔城乡陇巴村委会 2 村　陈世才、李文先

流水号：10315

《祭璪神仪式，给木牌上的鸡献药水经》（上卷）

民族语言题名：[东巴文]

正文文种：纳西东巴文

内容提要及说明：2008 年 1 月和力民在拉伯乡托甸村委会布落村对石佳阿等调查采集书目信息。布落村属拉伯乡托甸村委会的一个村民小组，全村 63 户，300 多人，主要是纳西族摩梭人。全村有 8 个东巴，每家都保存有数量不等的经书。石佳阿（2008 年 46 岁），祖传第四代东巴，目前家中保存的东巴经书共分 13 类，有 100 多册，为最全。

收藏于：丽江市宁蒗彝族自治县拉伯乡托甸村委会布落村　石佳阿等

流水号：10316

《祭风仪式，请署神，给署神献药经》

民族语言题名：[东巴文]

正文文种：纳西东巴文

内容提要及说明：2007 年 7 月由和力民在太安乡天红村委会天红村对杨学红调查采集书目信息。

收藏于：丽江市玉龙纳西族自治县太安乡天红村委会天红村　杨学红

流水号：10317

《解开使人生病的疾病之缠绳经》

民族语言题名：[东巴文]

正文文种：纳西东巴文

内容提要及说明：2008 年 1 月由和力民在拉伯乡加泽村委会树枝村对石宝寿调查采集书目信息。

收藏于：丽江市宁蒗彝族自治县拉伯乡加泽村委会树枝村　石宝寿

流水号：10318

《开丧和超度死者亡灵仪式，给水龙和饶星还债，献药经》

民族语言题名：

正文文种：纳西东巴文

内容提要及说明：2008年1月和力民在拉伯乡托甸村委会布落村对石佳阿等调查采集书目信息。

收藏于：丽江市宁蒗彝族自治县拉伯乡托甸村委会布落村　石佳阿等

流水号：10319

《看死因经》

民族语言题名：

正文文种：纳西东巴文

内容提要及说明：2008年1月由和力民在拉伯乡加泽村委会树枝村对石宝寿调查采集书目信息。

收藏于：丽江市宁蒗彝族自治县拉伯乡加泽村委会树枝村　石宝寿

流水号：10320

《念咒能解除三百六十种疾病和灾祸的经》

民族语言题名：

正文文种：纳西东巴文

内容提要及说明：2007年10月由和力民在塔城乡陇巴村委会9村（补妥下村）对和国秀（露鲁支系东巴）调查采集书目信息。此卷经书为和国秀家收藏的东巴经书之一。祭祀经书的尺寸为290×100毫米，占卜经书大者200×110毫米，小者150×100毫米（5本），折叠式左拉占卜经为200.5×110毫米。

收藏于：丽江市玉龙纳西族自治县塔城乡陇巴村委会9村　和国秀

流水号：10321

《请素神仪式，求取神药，抹酥油，求神赐威力附体》

民族语言题名：

正文文种：纳西东巴文

内容提要及说明：2007年7月由和力民在太安乡天红村委会天红村对杨学红调查采集书目信息。

收藏于：丽江市玉龙纳西族自治县太安乡天红村委会天红村　杨学红

流水号：10322

《求胜利神赐寿岁仪式，神药之来历，给三百六十位嘎劳神献药》

民族语言题名：

正文文种：纳西东巴文

内容提要及说明：2007年12月由和力民在鲁甸乡新主村委会红光社对和盛典调查采集书目信息。

收藏于：丽江市玉龙纳西族自治县鲁甸乡新主村委会红光社　和盛典

流水号：10323

《求胜利神赐寿岁仪式，叙述神药之来历，以神药祭献神灵》

民族语言题名：[东巴文]

正文文种：纳西东巴文

内容提要及说明：2007年12月由和力民在鲁甸乡新主村委会红光社对和盛典调查采集书目信息。

收藏于：丽江市玉龙纳西族自治县鲁甸乡新主村委会红光社　和盛典

流水号：10324

《杀牛，迎请优麻神，给优麻神献药》

民族语言题名：[东巴文]

正文文种：纳西东巴文

内容提要及说明：2007年10月由和力民在拉伯乡油米村对石玉吓调查采集书目信息。油米村是丽江市宁蒗县靠北的一个山村，全村约353人，是加泽村委会比较大的一个纳西族摩梭人（日柯）村落，全村主要有阿姓、杨姓和石姓3个姓氏。他们在历史上信仰东巴教，有传抄、保存和使用东巴象形文字经典的传统，所使用的东巴象形文字部分与丽江本地纳西族东巴经不同。全村目前健在的东巴还比较多，共有12人，他们每人手中都保存有或多或少的东巴经书。石玉吓东巴为东巴世家后裔，家藏东巴经十分丰富，据不完全统计，其所藏经书中仅禳垛鬼大仪式的经书就有100多本，也有其他内容的大量经书，此卷正在其中。

收藏于：丽江市宁蒗彝族自治县拉伯乡油米村　石玉吓

流水号：10325

《烧食之来历，药物之来历，粮食之来历，铎鬼之来历经》

民族语言题名：[东巴文]

正文文种：纳西东巴文

内容提要及说明：2008年1月由和力民在拉伯乡加泽村委会树枝村对石宝寿调查采集书目信息。

收藏于：丽江市宁蒗彝族自治县拉伯乡加泽村委会树枝村　石宝寿

流水号：10326

《射鹿，为鹿治病经》

民族语言题名：[东巴文]

正文文种：纳西东巴文

内容提要及说明：该书还记载有为人治病的内容。2008年1月由和力民在拉伯乡加泽村委会树枝村对石宝寿调查采集书目信息。

收藏于：丽江市宁蒗彝族自治县拉伯乡加泽村委会树枝村　石宝寿

流水号：10327

《生病做祭水神仪式给署神献祭粮经》

民族语言题名：[东巴文]

正文文种：纳西东巴文

内容提要及说明：2008年1月由和力民在拉伯乡加泽村委会树枝村对石宝寿调查采集书目信息。

收藏于：丽江市宁蒗彝族自治县拉伯乡加泽村委会树枝村　石宝寿

流水号：10328

《署酷》

民族语言题名：[纳西东巴文]

正文文种：纳西东巴文

内容提要及说明：2007年2月由和丽峰在宝山乡吾木村委会吾木村对和学义、和茂春、木光、六十胡等调查采集书目信息。和茂春东巴，男，纳西族，家住吾木村委会吾木村民小组上村。和茂春东巴很忙，村子里但凡人家有事都要请他去做仪式的主祭东巴。他非常愿意把自己所习得的东巴文化传授给村里的年轻人，希望年轻人能够继承东巴文化，但遗憾的是，他的儿子却不愿意学习东巴文化。和其他纳西族人家一样，老东巴家的火塘设在住屋的正房里，常年的烟熏火燎使火塘周围的每一样东西都黝黑的。他家所收藏的东巴经典就存放在火塘旁的木柜中，一般情况下是不让外人看这些东巴经典的。这些经书中有10本是从祖上传下来的，书皮显得非常黑旧，其余经籍属近年的新抄本。《署酷》为旧抄本，主要用于为山区纳西族人问卜疾病，或哪家有喜事时，东巴经师诵读此经，书共有14页，书面多黑点、泛黄，内页大部分已脱落，脱落部分大都为散页，有一页散页字迹不清。抄写年代不明。

收藏于：丽江市玉龙纳西族自治县宝山乡吾木村委会吾木村　和学义、和茂春、木光、六十胡等

流水号：10329

《为固和饶献药，分清固和饶经》

民族语言题名：[纳西东巴文]

正文文种：纳西东巴文

内容提要及说明：2008年1月由和力民在拉伯乡加泽村委会树枝村对石宝寿调查采集书目信息。

收藏于：丽江市宁蒗彝族自治县拉伯乡加泽村委会树枝村　石宝寿

流水号：10330

《为生病的人念咒化符经》

民族语言题名：[纳西东巴文]

正文文种：纳西东巴文

内容提要及说明：2007年12月由和力民在鲁甸乡新主村委会红光社对和盛典调查采集书目信息。

收藏于：丽江市玉龙纳西族自治县鲁甸乡新主村委会红光社　和盛典

流水号：10331

《寻找神药给素神献神药经》

民族语言题名：[纳西东巴文]

正文文种：纳西东巴文

内容提要及说明：2006年8月由和力民在四川省凉山州木里县俄亚乡拖丁村对英丹茨理等调查采集书目信息。

收藏于：四川凉山州木里县俄亚乡拖丁村　英丹茨理等

流水号：10332

《以生病之时刻占卜病之吉凶经》

民族语言题名：[illegible]

正文文种：纳西东巴文

内容提要及说明：2007 年 12 月由和力民在鲁甸乡新主村委会红光社对和盛典调查采集书目信息。

收藏于：丽江市玉龙纳西族自治县鲁甸乡新主村委会红光社　和盛典

流水号：10333

《占卜类，以生病的日子来查看占卜吉凶经》

民族语言题名：[illegible]

正文文种：纳西东巴文

内容提要及说明：2007 年 7 月由和力民在太安乡天红村委会天红村对杨学红调查采集书目信息。

收藏于：丽江市玉龙纳西族自治县太安乡天红村委会天红村　杨学红

流水号：10334

《占卜类书，以生病日子查看吉凶经》

民族语言题名：[illegible]

正文文种：纳西东巴文

内容提要及说明：2007 年 10 月由和力民在陇巴村委会 11 村对杨俊调查采集书目信息。

收藏于：丽江市玉龙纳西族自治县塔城乡陇巴村委会 11 村　杨俊

流水号：10335

《招回嘎劳战神之魂，给战神献药》

民族语言题名：[illegible]

正文文种：纳西东巴文

内容提要及说明：2007 年 10 月由和力民在拉伯乡油米村对石玉吓调查采集书目信息。

收藏于：丽江市宁蒗彝族自治县拉伯乡油米村　石玉吓

4. 藏　族

流水号：10336

《白琉璃》

民族语言题名：བཻ་དཀར།

其他题名文种：藏文、梵文

正文文种：藏文

内容提要及说明：藏族医药古籍。该书主要讲述皮肤病、外伤病、四肢病及手术、治疗（药浴、火灸、放血、艾灸、火针）的方法、外用药。由第司·桑介甲措编写。第司·桑吉嘉措（1653—1705 年）为五世达赖大臣。桑吉嘉措，又名桑介甲措（sde srid sngas rgys rgya mtsho），27 岁时遵达赖意愿成为藏族地区佛学领袖，布达拉宫红色部分由他主持建造。纸质，木刻印刷本，尺寸为 675×115 毫米，共 311 页。保存状况一般。

收藏于：迪庆藏族自治州藏医院柏玛丹争名医资料室

流水号：10337

《白琉璃》

民族语言题名：བཻ་དཀར།

其他题名文种：藏文、梵文

正文文种：藏文

内容提要及说明：藏族医药古籍。第司·桑吉嘉措编写。纸质，木刻印刷本，尺寸为670×105毫米，共311页。保存状况一般。

收藏于：迪庆藏族自治州藏医院柏玛丹争名医资料室

流水号：10338

《百方篇》

民族语言题名：སྦྱོར་བ་བརྒྱ་པ་དང་ཡན་ལག་བརྒྱད་པའི་སྙིང་པོ་བསྡུས་པ་སོགས།

其他题名文种：藏文、梵文

正文文种：藏文

内容提要及说明：该书记载有药物的气味、功效、配伍、对应症及各种药方。由龙树主编。纸质，木刻印刷本，尺寸为655×120毫米，共410页。

收藏于：迪庆藏族自治州藏医院柏玛丹争名医资料室

流水号：10339

《常用药物汇集》

民族语言题名：རྒྱུན་སྤྱོད་སྨན་རིགས་ཕྱོགས་བསྡུས།

其他题名文种：藏文

正文文种：藏文

内容提要及说明：该书由印度匹七里家族出身的导师体么所著，后世为感恩其功劳恩德，洛桑将英将其出版印刷。洛桑是一名喇嘛，是西藏藏医学院（现为西藏藏医药大学）名誉院长钦绕罗布于藏历火鸡年整理校对印刷。纸质，木刻印刷本，尺寸为453×85毫米，共64页。保存状况良好。

收藏于：迪庆藏族自治州藏医院柏玛丹争名医资料室

流水号：10340

《甘露库》

民族语言题名：བདུད་རྩི་རོལ་མཚོ།

其他题名文种：藏文

正文文种：藏文

内容提要及说明：该书主讲癫痫、中风、神志病及其治疗（药物和做法）、药物配方、肠胃病病因及症状、治疗。该书是15世纪中叶，宿喀·娘尼多吉邀吉塔波和工波地区著名医家共同讨论后写成的有关除去药物毒性、增强药力、提升药效等方面的著作。纸质，木刻印刷本，尺寸为655×100毫米。

收藏于：迪庆藏族自治州藏医院柏玛丹争名医资料室

流水号：10341

《会和顺逆》（对症治疗）

其他题名文种：藏文

正文文种：藏文

内容提要及说明：该书是米朋将拥·囊济甲措所著的藏医药著作。纸质，木刻印刷本，尺寸为 318×90 毫米，共 39 页。

收藏于：迪庆藏族自治州藏医院柏玛丹争名医资料室

流水号：10342

《解释四部医典第二部分下部的水晶》

民族语言题名：རྒྱུད་བཞི་དོན་ཚན་གཉིས་པའི་སྨད་ཀྱི་འགྲེལ་བ་ཤེལ་ཕྲེང་བཞུགས་སོ།

其他题名文种：藏文

正文文种：藏文

内容提要及说明：该本经书解释了《四部医典》第二部分的内容，为藏医人体学、病因学、诊断学著作。由哪哇官嘎编写，作者为藏族人，是老宇妥的学生。纸质，木刻印刷本，尺寸为 660×117 毫米，共 440 页。保存状况良好。

收藏于：迪庆藏族自治州藏医院柏玛丹争名医资料室

流水号：10343

《晶珠本草》

民族语言题名：ཤེལ་གོང་ཤེལ་ཕྲེང་།

其他题名文种：藏文、梵文

正文文种：藏文

内容提要及说明：该书是一部藏医和药理学方面的专著，介绍了藏医理论，藏药的品类、生境、性状和成分加工配制，以及分布与别称。纸质，木刻印刷本，尺寸为 675×105 毫米。

收藏于：迪庆藏族自治州藏医院柏玛丹争名医资料室

流水号：10344

《诀窍秘籍》

民族语言题名：མན་ངག་བཀའ་རྒྱ་མ།

其他题名文种：藏文、梵文

正文文种：藏文

内容提要及说明：该书汇集了各种藏医诀窍、藏医临床实践知识，涵盖《四部医典》所有内容，以及进一步的辨证治疗方法、遣方用药等内容。该书要求藏医学习一定要有师承。由洛桑却札主编。纸质，木刻印刷本，尺寸为 670×105 毫米，共 355 页。保存状况良好。

收藏于：迪庆藏族自治州藏医院柏玛丹争名医资料室

流水号：10345

《蓝琉璃》

民族语言题名：བཻ་སྔོན།

其他题名文种：藏文、梵文

正文文种：藏文

内容提要及说明：该书由五世达赖大臣第司·桑吉嘉措主编，记载了脏腑疾病、药物配方（大部分为草药）等内容。纸质，木刻印刷本，尺寸为 680×105 毫米，牦牛毛绳串单孔装订。保存状况较好。

收藏于：迪庆藏族自治州藏医院柏玛丹争名医资料室

流水号：10346

《理疗十八分支　脏腑病》

民族语言题名：མཆིན་ནད་ཆ་ལག་བཅོ་བརྒྱད་སྨད་བཅོས་ཤེས་བྱ།

其他题名文种：藏文

正文文种：藏文

内容提要及说明：第一本主要讲外伤手术学、外伤药配方；第二本内容为五脏六腑病的病因、症状、治疗、药方。纸质，木刻印刷本，尺寸为 670 × 105 毫米，简装。

收藏于：迪庆藏族自治州藏医院柏玛丹争名医资料室

流水号：10347

《秘诀补充》

民族语言题名：མན་ངག་ཁ་གསབ་སྙིང་གི་བདུད་རྩི།

其他题名文种：藏文、梵文

正文文种：藏文

内容提要及说明：该书记载了病因学、疾病种类、三大基因、过与不及产生之病、饮食不节产生的病，以及养生内容。该经书刻版制成于“十二年代”（推测为 1912 年），是《秘诀集》的补充。纸质，木刻印刷本，尺寸为 665 × 110 毫米，共 225 页。保存状况一般。

收藏于：迪庆藏族自治州藏医院柏玛丹争名医资料室

流水号：10348

《秘诀精义》

民族语言题名：མན་ངག་རིག་ལྡན་སྙིང་གི་བདུད་རྩི་ཞེས་བྱ་བ་བཞུགས་སོ།

其他题名文种：藏文

正文文种：藏文

内容提要及说明：该书由西藏藏医学院（现为西藏藏医药大学）院长钦绕罗布在藏历火兔年印刷。纸质，木刻印刷本，尺寸为 480 × 85 毫米，共 77 页。

收藏于：迪庆藏族自治州藏医院柏玛丹争名医资料室

流水号：10349

《劝诫亲友书》

民族语言题名：བཤེས་པའི་འཕྲིངས་ཡིག་ཅེས་བྱ་བ་བཞུགས་སོ

其他题名文种：藏文、梵文

正文文种：藏文

内容提要及说明：藏族医药古籍。由龙树主编。纸质，木刻印刷本，尺寸为 320 × 90 毫米，共 17 页。

收藏于：迪庆藏族自治州藏医院柏玛丹争名医资料室

流水号：10350

《十万舍利》

民族语言题名：མན་ངག་ཕན་ལྡན་བསིལ་ཟེར་སྒྲོ་བའི་ཟླ་གསལ།

其他题名文种：藏文、梵文

正文文种：藏文

内容提要及说明：该书载有三大基因

学、诊断（尿诊、脉诊）、五官病、神志病（口服药秘方治疗神志病）、火疗、熏蒸、脑病等内容。“一卷医书点集一切医方窍门，有如一粒舍利生出千万要诀”。由宿喀·娘尼多吉主编。纸质，木刻印刷本，尺寸为670×110毫米，共403页。保存状况一般。

收藏于：迪庆藏族自治州藏医院柏玛丹争名医资料室

流水号：10351

《四部医典》

民族语言题名：དཔལ་ལྡན་རྒྱུད་བཞི།

其他题名文种：藏文、梵文

正文文种：藏文

内容提要及说明：版本不详。第一章：本续（12页）；第二章：释续（43页）；第三章：诀窍续（245页）；第四章：后续（67页）。由宇妥·元丹贡布主编。纸质，木刻印刷本，尺寸为580×950毫米，共250页。

收藏于：迪庆藏族自治州藏医院柏玛丹争名医资料室

流水号：10352

《四部医典》

民族语言题名：དཔལ་ལྡན་རྒྱུད་བཞི།

其他题名文种：藏文

正文文种：藏文

内容提要及说明：版本不详。藏族医药古籍。包含本续（9页）、释续（49页）、诀窍续（244页）、后续（6页）。于藏历水牛年由几千名喇嘛雕刻印刷而成（四川德格印刷厂，负责人名叫次仁）。由宇妥·元丹贡布主编。纸质，木刻印刷本，尺寸为670×105毫米。

收藏于：迪庆藏族自治州藏医院柏玛丹争名医资料室

流水号：10353

《唐卡》(01)

民族语言题名：སྨན་ཐང་བྲིས་ཆ་དང་པོ།

其他题名文种：藏文、梵文

正文文种：藏文、梵文

内容提要及说明：第68张唐卡，《蓝琉璃》解释《四部医典》第四部脉诊和尿诊，主要画了宇妥（札那米扎）的尿诊，即通过观察尿液在碗中的不同部分来判断病人受到何种病魔困扰，以及通过冷热尿液加入冷热性药物发生的改变来诊断疾病。绸，手绘本，开本宽为645毫米。

收藏于：迪庆藏族自治州藏医院柏玛丹争名医资料室

流水号：10354

《唐卡》(02)

民族语言题名：སྨན་ཐང་བྲིས་ཆ་གཉིས་པ།

其他题名文种：藏文、梵文

正文文种：藏文、梵文

内容提要及说明：第39张唐卡，《蓝琉璃》解释《四部医典·释续》第31章节，主讲医德、伦理学问答场景。绸，手绘，开本宽为645毫米。

收藏于：迪庆藏族自治州藏医院柏玛

丹争名医资料室

流水号：10355

《唐卡》（03）

民族语言题名：སྨན་ཐང་བྲིས་ཆ་གསུམ་པ།

其他题名文种：藏文、梵文

正文文种：藏文、梵文

内容提要及说明：第36张唐卡，《蓝琉璃》解释《四部医典·释续》第22章节，内容为手术的器械图。手术、熏制疗法、陶罐热治、放血疗法、烙熨疗法、筛药用具。绸，手绘，开本宽为645毫米。

收藏于：迪庆藏族自治州藏医院柏玛丹争名医资料室

流水号：10356

《唐卡》（04）

民族语言题名：སྨན་ཐང་བྲིས་ཆ་བཞི་པ།

其他题名文种：藏文、梵文

正文文种：藏文、梵文

内容提要及说明：第28张唐卡，《蓝琉璃》解释《四部医典·释续》第20章：草药獐牙菜之白花地丁至甘肃贝母之间的草药的生长环境、命名、种类、道地药材选择。绸，手绘，开本宽为645毫米。

收藏于：迪庆藏族自治州藏医院柏玛丹争名医资料室

流水号：10357

《唐卡》（05）

民族语言题名：སྨན་ཐང་བྲིས་ཆ་ལྔ་པ།

其他题名文种：藏文、梵文

正文文种：藏文、梵文

内容提要及说明：第27张唐卡，《蓝琉璃》解释《四部医典·释续》第20章：松油至小儿黄的生长环境、命名、种类、道地药材的选择。绸，手绘，开本宽为645毫米。

收藏于：迪庆藏族自治州藏医院柏玛丹争名医资料室

流水号：10358

《唐卡》（06）

民族语言题名：སྨན་ཐང་བྲིས་ཆ་དྲུག་པ།

其他题名文种：藏文、梵文

正文文种：藏文、梵文

内容提要及说明：第26张唐卡，《蓝琉璃》解释《四部医典·释续》第20章：金礞石至安息香的生长环境、命名、种类、道地药材的选择。绸，手绘，开本宽为645毫米。

收藏于：迪庆藏族自治州藏医院柏玛丹争名医资料室

流水号：10359

《唐卡之》（07）

民族语言题名：སྨན་ཐང་བྲིས་ཆ་བདུན་པ།

其他题名文种：藏文、梵文

正文文种：藏文、梵文

内容提要及说明：第25张唐卡《蓝琉璃》解释《四部医典·释续》第19章：五行（土水火风空）生药，由于药物具有五行特性，在人体内得以上下循环，产生药的味道。第20章：单药的特效，寒热；

珍宝类药等，以及以上药物按药王山四个方向分类的内容。绸，手绘，尺寸为宽645毫米。

收藏于：迪庆藏族自治州藏医院柏玛丹争名医资料室

流水号：10360

《唐卡》（08）

民族语言题名：སྨན་ཐང་བྲིས་ཆ་བརྒྱད་པ།

其他题名文种：藏文、梵文

正文文种：藏文、梵文

内容提要及说明：第20张唐卡，《蓝琉璃》解释《四部医典·释续》第7章：长寿保健养生、祈愿时梵天等人进行法事的场景；三大本尊治病救人、起死回生的大致场景；解释了各小节的内容和诊断方法。绸，手绘，开本宽为645毫米。

收藏于：迪庆藏族自治州藏医院柏玛丹争名医资料室

流水号：10361

《唐卡》（09）

民族语言题名：སྨན་ཐང་བྲིས་ཆ་དགུ་པ།

其他题名文种：藏文、梵文

正文文种：藏文、梵文

内容提要及说明：第19张唐卡，《蓝琉璃》解释《四部医典·释续》第7章：梦境、吉凶兆、布施等内容，亦包含白内障病的基本介绍及具体内容。绸，手绘，开本宽为645毫米。

收藏于：迪庆藏族自治州藏医院柏玛丹争名医资料室

流水号：10362

《唐卡》（10）

民族语言题名：སྨན་ཐང་བྲིས་ཆ་བཅུ་པ།

其他题名文种：藏文、梵文

正文文种：藏文、梵文

内容提要及说明：蓝琉璃解释《四部医典·释续》第1章：药师佛已身变幻为智慧明记的人，向大众传授《四部医典》的场景；第2章：藏医人体学之灵魂与五行，无明相结合而怀孕，不能怀孕的精子和能怀孕并发育正常而生产的场景等的解释。绸，手绘，开本宽为645毫米。

收藏于：迪庆藏族自治州藏医院柏玛丹争名医资料室

流水号：10363

《唐卡》（11）

民族语言题名：སྨན་ཐང་བྲིས་ཆ་བཅུ་གཅིག་པ།

其他题名文种：藏文、梵文

正文文种：藏文

内容提要及说明：第65张唐卡，《四部医典》第四部后叙第2章之尿诊。绸，手绘，共1页，卷轴装。保存状况良好。

收藏于：迪庆藏族自治州藏医院佛堂

流水号：10364

《唐卡》（12）

民族语言题名：སྨན་ཐང་བྲིས་ཆ་བཅུ་གཉིས་པ།

其他题名文种：藏文、梵文

正文文种：藏文

内容提要及说明：第 35 张唐卡，《四部医典》第二部，主要为药物名称。绸，手绘，共 1 页，卷轴装。保存状况良好。

收藏于：迪庆藏族自治州藏医院佛堂

流水号：10365

《唐卡》（13）

民族语言题名：སྨན་ཐང་བྲིས་ཆལ་བཅུ་གསུམ་པ།

其他题名文种：藏文、梵文

正文文种：藏文

内容提要及说明：第 34 张唐卡，《四部医典》第二部第 20 章的内容。绸，手绘，共 1 页，卷轴装。保存状况良好。

收藏于：迪庆藏族自治州藏医院佛堂

流水号：10366

《唐卡》（14）

民族语言题名：སྨན་ཐང་བྲིས་ཆ་བཅུ་བཞི་པ།

其他题名文种：藏文、梵文

正文文种：藏文

内容提要及说明：第 29 张唐卡，《四部医典》第二部第 20 章草药。绸，手绘，共 1 页，卷轴装。保存状况良好。

收藏于：迪庆藏族自治州藏医院佛堂

流水号：10367

《无畏的武器》

民族语言题名：མི་འཇིགས་པའི་མཚོན་ཆ།

其他题名文种：藏文

正文文种：藏文

内容提要及说明：藏医学经典著作，现已佚，为存目文献，多部著作均对其有记载和描述。

收藏：存目古籍

流水号：10368

《五行秘诀水晶》

民族语言题名：འབྱུང་བཞིའི་མན་ངག་ཆུ་ཤེལ་མུ་ཏིག་ཕྲེང་མཛེས།

其他题名文种：藏文、梵文

正文文种：藏文

内容提要及说明：西藏藏医学院印刷厂 1981 年（铁鸡年）印刷。纸质，木刻印刷本，尺寸为 320×90 毫米，共 40 页。

收藏于：迪庆藏族自治州藏医院柏玛丹争名医资料室

流水号：10369

《药效学》

民族语言题名：བོད་སྨན་ནུས་པ་ཕྱོགས་བསྡུས།

其他题名文种：藏文

正文文种：藏文

内容提要及说明：（扎咋尼玛）是一个喇嘛中的“坎布”。藏历土牛年成书，纸质，木刻印刷本，尺寸为 220×67 毫米，共 24 页。

收藏于：迪庆藏族自治州藏医院柏玛丹争名医资料室

流水号：10370

《医学八支论自注》

民族语言题名：གསོ་རིག་ཡན་ལག་བརྒྱད་པའི་རང་འགྲེལ།

其他题名文种：藏文

正文文种：藏文

内容提要及说明：藏族医药古籍。由马鸣（古印度论师）主编。纸质，木刻印刷本，尺寸为660×115毫米。保存状况良好。

收藏于：迪庆藏族自治州藏医院柏玛丹争名医资料室

流水号：10371

《医学大典》

民族语言题名：གསོ་རིག་ཀུན་འདུས་ཆེན་མོ།

正文文种：藏文

内容提要及说明：藏医学经典医著。

收藏于：存目古籍

流水号：10372

《医学月光·医学》（索玛惹扎）

民族语言题名：སྨན་དཔྱད་ཟླ་བའི་རྒྱལ་པོ།（སོ་མ་ར་ཛ）

其他题名文种：藏文

正文文种：藏文

内容提要及说明：由五世达赖大臣、佛教领袖第司·桑吉嘉措主编。内容包括风、火、土、水、空与疾病的关系，外伤病、脉络、骨骼，以及手术、治疗（针灸、药浴、艾灸、涂擦、热敷）的方法等。纸质，木刻印刷本，尺寸为635×150毫米，共240页，牦牛毛绳串连，芝麻茎皮捆扎，精装。

收藏于：迪庆藏族自治州藏医院柏玛丹争名医资料室

流水号：10373

《宇妥心经》

民族语言题名：གཡུ་ཐོག་སྙིང་ཐིག

其他题名文种：藏文

正文文种：藏文

内容提要及说明：内容包括诊断、药物、配方、药学历史等。宇妥·元丹贡布主编。纸质，木刻印刷本，尺寸为680×100毫米，共180页。

收藏于：迪庆藏族自治州藏医院柏玛丹争名医资料室

流水号：10374

《藏药开光经》

民族语言题名：བོད་སྨན་བྱིན་རླབས་ཕུད་མཆོད་ཞུང་དུ་བཞུགས།

其他题名文种：藏文

正文文种：藏文

内容提要及说明：西藏藏医学院（现为西藏藏医药大学）负责人扎咋巴医师刻版并印刷。纸质，木刻印刷本，尺寸为220×75毫米，共10页。

收藏于：迪庆藏族自治州藏医院柏玛丹争名医资料室

流水号：10375

《藏药学》

民族语言题名：བོད་སྨན་འབྱུངས་དཔེ་ངོ་མཚར་གསེར་གྱི་སྙེ་མ།

其他题名文种：藏文

正文文种：藏文

内容提要及说明：青绕诺布（钦绕罗布）主编，藏历木兔年成书。纸质，木刻印刷本，尺寸为 210×73 毫米，共 30 页。保存状况良好。

收藏于：迪庆藏族自治州藏医院柏玛丹争名医资料室

流水号：10376

《藏医病理药理》

民族语言题名：ནད་སྨན་སྦྱོད་པའི་ཉམས་ཡིག་བཞུགས་སོ།

其他题名文种：藏文

正文文种：藏文

内容提要及说明：曲扎甲措所作。纸质，木刻印刷本，尺寸为 220×70 毫米，共 27 页。

收藏于：迪庆藏族自治州藏医院柏玛丹争名医资料室

流水号：10377

《藏医脉诊及尿诊》（掌松言教）

民族语言题名：དྲང་སོང་ཞལ་ལུང་ལས་རྩ་དོན་དང་ཆུ་དོན།

其他题名文种：藏文

正文文种：藏文

内容提要及说明：主讲藏医脉诊、尿诊，后人整理所得。纸质，木刻印刷本。

收藏于：迪庆藏族自治州藏医院柏玛丹争名医资料室

流水号：10378

《藏医配方甘露滴》

民族语言题名：སྨན་སྦྱོར་བདུད་རྩ་ཐིག་ལེ་ཞེས་བྱ་བ་བཞུགས་སོ།

其他题名文种：藏文

正文文种：藏文

内容提要及说明：藏族医药古籍。纸质，木刻印刷本，尺寸为 218×70 毫米，共 38 页，保存状况良好。

收藏于：迪庆藏族自治州藏医院柏玛丹争名医资料室

流水号：10379

《藏族人体解剖学》

民族语言题名：གསོ་བ་རིག་པའི་རྒྱུད་ལས་བཤད་པའི་ལུས་ཐིག་ཟླ་བའི་ནོར་བུ་མེ་ལོང་།

其他题名文种：藏文

正文文种：藏文

内容提要及说明：先由米朋所作，后经布达拉宫罗桑曲扎进行实践进行补充。纸质，木刻印刷本，尺寸为 335×88 毫米，共 17 页。

收藏于：迪庆藏族自治州藏医院柏玛丹争名医资料室

流水号：10380

《诊药二元要诀之一：医学智慧空》

民族语言题名：གསོ་བ་རིག་པའི་ཡེ་ཤེས་

མཁའ་འགྲོ།

其他题名文种：藏文、梵文

正文文种：藏文

内容提要及说明：为古印度经书，印度人阿札亚达玛·夏利瓦玛和藏族翻译家夏加鲁志释加两人将其翻译成藏文。做笔记者为比丘成居士（未出家但守戒律者）里巴秀诺和义克林钦。该书详尽解释了藏医疾病八支，即全身病、儿童病、妇女病、魔鬼病、创伤、中毒、返老还童、壮阳的内容及相应治疗应用。主讲药物功效、气味，药用部位的不同名称、对应症等。18 世纪时，由八邦司法活佛却吉穹乃弟子噶玛·额列丹增（该玛·俺利丹增）主编。纸质，木刻印刷本，尺寸为 645×115 毫米，共 421 页。

收藏于：迪庆藏族自治州藏医院柏玛丹争名医资料室

流水号：10381

《诊药二元要诀之二：医学方便大乐集》

民族语言题名：སྨན་བསྡུས་སྐབས་ལེགས་ཤེས་བྱའི་དགའ་སྟོན།

其他题名文种：藏文

正文文种：藏文

内容提要及说明：诠释《四部医典》的秘诀集和后续的内容。由噶玛·额列丹增主编。纸质，木刻印刷本，尺寸为 670×110 毫米，共 533 页。

收藏于：迪庆藏族自治州藏医院柏玛丹争名医资料室

流水号：10382

《祖先言教·根本续》

民族语言题名：མེས་པོ་ཞལ་ལུང་།རྩ་རྒྱུད་རྣམ་བཤད་བཞུགས་སོ།

其他题名文种：藏文、其他

正文文种：藏文

内容提要及说明：藏历铁猴年西藏藏医学院印刷。由宿喀·洛追杰波主编。纸质，木刻印刷本，尺寸为 545×92 毫米，共 220 页。

收藏于：迪庆藏族自治州藏医院柏玛丹争名医资料室

流水号：10383

《祖先言教·注释续》

民族语言题名：མེས་པོ་ཞལ་ལུང་།འགྲེལ་པ་མུན་གསལ་སྒྲོན་མེ།

其他题名文种：藏文

正文文种：藏文

内容提要及说明：藏族医药古籍。由宿喀·洛追杰波主编，纸质，木刻印刷本，尺寸为 545×95 毫米，共 465 页，结尾缺损。

收藏于：迪庆藏族自治州藏医院柏玛丹争名医资料室

5. 普米族

流水号：10384

《摆空赠》（测一年患病之因经）

其他题名文种：藏文

正文文种：藏文

内容提要及说明：该书为丽江市宁蒗县普米族韩规古籍及重要附件之一。

收藏于：丽江市宁蒗彝族自治县

流水号：10385

《伴注恰没尔》（送瘟神经）

其他题名文种：藏文

正文文种：藏文

内容提要及说明：2 册 12 页。该书为普米族祛病除邪拈消类经籍。共 12 页。

收藏于：四川凉山州木里县依吉乡（当地民族与云南少数民族跨境而居）机素村、达都村、后所村　麦色偏处、邀基扎拉、扎西、南卡、东龙·阿巴

流水号：10386

《宝空端宗赠》（占致病方位及原因的书）

其他题名文种：藏文

正文文种：藏文

内容提要及说明：1 册 4 页。该书为普米族占卜巴捞类经籍，择运茨罗崃赠的经书。共 4 页。

收藏于：四川凉山州木里县依吉乡（当地民族与云南少数民族跨境而居）机素村、达都村、后所村　麦色偏处、邀基扎拉、扎西、南卡、东龙·阿巴

流水号：10387

《撑注》（长寿经）

其他题名文种：藏文

正文文种：藏文

内容提要及说明：7 册，页数不详。该书为普米族韩规供祀神灵类经籍亚脚中的块消的经籍。

收藏于：四川凉山州木里县依吉乡（当地民族与云南少数民族跨境而居）机素村、达都村、后所村　麦色偏处、邀基扎拉、扎西、南卡、东龙·阿巴

流水号：10388

《撑注得觉》（延寿经）

其他题名文种：藏文

正文文种：藏文

内容提要及说明：5 册，其中 2 册页数不详，其余 3 册共 25 页。该书为普米族韩规供祀神灵类经籍亚脚中的块消的经籍。为李国文等编著的《韩规经籍初步编目资料》中的文献。

收藏于：四川凉山州木里县依吉乡（当地民族与云南少数民族跨境而居）机素村、达都村、后所村　麦色偏处、邀基扎拉、扎西、南卡、东龙·阿巴

流水号：10389

《持损》（给食不净之物致病者洗礼经）

其他题名文种：藏文

正文文种：藏文

内容提要及说明：2 册 10 页。该书为普米族祛病除邪拈消类经籍。共 10 页。

收藏于：四川凉山州木里县依吉乡（当地民族与云南少数民族跨境而居）机素村、达都村、后所村　麦色偏处、邀基

扎拉、扎西、南卡、东龙·阿巴

流水号：10390

《茨罗崃赠》（择一生命运的书）

其他题名文种：藏文

正文文种：藏文

内容提要及说明：1册10页。该书为普米族占卜巴捞类经籍，择运茨罗崃赠的经书。

收藏于：四川凉山州木里县依吉乡（当地民族与云南少数民族跨境而居）机素村、达都村、后所村　麦色偏处、邀基扎拉、扎西、南卡、东龙·阿巴

流水号：10391

《茨忍忍销》（延寿经）

其他题名文种：藏文

正文文种：藏文

内容提要及说明：该书为丽江市宁蒗县普米族韩规古籍及重要附件之一。

收藏于：丽江市宁蒗彝族自治县

流水号：10392

《茨注茨考》（延寿经）

其他题名文种：藏文

正文文种：藏文

内容提要及说明：该书为丽江市宁蒗县普米族韩规古籍及重要附件之一。

收藏于：丽江市宁蒗彝族自治县

流水号：10393

《督楚居你端宗赠》（占得病时辰及原因的书）

其他题名文种：藏文

正文文种：藏文

内容提要及说明：1册4页。该书为普米族占卜巴捞类经籍，择运茨罗崃赠的经书。共4页。

收藏于：四川凉山州木里县依吉乡（当地民族与云南少数民族跨境而居）机素村、达都村、后所村　麦色偏处、邀基扎拉、扎西、南卡、东龙·阿巴

流水号：10394

《读初哥尼争》（测十二时辰患病之因经）

其他题名文种：藏文

正文文种：藏文

内容提要及说明：该书为丽江市宁蒗县普米族韩规古籍及重要附件之一。

收藏于：丽江市宁蒗彝族自治县

流水号：10395

《公嘎尔》（驱瘟疫经）

其他题名文种：藏文

正文文种：藏文

内容提要及说明：1册，12页。该书为普米族祛病除邪拈消类经籍。

收藏于：四川凉山州木里县依吉乡（当地民族与云南少数民族跨境而居）机素村、达都村、后所村　麦色偏处、邀基扎拉、扎西、南卡、东龙·阿巴

流水号：10396

《介布鉴叠》（祛病除邪经）

其他题名文种：藏文

正文文种：藏文

内容提要及说明：该书为丽江地区宁蒗县普米族韩规古籍及重要附件之一。在川滇藏交界区域的宁蒗、木里、盐源等地，普米族民间藏存着一些韩规经古籍。据分析，前述区域民间藏存流传的韩规经籍卷帙浩繁，但由于这一带特殊的地理位置，处万山丛中，交通闭塞，人迹罕至，不曾听闻有关机构及人员到那里做过任何形式的普查与记录。因此这一带韩规古籍的流传情况一直是个谜。近年来，有深悉韩规经典内容的措皮·迪吉偏初在他的家乡木里县依吉乡一带做调查，但当地的普米韩规不肯轻易将祖上世传下来的古籍示人、与人。措皮·迪吉偏初首先将自己常用或重要的经典重新加以梳理和记录，尽可能利用熟人和亲朋好友的关系，先后深入到机素、达杜、后所、花依、朴助等村寨，找到一些祖上有名的韩规家寻访。难能可贵的是，他以一个韩规经师的眼光特别汇集了邀基所拉、边致以极呷、达杜折使、南卡、东龙阿巴等世传韩规家族的经书，尽管记录还不甚详尽，但这些摘抄已经蔚为大观，给我们提供了进一步调查思考的线索。据韩规祭司措皮·迪吉偏初所提供的统计表，我们大体上知道了上述区域韩规及其藏书情况，该区域韩规私人家庭收藏有数千卷韩规经籍，除副本外有100多种1000多册，至于古老而冷僻不常用的经籍，估计收来的只有1/2不到。

收藏于：丽江市宁蒗彝族自治县

流水号：10397

《拉姆接嘎尔赠》（择病期之书）

其他题名文种：藏文

正文文种：藏文

内容提要及说明：1册4页。该书为普米族占卜巴捞类经籍，择运茨罗崃赠的经书。共4页。

收藏于：四川凉山州木里县依吉乡（当地民族与云南少数民族跨境而居）机素村、达都村、后所村 麦色偏处、邀基扎拉、扎西、南卡、东龙·阿巴

流水号：10398

《拉姆接甲尔争》（测一日患病之因经）

其他题名文种：藏文

正文文种：藏文

内容提要及说明：该书为丽江地区宁蒗县普米族韩规古籍及重要附件之一。李国文项目调研成果。

收藏于：丽江市宁蒗彝族自治县

流水号：10399

《捞喃赠》（择人体放血日子的书）

其他题名文种：藏文

正文文种：藏文

内容提要及说明：1册，2页。该书为普米族占卜巴捞类经籍星占夏赞赠的经书。

收藏于：四川凉山州木里县依吉乡（当地民族与云南少数民族跨境而居）机素村、达都村、后所村　麦色偏处、邀基扎拉、扎西、南卡、东龙·阿巴

流水号：10400

《罗更注居》（占五行之书）

其他题名文种：藏文

正文文种：藏文

内容提要及说明：1册，12页。该书为普米族占卜巴捞类经籍，择运茨罗崃赠的经书。

收藏于：四川凉山州木里县依吉乡（当地民族与云南少数民族跨境而居）机素村、达都村、后所村　麦色偏处、邀基扎拉、扎西、南卡、东龙·阿巴

流水号：10401

《米吨》（给患疯病者送鬼经）

其他题名文种：藏文

正文文种：藏文

内容提要及说明：6册，页数不详。该书为普米族祛病除邪拈消类经籍。

收藏于：四川凉山州木里县依吉乡（当地民族与云南少数民族跨境而居）机素村、达都村、后所村　麦色偏处、邀基扎拉、扎西、南卡、东龙·阿巴

流水号：10402

《木蒸端》（送难产鬼经）

其他题名文种：藏文

正文文种：藏文

内容提要及说明：7册，页数不详。该书为普米族祛病除邪拈消类经籍。

收藏于：四川凉山州木里县依吉乡（当地民族与云南少数民族跨境而居）机素村、达都村、后所村　麦色偏处、邀基扎拉、扎西、南卡、东龙·阿巴

流水号：10403

《萨达夏崩》（为病痛者祭祀龙王经）

其他题名文种：藏文

正文文种：藏文

内容提要及说明：6册，页数不详。该书为普米族祛病除邪拈消类经籍。

收藏于：四川凉山州木里县依吉乡（当地民族与云南少数民族跨境而居）机素村、达都村、后所村　麦色偏处、邀基扎拉、扎西、南卡、东龙·阿巴

流水号：10404

《申依丛罗》（给老者求延年益寿经）

其他题名文种：藏文

正文文种：藏文

内容提要及说明：50册，页数不详。该书为普米族祛病除邪拈消类经籍。

收藏于：四川凉山州木里县依吉乡（当地民族与云南少数民族跨境而居）机素村、达都村、后所村　麦色偏处、邀基扎拉、扎西、南卡、东龙·阿巴

流水号：10405

《希龙赠》（测死亡之因经）

其他题名文种：藏文

正文文种：藏文

内容提要及说明：该书为丽江地区宁蒗县普米族韩规古籍及重要附件之一。

收藏于：丽江市宁蒗彝族自治县

流水号：10406

《赞吨》（给病痛者送赞神经）

其他题名文种：藏文

正文文种：藏文

内容提要及说明：4册，页数不详。该书为普米族祛病除邪拈消类经籍。

收藏于：四川凉山州木里县依吉乡（当地民族与云南少数民族跨境而居）机素村、达都村、后所村　麦色偏处、邀基扎拉、扎西、南卡、东龙·阿巴

流水号：10407

《左拉赠》（测五行相生相克经）

其他题名文种：藏文

正文文种：藏文

内容提要及说明：该书为丽江地区宁蒗县普米族韩规古籍及重要附件之一。以上经书均系旧抄本，佚名撰，多为墨书，间有墨朱混书。本色构皮纸，开本宽为10—12厘米，分长中短不同的规格，最长的有33厘米左右，现在最常见的是中等长的书，长28到30厘米。这部分经典均以夹板捆装。还有一种是短的，长约20厘米，多为线订侧页装。除部分经卷略有残损（其中一小部分经页受损，已残缺不全）外，其余均基本保存完整。

收藏于：丽江市宁蒗彝族自治县

6. 瑶　族

流水号：10408

《急中救患科》

正文文种：汉字、瑶文

内容提要及说明：为盘应晓师公收藏的古籍文献。2007年2月由黄贵权在广南县底圩乡同剪村民委员会那洪村对盘应晓调查采集书目信息。道教经典，汇集了度师仪式常用的宗教经文。毛笔手抄，创作者、抄写者、抄写时间不详，尺寸为240×210毫米，共136页。线装，棉质，封底已破损无存。

收藏于：文山壮族苗族自治州广南县底圩乡同剪村民委会那洪村　盘应晓

流水号：10409

《急中救患科》

正文文种：汉字、瑶文

内容提要及说明：该书为河口县民族局保存的瑶文古籍的复印本。2007年12月由盘金祥在河口县民族宗教事务局对李明辉调查采集书目信息。

收藏于：红河哈尼族彝族自治州河口瑶族自治县民族宗教事务局　李明辉

流水号：10410

《救病表书》

正文文种：汉字、瑶文

内容提要及说明：该书为金平县民族宗教事务局保存的瑶文古籍。2007 年 12 月由盘金祥在金平县民族宗教事务局对罗文福调查采集书目信息。

收藏于：红河哈尼族彝族自治州金平苗族瑶族傣族自治县民族宗教事务局　罗文福

流水号：10411

《救病表疏》

正文文种：汉字、瑶文

内容提要及说明：该书为金平县金河镇石桩村和谐村民小组黄金祥家藏的古籍之一。不分卷，1 册 11 页。撰者佚名。瑶族宗教献神祭鬼状纸文约书。该书叙述求神开恩，免除患者病痛之苦。状纸文约书有救病疏文、救病表文、救苦救病表文、救患赦书、十殿赦书、表书、通连释表意等。书主落款为黄文保。2007 年 2 月至 2008 年 2 月，由盘金祥、罗文福在石桩村等村对黄金祥等人调查采集书目信息。旧抄本，本色绵纸，线装，楷体墨书，尺寸为 247×138 毫米，无边栏，7 行，每行 24 字，白口。保存完好。

收藏于：红河哈尼族彝族自治州金平县金河镇石桩村等村　黄金祥等人

流水号：10412

《救患科》

正文文种：汉字、瑶文

内容提要及说明：该书为广南县的瑶族古籍文献。20 世纪 90 年代以前，云南蓝靛瑶文献古籍基本上都是民间收藏或一些瑶族研究者个人收藏。20 世纪 90 年代以后，收藏蓝靛瑶古籍的除了一些官方机构外，少数瑶族干部、瑶族研究人员也收藏了数量较多的蓝靛瑶古籍文献。据不完全统计，广南县的蓝靛瑶古籍文献收藏在民间或一些瑶族干部、知识分子的手里。

收藏于：文山壮族苗族自治州广南县

流水号：10413

《救患科》

正文文种：汉字、瑶文

内容提要及说明：该书为麻栗坡县蓝靛瑶古籍文献之一。据不完全统计，麻栗坡县蓝靛瑶古籍文献收藏在民间或一些瑶族干部、知识分子的手里。

收藏于：文山壮族苗族自治州麻栗坡县

流水号：10414

《救患科》

正文文种：汉字、瑶文

内容提要及说明：该书为富宁县蓝靛瑶古籍文献之一。据不完全统计，富宁县蓝靛瑶古籍文献收藏在民间或一些瑶族干部、知识分子的手里。

收藏于：文山壮族苗族自治州富宁县

流水号：10415

《救患科》

正文文种：汉字、瑶文

内容提要及说明：该书为盘应晓师公收藏的古籍文献。盘应晓师公，男，瑶族，初中学历。他的古籍文献、法器、法衣有一部分是从其父盘妙诵道公那里继承的，大部分文献为自己抄录，还有一部分是妻子的大哥赠送的。用来存放古籍文献的木柜是传统蓝靛瑶用作嫁妆的有4个支撑脚的衣柜，柜体成正方体，长宽高约为70厘米。2007年2月黄贵权在广南县底圩乡同剪村民委员会那洪村对盘应晓调查采集书目信息。道教经典，用于度师仪式，汇集了度师仪式常用的宗教经文。毛笔手抄。创作者、抄写者、抄写时间不详，尺寸为260×210毫米，共372页。线装，棉纸，封面损毁无存。

收藏于：文山壮族苗族自治州广南县底圩乡同剪村民委会那洪村　盘应晓

流水号：10416

《救患科》

正文文种：汉字、瑶文

内容提要及说明：该书为河口县民族宗教事务局保存的瑶文古籍的复印本。2007年11月由盘金祥在河口县民族宗教事务局对李明辉调查采集书目信息。

收藏于：红河哈尼族彝族自治州河口瑶族自治县民族宗教事务局　李明辉

流水号：10417

《看病书》

正文文种：汉字、瑶文

内容提要及说明：该书为板板桥村罗承阳家的藏经之一。不分卷，1册，24页。撰者佚名。瑶族宗教看病书。该书有六十甲子论病日期和行占卜点卦等经文。旧抄本，本色棉线，线装，楷体墨书，尺寸为205×142毫米，共24页。

收藏于：红河哈尼族彝族自治州金平苗族瑶族傣族自治县金河镇板板桥村　罗承阳等

流水号：10418

《看病书》

正文文种：汉字、瑶文

内容提要及说明：该书为金平县金河镇石桩村和谐村民小组黄金祥家藏的古籍之一。不分卷，1册，24页，撰者佚名。瑶族宗教看病书。本书有六十甲子论病日期和行占卜点卦等经文。2007年2月至2008年2月，由盘金祥、罗文福在石桩村等村对黄金祥等人调查采集书目信息。旧抄本，本色绵纸，线装，楷体墨书，尺寸为205×142毫米，无边栏。8行，每行20字，白口，保存完好，书主落款为黄文保。

收藏于：红河哈尼族彝族自治州金平县石桩村等村　黄金祥等人

流水号：10419

《看病书》

正文文种：汉字、瑶文

内容提要及说明：该书为金平县民族宗教事务局保存的瑶文古籍。2007 年 12 月由盘金祥在金平县民族宗教事务局对罗文福调查采集书目信息。

收藏于：红河哈尼族彝族自治州金平县民族宗教事务局　罗文福

流水号：10420

《送瘟表》

正文文种：汉字、瑶文

内容提要及说明：该书为金平县民族宗教事务局保存的瑶文古籍。2007 年 12 月由盘金祥在金平县民族宗教事务局对罗文福调查采集书目信息。

收藏于：红河哈尼族彝族自治州金平县民族宗教事务局　罗文福

流水号：10421

《送瘟吉凶日书》

正文文种：汉字、瑶文

内容提要及说明：该书为金平县民族宗教事务局保存的瑶文古籍。2007 年 11 月由盘金祥在金平县民族宗教事务局对罗文福调查采集书目信息。

收藏于：红河哈尼族彝族自治州金平县民族宗教事务局　罗文福

流水号：10422

《延生科》

正文文种：汉字、瑶文

内容提要及说明：该书为广南县的瑶族古籍文献。20 世纪 90 年代以前，云南蓝靛瑶文献古籍基本上都是民间收藏或一些瑶族研究者个人收藏。20 世纪 90 年代以后，收藏蓝靛瑶古籍的除了一些官方机构外，少数瑶族干部、瑶族研究人员也收藏了数量较多的蓝靛瑶古籍文献。据不完全统计，广南县的蓝靛瑶古籍文献收藏在民间或一些瑶族干部、知识分子的手里。

收藏于：文山壮族苗族自治州广南县

流水号：10423

《延生科》

正文文种：汉字、瑶文

内容提要及说明：该书为广南县的瑶族古籍文献。20 世纪 90 年代以前，云南蓝靛瑶文献古籍基本上都是民间收藏或一些瑶族研究者个人收藏。20 世纪 90 年代以后，收藏蓝靛瑶古籍的除了一些官方机构外，少数瑶族干部、瑶族研究人员也收藏了数量较多的蓝靛瑶古籍文献。据不完全统计，广南县的蓝靛瑶古籍文献收藏在民间或一些瑶族干部、知识分子的手里。

收藏于：文山壮族苗族自治州广南县

流水号：10424

《延生科》

正文文种：汉字、瑶文

内容提要及说明：该书为底圩乡石尧

村民委员会那学村卢经龙收藏的瑶文古籍。2008年2月由黄贵权在广南县底圩乡石尧村民委员会那学村对卢经龙调查采集书目信息。该书为道教经典，甲申年（可能为1944年）二月二十九日卢道德抄用。开本为260×200毫米，每页9行，每行16字，线装，棉纸。保存完好。

收藏于：文山壮族苗族自治州广南县底圩乡石尧村委会那学村　卢经龙

流水号：10425

《延生科》

正文文种：汉字、瑶文

内容提要及说明：该书为底圩乡石尧村民委员会那学村卢经龙收藏的瑶文古籍。2008年2月由黄贵权在广南县底圩乡石尧村民委员会那学村对卢经龙调查采集书目信息。该书为道教经典，壬戌年（可能为1922年）二月初十日抄完，抄写者不详。开本为240×190毫米，每页9行，每行5—14个字，线装，棉纸。保存完好。

收藏于：文山壮族苗族自治州广南县底圩乡石尧村委会那学村　卢经龙

流水号：10426

《延生科》

正文文种：汉字、瑶文

内容提要及说明：该书为盘玄绵道人收藏的古籍文献。盘玄绵道人，男，瑶族，他还不能单独主持度道、丧葬仪式，但他的水平已经接近道公了。他收藏的古籍文献，绝大多数是从他父亲那里继承的，但个别书籍是他叔父转传给他的。用于装盛古籍文献的木箱形状、大小都与盘云明道公装古籍文献的木箱相同，但盘玄绵的木箱是摆放在自己卧室离地40厘米左右的高处。2008年2月黄贵权在广南县底圩乡同剪村民委员会那洪村对盘玄绵调查采集书目信息。该书为道教经典，用于度道仪式，毛笔手抄，创作者、抄写者不详，癸亥年（1923年）十二月抄完。开本为270×200毫米，共86页，线装，棉纸。保存基本完好。

收藏于：文山壮族苗族自治州广南县底圩乡同剪村民委会那洪村　盘玄绵

流水号：10427

《延生三朝科》

正文文种：汉字、瑶文

内容提要及说明：该书为麻栗坡县蓝靛瑶古籍文献之一。据不完全统计，麻栗坡县蓝靛瑶古籍文献收藏在民间或一些瑶族干部、知识分子的手里。

收藏于：文山壮族苗族自治州麻栗坡县

流水号：10428

《延生圣目》

正文文种：汉字、瑶文

内容提要及说明：该书为麻栗坡县蓝靛瑶古籍文献之一。据不完全统计，麻栗坡县蓝靛瑶古籍文献收藏在民间或一些瑶族干部、知识分子的手里。

收藏于：文山壮族苗族自治州麻栗坡县

流水号：10429

《延生宿企科》

正文文种：汉字、瑶文

内容提要及说明：该书为麻栗坡县蓝靛瑶古籍文献之一。据不完全统计，麻栗坡县蓝靛瑶古籍文献收藏在民间或一些瑶族干部、知识分子的手里。

收藏于：文山壮族苗族自治州麻栗坡县

（二）民族医药古籍影印再版译注文献

1. 藏　族

流水号：10430

《藏医药经典文献集成——八支集要·如意宝》

民族语言题名：བོད་ཀྱི་གསོ་བ་རིག་པའི་གཞའ་དཔེ་ཕྱོགས་བསྒྲིགས།ཡན་ལག་པའི་ནོར་ཐུ་པད་མ།

并列题名：yan lag brguad pa thams cad kyi snying po btus pa yid bzhin gyi nor bu zhe bya ba bzhugs so

其他题名文种：藏文

正文文种：藏文

ISBN：7-105-06468-4

主题词：藏医 - 文献

中图分类号：R291.4

内容提要及说明：《四部医典》第一部、第二部分，载有藏医、生活起居饮食、药物、药效等方面的内容。该书作者强巴曼接扎桑生于1395年，为佛教徒，31岁娶妻，师从多位老师，与一世达赖为同学，卒于1475年。

强巴曼接扎桑（生于1395年，卒于1475年）（mtsho sngon zhing chen bod kyi gso rig zhib vjug khang，rtsom sgrig tshogs pa）著，《藏医药经典文献集成》编委会、青海藏医药研究所编写。北京：民族出版社2004年7月第1版。纸质，铅印本，共499页，右侧装订，平装。保存状况良好。

收藏于：迪庆藏族自治州藏医院柏玛丹争名医资料室

流水号：10431

《藏医药经典文献集成——八支精髓诠释》

民族语言题名：བོད་ཀྱི་གསོ་བ་རིག་པའི་གཞའ་དཔེ་ཕྱོགས་བསྒྲིགས།——ཡན་ལག་བརྒྱད་ལྡན་གྱི་འགྲེལ་བཤད་སྙིང་པོ།

其他题名文种：藏文

正文文种：藏文

主题词：藏医 - 文集

中图分类号：R291.4-53

内容提要及说明：版权页缺失。

《藏医药经典文献集成》编委会、青海藏医药研究所编写。北京：民族出版社2007年出版。纸质，铅印本，右侧装订，平装。保存状况良好。

收藏于：迪庆藏族自治州藏医院柏玛丹争名医资料室

流水号：10432

《藏医药经典文献集成——八支精要自释》

民族语言题名：བོད་ཀྱི་གསོ་བ་རིག་པའི་གནའ་དཔེ་ཕྱོགས་བསྒྲིགས།ཡན་ལག་བརྒྱད་པའི་འགྲེལ་བ་སྙིང་པོ་བསྡུས་པ་བཞུགས་སོ།

并列题名：yan lag brgyad pavi snying po zhes bya bavi sman dpyad kyi rang vgrel bzhugs so

其他题名文种：藏文

正文文种：藏文

ISBN：7-105-07103-6

主题词：藏医

中图分类号：R291.4

内容提要及说明：mtsho sngon zhing chen bod kyi gso rig zhib vjug khang，rtsom sgrig tshogs pa 主编，《藏医药经典文献集成》编委会、青海藏医药研究所编写。北京：民族出版社 2006 年第 1 版。纸质，铅印本，尺寸为 85×1168 毫米，共 1164 页，右侧装订，平装。保存状况良好，保存完好。

收藏于：迪庆藏族自治州藏医院佛堂、柏玛丹争名医资料室

流水号：10433

《藏医药经典文献集成——百方篇》

民族语言题名：བོད་ཀྱི་གསོ་བ་རིག་པའི་གནའ་དཔེ་ཕྱོགས་བསྒྲིགས།——སྦྱོར་བ་བརྒྱ་པ།

并列题名：sbyor ba brgyal pa dang yan lag brgyad pavi snying po bsdus pa sogs

其他题名文种：藏文

正文文种：藏文

ISBN：7-105-07102-8

主题词：藏医－药物

中图分类号：R291.4

内容提要及说明：该书是一部藏医和药理学方面的专著，介绍了藏医药制剂的成分、配置、加工及药量等内容。

mtsho sngon zhing chen bod kyi gso rig zhib vjug khang，rtsom sgrig tshogs pa 主编，《藏医药经典文献集成》编委会、青海藏医药研究所编写。北京：民族出版社 2006 年第 1 版。纸质，铅印本，尺寸为 85×1168 毫米，共 758 页，右侧装订，平装。保存状况良好，保存完好。

收藏于：迪庆藏族自治州藏医院佛堂柏玛丹争名医资料室

流水号：10434

《藏医药经典文献集成——宝藏医学选编》

民族语言题名：བོད་ཀྱི་གསོ་བ་རིག་པའི་གནའ་དཔེ་ཕྱོགས་བསྒྲིགས།——བོད་ཀྱི་གསོ་བ་རིག་པའི་ནོར་བུ་གཅེས་བསྒྲིགས།

其他题名文种：藏文

正文文种：藏文

ISBN：978-7-105-09723-4

主题词：藏医－药物

中图分类号：R291.4

内容提要及说明：藏医药经典文献集

成之一。

《藏医药经典文献集成》编委会、青海藏医药研究所编写。北京：民族出版社 2008 年第 1 版。纸质，铅印本，右侧装订，平装。保存状况良好。

收藏于：迪庆藏族自治州藏医院柏玛丹争名医资料室

流水号：10435

《藏医药经典文献集成——才昂百篇　碑刻医问　秘诀精选》

民族语言题名：བོད་ཀྱི་གསོ་བ་རིག་པའི་གནའ་དཔེ་ཕྱོགས་བསྒྲིགས།——ཚེ་ངག་བརྒྱ་ཙ། རྡོ་རིང་མཛེས་བྱེད། མན་ངག་ཀུན་གྱི་སྙིང་བསྡུས།།

其他题名文种：藏文

正文文种：藏文

ISBN：978-7-105-08149-3

主题词：藏医 - 药物

中图分类号：R291.4

内容提要及说明：该书由对藏医药学经典《四部医典》的文献研究论著、对《四部医典》内容要点的问答释难，以及多篇藏医药物配方和秘诀经验著作组成。

藏医药经典文献集成编委会、青海藏医药研究所编写。北京：民族出版社 2007 年第 1 版。纸质，铅印本，右侧装订，平装。保存状况良好。

收藏于：迪庆藏族自治州藏医院柏玛丹争名医资料室

流水号：10436

《藏医药经典文献集成——德格拉曼医著》

民族语言题名：བོད་ཀྱི་གསོ་བ་རིག་པའི་གནའ་དཔེ་ཕྱོགས་བསྒྲིགས——སྡེ་དགེའི་ལྷ་སྨན་་རིན་ཆེན་འོད་ཟེར་གསོ་རིག་གཅེས་བསྡུས།།

其他题名文种：藏文

正文文种：藏文

ISBN：978-7-105-09715-9

主题词：藏医 - 药物

中图分类号：R291.4

内容提要及说明：藏医药经典文献集成之一。

藏医药经典文献集成编委会、青海藏医药研究所编写。北京：民族出版社 2008 年第 1 版。纸质，铅印本，右侧装订，平装。保存状况良好。

收藏于：迪庆藏族自治州藏医院柏玛丹争名医资料室

流水号：10437

《藏医药经典文献集成——第司藏医史》

民族语言题名：བོད་ཀྱི་གསོ་བ་རིག་པའི་གནའ་དཔེ་ཕྱོགས་བསྒྲིགས——གསོ་རིག་སྐྱིའི་ཁོག་འབུབས།།

并列题名：sde srid sman gyi khog vbuvs

其他题名文种：藏文、汉文

正文文种：藏文

ISBN：7-105-06466-8

主题词：藏医 - 医学史 - 藏语

中图分类号：R291.4

内容提要及说明：五世达赖大臣第司·桑介甲措主编。该书主讲医学特色、医学发展、民间医学的历史、藏医历史。藏医药经典文献集成编委会、青海藏医药研究所编写。北京：民族出版社2004年第1版。纸质，铅印本，尺寸为204×138毫米，共412页，平装。保存状况良好，保存环境优，保存完好。

收藏于：迪庆藏族自治州藏医院柏玛丹争名医资料室、云南中医药大学（原云南中医学院）图书馆

流水号：10438

《藏医药经典文献集成——吊曼医学精髓》

民族语言题名：བོད་ཀྱི་གསོ་བ་རིག་པའི་གནའ་དཔེ་ཕྱོགས་བསྒྲིགས——གཙང་སྨན་པའི་སྙན་ཡིག་གཅེས་བཏུས།

其他题名文种：藏文

正文文种：藏文

主题词：藏医－药物

中图分类号：R291.4

内容提要及说明：该书撰写了藏医学发展史、藏医学界著名医学专家对医学的贡献，以及对疑难病症的独到诊治等内容。

吊曼·丹增平措主编，藏医药经典文献集成编委会、青海藏医药研究所编写。北京：民族出版社2007年第1版。纸质，铅印本，右侧装订，平装。保存状况良好。

收藏于：迪庆藏族自治州藏医院柏玛丹争名医资料室

流水号：10439

《藏医药经典文献集成——斗金换 斗银换》

民族语言题名：བོད་ཀྱི་གསོ་བ་རིག་པའི་གནའ་དཔེ་ཕྱོགས་བསྒྲིགས——མན་ངག་གསེར་བྲེ་དངུལ་བྲེ།།

并列题名：man ngag gser bre ma dang dngol bre ma zhes bya ba bzhugs so

其他题名文种：藏文

正文文种：藏文

ISBN：7-105-06470-6

主题词：藏医

中图分类号：R291.4

内容提要及说明：作者为长弟贝弟接次，生卒年不详，师从民间藏医，并开班授医。该书为《四部医典》的第三部，主要讲藏医民间秘诀、外伤秘方（如刀伤口服药秘方等）等内容。

长弟贝弟接次（mtsho sngon zhing chen bod kyi gso rig zhib vjug khang，bod kyi gso ba rig pavi gnav dpe phyogs bsgrigs dpe tshogs）主编，藏医药经典文献集成编委会、青海藏医药研究所编写。北京：民族出版社2004年版。纸质，铅印本，共303页，精装。保存状况良好。

收藏于：迪庆藏族自治州藏医院柏玛丹争名医资料室

流水号：10440

《藏医药经典文献集成——贡曼·贡觉德勒医学诸事如意》（上册）

民族语言题名：བོད་ཀྱི་གསོ་བ་རིག་པའི་གཞུང་དཔེ་ཕྱོགས་བསྒྲིགས——གོང་སྨན་དཀོན་མཆོག་བདེ་ལེགས་གསོ་བ་རིག་པའི་ནོར་བུ་འདོད་ཇེར།

并列题名：gong sman dkon mchog bde legs kyi gso rig dgos vdod kun vbyung

其他题名文种：藏文

正文文种：藏文

ISBN：7-223-01887-9

主题词：藏医－古籍

中图分类号：R291.4

内容提要及说明：作者生于15世纪末，名为拱咩官秋第哩，为著名藏医，被称为“世间第二药王”，到处行医，居无定所。《四部医典》第三部分内容：“三大基因学”、肠胃病、热病、传染病、外科、五官病等，及五脏六腑相关疾病的病因、症状、治疗、饮食、起居等。

拱咩官秋第哩（gong sman dkon mchog bde legs）著，藏医药经典文献集成编委会、青海藏医药研究所编写。拉萨：西藏人民出版社2005年版，纸质，铅印本，共208页，平装。保存状况良好。

收藏于：迪庆藏族自治州藏医院柏玛丹争名医资料室

流水号：10441

《藏医药经典文献集成——晶珠本草》

民族语言题名：བོད་ཀྱི་གསོ་བ་རིག་པའི་གཞུང་དཔེ་ཕྱོགས་བསྒྲིགས——ཤེལ་གོང་ཤེལ་ཕྲེང་།

并列题名：xel gong xel phrng

其他题名文种：藏文

正文文种：藏文

ISBN：7-105-06901-5

主题词：藏医－本草－藏语

中图分类号：R291.4/23

内容提要及说明：1743年成书的藏药学经典著作《晶珠本草》收载药物2294种，去掉一物多用和一物多名者以外，实数为1167种，包括草药类、金属类、矿物类、动物类。被称为“藏医的《本草纲目》”。

devu dmar bstan vdain phun tshogs 主编，藏医药经典文献集成编委会、青海藏医药研究所编写。北京：民族出版社2005年第1版。纸质，铅印本，尺寸为85×1168毫米，共495页，右侧装订，平装。保存状况良好，保存完好。

收藏于：迪庆藏族自治州图书馆

流水号：10442

《藏传医药经典丛书——晶珠本草》（药物学广论、晶珠晶鬘）

民族语言题名：བོད་ཀྱི་གསོ་བ་རིག་པའི་གཞུང་དཔེ་ཕྱོགས་བསྒྲིགས——ཤེལ་གོང་ཤེལ་ཕྲེང་།（སྨན་རྫས་རིག་པའི་གླེང་བ།ཤེལ་ཕྲེང་མུ་ཏིག་ཕྲེང་མཛེས།）

其他题名文种：汉文

正文文种：汉文、藏文

ISBN：978-7-5478-1018-7

主题词：藏医－本草

中图分类号：R291.4/23

内容提要及说明：该书又名《药物学广论》，是作者丹增彭措对青海、西藏、四川等地进行实地调查，并对历代藏医药学的经典著作进行了考证后，用近20年时间编撰整理，于1840年刊印成书。该书集藏族药物学之大成，是藏族药物学中的一颗明珠。全书分上下两部，上部歌诀以偶颂体写成。公元1722年成书，公元1736年刻抄。

帝玛尔·丹增彭措主编，毛继祖等译，1840年再次刊印。上海：上海科学技术出版社2012年第1版。纸质，铅印本，尺寸为259×186毫米，共314页，380千字，有插图，右侧装订，精装。保存状况良好，保存环境良好，保存完好。

收藏于：云南中医药大学（原云南中医学院）图书馆医药样本书工具书室

流水号：10443

《晶珠本草　知麦协称　协称》（药物学广论、无垢晶串）

民族语言题名：ཤེལ་གོང་ཤེལ་ཕྲེང་།（སྨན་རྫས་རིག་པའི་སྐྱེང་གཞི། དྲི་མེད་ཤེལ་ཕྲེང་མི་ཉིག་ཕྲེང་མཛེས།）

其他题名文种：汉文、藏文

正文文种：汉文、藏文

统一书号 :14119.1883

中图分类号：R932.6.13

内容提要及说明：该书是一部藏医和药理学方面的专著，以藏医理论介绍了藏药的品类、生境、性状和成分加工配制，以及分布、别称。1743年成书的藏药学经典著作《晶珠本草》收载药物2294种，去掉一物多用和一物多名者以外，实数为1167种。上部为歌诀部分，下部为解释部分，分别对每种药物加以论述。该译本将原著2294种药物整理为1220种，具有浓厚的藏药特色。药类部分包含有民族药。

帝玛尔·丹增彭措著，毛继祖等译，上海：上海科学技术出版社1986年第1版。纸质，铅印本，尺寸为265×195毫米，共236页，309千字，有插图，右侧装订，精装。保存状况良好，保存环境良好，保存完好。

收藏于：云南中医药大学（原云南中医学院）图书馆医药样本书工具书室

流水号：10444

《藏医药经典文献集成——居米旁医著集》

民族语言题名：འཇུ་མི་ཕམ་གྱི་སྨན་ཡིག་གཅེས་བཏུས།

并列题名：dpal ldan rgyud bzhi la sogs gso ba rig pavi man ngag kun gyi gnad bsdus phan bdevi bsil zer spro bavi zla ba gsar pa zhes bya ba bzhugs so

其他题名文种：藏文

正文文种：藏文

ISBN：7-105-07098-6

主题词：藏医 – 药物

中图分类号：R291.4

内容提要及说明：该书收录了藏医的

理论框架和藏医诊断、临床治疗等方面的文章，是藏医学方面的珍贵的参考资料，具有一定的学术价值和文献价值。

桑吉嘉措（rtsom sgrig tshogs pa) 主编，藏医药经典文献集成编委会、青海藏医药研究所编写。北京：民族出版社 2006 年第 1 版。纸质，铅印本，共 550 页，右侧装订，平装。保存状况良好。

收藏于：迪庆藏族自治州藏医院柏玛丹争名医资料室

流水号：10445

《藏医药经典文献集成——蓝琉璃》（下册）

民族语言题名：བཻ་སྔོན་སྨད།

并列题名：gso ba rig pavi bstan bcos sman blavi dgongs rgyan rgyud bzhivi gsal byed be davurya sngon po mlle ka zhes bya ba bzhugs so

其他题名文种：藏文

正文文种：藏文

ISBN：7-105-06902-3

主题词：藏医－文集

中图分类号：R291.4-53

内容提要及说明：五世达赖大臣第司・桑介甲措主编，该书主讲男科病，妇科病，藏医脉诊、尿诊，杂病（呕吐、腹泻等），方剂等内容。

第司・桑介甲措（rtsom sgrig tshogs pa）主编，藏医药经典文献集成编委会、青海藏医药研究所编写。北京：民族出版社 2005 年第 1 版。纸质，铅印本，2 册共 1902 页，右侧装订，平装。保存状况良好，缺损。

收藏于：迪庆藏族自治州藏医院柏玛丹争名医资料室

流水号：10446

《藏传医药经典丛书——蓝琉璃（医学广论　药师佛意　庄严四续　紫茉莉）》

民族语言题名：བཻ་སྔོན།

其他题名文种：汉文

正文文种：汉文

ISBN：978-7-5478-0883-2

主题词：藏医

中图分类号：R291.4

内容提要及说明：该书成书于公元 1688—1689 年，分五大部分，内容分别论述了基础理论、生理解剖、日常起居、疾病诊断、治则治法、方药剂型和外治等。该书详细阐释了藏医药的基本哲理，系统地讲述了 404 种疾病的病因病缘、疾病分类、疾病症状、辨症诊断及其治疗方法，同时收载了 911 种药材及 2830 多首方剂。

毛继祖等校译，上海：上海科学技术出版社 2012 年第 1 版。纸质，铅印本，尺寸为 259×186 毫米，共 718 页，1000 字，有插图，右侧装订，精装。保存状况良好，保存环境良好，保存完好。

收藏于：云南中医药大学图书馆医药样本书工具书室

流水号：10447

《藏医药经典文献集成——莲花生医著汇集》

民族语言题名：སློབ་དཔོན་པད་འབྱུང་གི་སྨན་ཡིག་གཅེས་བཏུས།

并列题名：slob dpon pad vbyung gi sman yig gces btus

其他题名文种：藏文

正文文种：藏文

ISBN：7-105-07378-0

主题词：藏医－文集

中图分类号：R291.4

内容提要及说明：该书收录了藏医的理论框架和藏医诊断、临床治疗等方面的文章，是藏医学方面珍贵的参考资料，具有一定的学术价值和文献价值。

mtsho sngon zhing chen bod kyi gso rig zhib vjug khang，rtsom sgrig tshogs pa 主编，藏医药经典文献集成编委会、青海藏医药研究所编写。北京：民族出版社 2006 年第 1 版。纸质，铅印本，尺寸为 85×1168 毫米，共 446 页，右侧装订，平装。保存状况良好，保存完好。

收藏于：迪庆藏族自治州藏医院佛堂柏玛丹争名医资料室

流水号：10448

《藏医药经典文献集成——林曼巴四部医典注释》

民族语言题名：གླིང་སྨན་པའི་རྒྱུད་བཞི་དཀའ་འགྲེལ།

其他题名文种：藏文

正文文种：藏文

ISBN：978-7-105-08301-5

主题词：藏医－药物

中图分类号：R291.4

内容提要及说明：藏医药经典文献集成之一。

藏医药经典文献集成编委会、青海藏医药研究所编写。北京：民族出版社 2007 年第 1 版。纸质，铅印本，右侧装订，平装。保存状况良好。

收藏于：迪庆藏族自治州藏医院柏玛丹争名医资料室

流水号：10449

《藏医药经典文献集成——临床札记·札记精粹》

民族语言题名：གསོ་རིག་ཟིན་ཏིག་ཡང་ཏིག།

并列题名：gso rig zin tig yang tig

其他题名文种：藏文

正文文种：藏文

ISBN：7-105-06909-0

主题词：藏医－藏语

中图分类号：R291.4

内容提要及说明：作者恭扎云颠甲措，康巴人，生于 1813 年，父亲为活佛，自幼熟背《四部医典》，本人亦为佛教徒，懂星象学、佛学、医学，培养出许多有名的人，卒于 1900 年。《生斗》是著名藏医学家贡主元旦嘉措于公元 1877 年著，《羊斗》是《生斗》的补充本。两书为藏医临床各科诊治经验遗方，是作者毕生的经验总结，享有很高声誉。该书为其学习和行医过程的笔记，包括《四部医典》第三部分内容："三大基因学"、肠胃病、热病学、五官学、内伤外伤、儿科、妇科、精神病学、神鬼精灵，以及记载收集的秘方等。

恭扎云颠甲措（kong sprul yon tan rgya mtsho）主编，藏医药经典文献集成编委会、青海藏医药研究所编写。北京：民族出版社 2005 年第 1 版。纸质，铅印本，尺寸为 85×1168 毫米，共 520 页，右侧装订，平装。保存状况良好，保存完好。

照片编号：102-2575 至 102-2583

收藏于：迪庆藏族自治州图书馆、迪庆州藏医院柏玛丹争名医资料室

流水号：10450

《藏医药经典文献集成——零星秘诀集》

民族语言题名：དྭངས་པོ་རིན་པོ་ཆེའི་འཕྲོར་འབུམ།

并列题名：man ngag yig chung sna tshogs zhes bya ba bzhugs so

其他题名文种：藏文

正文文种：藏文

ISBN：7-105-06467-6

主题词：藏药－文献

中图分类号：R291.4

内容提要及说明：作者贡梅官秋片丹，生于 1511 年，卒于 1577 年，师从多位名师。该书记述了"三大基因学"，胃溃疡等肠胃病、脏腑病、癌症、肿瘤、皮肤病、妇科病、外伤、中毒等的诊疗方法。为《四部医典》第二部分、第三部分内容。

贡梅官秋片丹（mtsho sngon zhing chen bod kyi gso rig zhib vjug khang，rtsom sgrig tshogs pa）主编，藏医药经典文献集成编委会、青海藏医药研究所编写。北京：民族出版社 2004 年第 1 版。纸质，铅印本，共 198 页，平装。

收藏于：迪庆藏族自治州藏医院柏玛丹争名医资料室

流水号：10451

《藏医药经典文献集成——龙树医著集》

民族语言题名：སློབ་དཔོན་ཀླུ་སྒྲུབ་ཀྱི་སྨན་ཡིག་གཅེས་བཏུས།

并列题名：slob dpon klu sgrub kyi sman yig gces btus

其他题名文种：藏文

正文文种：藏文

ISBN：978-7-105-09048-8

主题词：藏医－药物

中图分类号：R291.4

内容提要及说明：藏医药经典文献集成之一。

mtsho sngon zhing chen bod kyi gso rig zhib vjug khang 主编，藏医药经典文献集成编委会、青海藏医药研究所编写。北京：民族出版社 2008 年第 1 版。纸质，铅印本，共 377 页，右侧装订，平装。保存状况良好。

收藏于：迪庆藏族自治州藏医院柏玛丹争名医资料室

流水号：10452

《藏医药经典文献集成——论述部释·祖先心鉴　医典注释·利他宝库》

民族语言题名：མེས་པོའི་དགོངས་རྒྱན།། རྒྱུད་བཞིའི་འགྲེལ་བ་གཞན་ལ་ཕན་པའི་གཏེར།

并列题名：bshad pavi rgyud kyi levu nyi shu pa sman gyi nus pa bstan pavi tshig gi don gyi vgrel ba mes povi dgongs rgyan zhes byu ba bzhugs so

其他题名文种：藏文

正文文种：藏文

ISBN：978-7-105-08270-4

主题词：藏医－文集

中图分类号：R291.4-53

内容提要及说明：该书由达莫医师罗桑曲扎的《祖先心鉴》和罗赛旺布·白玛布的《利他宝库》组成。其中前者汇集了印度、汉地、藏地、蒙古地区等各方医学家的相关秘方秘诀；后者对其中的部分秘籍做了注释。

mtsho sngon zhing chen pod kyi gso rig zhib vjug khang/bod kyi gso ba rig pavi gnav dpe phyogs bsgrigs dpe tshogs rtsom sgrig tshogs pa 主编，藏医药经典文献集成编委会编写。北京：民族出版社 2007 年版，共 397 页。

收藏于：国家图书馆数据

流水号：10453

《藏医药经典文献集成——论述部注释·灿烂宝库》

民族语言题名：གསེར་མཆན་རྣམ་བཀྲ་གན་མཛོད།

并列题名：gser mchan rnam bkra gan mdzod ces bya ba bzhugs so

其他题名文种：藏文

正文文种：藏文

ISBN：7-105-07377-2

主题词：藏医－药物

中图分类号：R291.4

内容提要及说明：该书是一部藏医和药理学方面的专著，以藏医理论介绍了藏药的品类、生长环境、性状和成分加工配制，以及分布及别称。

mtsho sngon zhing chen bod kyi gso rig zhib vjug khang，rtsom sgrig tshogs pa 主编，藏医药经典文献集成编委会、青海藏医药研究所编写。北京：民族出版社 2006 年第 1 版。纸质，铅印本，共 1082 页，右侧装订，平装。保存状况良好。

收藏于：迪庆藏族自治州藏医院柏玛丹争名医资料室

流水号：10454

《藏医药经典文献集成——秘诀补遗·钥匙》

民族语言题名：མན་ངག་ལྷན་ཐབས་ཀྱི་ལྡེ་མིག། ཟིན་ཏིག་བདུད་རྩི་ཐིགས་པའི་ལྡེ་མིག

并列题名：man ngag lhan thabs dang sde mig

其他题名文种：藏文

正文文种：藏文

ISBN：7-105-06903-1

主题词：藏医－藏语

中图分类号：R291.4

内容提要及说明：该书收录了藏医的理论框架和藏医诊断、临床治疗等方面的文章，是藏医学方面珍贵的参考资料，具有一定的学术价值和文献价值。

rtsom sgrig tshogs pa 主编，《藏医药经典文献集成》编委会编写。北京：民族出版社 2005 年第 1 版。纸质，铅印本，尺寸为 85×1168 毫米，共 719 页，右侧装订，平装。保存状况良好，保存完好。

收藏于：迪庆藏族自治州藏医院佛堂

流水号：10455

《藏医药经典文献集成——恰合尔博师医著　珊瑚合串　珍宝合串》

民族语言题名：ཆ་ཧར་དགེ་བཤེས་ཀྱི་སྨན་ཡིག་བྱུ་རུ་དོ་ཤལ་དང་རིན་ཆེན་དོ་ཤལ།

其他题名文种：藏文

正文文种：藏文

ISBN：978-7-105-08420-3

主题词：藏医－药物

中图分类号：R291.4

内容提要及说明：藏文医著合集。

藏医药经典文献集成编委会、青海藏医药研究所编写。北京：民族出版社 2007 年第 1 版。纸质，铅印本，右侧装订，平装。保存状况良好。

收藏于：迪庆藏族自治州藏医院柏玛丹争名医资料室

流水号：10456

《藏医药经典文献集成——钦热诺布医著选集　玛央派医著选集》

民族语言题名：མཁྱེན་རབ་ནོར་བུའི་སྨན་གཞུང་གཅེས་བཏུས། འཇམ་དབྱངས་ཀྱི་གཞུང་ལུགས་གཅེས་བཏུས།

并列题名：mkhyan rab nor buvi sman yig gces btus，mav yang sman yig gces btus

其他题名文种：藏文

正文文种：藏文

ISBN：978-7-105-08495-1

主题词：藏医

中图分类号：R291.4-52

内容提要及说明：该书是两位藏医学家的医著合编，论述了隆、赤巴、培根病、内科、五官科、妇儿科及热病疫病、神志疾病等的病因病机、分类、症状及治疗方法。

mtsho sngon zhing chen bod kyi gso rig zhib vjug khang，rtsom sgrig tshogs pa 主编，藏医药经典文献集成编委会编写。北京：民族出版社 2007 年版，共 369 页，

收藏：国家图书馆数据

流水号：10457

《藏医药经典文献集成——钦则昂布医著选　斗拉诺布医著选 》

民族语言题名：མཁྱེན་བརྩེ་དབང་པོའི་སྨན་གཞུང་གཅེས་བཏུས། བདེ་ལྷ་ནོར་བུའི་སྨན་གཞུང་གཅེས་བཏུས།

并列题名：mkhyen brtse dbang povi sman yig/stag bla nor buvi sman yig

其他题名文种：藏文

正文文种：藏文

ISBN：978-7-105-09716-6

主题词：藏医－文集

中图分类号：R291.4-53

内容提要及说明：藏医文集。

mtsho sngon zhing chen bod kyi gso rig zhib vjug khang，rtsom sgrig tshogs pa 主编，藏医药经典文献集成编委会编写。北京：民族出版社 2008 年版，共 525 页，

收藏：国家图书馆数据

流水号：10458

《藏医药经典文献集成——驱暗明灯》

民族语言题名：ཕྱི་རྒྱུད་ཀྱི་འགྲེལ་པ་མུན་སེལ་སྒྲོན་མེ།

并列题名：bdud rtsi snying po yan lag brgyad pa gsang ba man ngag gi rgyud las dum bu bzhi pa phyi ma vphrin las rgyud kyi gzhung dang vgrel ba mun sel sgron me zhes bya ba bzhugs so

其他题名文种：藏文

正文文种：藏文

ISBN：7-105-06465-X

主题词：藏医

中图分类号：R291.4

内容提要及说明：《四部医典》第四部。作者哪哇官秋点接，生于 1750 年，卒年不详，18 世纪时为西藏地区名医。该书主要讲藏医脉诊、尿诊、制剂、放血、灸法等内容。

哪哇官秋点接（mtsho sngon zhing chen bod kyi gso rig zhib vjug khang，rtsom sgrig tshogs pa）编著，藏医药经典文献集成编委会、青海藏医药研究所编写。北京：民族出版社 2004 年第 1 版。纸质，铅印本，共 216 页，平装。保存状况良好。

收藏于：迪庆藏族自治州藏医院柏玛丹争名医资料室

流水号：10459

《藏医药经典文献集成——深奥医道》

民族语言题名：ཟབ་མོ་ནང་དོན་གྱི་རྩ་འགྲེལ།

并列题名：zab mo nang don gyi rtsa vgrel

其他题名文种：藏文

正文文种：藏文

ISBN：7-105-07439-6

主题词：藏医－民族医学

中图分类号：R291.4

内容提要及说明：该书以佛教的哲学介绍了藏医药学的基本原理。

mtsho sngon zhing chen bod kyi gso rig zhib vjug khang，rtsom sgrig tshogs pa 主编，藏医药经典文献集成编委会、青海藏医药研究所编写。北京：民族出版社 2006 年第 1 版。纸质，铅印本，共 303 页，右侧装订，平装。保存状况良好。

收藏于：迪庆藏族自治州藏医院柏玛丹争名医资料室

流水号：10460

《藏医药经典文献集成——十八分支》

民族语言题名：ཆ་ལག་བཅོ་བརྒྱད།

并列题名：cha lag bco brgyad ces bya ba buzhugs so

其他题名文种：藏文

正文文种：藏文

ISBN：7-105-07094-3

主题词：藏医

中图分类号：R291.4

内容提要及说明：该书收录了藏医的理论框架和藏医诊断、临床治疗等方面的文章，是藏医学方面珍贵的参考资料，具有一定的学术价值和文献价值。

rtsom sgrig tshogs pa 主编，藏医药经典文献集成编委会编写。北京：民族出版社 2005 年第 1 版。纸质，铅印本，尺寸为 85×1168 毫米，共 787 页，右侧装订，平装。保存状况良好，保存完好。

收藏于：迪庆藏族自治州藏医院佛堂

流水号：10461

《四部医典》（1982 年版）

民族语言题名：དཔལ་ལྡན་རྒྱུད་བཞི།

其他题名文种：藏文

正文文种：藏文

ISBN：7-223-00437-1

中图分类号：R2-02/61

内容提要及说明：此书原版为藏文，为藏、蒙古医药学基础理论。书中写了藏蒙医药学的产生、发展，人体结构、病因、治病防病原则等内容。全书由《根本医典》《理论医典》《妙法医典》《后续医典》四大部分组成。

玉多·云登贡布主编。拉萨：西藏人民出版社 1982 年第 1 版。纸质，铅印本，尺寸为 78×1092 毫米，802 千字，右侧装订，平装。保存状况良好。

收藏于：迪庆藏族自治州藏医院柏玛丹争名医资料室

流水号：10462

《四部医典》（1983 年版）

民族语言题名：དཔལ་ལྡན་རྒྱུད་བཞི།

题名文种：汉文、藏文

正文文种：汉文、藏文

统一书号 :14048.4380

主题词：藏医 - 古籍

中图分类号：R2-02/61

内容提要及说明：该书以述意为主的白话文体翻译原著全文。内容主要有基础理论、解剖与生理、疾病诊断方法、疾病治疗原则、药学的基础理论和用药原则五个部分。《四部医典》约成书于公元 773—783 年间，传为老宇妥·元丹贡布所著。现刊行本为五世达赖（公元 1617—1682 年）和第司·桑介甲措执政期间之校订本。它是藏医药史和我国民族医药史上的重要巨著，为藏族同胞及西藏周边其他少数民族的医疗健康做出过无量的贡献。《四部医典》内容丰富，尤其是其外治法使用广泛，技艺高超，其中有的外科手术法，水平甚至远远超出汉医学外科技术的发展。从内容分析，其技术有来源于传统藏医学的，有来源于内地汉医学的，亦有来自周边如印度等国医学的内容。据考，《四部医典》成书之前，唐金城公主、文成公主入藏曾带去大量医药书籍，经马哈金达等医家译成藏文，得到了藏医界的高度重视。之后编成的《月王药诊》《四部医典》都曾受这些医籍的明显影响。藏医成熟的针灸术就是以中原针灸为蓝本，结合藏医学系统理论，以及对人体结构的认识、较为发达的早期解剖学知识改造、创立而成的。《四部医典》中的针灸学自具体系，技法极丰富。

宇妥·元丹贡布等著；李永年译，谢佐校译。北京：人民卫生出版社 1983 年第 1 版。纸质，铅印本，尺寸为 259 × 187 毫米，共 481 页，500 千字，右侧装订，精装。保存状况良好，保存环境良好，保存完好。

收藏于：云南中医药大学（原云南中医学院）图书馆

流水号：10463

《四部医典》（1987 年版）

民族语言题名：དཔལ་ལྡན་རྒྱུད་བཞི།

其他题名文种：汉文、藏文

正文文种：汉文、藏文

ISBN：7-5323-0531-7

统一书号：14119.1932

主题词：藏医 – 古籍

中图分类号：R2-02/61

内容提要及说明：藏医古籍译注再版。

宇妥·元丹贡布等著，罗达尚、毛继祖、王振华校译。上海：上海科学技术出版社 1987 年第 1 版。纸质，铅印本，尺寸为 257 × 184 毫米，共 326 页，491 千字，右侧装订，精装。保存状况良好，保存环境良好，保存完好。

收藏于：云南中医药大学（原云南中医学院）图书馆、临沧市永德县大众书社

流水号：10464

《藏医药经典文献集成——四部医典的解释　犹如古人言教》

民族语言题名：རྒྱུད་བཞིའི་འགྲེལ་ཆེན་མེས་པོའི་ཞལ་ལུང་།

其他题名文种：藏文

正文文种：藏文

主题词：藏医 – 文集

中图分类号：R291.4

内容提要及说明：作者撒克罗这介布，生于 1509 年，活佛转世，原名切颠接。从父学医，拜名师措面堪切介，学习《四部医典》等。后成为寺院的教授。卒于 1572 年。该书主要解释《四部医典》。

撒克罗这介布主编，《藏医药经典文献集成》编委会、青海藏医药研究所编写。北京：民族出版社。纸质，铅印本，右侧装订，平装。

收藏于：迪庆藏族自治州藏医院柏玛丹争名医资料室

流水号：10465

《四部医典对勘本》

民族语言题名：དཔལ་ལྡན་རྒྱུད་བཞིའི་

དཔེ་བསྡུར་མ་བཞུགས་སོ།

并列题名：dpal ldan rgyud bzhi dpe bsdur ma bzhugs

其他题名文种：藏文

正文文种：藏文

ISBN：978-7-5409-4401-8

主题词：藏医 - 古籍

中图分类号：R2-02/61

内容提要及说明：该书为藏医最权威的医学著作，共分《本部》《释部》《诀窍部》《后续部》四部，讲述了人体结构、疾病原理、药物配方、医治方法等内容。

rje bstan vdzin don grub 编著，mdzod dge rdzong bod sman zhib vjug khang 整理。成都：四川民族出版社 2010 年版。

收藏于：国家图书馆数据

流水号：10466

《四部医典系列挂图全集》

民族语言题名：བོད་ལུགས་གསོ་རིག་རྒྱུད་བཞིའི་ནང་དོན་བྲིས་ཆ་ངོ་མཚར་མཐོང་བ་དོན་ལྡན།

并列题名：bod lugs gso rig rgyud bzhivi nang don bris cha ngo mtshar mthong ba don ldan

其他题名文种：汉文

正文文种：汉文、藏文

ISBN：7-223-01174-2

统一书号：M14170.40

主题词：藏族 - 医学 - 古籍

中图分类号：R291.4

内容提要及说明：原书制成于清康熙年间。该书以彩色绘图的形式系统阐释了藏医药学经典著作《四部医典》的具体内容，以浩瀚的画卷，系统介绍了医药卫生科学理论及实践技术。

第司・桑介甲措，wang le，byams pa vphrin las 主编，洛扎・诺布嘉措、黑巴格涅、王镭、强巴赤列编注释译。拉萨：西藏人民出版社 2000 年第 2 版第 1 次印刷。纸质，彩色影印本，尺寸为 367×258 毫米，共 499 页，有插图，右侧装订，精装。保存状况良好，保存环境良好，保存完好。

收藏于：云南中医药大学（原云南中医学院）图书馆医药样本书工具书室

流水号：10467

《藏医药经典文献集成——四部医典详释》

民族语言题名：རྒྱུད་བཞི་འགྲེལ་ཆེན།

其他题名文种：藏文

正文文种：藏文

主题词：藏医 - 药物

中图分类号：R291.4

内容提要及说明：版权页欠奉。

间巴次旺主编，藏医药经典文献集成编委会、青海藏医药研究所编写。北京：民族出版社 2006 年第 1 版。纸质，铅印本，右侧装订，平装。保存状况良好。

收藏于：迪庆藏族自治州藏医院柏玛丹争名医资料室

流水号：10468

《四部医典要注》

民族语言题名：གསོ་རིག་རྒྱུད་བཞིའི་དཀའ་འགྲེལ།

并列题名：gso rig rgyud bzhivi dkav vgrel

正文文种：藏文

ISBN：7-223-01060-6

主题词：藏医 - 古籍 - 四部医典 - 注释 - 藏语

中图分类号：R2-02/61

扎西（bkra shis）主编。拉萨：西藏人民出版社 1998 年第 1 版。纸质，铅印本，共 636 页，500 千字，右侧装订，平装。保存状况良好。

收藏于：迪庆藏族自治州藏医院柏玛丹争名医资料室

流水号：10469

《藏医药经典文献集成——四部医典疑难注释　四部医典嘱咐详释》

民族语言题名：རྒྱུད་བཞིའི་དཀའ་འགྲེལ།

其他题名文种：藏文

正文文种：藏文

ISBN：978-7-105-09233-8

主题词：藏医 - 药物

中图分类号：R291.4

内容提要及说明：藏医药经典文献集成之一。

藏医药经典文献集成编委会、青海藏医药研究所编写。北京：民族出版社 2008 年第 1 版。纸质，铅印本，右侧装订，平装。保存状况良好，缺封底。

收藏于：迪庆藏族自治州藏医院柏玛丹争名医资料室

流水号：10470

《藏医药经典文献集成——四续注释·诃子美串》

民族语言题名：རྒྱུད་བཞི་དཀའ་འགྲེལ་ཨ་རུ་རའི་འཕྲེང་མཛེས།

并列题名：rgyud bzhivi brda bkrol rnam rgyal a ru ravi phreng bavi mdzes rgyan zhes bya ba bzhugs so

其他题名文种：藏文

正文文种：藏文

ISBN：7-105-06908-2

主题词：藏医 - 药物

中图分类号：R291.4

内容提要及说明：该书作者为蒙古人开微昂偏昂，蒙古佛教上层人物。该书主讲《四部医典》四部分所有内容。

开微昂偏昂（rtsom sgrig tshogs pa）主编，藏医药经典文献集成编委会、青海藏医药研究所编写。北京：民族出版社 2005 年第 1 版。纸质，铅印本，共 601 页，右侧装订，平装。保存状况良好。

收藏于：迪庆藏族自治州藏医院柏玛丹争名医资料室

流水号：10471

《图解四部医典·医理与养生篇》

民族语言题名：རྒྱུད་བཞིའི་སྨན་གསོ་དང་ལུས་གསོའི་ལེ་ཚན།

题名文种：汉文、藏文

正文文种：汉文、藏文

ISBN：7-5613-3742-6

主题词：藏医 – 古籍 – 图解

中图分类号：R291.4

内容提要及说明：以现代手法诠释藏医第一经典。

宇妥・元丹贡布撰（著），西安：陕西师范大学出版社 2006 年版。纸质，影印本，尺寸为 240×174 毫米，共 286 页，150 千字，有插图，右侧装订，平装。保存状况良好，保存环境优，保存完好。

收藏于：云南中医药大学（原云南中医学院）图书馆

流水号：10472

《藏医药经典文献集成——香雄秘诀部译・喜庆庄严》

民族语言题名：ཞལ་ཞུང་གསོ་རིག་གཅེས་བསྡུས།

其他题名文种：藏文

正文文种：藏文

ISBN：7-105-07375-6

主题词：藏医 – 药物

中图分类号：R291.4-53

内容提要及说明：作者为措些几灭拿哈多介。该书主讲"三大基因学"、热病、杂病、妇科病、五脏六腑病、传染病、瘟病、中毒、矿物药炮制学、草药功效等内容。

措些几灭拿哈多介（mtsho sngon zhing chen bod kyi gso rig zhib vjug khang，rtsom sgrig tshogs pa）主编，藏医药经典文献集成编委会、青海藏医药研究所编写。北京：民族出版社 2006 年第 1 版。纸质，铅印本，共 770 页，右侧装订，平装，保存状况良好。

收藏于：迪庆藏族自治州藏医院柏玛丹争名医资料室

流水号：10473

《藏医药经典文献集成——新老宇妥传》

民族语言题名：གཡུ་ཐོག་གསར་རྙིང་གི་རྣམ་ཐར།

其他题名文种：藏文

正文文种：藏文

ISBN：7-105-06748-9

主题词：宇妥・元丹贡布 – 传记 – 藏族

中图分类号：K826.2

内容提要及说明：宇妥为地名，新老人名都叫宇妥・元丹贡布。该书为二人的人物传记，有多位作者。老宇妥创藏医及《四部医典》，新宇妥改造现代藏医《四部医典》。老宇妥为 8 世纪藏王御医。

bod kyi gso ba rig pavi gnav dpe phyogs bsgrigs dpe tshogs 主编，藏医药经典文献集成编委会、青海藏医药研究所编写。北京：民族出版社 2005 年第 1 版。纸质，铅印本，共 338 页，平装。保存状况良好。

收藏于：迪庆藏族自治州藏医院柏玛丹争名医资料室

流水号：10474

《藏医药经典文献集成——医学八支精髓　生命甘露流》

民族语言题名：གསོ་རིག་བཅོ་བརྒྱད་སྙིང་བཅུད། སྲོག་གི་བདུད་རྩི།

其他题名文种：藏文

正文文种：藏文

ISBN：978-7-105-09720-3

主题词：藏医 - 药物

中图分类号：R291.4

内容提要及说明：藏医药经典文献集成之一。

藏医药经典文献集成编委会、青海藏医药研究所编写。北京：民族出版社 2008 年第 1 版。纸质，铅印本，右侧装订，平装。保存状况良好。

收藏于：迪庆藏族自治州藏医院柏玛丹争名医资料室

流水号：10475

《藏医药经典文献集成——医学利乐宝库》

民族语言题名：གསོ་རིག་ཕན་བདེ་བང་མཛོད།

其他题名文种：藏文

正文文种：藏文

ISBN：7-105-06469-2

主题词：藏医 - 藏语

中图分类号：R291.4

内容提要及说明：作者是一位藏族医生，音译为“该玛矮利丹增（krma nges legs bstan vdzin）”，1700 年生，是司德区济炯内的学生。该书成书于 1732 年，记载藏医“三大基因学”和热病病因、症状、治疗方法，脏腑病诊断治疗，外伤病诊断治疗方法等。为《四部医典》第二部分内容。

该玛矮利丹增主编，藏医药经典文献集成编委会、青海藏医药研究所编写。北京：民族出版社 2004 年第 1 版。纸质，铅印本，尺寸为 85 × 1168 毫米，共 942 页，右侧装订，平装。保存状况良好，保存完好。

收藏于：迪庆藏族自治州图书馆

流水号：10476

《藏医药经典文献集成——医学利乐新月》

民族语言题名：གསོ་རིག་ཕན་སྤྲོ་བསིལ་བའི་ཟླ་གསར།

其他题名文种：汉文、藏文

正文文种：藏文

ISBN：7-105-07242-3

主题词：藏医 - 藏语

中图分类号：R291.4

内容提要及说明：作者为该玛矮利丹增，他自幼跟师学医，精通藏医和星算学，后培养了许多藏医学生。该书主要讲《四部医典》第三部，即“三大基因学”、肠胃病、热病、五官病、杂病、外伤、保健学，以及治疗方法，包括针灸、放血等内容。

rtsom sgrig tshogs pa 主编，藏医药经典文献集成编委会、医学利乐新月编委会、青海省藏医药研究所编写。北京：民族出版社 2005 年第 1 版。纸质，铅印本，尺寸为 202×138 毫米，共 563 页，右侧装订，平装。保存状况良好，保存环境优，保存完好。

收藏于：云南中医药大学（原云南中医学院）图书馆、迪庆藏族自治州藏医院佛堂、迪庆藏族自治州藏医院柏玛丹争名医资料室

流水号：10477

《藏医药经典文献集成——医学美言·金箸　佛语宝串·除暗灯明》

民族语言题名：ལེགས་བཤད་གསེར་གྱི་ཐུར་མ། བཀའ་འཕྲེང་ནུབ་སེལ་སྒྲོན་མེ།

其他题名文种：藏文

正文文种：藏文

ISBN：7-105-07100-1

主题词：藏医－文集

中图分类号：R291.4-53

内容提要及说明：该书收录了藏医的理论框架和藏医诊断、临床治疗等方面的文章，是藏医学方面珍贵的参考资料，具有一定的学术价值和文献价值。

mtsho sngon zhing chen bod kyi gso rig zhib vjug khang，rtsom sgrig tshogs pa 主编，藏医药经典文献集成编委会、青海藏医药研究所编写。北京：民族出版社 2005 年第 1 版。纸质，铅印本，共 644 页，右侧装订，平装。保存状况良好。

收藏于：迪庆藏族自治州藏医院柏玛丹争名医资料室

流水号：10478

《藏医药经典文献集成——医学秘诀荟萃·金箧》

民族语言题名：གསོ་རིག་གདམས་ངག་ཀུན་འདུས་གསེར་སྒམ།

其他题名文种：藏文

正文文种：藏文

ISBN：978-7-105-08362-6

主题词：藏医－药物

中图分类号：R291.4

内容提要及说明：该书为藏医学家噶玛次臣医著，内容涉及药物配方，特别是矿物药物的祛毒和炮制秘方，以及各种疾病的治疗方法。

藏医药经典文献集成编委会、青海藏医药研究所编写。北京：民族出版社 2007 年第 1 版。纸质，铅印本，右侧装订。

收藏于：迪庆藏族自治州藏医院柏玛丹争名医资料室

流水号：10479

《藏传医药经典丛书——医学四续　华丹据悉　甘露精义　八支密秘诀窍续》

民族语言题名：བདུད་རྩི་སྙིང་པོ་ཡན་ལག་བརྒྱད་པ་གསོ་བ་མན་ངག་གི་རྒྱུད།

其他题名文种：汉文

正文文种：汉文

ISBN：978-7-5478-0852-8

主题词：藏医

中图分类号：R291.4

内容提要及说明：该书由四部分组成：第一部“根本续”、第二部“论述续”、

第三部“秘诀续”、第四部“后续续”。全书主要有五个方面的内容：一是基础理论，二是生理和解剖，三是疾病诊断方法，四是治疗疾病的原则和方法，五是药学的基础理论和用药原则。

宇妥·元丹贡布著，毛继祖、马世林、罗达尚、毛韶玲等译注，公元773—783年成书。上海：上海科学技术出版社2012年第1版。纸质，铅印本，尺寸为259×186毫米，共353页，478千字，右侧装订，精装。保存状况良好，保存环境良好，保存完好。

收藏于：云南中医药大学（原云南中医学院）图书馆医药样本书工具书室

流水号：10480

《藏医药经典文献集成——医学所需皆俱》

民族语言题名：གསོ་རིག་དགོས་འདོད་ཀུན་འབྱུང་།

其他题名文种：藏文

正文文种：藏文

ISBN：7-105-07438-8

主题词：藏医－治疗学

中图分类号：R291.4

内容提要及说明：该书介绍了各种疾病的治疗方法，如三根本疾病的治疗、内科疾病的治疗、外科疾病的治疗、热病的治疗、外伤的治疗、杂病的治疗、儿科疾病的治疗、妇科疾病的治疗、神经科疾病的治疗，以及解毒、养老和滋补等。

mtsho sngon zhing chen bod kyi gso rig zhib zjug khang，rtsom sgrig tshogs pa 主编，藏医药经典文献集成编委会、青海藏医药研究所编写。北京：民族出版社。2006年第1版。纸质，铅印本，尺寸为85×1168毫米，共244页，右侧装订。平装，保存状况良好，保存完好。

收藏于：迪庆藏族自治州藏医院佛堂柏玛丹争名医资料室

流水号：10481

《藏医药经典文献集成——医学注释 无垢明释》

民族语言题名：བཤད་རྒྱུད་འགྲེལ་ཆེན་དྲི་མེད་ཀུན་གསལ།

其他题名文种：藏文

正文文种：藏文

ISBN：7-105-07691-7

主题词：藏医－药物

中图分类号：R291.4

内容提要及说明：该书收录了藏医的理论框架和藏医诊断、临床治疗等方面的文章，是藏医学方面的珍贵参考资料，具有一定的学术价值和文献价值。

藏医药经典文献集成编委会、青海藏医药研究所编写。北京：民族出版社2006年第1版。纸质，铅印本，右侧装订，平装。保存状况良好。

收藏于：迪庆藏族自治州藏医院柏玛丹争名医资料室

流水号：10482

《藏医药经典文献集成——宇妥心经》

民族语言题名：གཡུ་ཐོག་སྙིང་ཐིག

其他题名文种：藏文

正文文种：藏文

ISBN：978-7-105-08148-6

主题词：藏医－药物

中图分类号：R291.4

内容提要及说明：该书是近代藏医学家香萨・格桑嘉措的藏医学著作集，内容涉及藏医药学药理、病理、诊断方法，尤其是脉诊和尿诊的原理和方法等。

gyu thog gsar ma yon tan mgon po sogs 著，藏医药经典文献集成编委会、青海藏医药研究所编写。北京：民族出版社 2007 年第 1 版。纸质，铅印本，共 657 页，右侧装订，平装。保存状况良好。

收藏于：迪庆藏族自治州藏医院柏玛丹争名医资料室

流水号：10483

《藏医药经典文献集成——宇妥医著集》

民族语言题名：གཡུ་ཐོག་གསོ་རིག་དཔེ་ཚོགས་།

其他题名文种：藏文

正文文种：藏文

ISBN：978-7-105-08398-5

主题词：藏医－文集

中图分类号：R291.4-53

内容提要及说明：该书是藏医药学鼻祖宇妥・元丹贡布的除了《四部医典》之外的又一部医著，内容涉及疾病的成因、分类、诊断、治疗等。

mtsho sngon zhing chen bod kyi gso rig zhib vjug khang，rtsom sgrig tshogs pa 主编，藏医药经典文献集成编委会编写。北京：民族出版社 2007 年版。共 339 页，

收藏于：国家图书馆数据

流水号：10484

《藏医药经典文献集成——月光 》

民族语言题名：ཟླ་ཟེར།

其他题名文种：汉文

正文文种：藏文

ISBN：7-105-07104-4

主题词：藏医

中图分类号：R291.4

内 容 提 要：mtsho sngon zhing chen bod kyi gso rig zhib vjug khang，rtsom sgrig tshogs pa 主编，藏医药经典文献集成、青海省藏医药研究所编委会编写。北京：民族出版社 2006 年版。

收藏于：国家图书馆数据

流水号：10485

《藏医药经典文献集成——月王药诊》

民族语言题名：སྨན་དཔྱད་ཟླ་བའི་རྒྱལ་པོ།

其他题名文种：藏文

正文文种：藏文

ISBN：7-105-06905-8

主题词：藏医

中图分类号：R291.4

内容提要及说明：该书收录了藏医的理论框架和藏医诊断、临床治疗等方面的文章，是藏医学方面的珍贵参考资料，具

有一定的学术价值和文献价值。

rtsom sgrig tshogs pa 主编，藏医药经典文献集成编委会、青海藏医药研究所编写。北京：民族出版社 2006 年第 1 版。纸质，铅印本，共 459 页，右侧装订，平装。保存状况良好。

收藏于：迪庆藏族自治州藏医院柏玛丹争名医资料室

流水号：10486

《藏传医药经典丛书——月王药诊》

民族语言题名：སྨན་དཔྱད་ཟླ་བའི་རྒྱལ་པོ།

其他题名文种：汉文

正文文种：汉文

ISBN：978-7-5478-0929-7

主题词：藏医

中图分类号：R291.4

内容提要及说明：该书共有 114 章，内容包括人体的生理功能、胚胎发育，人体骨骼、肌肉、脉络、脏腑各器官的组织构造、身体要害部位，发病的原因，疾病寒热性质、分类、疾病的诊断和五脏六腑疾病等内容。

毛继祖主编，马世林译注。上海：上海科学技术出版社 2012 年第 1 版。纸质，铅印本，尺寸为 259×186 毫米，共 160 页，230 千字，右侧装订，精装。保存状况良好，保存环境良好，保存完好。

收藏于：云南中医药大学（原云南中医学院）图书馆医药样本书室

流水号：10487

《月王药诊》

民族语言题名：སྨན་དཔྱད་ཟླ་བའི་རྒྱལ་པོ།

题名文种：汉文、藏文

ISBN：7-5421-0203-6

中图分类号：K291.4

内容提要及说明：该书共 113 章，内容包括人体的生理功能、胚胎发育，人体骨骼、肌肉、脉络、脏腑各器官的组织构造，身体要害部位，发病的原因，疾病寒热性质、分类，疾病的诊断和五脏六腑疾病，各科杂病及治疗方法；药物方面包括药物的性味、功能、分类，以及不同的药物剂型等内容。

和尚马哈亚那，毕如扎那主编，马世林、王振华、毛继祖汉文译注，兰州：甘肃民族出版社 1993 年版。共 344 页。

收藏于：云南省图书馆

流水号：10488

《藏医药经典文献集成——藏多医学札记》

民族语言题名：གཙང་སྟོད་གསོ་རིག་ཟིན་ཏིག་ཡང་ཏིག

并列题名：Studies on the blodlversity and its conserv ahon in Yunnan China

题名文种：藏文

正文文种：藏文

ISBN：7-105-07809-X

主题词：藏医－药物

中图分类号：R291.4

内容提要及说明：该书内容主要为诊断和治疗，是作者汇集前人的论著，结合自己的实践经验编著而成的。它把疾病归结为十六大分支来加以叙述，是一部珍贵的藏医临床实践经验和秘诀汇集。

藏医药经典文献集成编委会、青海藏医药研究所编写。北京：民族出版社2006年第1版。纸质，铅印本，尺寸为85×1168毫米，共701页，右侧装订，平装。保存状况良好，保存完好。

收藏于：迪庆藏族自治州藏医院佛堂、柏玛丹争名医资料室

流水号：10489

《藏医药经典文献集成——藏药实践明论》

民族语言题名：འབྲོང་རྩེ་བེའུ་བུམ།མན་ངག་བང་མཛོད།

并列题名：vbrong rtse bevu bum zhe bya ba bzhugs so，man ngag bang mdzod ces bya ba zhugs so

其他题名文种：藏文

正文文种：藏文

ISBN：7-105-06906-6

主题词：藏医－药物

中图分类号：R291.4

内容提要及说明：该书收录了藏药的理论框架和藏药诊断、临床治疗等方面的文章，也是藏医药学方面珍贵的参考资料，具有一定的学术价值和文献价值。

rtsom sgrig tshogs pa 主编，藏医药经典文献集成编委会编写。北京：民族出版社2005年第1版。纸质，铅印本，尺寸为85×1168毫米，共360页，右侧装订，平装。保存状况良好，保存完好。

收藏于：迪庆藏族自治州藏医院佛堂

流水号：10490

《藏医药经典文献集成——藏医精选·心宝》

民族语言题名：སྨན་སྦྱོར་གཅེས་བསྡུས་སྙིང་ནོར།

其他题名文种：藏文

正文文种：藏文

内容提要及说明：藏医药经典文献集成之一。

ISBN：978-7-105-09718-0

主题词：藏医－药物

中图分类号：R291.4

藏医药经典文献集成编委会、青海藏医药研究所编写。北京：民族出版社2008年第1版。纸质，铅印本，右侧装订，平装。保存状况良好。

收藏于：迪庆藏族自治州藏医院柏玛丹争名医资料室

流水号：10491

《藏医精要》

题名文种：汉文、藏文、多种文字

民族语言题名：གསོ་རིག་ཉིང་འདུས།

正文文种：汉文、藏文

ISBN：7-5367-0328-7

主题词：藏医－诊断治疗

中图分类号：R291.4/6

内容提要及说明：《藏医精要》论述了 83 种疾病，几乎每一种疾病都给出治疗的总药方，剂型以散剂和丸剂为主。迪庆藏医用药在传统对症原则基础上，强调总药方对疾病的治疗作用。1962 年，云南省药品检验所杨竞生多次到迪庆，求教于向·初称江楚活佛，后两人合著的《迪庆藏药》一书，为最具云南区域特色的藏药专著。2006 年云南省民委、云南省卫生厅立项、云南中医学院（现云南中医药大学）主编出版“香格里拉民族医药研究”系列丛书，其中的《云南藏医药》一书对云南藏医的源流、理论体系、临床用药及资源开发利用等进行了系统研究，总结了云南藏医药特色和研究现状。

阿尼·哈咱、向·初称江初合著主编，马世林、王振华译注，迪庆藏族自治州科学技术委员会编写。昆明：云南民族出版社 1991 年第 1 版。纸质，铅印本，尺寸为 85×1168 毫米，共 185 页，120 千字，右侧装订，平装，保存状况良好，保存完好。已普查，已整理，已出版。

收藏于：迪庆藏族自治州图书馆，楚雄彝族自治州图书馆·中国彝族文献图书馆，云南中医药大学（原云南中医学院）图书馆、民族医药学院，迪庆藏族自治州藏医院柏玛丹争名医资料室

流水号：10492

《藏医药经典文献集成——藏医秘诀汇集》（上）

民族语言题名：རྒྱུད་བཞི་འགྲེལ་བ་མེས་པོ་ཞལ་ལུང་།

并列题名：gsu rig dgos pa kun vbyung

其他题名文种：藏文

正文文种：藏文

ISBN：7-105-06471-4

主题词：藏医－藏语

中图分类号：R291.4

内容提要及说明：该书按照藏医学传统科目，分门别类地汇集了 16 世纪以前历代著名藏医学家的医术秘诀。

gong sman dkon mchog bde legs 主编。北京：民族出版社 2005 年第 1 版。纸质，铅印本，尺寸为 85×1168 毫米，共 941 页，右侧装订，平装。保存状况良好，保存完好。

收藏于：迪庆藏族自治州图书馆

流水号：10493

《藏医药经典文献集成——藏医秘诀汇集》（下）

民族语言题名：གསོ་རིག་དགོས་པ་ཀུན་འབྱུང་།

并列题名：gsu rig dgos pa kun vbyung

其他题名文种：藏文

正文文种：藏文

ISBN：7-105-06471-4

主题词：藏医－藏语

中图分类号：R291.4

内容提要及说明：该书按照藏医学传统科目，分门别类地汇集了 16 世纪以前历代著名藏医学家的医术秘诀。

gong sman dkon mchog bde legs 主编。

北京：民族出版社 2005 年第 1 版。纸质，铅印本，尺寸为 85×1168 毫米，共 937 页，右侧装订，平装。保存状况良好，保存完好。

收藏于：迪庆藏族自治州图书馆

流水号：10494

《藏医药经典文献集成——藏医颂词》

民族语言题名：བདུད་རྩི་སྨན་གྱི་མདོ་ཚིག

其他题名文种：藏文

正文文种：藏文

ISBN：978-7-105-08377-0

主题词：藏医 - 药物

中图分类号：R291.4

内容提要及说明：该书是传统藏医对自然和神灵、上师和传承的赞美诗集，其中还包括许多治疗经验和方剂、医伦医德等内容。由藏多・达玛贡布汇集。

藏医药经典文献集成编委会、青海藏医药研究所编写。北京：民族出版社 2007 年第 1 版。纸质，铅印本，右侧装订，平装。保存状况良好。

收藏于：迪庆藏族自治州藏医院柏玛丹争名医资料室

流水号：10495

《藏医药经典文献集成——说续注疏》

民族语言题名：བདུད་རྩི་ཆུ་རྒྱུན།

并列题名：bshad pavi rgyud kyi rgya cher vgrel ba bdud rtsivi chu rgyun zhes bya ba bzhugs so

其他题名文种：藏文

正文文种：藏文

ISBN：7-105-05322-4

主题词：藏医 - 古籍 - 注释

中图分类号：R291.4

内容提要及说明：《四部医典》第一部，总体论述藏医。作者强巴曼接扎桑，生于 1395 年，为一世达赖的同学，卒于 1475 年。

强巴曼接扎桑（mtsho sngon zhing chen bod kyi gso rig zhib vjug khang，rtsom sgrig tshogs pa）主编，医药经典文献集成编委会、青海藏医药研究所编写。北京：民族出版社 2004 年第 1 版。纸质，铅印本，共 631 页，平装。保存状况良好。

收藏于：迪庆藏族自治州藏医院柏玛丹争名医资料室

流水号：10496

《藏医药经典文献集成——直贡医算集》

民族语言题名：ཀྲུང་གོའི་བོད་ལུགས་གསོ་རིག་རྩ་ཆེ་བའི་དཔེ་སྙིང་ཀུན་འདུས།

其他题名文种：藏文

正文文种：藏文

ISBN：978-7-105-09042-6

主题词：藏医 - 文集

中图分类号：R291.4-53

内容提要及说明：藏族医药文集。

mtsho sngon zhing chen bod kyi gso rig zhib vjugs khang，bod kyi gso ba rig pavi gnav dpe phyogs bsgrigs dpe tshog 主编，藏医药经典文献集成编委会编写。北京：民

族出版社 2008 年版。共 885 页。

收藏于：国家图书馆数据

流水号：10497

《中国藏医药影印古籍珍本》（第01卷）

民族语言题名：ཀྱུང་གོའི་བོད་ལུགས་གསོ་རིག་རྩ་ཆེ་བའི་དཔེ་སྙིང་ཀུན་འདུས།

其他题名文种：汉文、藏文

正文文种：藏文

ISBN：978-7-223-04011-2

内容提要及说明："中国藏医药影印古籍珍本"丛书第 1 卷，共包括 33 本藏医药古籍影印图片，均为手抄版古籍。

西藏藏医药大学（原西藏藏医学院）编写。拉萨：西藏人民出版社 2013 年第 1 版第 1 次印刷。纸质，影印本，尺寸为 78×1092 毫米，共 457 页，900 千字，精装。保存状况良好。

收藏于：迪庆藏族自治州藏医院柏玛丹争名医资料室

流水号：10498

《中国藏医药影印古籍珍本》（第02卷）

民族语言题名：ཀྱུང་གོའི་བོད་ལུགས་གསོ་རིག་རྩ་ཆེ་བའི་དཔེ་སྙིང་ཀུན་འདུས།

其他题名文种：汉文、藏文

正文文种：藏文

ISBN：978-7-223-04002-0

内容提要及说明："中国藏医药影印古籍珍本"丛书第 2 卷，包括 6 本古籍：《根本论》《解剖学》《病理学》《治疗学》《法事治疗》《后序》。

西藏藏医药大学（原西藏藏医学院）编写。拉萨：西藏人民出版社 2013 年第 1 版第 1 次印刷。纸质，影印本，尺寸为 78×1092 毫米，共 392 页，900 千字，精装。保存状况良好。

收藏于：迪庆藏族自治州藏医院柏玛丹争名医资料室

流水号：10499

《中国藏医药影印古籍珍本》（第03卷）

民族语言题名：ཀྱུང་གོའི་བོད་ལུགས་གསོ་རིག་རྩ་ཆེ་བའི་དཔེ་སྙིང་ཀུན་འདུས།

其他题名文种：汉文、藏文

正文文种：藏文

ISBN：978-7-223-04003-7

内容提要及说明："中国藏医药影印古籍珍本"丛书第 3 卷，主要有 38 部，宇妥·元丹贡布所著的医学著作的手抄本，以及另外三部医学著作《医学之花》《经验手册》《治疗传染病给人生命》。

西藏藏医药大学（原西藏藏医学院）编写。拉萨：西藏人民出版社 2013 年第 1 版第 1 次印刷。纸质，影印本，尺寸为 78×1092 毫米，共 513 页，900 千字，精装。保存状况良好。

收藏于：迪庆藏族自治州藏医院柏玛丹争名医资料室

流水号：10500

《中国藏医药影印古籍珍本》（第04卷）

民族语言题名：ཀྲུང་གོའི་བོད་ལུགས་གསོ་རིག་རྩ་ཆེ་བའི་དཔེ་རྙིང་ཀུན་འདུས།

其他题名文种：汉文、藏文

正文文种：藏文

ISBN：978-7-223-04010-5

内容提要及说明："中国藏医药影印古籍珍本"丛书第4卷，共8本古籍，第一本为《四部医典医史》，第二至第八本为《四部医典》。

西藏藏医药大学（原西藏藏医学院）编写。拉萨：西藏人民出版社2013年第1版第1次印刷。纸质，影印本，尺寸为78×1092毫米，共692页，900千字，精装。保存状况良好。

收藏于：迪庆藏族自治州藏医院柏玛丹争名医资料室

流水号：10501

《中国藏医药影印古籍珍本》（第05卷）

民族语言题名：ཀྲུང་གོའི་བོད་ལུགས་གསོ་རིག་རྩ་ཆེ་བའི་དཔེ་རྙིང་ཀུན་འདུས།

其他题名文种：汉文、藏文

正文文种：藏文

ISBN：978-7-223-04009

内容提要及说明："中国藏医药影印古籍珍本"丛书第5卷，共4本藏医药古籍影印图片。

西藏藏医药大学（原西藏藏医学院）编写。拉萨：西藏人民出版社2013年第1版第1次印刷。纸质，影印本，尺寸为78×1092毫米，共458页，900千字，精装。保存状况良好。

收藏于：迪庆藏族自治州藏医院柏玛丹争名医资料室

流水号：10502

《中国藏医药影印古籍珍本》（第06卷）

民族语言题名：ཀྲུང་གོའི་བོད་ལུགས་གསོ་རིག་རྩ་ཆེ་བའི་དཔེ་རྙིང་ཀུན་འདུས།

其他题名文种：汉文、藏文

正文文种：藏文

ISBN：978-7-223-03999-4

内容提要及说明："中国藏医药影印古籍珍本"丛书第6卷，为第司桑介甲措所著《蓝琉璃》。

西藏藏医药大学（原西藏藏医学院）编写。拉萨：西藏人民出版社2013年第1版第1次印刷。纸质，影印本，尺寸为78×1092毫米，共367页，900千字，精装。保存状况良好。

收藏于：迪庆藏族自治州藏医院柏玛丹争名医资料室

流水号：10503

《中国藏医药影印古籍珍本》（第07卷）

民族语言题名：ཀྲུང་གོའི་བོད་ལུགས་གསོ་རིག་རྩ་ཆེ་བའི་དཔེ་རྙིང་ཀུན་འདུས།

其他题名文种：汉文、藏文

正文文种：藏文

ISBN：978-7-223-03998-7

内容提要及说明：“中国藏医药影印古籍珍本”丛书第 7 卷，共 2 本古籍《蓝琉璃解释》《密诀本解释》，作者均为第司·桑介甲措。

西藏藏医药大学（原西藏藏医学院）编写。拉萨：西藏人民出版社 2013 年第 1 版第 1 次印刷。纸质，影印本，尺寸为 78×1092 毫米，共 515 页，900 千字，精装。保存状况良好。

收藏丁：迪庆藏族自治州藏医院柏玛丹争名医资料室

流水号：10504

《中国藏医药影印古籍珍本》（第 08 卷）

民族语言题名：ཀྲུང་གོའི་བོད་ལུགས་གསོ་རིག་རྩ་ཆེ་བའི་དཔེ་རྙིང་ཀུན་འདུས།

其他题名文种：汉文、藏文

正文文种：藏文

ISBN：978-7-223-03997-0

内容提要及说明：“中国藏医药影印古籍珍本”丛书第 8 卷，共有 11 本古籍：前三本为第司·桑介甲措解释《四部医典》第一、三、四部；第四本为藏医外科学；第五本为宇妥·元丹贡布所著的本草学；第六本为五种临床治疗法；第七本为贡曼巴、公却彭达的《如意大全》，又名《甘露滴》；第八本为《四部医典》之后序里的《总述要义》；第九本为《珍宝药炮制法》；第十本为《秘诀精要》；第十一本为《诊断法》《放血疗法》。

西藏藏医药大学（原西藏藏医学院）编写。拉萨：西藏人民出版社 2013 年第 1 版第 1 次印刷。纸质，影印本，尺寸为 78×1092 毫米，共 395 页，900 千字，精装。保存状况良好。

收藏于：迪庆藏族自治州藏医院柏玛丹争名医资料室

流水号：10505

《中国藏医药影印古籍珍本》（第 09 卷）

民族语言题名：ཀྲུང་གོའི་བོད་ལུགས་གསོ་རིག་རྩ་ཆེ་བའི་དཔེ་རྙིང་ཀུན་འདུས།

其他题名文种：汉文、藏文

正文文种：藏文

ISBN：978-7-223-03996-3

内容提要及说明：“中国藏医药影印古籍珍本”丛书第 9 卷，共 74 本古籍，主要为藏医临床疾病诊疗。

西藏藏医药大学（原西藏藏医学院）编写。拉萨：西藏人民出版社 2013 年第 1 版第 1 次印刷。纸质，影印本，尺寸为 78×1092 毫米，共 497 页，900 千字，精装。保存状况良好。

收藏于：迪庆藏族自治州藏医院柏玛丹争名医资料室

流水号：10506

《中国藏医药影印古籍珍本》（第 10 卷）

民族语言题名：ཀྲུང་གོའི་བོད་ལུགས་གསོ་

རིག་རྩ་ཆེ་བའི་དཔེ་རྙིང་ཀུན་འདུས།

其他题名文种：汉文、藏文

正文文种：藏文

ISBN：978-7-223-03991-8

内容提要及说明："中国藏医药影印古籍珍本"丛书第10卷，包括24本古籍，主要为《四部医典》药学内容。

西藏藏医药大学（原西藏藏医学院）编写。拉萨：西藏人民出版社2013年第1版第1次印刷。纸质，影印本，尺寸为78*1092毫米，共474页，900千字，精装。保存状况良好。

收藏于：迪庆藏族自治州藏医院柏玛丹争名医资料室

流水号：10507

《中国藏医药影印古籍珍本》（第11卷）

民族语言题名：གྲུང་གོའི་བོད་ལུགས་གསོ་རིག་རྩ་ཆེ་བའི་དཔེ་རྙིང་ཀུན་འདུས།

其他题名文种：汉文、藏文

正文文种：藏文

ISBN：978-7-223-04008-2

内容提要及说明："中国藏医药影印古籍珍本"丛书第11卷，共53本古籍，内容为藏医各家学说，多为对《四部医典》各部分的理解与个人经验。

西藏藏医药大学（原西藏藏医学院）编写。拉萨：西藏人民出版社2013年第1版第1次印刷。纸质，影印本，尺寸为78×1092毫米，共491页，900千字，精装。保存状况良好。

收藏于：迪庆藏族自治州藏医院柏玛丹争名医资料室

流水号：10508

《中国藏医药影印古籍珍本》（第12卷）

民族语言题名：གྲུང་གོའི་བོད་ལུགས་གསོ་རིག་རྩ་ཆེ་བའི་དཔེ་རྙིང་ཀུན་འདུས།

其他题名文种：汉文、藏文

正文文种：藏文

ISBN：978-7-223-04007-5

内容提要及说明："中国藏医药影印古籍珍本"丛书第12卷，内容为对藏医主要疾病的诊断治疗，及对同一种疾病不同医家的不同理解，共30本书。

西藏藏医药大学（原西藏藏医学院）编写。拉萨：西藏人民出版社2013年第1版第1次印刷。纸质，影印本，尺寸为78×1092毫米，共415页，900千字，精装。保存状况良好。

收藏于：迪庆藏族自治州藏医院柏玛丹争名医资料室

流水号：10509

《中国藏医药影印古籍珍本》（第13卷）

民族语言题名：གྲུང་གོའི་བོད་ལུགས་གསོ་རིག་རྩ་ཆེ་བའི་དཔེ་རྙིང་ཀུན་འདུས།

其他题名文种：汉文、藏文

正文文种：藏文

ISBN：978-7-223-04006-8

内容提要及说明："中国藏医药影印

古籍珍本”丛书第 13 卷，共 2 本古籍，第一本为噶玛矮利丹增所著，藏医经典汇编；第二本为秘诀汇编。

西藏藏医药大学（原西藏藏医学院）编写。拉萨：西藏人民出版社 2013 年第 1 版第 1 次印刷。纸质，影印本，尺寸为 78×1092 毫米，共 435 页，900 千字，精装。保存状况良好。

收藏于：迪庆藏族自治州藏医院柏玛丹争名医资料室

流水号：10510

《中国藏医药影印古籍珍本》（第 14 卷）

民族语言题名：ཀྱང་གོའི་བོད་ལུགས་གསོ་རིག་རྩ་ཆེ་བའི་དཔེ་རྙིང་ཀུན་འདུས།

其他题名文种：汉文、藏文

正文文种：藏文

ISBN：978-7-223-04005-1

内容提要及说明：“中国藏医药影印古籍珍本”丛书第 14 卷，共 17 本古籍，主要包括《四部医典》第二部《论述本》的解释；药味、药性、功效；寒性病治疗，诃子之说；《密诀本》的解释，以及其他多种疾病的治疗。

西藏藏医药大学（原西藏藏医学院）编写。拉萨：西藏人民出版社 2013 年第 1 版第 1 次印刷。纸质，影印本，尺寸为 78×1092 毫米，共 325 页，900 千字，精装。保存状况良好。

收藏于：迪庆藏族自治州藏医院柏玛丹争名医资料室

流水号：10511

《中国藏医药影印古籍珍本》（第 15 卷）

民族语言题名：ཀྱང་གོའི་བོད་ལུགས་གསོ་རིག་རྩ་ཆེ་བའི་དཔེ་རྙིང་ཀུན་འདུས།

其他题名文种：汉文、藏文

正文文种：藏文

ISBN：978-7-223-04004-4

内容提要及说明：“中国藏医药影印古籍珍本”丛书第 15 卷，共 15 本古籍，主要为宇妥的著作、星算、后人所撰宇妥传、藏医史、药师佛经文、《四部医典》难点释义。

西藏藏医药大学（原西藏藏医学院）编写。拉萨：西藏人民出版社 2013 年第 1 版第 1 次印刷。纸质，影印本，尺寸为 78×1092 毫米，共 410 页，900 千字，精装。保存状况良好。

收藏于：迪庆藏族自治州藏医院柏玛丹争名医资料室

流水号：10512

《中国藏医药影印古籍珍本》（第 16 卷）

民族语言题名：ཀྱང་གོའི་བོད་ལུགས་གསོ་རིག་རྩ་ཆེ་བའི་དཔེ་རྙིང་ཀུན་འདུས།

其他题名文种：汉文、藏文

正文文种：藏文

ISBN：978-7-223-04109-6

内容提要及说明：“中国藏医药影印古籍珍本”丛书第 16 卷，共 8 本古籍，主要为《四部医典》的解释，为不同医家所作。

西藏藏医药大学（原西藏藏医学院）编写。拉萨：西藏人民出版社 2013 年第 1 版第 1 次印刷。纸质，影印本，尺寸为 78×1092 毫米，共 342 页，900 千字，精装。保存状况良好。

收藏于：迪庆藏族自治州藏医院柏玛丹争名医资料室

流水号：10513

《中国藏医药影印古籍珍本》（第 17 卷）

民族语言题名：གྱུང་གོའི་བོད་ལུགས་གསོ་རིག་རྩ་ཆེ་བའི་དཔེ་སྙིང་ཀུན་འདུས།

其他题名文种：汉文、藏文

正文文种：藏文

ISBN：978-7-223-04110-2

内容提要及说明：“中国藏医药影印古籍珍本”丛书第 17 卷，共 43 本古籍。内容为《四部医典》第四部的解释、外伤的治疗法；静脉曲张、感冒等疾病的治疗；过敏性疾病的治疗；陨石药的配方；泻治法；头、腹疼痛，细菌感染的治疗；制药过程中的经文；十二味首翼丸的配方等；藏医医疗器械、药物配伍等。

西藏藏医药大学（原西藏藏医学院）编写。拉萨：西藏人民出版社 2013 年第 1 版第 1 次印刷。纸质，影印本，尺寸为 78×1092 毫米，共 394 页，900 千字，精装。保存状况良好。

收藏于：迪庆藏族自治州藏医院柏玛丹争名医资料室

流水号：10514

《中国藏医药影印古籍珍本》（第 18 卷）

民族语言题名：གྱུང་གོའི་བོད་ལུགས་གསོ་རིག་རྩ་ཆེ་བའི་དཔེ་སྙིང་ཀུན་འདུས།

其他题名文种：汉文、藏文

正文文种：藏文

ISBN：978-7-223-04112-6

内容提要及说明：“中国藏医药影印古籍珍本”丛书第 18 卷，共 37 本古籍，内容包括药物功效，龙病的治疗方法，头痛、外伤的治疗，癌症的治疗，药物配方，四部医典的解释，制药仪式，珍贵药运用法，药物去毒炮制法，脉诊预测未来，《四部医典》的第一部解释，妇科病治疗。

西藏藏医药大学（原西藏藏医学院）编写。拉萨：西藏人民出版社 2013 年第 1 版第 1 次印刷。纸质，影印本，尺寸为 78×1092 毫米，共 422 页，900 千字，精装。保存状况良好。

收藏于：迪庆藏族自治州藏医院柏玛丹争名医资料室

流水号：10515

《中国藏医药影印古籍珍本》（第 19 卷）

民族语言题名：གྱུང་གོའི་བོད་ལུགས་གསོ་རིག་རྩ་ཆེ་བའི་དཔེ་སྙིང་ཀུན་འདུས།

其他题名文种：汉文、藏文

正文文种：藏文

ISBN：978-7-223-04106-5

内容提要及说明："中国藏医药影印古籍珍本"丛书第19卷，共30本古籍，主要内容为内科杂病的治疗法，以及外伤病治疗法、藏医养生法。以上均为同一作者所作，作者不详。

西藏藏医药大学（原西藏藏医学院）编写。拉萨：西藏人民出版社2013年第1版第1次印刷。纸质，影印本，尺寸为78×1092毫米，共481页，900千字，精装。保存状况良好。

收藏于：迪庆藏族自治州藏医院柏玛丹争名医资料室

流水号：10516

《中国藏医药影印古籍珍本》（第20卷）

民族语言题名：གྲུང་སོའི་བོད་ལུགས་གསོ་རིག་རྒྱ་ཆེ་བའི་དཔེ་རྙིང་ཀུན་འདུས།

其他题名文种：汉文、藏文

正文文种：藏文

ISBN：978-7-223-04111-9

内容提要及说明："中国藏医药影印古籍珍本"丛书第20卷，共24本古籍，主要内容为制药加持方法、药师佛经文；《四部医典》解释、草药；医学问答；治疗方法；医学史；不同医家对《四部医典》的解释。

西藏藏医药大学（原西藏藏医学院）编写。拉萨：西藏人民出版社2013年第1版第1次印刷。纸质，影印本，尺寸为78×1092毫米，共432页，900千字，精装。保存状况良好。

收藏于：迪庆藏族自治州藏医院柏玛丹争名医资料室

流水号：10517

《中国藏医药影印古籍珍本》（第21卷）

民族语言题名：གྲུང་སོའི་བོད་ལུགས་གསོ་རིག་རྒྱ་ཆེ་བའི་དཔེ་རྙིང་ཀུན་འདུས།

其他题名文种：汉文、藏文

正文文种：藏文

ISBN：978-7-223-04184-3

内容提要及说明："中国藏医药影印古籍珍本"丛书第21卷，载有藏医、天文历法学、星算学、地理学等内容。

西藏藏医药大学（原西藏藏医学院）编写。拉萨：西藏人民出版社2013年第1版第1次印刷。纸质，影印本，尺寸为78×1092毫米，共434页，900千字，精装。保存状况良好。

收藏于：迪庆藏族自治州藏医院柏玛丹争名医资料室

流水号：10518

《中国藏医药影印古籍珍本》（第22卷）

民族语言题名：གྲུང་སོའི་བོད་ལུགས་གསོ་རིག་རྒྱ་ཆེ་བའི་དཔེ་རྙིང་ཀུན་འདུས།

其他题名文种：汉文、藏文

正文文种：藏文

ISBN：978-7-223-04185-0

内容提要及说明："中国藏医药影印古籍珍本"丛书第22卷，共2本藏医药古籍影印图片，主要为《白琉璃》内容的解释和问答。

西藏藏医药大学（原西藏藏医学院）编写。拉萨：西藏人民出版社 2013 年第 1 版第 1 次印刷。纸质，影印本，尺寸为 78×1092 毫米，共 363 页，900 千字，精装。保存状况良好。

收藏于：迪庆藏族自治州藏医院柏玛丹争名医资料室

流水号：10519

《中国藏医药影印古籍珍本》（第 23 卷）

民族语言题名：ཀྲུང་གོའི་བོད་ལུགས་གསོ་རིག་རྩ་ཆེ་བའི་དཔེ་རྙིང་ཀུན་འདུས།

其他题名文种：汉文、藏文

正文文种：藏文

ISBN：978-7-223-04186-7

内容提要及说明："中国藏医药影印古籍珍本"丛书第 23 卷，共包括 59 本，第司・桑介甲措著，内容包括《白琉璃》的解释、一些毒性药物的配方、星算学、草药学等内容。

西藏藏医药大学（原西藏藏医学院）编写。拉萨：西藏人民出版社 2013 年第 1 版第 1 次印刷。纸质，影印本，尺寸为 78×1092 毫米，共 401 页，900 千字，精装。保存状况良好。

收藏于：迪庆藏族自治州藏医院柏玛丹争名医资料室

流水号：10520

《中国藏医药影印古籍珍本》（第 24 卷）

民族语言题名：ཀྲུང་གོའི་བོད་ལུགས་གསོ་རིག་རྩ་ཆེ་བའི་དཔེ་རྙིང་ཀུན་འདུས།

其他题名文种：汉文、藏文

正文文种：藏文

ISBN：978-7-223-04187-4

内容提要及说明："中国藏医药影印古籍珍本"丛书第 24 卷，共 41 本，含星算学、天文历法学、地理学等内容。

西藏藏医药大学（原西藏藏医学院）编写。拉萨：西藏人民出版社 2013 年第 1 版第 1 次印刷。纸质，影印本，尺寸为 78×1092 毫米，共 416 页，900 千字，精装。保存状况良好。

收藏于：迪庆藏族自治州藏医院柏玛丹争名医资料室

流水号：10521

《中国藏医药影印古籍珍本》（第 25 卷）

民族语言题名：ཀྲུང་གོའི་བོད་ལུགས་གསོ་རིག་རྩ་ཆེ་བའི་དཔེ་རྙིང་ཀུན་འདུས།

其他题名文种：汉文、藏文

正文文种：藏文

ISBN：978-7-223-04188-1

内容提要及说明："中国藏医药影印古籍珍本"丛书第 25 卷，共 53 本。载有不同作者对星算学的阐释。

西藏藏医药大学（原西藏藏医学院）编写。拉萨：西藏人民出版社 2013 年第

1 版第 1 次印刷。纸质，影印本，尺寸为 78×1092 毫米，共 490 页，900 千字，精装。保存状况良好。

收藏于：迪庆藏族自治州藏医院柏玛丹争名医资料室

流水号：10522

《中国藏医药影印古籍珍本》（第 26 卷）

民族语言题名：ཀྲུང་གོའི་བོད་ལུགས་གསོ་རིག་རྩ་ཆེ་བའི་དཔེ་སྙིང་ཀུན་འདུས།

其他题名文种：汉文、藏文

正文文种：藏文

ISBN：978-7-223-04192-8

内容提要及说明："中国藏医药影印古籍珍本"丛书第 26 卷，共 62 本，均为星算学内容。

西藏藏医药大学（原西藏藏医学院）编写。拉萨：西藏人民出版社 2013 年第 1 版第 1 次印刷。纸质，影印本，尺寸为 78×1092 毫米，共 406 页，900 千字，精装。保存状况良好。

收藏于：迪庆藏族自治州藏医院柏玛丹争名医资料室

流水号：10523

《中国藏医药影印古籍珍本》（第 27 卷）

民族语言题名：ཀྲུང་གོའི་བོད་ལུགས་གསོ་རིག་རྩ་ཆེ་བའི་དཔེ་སྙིང་ཀུན་འདུས།

其他题名文种：汉文、藏文

正文文种：藏文

ISBN：978-7-223-04193-5

内容提要及说明："中国藏医药影印古籍珍本"丛书第 27 卷，共 33 本，载有藏医养生学、星算学内容。

西藏藏医药大学（原西藏藏医学院）编写。拉萨：西藏人民出版社 2013 年第 1 版第 1 次印刷。纸质，影印本，尺寸为 78×1092 毫米，共 409 页，900 千字，精装。保存状况良好。

收藏于：迪庆藏族自治州藏医院柏玛丹争名医资料室

流水号：10524

《中国藏医药影印古籍珍本》（第 28 卷）

民族语言题名：ཀྲུང་གོའི་བོད་ལུགས་གསོ་རིག་རྩ་ཆེ་བའི་དཔེ་སྙིང་ཀུན་འདུས།

其他题名文种：汉文、藏文

正文文种：藏文

ISBN：978-7-223-04194-2

内容提要及说明："中国藏医药影印古籍珍本"丛书第 28 卷，共包括 63 本，主要是藏医星算学、解剖学、对《白琉璃》内容的解释。

西藏藏医药大学（原西藏藏医学院）编写。拉萨：西藏人民出版社 2013 年第 1 版第 1 次印刷。纸质，影印本，尺寸为 78×1092 毫米，共 484 页，900 千字，精装。保存状况良好。

收藏于：迪庆藏族自治州藏医院柏玛丹争名医资料室

流水号：10525

《中国藏医药影印古籍珍本》（第29卷）

民族语言题名：ཀྲུང་གོའི་བོད་ལུགས་གསོ་རིག་རྩ་ཆེ་བའི་དཔེ་རྙིང་ཀུན་འདུས།

其他题名文种：汉文、藏文

正文文种：藏文

ISBN：978-7-223-04195-9

内容提要及说明：“中国藏医药影印古籍珍本”丛书第29卷，共27本，载有星算学、地理学、气候学等内容。

西藏藏医药大学（原西藏藏医学院）编写。拉萨：西藏人民出版社2013年第1版第1次印刷，纸质，影印本，尺寸为78×1092毫米，共375页，900千字，精装，保存状况良好。

收藏于：迪庆藏族自治州藏医院柏玛丹争名医资料室

流水号：10526

《中国藏医药影印古籍珍本》（第30卷）

民族语言题名：ཀྲུང་གོའི་བོད་ལུགས་གསོ་རིག་རྩ་ཆེ་བའི་དཔེ་རྙིང་ཀུན་འདུས།

其他题名文种：汉文、藏文

正文文种：藏文

ISBN：978-7-223-04196-6

内容提要及说明：“中国藏医药影印古籍珍本”丛书第30卷，共44本，全部为星算学的内容。

西藏藏医药大学（原西藏藏医学院）编写。拉萨：西藏人民出版社2013年第1版第1次印刷。纸质，影印本，尺寸为78×1092毫米，共365页，900千字，精装。保存状况良好。

收藏于：迪庆藏族自治州藏医院柏玛丹争名医资料室

流水号：10527

《藏医药经典文献集成——子书精要》

民族语言题名：བུ་དོན་མ།

并列题名：bu don ma

其他题名文种：藏文

正文文种：藏文

ISBN：7-105-05283-X

主题词：藏医

中图分类号：R291.4

内容提要及说明：该书收录了藏医的理论框架和藏医诊断、临床治疗等方面的珍贵资料。

gyu thog gsar ma yon tan mgon po主编，北京：民族出版社2005年第1版。纸质，铅印本，尺寸为85×1168毫米，共303页，右侧装订，平装。保存状况良好，保存完好。

收藏于：迪庆藏族自治州藏医院佛堂

2. 彝　族

流水号：10528

《玉溪地区彝文古籍译丛——哀牢山彝族医药》

民族语言题名：[illegible]——[illegible]

题名文种：汉文

正文文种：汉文、彝文

ISBN：7-5367-0426-7

主题词：彝医－古籍－译文－玉溪地区

中图分类号：R291.7

内容提要及说明：该书根据哀牢山三部彝文医药手抄本整理翻译，依据彝族医书的体例，按病症分类，共收录175种常见病的常见药方787个，并用现代分类方法对920种彝族常用药进行鉴定。该书反映出彝族医药体系中某些药方对某些疑难病症有独特治疗的作用。

方开荣主编，聂鲁、赵永康、宋自华、罗光发、王正坤编，云南省玉溪地区民族事务委员会编写。昆明：云南民族出版社1991年第1版。纸质，铅印本，尺寸为186×130毫米，共319页，233千字，有插图，右侧装订，平装。保存状况良好，保存环境良好，保存完好。

收藏于：云南省图书馆、楚雄彝族自治州图书馆·中国彝族文献图书馆

流水号：10529

《哀牢山彝族医药》

民族语言题名：[illegible]

内容提要及说明：本书为手抄本影印件。放置于手抄专柜。

收藏于：楚雄彝族自治州图书馆·中国彝族文献图书馆

流水号：10530

《彝族毕摩经典译注（第二十三卷）——哀牢山彝族医药》

民族语言题名：[illegible]（[illegible]）——[illegible]

并列题名：Translations and annotations of the bimoscriptures of the Yi ethnicminority

题名文种：汉文

正文文种：彝文

ISBN：978-7-5367-3869-0

主题词：彝族－民族文化－中国－彝医

中图分类号：K281.7:R291.7

内容提要及说明：该书是20世纪80年代初在新平、峨山、元江、通海等县进行的滇中南彝文古籍普查中被发现整理而成的，包括《底巴都龙者医药书》《老五斗李文政医药书》《洼垤李四甲医药书》《洼垤李春荣医药书》。

夜礼斌、杨红卫主编，楚雄彝族自治州人民政府编写。昆明：云南民族出版社2007年版，共409页。

收藏于：国家图书馆数据

流水号：10531

《玉溪地区彝文古籍译丛——哀牢山彝族医药》（第02辑）

民族语言题名：[illegible]——[illegible]

题名文种：汉文

正文文种：汉文、彝文

ISBN：7-5367-0426-7

主题词：彝医－古籍－译文－玉溪地区

中图分类号：R291.7/7

内容提要及说明：该书为彝医古籍再版印刷。

方开荣主编，聂鲁、赵永康、宋自华、罗光发编译，云南省玉溪地区民族事务委员会编写。昆明：云南民族出版社1991年第1版。纸质，铅印本，尺寸为184×130毫米，共301页，233千字，右侧装订，平装。保存状况良好，保存环境良好，保存完好。

收藏于：昆明市盘龙区　昌永云、云南中医药大学图书馆

流水号：10532

《查诗拉书》

民族语言题名：[illegible]

正文文种：彝文

内容提要及说明：云南民族出版社出版的《查诗拉书》，是一本流传在哀牢山地区彝族村寨中较为完整的殡葬祭词，它系统地介绍了哀牢山地区彝族的丧葬习俗。但是书中论述了不少彝族医学知识，如对新生儿期、婴儿期、幼儿期、幼童期、少儿期的生长发育过程进行了全面的论述。

该书同前面介绍的《作祭献药经》有很多相似之处，在使用记时上都是用彝族古老的“十月太阳历”，在用药上大都使用胆类药，充分体现了彝族医药特色，并提出了很多卫生防备及处理措施。手抄本复印件。

收藏于：云南中医药大学民族医药学院

流水号：10533

《明代彝医书》

民族语言题名：[illegible]

题名文种：汉文

正文文种：汉文、彝文

ISBN：7-5067-0488-9

中图分类号：R291.7

内容提要及说明：成书于明嘉靖四十五年（公元1566年），早于《本草纲目》12年。《明代彝医书》是对16世纪以前彝族医药比较系统的总结。作者佚名。全书按病名、药方、用法、禁忌、疗效等顺序排列，记载了内科、外科、妇科、儿科、骨伤科、五官科疾病共76种、处方243首、药物275种。该书根据1916年古彝文手抄本整理出版。

方文才主编，关祥祖、王步章、郭云仙注释校译。北京：中国医药科技出版社1991年第1版。纸质，铅印本，尺寸为188×132毫米，70千字，右侧装订，平装。保存状况良好，保存环境良好，保存完好。

收藏于：昆明市盘龙区　昌永云

流水号：10534

《尼苏诺期》（元阳彝族医药）

民族语言题名：[illegible]（[illegible]）

其他题名文种：汉文、彝文

正文文种：彝文

ISBN：978-7-5367-3567-5

主题词：元阳彝族医药－彝药

中图分类号：R291.7

内容提要及说明：该书采用彝文原文、国际音标、汉文直译、汉文意译相结合的形式，记述了86个病症、248个药方、462味动植物药及矿物药。

白文光主编，元阳县彝族学会编写。2006年成书。昆明：云南民族出版社2009年第1版。纸质，铅印本，尺寸为185×260毫米，共144页，200千字，有插图，右侧装订，平装。保存状况良好，保存环境优，保存完好。

收藏于：昆明市五华区　熊招、楚雄彝族自治州图书馆·中国彝族文献图书馆

流水号：10535

《启谷署》

民族语言题名：ꀊꀋꀌ

题名文种：汉文

正文文种：汉文、彝文

ISBN：7-5067-0489-7

主题词：彝语－汉语－对照读物－彝医－方书

中图分类号：R291.7

内容提要及说明：该书是在贵州省仁怀市发现的一本彝文医药古籍，经整理将其分为5门、38类、263方。《启谷署》是贵州省仁怀市政协王荣辉同志保存的一本彝族医药古籍手抄本。此书是由其祖父王鸿元遗留、继祖父陈国安保存下来医药书，据查已保存了六代。为了不使此书受虫蛀或损坏，陈国安将《启谷署》用笋壳包好，再用牛皮纸密封，然后用鸡蛋清涂抹烘干藏于"香火"顶上的房屋草内。该书至今字迹清秀，完整无缺。陈国安留下遗言"不予公开，只能以男性代代相传"。此书成书年代难以考证。据遵义医学院华有德教授鉴定推测，该书成书年代"不会晚于明万历庚寅年"（存考）。《启谷署》经过翻译整理，统计记载有5门、38类、263方。其中有：传染性疾病、呼吸系统疾病、消化系统疾病、血液循环系统疾病、生殖系统疾病、神经系统疾病处方76个；妇科疾病有痛经、带下、妊娠病、产后病、乳病、杂病等的处方34个；儿科有传染性疾病、消化系统疾病、营养性疾病、杂病等的处方12个。外科有痈疽、痔疮、疥癣、黄水疮、跌打损伤、虫兽咬伤、烫火伤等的处方90个；五官科有耳疮、眼红肿、鼻病、牙痛、咽喉肿痛等的方剂50个。此书是一部临床价值较高的彝医书，经临床验证，其记载的药物有效率达95%以上，是我们研究彝族医学的一部很有参考价值的文献。

王荣辉、关祥祖主编，晏和沙编译。北京：中国医药科技出版社1991年第1版。尺寸为188×129毫米，120千字，右侧装订，平装。保存状况良好，保存环境良好，保存完好。

收藏于：昆明市盘龙区　昌永云

流水号：10536

《三马头彝医书》

民族语言题名：[illegible]

正文文种：彝文

内容提要及说明：《三马头彝医书》是1986年在云南省元江县洼垤三马头李四甲家发现的。该书没有记载具体年代，据考证，属于晚清彝族医学著作，全书均用彝文书写。《三马头彝医书》记载了疾病69种，其中内科疾病41种、妇科疾病6种、儿科疾病1种、外科疾病16种、喉科疾病1种、伤科疾病1种、中毒性疾病3种；记载药物263种，其中动物药80种（肉类20种、胆类10种、血类6种、皮毛类14种、脂类2种、分泌物8种、胎类3种、昆虫类9种、蛙蛇类9种）、粮食及化学类15种、植物药168种。此书的特点是在使用的药物中胆类、血类药较多。同时也记载了中毒时的抢救方法。纸质，写本复印件。

收藏于：云南中医药大学（原云南中医学院）民族医药学院

流水号：10537

《彝族毕摩经典译注（第四十四卷）——武定彝族医药》

民族语言题名：[illegible]（44 [illegible]）——[illegible]

题名文种：汉文

正文文种：彝文

ISBN：978-7-5367-3887-4

主题词：彝族－民族文化－中国－彝医

中图分类号：K281.7:R291.7

内容提要及说明：该书主要根据武定县高桥镇己梯彝村毕摩风学安多年的实践经验积累和当地流传的彝药知识集录而成，涉及470多种药物，收有570多个处方。内容分风湿科、解毒科、血毒科、皮肤科、五官科、疮科、妇科、儿科、内科、疑难病及药酒。

夜礼斌、杨红卫主编，楚雄彝族自治州人民政府编写。昆明：云南民族出版社2007年版，共424页。

收藏于：国家图书馆数据

流水号：10538

《医病好药书》

民族语言题名：[illegible]

题名文种：汉文

正文文种：汉文、彝文

ISBN：7-5067-0488-9

中图分类号：R291.7/5

内容提要及说明：彝族医药古籍《医病好药书》（彝语：可雌崇梭尼）的原写本，是彝族同胞用自己的文字手抄而成的。此书抄于清乾隆丁巳年（公元1737年）。书中记载疾病123种，其中内科疾病49种、妇科疾病13种、儿科疾病16种、外科疾病16种、伤科疾病13种、眼科疾病4种、中毒性疾病5种、意念性疾病7种。记载药物421种，其中动物药152种，在动物药中涉及分泌物8种、家禽及家畜类药物55种、野生动物及昆虫

类药物 89 种；植物药 269 种，其中家种蔬菜 36 种、果树类 15 种、寄生类 13 种、树皮类 18 种、树心水类 5 种；其他综合类 182 种；矿物类药物 5 种。记载方剂 280 首，其中酒剂 24 首、蒸剂 10 首、汤剂 188 首、外用剂 58 首。书中还记载了按摩疗法、刮痧疗法、拔火罐疗法、拔水罐疗法。

书的末尾注明了此书的珍贵性和来龙去脉。“此书是张毕摩的，是医人的书，他说抄来藏，后送给老朋友阿达。张毕摩借来抄时，给了二两二钱银子。后来我借来抄时付给了一两八钱碎银子，酒五瓶，还给了一床披毡。”由于当时印刷术不发达，这样珍贵的彝医书无法印刷，只有手工抄写。抄书人是一个彝族老“知识分子”，他在抄后写道：“此书抄完了，从早抄到晚，天气冷，眼又花，手也摇，写得不好，请别生气。”

此书的特点是中毒性疾病和意念疾病较多，在药物中动物分泌物较多，植物药中寄生类药较多。

此书在彝族医药古籍中是内容较为丰富的一本，是彝族文化珍贵的历史文献。

关祥祖主编，方文才译注，清乾隆丁巳年（公元 1737 年）刻抄。北京：中国医药科技出版社 1991 年第 1 版。纸质，铅印本，尺寸为 188×132 毫米，70 千字，右侧装订，平装。保存状况良好，保存环境良好，保存完好。

收藏于：昆明市盘龙区　昌永云、云南中医药大学（原云南中医学院）民族医药学院

流水号：10539

《医病书》

民族语言题名：[illegible]

题名文种：汉文

正文文种：汉文、彝文

ISBN：7-5067-0488-9

中图分类号：R291.7

内容提要及说明：该书的彝文抄本形成于雍正八年（公元 1730 年），作者佚名。收载病种 49 种、方剂 70 多方、彝药 103 种，是介绍药物功用和单方、验方的著作。彝族医药彝文手抄本。1979 年民族医药普查时在禄劝县团街区自租乡自租村王学光家发现，书末记载该书于清雍正八年（公元 1730 年）八月十五日写完。发掘后，有关专家对该书进行编译、注释，1991 年 12 月中国医药科技出版社出版了《医病书》的彝汉对照整理成果。《医病书》是目前发现的彝族医药古籍文献中篇幅较短的一本，记载疾病 51 种，其中内科病 31 种、妇科病 6 种、儿科病 2 种、外科病 5 种、眼科病 3 种、骨伤科病 4 种；记载药物 104 种，其中植物药 72 种、动物药 32 种；记载方剂 70 首，其中汤剂 52 首、酒剂 14 首、外用剂 4 首。《医病书》《医病好药书》以及《小儿生成书》《作祭献药供牲经》的发掘地点、语言文字和用药特点等较为相近，因此该书是研究北部彝语方言区彝族医药的重要资料。

关祥祖主编，方文才、王步章、钱应喜编注、校译。北京：中国医药科技出版社 1991 年第 1 版。纸质，铅印本，尺寸为 188×132 毫米，25 千字，右侧装订，平装。保存状况良好，保存环境良好，保存完好。

收藏于：昆明市盘龙区　昌永云

流水号：10540

《彝族医药珍本集》

民族语言题名：[illegible]

题名文种：汉文

正文文种：汉文、彝文

ISBN：7-5067-0488-9

主题词：彝医 - 古籍 - 彝语 - 汉语 - 对照读物

中图分类号：R291.7

内容提要及说明：《彝族医药珍本集》由方文才、关祥祖、王步章编注，云南民族出版社出版。此书是将《明代彝医书》《医病好药书》《医病书》《药名书》《看人辰书》《小儿生长书》翻译成彝汉对照并加注释，既保持原意，又便于研究，是目前唯一保持原貌出版的彝族医药古籍。

方文才主编，关祥祖、王步章、郭云仙、钱应喜译注。北京：中国医药科技出版社 1991 年第 1 版。纸质，铅印本，尺寸为 186×125 毫米，共 165 页，132 千字，右侧装订，精装。保存状况良好，保存环境良好，保存完好。

收藏于：云南中医药大学（原云南中医学院）民族医药学院

（三）民族古籍、影印再版译注文献中含医药内容的文献

1. 傣　族

流水号：10541

《中国贝叶经全集（第 86 卷）——傣方药　“四塔”“五蕴”阐释》

民族语言题名：[illegible]

其他题名文种：汉文、傣文

正文文种：汉文、傣文

ISBN：7-01-005448-7

主题词：傣方药 - “四塔” - “五蕴”阐释 - 佛教 - 小乘佛教 - 佛经 - 中国

中图分类号：B942.2

内容提要及说明：《中国贝叶经全集》是上千年来对中国南传上座部佛教典籍的第一次，也是最全面的一次搜集和整理。这部经典，对于研究南传上座部佛教在中国的传播和发展，对于研究傣族的历史社会、经济文化，具有不可替代的价值。承载着贝叶文化的傣族贝叶经典籍卷帙浩繁，仅西双版纳民间流传的就有 3000 多部。《中国贝叶经全集》搜集整理、翻译

的贝叶经卷本有140多卷。2006年4月首发至今出版完成100卷114册的工作。《中国贝叶经全集》为贝叶经原件扫描、老傣文、新傣文、国际音标、汉文直译、汉文意译“六对照”版本，既可供僧人或普通读者诵读，又方便国内外学者对比研究，为佛寺和图书馆必藏之经典。《中国贝叶经全集》由西双版纳傣族自治州人民政府搜集整理，人民出版社出版。

《傣方药》内容简介：傣医傣药是西双版纳傣族贝叶文化中璀璨的瑰宝，是我国四人民族医药之一，至今已有2500多年的历史。《傣方药》是傣医处方的荟萃。它依据“四塔五蕴”医理，按诊断疾病的“四法”，以患者有什么样的症状，叫什么病，用什么药，以什么作药引，内服还是外用，外用是搽擦还是揉捏、拖拍，或者是坐（药）睡（药）的模式，共录入治疗各种疾病的处方260多方，所用药物达530多种；还介绍了几种膏剂、丸剂、散剂的制作方法，对其中疗效显著的方药，录入者也一改质朴白描的叙述风格，发出“值一百金”“贵如千金”的赞叹。

《“四塔”“五蕴”阐释》内容简介：“四塔”“五蕴”学说，既见于佛教经典，又见于傣族古代的《大药典》《小药典》，它是傣族医学、药学的理论基础，是傣医在漫长的历史长河中防病治病的经验总结。《“四塔”“五蕴”阐释》分为四个部分。第一部分主要阐述傣医的“四塔”源于佛经的“四塔”，是佛经“四塔”的运用与发展，指出风、火、水、土“四塔”是构成世界万物的物质要素，也是构成人体生命的四种物质生机。“四塔”互为因果，相依相克。“四塔”平衡，身体康健，“四塔”失衡，百病丛生。第二部分主要阐释“五蕴”的内涵，指出人的机体和精神世界，由“四塔”“五蕴”聚合生成，并且分别讲述了色、受、想、行、识“五蕴”各自包含的物质要素；“四塔”与“五蕴”的相互关系；“五蕴”与人体组织器官的关系；“五蕴”与疾病的关系。第三、第四部分，分别讲述了“四塔”过盛和“四塔”衰败导致的疾病，以及其症状、诊断与治疗方法，介绍了医治“四塔”过盛与“四塔”衰败的若干药方。《“四塔”“五蕴”阐释》历史悠久，是傣医与疾病做斗争的智慧结晶，也是傣族医学宝库中的宝贵遗产。

刀林荫（ᦑᦱᧁ ᦟᦲᧃ ᦍᦲᧃ）主编，岩香宰、刀福祥、龚萍、许剑秋等编译，“中国贝叶经全集”编辑委员会编写。北京：人民出版社2010年第1版。纸质，影印本，尺寸为292×211毫米，共477页，右侧装订，精装。保存状况良好，保存环境优，保存完好。

收藏于：云南中医药大学（原云南中医学院）图书馆

流水号：10542

《中国贝叶经全集（第61卷）——傣药志》

民族语言题名：ᦒᦸᧈ ᦟᦱᧃ ᦵᦂᦲᧆ ᦵᦙᦲ ᦠᦱ ᦣᦲᧈ（ᦂᦳᧅ ᦐᦲ ᦶᦋ）——ᦎᦸᧆ ᦷᦖᧈ ᦍᦱ ᦅᦶ

其他题名文种：汉文、傣文

正文文种：汉文、傣文

ISBN：7-01-005448-7

主题词：佛教－南传佛教－佛经－中国

中图分类号：B942.2

内容提要及说明：《傣药志》系向傣族地区民间祖传傣医征集而成，是对傣族民间丰富的医疗实践经验的总结。书中记载了300多种药物配方，除少数是讲如何驱鬼避邪、解除咒语等带有传统宗教色彩的药方外，绝大多数是治疗各种疾病的药方，如治疗伤风感冒、跌打损伤、风湿热痹、哮喘咳嗽、痢疾腹泻、死胎难产、长疸生疮、肝炎黄疸、高热抽搐、腹痛头痛、虚脱昏厥等，也有避孕助孕、增力壮阳、美容美肤、延年益寿等药方。该书还讲述了如何根据人血的特点、人的不同年龄、病期的长短来用药等，是一部珍贵的医学典籍，可供现代医者参考。

岩庄翻译，康朗罕曼迈原文誊抄，刀林荫（[illegible]）主编，岩香宰、刀福祥、龚萍、许剑秋等编译，《中国贝叶经全集》编辑委员会编写。北京：人民出版社2009年第1版。纸质，影印本，尺寸为292×211毫米，共384页，右侧装订，精装。保存状况良好，保存环境优，保存完好。

收藏于：云南中医药大学（原云南中医学院）图书馆、民族医药学院

流水号：10543

《国家中医药管理局民族医药文献整理丛书——傣医经书〈嘎比迪沙迪巴尼〉译注》

民族语言题名：[illegible]

其他题名文种：汉文、傣文

正文文种：汉文、傣文

ISBN：7-5367-3301-1

主题词：傣族－民族医－经书－嘎比迪沙迪巴尼

中图分类号：R295.3

内容提要及说明：该书为1000多年前的傣医药古籍，全面论述了傣医内科、妇科、儿科、外伤科等疾病的经方、验方总结。内容分“基本内容”“传统经方、单验秘方”两部分。《嘎比迪沙迪巴尼》意为“医药经典”，内容包括“四塔”“五蕴”功能失调的主要临床表现、傣医传统经方等。

玉腊波、林艳芳主编，岩罕单编译，云南省西双版纳傣族自治州民族医药研究所、云南省西双版纳傣族自治州傣医医院编写。昆明：云南民族出版社2006年第1版。纸质，铅印本，尺寸为210×143毫米，共247页，194千字，右侧装订，平装。保存状况良好，保存环境优，保存完好。

收藏于：云南中医药大学图书馆

流水号：10544

《中国贝叶经全集（第 62 卷）——档哈雅》

民族语言题名：ᨲᩣᩴᩁᩣ ᨿᩣ ᨿᩤ

其他题名文种：汉文、傣文、外文

正文文种：汉文、傣文

ISBN：7-01-005448-7

主题词：档哈雅 - 佛教 - 南传佛教 - 佛经 - 中国

中图分类号：B942.2

内容提要及说明：在遥远的古代社会，傣族先民的生存环境非常艰险。为了满足自身生存和种族繁衍的需要，傣族先民在当时所处的特殊环境中，以亲身体验和实践，不断总结出具有较好疗效的药方，通过年复一年的记录、积累和传承，撰写出风格各异、出自众多师傅之手的、记载着大量药方的药书。这本《档哈雅》（傣药志）仅是其众多版本中之一例。在《档哈雅》中，许多地方看似病症相同，却配方各异，但都具有较好的疗效。书中记载了产期疾病、腰酸背痛、肢体麻木、心肌梗死、肠胃寒症、哮喘咳嗽、肝炎黄疸、睾丸肿痛、脘腹绞痛、腹痛腹泻、高热癫狂、食物中毒、溃疡生脓、疔疥痈疮、皮肤瘙痒、痉挛抽搐、头疼头昏、风湿热痹、疟疾发烧、周身浮肿、硬结硬块、尿急尿痛、便稀便秘、肠炎胃炎、止血止痛、清热解毒等疾病的治疗配方 1000 多种，几乎囊括了所有的日常病症及部分疑难杂症。资料翔实，内容丰富，至今仍在民间广泛运用，仍然具有极高的医用价值。该书不仅可供医务工作者参考使用，而且也是研究傣族历史文化和古代诸多学科知识的重要资源。

岩庄翻译，岩三原文誊抄，刀林荫（[illegible]）主编，岩香宰、刀福祥、龚萍、许剑秋等编译。北京：人民出版社 2009 年第 1 版。纸质，影印本，尺寸为 292 × 211 毫米，共 251 页，右侧装订，精装。保存状况良好，保存环境优，保存完好。

收藏于：云南中医药大学（原云南中医学院）图书馆、民族医药学院

流水号：10545

《档哈雅龙》（大医药书）

民族语言题名：ᨲᩣᩴᩁᩣ ᨿᩣ ᨿᩤ [illegible]（[illegible]）

正文文种：傣文

ISBN：987-7-5367-2764-9

主题词：傣族 - 民族医药

中国分类号：B942.2

内容提要及说明：该书成书于公元 1323 年，由帕雅龙真夯（懂医药的土司）从南传上座新佛教《阿皮踏麻基于比》《嘎比迪沙迪巴尼》等经书中摘录编写而成，进一步充实了傣医药理论，是一部反映傣族传统医学的临床学和药物学专著，被誉为傣医药经典。著者为康朗腊。该书记录的内容十分丰富，叙述了人体的肤色与血色、多种疾病变化的治疗原则、病因及处方、人和自然与致病的关系、论“四塔”相生相克与处方、药性与肤色、年龄

与药力药味、处方及其他等方面的内容。另外，书中还系统地阐述了近100种风证（病），介绍了原始宗教时期最早的复方滚嘎先思（价值万银方）、雅叫哈顿（五宝药散）、雅叫帕中补（亚洲宝药丸）等数百个药方。昆明：云南民族出版社2003年版，共629页。

收藏于：西双版纳傣族自治州民族医药研究所、西双版纳傣族自治州傣医医院

流水号：10546

《嘎比迪沙巴尼译注》

民族语言题名：ᦂᦴᧃ ᦔᦲᧆ ᦎᦲ ᦉᦱ ᦗᦱ ᦓᦲᧆ

正文文种：傣文

ISBN：978-7-5363-3015

主题词：傣族－民族医药

中国分类号：B942.2

内容提要及说明：傣医药古籍再版译注本。该书为一千多年前的傣医药古籍译注出版，全面论述了傣医内科、妇科、儿科、外科、伤科疾病等经方、验方的总结。王腊波、林艳芳译注。昆明：云南民族出版社2006年2月出版，共233页。

收藏于：西双版纳傣族自治州民族医药研究所、西双版纳傣族自治州傣医医院

流水号：10547

《中国贝叶经全集（第73卷）——各种祛邪驱鬼消灾术》

民族语言题名：ᦝᦴ ᦟᦱᧃ ᦺᦜᦱᧃ ᦺᦜᦵ ᦜᦱ ᦡᦲᧆ（ᦢᦳᦃᦱᧃ ᦒᦲᧆ ᦖᦳ）ᦶᦜᦱᧃ ᦂᦱᧃ ᦔᦳ ᦎᦟᦱᧃ ᦶᦜᦳ ᦌᦱᧃ ᦗᦳᧃ ᦟᦲᧆᦵ）

其他题名文种：汉文、傣文、外文

正文文种：汉文、傣文

ISBN：7-01-005448-7

主题词：佛教－南传佛教－佛经－中国

中图分类号：B942.2

内容提要及说明：这是一部介绍各种祛邪、驱鬼、消灾方法的著作，讲述了各个月日时辰的凶吉，如何选择吉日避开凶日，如何避邪驱除各种灾祸，如何占卦抽签，如何招人魂、谷魂，如何进行拴线等各种祭祀活动，如何处理各种非正常死亡的人，何时收粮入仓、吃新米、祭田、缝衣服、穿新衣为好，如何进行佛像、佛塔、寺庙、村寨、宅基地、房屋、火塘等的避邪消灾，如何驱除病人身上的病魔，等等。书中所讲的这些虽属于唯心主义的东西，但从中我们可以了解到古代傣族社会的意识形态，是研究古代傣族社会的重要著作。书中还介绍了一些治疗人病、马病的药方及识别各种体态的牛的好坏的知识，这些则是对人们实践经验的科学总结。

刀林荫（ᦺᦎ ᦟᦲᧃᦵ ᦊᦲᧃᦵ）主编，岩香宰、刀福祥、龚萍、许剑秋等编译。北京：人民出版社2009年第1版。纸质，影印本，尺寸为292×211毫米，共435页，右侧装订，精装。保存状况良好，保存环境优，保存完好。

收藏于：云南中医药大学（原云南中医学院）图书馆

流水号：10548

《中国贝叶经全集（第 32 卷）——药典》

民族语言题名：[illegible]（[illegible]）——[illegible]

并列题名：The complete chinese pattra buddhist scripture

其他题名文种：汉文、傣文

正文文种：汉文、傣文

ISBN：7-01-005448-7

主题词：药典 - 傣族 - 佛教 - 南传佛教 - 佛经 - 中国

中图分类号：B942.2

内容提要及说明：《药典》是傣族医药手册之一，它记录了行医、找药、配药、医治、诊断等整个医疗过程，记录了很多药方、偏方，是研究傣族医药的一本经书。该书除了药方之外，还有大量的咒语、祈祷词、祷告词等，译者照原文音译，以便供读者参考，也请读者自己鉴别，以了解傣族医药的全貌。

刀林荫（[illegible]）主编，岩香宰、刀福祥、龚萍、许剑秋等编译。北京：人民出版社 2008 年第 1 版。纸质，影印本，尺寸为 292×211 毫米，共 393 页，右侧装订，精装。保存状况良好，保存环境优，保存完好。

收藏于：云南中医药大学（原云南中医学院）图书馆

流水号：10549

《苏帕雪》

民族属性：傣族

民族语言题名：[illegible]

正文文种：傣文

ISBN：978-7-5367-3975-8

主题词：傣族 - 民间文学 - 作品 - 云南省 - 选集

中图分类号：I277

西双版纳傣族自治州人民政府编写。昆明：云南民族出版社 2007 年版，共 230 页。

收藏于：西双版纳傣族自治州民族医药研究所、西双版纳傣族自治州傣医医院

流水号：10550

《维先达腊：一部感动您一生的佛本生经故事》

民族属性：傣族

民族语言题名：[illegible]

正文文种：傣文

ISBN：978-7-5367-3975-8

主题词：佛经 - 故事 - 选集 - 佛经

中图分类号：B94-49

西双版纳傣族自治州人民政府编写。昆明：云南民族出版社 2007 年版，共 223 页。

收藏于：西双版纳傣族自治州民族医药研究所、西双版纳傣族自治州傣医医院

2. 彝　族

流水号：10551

《红河彝族文化遗产古籍典藏》（第十卷）

民族语言题名：[illegible]（10[illegible]）

其他题名文种：汉文、彝文

正文文种：汉文、彝文

ISBN：978-7-222-06450-8

主题词：彝族 – 文化 – 古籍 – 医药

中图分类号：K281.7/4035

内容提要及说明：这套书分为20卷，按创世史诗、叙事长诗、神话传说、民间故事、丧葬礼仪、驱秽除邪、祈福祭祀、天文历算、绘画艺术、医药卫生的顺序排列。收录范围以流传于红河哈尼族彝族自治州的彝文古籍为重点，共计收录滇南彝族文化遗产古籍善本、珍本及孤本93部。内含医药类内容。该书为第十卷。

李涛、普学旺主编、译，红河哈尼族彝族自治州人民政府编写。昆明：云南人民出版社2010年第1版。纸质，铅印本，尺寸为220×295毫米，共341页，360千字，有插图，右侧装订，精装。保存状况良好，保存环境良好，保存完好。

收藏于：楚雄彝族自治州图书馆·中国彝族文献图书馆

流水号：10552

《红河彝族文化遗产古籍典藏》（第十三卷）

民族语言题名：[illegible]（13[illegible]）

其他题名文种：汉文、彝文

正文文种：汉文、彝文

ISBN：978-7-222-06450-8

主题词：彝族 – 文化 – 古籍 – 医药

中图分类号：K281.7/4035

内容提要及说明：这套书分为20卷，按创世史诗、叙事长诗、神话传说、民间故事、丧葬礼仪、驱秽除邪、祈福祭祀、天文历算、绘画艺术、医药卫生的顺序排列。收录范围以流传于红河哈尼族彝族自治州的彝文古籍为重点，共计收录滇南彝族文化遗产古籍善本、珍本及孤本93部。内含医药类内容。该书为第13卷。

李涛、普学旺主编、译，红河哈尼族彝族自治州人民政府编写。昆明：云南人民出版社2010年第1版。纸质，铅印本，尺寸为220×326毫米，共301页，350千字，有插图，右侧装订，精装。保存状况良好，保存环境良好，保存完好。

收藏于：楚雄彝族自治州图书馆·中国彝族文献图书馆

流水号：10553

《红河彝族文化遗产古籍典藏》（第十五卷）

民族语言题名：[illegible]（15[illegible]）

其他题名文种：汉文、彝文

正文文种：汉文、彝文

ISBN：978-7-222-06450-8

主题词：彝族－文化－古籍－医药

中图分类号：K281.7/4035

内容提要及说明：这套书分为20卷，按创世史诗、叙事长诗、神话传说、民间故事、丧葬礼仪、驱秽除邪、祈福祭祀、天文历算、绘画艺术、医药卫生的顺序排列。收录范围以流传于红河哈尼族彝族自治州的彝文古籍为重点，共计收录滇南彝族文化遗产古籍善本、珍本及孤本93部。内含医药类内容。该书为第15卷。

李涛、普学旺主编、译，红河哈尼族彝族自治州人民政府编写。昆明：云南人民出版社2010年第1版。纸质，铅印本，尺寸为220×295毫米，共281页，305千字，有插图，右侧装订，精装。保存状况良好，保存环境良好，保存完好。

收藏于：楚雄彝族自治州图书馆·中国彝族文献图书馆

流水号：10554

《红河彝族文化遗产古籍典藏》（第十六卷）

民族语言题名：[illegible]（16[illegible]）

其他题名文种：汉文、彝文

正文文种：汉文、彝文

ISBN：978-7-222-06450-8

主题词：彝族－文化－古籍－历法

中图分类号：K281.7/4035

内容提要及说明：这套书分为20卷，按创世史诗、叙事长诗、神话传说、民间故事、丧葬礼仪、驱秽除邪、祈福祭祀、天文历算、绘画艺术、医药卫生的顺序排列。收录范围以流传于红河哈尼族彝族自治州的彝文古籍为重点，共计收录滇南彝族文化遗产古籍善本、珍本及孤本93部。内含医药类内容。该书为第16卷。

李涛、普学旺主编、译，红河哈尼族彝族自治州人民政府编写。昆明：云南人民出版社2010年第1版。纸质，铅印本，尺寸为220×295毫米，共347页，360千字，有插图，右侧装订，精装。保存状况良好，保存环境良好，保存完好。

收藏于：楚雄彝族自治州图书馆·中国彝族文献图书馆

流水号：10555

《红河彝族文化遗产古籍典藏》（第十七卷）

民族语言题名：[illegible]（17[illegible]）

其他题名文种：汉文、彝文

正文文种：汉文、彝文

ISBN：978-7-222-06450-8

主题词：彝族－文化－古籍－医药

中图分类号：K281.7/4035

内容提要及说明：这套书分为20卷，按创世史诗、叙事长诗、神话传说、民间故事、丧葬礼仪、驱秽除邪、祈福祭祀、天文历算、绘画艺术、医药卫生的顺序排列。收录范围以流传于红河哈尼族彝族自治治州的彝文古籍为重点，共计收录滇南彝族文化遗产古籍善本、珍本及孤本 93 部。内含医药类内容。该书为第 17 卷。

李涛、普学旺主编、译，红河哈尼族彝族自治州人民政府编写。昆明：云南人民出版社 2010 年第 1 版。纸质，铅印本，尺寸为 220×295 毫米，共 314 页，350 千字，有插图，右侧装订，精装。保存状况良好，保存环境良好，保存完好。

收藏于：楚雄彝族自治州图书馆·中国彝族文献图书馆

流水号：10556

《红河彝族文化遗产古籍典藏》（第二十卷）

民族语言题名：[illegible]（20[illegible]）

其他题名文种：汉文、彝文

正文文种：汉文、彝文

ISBN：978-7-222-06450-8

主题词：彝族－文化－古籍－医药

中图分类号：K281.7/4035

内容提要及说明：这套书分为 20 卷，按创世史诗、叙事长诗、神话传说、民间故事、丧葬礼仪、驱秽除邪、祈福祭祀、天文历算、绘画艺术、医药卫生的顺序排列。收录范围以流传于红河哈尼族彝族自治州的彝文古籍为重点，共计收录滇南彝族文化遗产古籍善本、珍本及孤本 93 部。内含医药类内容。该书为第 20 卷。

李涛、普学旺主编、译，红河哈尼族彝族自治州人民政府编写。昆明：云南人民出版社 2010 年第 1 版。纸质，铅印本，尺寸为 220×295 毫米，共 283 页，305 千字，有插图，右侧装订，精装。保存状况良好，保存环境良好，保存完好。

收藏于：楚雄彝族自治州图书馆·中国彝族文献图书馆

流水号：10557

《彝族毕摩经典译注（第十三卷）——罗婺彝族歌谣选》

民族语言题名：[illegible]（13[illegible]）——[illegible]

并列题名：Translations and annotations of the bimo scriptures of the Yi ethnic minority

其他题名文种：汉文、彝文、外文

正文文种：汉文、彝文

ISBN：978-7-5367-3850-8

主题词：彝族－民歌－中国－彝汉

中图分类号：K892.317

内容提要及说明：该书共收录了《太阳女与月亮儿》《鼒布郎与束虔妹》《三对男女传技艺》《孟合与维艳》《奇筱勇的故事》5 个彝族民间故事。第 392—393 页，有民族医药（有不老药）内容。

夜礼斌、杨红卫主编，朱琚元、马旷源、李有贤、罗有俊、杨风江译注，楚雄彝族自治州人民政府编写。昆明：云南民族出版社 2007 年出版。纸质，铅印本，尺寸为 298×218 毫米，共 545 页，第 11—20 卷共 6568 千字，有插图，右侧装订，精装。保存状况良好，保存环境良好，保存完好。

收藏于：云南中医药大学（原云南中医学院）民族医药学院

流水号：10558

《彝族毕摩经典译注（第六十卷）——罗婺彝族鸡卦书》

民族语言题名：[illegible]（60 [illegible]）——[illegible]

并列题名：Translations and annotations of the bimo scriptures of the Yi ethnic minority

其他题名文种：汉文、彝文、外文

正文文种：汉文、彝文

ISBN：978-7-5367-4563-6

主题词：彝族 - 占卜 - 禄劝彝族苗族自治县 - 彝语

中图分类号：B992.2

内容提要及说明：该书收录流传于武定和禄劝两县境内的卦书，内容包括鸡卦开卜经、鸡股骨占书、是卜鸡骨书、鸡卦卜病情、卜魂光鸡卦等。第 189—211 页的鸡卦卜病情为民族医药内容。

夜礼斌、杨红卫主编，朱琚元、马旷源、李有贤译注，楚雄彝族自治州人民政府编写。昆明：云南民族出版社 2009 年版。纸质，铅印本，尺寸为 298×218 毫米，共 440 页，第 51—60 卷共 7252 千字，有插图，右侧装订，精装。保存状况良好，保存环境良好，保存完好。

收藏于：云南中医药大学（原云南中医学院）民族医药学院

流水号：10559

《彝族毕摩经典译注（第五十二卷）——母虎神祭辞，楚雄彝族口碑文献》

民族语言题名：[illegible]（52 [illegible]）——[illegible]

并列题名：Translations and annotations of the bimo scriptures of the Yi ethnic minority

其他题名文种：汉文、彝文、英文

正文文种：汉文、彝文

ISBN：978-7-5367-4563-6

主题词：彝族 - 祭文 - 楚雄市 - 彝汉

中图分类号：K892.317

内容提要及说明：该书内容包括两部分：第一部分为当地彝族民间在过虎神祭祀节时毕摩所诵祭经；第二部分是丧葬祭经。第 399—414 页为民族医药内容（寻医找药）。

夜礼斌、杨红卫主编，朱琚元、马旷源、李有贤译注，楚雄彝族自治州人民政府编写。昆明：云南民族出版社 2009 年版。纸质，铅印本，尺寸为 298×218 毫米，共 584 页，第 51—60 卷共 7252 千字，有插图，右侧装订，精装。保存状况良好，保存环境良好，保存完好。

收藏于：云南中医药大学（原云南中医学院）民族医药学院

流水号：10560

《云南省少数民族古籍译丛——尼补木司：彝族撒尼祭奠词》

民族语言题名：[illegible]——[illegible]

ISBN：7-5367-0492-5

主题词：彝族 - 祭文 - 汉语 - 彝语

中图分类号：K892.317

内容提要及说明：该书是“云南省少数民族古籍译丛”第 32 辑。《尼补木司》是流传于云南省路南彝族自治县（现石林彝族自治县）彝族撒尼支系的一部彝文经典，反映了古代彝族人民对宇宙、自然、社会、人生的认识和理解。内容包括天地崩溃、驱邪气、开路、指路等 9 篇。

云南省少数民族古籍整理出版规划办公室编写。昆明：云南民族出版社 1991 年版，共 197 页。

收藏于：云南省图书馆

流水号：10561

《云南省少数民族古籍译丛——尼苏夺节：彝族创世史诗》

民族语言题名：[illegible]——[illegible]

题名文种：汉文

正文文种：汉文、彝文

统一书号 :M10184.146

主题词：彝族 - 古籍

中图分类号：K280.74-51/1

内容提要及说明：该书是“云南省少数民族古籍译丛”第 5 辑。《尼苏夺节》是彝族创世史诗（汉文），全诗由 10 个神话故事组成，从开天辟地、战胜洪水猛兽、栽种五谷、发展生产、婚姻恋爱、音乐舞蹈、金属采炼，一直写到民族风情、伦理道德和创造文字为止，内容丰富，形式多样，情节动人，文字流畅，以浪漫主义的艺术手法，描写了彝族历史发展的过程。除上述内容之外，《尼苏夺节》中还记载了大量的医药卫生知识，书中记载有病要求医：“若要人不死，要把太医求，要把良药吃。娘占阿娘吉，娘别厄母病，天天去求神，日日去卜卦，早晚又刮痧，卜卦卦不利，求神神不灵。样样都做遍，病魔不脱身。寻思人世间，人人这样说，治病要煨药，吃药能治病。”《尼苏夺节》在叙述采药的情景时是这样写的：“找药到肥阿，山高没人烟，水冷不见药。找药到沙阿，坡陡没人烟，箐深不见药……连续三昼夜，东西全备好，姑娘把药传。”因药配不全，吃了不见效，书中这样写：“送药给姑娘，姑娘把药熬，拿回家治病，药仍不见效。厄延急去求，才把实话告，要我真教你，须把真药找，你拿獐牙来，你拿獐爪来，再把麝香找。”因病缺药，延误了病情，书中是这样论述的：“找药艰又难，西阿去寻药，误了一时辰；去肥阿找时，误了二时辰；求药捕獐子，误了三时辰；煮药去砍柴，误了四时辰；……待儿到家时，救母不可能。”对药物的功能认识，书中是这样论述的：“从此事以后，治病药倒有，长生药没有，不病药更无，病魔不间断，在人事不息。有病可医治，月有缺圆时，命有终尽时，长生不死药，实在真荒唐，药只能治病，人不免一死，万物皆如此。”从上述记载可以看出，彝医主张人生了病要积极寻药治疗，而不能信奉鬼神，彝医还认识到药物只能治

病，而不能使人长生不老，因为生老病死是自然规律。

第50—62页，采药的内容

李八一、昆白祖等收集翻译；孔昀、李宝庆整理注释，云南省少数民族古籍整理出版规划办公室编写。昆明：云南民族出版社1985年第1版。纸质，铅印本，尺寸为185×129毫米，共201页，91千字，右侧装订，精装。保存状况良好，保存环境良好，保存完好。

收藏于：云南中医药大学（原云南中医学院）图书馆

流水号：10562

《彝族毕摩经典译注（第十五卷）——宁蒗彝族祭祖安灵经》

民族语言题名：[illegible]（15 [illegible]）——[illegible]

并列题名：Translations and annotations of the bimo scriptures of the Yi ethnic minority

其他题名文种：汉文、彝文、英文

正文文种：汉文、彝文

ISBN：978-7-5367-3850-8

主题词：彝族－祭文－宁蒗彝族自治县－彝汉

中图分类号：K892.317

内容提要及说明：该书共收录45篇经文，共分两大类：第一类，祭祖安灵仪式中常用的经文有35篇，有祝酒词、捉攫魂鬼经、诵毕祖经、补五官残缺经、献药经等；第二类，祭祖安灵仪式中，特殊情况下才使用的有10篇，如先妣是因为难产而死的，祭祖安灵时才用除产妇污秽经等。第30—40页镇瘟疫防灾为民族医药内容。

夜礼斌、杨红卫主编，朱琚元、马旷源、李有贤译注，楚雄彝族自治州人民政府编写。昆明：云南民族出版社2007年版。纸质，铅印本，尺寸为298×218毫米，共354页，第11—20卷共6568千字，有插图，右侧装订，精装。保存状况良好，保存环境良好，保存完好。

收藏于：云南中医药大学（原云南中医学院）民族医药学院

流水号：10563

《彝族毕摩经典译注（第二十卷）——丧礼祭辞，楚雄彝族口碑文献》

民族语言题名：[illegible]（20 [illegible]）——[illegible]，[illegible]

并列题名：Translations and annotations of the bimo scriptures of the Yi ethnic minority

其他题名文种：汉文、彝文、英文

正文文种：汉文、彝文

ISBN：978-7-5367-3850-8

主题词：彝族－祭文－楚雄彝族自治州－彝汉

中图分类号：K892.137

内容提要及说明：该书共分五大部分："创世篇"主要叙述天地的产生，日月星辰的缔造，洪水淹天，人类再生，万物的来源等；"生死篇"主要反映了彝族先民的生死观；"延请毕摩解罪篇"主要叙述了延请毕摩和为亡者解罪孽的情形；

“丧礼篇”主要叙述了为亡者作祭的准备工作，集中展示了彝族丧葬中的礼仪习俗；“作祭篇”反映了为亡者作祭的目的和意义，全面展示了彝族为亡者献饭、献牲、献药、指路、烧尸、叫魂等情节。第387—393页的寻药为民族医药内容。

夜礼斌、杨红卫主编，朱琚元、马旷源、李有贤译注，楚雄彝族自治州人民政府编写。昆明：云南民族出版社2007年版。纸质，铅印本，尺寸为298×218毫米，共528页，第11—20卷共6568千字，有插图，右侧装订，精装。保存状况良好，保存环境良好，保存完好。

收藏于：云南中医药大学（原云南中医学院）民族医药学院

流水号：10564

《彝族毕摩经典译注（第三十九卷）——丧礼祭辞，南华彝族口碑文献》

民族语言题名：[illegible]（39 [illegible]）——[illegible]

并列题名：Translations and annotations of the bimo scriptures of the Yi ethnic minority

其他题名文种：汉文、彝文、英文

正文文种：汉文、彝文

ISBN：978-7-5367-3875-1

主题词：彝族－祭礼－祭文－南华县－彝汉

中图分类号：K892.22

内容提要及说明：该书收集于云南省楚雄州南华县红土坡、五街、马街、兔街4个乡镇，按收集的先后为序，收录了红土坡彝族丧礼祭辞、五街彝族丧礼祭辞、马街彝族丧礼祭辞和兔街彝族丧礼祭辞4个部分。第98—106页的找药为民族医药内容；第343—347页的寻医找药为民族医药内容。

夜礼斌、杨红卫主编，朱琚元、马旷源、李有贤译注，楚雄彝族自治州人民政府编写。昆明：云南民族出版社2008年版。纸质，铅印本，尺寸为290×218毫米，共460页，第31—40卷共5390千字，有插图，右侧装订，精装。保存状况良好，保存环境良好，保存完好。

收藏于：云南中医药大学（原云南中医学院）民族医药学院

流水号：10565

《彝族毕摩经典译注（第三十七卷）——丧葬祭辞，永仁彝族口碑文献》

民族语言题名：[illegible]（37 [illegible]）——[illegible]（[illegible]）

并列题名：Translations and annotations of the bimo scriptures of the Yi ethnic minority

其他题名文种：汉文、彝文、英文

正文文种：汉文、彝文

ISBN：978-7-5367-3875-1

主题词：彝族－祭礼－祭文－永仁县－彝汉

中图分类号：K892.22

内容提要及说明：该书共收录祭辞54段，主要内容包括9个方面：一是追溯人的来源，总结人生历程；二是追溯天地万物的来源；三是追溯毕摩祖师法力无边；

四是后家及亲友各行其职祭奠亡人；五是通过神话和传说，追溯了祖灵牌的来源及象征意义；六是送魂；七是解凶除难；八是招魂；九是教导亡者如何赴阴等。第29—31页的药祭为民族医药内容。

夜礼斌、杨红卫主编，朱琚元、马旷源、李有贤译注，楚雄彝族自治州人民政府编写。昆明：云南民族出版社2008年版。纸质，铅印本，尺寸为298×218毫米，共481页，第31—40卷共5390千字，有插图，右侧装订，精装。保存状况良好，保存环境良好，保存完好。

收藏于：云南中医药大学（原云南中医学院）民族医药学院

流水号：10566

《彝族毕摩经典译注（第三卷）——双柏彝族，火把节祭经》

民族语言题名：[illegible]（3[illegible]）——[illegible]，[illegible]

并列题名：Translations and annotations of the bimo scriptures of the Yi ethnic minority，yi zu bi mo jing dian yi zhu

题名文种：汉文、彝文、英文

正文文种：汉文、彝文

ISBN：978-7-5367-3558-3

主题词：彝族－火把节－祭文－双柏县－彝汉

中图分类号：K892.317

内容提要及说明：该书介绍了双柏县彝族火把节祭经和丧葬祭经，其中包括迁徙地名、撵兔子、养畜种地、送秽、献酒、起土祭、火把节、过火节、天地源、养畜、种粮、除病、作祭、捡灵牌等内容。第276—283页的除病，第358—361的献药经为民族医药内容。

夜礼斌、杨红卫主编，朱琚元、马旷源、李有贤译注，楚雄彝族自治州人民政府编写。昆明：云南民族出版社2007年版。纸质，铅印本，尺寸为298×218毫米，共488页，第1—10卷共6860.16千字，有插图，右侧装订，精装。保存状况良好，保存环境良好，保存完好。

收藏于：云南中医药大学（原云南中医学院）民族医药学院

流水号：10567

《彝族毕摩经典译注（第五十卷）——吾查》

民族语言题名：[illegible]（50[illegible]）——[illegible]

并列题名：Translations and annotations of the bimo scriptures of the Yi ethnic minority

其他题名文种：汉文、彝文、英文

正文文种：汉文、彝文

ISBN：978-7-5367-3887-4

主题词：彝族－祭文－彝汉

中图分类号：K892.317

内容提要及说明：该书收录的经文分为气绝降财篇、子孙得财篇、缺十二物篇、开天辟地篇、育秧播种篇、祖先长寿篇、天产地现篇、日耀月亮篇、律政苛税篇、天地通婚篇等。第90—130页的撵兽找药篇为民族医药内容。

夜礼斌、杨红卫主编，朱琚元、马旷源、李有贤译注，楚雄彝族自治州人民政府编写。昆明：云南民族出版社 2009 年版。纸质，铅印本，尺寸为 298×218 毫米，共 428 页，296.75 千字，有插图，右侧装订，精装。保存状况良好，保存环境良好，保存完好。

收藏于：云南中医药大学（原云南中医学院）民族医药学院

流水号：10568

《西南彝志》

民族语言题名：[illegible]

正文文种：彝文

中图分类号：K281.7

内容提要及说明：该书叙述彝族远古民族哎哺、尼能、什勺等的世象及历史，叙述彝族“君、臣、师”（祖、摩、布）宗法制度的形成、发展、完善过程，还述及彝族的一些重大历史事件。内含医药类内容。复印件。

收藏于：云南中医药大学（原云南中医学院）民族医药学院

流水号：10569

《云南省少数民族古籍译丛（第 04 辑）——夷僰榷濮（六祖史诗）》

民族语言题名：[illegible]（04[illegible]）——[illegible]（[illegible]）

统一书号 :10184.148

主题词：彝族－史诗－彝语－汉语

中图分类号：I291.72

内容提要及说明：含民族医药内容。

罗希吾戈、杨自荣翻译、主编。昆明：云南民族出版社 1986 年第 1 版，共 60 页。

收藏于：存目书籍

流水号：10570

《宇宙人文论》

民族语言题名：[illegible]

中图分类号：P159

内容提要及说明：在五行构成人体雏形之后，就开始有生命运动，仿着人体去发展变化，最终成为完整的人。天上有日月，人就有一双眼睛。天上有风，人就有气。天会雷鸣，人会说话，天有晴阴，人有喜乐。天有阴霾，人有心怒，天有云彩，人有衣裳。天有星辰八万四千颗，人有头毛八万四千根，天的周围三百六十度，人有骨头三百六十节。世间万物都是清浊二气构成的，人也如此。“人体的根本，正是形成天的青清之气与凝结成地的赤浊之气”。本书放置于手抄专柜。手抄本。

收藏于：楚雄彝族自治州图书馆·中国彝族文献图书馆

3. 纳西族

流水号：10571

《玉龙本草标本图影》

民族语言题名：（纳西语）

题名文种：汉文、纳西东巴文

正文文种：汉文、纳西东巴文

统一书号:14116.19

主题词：本草－标本－云南－图集

中图分类号：R281

内容提要及说明:《玉龙本草》于1945年成书，是云南丽江地区的医药集成。该书除有介绍《玉龙本草》的短文外，还有照片95帧，包括328种药材标本的图片，并配有中文名称。另外编有药名索引，便于读者查阅。

曾育麟摄影、整理，云南省卫生厅药品检验所编写。昆明：云南人民出版社1959年第1版。纸质，影印本，共104页，有插图，右侧装订，平装。保存状况差，保存环境较差，缺损。

收藏于：迪庆藏族自治州维西傈僳族自治县永春乡拖枝大村三社　吉绍英

流水号：10572

《云南省少数民族古籍译丛（第07辑）——纳西东巴古籍译注（01）》

民族语言题名:（纳西东巴文）

内容提要及说明：东巴文、国际音标、汉文对照。云南省少数民族古籍整理出版规划办公室编写。

收藏于：云南省图书馆

流水号：10573

《纳西东巴古籍译注全集（第01卷）》

民族语言题名：

纳西拼音文：naq xi do bbaq tei'ee chee waq per perq sei gge tei'ee waq meil

并列题名：An Annotated Collection of Naxi Dongba Manuscripts

其他题名文种：汉文、英文

正文文种：汉文、东巴文

ISBN：7-222-02540-5

主题词：纳西族－民族文化－史籍－中国

中图分类号：K285.7

内容提要及说明:《纳西东巴古籍译注全集》是1999年云南人民出版社出版的图书，作者是《纳西东巴古籍译注全集》编委会。《纳西东巴古籍译注全集》共100卷，每卷收入10多种东巴经典，囊括了中外现存的各类东巴古籍，具备完整性、权威性。全集100卷统一采用直观的对照译注体例：古籍象形文字原文、国际音标注纳西语音、汉文直译对注、汉文意译，四层次依序并排，具有严谨的科学性，一目了然，便于阅读、研究和检索。象形文原文按古籍逐页扫描实录，保持原貌。全集100卷统一采用国际大16开本，精品装帧，体现国际水平的文化学术品位和收藏品位。千余种东巴古籍，在古代主要用在带有浓厚原始宗教色彩的纳西族东巴教仪式中，按其使用的属性，全集100卷以东巴教仪式诸类别顺序编卷，分为五大类。第87—118页的祭天、献饭、点洒灵药为民族医药内容。

和开祥等释读，李例芬翻译，和发源校译，和万宝、和家修主编，赵世红、杨世光执行主编，东巴文化研究所编译。昆明：云南人民出版社1999年第1版。纸质，影印本，尺寸为 290×212 毫米，共 390 页，588 千字，右侧装订，精装。保存状况良好，保存环境良好，保存完好。

收藏于：云南中医药大学（原云南中医学院）民族医药学院

流水号：10574

《纳西东巴古籍译注全集（第 02 卷）》

民族语言题名：[纳西东巴文]

纳西拼音文：naq xi do bbaq tei'ee chee waq per perq sei gge tei'ee waq meil

并列题名：An Annotated Collection of Naxi Dongba Manuscripts

其他题名文种：汉文、英文

正文文种：汉文、纳西东巴文

ISBN：7-222-02540-5

主题词：纳西族 - 民族文化 - 史籍 - 中国

中图分类号：K285.7

内容提要及说明：《纳西东巴古籍译注全集》是 1999 年云南人民出版社出版的图书，作者是《纳西东巴古籍译注全集》编委会。《纳西东巴古籍译注全集》共 100 卷，每卷收入 10 多种东巴经典，囊括了中外现存的各类东巴古籍，具备完整性、权威性。全集 100 卷统一采用直观的对照译注体例：古籍象形文字原文、国际音标注纳西语音、汉文直译对注、汉文意译，四层次依序并排，具有严谨的科学性，一目了然，便于阅读、研究和检索。象形文原文按古籍逐页扫描实录，保持原貌。全集 100 卷统一采用国际大 16 开本，精品装帧，体现国际水平的文化学术品位和收藏品位。千余种东巴古籍，在古代主要用在带有浓厚原始宗教色彩的纳西族东巴教仪式中，按其使用的属性，全集 100 卷以东巴教仪式诸类别顺序编卷，分为五大类。第 108—251 页的迎素神、送里多敬酒，第 240—251 页的大祭素神、点洒神药、抹圣油、拉福分为民族医药内容。

和开祥等释读，李例芬翻译，和发源校译，和万宝、和家修主编，赵世红、杨世光执行主编，东巴文化研究所编译。昆明：云南人民出版社 1999 年第 1 版。纸质，影印本，尺寸为 290×212 毫米，共 381 页，570 千字，有插图，右侧装订，精装。保存状况良好，保存环境良好，保存完好。

收藏于：云南中医药大学（原云南中医学院）民族医药学院

流水号：10575

《纳西东巴古籍译注全集（第 04 卷）》

民族语言题名：[纳西东巴文]

纳西拼音文：naq xi do bbaq tei'ee chee waq per perq sei gge tei'ee waq meil

并列题名：An Annotated Collection of Naxi Dongba Manuscripts

其他题名文种：汉文、英文

正文文种：汉文、纳西东巴文

ISBN：7-222-02540-5

主题词：纳西族 - 民族文化 - 史籍 - 中国

中图分类号：K285.7

内容提要及说明:《纳西东巴古籍译注全集》是1999年云南人民出版社出版的图书，作者是《纳西东巴古籍译注全集》编委会。《纳西东巴古籍译注全集》共100卷，每卷收入10多种东巴经典，囊括了中外现存的各类东巴古籍，具备完整性、权威性。全集100卷统一采用直观的对照译注体例：古籍象形文字原文、国际音标注纳西语音、汉文直译对注、汉文意译，四层次依序并排，具有严谨的科学性，一目了然，便于阅读、研究和检索。象形文原文按古籍逐页扫描实录，保持原貌。全集100卷统一采用国际大16开本，精品装帧，体现国际水平的文化学术品位和收藏品位。千余种东巴古籍，在古代主要用在带有浓厚原始宗教色彩的纳西族东巴教仪式中，按其使用的属性，全集100卷以东巴教仪式诸类别顺序编卷，分为五大类。第389—419页的求仁仪式，献饭，施药及祭祀规矩中有民族医药内容。

和开祥等释读，李例芬翻译，和发源校译，和万宝、和家修主编，赵世红、杨世光执行主编，东巴文化研究所编译。昆明：云南人民出版社1999年第1版。纸质，影印本，尺寸为290×212毫米，共452页，675千字，右侧装订，精装。保存状况良好，保存环境良好，保存完好。

收藏于：云南中医药大学民族医药学院

流水号：10576

《纳西东巴古籍译注全集（第05卷）》

民族语言题名：

纳西拼音文：naq xi do bbaq tei'ee chee waq per perq sei gge tei'ee waq meil

并列题名：An Annotated Collection of Naxi Dongba Manuscripts

其他题名文种：汉文、英文

正文文种：汉文、纳西东巴文

ISBN：7-222-02540-5

主题词：纳西族－民族文化－史籍－中国

中图分类号：K285.7

内容提要及说明:《纳西东巴古籍译注全集》是1999年云南人民出版社出版的图书，作者是《纳西东巴古籍译注全集》编委会。《纳西东巴古籍译注全集》共100卷，每卷收入10多种东巴经典，囊括了中外现存的各类东巴古籍，具备完整性、权威性。全集100卷统一采用直观的照译注体例：古籍象形文学原文、国际音标注纳西语音、汉文直译对注、汉文意译，四层次依序并排，具有严谨的科学性，一目了然，便于阅读、研究和检索。象形文原文按古籍逐页扫描实录，保持原貌。全集百卷统一采用国际大16开本，精品装帧，体现国际水平的文化学术品位和收藏品位。千余种东巴古籍，在古代主要用在带有浓厚原始宗教色彩的纳西族东巴教仪式中，按其使用的属性，全集100卷以东巴教仪式诸类别顺序编卷，分为五大类。民族医药信息散见于书中各篇。

和开祥等释读，李例芬翻译，和发源校译，和万宝、和家修主编，赵世红、杨世光执行主编，东巴文化研究所编译。昆明：云南人民出版社 1999 年第 1 版。纸质，影印本，尺寸为 290×212 毫米，共 288 页，429 千字，右侧装订，精装。保存状况良好，保存环境良好，保存完好。

收藏于：云南中医药大学民族医药学院

流水号：10577

《纳西东巴古籍译注全集（第 07 卷）》

民族语言题名：[illegible]

纳西拼音文：naq xi do bbaq tei'ee chee waq per perq sei gge tei'ee waq meil

并列题名：An Amnotated Collection of Naxi Dongba Manuscripts

其他题名文种：汉文、英文

正文文种：汉文、纳西东巴文

ISBN：7-5367-0023-7

统一书号 :M11184.81

主题词：东巴文 - 汉语 - 超度亡灵 - 纳西族 - 古籍

中图分类号：K285.7

内容提要及说明：该书收入纳西族为正常死亡的成年人举行超度仪式诵读的《献冥马》《刺姆孟土》两种东巴古籍。

和开祥等释读，李例芬翻译，和发源校译，和万宝、和家修主编，赵世红、杨世光执行主编，东巴文化研究所编译。昆明：云南人民出版社 1991 年第 1 版。

收藏于：云南省图书馆

流水号：10578

《纳西东巴古籍译注全集（第 08 卷）》

民族语言题名：[illegible]

纳西拼音文：naq xi do bbaq tei'ee chee waq per perq sei gge tei'ee waq meil

并列题名：An Annotated Collection of Naxi Dongba Manuscripts

其他题名文种：汉文、英文

正文文种：汉文、纳西东巴文

ISBN：7-222-02540-5

主题词：纳西族 - 民族文化 - 史籍 - 中国

中图分类号：K285.7

内容提要及说明：《纳西东巴古籍译注全集》是 1999 年云南人民出版社出版的图书，作者是《纳西东巴古籍译注全集》编委会。《纳西东巴古籍译注全集》共 100 卷，每卷收入 10 多种东巴经典，囊括了中外现存的各类东巴古籍，具备完整性、权威性。全集 100 卷统一采用直观的对照译注体例：古籍象形文字原文、国际音标注纳西语音、汉文直译对注、汉文意译，四层次依序并排，具有严谨的科学性，一目了然，便于阅读、研究和检索。象形文原文按古籍逐页扫描实录，保持原貌。全集 100 卷统一采用国际大 16 开本，精品装帧，体现国际水平的文化学术品位和收藏品位。千余种东巴古籍，在古代主要用在带有浓厚原始宗教色彩的纳西族东巴教仪式中，按其使用的属性，全集 100 卷以东巴教仪式诸类别顺序编卷，分为五大类。第 1—24 页的祭署山、崇忍利恩、

红眼仄若的故事，第123—128页的祭署、建署塔，第145—170页的祭署·白“梭刷”的来历、药的来历含有民族医药内容。

和开祥等释读，李例芬翻译，和发源校译，和万宝、和家修主编，赵世红、杨世光执行主编，东巴文化研究所编译。昆明：云南人民出版社1999年第1版。纸质，影印本，尺寸为290×212毫米，共248页，327千字，右侧装订，精装。保存状况良好，保存环境良好，保存完好。

收藏于：云南中医药大学（原云南中医学院）民族医药学院

流水号：10579

《纳西东巴古籍译注全集（第09卷）》

民族语言题名：

纳西拼音文：naq xi do bbaq tei'ee chee waq per perq sei gge tei'ee waq meil

并列题名：An Annotated Collection of Naxi Dongba Manuscripts

其他题名文种：汉文、英文

正文文种：汉文、纳西东巴文

ISBN：7-222-02540-5

主题词：纳西族－民族文化－史籍－中国

中图分类号：K285.7

内容提要及说明：《纳西东巴古籍译注全集》是1999年云南人民出版社出版的图书，作者是《纳西东巴古籍译注全集》编委会。《纳西东巴古籍译注全集》共100卷，每卷收入10多种东巴经典，囊括了中外现存的各类东巴古籍，具备完整性、权威性。全集100卷统一采用直观的对照译注体例：古籍象形文字原文、国际音标注纳西语音、汉文直译对注、汉文意译，四层次依序并排，具有严谨的科学性，一目了然，便于阅读、研究和检索。象形文原文按古籍逐页扫描实录，保持原貌。全集100卷统一采用国际大16开本，精品装帧，体现国际水平的文化学术品位和收藏品位。千余种东巴古籍，在古代主要用在带有浓厚原始宗教色彩的纳西族东巴教仪式中，按其使用的属性，全集100卷以东巴教仪式诸类别顺序编卷，分为五大类。第33—43页的祭署、给署许愿、给署施药偿署债，第159—178页的祭署·木牌的出版与崇忍潘迪找药的故事包含民族医药内容。

和开祥等释读，李例芬翻译，和发源校译，和万宝、和家修主编，赵世红、杨世光执行主编，东巴文化研究所编译。昆明：云南人民出版社1999年第1版。纸质，影印本，尺寸为290×212毫米，共293页，441千字，右侧装订，精装。保存状况良好，保存环境良好，保存完好。

收藏于：云南中医药大学（原云南中医学院）民族医药学院

流水号：10580

《纳西东巴古籍译注全集（第10卷）》

民族语言题名：

纳西拼音文：naq xi do bbaq tei'ee chee waq per perq sei gge tei'ee waq meil

并列题名：An Annotated Collection of Naxi Dongba Manuscripts

其他题名文种：汉文、英文

正文文种：汉文、纳西东巴文

ISBN：7-222-02540-5

主题词：纳西族－民族文化－史籍－中国

中图分类号：K285.7

内容提要及说明：《纳西东巴古籍译注全集》是1999年云南人民出版社出版的图书，作者是《纳西东巴古籍译注全集》编委会。《纳西东巴古籍译注全集》共100卷，每卷收入10多种东巴经典，囊括了中外现存的各类东巴古籍，具备完整性、权威性。全集100卷统一采用直观的对照译注体例：古籍象形文字原文、国际音标注纳西语音、汉文直译对注、汉文意译，四层次依序并排，具有严谨的科学性，一目了然，便于阅读、研究和检索。象形文原文按古籍逐页扫描实录，保持原貌。全集100卷统一采用国际大16开本，精品装帧，体现国际水平的文化学术品位和收藏品位。千余种东巴古籍，在古代主要用在带有浓厚原始宗教色彩的纳西族东巴教仪式中，按其使用的属性，全集100卷以东巴教仪式诸类别顺序编卷，分为五大类。第264—268页的延寿仪式、设神坛、神箭的来历包含民族医药内容。

和开祥等释读，李例芬翻译，和发源校译，和万宝、和家修主编，赵世红、杨世光执行主编，东巴文化研究所编译。昆明：云南人民出版社1999年第1版。纸质，影印本，尺寸为290×212毫米，共270页，405千字，右侧装订，精装。保存状况良好，保存环境良好，保存完好。

收藏于：云南中医药大学（原云南中医学院）民族医药学院

流水号：10581

《纳西东巴古籍译注全集（第12卷）》

民族语言题名：

纳西拼音文：naq xi do bbaq tei’ee chee waq per perq sei gge tei’ee waq meil

并列题名：An Annotated Collection of Naxi Dongba Manuscripts

其他题名文种：汉文、英文

正文文种：汉文、纳西东巴文

ISBN：7-222-02540-5

主题词：纳西族－民族文化－史籍－中国

中图分类号：K285.7

内容提要及说明：《纳西东巴古籍译注全集》是1999年云南人民出版社出版的图书，作者是《纳西东巴古籍译注全集》编委会。《纳西东巴古籍译注全集》共100卷，每卷收入10多种东巴经典，囊括了中外现存的各类东巴古籍，具备完整性、权威性。全集100卷统一采用直观的对照译注体例：古籍象形文字原文、国际音标注纳西语音、汉文直译对注、汉文意译，四层次依序并排，具有严谨的科学性，一目了然，便于阅读、研究和检索。象形文原文按古籍逐页扫描实录，保持原貌。全集100卷统一采用国际大16开本，

精品装帧，体现国际水平的文化学术品位和收藏品位。千余种东巴古籍，在古代主要用在带有浓厚原始宗教色彩的纳西族东巴教仪式中，按其使用的属性，全集 100 卷以东巴教仪式诸类别顺序编卷，分为五大类。第 87—101 页的延寿仪式、寻找散失的战神、迎请优麻神摧毁九个仇寨包含民族医药内容。

和开祥等释读，李例芬翻译，和发源校译，和万宝、和家修主编，赵世红、杨世光执行主编，东巴文化研究所编译。昆明：云南人民出版社 1999 年第 1 版。纸质，影印本，尺寸为 290×212 毫米，共 292 页，435 千字，右侧装订，精装。保存状况良好，保存环境良好，保存完好。

收藏于：云南中医药大学（原云南中医学院）民族医药学院

流水号：10582

《纳西东巴古籍译注全集（第 14 卷）》

民族语言题名：

纳西拼音文：naq xi do bbaq tei'ee chee waq per perq sei gge tei'ee waq meil

并列题名：An Annotated Collection of Naxi Dongba Manuscripts

其他题名文种：汉文、英文

正文文种：汉文、纳西东巴文

ISBN：7-222-02540-5

主题词：纳西族－民族文化－史籍－中国

中图分类号：K285.7

内容提要及说明：《纳西东巴古籍译注全集》是 1999 年云南人民出版社出版的图书，作者是《纳西东巴古籍译注全集》编委会。《纳西东巴古籍译注全集》共 100 卷，每卷收入 10 多种东巴经典，囊括了中外现存的各类东巴古籍，具备完整性、权威性。全集 100 卷统一采用直观的对照译注体例：古籍象形文字原文、国际音标注纳西语音、汉文直译对注、汉文意译，四层次依序并排，具有严谨的科学性，一目了然，便于阅读、研究和检索。象形文原文按古籍逐页扫描实录，保持原貌。全集 100 卷统一采用国际大 16 开本，精品装帧，体现国际水平的文化学术品位和收藏品位。千余种东巴古籍，在古代主要用在带有浓厚原始宗教色彩的纳西族东巴教仪式中，按其使用的属性，全集 100 卷以东巴教仪式诸类别顺序编卷，分为五大类。第 310—331 页的延寿仪式、圣灵药的出处、向三百六十尊战神献药包含民族医药内容。

和开祥等释读，李例芬翻译，和发源校译，和万宝、和家修主编，赵世红、杨世光执行主编，东巴文化研究所编译。昆明：云南人民出版社 1999 年第 1 版。纸质，影印本，尺寸为 290×212 毫米，共 358 页，534 千字，右侧装订，精装。保存状况良好，保存环境良好，保存完好。

收藏于：云南中医药大学（原云南中医学院）民族医药学院

流水号：10583

《纳西东巴古籍译注全集（第 15 卷）》

民族语言题名：[Naxi Dongba script]

纳西拼音文：naq xi do bbaq tei'ee chee waq per perq sei gge tei'ee waq meil

并列题名：An Annotated Collection of Naxi Dongba Manuscripts

其他题名文种：汉文、英文

正文文种：汉文、纳西东巴文

ISBN：7-222-02540-5

主题词：纳西族－民族文化－史籍－中国

中图分类号：K285.7

内容提要及说明：《纳西东巴古籍译注全集》是 1999 年云南人民出版社出版的图书，作者是《纳西东巴古籍译注全集》编委会。《纳西东巴古籍译注全集》共 100 卷，每卷收入 10 多种东巴经典，囊括了中外现存的各类东巴古籍，具备完整性、权威性。全集 100 卷统一采用直观的对照译注体例：古籍象形文字原文、国际音标注纳西语音、汉文直译对注、汉文意译，四层次依序并排，具有严谨的科学性，一目了然，便于阅读、研究和检索。象形文原文按古籍逐页扫描实录，保持原貌。全集 100 卷统一采用国际大 16 开本，精品装帧，体现国际水平的文化学术品位和收藏品位。千余种东巴古籍，在古代主要用在带有浓厚原始宗教色彩的纳西族东巴教仪式中，按其使用的属性，全集 100 卷以东巴教仪式诸类别顺序编卷，分为五大类。第 57—65 页的延寿仪式、甘露圣灵药的来历、迎圣灵药包含民族医药内容。

和开祥等释读，李例芬翻译，和发源校译，和万宝、和家修主编，赵世红、杨世光执行主编，东巴文化研究所编译。昆明：云南人民出版社 1999 年第 1 版。纸质，影印本，尺寸为 290×212 毫米，共 309 页，462 千字，右侧装订，精装。保存状况良好，保存环境良好，保存完好。

收藏于：云南中医药大学（原云南中医学院）民族医药学院

流水号：10584

《纳西东巴古籍译注全集（第 60 卷）》

民族语言题名：[Naxi Dongba script]

纳西拼音文：naq xi do bbaq tei'ee chee waq per perq sei gge tei'ee waq meil

并列题名：An Annotated Collection of Naxi Dongba Manuscripts

其他题名文种：汉文、英文

正文文种：汉文、纳西东巴文

ISBN：7-222-02540-5

主题词：纳西族－民族文化－史籍－中国

中图分类号：K285.7

内容提要及说明：《纳西东巴古籍译注全集》是 1999 年云南人民出版社出版的图书，作者是《纳西东巴古籍译注全集》编委会。《纳西东巴古籍译注全集》共 100 卷，每卷收入 10 多种东巴经典，囊括了中外现存的各类东巴古籍，具备完整性、权威性。全集 100 卷统一采用直观的对照译注体例：古籍象形文字原文、国际音标注纳西语音、汉文直译对注、汉文意译，四层次依序并排，具有严谨的科学性，一目了然，便于阅读、研究和检索。象形文原文按古籍逐页扫描实录，保持原貌。全集100卷统一采用国际大16开本，精品装帧，体现国际水平的文化学术品位和收藏品位。千余种东巴古籍，在古代主要用在带有浓厚原始宗教色彩的纳西族东巴教仪式中，按其使用的属性，全集100卷以东巴教仪式诸类别顺序编卷，分为五大类。第77—90页的超度死者、药的来历和点药杀性、占风水削造之灵本身包含民族医药内容。

和开祥等释读，李例芬翻译，和发源校译，和万宝、和家修主编，赵世红、杨世光执行主编，东巴文化研究所编译。昆明：云南人民出版社2000年第1版。纸质，影印本，尺寸为290×212毫米，共368页，549千字，右侧装订，精装。保存状况良好，保存环境良好，保存完好。

收藏于：云南中医药大学（原云南中医学院）民族医药学院

流水号：10585

《纳西东巴古籍译注全集（第61卷）》

民族语言题名：

纳西拼音文：naq xi do bbaq tei'ee chee waq per perq sei gge tei'ee waq meil

并列题名：An Annotated Collection of Naxi Dongba Manuscripts

其他题名文种：汉文、英文

正文文种：汉文、纳西东巴文

ISBN：7-222-02540-5

主题词：纳西族－民族文化－史籍－中国

中图分类号：K285.7

内容提要及说明：《纳西东巴古籍译注全集》是1999年云南人民出版社出版的图书，作者是《纳西东巴古籍译注全集》编委会。《纳西东巴古籍译注全集》共100卷，每卷收入10多种东巴经典，囊括了中外现存的各类东巴古籍，具备完整性、权威性。全集100卷统一采用直观的对照译注体例：古籍象形文字原文、国际音标注纳西语音、汉文直译对注、汉文意译，四层次依序并排，具有严谨的科学性，一目了然，便于阅读、研究和检索。象形文原文按古籍逐页扫描实录，保持原貌。全集100卷统一采用国际大16开本，精品装帧，体现国际水平的文化学术品位和收藏品位。千余种东巴古籍，在古代主要用在带有浓厚原始宗教色彩的纳西族东巴教仪式中，按其使用的属性，全集100卷以东巴教仪式诸类别顺序编卷，分为五大类。第263—281页的超度死者、绸衣的来历、酒药等包含民族医药内容。

和开祥等释读，李例芬翻译，和发源校译，和万宝、和家修主编，赵世红、杨世光执行主编，东巴文化研究所编译。昆明：云南人民出版社2000年第1版。纸质，影印本，尺寸为290×212毫米，共314页，468千字，右侧装订，精装。保存状况良好，保存环境良好，保存完好。

收藏于：云南中医药大学（原云南中医学院）民族医药学院

流水号：10586

《纳西东巴古籍译注全集（第 83 卷）》

民族语言题名：

纳西拼音文：naq xi do bbaq tei'ee chee waq per perq sei gge tei'ee waq meil

并列题名：An Annotated Collection of Naxi Dongba Manuscripts

其他题名文种：汉文、英文

正文文种：汉文、纳西东巴文

ISBN：7-222-02540-5

主题词：纳西族－民族文化－史籍－中国

中图分类号：K285.7

内容提要及说明：《纳西东巴古籍译注全集》是 1999 年云南人民出版社出版的图书，作者是《纳西东巴古籍译注全集》编委会。《纳西东巴古籍译注全集》共 100 卷，每卷收入 10 多种东巴经典，囊括了中外现存的各类东巴古籍，具备完整性、权威性。全集 100 卷统一采用直观的照译注体例：古籍象形文字原文、国际音标注纳西语音、汉文直译对注、汉语意译，四层次依序并排，具有严谨的科学性，一目了然，便于阅读、研究和检索。象形文原文按古籍逐页扫描实录，保持原貌。全集 100 卷统一采用国际大 16 开本，精品装帧，体现国际水平的文化学术品位和收藏品位。千余种东巴古籍，在古代主要用在带有浓厚原始宗教色彩的纳西族东巴教仪式中，按其使用的属性，全集 100 卷以东巴教仪式诸类别顺序编卷，分为五大类。第 233—243 页的大祭风、施药为民族医药内容。

和开祥等释读，李例芬翻译，和发源校译，和万宝、和家修主编，赵世红、杨世光执行主编，东巴文化研究所编译。昆明：云南人民出版社 2000 年第 1 版。纸质，影印本，尺寸为 290×212 毫米，共 273 页，408 千字，右侧装订，精装。保存状况良好，保存环境良好，保存完好。

收藏于：云南中医药大学（原云南中医学院）民族医药学院

流水号：10587

《纳西东巴古籍译注全集（第 93 卷）》

民族语言题名：

纳西拼音文：naq xi do bbaq tei'ee chee waq per perq sei gge tei'ee waq meil

并列题名：An Annotated Collection of Naxi Dongba Manuscripts

其他题名文种：汉文、英文

正文文种：汉文、纳西东巴文

ISBN：7-222-02540-5

主题词：纳西族－民族文化－史籍－中国

中图分类号：K285.7

内容提要及说明：《纳西东巴古籍译注全集》是 1999 年云南人民出版社出版的图书，作者是《纳西东巴古籍译注全集》编委会。《纳西东巴古籍译注全集》，共 100 卷，每卷收入 10 多种东巴经典，囊括了中外现存的各类东巴古籍，具备完整性、权威性。全集 100 卷统一采用直观的对照译注体例：古籍象形文字原文、国际音标注纳西语音、汉文直译对注、汉语意译，四层次依序并排，具有严谨的科学性，一目了然，便于阅读、研究和检索。象形文原文按古籍逐页扫描实录，保持原貌。全集 100 卷统一采用国际大 16 开本，精品装帧，体现国际水平的文化学术品位和收藏品位。千余种东巴古籍，在古代主要用于带有浓厚原始宗教色彩的纳西族东巴教仪式中，按其使用的属性，全集 100 卷以东巴教仪式诸类别顺序编卷，分为五大类。第 249—272 页的看病经书为民族医药内容。

和开祥等释读，李例芬翻译，和发源校译，和万宝、和家修主编，赵世红，杨世光执行主编，东巴文化研究所编译。昆明：云南人民出版社 2000 年第 1 版，纸质，影印本，尺寸为 290×212 毫米，共 274 页，411 千字，右侧装订，精装，保存状况良好，保存环境良好，保存完好。

收藏于：云南中医药大学（原云南中医学院）民族医药学院

流水号：10588

《纳西东巴古籍译注全集（第 94 卷）》

民族语言题名：[illegible]

纳西拼音文：naq xi do bbaq tei'ee chee waq per perq sei gge tei'ee waq meil

并列题名：An Annotated Collection of Naxi Dongba Manuscripts

其他题名文种：汉文、英文

正文文种：汉文、纳西东巴文

ISBN：7-222-02540-5

主题词：纳西族 - 民族文化 - 史籍 - 中国

中图分类号：K285.7

内容提要及说明：《纳西东巴古籍译注全集》是 1999 年云南人民出版社出版的图书，作者是《纳西东巴古籍译注全集》编委会。《纳西东巴古籍译注全集》共 100 卷，每卷收入 10 多种东巴经典，囊括了中外现存的各类东巴古籍，具备完整性、权威性。全集 100 卷统一采用直观的对照译注体例：古籍象形文字原文、国际音标注纳西语音、汉文直译对注、汉语意译，四层次依序并排，具有严谨的科学性，一目了然，便于阅读、研究和检索。象形文原文按古籍逐页扫描实录，保持原貌。全集 100 卷统一采用国际大 16 开本，精品装帧，体现国际水平的文化学术品位和收藏品位。千余种东巴古籍，在古代主要用在带有浓厚原始宗教色彩的纳西族东巴教仪式中，按其使用的属性，全集 100 卷以东巴教仪式诸类别顺序编卷，分为五大类。第 1—22 页的用发病日时之属相及日子占卜含有民族医药内容。

和开祥等释读，李例芬翻译，和发源校译，和万宝、和家修主编，赵世红、杨世光执行主编，东巴文化研究所编译。昆明：云南人民出版社 2000 年第 1 版。纸质，影印本，尺寸为 290×212 毫米，共 230 页，342 千字，右侧装订，精装。保存状况良好，保存环境良好，保存完好。

收藏于：云南中医药大学（原云南中医学院）民族医药学院

流水号：10589

《纳西东巴古籍译注全集（第100卷）》

民族语言题名：[illegible]

纳西拼音文：naq xi do bbaq tei'ee chee waq per perq sei gge tei'ee waq meil

并列题名：An Annotated Collection of Naxi Dongba Manuscripts

其他题名文种：汉文、英文

正文文种：汉文、纳西东巴文

ISBN：7-222-02540-5

主题词：纳西族－民族文化－史籍－中国

中图分类号：K285.7

内容提要及说明：《纳西东巴古籍译注全集》是1999年云南人民出版社出版的图书，作者是《纳西东巴古籍译注全集》编委会。《纳西东巴古籍译注全集》共100卷，每卷收入10多种东巴经典，囊括了中外现存的各类东巴古籍，具备完整性、权威性。全集100卷统一采用直观的对照译注体例：古籍象形文字原文、国际音标注纳西语音、汉文直译对注、汉语意译，四层次依序并排，具有严谨的科学性，一目了然，便于阅读、研究和检索。象形文原文按古籍逐页扫描实录，保持原貌。全集100卷统一采用国际大16开本，精品装帧，体现国际水平的文化学术品位和收藏品位。千余种东巴古籍，在古代主要用在带有浓厚原始宗教色彩的纳西族东巴教仪式中，按其使用的属性，全集100卷以东巴教仪式诸类别顺序编卷，分为五大类。第237—253页的医药之书为民族医药内容。

和开祥等释读，李例芬翻译，和发源校译，和万宝、和家修主编，赵世红、杨世光执行主编，东巴文化研究所编译。昆明：云南人民出版社2000年第1版。纸质，影印本，尺寸为290×212毫米，共342页，513千字，右侧装订，精装。保存状况良好，保存环境良好，保存完好。

收藏于：云南中医药大学（原云南中医学院）民族医药学院

流水号：10590

《云南省少数民族古籍译丛（第15辑）——纳西东巴古籍译著（02）》

民族语言题名：[illegible]

纳西拼音文：naq xi do bbaq tei'ee chee waq per perq sei gge tei'ee waq meil

内容提要及说明：东巴文、国际音标、汉文对照。云南省少数民族古籍整理出版规划办公室编写。

收藏于：云南省图书馆

4. 其他民族

流水号: 10591

《云南省少数民族古籍译丛（第 06 辑）—— 哈尼阿培聪坡坡》

民族属性: 哈尼族

题名文种: 汉文、哈尼文对照

统一书号 :10184.166

主题词: 哈尼族 – 史诗

中图分类号: I222

史军超（哈尼族）等主编。昆明: 云南民族出版社 1986 年版。

收藏于: 云南省图书馆

二、民族医药图书等现代文献

（一）民族医药专著

1. 藏 族

流水号：20001

《苯教四部藏医经典》

民族语言题名：གསོ་རིག་འབུམ་བཞི།

其他题名文种：藏文

正文文种：藏文

ISBN：7-105-06950-3

主题词：藏医 - 古籍

内容提要及说明：该书据说成书于藏族第一代赞普时期，至今已有 3800 多年的历史。有很高的收藏价值。

dpyad bu khri xes 著。北京：民族出版社 2005 年第 1 版。纸质，铅印本，共 689 页。

流水号：20002

《常用藏药功能介绍》

民族语言题名：རྒྱུན་སྤྱོད་བོད་སྨན་ཕན་ནུས་ངོ་སྤྲོད།

并列题名：rgyun spyod sman sbyor nus pa phyogs bsdus bdud rtsivi thigs phreng bzhugs

其他题名文种：藏文

正文文种：藏文

ISBN：978-7-223-02149-4

主题词：藏药 - 基本知识

中图分类号：R291.4

内容提要及说明：该书针对藏药学习、研究工作者的需要，共整理了 208 种现代常用藏药，并对每种藏药的性质、疗效、用法、用量、毒性级别等进行叙述。

央美（gyang mer）编著。拉萨：西藏人民出版社 2007 年第 1 版。铅印本，182 页，72 千字。

流水号：20003

《常用藏药制剂甘露精要 》

民族语言题名：རྒྱུན་སྤྱོད་སྨན་རྫས་ལས་སྦྱོར་བདུད་རྩིའི་གཅེས་བསྡུས།

并列题名：rgyun spyod bod sman thang ril bu gsum gyi sbyor sde dang nyer mkhovi lag len gyi skor cung zad gsal bar brjod pa kun phan bdud rtsivi chu rgyun

其他题名文种：汉文、藏文

ISBN：7-5409-3363-0

主题词：藏医 – 医药 – 制剂

中图分类号：R291.4

内容提要及说明：该书作者经多年刻苦研究藏医药学，积累临床经验，创新规范了常用藏药制剂 210 多种，对每种制剂的特性、作用、成分、服用方式及形态、色泽、口味等进行了详细描述、阐释，对丰富藏医药学内容有重要的意义。

泽戈（tshe kho）主编。成都：四川民族出版社 2006 年版，284 页。

流水号：20004

《常用藏医银针》

民族语言题名：རྒྱུན་སྤྱོད་བོད་གསོ་དངུལ་ཁབ།

并列题名：rgyun spyod bod sman dngul khab

其他题名文种：藏文

正文文种：汉文、藏文

ISBN：7-105-05481-6

主题词：藏医 – 针灸疗法 – 藏语

中图分类号：R291.4

内容提要及说明：该书为藏语版的藏医针灸疗法概述。

林瓦 · 向日科（gling ba byang rig kho）著。北京：民族出版社 2003、2005 年版。纸质，铅印本，179 页，有插图。

流水号：20005

《大宝伏藏文库 · 藏医集》

民族语言题名：རིན་ཆེན་གཏེར་མཛོད།

内容提要及说明：莲花生主编。成都：四川民族出版社 1997 年版。

流水号：20006

《丹珠尔藏医药学文献精要》

民族语言题名：བསྟན་འགྱུར་སྨན་ཡིག་གཅེས་བཏུས།

并列题名：sman dpyad gces pa grub pa sogs bstan vgyur las byung bavi sman yig kha vthor sna tshogs bces par btus pa bzhugs so

正文文种：藏文

ISBN：978-7-5421-1221-7

主题词：藏医 – 文献

中图分类号：R291.4

内容提要及说明：chos dpal vjigs byed skyab，vbum kho，rta mgrin skyabs 整理主编，九西加、本考、旦正加（chos dpal vjigs byed skyab，vbum kho，rta mgrin skyabs）选编整理。兰州：甘肃民族出版社 2008 年版，354 页。

流水号：20007

《迪庆藏药》（上、下册）

民族语言题名：བདེ་ཆེན་བོད་སྨན།（སྟོད་སྨད།）

其他题名文种：汉文、藏文、其他多种文字

正文文种：汉文、藏文

ISBN：7-5367-0027-X

主题词：迪庆藏族自治州－中药志－藏医

内容提要及说明：《迪庆藏药》一书记收载了迪庆藏医常用药物600多种，其中孢子植物药448种、矿物药76种，动物药74种、木本种子植物药4类，150多种藏药是迪庆和横断山中段的特有种类。当地藏医就地取材用于自制方药。云南藏医常用方剂有174个，其中27个在国家藏药标准中没有。迪庆藏药品种多样，临床运用选择范围宽广。如藏药草乌（榜那），迪庆有14个种，同属毛茛科多年生草本植物，都用于治疗流感、炭疽病及风湿病等病症。

杨竞生、初称江措著，迪庆藏族自治州民族宗教事务委员会编写。昆明：云南民族出版社1987（上册）、1989（下册）年第1版。铅印本，238页，220千字，有插图。

流水号：20008

《迪庆藏医药发展简史》

民族语言题名：བདེ་ཆེན་བོད་ལུགས་གསོ་རིག་འབྱུང་འཕེལ་རགས་བསྡུས།།

内容提要及说明：祁继光著，迪庆藏族自治州藏医院编写。2006年版。纸质，铅印本，70页，简装。

流水号：20009

《北京藏医院藏医药学系列丛书——敦煌本吐蕃医学文献精要：译注及研究文集》

民族语言题名：དུང་ཧོང་ནས་ཐོན་པའི་བོད་ལུགས་གསོ་རིག་སྙིང་བསྡུས།།

题名文种：汉文、藏文

ISBN：7-105-05205-8

主题词：藏医

中图分类号：R291.4-53

内容提要及说明：该书收入了敦煌古藏医文献汉文译文6篇，敦煌古藏医文献研究论文12篇，以及敦煌古藏医文献藏文原文摹写6篇及其相关词语注释，还有1篇藏文字母转写的象雄语医学文献。

罗秉芬主编。北京：民族出版社2002年版。

流水号：20010

《根本部医典注释汇编 》

民族语言题名：རྩ་རྒྱུད་འགྲེལ་བ་ཕྱོགས་བསྒྲིགས།

并列题名：rtsa rgyud vgrel pa phyogs bsgrigs

其他题名文种：汉文、藏文

ISBN：978-7-105-09039-6

主题词：藏医－古籍－注释－藏语

中图分类号：R291.4

内容提要及说明：mtsho sngon zhing chen bod kyi gso rig zhib vjug khang，rtsom sgrig tshogs pa 编，北京：民族出版社 2007 年版，322 页。

流水号：20011

《基础藏医学》

民族语言题名：བོད་སྨན་རྨང་གཞི་རིག་པ།།

并列题名：ji chu cang yi xue

题名文种：汉文、藏文

ISBN：978 7 5132 0547 4

主题词：藏医

中图分类号：R29

内容提要及说明：该书共分 8 章，分别介绍了藏医学的历史、分类、现代发展、藏族名医代表人物，五源土（地）、水、火、风、空与三因龙、赤巴、培根形成的藏医基础理论“三因五源”学说，树喻论，“三因五源”与人体的形成和生理，“三因”生理形态改变的三病因和时令、地域、饮食、起居的四病缘相结合产生疾病的病理，问诊、脉诊（切脉）、尿诊（验尿）、查诊等的辨证诊断，药术食行相结合的治疗，医生的素养与医德等内容。

王智森编著。北京：中国中医药出版社 2011 年版，239 页。

流水号：20012

《基础藏医学史》

民族语言题名：བོད་སྨན་གསོ་རིག་ལོ་རྒྱུས།།

ISBN：978-7-5132-1409-4

主题词：藏医 – 医学史

中图分类号：R291.4-09

内容提要及说明：该书以藏族的历史发展为纲，以年代为线索，完整介绍了藏医学是如何从无到有、从原始状态的医疗活动到现在复杂的医学体系、从低级到高级的发展进程，并且对重要的年代和突出的人物、著作做了详细的介绍。

王智森著。北京：中国中医药出版社 2013 年版，173 页。

流水号：20013

《尖扎县藏医药综论》

民族语言题名：གཅན་ཚ་རྫོང་གི་བོད་ལུགས་གསོ་ལུགས་བྱུང་འཕེལ།

并列题名：gcan tsha rdzong gi bod lugs gso rig byung vphel

其他题名文种：藏文

ISBN：978-7-5420-1343-9

主题词：藏医 – 文集

中图分类号：R291.4-53

内容提要及说明：该书为藏医药论述文集。藏文版。

gcan tsha rdzong bod lugs sman khang 主编。西宁：青海民族出版社 2008 年版，277 页。

流水号：20014

《秘诀黑卷·明灯　小秘诀黑卷·明灯》

民族语言题名：འབུམ་ནག་གསལ་སྒྲོན།

འབུམ་ཆུ་གསལ་སྒྲོན

并列题名：vbum nag gsal sgron zhes bya ba bzhugs so，vbum chung gsal sgron zhes bya ba bzhugs so

其他题名文种：藏文

ISBN：7-105-07106-0

主题词：藏医 – 藏语

中图分类号：R291.4

内容提要及说明：该书收录了藏医的理论框架和藏医诊断、临床治疗等方面的文章，是藏医学方面的珍贵参考资料，具有一定的学术价值和文献价值。

rtsom sgrig tshogs pa 主编。北京：民族出版社 2005 年版，371 页。

流水号：20015

《秘诀钥匙》

民族语言题名：མན་ངག་ལྷན་ཐབས་ཀྱི་ལྡེ་མིག

其他题名文种：藏文

正文文种：藏文

内容提要及说明：无汉字名蓝皮小书。

拉萨：西藏藏医学院。纸质、铅印本，95 页。

流水号：20016

《藏医药经典文献集成——千万舍利子》

民族语言题名：མན་ངག་བྱེ་བ་རིང་བསྲེལ།།

并列题名：man ngag bye ba ring bsrel

其他题名文种：藏文

ISBN：7-105-06904-X

主题词：藏医 – 藏语

中图分类号：R291.4

内容提要及说明：该书收录了藏医的理论框架和藏医诊断、临床治疗等方面的文章，是藏医学方面的珍贵参考资料，具有一定的学术价值和文献价值。

zur mkhar mnyam nyid rdo rje 主编。北京：民族出版社 2005 年版，709 页。

流水号：20017

《强巴赤列选集》

民族语言题名：མཁས་དབང་བྱམས་པ་འཕྲིན་ལས་མཆོག་གི་སྨན་ཡིག་ཕྱོགས་བསྒྲིགས།།

其他题名文种：藏文

正文文种：藏文

ISBN：7-80057-283-8

主题词：藏医 – 民族医学 – 研究 – 文集 – 藏语

中图分类号：R291.4-53

内容提要及说明：强巴赤列主编。北京：中国藏学出版社 1997 年第 2 版第 2 次印刷。纸质、铅印本，599 页。

流水号：20018

《神奇的藏医尿诊》

民族语言题名：དྲི་ཆུ་བརྟག་ཐབས་གསལ་བའི་མེ་ལོང་།

ISBN：7-80174-462-4

主题词：诊法 – 藏医 – 尿

中图分类号：R291.4/18

内容提要及说明：该书介绍了神奇的

藏医尿诊操作程序、尿热时诊断、尿温时诊断、尿冷时诊断、排尿时尿液稀稠诊断、常规尿诊等内容。

洛嘎仁波切著。北京：中医古籍出版社 2006 年版第 1 次印刷。纸质铅印本，245 页，有插图。

流水号：20019

《实用藏医药临床学》

民族语言题名：གསོ་རིག་ཟླ་བའི་འོད་སྣང་ཞེས་བྱ་བ་བཞུགས་སོ།

并列题名：gso rig zla bavi vod snang zhes bya ba bzhugs so

其他题名文种：藏文

ISBN：978-7-5409-3703-4

主题词：藏医 – 临床医学

中图分类号：R291.4

内容提要及说明：dpal bzang rgya mtsho 著。成都：四川出版集团、四川民族出版社 2008 年版，325 页。

流水号：20020

《四部医典藏药配方大全》

民族语言题名：དཔལ་ལྡན་རྒྱུད་བཞིའི་སྨན་གྱི་སྦྱོར་སྡེ་ཆེན་མོ།

并列题名：dpal ldan rgyud bzhivi sman gyi sbyor sde che mo

其他题名文种：藏文

正文文种：藏文

ISBN：978-7-223-02917-9

主题词：藏药 – 配方 – 汇编 – 藏语

中图分类号：R291.4

内容提要及说明：康萨·索朗其美（bod ljongs bod lugs gso rig slob chen）编［著］，khang sar bsod nams vchi med 主编，顿珠、占堆、普琼次仁、嘎旦尼玛编。拉萨：西藏人民出版社 2010 年第 1 版。铅印本，941 页，580 千字。

流水号：20021

《四部医典大详解》

民族语言题名：རྒྱུད་བཞིའི་འགྲེལ་ཆེན་དྲང་སྲོང་ཞལ་ལུང་།།

中图分类号：R2–5

内容提要及说明：该书共 6 卷。内容包括《四部医典》详解，补充了历代古方，200 多张动、植物药材和古代外科器械图片等，是一部集藏医药医疗实践和理论精华于一体的藏医药学术权威工具书，被誉为“藏医药百科全书”。

措如·才朗著。成都：四川民族出版社 2001 年版。

流水号：20022

《四部医典后续部详释》

民族语言题名：ཕྱི་མ་རྒྱུད་ཀྱི་རྣམ་པ་བཤད་པ་ལག་ལེན་གསལ་བྱེད་ཅེས་བྱ་བ་བཞུགས་སོ།

并列题名：phyi ma rgyun kyi rnam par bshad pa lag len gsal byed ces bya ba bzhugs

其他题名文种：汉文、藏文

ISBN：978-7-5409-4147-5

主题词：四部医典 – 注释

中图分类号：R291.4

内容提要及说明：rje skyem pa tshe dbang 著，mdzod dge rdzong bod sman zhib vjug khang 整理。成都：四川出版集团、四川民族出版社 2009 年版，537 页。

流水号：20023

《〈四部医典〉考源》

民族语言题名：དཔལ་ལྡན་རྒྱུད་བཞི།

ISBN：7-5347-2223-3

主题词：考证 - 藏医 - 中国医药学 - 古籍

中图分类号：R291.4

内容提要及说明：该书系统介绍了《四部医典》的书名、成书时间、比较文献学研究等，并比较了德格版和塔尔寺版《四部医典》的异同，剖析了《四部医典》中一章的文献学。

蔡景峰、洪武娌著。郑州：大象出版社 1999 年版。

流水号：20024

《国家中医药管理局民族医药文献整理丛书——四部医典诠辨》

并列题名：rgyud bzhivi mthav dpyod

其他题名文种：汉文、藏文

ISBN：978-7-5421-1235-4

主题词：藏医 - 古籍 - 解释

中图分类号：R291.4

内容提要及说明：该套丛书包括多个少数民族医药内容，其中《四部医典诠辨》是藏族医药分册。

thub bstan 整理主编。兰州：甘肃民族出版社 2008 年版，313 页。

流水号：20025

《〈四部医典〉释续部注疏 · 除暗明灯》

民族语言题名：བཤད་རྒྱུད་འགྲེལ་བཤད་མུན་སེལ་སྒྲོན་མེ།

其他题名文种：藏文

正文文种：藏文

ISBN：7-105-03022-4

中图分类号：R291.4

内容提要及说明：迦那达罗主编。北京：民族出版社 1998 年第 1 版，280 页。

流水号：20026

《图解四部医典》

民族语言题名：རྒྱུད་བཞི།

ISBN：978-7-5375-5265-3

主题词：藏医 - 古籍 - 图解

中图分类号：R291.4-64

内容提要及说明：该书共 2 册，除了保持了原著的本来风貌、原文全译外，还增加了上千幅精美曼汤（医学挂图）细部图片，同时以图解、表格等方式辅助阅读，对疾病的病因病缘、症状表现、治疗方法，以及疾病预防、生活养生等进行了论述。

宇妥 · 元丹贡布原著，李建编著。石家庄：河北科学技术出版社 2012 年版，687 页。

流水号：20027

《图解四部医典·秘法与实用篇》

民族语言题名：གསང་ཐབས་དང་དངོས་སུ་བཀོལ་བའི་དེབ་ཚན།

ISBN：978-7-5613-3769-1

主题词：藏医－古籍－图解

中图分类号：R291.4

内容提要及说明：以现代手法诠释藏医经典《四部医典》，将藏医的《四部医典》与根据《四部医典》内容为基础绘制的80幅唐卡相结合，采用图解的形式将唐卡局部逐一分解放大。

宇妥·元丹贡布原著；第司·桑吉嘉措（又名桑介甲措）原绘，紫图编绘。西安：陕西师范大学出版社2007年第1版。影印本，311页，180千字，有插图。

流水号：20028

《西藏藏医药》

民族语言题名：བོད་ལྗོངས་བོད་ལུགས་གསོ་རིག

ISBN：7-223-01599-3

主题词：西藏－藏医

中图分类号：R291.4

内容提要及说明：全书从藏医药的发展简史、事业现状、理论体系、诊疗方法、天文历算、人物、制药企业和药物等各方面，反映了西藏藏医药发展的现状。

西藏自治区藏医药管理局编著。拉萨：西藏人民出版社2003年版，374页。

流水号：20029

《西藏常用中草药》

民族语言题名：བོད་ལྗོངས་རྒྱུན་སྤྱོད་རྩ་སྨན།།

正文文种：汉文、藏文

统一书号:14170.1

主题词：中草药－西藏

中图分类号：R93/17

内容提要及说明：该书收载有西藏地区常用民族药。

西藏自治区革命委员会卫生局、西藏军区后勤卫生处编写。拉萨：西藏人民出版社1971年第1版。铅印本，911页，279.4千字，有插图。

流水号：20030

《西藏传统医学概述》

民族语言题名：བོད་ལྗོངས་སྲོན་རྒྱུན་གསོ་རིག་ཞིས་བྱ།།

ISBN：7-80057-078-9

主题词：研究－藏医

中图分类号：R291.4/1

内容提要及说明：该书介绍了藏医的渊源、理论体系、奇妙的诊断、多样的疗法、科学挂图和历史上著名的医学巨著，对藏医在国外的影响及作用亦有所提及。

蔡景峰著。北京：中国藏学出版社1992年第1版。铅印本，143页，91.5千字，有插图。

流水号：20031

《西藏医心术》

民族语言题名：བོད་ལུགས་སྙིང་གསོ་ལག་རྩ།

内容提要及说明：东杜法王、仁波切主编，郑振煌译。乌鲁木齐：新疆人民出版社 1999 年版。

流水号：20032

《西藏医学》

民族语言题名：བོད་ལྗོངས་གསོ་རིག

题名文种：汉文

统一书号 :14170.32

主题词：藏医

内容提要及说明：该书包括藏医学史、《四部医典》节译和伟大的“医圣”宇妥·元丹贡布传记三部分。重点是藏医学历史的研究。

日琼仁颇且·甲拜衮桑编著。蔡景峰译。拉萨：西藏人民出版社 1986 年版。纸质，铅印本，511 页，有插图。

流水号：20033

《西藏医学史》

民族语言题名：བོད་ལྗོངས་གསོ་རིག་ལོ་རྒྱུས།

ISBN：7-80567-134-6

主题词：藏医 – 医学史

中图分类号：R-92:R291.4

内容提要及说明：该书对西藏医药学形成及发展的历史过程做了系统的介绍。

王镭主编。南京：译林出版社、地平线出版社 1991 年第 1 版，238 页。

流水号：20034

《现代藏医药研究考论 》

民族语言题名：བོད་ཀྱི་གསོ་རིག་གི་གནས་བབ་གླེང་གཞིགས་དུས་ཀྱི་འབོད་སྒྲ།

并列题名：bod kyi gso rig gi gnas bab gleng gzhigs dus kyi vbod sgra

其他题名文种：藏文

ISBN：978-7-105-11881-6

主题词：藏医 – 研究 – 藏语

中图分类号：R291.4

内容提要及说明：藏文版。

dkon mchog rgyal mtshan 主编。北京：民族出版社 2011 年版，362 页。

流水号：20035

《新编藏医学》

民族语言题名：གསོ་རིག་སྙིང་བསྡུས་སྐྱ་རེངས་གསར་པ།

并列题名：gso rig snying bsdus skya rengs gsar pa

其他题名文种：汉文、藏文

正文文种：藏文

ISBN：978-7-223-01075-7

主题词：藏医 – 藏语

中图分类号：R291.4

内容提要及说明：该书以新颖的写作手法，结合多年的临床实践，藏地特有的病理病因，是藏医藏药的理论经典，全面叙述了人体病理、病因、诊断、药物、外医、治疗、保健等藏医基础理论，是一部

实用性极强的医药操作书。

桑丹（bsam gtan）编著。拉萨：西藏人民出版社 2007 年第 1 版。铅印本，496 页，470 千字，有插图。

流水号：20036

《新修晶珠本草》

民族语言题名：ཤེལ་གོང་ཤེལ་ཕྲེང་གསར་བསྒྲིགས

ISBN：7-5364-5149-0

主题词：中国 - 藏医 - 本草

中图分类号：R291.4

内容提要及说明：该书以《晶珠本草》为蓝本，分 13 章，共记载药物 1167 种 2294 味，藏药方剂 500 多首，药物插图近 300 幅。其内容有藏药简史、藏药理论、藏药资源与环境的关系、藏药各论等。

罗达尚主编。成都：四川科学技术出版社 2004 年版，1022 页。

流水号：20037

《宿喀藏医史》

民族语言题名：ཟུར་མཁར་བའི་བོད་སྨན་ལོ་རྒྱུས།

并列题名：byang chub sems dpavi spyad pa spyod par vdod pavi sman pa rnams kyis mi shes su mi rung bavi pyi nang gzhan gsum gyi rnam bzhag shes bya spyivi khog vbums pa drang song kun tu dgav bavi zlos gar zhe bya ba bzhugs so

其他题名文种：汉文、藏文

正文文种：藏文

ISBN：7-105-07099-4

主题词：藏医 - 医学史 - 藏语

中图分类号：R291.4

内容提要及说明：该书记录了藏医药的诞生和发展的历史，是藏医学方面的珍贵的参考资料，具有一定的学术价值和文献价值。

艾措千（mtsho sngon zhing chen bod kyi gso rig zhib vjug khang，rtsom sgrig tshogs pa）主编，多杰、旦正加编，青海省藏医药研究所编写。北京：民族出版社 2006 年第 1 版。纸质，铅印本，315 页。

流水号：20038

《雪域养生秘典》

民族语言题名：གངས་ལྗོངས་ཀྱི་ལུས་ཟུངས་གསོ་བའི་མན་ངག་གཏེར་མཛོད།

ISBN：7-225-02579-1

主题词：藏医 - 养生（中医）

中图分类号：R291.4

内容提要及说明：该书是关于养生的普及读物，作者运用通俗的文字介绍了藏医学与藏族人民在高原生活中的养生理论、防病知识和生活经验运用通俗的文字进行介绍。

毛继祖编著。西宁：青海人民出版社 2004 年版，370 页。

流水号：20039

《雪域医药新探》

民族语言题名：གསོ་རིག་དཔྱད་རྩོམ་ཀུན་

དགྱེས་པའི་ཟླ་ཟེར།

并列题名：bod lugs gso rig gi dpyad rtsom gces btus kunda dgyis pavi zla zer

其他题名文种：藏文

ISBN：978-7-105-09093-8

主题词：藏医 – 研究

中图分类号：R291.4

内容提要及说明：该书主要论述藏族医药学理论和实践。藏文版。

mgon po skyabs 主编。北京：民族出版社 2008 年版，259 页。

流水号：20040

《雪域愿望树》（追溯藏医藏药的心灵之旅）

民族语言题名：གངས་ལྗོངས་རྒྱུད་བཞི་སྙིང་འགྲིམས།

ISBN：7-80057-643-4

主题词：现代 – 选集 – 报告文学 – 藏医

中图分类号：I253.6

内容提要及说明：该书介绍了藏医学的基本内涵，作者以新闻工作者的敏感报道了各地藏医药事业的进步，记述了与藏医专家、学者、企业家的交往过程。

李晓林主编。北京：中国藏学出版社 2003 年第 1 版，299 页。

流水号：20041

《医经四部杂病要旨》

民族语言题名：རྒྱུད་བཞིའི་ནད་རིགས་སྣ་ཚོགས།

ISBN：7-204-03007-9

主题词：藏医 – 中国医药学 – 古籍

中图分类号：R291.4

内容提要及说明：该书本着古为今用的精神对《四部医典》进行了系统地整理和精选。内容以内科疾病为主，包括结论、三根病论、脏腑病的诊治和发热疾病诊治等。

金钱等编著。呼和浩特：内蒙古人民出版社 2000 年版，290 页。

流水号：20042

《医生就在你身边》

民族语言题名：སྨན་པ་འགྲམ་དུ་གནས།

其他题名文种：藏文

正文文种：藏文

ISBN：7-105-05187-6

中图分类号：R91

内容提要及说明：本书介绍了藏族医学的基本理论及诊病治病的基本原理和方法。

单平主编。北京：民族出版社 2002 年第 1 版。纸质，铅印本。

流水号：20043

《医学札记・札记精粹》

民族语言题名：ཀོང་སྤྲུལ་ཟིན་ཏིག

其他题名文种：藏文

正文文种：藏文

ISBN：962-450-588-8

中图分类号：K6245

内容提要及说明：紫色封面，纸质铅

印本，375 页。

流水号：20044

《云南藏医历史与文化》

民族语言题名：ཡུན་ནན་གྱི་བོད་སྨན་ལོ་རྒྱུས་དང་རིག་གནས།

ISBN：978–7–81112–267–1

主题词：藏医 – 医理 – 历史 – 文化

中图分类号：R291.4/17

内容提要及说明：该书对云南藏族的源流、藏医学的理论体系、云南藏医的历史和现状、云南藏族地区生态环境与藏药材的分布、藏传佛教与藏医的关系、藏医医疗行为与文化的关系等方面进行研究。

张实主编。昆明：云南大学出版社 2007 年第 1 版。铅印本，349 页，289 千字，有插图。

流水号：20045

《香格里拉民族医药研究丛书——云南藏医药》

民族语言题名：སེམས་ཀྱི་ཉི་ཟླའི་མི་རིགས་སྨན་རྩི་ཞིབ་འཇུག་དཔེ་ཚོགས།——ཡུན་ནན།

其他题名文种：汉文

ISBN：978–7–5416–2982–2

主题词：藏医 – 研究 – 云南省

中图分类号：R291.4

内容提要及说明：该书从云南藏医的特点出发，收集散落民间的文献，从中总结出云南藏医药发展的规律和特色。

郑进、祁继光主编，杨梅、张超、钱子刚、姚晓武编，云南中医学院编著。昆明：云南科技出版社 2008 年第 1 版。铅印本，544 页，500 千字，有插图。

流水号：20046

《藏式健身宝卷·藏族传统健身法集成》

民族语言题名：བོད་ལུགས་ལུས་སྦྱོང་བྱ་ཐབས་མཛུབ་མོ་རི་སྟོན།

其他题名文种：汉文、藏文

正文文种：汉文、藏文

ISBN：978–7–80057–954–7

主题词：藏族　健身运动

中图分类号：R161.1

内容提要及说明：该书收集整理了 13 种藏族传统健身方法，包括健身操、气功、冥想、按摩、全身运动等，配有相应图例，说明了该健身方法的具体做法、要求、所针对的疾病、所能达到的效果等。

拉巴平措主编。北京：中国藏学出版社 2007 年第 1 版。铅印本，364 页，320 千字，有插图。

流水号：20047

《雪域藏医药精粹·藏药与方剂》

民族语言题名：བོད་ལྗོངས་བོད་སྨན་སྙིང་དོན་གསལ་བ་བོད་སྨན་གྱི་བཟོ་ཐབས།

ISBN：7–5421–0782–8

主题词：藏医 – 方剂

中图分类号：R291.4

内容提要及说明：该书系统介绍了藏医药史、藏医基础理论、藏医诊断治疗的医诀、藏药采集加工、藏药配方及日常保健等知识。

毛继祖主编，毛韶玲等编写。兰州：甘肃民族出版社 2001 年版，320 页。

流水号：20048

《藏医产科学研究及临床治疗》

民族语言题名：མོ་ནད་ཕལ་པའི་ནད་ལ་ཞིབ་འཇུག་དང་གསོ་བཅོས་ཉམས་ཡིག

并列题名：mo nad phal pavi nad la zhib vjug dang gso bcos kyi nyams yig

其他题名文种：藏文

正文文种：藏文

ISBN：978-7-223-02577-5

主题词：藏医 – 产科学

中图分类号：R291.4

内容提要及说明：明吉措姆，sman skyid mtsho mo 编著。拉萨：西藏人民出版社 2009 年第 1 版。铅印本，169 页，90 千字，有插图。

流水号：20049

《藏医常药配方》

民族语言题名：རྒྱུན་སྤྱོད་བོད་སྨན་སྦྱོར་ཕན་རྣམ་གྲངས་ཀུན་གསལ་མེ་ལོང་།།

其他题名文种：藏文

正文文种：藏文

ISBN：7-223-00839-3

中图分类号：R29

内容提要及说明：扎西著。拉萨：西藏人民出版社 1995 年第 1 版，铅印本，344 页，15 千字。

流水号：20050

《藏医常用验方集萃》

并列题名：nyer mkhovi sman sbyor phyogs bsgrigs kun phan bdud rtsivi gter mdzodnyer mkhovi sman sbyor phyogs bsgrigs kun phan bdud rtsivi gter mdzod

其他题名文种：汉文、藏文

ISBN：978-7-5409-3402-6

主题词：藏医 – 验方 – 汇编

中图分类号：R291.4

内容提要及说明：作者通过自己多年的行医经验，对传统医药学的研究和探索，以及临床应用、分析，总结出一套行之有效的各种常用药物的科学配方。该书主要讲述藏族地区常见病的医治方法和常用药物的科学配方。

mdzod dge rdzong bod sman zhib vjug khang 整理。成都：四川民族出版社 2007 年版，592 页。

流水号：20051

《藏医常用药物配方及诊治》

民族语言题名：སྨན་སྦྱོར་ཉེ་བ་མཁོ་བསྡུས་ཨ་རུ་གསེར་འབྲས་དོ་ཤལ།།

正文文种：藏文

ISBN：7-5420-0894-3

中图分类号：R291.4

内容提要及说明：白日光主编。西宁：青海民族出版社 2000 年第 1 版。铅印本，387 页，160 千字。

流水号：20052

《藏医成方制剂现代研究与临床应用》

民族语言题名：བོད་ལུགས་སྨན་སྦྱོར་དེང་རབས་ཞིབ་འཇུག་དང་ནད་པ་སྦྱོད་པ།

ISBN：978-7-5364-6955-6

主题词：藏医－方剂学－研究

中图分类号：R291.4

内容提要及说明：该书分上编、中编、下编三部分。上编对藏医药学发展历史进行了全面概述；中编收载临床常用的经典藏医成方制剂 106 种；下编为附录，包括藏医病名解释、藏药材名录等。

占堆、赵军宁主编。成都：四川科学技术出版社 2009 年版，678 页。

流水号：20053

《雪域藏医药精粹 · 藏医基础理论》

民族语言题名：གངས་ལྗོངས་བོད་སྨན་སྙིང་དོན་གསལ་བ་དང་བོད་སྨན་ཆང་གཞི་རིག་གཞུང་།

ISBN：7-5421-0668-6

主题词：藏医－基本知识

中图分类号：R291.4

内容提要及说明：毛继祖主编。兰州：甘肃民族出版社 1999 年版，202 页。

流水号：20054

《藏医教会我们的养生保健知识》

民族语言题名：བོད་སྨན་ལྟ་རྗེས་རང་ཉིད་ལ་ལུས་ཁམས་བདེ་ཐང་དང་གསོ་ཐབས་སློབ་པ།

ISBN：978-7-510-40384-2

内容提要及说明：该书从读者角度出发，摒弃了晦涩难懂的病理分析，减少了繁杂的药用配方，把一些好的养生方法用最简单的方式表达出来。书中辑录的都是日常生活中最基本、最有效的养生方法，简单易学，而且一些方法所使用的原料也都是生活中常见的，成本低廉，便于配制。该书信息量大，受众面也较广，除了适合老年人以外，也适合工作压力大的上班族，以及喜欢美容保养的年轻女性，是一本老少皆宜的读物。另外，该书在行文方面，格式多选用小段、小节，以免长篇大段看得人头晕眼花。特别是关注养生保健方面的多是中老年朋友，所以多用小段，方便阅读。

卜鹤主编，北京：新世界出版社 2009 年第 1 版。纸质，铅印本。

流水号：20055

《藏医历史与文化》

民族语言题名：གསོ་རིག་ལོ་རྒྱུས་དང་རིག་གནས།།

ISBN：978-7-81112-267-1

中图分类号：R291.4

内容提要及说明：该书从历史学与人类学相结合、医学与文化相结合的多学科视角，对云南藏医的源流、理论体系、形成发展等相关问题进行研究，并对一些理论问题提出了自己的观点。该书对研究云南藏医的历史文化，传承和弘扬藏族优秀传统文化有一定的价值和意义。

张实主编，蔡红华编。昆明：云南大

学出版社 2007 年第 1 版。铅印本，337 页，289 千字，有插图。

流水号：20056

《藏医临床精要》

内容提要及说明：存目书籍

流水号：20057

《藏医脉诊学》

民族语言题名：བོད་སྨན་རྩ་དཔྱད་རིག་པ།

其他题名文种：藏文

正文文种：藏文

ISBN：7-5420-0994-3

中图分类号：R29.16

内容提要及说明：东杰主编。西宁：青海民族出版社 2001 年第 1 版。纸质铅印本，144 页。

流水号：20058

《藏医秘方精选》

民族语言题名：བོད་ཀྱི་གསོ་རིག་མན་ངག་གཅེས་བཏུས

其他题名文种：汉文、藏文

ISBN：7-5364-4622-5

主题词：藏医 – 秘方

内容提要及说明：该书包括藏医药基础理论、诊断和辨证、病因与治疗、特殊的尿诊及内科、外科、骨伤科、皮肤科、男性科、妇科、儿科和自然疗法等共 13 章。收载各种常见病、多发病、疑难病计 200 多种。

仁青卓玛编著。成都：四川科学技术出版社 2001 年第 1 版。铅印本，245 页，174 千字。

流水号：20059

《藏医名人故事》

并列题名：gso rig mkhas dbang khag gi rnam thar phyogs bsgrigs bzhugs

其他题名文种：藏文

ISBN：7-5409-3232-5

主题词：藏医 – 名人 – 生平事迹

中图分类号：K826.2

内容提要及说明：该书收录了前宇妥、后宇妥等 5 位藏医学名人的故事，主要讲述了他们对藏医的热爱和在行医路上的坎坷人生，以及他们对藏医学做出的杰出贡献。

mdzod dge rdzong bod sman zhib vjug khang 整理。成都：四川民族出版社 2006 年版，315 页。

流水号：20060

《藏医千万舍利》

民族语言题名：བོད་ཀྱི་གསོ་རིག་ཕན་བདེ་ནོར་བུ་བང་མཛོད།།

其他题名文种：藏文

正文文种：藏文

ISBN：7-5421-0125-0

内容提要及说明：该书是藏医经典的详释，主要讲述常见病的诊断和治疗法。

兰州：甘肃民族出版社 1993 年第 1 版。纸质，铅印本，889 页。

流水号：20061

《藏医人体病理诊断宝镜》

并列题名：nad rtags phyogs bsgrigs kun gsal shel gyi me long zhes bya ba bzhugs so

其他题名文种：藏文

正文文种：藏文

ISBN：7-80057-453-9

主题词：藏医－病理学－诊断学

中图分类号：R291.4

内容提要及说明：罗桑旦真（blo bzang bstan vdzin）著。北京：中国藏学出版社 2002 年第 1 版。纸质，铅印本，437 页。

流水号：20062

《藏医实践概论》

民族语言题名：བོད་ལུགས་གསོ་རིག་ལག་ལེན་གྱི་མདོར་བསྡུས།

中图分类号：R291.4

内容提要及说明：康仓·珠嘉著，阿吾·嘎洛整理。西宁：青海人民出版社 2006 年版。

流水号：20063

《藏医史概论》

并列题名：bod kyi gso ba rig pavi byung ba brjod pa dpyod ldan gsar buvi mgul rgyan

其他题名文种：藏文

正文文种：藏文

ISBN：7-80057-536-5

主题词：医学史－藏族

中图分类号：R29

内容提要及说明：桑丹（bsam gtan）著。北京：中国藏学出版社 2002 年第 1 版。纸质，铅印本，178 页。

流水号：20064

《藏医四部医典八十幅曼唐释难·蓝琉璃之光》

民族语言题名：གསོ་རིག་རྒྱུད་བཞིའི་སྨན་ཐང་བརྒྱད་ཅུའི་དཀའ་འགྲེལ་བཻཌཱུརྻའི་འོད་སྣང་ཞེས་བྱ་བ་བཞུགས་སོ།།

内容提要及说明：该书用藏族传统唐卡（卷轴画）的形式，对《四部医典》中藏医药学的基本理论、病理、药理、治疗和药物等做了图解式的记载，并做了详尽的文字解释。每幅唐卡的释文后附有汉英两种文字的内容简介。

强巴赤列主编。北京：民族出版社 2006 年版。

流水号：20065

《藏医四部医典综述要义及善事总论注疏》

民族语言题名：གསོ་རིག་རྒྱུད་བཞིའི་མཛུག་དོན་ཡོངས་གཏད་ཀྱི་འགྲེལ་པ་མེས་པོའི་དགོངས་རྒྱན་ཞེས་བྱ་བ་བཞུགས་སོ།།

其他题名文种：藏文

正文文种：藏文

ISBN：978-7-80253-162-8

中图分类号：R291.4

内容提要及说明：强巴旺秀主编，巴珠著。北京：中国藏学出版社 2010 年第 1 版第 1 次印刷。纸质，铅印本，834 页。

流水号：20066

《藏医外治疗法》（第 2 版）

民族语言题名：བོད་ཀྱི་གསོ་རིག་ལས་དཔྱད་བཅོས་ཐབས་ཞེས།།

ISBN：7-5421-0807-7

主题词：藏医 – 外治法

中图分类号：R291.4

内容提要及说明：该书分外治疗法、饮食疗法和起居疗法三篇，涉及罨熨疗法、浸浴疗法、搽涂疗法、火罐疗法、艾灸疗法和穿刺疗法等内容。

卡洛、毛韶玲等编写。兰州：甘肃民族出版社 2001 年版，135 页。

流水号：20067

《雪域藏医药精粹 · 藏医外治疗法》

民族语言题名：གངས་ཁོངས་བོད་སྨན་གྱི་བཅུད་བཅུད་བོད་སྨན་ཕྱི་རོལ་གྱི་སྨན་བཅོས་ཐབས།

ISBN：7-5421-0807-7

主题词：藏医 – 丛书

中图分类号：R291.4-51

内容提要及说明：该丛书收录了《藏医外治疗法》《藏医基础理论》《藏医诊疗秘诀》等书。

毛继祖主编。兰州：甘肃民族出版社 1999 年版。

流水号：20068

《藏医心理学》

民族语言题名：བོད་ལུགས་སེམས་ཁམས་རིག་པ།

其他题名文种：藏文

正文文种：藏文

ISBN：7-223-01014-2

中图分类号：R29

内容提要及说明：鲁强杰主编。拉萨：西藏人民出版社 1996 年第 1 版。铅印本，184 页，80 千字。

流水号：20069

《藏医心理学》

民族语言题名：བོད་ལུགས་སེམས་ཁམས་རིག་པ།

其他题名文种：汉文

正文文种：汉文、藏文

ISBN：7-105-06675-X

主题词：藏医 – 医学心理学

中图分类号：K291.4/9

内容提要及说明：该书分 8 章，内容涉及这一分支学科的历史、理论基础、对心理过程的认识、人格心理学、释梦、心理疾病、心理疗法及心理卫生等。

李先加著，罗秉芬译。北京：民族出版社 2004 年第 1 次印刷。纸质，铅印本，235 页。

流水号：20070

《藏医学概论》

民族语言题名：བོད་ཀྱི་གསོ་བ་རིག་པ།

内容提要及说明：尼玛次仁主编。北京：民族出版社 2004 年版。

流水号：20071

《藏医学诀窍续》

民族语言题名：སྙིང་པོ་ཡན་ལག་བརྒྱད་པ་གསང་བ་མན་ངག་གི་རྩ་རྒྱུད་དང་བཤད་རྒྱུད་ཀྱི་འགྲེལ་བ།།

正文文种：藏文

内容提要及说明：德格神医·仁钦兀色主编。成都：四川民族出版社 2001 年版。

流水号：20072

《藏医学窍诀选集·利他明灯》

民族语言题名：བོད་ལུགས་གསོ་རིག་གདམས་ངག་གཅེས་བསྡུས་གཞན་ཕན་སྒྲོན་མེ།

其他题名文种：藏文

正文文种：藏文

ISBN：7-223-00897-0

内容提要及说明：达拉·罗布主编。拉萨：西藏人民出版社 1996 年第 1 版。铅印本，324 页，190 千字。

流水号：20073

《藏医学史总论》

正文文种：藏文

民族语言题名：བོད་ཀྱི་གསོ་བ་རིག་པའི་ལོ་རྒྱུས།

正文文种：藏文

内容提要及说明：措如·罗追加措主编。成都：四川民族出版社 2001 年版。

流水号：20074

《藏医学释续详解》

正文文种：藏文

内容提要及说明：措如·罗追加措主编。成都：四川民族出版社 2001 年版。

流水号：20075

《藏学文库——藏医学通史》

民族语言题名：བོད་ཀྱི་གསོ་བ་རིག་པའི་ལོ་རྒྱུས།

其他题名文种：汉文、藏文

ISBN：7-225-02188-5

主题词：藏医 - 医学史

中图分类号：R-092

内容提要及说明：该书全面系统地叙述了藏医药学生成、发展的全过程，分为萌芽时期、吐蕃王朝时期、萨迦和帕摩竹王时期、甘丹颇章时期和中华人民共和国时期等几个不同阶段。

蔡景峰著。西宁：青海人民出版社 2002 年第 1 版。纸质，铅印本，222 页，有插图。

流水号：20076

《藏医养生密码·藏医养生大智慧》

民族语言题名：བོད་ཀྱི་གསོ་བ་རིག་པའི་ལུས་གསོའི་བློ་རིག་ཆེན་པོ།

其他题名文种：汉文

ISBN：978-7-81132-653-6

主题词：养生 - 基本知识

中图分类号：R291.4/10

内容提要及说明：该书既辑录了藏医

从饮食、起居上调理身体的方法，又介绍了密宗修习之道，还有稀有珍贵的藏药奇方，帮助读者破解藏医养生的密码。

薛慧主编。南昌：江西高校出版社 2010 年第 1 次印刷。铅印本，191 页，200 千字，有插图。

流水号：20077

《藏医养生图说》

民族语言题名：བོད་སྨན་ལུས་གསོའི་རི་མོས་དོན་འགྲེལ།

其他题名文种：汉文、英文、藏文

ISBN：7-117-07482-5

主题词：藏医－养生（中医）－普及读物

中图分类号：R29.7483

内容提要及说明：该书介绍了古老神秘的藏医学在养生领域的主要经验，包括生命诞生、生命常识、性养生等内容。该书是第一部藏医养生学领域的科普读物，以通俗流畅的文字，全面地介绍了古老神秘的藏医学在养生领域的主要经验，包括生命诞生、生命常识、疾病常识、起居养生、饮食养生、性养生、药浴养生、生命预兆、养生箴言等内容。内容涉及生命从出生到终结各阶段的养生知识，理法兼备，具有较强的知识性和实用性。同时该书还从传统藏医教学挂图、藏族唐卡、藏族壁画、藏族民间图饰中选取大量插图，更加生动地阐释了藏医养生学内涵，全书图文并茂，具有较高的艺术欣赏价值。

黄福开著。北京：人民卫生出版社 2006 年第 1 版。铅印本，310 页，349 千字，有插图，覆膜。

流水号：20078

《藏医药典籍精选》

民族语言题名：གསོ་རིག་ཡིག་ཆ་སྙིང་བསྡུས།

并列题名：gso rig yig cha nying bsdus

其他题名文种：藏文

ISBN：978-7-5421-1169-2

主题词：藏医－古籍－选集

中图分类号：R291.4

内容提要及说明：该书精选《实践宝库》《身躯脉络四位明释》《火灸实治秘诀》等 18 部藏医临床实用精粹古籍。内容主要包括藏医诊断法、内治法、外治法、配药法、服药法以及药物的辨认、采集、加工、炮制法等。有很高的实用价值和文献价值。

lha mo don vgrub，vbum kho，skal bzang vjigs med 整理。兰州：甘肃民族出版社 2007 年版，336 页。

流水号：20079

《藏医药方学》

民族语言题名：བོད་ལུགས་སྨན་སྦྱོར་རིག་པ།

并列题名：bod lugs sman sbyor rig pa

其他题名文种：藏文

正文文种：藏文

ISBN：7-5420-0994-X

主题词：药方学－藏族

中图分类号：R291.4

内容提要及说明：久先主编。西宁：青海民族出版社 2003 年第 1 版。纸质，铅印本，348 页。

流水号：20080

《藏医药防治大骨节病研究》

民族语言题名：བོད་ལུགས་གསོ་རིག་གིས་རུས་ཚིགས་ཆེན་པོའི་ནད་འགོག་བཅོས་ཞིབ་འཇུག་བྱས་པའི་སྐོར་བཞུགས་སོ།

并列题名：bod lugs gso rig gis rus tshigs chen povi nad vgog bcos zhib vjug byas pavi skor bzhugs so

其他题名文种：藏文

正文文种：藏文

ISBN：978-7-105-09497-4

主题词：藏医－大骨节病－防治－研究

中图分类号：R291.4

内容提要及说明：藏医大骨节病的防治研究。藏语版。

索朗次仁主编，vphan yul bsod nams tshe ring 编著。北京：民族出版社 2008 年版，116 页。

流水号：20081

《藏医药古籍整理与信息化平台建设》

其他题名文种：汉文

正文文种：汉文、英文

ISBN：978-7-80253-388-2

中图分类号：R29.42

内容提要及说明：冯岭、黄福开、李雪、仁旺次仁、潘秋平、郭亚光著。北京：中国藏学出版社 2013 年第 1 版第 1 次印刷，铅印本，345 页，285 千字。

流水号：20082

《藏医药理论知识问答》

民族语言题名：བོད་ཀྱི་གསོ་བ་རིག་པ་དྲིས་ལན་སྐལ་ལྡན་འཇུག་སྒོ།

并列题名：bod kyi gso ba rig pavi dris lan skal ldan vjug sgo

其他题名文种：藏文

ISBN：978-7-5421-1754 0

主题词：藏医－问答

中图分类号：R291.4-44

内容提要及说明：dbon tshang vjigs byed skyabs 著。兰州：甘肃民族出版社 2010 年版，356 页。

流水号：20083

《藏医药选编》

民族语言题名：བོད་ཀྱི་གསོ་བ་རིག་པའི་གཅེས་བཏུས།

并列题名：gso rig sman bcos phyogs bsgrigs gces bsdus snying nor

其他题名文种：藏文

统一书号 :M14181.2

主题词：医药－西藏

中图分类号：R291.4

内容提要及说明:《藏医药选编》根据清道光年间蒙古族罗桑却佩所著的《藏医药选编》翻译。原著共 121 章，分述藏医学基础理论、临床各科治疗、药物方剂以及一些特殊疗法。

（清）罗桑却佩（blob zang chosvp hel）著，李多美译。西宁：青海民族出版社1977年版，413页。

流水号：20084

《藏医药研究荟萃》

民族语言题名：ཆེད་རྩོམ་གསེར་གྱི་ཐང་མ།

并列题名：pod kyi gso ba rig pavi ched rtsom gces bsdus

其他题名文种：藏文

正文文种：藏文

ISBN：7-5420-1002-6

主题词：藏族－论文集－医药

中图分类号：R29

内容提要及说明：该书为藏医药研究内容的汇编。

mtsho sngon bod lugs gso rig lhan tshogs主编，青海省藏医学会编写。西宁：青海民族出版社2003年第1版。纸质，铅印本，284页，覆膜。

流水号：20085

《藏医医诀补遗》

民族语言题名：མན་ངག་ཡོན་ཏན་རྒྱུད་ཀྱི་ལྷན་ཐབས།

其他题名文种：藏文

正文文种：藏文

ISBN：7-5420-0275-9

中图分类号：G.232

内容提要及说明：该书为藏族医药古典医籍的现代版本。

第司·桑吉嘉措主编。西宁：青海民族出版社1991年第1版。纸质铅印本，680页。

流水号：20086

《雪域藏医药精粹·藏医诊疗秘诀》

民族语言题名：བོད་ལྗོངས་མན་ངག་ཡོན་ཏན་རྒྱུད་ཀྱི་ལྷན་ཐབས།

ISBN：7-5421-0712-7

主题词：藏医－基本知识－藏医

中图分类号：R291.4

内容提要及说明：该书载录全身病、儿童病、妇女病、中邪病、创伤、中毒、返老、壮阳等内容。

毛继祖主编，扎西等编写。兰州：甘肃民族出版社2000年版，343页。

流水号：20087

《藏医诊脉验尿之心境》

民族语言题名：བོད་སྨན་ཁྲག་ཆུ་དང་གཅིན་པའི་སྨན་བཅོས་མེ་ལོང་།

并列题名：brdag pa rtsa chuvi rgyas spros go don reg mthong yid kyime long

正文文种：藏文

ISBN：7-105-03058-5

主题词：藏医－脉诊－基本知识

中图分类号：R291.4

内容提要及说明：达瓦次仁（zla pa tshe rings）主编。北京：民族出版社2002年第2次印刷。纸质，铅印本，149页。

流水号：20088

《藏医诊治经验集锦》

民族语言题名：གསོ་དཔྱད་ཉམས་མྱོང་འཆི་མེད་བདུད་རྩི་བཅུད་ལེན།

其他题名文种：藏文

正文文种：藏文

ISBN：7-5420-0702-5

中图分类号：R291.10

内容提要及说明：华锐·索南才让主编。西宁：青海民族出版社 1999 年第 1 版。铅印本，376 页，140 千字。

流水号：20089

《藏医知识》

民族语言题名：བོད་གསོའི་ཤེས་བྱ།

其他题名文种：藏文

正文文种：藏文

ISBN：7-5409-1865-9

中图分类号：R29.17

内容提要及说明：土登彭措主编，成都：四川民族出版社 1997 年第 1 版，纸质，铅印本，223 页。

流水号：20090

《藏医治疗学研究》

民族语言题名：གསོ་བྱེད་ཐབས་ཀྱི་རྩ་དོན་ཞིབ་འཇུག

其他题名文种：藏文

ISBN：7-105-08068-X

主题词：藏医－治疗学－研究－藏语

中图分类号：R291.4

内容提要及说明：该书作者是青海大学藏医学院教授。内容主要有两点，即藏医治则和治法。一、治则，是治疗疾病的法则，是在藏医学整体观念和辨证论治的基础上制订的，对临症治疗、立法用药具有普遍意义。二、治法，在治疗原则的指导下，利用饮食、起居行为、药物、外治等四种疗法来进行具体治疗。

香多、李先加主编。北京：民族出版社 2006 年第 1 版。纸质，铅印本，211 页，有插图。

流水号：20091

《藏英汉对照藏医会话》

民族语言题名：བོད་དབྱིན་རྒྱ་གསུམ་གྱི་སྨན་ཁང་ཉེར་མཁོའི་བརྡ་སྤྲོད།

其他题名文种：汉文、藏文、英文

正文文种：汉文、藏文、英文

ISBN：7-105-08069-8

主题词：藏医－藏语－口语－藏－英－汉

中图分类号：K291.4/13

内容提要及说明：该书内容包括医务人员常用语、病人常用语、病人和药剂师、入住医院常用语、各临床科室名称、藏医专业术语、藏医外治术语等 11 个章节。该书适用于初步了解藏医学和临床诊疗工作的人员，也可以作为教学和科研工作的参考书。

尼玛主编，杰布编。北京：民族出版社 2006 年第 1 次印刷。纸质，铅印本，228 页，有插图。

流水号：20092

《藏中西医药精粹》

并列题名：bod rgya phyi gsum gso rig nyer mkhovi bcud thigs

其他题名文种：藏文

ISBN：7-105-07381-0

主题词：藏医 - 基本知识

中图分类号：R291.4

内容提要及说明：该书较系统地介绍了藏医理论与临床经验，同时简要介绍了中医的“四诊”（望、闻、问、切）、“八纲”（阴、阳、表、里、寒、热、实、虚）、“八法”（汗、吐、下、和、清、温、消、补）及西医的人体结构、体格检查、注射技术、用药注意事项、疾病预防知识等常识。

mkhan sprul · bkra shis don grub 著。北京：民族出版社 2005 年版，270 页。

流水号：20093

《藏中医术精选·入迷　珊瑚串》

并列题名：mthong ba dgav byed, byu ruvi vphreng ba

其他题名文种：藏文

ISBN：978-7-105-09724-1

主题词：藏医 - 藏药 - 藏语

中图分类号：R291.4

内容提要及说明：mtsho sngon zhing chen bod kyi gso rig zhib vjug khang, rtsom sgrig tshogs pa 主编。北京：民族出版社 2008 年版，207 页。

流水号：20094

《藏族健身法精汇》

并列题名：bod kyi lus sbyong rig pa sman gyi ldzon pa bzhugs so

正文文种：藏文

ISBN：7-105-04996-0

主题词：藏族 - 健身运动

中图分类号：R30

内容提要及说明：木雅贡布（mi nyag mgon po）编著。北京：民族出版社 2002 年第 1 版。纸质，铅印本，66 页。

流水号：20095

《藏族历代名医略传》

并列题名：gangs ljongs gso rig bstan pavi nyin byed rim byon gyi rnam thar phyogs bsgrigs

其他题名文种：藏文

正文文种：藏文

ISBN：7-105-03876-4

主题词：藏族 - 名医 - 传记

中图分类号：K826.2

内容提要及说明：该书为藏族历代名医的评传。

强巴赤列（byams pa phrin las）编著。北京：民族出版社 2000 年第 2 版。纸质铅印本，630 页，有插图。

流水号：20096

《藏族历算原理》

民族语言题名：བོད་ལུགས་གསོ་རིག་པོ་རྒྱུས།

其他题名文种：藏文

正文文种：藏文

ISBN：7-105-05270-8

内容提要及说明：阿旺贡桑主编，“藏医古文献精品丛书”编委会编写。北京：民族出版社 2002 年第 1 版。纸质，铅印本，1084 页，有插图。

流水号：20097

《藏族医学史》

民族语言题名：བོད་ལུགས་གསོ་རིག་ལོ་རྒྱུས།

其他题名文种：藏文

正文文种：藏文

ISBN：7-80057-269-2

内容提要及说明：格桑、陈来主编。北京：中国藏学出版社 1997 年第 1 版，纸质，铅印本，495 页。

流水号：20098

《中国少数民族医药丛书——藏族医药学》

ISBN：7-5367-1332-0

主题词：藏医

中图分类号：R291.4

内容提要及说明：丁玲辉、关祥祖主编。昆明：云南民族出版社 1997 年第 1 版。铅印本，166 页，128 千字。

流水号：20099

《知识总汇》

民族语言题名：ཤེས་བྱ་ཀུན་ཁྱབ།

正文文种：藏文、汉文

ISBN：7-105-03366-5

内容提要及说明：该书载录藏语编撰的佛教基本知识。含有藏族医药的内容。

工珠・元丹嘉措主编。北京：民族出版社 2002 年第 1 版。纸质，铅印本，1040 页。

流水号：20100

《中藏医诊治歌诀》

民族语言题名：བོད་དང་རྒྱ་སྨན་སྦེལ་སྦྱོར་གྱི་གསོ་ཐབས་རྩ་ཚིག་བཞུགས་སོ།

ISBN：7-5046-4185-5

主题词：基本知识－中医学－临床学－藏医

中图分类号：R24；R291.4

内容提要及说明：该书分中医、藏医和中西藏医结合三篇，汇编了 160 多类病症，分为 700 多个病症类型，还有 800 多个歌诀，每个歌诀 4 至 8 句，末字押韵。每种疾病均先叙述疾病病因、病机、证候、西医名称、诊断要点及治疗原则，再根据寒热虚实、痰淤滞分出各症类别，具体论述症候、治法、方药及随症加减药味。

王智森（桑吉群佩）、栗广林、索郎其美编著。北京：中国科学技术出版社 2005 年版，656 页。

流水号：20101

《中国藏药》（全 3 卷）

民族语言题名：ཀྲུང་གོའི་བོད་སྨན།

其他题名文种：汉文、藏文

正文文种：藏文

ISBN：7-5323-3981-5

中图分类号：R291.4

内容提要及说明：该书收载藏药材计526种，是一部较为全面的介绍青藏高原藏药的专著。

张彦博主编，诸国本、郭鹏举、白志勤编。上海：上海科技出版社1996年第1版。铅印本，1379页，2170千字。

流水号：20102

《中国藏药浴》

民族语言题名：བོད་ཀྱི་གསོ་རིག་ཞིབ་འཇུག་དཔེ་ཚོགས།

ISBN：7-80057-648-5

主题词：藏医－薰洗疗法

中图分类号：R291.4

内容提要及说明：该书突出藏医特色，为藏医专科专病的发展和多种疗法的总结提供了范例。内容包括藏药浴的理论基础、藏药浴的治疗范围、藏药浴的药物组成等14章。

黄福开著。北京：中国藏学出版社2003年版，323页。

流水号：20103

《中国传统医学丛书——中国藏医学》

民族语言题名：ཀྲུང་གོའི་བོད་གསོ་རིག་པ།

ISBN：7-03-004577-7

中图分类号：R291.4/2

内容提要及说明：蔡景峰主编，石长栓、李春华、奇玲、罗达尚编。北京：科学出版社1995年第1版。铅印本，475页，386千字。

流水号：20104

《中国藏医药研究》

民族语言题名：ཀྲུང་གོའི་བོད་སྨན་ཞིབ་འཇུག

并列题名：krung govi bod kyi bso rig-vdon thengs dang po

其他题名文种：藏文

ISBN：7-105-07609-7

主题词：藏医－研究

中图分类号：R291.4

内容提要及说明：该系列图书由青海省卫生厅主管、青海藏医药学会主办，由藏医药学专家学者组成的编委会编辑，书稿来源面向全国藏医药学界，读者对象为全国藏医药从业人员和相关藏学人员。内容以藏文为主，兼有汉文，不定期陆续出版发行。该书为该系列图书的第一辑，收有论文12篇。

gi rtsom sgrig tshogs pa主编，《中国藏医药研究》编委会编写。北京：民族出版社2006年版，95页。

流水号：20105

《中国的藏医》

民族语言题名：ཀྲུང་གོའི་བོད་ཀྱི་གསོ་རིག།

ISBN：978-7-03-038084-5

主题词：藏医－研究－中文－英文－藏文

中图分类号：R291.4

内容提要及说明：该书以汉、藏、英三种文字形式出版，对丰富人们对藏医药文化的理解，促进藏医药在国内外的传播发展有着积极的作用。在书中，强巴大师对藏医药文化的发展历史、藏医历史名人及其专著、藏医药药材、藏医药学的基本理论、藏医临床诊断治疗学、藏医药胚胎学等各个方面都做了简洁清晰的论述。该书收集、整理了近百部有关藏医药学的文献、专著，在继承前辈藏医药学专家、学者的理论和实践经验的基础上，详细地介绍了藏医历史、藏医药文献、藏医药学基础理论以及藏医本草。

强巴赤列原著，格央、次旦久美、郑堆；次旦久美中文翻译，格央、贡赛白姆英文翻译。北京：科学出版社 2013 年版，313 页。

流水号：20106

《中华藏本草》

民族语言题名：ཀྲུང་ཧྭའི་ཤེལ་གོང་ཤེལ་ཕྲེང་།

ISBN：7-105-02664-2

主题词：中国 – 藏医 – 本草

中图分类号：R291.4；R281

内容提要及说明：该书收载藏药共 1859 种（其中 400 余种系首次发表），其分布范围包括青海、西藏、甘肃南部，四川西部甘孜、阿坝两州，云南迪庆州等地区。

罗达尚主编。北京：民族出版社 1997 年版，389 页。

流水号：20107

《宗喀藏医药研究文集》

民族语言题名：ཚོང་ཁའི་བོད་སྨན་ཞིབ་འཇུག་རྩོམ་བཏུས།

并列题名：tshong khavi gso rig zhib vjug rtsom btus

其他题名文种：汉文、藏文

ISBN：978-7-5420-1273-9

主题词：藏医 – 文集

中图分类号：R291.4-53

内容提要及说明：全书共收录北京藏医院及其合作单位专家撰写的藏医药学研究论文 60 余篇，反映了近 10 年来国内藏医药科研水平。

bcod pa rgyal，dkon mchog bstan vdzin 主编。西宁：青海民族出版社 2007 年版，209 页。

2. 彝　族

流水号：20108

《哀牢本草》

民族语言题名：[illegible]

ISBN：7-5377-0530-5

主题词：彝医 – 本草 – 彝医 – 本草

中图分类号：R281.474/3

内容提要及说明：该书共收载药材 752 味，组方 218 方。每个品种按来源、功用主治、用法用量、附注等项顺序编写。

王正坤主编，周明康编。太原：山西科学技术出版社 1991 年第 1 版。铅印本，

212 页，222 千字。

流水号：20109

《彝族文化研究丛书——楚雄彝州本草》

民族语言题名：[illegible]

正文文种：彝文

ISBN：7-222-02422-0

主题词：楚雄彝族药

中图分类号：R281.474.2

内容提要及说明：该书收录了 120 味彝族常用、疗效确切、来源清楚的药物。

王敏、朱琚元主编，郭木玉编。昆明：云南人民出版社 1998 年第 1 版。铅印本，246 页，240 千字。

流水号：20110

《峩山彝族药》（峨山彝族药）

民族语言题名：[illegible]

其他题名文种：汉文、彝文

正文文种：汉文、彝文

内容提要及说明：云南省玉溪地区药品检验所编写。纸质铅印本，有插图。

流水号：20111

《供牲献药经》

民族语言题名：[illegible]

ISBN：7-5367-0145-4

主题词：祭礼－彝族－中国

中图分类号：K892.317:R28

内容提要及说明：该书为彝族古典文献《作祭经》的组成部分，原书写于明嘉靖十四年（公元 1535 年），记载了很多医学理论，涉及内科、妇科、儿科、外科、伤科、胚胎、采药、药物加工炮制等内容。

张仲仁主编，普卫华译。昆明：云南民族出版社 1988 年版，89 页。

流水号：20112

《贵州彝族医药验方选编》

民族语言题名：[illegible]

主题词：彝医－验方

中图分类号：R289.5

内容提要及说明：王荣辉翻译主编。贵阳：贵州民族出版社 1990 年版，120 页。

流水号：20113

《彝汉针灸学》

民族语言题名：[illegible]

其他题名文种：汉文、彝文

正文文种：汉文、彝文

ISBN：7-5409-1305-3

主题词：针灸学－汉族－彝族

中图分类号：R245/3132

内容提要及说明：2010 年 9 月由四川民族出版社出版了彝文版的《彝汉针灸学》。

江永生、海乃拉莫等译、主编，周建伟、久里拉编。成都：四川民族出版社 1996 年第 1 版。铅印本，840 页，496 千字，有插图。

流水号：20114

《彝药本草》

民族语言题名：

ISBN：7-5416-2321-0

主题词：彝医 - 本草 - 中国 - 汇编

中图分类号：R291.7

内容提要及说明：该书精选了有代表性的200多种彝族草药汇编成书。内容包括原文献、科属、形态、性味、功效、主治范围、有毒或无毒等，是一部图文并茂、全面记载彝药专著的精品。

张之道主编。昆明：云南科技出版社2006年第1版。铅印本，216页，352千字，有插图，精装。

流水号：20115

《彝药志》

民族语言题名：

题名文种：汉文

统一书号:M14140.3、M14140.5

主题词：彝族 - 中药志 - 云南

中图分类号：R291.7：R282.71

内容提要及说明：该书载彝医用药103种，以彝药名为正名，次列汉药名及其别名，主要记载彝医用药经验、识别特征和化学成分等内容。该书是新中国成立后我国第一部彝药专著，由云南省楚雄彝族自治州药检所编著，四川民族出版社出版发行。该书编写体例分为彝药名、汉药名、文献记载、应用经验、典型病例、来源、识别特征、化学成分。该书附有彝药名索引、汉药名索引、拉丁学名索引，供研究时查找使用。

云南省楚雄彝族自治州卫生局药检所编写。成都：四川民族出版社1983年第1版。铅印本，265页，184千字，有插图。

流水号：20116

《彝医动物药》

民族语言题名：

统一书号:14140.6

主题词：动物药 - 彝医

中图分类号：R282.74:R931.74

内容提要及说明：贺廷超、李耕冬编著。成都：四川民族出版社1986年版，329页。

流水号：20117

《彝医揽要》

民族语言题名：

其他题名文种：汉文、彝文、英文

正文文种：汉文、彝文

ISBN：7-5416-2086-6

主题词：彝族医药 - 理论研究 - 彝族 - 民族医学

中图分类号：R291.7/1014

内容提要及说明：该书由黄家医圈医院资助出版，较全面地记录和阐明了彝医药理论体系的脉络以及保护、继承、发展彝医药需要解决的认识问题。文字通俗，条理清楚，资料完整，内容翔实。

王正坤编著，黄传贵审订。昆明：云南科技出版社2004年第1版。纸质，铅印本，339页，有插图，精装。

流水号：20118

《彝医药验方》

民族语言题名：[illegible]

中图分类号：R291.7

版权页欠奉。

流水号：20119

《彝医植物药》

民族语言题名：[illegible]

题名文种：汉文、彝文

ISBN：7-5409-0280-2

主题词：本草－彝医

中图分类号：R282.71

内容提要及说明：该书共收载彝医传统使用的植物药106味，涉及药用植物53科151种，附有植物图谱116幅。每味药物项下有彝族药名、原植物名、彝医用药经验和按语四个部分。

李耕冬、贺廷超编著。成都：四川民族出版社1990年版，230页。

流水号：20120

《彝医植物药·续集（修订本）》

民族语言题名：[illegible]

题名文种：汉文、彝文

ISBN：7-5409-0801-7

主题词：本草－彝医

中图分类号：R282.71

内容提要及说明：该书收入彝医植物药115个，分属54科135种药用植物。每种药物按汉、彝族药名、原植物、彝医用药经验和按语编排。

李耕冬、贺廷超编著。成都：四川民族出版社1992年版，207页。

流水号：20121

《彝医治疗学》

民族语言题名：[illegible]

其他题名文种：汉文、彝文

ISBN：978-7-5660-0075-0

主题词：彝医－治疗学

中图分类号：R291.704

内容提要及说明：该书分上、中、下三卷。上卷论述彝族历史与医药文化，内容包括彝族历史与医药文化、彝医治疗学、彝族传统医药文化中的哲学思想；中卷从风邪染疾、内科、儿科、妇科、皮肤科、骨伤科、中毒等方面介绍了彝医治疗；下卷介绍常用彝药。

李林森主编。北京：中央民族大学出版社2011年第1版。铅印本，248页，300千字。

流水号：20122

《彝族动物药》

民族语言题名：[illegible]

内容提要及说明：《彝族动物药》是由贺廷超、李耕冬编著，四川民族出版社出版的彝族药著作。该书根据文献记载及民间习用的动物药224种进行分类编著而成。这些药有肉类38种、鱼蛇类17种、虫类20种、胆类34种、骨类30种、油类15种、血类11种、脏腑类19种、肾鞭胎卵类 15 种、分泌物类 11 种、皮毛类 8 种、排泄类 6 种。这样多的动物作为药用，实属少有。这本小册子是根据目前所掌握的彝族医药文献进行整理的，民间还有部分珍贵文献，由于诸种原因，笔者无法看到原稿，故未能详细介绍。

流水号：20123

《彝族验方》

民族语言题名：[illegible]

其他题名文种：汉文、彝文、英文

ISBN：7-5416-2287-7

主题词：彝族 - 验方 - 汇编

内容提要及说明：该书收载内体病症用方、头面病症用方、管孔病症用方、口舌病症用方、肢体病症用方、体表病症用方、男性病症用方、女性病症用方、幼儿病症用方等验方。

王正坤主编，黄传贵编。昆明：云南科技出版社 2007 年第 1 版。铅印本，340 页，620 千字，覆膜。

流水号：20124

《彝族医药》

民族语言题名：[illegible]

ISBN：7-5067-0693-8

主题词：彝医

中图分类号：R291.7

内容提要及说明：该书分上、中、下三篇。上篇讲述彝族医药发展史；中篇论述彝医基础理论；下篇介绍临床各科 200 多个病种，载方 1000 多首。作者阿子阿越，汉名郝乃庆，彝族，在四川凉山州民族研究所任职。

阿子阿越主编。北京：中国医药科技出版社 1993 年版，320 页。

流水号：20125

《彝族医药汇编》

民族语言题名：[illegible]

内容提要及说明：李振国主编，纸质，彩印本，有插图，精装。

流水号：20126

《彝族医药荟萃》

民族语言题名：[illegible]

其他题名文种：彝文

ISBN：7-5367-2023-8

主题词：彝医

中图分类号：R291.7

内容提要及说明：该书对彝族医药及其基础理论进行了深入探讨，对建立彝医基础理论体系、指导临床治疗具有重要意义，同时介绍了部分彝族药物、方剂及其科研成果。

杨本雷主编。昆明：云南民族出版社 2000 年版，125 页。

流水号：20127

《彝族医药史》

民族语言题名：[illegible]

正文文种：汉文、彝文

ISBN：7-5409-0431-3

主题词：彝族 - 医药史

中图分类号：R291.7/4052

内容提要及说明：《彝族医药史》由四川凉山彝族自治州卫生局 1983 年印刷内部发行。该书取材于云、贵、川彝族典籍和历史史料，是一部反映彝族医药发展史的专著，将彝族医药从古代到新中国成立前所经历的曲折道路做了一次概括性总结，并详细论述和探讨了彝族医药的发生、起源和发展，是对彝族医药史较为系统的一次研究。全书分上、中、下三篇，共 8 章。上篇论述原始社会的彝族医药。第一章是原始群落、医药的起源，第二章是母系社会及医药的出现，第三章是父系社会及医药的缓慢发展。中篇论述了奴隶社会阶段的彝族医药，较之原始社会，有了进一步发展。下篇论述从公元 937 年到 1950 年，彝族医药的发展变化。《彝族医药史》认为，彝族医药萌芽于原始社会，在母系社会时期，彝族人民就利用土生土长的彝药内服、外敷治疗疾病。从现有资料看，明清时期彝族医药已粗具规模，产生了一些彝医古籍，出现了大量的彝文医药手写文献，其中在楚雄州境内发现的《齐苏书》（即《明代彝医书》）成书于明嘉靖四十五年（公元 1566 年），早《本草纲目》12 年。《齐苏书》对 16 世纪以前的彝族医药进行了比较系统的总结。到了清代，彝族药制剂有了很大发展。

李耕冬主编，贺延超著。成都：四川民族出版社 1990 年第 1 版。铅印本，214 页，166 千字。

流水号：20128

《彝族医药学》

民族语言题名：[illegible]

题名文种：汉文、彝文

正文文种：汉文、彝文

ISBN：7-5367-0722-3

主题词：彝医基础研究 – 彝族药 – 治疗 – 预防

中图分类号：R291.7/8033

内容提要及说明：分为彝文古籍、彝医基础理论、彝医治疗学、动物药、矿物化学类药五部分。

关祖祥主编。昆明：云南民族出版社 1993 年第 1 版。铅印本，891 页，600 千字。

流水号：20129

《彝族医药学研究》

民族语言题名：[illegible]

主题词：彝族 – 医药

内容提要及说明：云南中医学院编写。1993 年出版。纸质，铅印本，77 页。

流水号：20130

《彝族祖传食疗验方二百例》

民族语言题名：[illegible]

其他题名文种：汉文

正文文种：汉文、彝文

ISBN：7-81001-581-8

主题词：彝族祖传 – 食疗验方 – 彝族 – 食物疗法 – 验方

中图分类号：R247.1/1049

内容提要及说明：该书记载了彝族食物疗法的相关验方。

王荣辉著，晏朝辉译。北京：中央民族学院出版社 1993 年第 1 版。铅印本，109 页，30 千字。

流水号：20131

《香格里拉民族医药研究丛书——云南彝医药》（上）

民族语言题名：[illegible]——[illegible]（[illegible]）

ISBN：978-7-5416-2696-8

主题词：彝族 – 研究 – 云南省

中图分类号：R291.7

内容提要及说明：该书分为上、中、下三编。上编介绍了彝族医学的来源、形成及发展历史，并简要概述了彝族医学的基础理论以及彝族医学理论的“三才”哲学观和临床意义；中篇详细论述了彝族医学理论的核心内容；下篇详细阐述了彝族医学理论的“诊法、生理、辩证、治则治法”体系。上卷收有部分彝医古籍方药，下卷记录有彝族药物 417 味。

杨本雷、郑进主编，余惠祥、张超编。昆明：云南科技出版社 2007 年第 1 版。铅印本，262 页，800 千字。

流水号：20132

《香格里拉民族医药研究丛书——云南彝医药》（下）

民族语言题名：[illegible]——[illegible]（[illegible]）

ISBN：978-7-5416-2696-8

主题词：彝族 – 研究 – 云南省

中图分类号：R291.7

内容提要及说明：上卷收有部分彝医古籍方选，下卷记录有彝族药物 417 味。该书分为总论和各论两大部分。总论阐述了彝药的基本理论，包括彝药的含义和特点、起源、命名和分类、药性和应用、资源和分布。各论一共收载我国西南地区彝医常用的彝药 417 味，根据彝医应用的主要功能分为 15 类，按类分章详述了该类药的药性特点、功效和主治范围等。

杨本雷、郑进主编，余惠祥、张超编。昆明：云南科技出版社 2007 年第 1 版。铅印本，588 页，800 千字。

流水号：20133

《中国传统医学丛书——中国彝医》

民族语言题名：[illegible]——[illegible]

ISBN：7-03-003595-X

主题词：彝族医药文化综合介绍

中图分类号：R291.7

内容提要及说明：该书阐述了彝族医药发展的源流、基础理论、常用药物和各种常见病的治疗方法等，并对现存彝族医药学文献作了评介。

刘宪英主编，祁涛、关祥祖、陈耀宗、何明根编。北京：科学出版社 1994 年第 1 版。铅印本，266 页，207 千字。

流水号：20134

《中国彝族民间医药验方研究》

民族语言题名：[illegible]

其他题名文种：汉文、彝文

ISBN：978-7-5367-3825-6

主题词：中国彝族－彝药－民间验方研究－民族医学

中图分类号：R291.7/1088

内容提要及说明：该书在收集彝族民间医药单方、验方、秘方的基础上，全面系统地介绍了彝族民间治疗内科、儿科、妇产科、骨科、五官科疾病的经验。

王敏主编，杨甫旺、张丽清编。昆明：云南民族出版社2007年第1版。铅印本，284页，490千字。

流水号：20135

《国家中医药管理局民族医药文献整理丛书——中国彝族药学》

民族语言题名：[illegible]——[illegible]

其他题名文种：汉文、彝文

正文文种：汉文、彝文

ISBN：7-5367-3031-4

主题词：彝医－中药学

中图分类号：R291.7/9

内容提要及说明：该书共分6章，分别阐述了中国彝族药学的基本理论、彝药的含义和特点、以及彝药的起源和发展、彝药的命名和分类、彝药的药性、彝药的采集、加工、贮藏。

杨本雷主编，余忠祥、钟继红、万家林编，云南省彝族医药研究所编写。昆明：云南民族出版社2004年第1版。影印本，709页，1330千字，有插图，精装。

流水号：20136

《国家中医药管理局民族医药文献整理丛书——中国彝族医学基础理论》

民族语言题名：[illegible]——[illegible]

其他题名文种：汉文、彝文

正文文种：汉文、彝文

ISBN：7-5367-3030-6

主题词：彝医－基本理论

中图分类号：R291.7/10

内容提要及说明：该书分为总论、“一元、二气、六路、五行、毒邪”理论体系、“诊法、生理、辨证、治则、治法”体系三编，讲述了彝族医药的历史、彝医的理论等内容。

杨本雷主编，饶文举、腾洪、杨勤运编，云南省彝族医药研究所等编写。昆明：云南民族出版社2004年第1版。铅印本，238页，420千字，有插图。

3. 傣　族

流水号：20137

《贝叶文库——傣药经方》

民族语言题名：[illegible]——[illegible]

ISBN：978-7-5367-4247-5

主题词：傣族 – 民族医学 – 处方

中图分类号：R295.3

内容提要及说明：该书为傣族民族医药处方集。

西双版纳傣族自治州人民政府编写。昆明：云南民族出版社 2008 年版，286 页。

流水号：20138

《云南民族医药丛书——傣医四塔五蕴的理论研究》

民族语言题名：[illegible]

题名文种：汉文、傣文

ISBN：7-5367-0666-9

主题词：傣族 – 民族医学 – 研究

中图分类号：R295.3

内容提要及说明：该书介绍了傣族医药发展史、傣族人体生理解剖理论，解释了人体生理现象和病理变化的风、火、水、土等内容。

李朝斌主编，岩喊译，西双版纳傣族自治州傣医研究所编写。昆明：云南民族出版社 1993 年版，206 页。

流水号：20139

《西双版纳·勐巴拉娜西民族文化丛书——傣医药文化》

民族语言题名：[illegible]

ISBN：7-5415-2808-0

主题词：傣族 – 民族医学 – 文化 – 西双版纳 – 傣族 – 民族医学

中图分类号：R295.3

内容提要及说明：该书包括傣医药文化源远流长、傣医药文化的主要内容及特点、傣医药的发展研究与开发利用现状、傣医药文化与其他文化的关系等内容。

林艳芳主编。昆明：云南教育出版社 2006 年版，117 页。

流水号：20140

《傣医药研究》

民族语言题名：[illegible]

ISBN：978-7-5416-6624-7

主题词：傣族 – 民族医学 – 研究

中图分类号：R295.3

内容提要及说明：该书从传统医药、中医药、民族医药和傣医药的相关概念及其内涵出发，在介绍傣药材和傣药成方制剂、医院制剂、经典名方之后，从医疗、教学、文献资料、科技项目、发明专利、学术交流等多个不同的角度对傣医药的发展现状进行梳理、总结和分析。

杨增明主编，马志伟、袁玲玲编。昆明：云南科技出版社 2012 年版，159 页。

流水号：20141

《中国傣医药丛书——傣医诊断学》

民族语言题名：[illegible]

题名文种：汉文、傣文

正文文种：汉文、傣文

ISBN：7-5367-2764-X

主题词：傣族－民族医学－诊断学－傣语

中图分类号：R295.3

内容提要及说明：这套丛书包括《档哈雅龙》《竹楼医述》《傣族医药学基础理论》《傣医诊断学》《风病条辨译注》。该书在以往发掘整理的傣医药理论基础上编写而成，主要介绍了过“帕雅”（诊法）、“辨解帕雅”（辨病方法）、傣医诊法与辨病的临床应用、傣医病案书写等内容。

林艳芳主编，依专、玉腊波、段立纲、邓乐巧译，西双版纳傣族自治州民族医药研究所、西双版纳傣族自治州傣医医院编写。昆明：云南民族出版社 2003 年第 1 版。铅印本，135 页，2083 千字，有插图，套装。

流水号：20142

《傣族传统医药方剂》

民族语言题名：[illegible]

ISBN：7-5416-0777-0

主题词：傣族

中图分类号：R295.3

内容提要及说明：该书受云南省学术著作出版基金管理委员会筹备组资助。

李朝斌、玉帅、林艳芳主编，西双版纳傣族自治州民族医药研究所编写组等编写。昆明：云南科技出版社 1995 年版。

流水号：20143

《中国少数民族医药丛书——傣族医药学》

民族语言题名：[illegible]——[illegible]

ISBN：7-5367-1264-2

主题词：傣族－民族医学

中图分类号：R295.3

内容提要及说明：该书是“中国少数民族医药丛书”之一，主要包括傣医学的发展、“塔都档细”、傣医方剂的起源与发展、傣药与方剂、傣族诊断学、傣医四诊的具体诊法等 14 个章节的内容。

李朝斌、关祥祖主编，拉基、杨薇、王景明编。昆明：云南民族出版社 1996 年第 1 版。纸质，铅印本，321 页。

流水号：20144

《中国傣医药丛书——傣族医药学基础理论》

民族语言题名：[illegible]——[illegible]

题名文种：汉文、傣文

正文文种：汉文、傣文

ISBN：7-5367-2764-X

主题词：傣族－民族医学－傣语汉语

中图分类号：R295.3

内容提要及说明：这套丛书包括《档哈雅龙》《竹楼医述》《傣族医药学基础理论》《傣医诊断学》《风病条辨译注》。

林艳芳主编，依专、玉腊波、段立纲、朱成兰译，西双版纳傣族自治州民族

医药研究所、西双版纳傣族自治州傣医医院编写。昆明：云南民族出版社 2003 年第 1 版，铅印本，143 页，2083 千字（5 册合计），有插图，精装。

流水号：20145

《傣族医药研究：档哈雅龙》

民族语言题名：ᦅᦱᧃ ᦠᦴ ᦶᦙᦲᧂᦰ ᦎᧄᦣᦱ ᦍᦱ ᦘᦱ ᦉᦱ ᦑᦺ——ᦎᧄᦣᦱ ᦍᦱ ᦶᦟᦸᧂ

并列题名：dai zu yi yao yan jiu

题名文种：汉文、傣文

正文文种：汉文、傣文

ISBN：7-105-03348-7

主题词：傣族 - 民族医学 - 研究

中图分类号：R295.3

内容提要及说明：该书包括傣族医药的起源及发展、傣医药基础理论及 103 个傣医治病药方，涉及 62 味常见中药、116 味傣药等内容。

蒋振忠、冯德强主编，杨光编译。北京：民族出版社 2001 年第 1 版。纸质铅印本，137 页，有插图。

流水号：20146

《档哈雅》（医药书）

民族语言题名：ᦎᧄᦣᦱ ᦍᦱ ᦔᦹᧅ ᦣᦸᦣᦱ ᦍᦱ ᦘᦱ ᦉᦱ ᦑᦺ（ᦶᦎ ᦠᦸᧄ ᦶᦎ ᦑᦺ ᦗᦱ ᦔᦹᧃ ᦓᦱ）

其他题名文种：汉文、傣文

正文文种：汉文、西双版纳傣文

统一书号 :14184.9

主题词：民族医学 - 傣族 - 古籍

中图分类号：K280.74-51/1

内容提要及说明：该书是对原手抄本的整理和翻译，考订了 600 多种傣药，采集了实物标本，确定了用药剂量，补写了每种傣医病名的临床症状，对原手稿进行了比较合理的分类。

温源凯、梁永安、杨静若、波玉波编译。昆明：云南民族出版社 1986 年第 1 版。铅印本，199 页，203.7 千字。

流水号：20147

《中国傣医药丛书——档哈雅龙》

民族语言题名：ᦔᦹᧅ ᦣᦸᦣᦱ ᦍᦱ ᦘᦱ ᦉᦱ ᦑᦺ ᦶᦗᦹᧂ ᦶᦣᦸ——ᦎᧄᦣᦱ ᦍᦱ ᦶᦟᦸᧂ

题名文种：汉文、傣文

正文文种：汉文、傣文

ISBN：7-5367-2764-X

主题词：傣族 - 民族医学 - 傣语汉语

中图分类号：R295.3

内容提要及说明：该套丛书包括《档哈雅龙》《竹楼医述》《傣族医药学基础理论》《傣医诊断学》《风病条辨译注》。

康朗腊（ᦵᦃ ᦟᦱᧂ ᦟᦱᧄ）著，金锦、玉腊波、林艳芳、依专译，西双版纳州民族医药研究所、西双版纳傣族自治州傣医医院编写。昆明：云南民族出版社 2003 年第 1 版。铅印本，629 页，2083 千字（5 册合计），有插图，套装。

流水号：20148

《德宏傣医验方集》（01）

民族语言题名：ᦔᦹᧃ ᦍᦱ ᦘᦱ ᦉᦱ ᦑᦺ ᦑᦸᧄ ᦣᦳᧄ（᧑）

题名文种：汉文、傣文

统一书号 :M14258.1

主题词：民族医药 – 中国 – 傣医 – 验方 – 选集

中图分类号：R295.3

内容提要及说明：李波买主编，方茂琴编。芒市：德宏民族出版社 1983 年版，179 页。

流水号：20149

《德宏傣药验方集》(02)

民族语言题名：[illegible]

其他题名文种：汉文、傣文

正文文种：汉文、傣文

ISBN：7–5367–1261–4

主题词：民族医药 – 傣医 – 验方

中图分类号：R295.3

内容提要及说明：方茂琴主编。德宏州卫生局药品检验所编。昆明：云南民族出版社 1998 年版，纸质，铅印本，444 页，有插图。

流水号：20150

《中国傣医药丛书——风病条辨译注》

民族语言题名：[illegible]——[illegible]

题名文种：汉文、傣文

正文文种：汉文、傣文

ISBN：7–5367–2764–X

主题词：傣族 – 民族医学 – 风证研究

中图分类号：R295.3

内容提要及说明：该套丛书包括《档哈雅龙》《竹楼医述》《傣族医药学基础理论》《傣医诊断学》《风病条辨译注》。

林艳芳主编，依专、玉腊波、段立纲、金锦译，西双版纳傣族自治州民族医药研究所、西双版纳傣族自治州傣医医院编写。昆明：云南民族出版社 2003 年第 1 版。铅印本，64 页，2083 千字（5 册合计），有插图，套装。

流水号：20151

《傣医药治疗丛书——妇科良性肿瘤》

民族语言题名：[illegible]——[illegible]

ISBN：978–7–5416–2652–4

主题词：诊疗 – 妇科病 – 肿瘤 – 傣族 – 民族医学 – 中药疗法

中图分类号：R295.3:R273.73

内容提要及说明：该书主要介绍妇科常见良性肿瘤的病理特点、诊断方法要点和傣医药的治疗方法。书中同时附有傣医药学的基本理论简介，傣医常用于防治妇科常见良性肿瘤的傣药图谱及其植物学科种分类、学名、中草药名，性味、功效、主治、用法。

刘毅等编著，云南科技出版社编写。昆明：云南科技出版社 2007 年版，89 页。

流水号：20152

《嘎牙山哈雅》

民族语言题名：[illegible]（[illegible]、[illegible]）

题名文种：汉文、傣文

正文文种：汉文、西双版纳傣文

内容提要及说明：该书是傣医学对于人体生命认识现存的最早著作，阐述了人体生理解剖，人体受精与胚胎的形成，人和自然的生存关系，人体五个方面的内容，即“色、受、行、想、识”“五蕴”和人体四要素“塔、都、挡、细”的平衡与盛衰等。现存《嘎牙山哈雅》是记述傣医药的第一部专著，据推测是阿仑达听约于公元924年写成，全书共分5册，用贝叶书写，故又称“贝叶经”。《嘎比迪沙嫡巴尼》一书，论述了傣医理论、人体解剖、用药规则、采药时间和部位与药物效能的关系等，是一部较综合的傣医药典籍。公元1323年，帕雅龙真哈从《嘎比迪沙嫡巴尼》一书中摘录编写了《档哈雅龙》，进一步充实、论述了傣医药理论。历史上，傣医手抄本在民间流传最为广泛，历代傣医手抄本的流传对傣医药的发展都起到了巨大的推动作用。这些手抄本通称《档哈雅》，但不同的手抄本所描述的内容不同，侧重面也各自有异。历史上出现了大批流传至今的《阿皮踏麻基干比》《档哈雅龙》《嘎牙山哈雅》《及打撇达》《萨打依玛拉》等傣医药著作。因受佛教的影响，各手抄本均不署名。除翻译出版了《嘎牙山哈雅》《古傣医验方》及一些《档哈雅》外，还先后编辑出版了《傣药志》（四集）、《傣族医药验方集》《傣医传统方药志》《中华本草·傣药卷》《傣医诊病特点》等医药专著。

林艳芳、刀志达、波玉波等译，云南民族出版社1988年版，31页。

流水号：20153

《古傣医验方译释》

民族语言题名：[illegible]（[illegible]、[illegible]）

题名文种：傣文

正文文种：汉文、西双版纳傣文

ISBN：7-5367-0185-3

主题词：傣族－民族医学－验方－注释

中图分类号：R932.93

内容提要及说明：该书收入200个傣医古方，包括预防、保健、内科、儿科、外科、妇产科、骨伤、五官、皮肤、传染等方面的内容。

周赵奎、赵世望主编，西双版纳傣族自治州民族医药调研办公室编写。昆明：云南民族出版社1990年版，190页。

流水号：20154

《国家中医药管理局民族医药文献整理丛书——思茅傣族传统医药研究：档哈雅龙》（02）

民族语言题名：[illegible]——[illegible]

其他题名文种：汉文、傣文

正文文种：汉文、傣文

ISBN：978-7-5364-6122-2

主题词：傣族－民族医学研究－思茅

地区

中图分类号：R295.3

内容提要及说明：该书包含傣族医药的起源和发展、傣族医药基础理论、傣医治病药方、傣族医药现代研究等内容。

蒋振忠、冯德强主编，杨光、张晓春译。成都：四川科学技术出版社 2006 年第 1 版。铅印本，206 页，140 千字，有插图。

流水号：20155

《思茅地区傣族传统医药研究》

民族语言题名：[illegible]

其他题名文种：汉文、傣文

正文文种：汉文、傣文

中图分类号：R295.3

内容提要及说明：冯德强主编，蒋振忠译。云南省思茅地区民族传统医药研究所编印。纸质，铅印本，有插图。

流水号：20156

《西双版纳傣药志》（02）

民族语言题名：[illegible]

其他题名文种：汉文、傣文

正文文种：汉文、傣文

中图分类号：R933

内容提要及说明：赵世望、刀正员主编，西双版纳傣族自治州民族医药调研办公室编写。西双版纳傣族自治州委科办、卫生局、西双版纳傣族自治州民族药调查研究办公室编印。纸质，铅印本，291 页，有插图。

流水号：20157

《西双版纳傣药志》（03）

民族语言题名：[illegible]

其他题名文种：汉文、傣文

正文文种：汉文、傣文

中图分类号：R933

内容提要及说明：赵世望、刀正员主编，中国科学院云南热带植物研究所等编写。西双版纳傣族自治州民族药调查研究办公室、西双版纳傣族自治州科学技术委员会卫生局编印，1981 年版。纸质，铅印本，291 页，有插图。

流水号：20158

《西双版纳古傣医药验方注释》（第 01 集）

民族语言题名：[illegible]

主题词：民族医学 – 傣族 – 验方 – 西双版纳

中图分类号：R295.3

内容提要及说明：西双版纳傣族自治州民族医药调研办公室、西双版纳傣族自治州科学技术委员会、西双版纳傣族自治州卫生局编写。西双版纳傣族自治州科学技术委员会，西双版纳傣族自治州卫生局编印，1983 年版，104 页。

流水号：20159

《〈中国傣医传统经方〉整理研究》

民族语言题名：[illegible]

ISBN：978-7-5367-5722-6

主题词：傣族－民族医学－经方

中图分类号：R295.3

内容提要及说明：该书特邀了名老傣医药专家、傣族文史学专家、佛学专家、傣族知名权威人士及各级政府相关领导共同开展了对傣族民间傣医单方、验方、秘方、传统经方200个方药的组成、加工炮制、用法用量、剂型、临床适应证等的研讨和论证。

林艳芳等主编，西双版纳傣族自治州民族医药研究所、西双版纳傣族自治州傣医医院、云南中医学院（现云南中医药大学）编写。昆明：云南民族出版社2013年版，202页。

流水号：20160

《中国傣医单验秘方大全》

民族语言题名：[illegible]

ISBN：978-7-5367-5381-5

主题词：民族医学－傣族－秘方－汇编－中国

中图分类号：R295.3

内容提要及说明：西双版纳傣族自治州傣医医院注重临床实践基础，通过调查，将收集的具有临床应用价值、安全有效的单方、验方、秘方、传统经方筛选整理，结集成书，为傣药进入国家医药目录打下基础，也为傣药新药的开发提供科学依据。

林艳芳等主编。昆明：云南民族出版社2012年版，860页。

流水号：20161

《中国傣医药彩色图谱》

民族语言题名：[illegible]

其他题名文种：汉文、傣文

正文文种：汉文、傣文

ISBN：7-5367-2627-9

主题词：傣族－民族医学－图谱

中图分类号：R295.3-64

内容提要及说明：该书为傣族医药彩色图谱。

林艳芳等编著，玉腊波等译，依专、赵应红、段立刚编，西双版纳傣族自治州民族医药研究所编写。昆明：云南民族出版社2003年第1版。铅印本，741页，1460千字，有插图，精装。

流水号：20162

《中国傣医药丛书——竹楼医述》

民族语言题名：[illegible]

题名文种：汉文、傣文

正文文种：汉文、傣文

ISBN：7-5367-2764-X

主题词：傣族－民族医学－病理生理学－傣语汉语

中图分类号：R295.3

内容提要及说明：这套丛书包括《档哈雅龙》《竹楼医述》《傣族医药学基础理论》《傣医诊断学》《风病条辨译注》。

康朗仑（ᦶᦂᧁ ᦟᦲᧂ）主编，林艳芳、玉腊波、依专、金锦译，西双版纳傣族自治州民族医药研究所、西双版纳傣族自治州傣医医院编写。昆明：云南民族出版社 2003 年第 1 版。铅印本，77 页，2083 千字，有插图，套装。

4. 壮　族

流水号：20163

《常用壮药 100 种》

ISBN：978-7-5363-6556-8

主题词：壮族 – 民族药

中图分类号：R291.808

内容提要及说明：该书收录常用壮药 100 种，均为近年来在临床上应用较为广泛的品种。该书对每一味药，除了介绍其壮文名、别名、来源、分布、识别要点、采集加工等，还重点介绍其功效及用法用量，并附上精选验方举例，每种药物下均有植物形态、药材形态彩色照片。

钟鸣、韦松基主编。南宁：广西民族出版社 2013 年版，222 页。

流水号：20164

《常用壮药临床手册》

ISBN：978-7-80763-510-9

主题词：壮族 – 民族医药学 – 临床药学 – 手册

中图分类号：R291.8-62

内容提要及说明：该书收录常用壮药 322 种，按解毒药、补虚药、调气药、通调三道药、通调两路药、治巧坞病药、止血药、驱虫药、收涩药、专业用药，对临床常用壮药进行归类，除介绍别名、来源、植物形态、分布、采集加工及药材性状外，还重点介绍其性味功效及用法用量。

钟鸣、韦松基主编。南宁：广西科学技术出版社 2010 年版，668 页。

流水号：20165

《广西国家级非物质文化遗产系列丛书——壮医药线点灸疗法》

ISBN：978-7-5304-6230-0

主题词：广西 – 壮族 – 药线点灸

中图分类号：R291.8

内容提要及说明：该书从药线点灸的概念、对发病机制的认识、治病机理、功效、手法、用穴规律等基本内容及其悠久的历史、传承发展情况、研究现状等几方面对壮医药线点灸进行介绍。

林辰、薛丽飞编著。北京：北京科学技术出版社 2013 年版，166 页。

流水号：20166

《简明壮医药学》

ISBN：978-7-5363-5722-8

主题词：壮族 – 民族医学

中图分类号：R291.8

内容提要及说明：该书介绍了壮医常用的药物、诊断技术与治疗方法，并按瘴、蛊、毒、风、湿、气道病、谷道病、水道病、龙路病、活路病等病种，介绍治疗技法和主要方药等。

钟鸣主编。南宁：广西民族出版社 2009 年版，184 页。

流水号：20167

《壮学丛书——历代壮族医药史料荟萃》

ISBN：7-5363-5227-1

主题词：壮族 - 民族医学 - 医学史

中图分类号：R-092:R291.8

内容提要及说明：该书是历代壮医药有关资料的汇集，介绍壮族医学起源、形成和发展的历史。

王柏灿主编。南宁：广西民族出版社 2006 年版，300 页。

流水号：20168

《实用壮医目诊》

ISBN：978-7-5363-6555-1

主题词：壮族 - 民族医学 - 诊断学

中图分类号：R291.8

内容提要及说明：该书共四章，内容包括壮医目诊基本知识、壮医目诊操作方法、常见病壮医目诊眼征和壮医目诊小问答。

李硅、容小翔主编。南宁：广西民族出版社 2013 年版，127 页。

流水号：20169

《实用壮医内科学》

ISBN：978-7-80763-681-6

主题词：壮族 - 民族医学 - 内科学

中图分类号：R291.8

内容提要及说明：该书根据壮医“三道”“两路”的生理病理特性，将壮医内科疾病分为五类，分别是气道病、谷道病、水道病、龙道病及火路病，每一类疾病为一章，共有 56 个内科病种。

庞宇舟、林辰主编。南宁：广西科学技术出版社 2011 年版，211 页。

流水号：20170

《实用壮医学》

主题词：壮族 - 民族医学

中图分类号：R291.8

内容提要及说明：杨顺发主编，谭芝、黄杰之编。纸质，铅印本，177 页。

流水号：20171

《实用壮医药膳》

ISBN：978-7-5363-6557-5

主题词：壮族 - 民族医学 - 食物疗法

中图分类号：R291.8

内容提要及说明：该书阐述了壮医药膳的起源、壮医药膳的应用原则、常见病壮医药膳、中老年人养生药膳、女性养生美容药膳等内容。

容小翔、龙玲、李珪主编。南宁：广西民族出版社 2013 年版，149 页。

流水号：20172

《中国壮学文库——广西壮族地区的医药文化及药材贸易》

题名文种：汉文、英文

ISBN：978-7-105-09289-5

主题词：壮族－民族医药学－文化－研究－广西壮族自治区－中药材－市场

中图分类号：R291.8:F724.722

内容提要及说明：作者通过分析广西壮族地区的药材资源和医疗实践活动，探讨了壮族地区多样性医疗实践的社会文化基础以及其中的文化内涵，还进一步对该地区药材市场系统的特征进行了分析。

杜立平主编。北京：民族出版社 2008 年版，303 页。

流水号：20173

《中国壮药材》

ISBN：978-7-5363-5832-4

主题词：壮族－民族医学－中药材

中图分类号：R291.8

内容提要及说明：该书共分为 6 章，内容包括解毒药、补虚药、调气药、通调三道药、通调两路药、治巧坞病药。

韦浩明、蓝日春、滕红丽、邓汝铭等编写。南宁：广西民族出版社 2009 年版，498 页。

流水号：20174

《中国壮药学》

题名文种：汉文、方块壮文

ISBN：7-5363-4938-6

中图分类号：R291.8

内容提要及说明：该书全面总结了壮药的发掘、整理、研究的最新成果，系统阐述了壮药的起源和发展概况、壮药的基本理论及应用规律；从实际应用出发，对壮族聚居地区重要而常用的 500 种壮药进行了详细介绍。

梁启成、钟鸣主编。南宁：广西民族出版社 2003 年版。

流水号：20175

《中国壮药原色图谱》

题名文种：汉文、方块壮文

ISBN：7-5363-4417-1

中图分类号：R18

内容提要及说明：该书精选了 200 多种壮药，每种药物结合彩图，介绍了其汉、壮、英文名称，以及来源、形态、分布、采集加工、性能、主治、用法用量等。

蔡毅、朱华主编。南宁：广西民族出版社。

流水号：20176

《中国壮药志》（第 01 卷）

题名文种：汉文、方块壮文

ISBN：7-5363-4418-X

主题词：中药志－壮族－民族医学

中图分类号：R281.4

内容提要及说明：该志书针对中国壮药，介绍了药的常用名、壮语名、药材来源、药材性状鉴别、化学成分、功能主治、用法用量、制剂、临床研究等情况。

朱华主编。南宁：广西民族出版社2003年版，436页。

流水号：20177

《中国壮医内科学》

内容提要及说明：该书是壮医临床方面的第一本专著，主要对千百年来壮医在内科方面的诊治经验进行了文字上的整理，使其理论化、系统化、规范化。

庞声航、王柏灿、莫滚编著。南宁：广西科学技术出版社2004年版。

流水号：20178

《中国壮医学》

ISBN：7-5363-3868-6

主题词：中国－壮族－民族医学

中图分类号：R291.8

内容提要及说明：该书介绍了壮医发展史、壮医基础理论、壮医诊断学、壮医治疗学、壮医方药学、壮医临床各科、壮医药现代研究进展等内容。

黄汉儒主编。南宁：广西民族出版社2001年版，454页。

流水号：20179

《中国壮医针灸学》

ISBN：978-7-5363-6022-8，978-7-5363-6023-5

主题词：壮族－民族医学－针灸疗法

中图分类号：R291.8

内容提要及说明：该书全面阐述了壮医理论体系、病因病机、诊疗方法等内容，包括壮医针灸学总论和壮医针灸学各论2篇。

黄瑾明、宋宁、黄凯编著。南宁：广西民族出版社2010年版，300页。

流水号：20180

《中国传统特色疗法丛书——壮医点灸疗法》

ISBN：978-7-5067-5483-5

主题词：壮族－民族医学－药线点灸

中图分类号：R245.82:R291.8

内容提要及说明：该书主要介绍了壮医点灸疗法，分为2篇。上篇为基础，包括壮医点灸疗法的源流、作用机制及其研究情况、辨证原则、选穴依据、操作方法、适应证、禁忌证、注意事项、异常情况的处理及预防、壮医点灸疗法药线选择、治疗疗程等。下篇临床部分介绍了壮医点灸疗法在内科、外科、妇科、儿科、骨伤、皮肤、五官及头面躯体痛证等各科疾病治疗中的应用。

朱英、陈日兰主编，常小荣、伦新编。北京：中国医药科技出版社2012年第1版。纸质，铅印本，302页。

流水号：20181

《壮医基础理论》

ISBN：7-5363-5187-9

主题词：壮族－民族医学

中图分类号：R291.8

内容提要及说明：该书主要内容包括

壮医学的阴阳为本、三气同步、三道两路理论，壮医学对人体生理的认识，壮医学的病因病机理论，壮医学的养生治则治法等四个部分。

叶庆莲主编。南宁：广西民族出版社2006年版。

流水号：20182

《壮医药线点灸疗法》

统一书号:14113.59

主题词：针灸疗法

中图分类号：R245.82

内容提要及说明：黄瑾明等整理编撰。南宁：广西人民出版社1986年版，115页。

流水号：20183

《壮医药线点灸疗法技术操作规范与应用研究》

ISBN：978-7-80666-923-5

主题词：壮族－民族医学－针灸疗法

中图分类号：R291.8:R245.82

内容提要及说明：全书分为上、中、下三编，包括壮医药线点灸疗法的技术操作规范、壮医药线点灸疗法的临床应用和壮医药线点灸疗法的现代研究等三个方面内容。

吕琳主编。南宁：广西科学技术出版社2007年版，212页。

流水号：20184

《壮医药学科构建与人才培养》

ISBN：7-5363-5021-X

主题词：壮族－民族医学－研究

中图分类号：R291.8

内容提要及说明：该书比较系统地提出了壮医药的学科分类及其依据，以及壮医药学科的构建和壮医药教育的发展思路。

黄贵华主编，邓远美编著。南宁：广西民族出版社2005年版，244页。

流水号：20185

《壮医优势病种诊疗、护理及技术规范》

ISBN：978-7-5363-6174-4

主题词：壮族－民族医学

中图分类号：R291.8

内容提要及说明：该书分为壮医优势病种诊疗和护理规范、壮医常用技术操作规范、壮医经筋疗法手法演示及阐解、经筋疗法“筋结”病灶穴位图谱、黄敬伟教授回顾性医案选五章，图文并茂地详细阐释了壮医优势病种的各种疗法。

黄贵华、黄瑾明、黄敬伟主编。南宁：广西民族出版社2011年版，144页。

流水号：20186

《壮族医学史》

ISBN：7-80619-696-X

主题词：壮族－民族医学－医学史

中图分类号：R291.8-09

内容提要及说明：该书介绍了壮族医

学起源、形成和发展的历史，壮医药理论和治疗方法，壮医药的研究、发掘整理和现状。

黄汉儒、黄景贤、殷昭红编著。南宁：广西科技出版社 1998 年版，659 页。

流水号：20187

《壮族医药学》

ISBN：7-5367-1060-7

主题词：壮族 – 民族医学

中图分类号：R291.8

内容提要及说明：该书是中国少数民族医药丛书之一。内容包括壮医总概括、壮医内科、外科、儿科、妇科、皮肤科、五官科、壮医灸法、壮医针法、拔罐疗法及壮医常用药物等。

杨顺发、关祥祖主编。昆明：云南民族出版社 1995 年版，330 页。

5. 土家族

流水号：20188

《国家中医药管理局民族医药文献整理丛书·湖北民族学院医学文库——玲珑医鉴》

ISBN：7-80174-446-2

主题词：土家族 – 民族医学 – 中国

中图分类号：R297.3

内容提要及说明：该书上卷为基础理论，中卷为内科、外科，下卷为妇科、儿科，包含诊法、脉学、方药及内科、儿科等科治验 30 多万言，是秦氏毕生行医之成果。该书内容有诊法、方药及临床各科证治等，极具土家族医学及鄂西地域特色。全书长期以抄本形式在民间流传。

秦子文主编，赵敬华等校注。北京：中医古籍出版社 2006 年版，315 页。

流水号：20189

《名老土家医周大成医案》

ISBN：978-7-5152-0042-2

主题词：土家族 – 民族医学 – 医案 – 中国 – 现代 – 汇编

中图分类号：R297.3

内容提要及说明：该书选录了湖南省湘西土家族苗族自治州名老土家医周大成近年从医医案 182 例。所选医案包括内科、儿科、妇科、外伤科、皮肤科、孔窍病类等各科疾病。

田华咏、周青松、马伯元主编。北京：中医古籍出版社 2011 年版，290 页。

流水号：20190

《实用土家族医药》

ISBN：978-7-216-05484-3

主题词：土家族 – 民族医学

中图分类号：R297.3

内容提要及说明：该书系统全面地收集、挖掘、整理了散落在黔、湘、渝、鄂四省市边区的土家族医药处方。内容分为土家族医学总论、土家族基本诊法、土家族药物、土家族病症治疗 4 章。

袁德培主编。武汉：湖北人民出版社 2007 年版，279 页。

流水号：20191

《谭氏土家伤科本草》

题名文种：汉文

ISBN：978-7-5067-3680-0

主题词：土家族－中医伤科学－本草－汇编

中图分类号：R297.3/5

内容提要及说明：该书系统整理了鄂西谭氏家传伤科本草，主要介绍了其别名、性味、功效、主治、家承传授、临床应用，对土家族民族药物研究与应用具有一定的推动作用，同时对伤科临床有一定指导作用。

谭祖纯、谭敏枝主编，彭庆尧、周学卫、田祚萍编。北京：中国医药科技出版社2007年第1版。铅印本，175页，147千字，有插图，覆膜。

流水号：20192

《国家中医药管理局民族医药文献整理丛书——土家医病证诊疗规范》

ISBN：978-7-515-20353-9

内容提要及说明：《土家医病证诊疗规范》按土家医理论研究制订的土家医诊法、土家医传统外治技法、土家医临床优势单病种及常见病证诊断与治疗技术规范，用于指导土家医临床诊疗。《土家医病证诊疗规范》内容包括土家医诊法技术操作规范4种——土家医看诊、问诊、脉诊及摸诊；土家医传统外治技术操作规范18种——土家医挑刺疗法、扑灰碗疗法、麝针疗法、蛋滚疗法、烧灯火疗法、推油火疗法、烧艾疗法、放痧疗法、雷火神针疗法、扯罐疗法、小儿提风疗法、泡脚疗法、酒火疗法、翻背掐筋疗法、瓦针疗法、接骨疗法、斗榫疗法、放血疗法；土家医常见病证诊疗规范80余种，疾病按内科、妇科、儿科、眼科、耳鼻喉科、外科、骨伤科、肛肠科、皮肤科分为9个学科。每种疾病的诊疗规范按疾病简述、诊断依据、治疗原则、治疗方法、疗效评价体例编写。附篇中介绍了常用土家药名与中药名对照，便于临床应用。书中内容简要，易于掌握与操作，突出了土家医诊断与治疗特色。《土家医病证诊疗规范》是我国第一部土家医病证诊断与治疗技术操作规范性的土家医药专业参考书。

田华咏主编。北京：中医古籍出版社2014年第1版。纸质，铅印本，291页。

流水号：20193

《国家中医药管理局民族医药文献整理丛书——土家医方剂学》

ISBN：978-7-80174-489-0

主题词：土家族－民族医学－方剂学

中图分类号：R297.3:R289

内容提要及说明：该书分上、下两篇。上篇介绍土家医方剂的起源和发展、土家医常用方剂与治法、药物方剂的分类原则、方剂的组成与变化、方剂的剂型和用法等内容。下篇按治法分为表出剂、清败剂等16章，收入常用代表方335首，附方193首，单验方253首。

彭芳胜主编。北京：中医古籍出版社

2007 年版，502 页。

流水号：20194

《国家中医药管理局民族医药文献整理丛书——土家医方药精选》

ISBN：7-51-520483-4

内容提要及说明：土家族民间药物资源丰富，防病治病方法多种多样，简、便、效、廉的民间方药流传甚广，深受群众喜爱。《土家医方药精选》在编排上，疾病按大科分类，内科、外科、妇产科、儿科、五官科、皮肤科等。各科疾病病名采用土家医药病名、中医病名及现代医学病名。在病名下立方，有的一病一方或多方。有些常见病、多发病选法选方达数十种，如蛇伤方药 57 方，痢疾方药 44 方，带下病方药 28 方，痔疮方药 24 方，供临床应用时选择。该书从几千首土家族民间方药中遴选近千首单方、验方、秘方、偏方，将这些多是当地名老土家族医传家之"宝"或经验之方汇编成此书，供读者在阅读《土家族医药学》时参考。全书由田华咏、梅之南整理。

田华咏、梅之南主编。北京：中医古籍出版社 2014 年第 1 版。纸质，铅印本，168 页。

流水号：20195

《土家医雷火神针疗法、提风疗法技术规范与应用研究》

ISBN：978-7-5152-0185-6

主题词：土家族 - 民族医学 - 疗法

中图分类号：R297.304

内容提要及说明：该书对土家医雷火神针的历史源流，从历代医学文献及土家医药民间流传方法进行考证与文献整理；对土家医雷火神针与传统中医雷火神针技法特点进行比较研究和评述。

彭芳胜、田华咏编著。北京：中医古籍出版社出版 2012 年版，127 页。

流水号：20196

《国家中医药管理局民族医药文献整理丛书——土家医药双语词汇》

ISBN：7-51-520484-0

内容提要及说明：该书是用汉字直音、汉语意译、土家文字记录的土家医药名词，采用土家医药名词的汉字词与土家语（汉字记音）对译，并用土家文字和国际音标记录。内容分为土家医药基础词汇、常见病症名词、土家药物名词、土家医药常用名词简释四章。有土家医常用技法名词简释、土家医常用疾病名词简释、常用药物名词简释。以上所选土家医药名词主要来源于土家族母语存留区名老土家医药人员介绍的相关土家族医药术语。

田华咏、梅之南、田禹顺主编。北京：中医古籍出版社 2014 年第 1 版。纸质铅印本，284 页。

流水号：20197

《土家族名医黄子均医案精选》

ISBN：7-03-014329-9

主题词：医案 - 中国 - 现代 - 汇编

中图分类号：R249.75

内容提要及说明：该书搜集整理了著名土家族名医黄子均先生的部分医案，精选了163种疾病，按内科、妇科、外科、儿科、五官科进行分类，每一种病按证型选择若干病例，共精选了441个病例，每个病例分基本情况、症状、证候、方药、用法等。

刘杰书、黄云春、黄子均等著述。北京：科学出版社2004年版，181页。

流水号：20198

《中国特色医药丛书——土家族女科》

ISBN：978-7-80174-652-8

主题词：诊疗－土家族－民族医学－妇科病

中图分类号：R297.3

内容提要及说明：该书共分三部分。第一部分为总论，包括绪言、女人的生理特点、病因病机、诊断概要、土家女科治法概要、女科预防与保健等6个方面；第二部分为各论，主要记叙了月经病、带下病、怀胎病、产后病及女科杂病等用方及用药特色；第三部分以阐述女科疑难杂症为主，用附篇的形式论述了土家医匠在月信、产前、产后、不孕症等几个方面的诊治心得，凸显了本土特色的医治理论和医治方法。

祝均辉主编。北京：中医古籍出版社2009年版，170页。

流水号：20199

《国家中医药管理局民族医药文献整理丛书——土家族药物志》（上、下册）

ISBN：978-7-5067-3568-1

主题词：土家族－民族医学－中药志

中图分类号：R297.3/3

内容提要及说明：该书收录了土家族常用药物2172种，包括动物药和矿物药。内容除了概括基本原理、生境、分布、加工外，特别珍贵的部分是"民族用药经验"，包括性味、功能、主治和应用举例。

方志先主编，赵晖、赵敬华、刘杰书、朱云超编。北京：中国医药科技出版社2007年第1版。铅印本，651页，2046千字，有插图，精装。

流水号：20200

《土家族药学》

ISBN：978-7-225-03394-5

主题词：土家族－民族医学

中图分类号：R297.3

内容提要及说明：该书收载了土家族同胞常用和较为常用药物380味，附药75味。内容既有系统理论，又侧重于临床应用，对防治山区的常见病、多发病具有较高的实用价值，是研究土家族药物的基本理论和指导临床应用的书籍。

杨德胜主编。西宁：青海人民出版社2009年版，380页。

流水号：20201

《国家中医药管理局民族医药文献整理丛书——土家族医学史》

ISBN：7-80174-273-7

主题词：土家族 - 民族医学 - 医学史

中图分类号：R294.3/2

内容提要及说明：该书紧紧围绕传统医药的人文特点，从历史学、文化学、民族学的角度对土家族医药产生的历史文化背景做了全面论述，其中包括基础理论、诊法、治则、疗法、药物、养生等。

田华咏主编，滕建卓编。北京：中医古籍出版社2005年第1版。铅印本，480页，380千字，有插图，覆膜。

流水号：20202

《国家中医药管理局民族医药文献整理丛书——土家族医药》

ISBN：7-80174-448-9

主题词：土家族 - 民族医学

中图分类号：R297.3/2

内容提要及说明：该书罗列了土家族医药发展简史、土家族医学基础、土家族医学临床病治、土家族药物、土家族医药学术价值与开发前景展望，共5个章节。

朱国豪主编，杜江、张景梅、潘炉台编，贵阳中医学院编写。北京：中医古籍出版社2006年第1版。铅印本，502页，620千字，有插图，精装。

流水号：20203

《土家族医药学》

主题词：土家族 - 民族医学

中图分类号：R297.4

内容提要及说明：该书内容分为4部分：概述、土家医基础、药物及临床诊治。

田华咏等编著。北京：中医古籍出版社1994年版，246页。

流水号：20204

《中国少数民族医药丛书——土家族医药学》

ISBN：7-5367-0911-0

主题词：土家族 - 民族医学

中图分类号：R297.3

内容提要及说明：该书综合概括了土家族医学、药学的理论体系，疾病命名，诊断方法，药物分类，治疗方法，药物采集加工，药物剂型等，附录载有土家族医药术语名词解释、中文名索引、拉丁名索引。

彭延辉主编，关祥祖、田奇伟、廖博儒、张贵赋编。昆明：云南民族出版社1994年第1版。铅印本，50页，197千字。

流水号：20205

《国家中医药管理局民族医药文献整理丛书、湖北民族学院医学文库——土家族医药学概论》

ISBN：7-80174-317-2

主题词：土家族－民族医学

中图分类号：R297.3/4

内容提要及说明：该书介绍了土家族医药学基础理论、诊法、治则、药物以及内科、外科、妇科、儿科、推拿、五官科等各科疾病诊治内容，系统地介绍了土家族医药的概况。

赵敬华主编，袁德培、颜益志、杨其政、朱云超编。北京：中医古籍出版社2005年第1版。铅印本，389页，655千字，覆膜。

流水号：20206

《湘西土家族医药调查与临床研究》

ISBN：978-7-5023-7345-0

主题词：土家族－民族医学－研究－中国

中图分类号：R297.3

内容提要及说明：该书介绍了湘西土家族医药概况，包括对全州土家族聚集中的龙山、保靖、永顺、桑植、大庸进行了实地调查，掌握了土家族医药的基本情况；还介绍了土家族医药临床研究，将疾病分为六大类，包括内科疾病、外科疾病、妇产科疾病、五官科疾病、瘟疫、儿科疾病等。该书共收载829种病症，并对其中的200种病症进行举证、诊断、治疗、方药辨析，可供科研教学临床参考。

潘永华主编。北京：科学技术文献出版社2013年版，210页。

流水号：20207

《中国当代医疗百科专家专著：土家族医药研究新论》

ISBN：7-80174-364-4

主题词：土家族－民族医学

中图分类号：R297.3

内容提要及说明：该书选录论文30余篇，包括《湘西土家族医药论述》《土家族医药发展史略》《土家医脉学简析》《土家族药文化资源的开发与保护》等。

田华咏主编。北京：中医古籍出版社2006年版，262页。

6. 苗　族

流水号：20208

《风湿病苗药本草荟萃》

题名文种：汉文

ISBN：7-80174-293-1

主题词：本草－苗族－民族医学－风湿性疾病

中图分类号：R593.21

内容提要及说明：该书收集了苗药治疗风湿病常用方剂378首，常用药物193种，每个药物按药名、别名、来源、形态特征、生长环境、采集加工、功能主治、民间验方等进行介绍。

祝均辉主编。北京：中医古籍出版社2005年版，267页。

流水号：20209

《贵州苗族医药研究与开发》

正文文种：汉文

ISBN：7-80584-875-0

主题词：苗族－医药

中图分类号：R291.6

内容提要及说明：该书对苗族医药的发展历程、医理诊治、方药特色、科学内涵及其价值等进行梳理与论述，较为系统地总结了贵州省苗族医药研究与开发的成果。

包骏、冉懋雄主编，赵松、王国栋等编。贵阳：贵州科技出版社 1999 年第 1 版。铅印本，527 页，900 千字，有插图，精装。

流水号：20210

《贵州十大苗药研究》

题名文种：汉文、苗文

ISBN：978-7-80174-619-1

主题词：研究－贵州－苗族－民族医学－药物学

中图分类号：R291.6

内容提要及说明：该书主要收录了 10 个苗药研究的资料和成果，分别从本草学、基础研究、开发应用三个方面来进行阐述。

邱德文、杜江主编。北京：中医古籍出版社 2008 年版，731 页。

流水号：20211

《湖北苗药》

其他题名文种：汉文

ISBN：7-80174-340-7

主题词：苗医－民族医学－药物学

中图分类号：R291.6

内容提要及说明：该书在前人的研究基础上收集整理了苗药 397 种，主要收集来源、别名、形态特征、生长环境、采集加工、性味、功能与主治、民间验方等内容，其中有数十味苗药属首次发掘。

彭再生主编，祝均辉、杨长丰、黄昌辉、胡德俊编。北京：中医古籍出版社 2006 年第 1 版。铅印本，509 页，414 千字，有插图。

流水号：20212

《苗家实用药方》

ISBN：978-7-80174-516-3

主题词：中国－苗族－民族医学－验方

中图分类号：R291.6

内容提要及说明：该书主要介绍了湖南湘西地区苗族医药人员，以及苗族同胞在生产、生活中常用的单方、验方、有名的成方，并介绍了云南、贵州、广西等地区的苗族药方。

滕建甲、黄爱辉编著。北京：中医古籍出版社 2007 年版，562 页。

流水号：20213

《苗家养生秘录》

ISBN：7-80174-327-X

主题词：苗族 – 养生

中图分类号：R291.6/2

内容提要及说明：该书从传统理念、民间习俗、养生措施、常用方药、解毒方法等几个方面，介绍了苗族同胞在长期的医疗实践中积累起来的养生、保健、防病经验。该书是一部全面介绍苗族医药养生学的专著，内容包括苗族养生防病的传统理念、传统习俗、常用措施、常用方药等。

滕建甲、腾敏、陈亮编。北京：中医古籍出版社 2005 年第 1 版。铅印本，307 页，270 千字。

流水号：20214

《苗家整病技法》

ISBN：978-7-5152-0071-2

主题词：苗族 – 民族医学

中图分类号：R291.6

内容提要及说明：该书详细介绍了苗家整病的传统理念、苗家整病的传统习俗、苗家传统的病因认知方法、苗家传统的疾病命名方法、苗家整病的传统措施与方法、苗家内治疗法等苗医药整病概念、方法及技术。

滕建甲、黄爱辉编著。北京：中医古籍出版社 2011 年版，493 页。

流水号：20215

《苗药方剂学》

ISBN：978-7-80662-732-7

主题词：苗族 – 民族医学 – 方剂学

中图分类号：R291.6

内容提要及说明：该书共分 16 章，搜集方剂 1809 个，搜集重点是组方、附方、用法、属经、治则、主治、方解等。

陆科闵主编，陆彝中著。贵阳：贵州科技出版社 2009 年第 1 版。铅印本，539 页，1240 千字，有插图。

流水号：20216

《苗药学》

题名文种：汉文、苗文

中图分类号：R291.6

内容提要及说明：该书主要内容包括苗药的起源、苗药学的发展、植物药的命名、动物药的命名、矿物药的命名、按药物的自然属性分类、按药物的来源分类、按药物的性味或功效分类等。

田振华、杜江、邓永翰主编。北京：中医古籍出版社，393 页。

流水号：20217

《苗医绝技秘法传真》

ISBN：978-7-80662-852-2

主题词：苗族 – 民族医学

中图分类号：R291.6/17

内容提要及说明：该书共分 6 章，内容包括苗医特色的外治秘技、苗医常用外治秘技、苗家奇技揭秘、苗家秘传治心

术、苗医解毒法举要等。

杜江主编，邓永汉、杨志杰编。贵阳：贵州科技出版社2010年第1版。铅印本，219页，130千字，有插图，精装。

流水号：20218

《苗医正骨》

题名文种：汉文、苗文

ISBN：978-7-80174-549-1

主题词：苗族－民族医学－正骨疗法

中图分类号：R291.6

内容提要及说明：该书作者是负有盛名的湘西苗医骨伤科专家。全书论述了湘西苗医的正骨手法及治疗苗药，在正骨手法上，介绍了张氏祖传正骨手法，包括正骨手法六大步骤和十大技巧、花垣县已故苗医龙玉六生前苗医正骨手术步骤技巧和贵族黔东南苗医正骨法。该书还介绍了张氏祖传“柏林接骨散”、贵州骨伤科苗药制剂14种、苗医民间骨伤科方药566首及治疗骨伤疾病的苗药211种。应用苗药内外兼治及恢复期的功能锻炼。为了便于读者理解和掌握苗医正骨手法，该书还附有140多幅彩图。该书是对我国苗医正骨理论的学术整理和临床应用经验的总结，并附有张氏正骨手法照片及临床资料照片。

张东海、田华咏主编。北京：中医古籍出版社2007年版，280页。

流水号：20219

《苗族常用植物药》

ISBN：978-7-80662-861-4

主题词：苗族－民族医学－植物药

中图分类号：R291.6

内容提要及说明：该书收载药物289种、图片289幅，系统介绍了苗族民间常用的植物药，图文并茂，清楚明了，为研究、开发和利用贵州省少数民族，特别是苗族地区丰富的药用植物资源，为贵州省中药、民族药产业化的发展提供科学数据。

张敬杰、罗迎春主编。贵阳：贵州科技出版社2010年版，342页。

流水号：20220

《苗族药物集》

主题词：苗族－中草药

中图分类号：R932.473

内容提要及说明：该书图文并茂，介绍了163种苗医常用药物和验方。

陆科闵著。贵阳：贵州民族出版社1988年版，245页。

流水号：20221

《苗族药物学》

ISBN：7-5412-1410-8

主题词：药物学－苗族－民族医学

中图分类号：R291.6

内容提要及说明：该书对苗药发展史、苗药用药理论及每种药物的苗语名称、学名、俗名、来源、鉴别方法、药用部位、采集季节、性味归经等方面都有较为系统的论述，并收载了390余味苗药。全书介绍了苗族药物及药物学的起源、发展、基本概念、基本理论、用药规律、分类方法、识别知识，并与中草药进行异同比较。

唐海华著。贵阳：贵州科技出版社2006年版，452页。

流水号：20222

《苗族医学》

正文文种：汉文、苗文

ISBN：7-80662-433-3

主题词：苗族－民族医学

中图分类号：R291.6/4

内容提要及说明：全书分概论、苗医病症、苗族药物三部分。苗医病症收藏206个大症、408个小症；苗族药物收载主要常用品种330个。

陆科闵主编，王福荣编。贵阳：贵州科技出版社2006年第1版。纸质，铅印本，738页，有插图。

流水号：20223

《中国少数民族医药丛书——苗族医药学》

ISBN：7-5367-1121-2

主题词：苗族－民族医学

中图分类号：R291.6

内容提要及说明：该书论述苗族医药的基本概念。

田兴秀、关祥祖主编。昆明：云南民族出版社1995年第1版。铅印本，421页，306千字。

流水号：20224

《苗族医药学》

ISBN：7-5412-0216-9

主题词：苗族－民族医学

中图分类号：R291.6

内容提要及说明：该书介绍了苗族医药的发展简史、医理、诊治及药物、单验方选等。

贵州省民委文教处、贵州省卫生厅中医处、贵州省中医研究所编写。贵阳：贵州民族出版社1992年版，907页。

流水号：20225

《中国苗医史》

ISBN：978-7-80174-647-4

主题词：苗族－民族医学－医学史－研究

中图分类号：R291.6

内容提要及说明：该书为中国苗族医药学史专著，论述了神话传说时代、古代、近代及现代苗族医药的发展史，从而分析和探讨了苗族医药的特点，苗族医药文化的源流，文化多样性对苗族医药文化的影响，以及著名苗族医药学家和苗医药学著作。

田华咏、杜江主编，滕建卓、田兰、张元忠编。北京：中医古籍出版社2008年第1版。纸质，铅印本，322页，有插图。

7. 维吾尔族

流水号：20226

《维吾尔药材真伪鉴别》

ISBN：978-7-80744-091-8

主题词：民族医学－维吾尔族－中药材

中图分类号：R281.445

内容提要及说明：该书以维吾尔医学理论为指导，选择维吾尔族常用的传统药材 85 种，与之相对应的代用品、混淆品 100 多种，对其进行了确认，并对药材基源、历时进行了考证。

张彦福主编。乌鲁木齐：新疆美术摄影出版社 2007 年版，484 页。

流水号：20227

《维吾尔医常用药材》

ISBN：978-7-5372-0089-9

内容提要及说明：该书收录了近 400 种常用药材，介绍了这些药材的名称、识别特征、产地、性味、主治功能、使用方法、剂量等方面的知识。

顾永寿、顾永福主编。乌鲁木齐：新疆科技卫生出版社 1992 年版，553 页。

流水号：20228

《维吾尔医气质、体液论及其现代研究》

中图分类号：R29

内容提要及说明：该书比较全面地阐述了维吾尔医药学的历史及概况，以维吾尔医独具特色的气质体液论为切入点，将应用现代科学技术进行研究的成果进行归纳，罗列出气质、体液论现代研究方面的成就及学术思想。

哈木拉提·吾甫尔主编。乌鲁木齐：新疆科学技术出版社 2003 年版。

流水号：20229

《维吾尔医药常用药材》

民族语言题名：uyghur t é babitide köp ishlitilidighan dorilar

其他题名文种：维吾尔文

ISBN：978-7-5372-0083-7

主题词：维吾尔族－民族医学

中图分类号：R291.5

qeshqer uyghur t é babet shipaxanisi 主编。乌鲁木齐：新疆人民卫生出版社 1991 年版，522 页。

流水号：20230

《维吾尔医药复方制剂》

民族语言题名：（维吾尔语）

其他题名文种：维吾尔文

内容提要及说明：该书主要介绍了处方的成分、制剂方法、使用药物剂量、不良反应等内容。

ISBN：7-5372-4313-1

主题词：民族医学－维吾尔族－中国

中图分类号：R291.5

茹仙古丽·沙吾尔主编。乌鲁木齐：新疆人民卫生出版社 2006 年版，411 页。

流水号：20231

《维吾尔医药简史》

民族语言题名：uyghur t é babet chilik qisqiche tarixi

其他题名文种：维吾尔文

内容提要及说明：该书主要介绍了民族风俗对维吾尔医的影响、原始社会的维吾尔医学、维吾尔医外科学相关记载、维吾尔医医学家、药物学家及其经典著作等内容。

ISBN：978-7-5466-1260-7

主题词：维吾尔族－民族医学

中图分类号：R291.5

enwer toxti 主编。乌鲁木齐：新疆科学技术出版社 2012 年版，127 页。

流水号：20232

《维吾尔医药经典著作选》

民族语言题名：uyghur t é babiti kilassik eserliridin nemuniler

其他题名文种：维吾尔文

ISBN：978-7-5466-1311-6

主题词：维吾尔族－民族医学

中图分类号：R291.5

内容提要及说明：该书主要介绍了伊本·阿拉依丁·穆罕默德和田尼编写的《治疗原则精髓》，阿克萨拉依编写的《阿克萨拉依》，胡都英汗·阿基参与编写的《回回药方三十六卷》等 9 本专著图书的编写年代、历史背景、作者简介、内容提要等内容。

abdur é him y ü s ü p，erkinqasim 主编。乌鲁木齐：新疆科学技术出版社 2012 年版，316 页。

流水号：20233

《维吾尔医药炮制学》

民族语言题名：uyghur t é babiti dorilirini layiqlashturush ilmi

其他题名文种：维吾尔文

ISBN：978-7-5372-4968-3

主题词：维吾尔族－民族医学－中药炮制学

中图分类号：R291.5

内容提要及说明：该书是新疆维吾尔医学高等专科学校第二代教材之一，主要介绍了维吾尔医药炮制学概念、方法和标准等内容。

abdur é him y ü s ü p 主编。乌鲁木齐：新疆人民卫生出版社 2011 年版，195 页。

流水号：20234

《维吾尔医药思维学》

民族语言题名：uyghur t é babiti tepekkur ilmi

其他题名文种：维吾尔文

ISBN：978-7-5466-1315-4

主题词：维吾尔族－民族医学

中图分类号：R291.5

内容提要及说明：该书主要介绍了思维学的知识，维吾尔医学思维学的研究对象、内容、方法，还介绍了维吾尔医药在现代文化环境中的特殊状况以及维吾尔医药教育的特点等。

abdur é him y ü s ü p，enwertoxti 主编。乌鲁木齐：新疆科学技术出版社 2012 年版，177 页。

流水号：20235

《维吾尔医药统论学》

民族语言题名：uyghur t é babiti omumiy bayanliri

其他题名文种：维吾尔文

ISBN：978-7-5466-1261-4

主题词：维吾尔族 – 民族医学

中图分类号：R291.5

内容提要及说明：该书主要内容分为基础部分、药学部分和临床部分。基础部分包括维吾尔医基础理论、维吾尔医病理学、诊断学、治疗技术等。药学部分包括维吾尔医的药学。

abdur é him y ü s ü p 等主编，nur mu hem mete met 编。乌鲁木齐：新疆科学技术出版社 2012 年版，459 页。

流水号：20236

《维吾尔医药学》

内容提要及说明：该书分为维吾尔医学基础理论、常见病、常用药物三部分。

朱琪主编。昆明：云南民族出版社 1995 年版。

流水号：20237

《维吾尔医药学名著：艾力卡农非提比（01）——〈elqanun fit–tib〉diki dorilarni tonushqa da' ir bayanlar》

民族语言题名：uyghur tébabitidin nemuniler–（01）——《elqanun fit–tib》diki dorilarni tonushqa da' ir bayanlar

其他题名文种：维吾尔文

ISBN：978-7-5372-4947-8

主题词：维吾尔族 – 民族医学 – 药材 – 介绍

中图分类号．R291.5

内容提要及说明：该书主要介绍了地黄、川芎、甘草、蒲公英、芦荟、红花、玫瑰花等维吾尔医常用的各种生药的认识方法、产地、性质、药效、毒性等内容。

（shimali sung）abu eli ibin sina 著，abduj é lil bekri 译，abdugh é nitursun 书法。乌鲁木齐：新疆人民卫生出版社 2011 年版。

流水号：20238

《维吾尔医药学名著：艾力卡农非提比（08）——〈elqanun fit–tib〉diki dorilarni tonushqa da' ir bayanlar》

民族语言题名：uyghur tébabitidin nemuniler–（08）——《elqanun fit–tib》diki dorilarni tonushqa da' ir bayanlar

其他题名文种：维吾尔文

ISBN：978-7-5372-4940-9

主题词：维吾尔族 – 民族医学 – 药材

中图分类号：R291.5

内容提要及说明：该书主要介绍了地黄、川芎、甘草、蒲公英、芦荟、红花、玫瑰花等维吾尔医常用的各种生药的认识方法、产地、性质、药效、毒性等内容。

（shimali sung）abu eli ibin sina 著，abdujélil bekri 译，sirajidin mutellip 书法。乌鲁木齐：新疆人民卫生出版社 2011 年版。

流水号：20239

《维吾尔医药学名著：艾力卡农非提比——uyghur t é babitidin nemuniler-〈elqanun fit-tib〉diki köz késelliklirige da'ir bayanlar》

民族语言题名：uyghur tébabitidin nemuniler——《elqanun fit-tib》diki köz k é selliklirige da'ir bayanlar

其他题名文种：维吾尔文

ISBN：978-7-5372-5190-7

主题词：维吾尔族－民族医学

中图分类号：R291.5

内容提要及说明：记载了《艾力卡农非提比》中有关眼部疾病的论述，主要介绍了眼部疾病的病因、病症，以及在维吾尔医中的诊断与治疗、预防与保健等内容。

（shimali sung）abu eli ibin sina 著，abduj é lil bekri 译，r é him hebibulla 书法。乌鲁木齐：新疆人民卫生出版社 2012 年版。

流水号：20240

《维吾尔医药学名著：米扎尼提比——〈mizani tib〉diki bash，besh eza we öpke késelliklirige da'ir bayanlar》

民族语言题名：uyghur t é babitidin nemuniler——《mizani tib》diki bash，besh eza we öpke k é selliklirige da' ir bayanlar

其他题名文种：维吾尔文

ISBN：978-7-5372-5166-2

主题词：维吾尔族－民族医学

中图分类号：R291.5

内容提要及说明：记载了《米扎尼提比》中有关头头颅、五官、肺部疾病的论述，主要介绍了头颅、五官、肺部疾病的病因、症状，以及在维吾尔医学中的诊断与治疗方法。

（ching）muhem medek berer zani 著，ejmel xan he bi bulla 译，ablik imjan zunun jew lani 书法。乌鲁木齐：新疆人民卫生出版社 2012 年版。

流水号：20241

《维吾尔医药制学》

民族语言题名：维吾尔语

其他题名文种：维吾尔文

ISBN：7-5372-0017-3

主题词：民族医学－维吾尔族－药剂学

中图分类号：R291.5

内容提要及说明：阿布都热依木、阿布都克日木主编。乌鲁木齐：新疆人民卫生出版社 2006 年版，387 页。

流水号：20242

《维吾尔医异常黑胆质新论》

并列题名：New conception on the theory of abnormal savda in traditional Uighur medicine

ISBN：978-7-228-12375-9

主题词：诊疗－中药志－维吾尔族－民族医学－体液－黑胆质

中图分类号：R281.445:R291.5

内容提要及说明：该书诠释了维吾尔医学异常黑胆质病证及其诊断和临床用药。

哈木拉提·吾甫尔主编。乌鲁木齐：新疆人民出版社 2009 年版。

流水号：20243

《中国少数民族医药丛书——维吾尔族医药学》

ISBN：7-3567-1001-1

主题词：维吾尔族－民族医学

中图分类号：R291.5

内容提要及说明：该书是介绍维吾尔民族医药学的丛书之一。

朱琪主编。昆明：云南民族出版社 1995 年第 1 版，330 页。

流水号：20244

《中华本草·维吾尔药卷》

ISBN：7-5323-7865-9

主题词：本草－中国－汇编－维吾尔族－民族医学

中图分类号：R281.3:R281.445

内容提要及说明：全书分上、下篇，包括概论、药物、附篇和索引四大部分，收载维吾尔药 423 种，药物插图 320 余幅。药物对正名、异名、品种考证、来源、原植物、采收加工、药材鉴别、化学成分、药理等项目分别给予详细介绍。

阿不都热依木·卡地尔等主编，国家中医药管理局《中华本草》编委会编写。上海：上海科学技术出版社 2005 年版，524 页。

8. 蒙古族

流水号：20245

《国家中医药管理局民族医药文献整理丛书——脉诊概要研究》

民族语言题名：sudal sinjileküi tobči-yin sinjilege

其他题名文种：汉文、蒙文

ISBN：7-204-07643-5

主题词：民族医学－蒙医－脉诊－研究

中图分类号：R291.2

内容提要及说明：这套丛书包括《脉诊概要研究》等书。

nasundalai 主编。呼和浩特：内蒙古人民出版社 2005 年版，132 页。

流水号：20246

《蒙古医学简史》

ISBN：7-5311-3437-3

主题词：中国－蒙医－医学史

中图分类号：R291.2-09

内容提要及说明：该书根据医学史的发展规律，将1947年以前的蒙古医学史分为三个发展阶段，力求用历史唯物主义和辩证唯物主义为指导，对有关资料进行了科学分析，力图反映蒙古医学的真实面貌。

巴·吉格木德著，曹都译。呼和浩特：内蒙古教育出版社1997年版，126页。

流水号：20247

《中国蒙古学文库·蒙古族传统疗法》

民族语言题名：蒙古语

题名文种：汉文、蒙文

正文文种：蒙文

ISBN：7-80722-106-2

主题词：蒙医－中医疗法

中图分类号：R291.2

内容提要及说明：该书介绍了蒙医学传统疗法，主要内容包括浸润疗法、温热疗法、峻疗法、内疗法、其他疗法等。

郭·道布清主编，图门巴雅尔编。沈阳：辽宁民族出版社2005年第1版。铅印本，201页，160千字。

流水号：20248

《中国少数民族医药丛书——蒙古族医药学》

ISBN：7-5367-1473-4

主题词：蒙医－中国－蒙医

中图分类号：R291.2

内容提要及说明：赵宇明、关祥祖主编。昆明：云南民族出版社1997年版，701页。

流水号：20249

《中国蒙古学文库·蒙古族正骨学》

民族语言题名：蒙古语

其他题名文种：蒙文

ISBN：7-80722-047-3

中图分类号：R291.2

内容提要及说明：该书分6篇，包括正骨研究、骨折、脱位、软组织损伤、内伤，骨、关节疾病的正骨疗法。

旺钦扎布主编。沈阳：辽宁民族出版社2005年第1版。铅印本，524页，420千字。

流水号：20250

《国家中医药管理局民族医药文献整理丛书——蒙药正典》

题名文种：汉文、蒙文

正文文种：蒙文

ISBN：7-105-07548-1

主题词：蒙医－药典

中图分类号：R291.2

内容提要及说明：该书记载了879种蒙药材，附570幅药物插图，详细记述了每一种药材的产地、来源、形态、入药部分、性味、功能、主治、采收季节及炮制方法等。

柳白乙拉主编，李振吉、房书亭、佘靖编。北京：民族出版社2006年第1版。纸质，铅印本，499页，有插图。

流水号：20251

《蒙药正典·美丽目饰》

民族语言题名：蒙古语

其他题名文种：汉文、蒙文

正文文种：汉文、蒙文

ISBN：978-7-204-06949-1

主题词：蒙医 - 药典

中图分类号：R291.2

内容提要及说明：该书是一部反映蒙、藏药的专著。该书对每种药的别名，生长环境，动、植、矿物形态，入药部位，采集时间，炮制方法，性味、功能，主治和用法等做了叙述，并对某些药物的真伪优劣品种及鉴别方法也有不同程度的记录，指出对某些药物误认或名、物不符等混乱现象；同时对所收载品种绝大多数配有附图，图中列出了蒙、藏、汉、满文字对照，还有藏文注汉字音。

占布拉道尔吉原著，罗布桑等译注。呼和浩特：内蒙古人民出版社 2006 年第 1 版。铅印本，609 页，450 千字，有插图。

流水号：20252

《蒙医甘露四部》

内容提要及说明：该书是 18 世纪蒙古族著名医学家伊希巴拉珠尔所写的蒙医药学专著，是蒙医药学综合性经典医籍。

钢卓力克编译主编。内蒙古人民出版社 2007 年版。

流水号：20253

《蒙医药丛书——蒙古贞常用蒙药方剂》

民族语言题名：mong γ oljin-u örkölji kereglek ü mong γ ol em nayiral γ -a

其他题名文种：蒙文

ISBN：7-80644-976-0

主题词：蒙医 - 方剂

中图分类号：R291.2

内容提要及说明：该书主要介绍了辽宁省蒙古贞地区（现为阜新地区）流传的 100 多种独特的蒙药方剂，并在书后附录了几种特殊药的炮制方法。

刘毅、韩福印主编。沈阳：辽宁民族出版社 2005 年版，269 页。

流水号：20254

《蒙医药史概略》

民族语言题名：mong γ ol em emnelge-yin te ü ke-yin toyimu

其他题名文种：汉文、蒙文

ISBN：7-5380-0341-X

主题词：民族医学 - 蒙古族 - 中国

中图分类号：R291.2

内容提要及说明：jinbatu，qasgerel 著。通辽：内蒙古少年儿童出版社 1996 年版，239 页。

流水号：20255

《蒙医药学概览》

内容提要及说明：该书以蒙医药历史发展脉络为主线，展示了蒙医药丰富的传统文化，阐述蒙医药的作用机理和临床经验。

佟瑞著。沈阳：辽宁民族出版社 2013 年版。

流水号：20256

《蒙医诊疗皮肤病图谱》

民族语言题名：mong γ ol emnelge-yin arasun-u ebedčin- ü jiru γ tayilburi

其他题名文种：汉文、蒙文

正文文种：蒙文

ISBN：7-80644-919-1

中图分类号：R291-64

内容提要及说明：该书以图片形式展示了 100 多种皮肤病和性病病例，并介绍了其特征，用蒙医学理论解释了发病原因，讲述了治疗方法。

吴金香（ü jin siyang）主编，乌日娜、黄精华、李灵匀编。沈阳：辽宁民族出版社 2005 年第 1 版。铅印本，200 页，200 千字，有插图。

流水号：20257

《内蒙古医学史略》

内容提要及说明：该书记述了历史上与内蒙古地区蒙古、汉等民族医学有关的人和事。

伊光瑞主编。北京：中医古籍出版社 1993 年版。

流水号：20258

《神奇的蒙医传统正骨》

ISBN：978-7-204-11257-9

主题词：蒙医 - 正骨疗法

中图分类号：R291.2

内容提要及说明：该书详细介绍了蒙医正骨的历史与发展、蒙医正骨手法，同时介绍了散居在通辽等地区的蒙医正骨传承人的情况。

韩涛高、都嘎尔著。呼和浩特：内蒙古人民出版社 2011 年版，210 页。

流水号：20259

《生命的长调：蒙医》

ISBN：978-7-5633-7072-6

主题词：普及读物 - 蒙医

中图分类号：R291.2

内容提要及说明：该书用通俗的语言、生动的例子、鲜活的图片，以趣话的形式展示了古老而又神秘的蒙医学，包括发展历史、独特诊法、传统疗术、实践医学经验等。

色・哈斯巴根、张淑兰著。桂林：广西师范大学出版社 2008 年版，189 页。

流水号：20260

《中国蒙古学文库・现代蒙医学》

民族语言题名：orčin ča γ -un mong γ ol ana γ aqu uqa γ an

其他题名文种：传统蒙文

ISBN：7-80722-013-9

主题词：医学 - 蒙古族

中图分类号：R291.2

内容提要及说明：全书分为上、中、下三篇，包括蒙医基础理论、蒙药与方剂、蒙医临床各科等方面的内容。

琪格其图（čigčitü）主编。沈阳：辽宁民族出版社 2005 年第 1 版。铅印本，711 页，390 千字。

9. 朝鲜族

流水号：20261

《朝鲜族医药学》

中图分类号：R291.9

内容提要及说明：该书内容包括朝医发展史、朝医基础理论、朝医诊断学、朝医药物及方剂学、预防保健学和四象内科学 6 个部分。

卢得子、许香兰、关祥祖主编。昆明：云南民族出版社 1995 年版。

流水号：20262

《中国朝鲜族医药学丛书——朝鲜族医药学发展史》

题名文种：汉文、朝鲜文

ISBN：978-7-5449-2421-4

主题词：朝鲜族－民族医学－医学史

中图分类号：R291.9-09

内容提要及说明：该书为朝汉对照版，介绍了朝医学的渊源、朝医药的形成和发展、朝医药的独特优势、朝医药的古籍、朝医药主要人物、朝医药学术论文、朝医药大事纪年表等内容。

崔海英、张斗元主编。延吉：延边人民出版社 2012 年版，246 页。

流水号：20263

《朝医学概要》

内容提要及说明：朝医学以四象辨证辨病为特色，以“天、人、性、命”整体观和“四维之四象结构理论”为指导，是具有自己独特理论体系的一门学科。对它的继承、发扬、整理、提高是一件很有现实意义和历史意义的大事。

尹明浩、金明玉、韩一龙著。延吉：延边大学出版社 2007 年版。

流水号：20264

《国家中医药管理局民族医药文献整理丛书——〈东洋医学要论〉校释》

ISBN：7-80698-377-5

主题词：研究－中国医药学

中图分类号：R291.9

内容提要及说明：该书通过东洋医学的理论，对四性医学进行了实验及临床研究。包括总论、四性论、四性治疗论、药性论、四性别治疗各论和四性别治疗处方大要等内容。

朴仁范主校、译、主编。延吉：延边人民出版社 2005 年版，232 页。

流水号：20265

《国家中医药管理局民族医药文献整理丛书——〈东医寿世保元〉校释》

ISBN：7-80698-377-5

主题词：清代－中国医药学

中图分类号：R291.9

内容提要及说明：该书共分 4 卷，载

医论 625 条、方剂 113 条。首卷包括性命论、四端论、扩充论、脏腑论；后三卷分别论述少阴人、少阳人、太阴人、太阳人的各种病症，主要是外感病的证治。

玄哲男主校、释、主编。延吉：延边人民出版社 2005 年版，325 页。

流水号：20266

《国家中医药管理局民族医药文献整理丛书——〈汉方医学指南〉校释》

ISBN：7-80698-377-5

主题词：注释 - 中国 - 古代 - 方书

中图分类号：R291.9

内容提要及说明：该书是中国朝医学家李常和先生于 20 世纪 30 年代初完成的医学著作。书中论述了“凡病总不外乎脏腑自病及相干为病，因人之脏腑而选其药，就古今之疑团以释”的人禀脏理说。

许香兰主校、释、主编。延吉：延边人民出版社 2005 年版，451 页。

流水号：20267

《〈乡药集成方〉（76-85 卷）校释》

ISBN：7-80089-660-9

主题词：验方 - 朝鲜 - 李朝（1392—1910）- 验方

中图分类号：R289.5

内容提要及说明：该书共 85 卷，内容包括针灸、目录、医门、乡药本草等。医学部分大体分 54 门，共收载 959 种病症。药学部分，通过石部、草部、木部等十大类，详述了药性和适应证。

朴明杰主校、释、主编。延吉：延边人民出版社 2005 年版，964 页。

流水号：20268

《中国朝鲜民族医学史（修订本）》

ISBN：7-80648-135-4

主题词：朝鲜族 - 民族医学 - 医学史

中图分类号：R291.9-09

内容提要及说明：该书论述了朝鲜族民族医学的医学史。

张文宣主编，延边朝鲜自治州民族医药研究所编纂。延吉：延边人民出版社 1999 年版，105 页。

流水号：20269

《中国朝鲜民族医学真髓》

ISBN：7-80698-697-9

主题词：中国 - 朝鲜族 - 民族医学

中图分类号：R291.9

内容提要及说明：该书内容由“中国朝鲜民族医药学历史渊源，天、人、性、命整体观，阴阳论，四行论，脏腑论，病理学，药理学，方剂学，太极针法，诊断学，临床学和预防保健养生学”等 12 个部分组成，比较全面地论述了朝医四象医学理论。

孙永锡主编。延吉：延边人民出版社 2006 年版，697 页。

流水号：20270

《中国朝医妇科学》

ISBN：978-7-5132-0019-6

主题词：中国－朝鲜族－民族医学－妇科学

中图分类号：R291.9

内容提要及说明：该书由上、中、下三篇组成，内容包括朝医妇科学的定义、范围及发展简史、女性的生理生殖特点、朝医妇科学的护理、月经病、妊娠病、妇科杂病、女性生殖器官解剖与生理等。

尹明浩、金明玉主编。北京：中国中医药出版社2010年版，217页。

流水号：20271

《朝鲜民族医学系列参考丛书——中国朝医基础学》

ISBN：978-7-5132-0019-6

主题词：朝鲜族－民族医学－基础医学

中图分类号：R291.9

内容提要及说明：该书共分16章，内容包括绪论、朝医学的基本特点、朝医学的阴阳论、朝医学的四行论、朝医学的四象人论、朝医学的脏腑论、朝医病因学等。

尹明浩、朴仁范主编。北京：中国中医药出版社2010年版，330页。

流水号：20272

《朝鲜民族医学系列参考丛书——中国朝医内科学》

ISBN：978-7-5132-0019-6

主题词：中国－朝鲜族－民族医学－内科学

中图分类号：R291.9

内容提要及说明：该书分为上、中、下篇，内容包括朝医学基本理论、朝医病因病理学、朝医辨象学、伤寒病、外感诸病、内伤杂病等。

尹明浩、金明玉主编。北京：中国中医药出版社2010年版，290页。

流水号：20273

《朝鲜民族医学系列参考丛书——中国朝医体质学》

ISBN：978-7-5132-0019-6

主题词：中国－朝鲜族－民族医学－体质学

中图分类号：R291.9

内容提要及说明：该书共分8章，内容包括朝医体质学概论、四象人体质的形成、朝医体制分类、四象人体质特征、四象人体质病理、朝医辨象诊断等。

尹明浩、朴仁范主编。北京：中国中医药出版社2010年版，314页。

流水号：20274

《国家中医药管理局民族医药文献整理丛书——中国朝医学》

ISBN：7-80698-377-5

主题词：朝鲜族－民族医学－朝鲜族－民族医学

中图分类号：R291.9

内容提要及说明：该书选编了中国朝鲜族医学发展历史，包括基础医学、临床医学、朝药学、预防保健学、太极针法等内容，是一本比较全面、系统地反映朝医学特点的综合性书籍。

李济禹、崔正植主编。延吉：延边人民出版社 2005 年版，545 页。

10. 回　族

流水号：20275

《古代波斯医学与中国》

ISBN：7-80127-442-3

主题词：伊朗 - 古代 - 医学史 - 中国

中图分类号：R-093.73:R-092

内容提要及说明：该书是一部探讨中古波斯医学怎样产生、如何传入中国的专著。该书以《回回药方》为例，介绍波斯医药文献传入中国的史实。以《本草纲目》《普济方》为例，介绍波斯医学融入传统中医学的历史过程。

宋岘著。北京：经济日报出版社 2001 年版，200 页。

流水号：20276

《回回药方》

内容提要及说明：明初出现的《回回药方》是唐中叶西方伊斯兰医药传入中国后中国人编撰的一部中国回族医药学大型综合性典籍，一函五册，原有 36 卷，残存 4 卷，现藏于北京图书馆。该书多以汉语书写，内容丰富，包括内科、外科、妇科、儿科、骨伤和皮肤病等科，具有中西合璧特色。

作者不详。北京：学苑出版社 2002 年版。

流水号：20277

《回回药方考释》

ISBN：7-101-02147-6

主题词：研究 - 回族 - 方书

中图分类号：R291.3

内容提要及说明：《回回药方》是中国明初抄本的影印本，原书 36 卷，仅存 4 卷，用汉文表述，上册为考释，下册为原文残本影印。该书是对明初出现的《回回药方》36 卷中现仅存残本 4 卷全部影印，并对其中的医药名词进行了详细考释，其中特别对回族医药的渊源、古代中国与伊斯兰世界的医学交流、中国各民族文化的交流与融合都提出了独到的见解。

宋岘考释、主编。北京：中华书局 2000 年版，2 册 460、485 页。

流水号：20278

《〈回回药方〉研究》

ISBN：978-7-80620-753-6

主题词：研究 - 回族 - 方书

中图分类号：R291.3

内容提要及说明：该书从特色、整理研究、理论体系及疾病诊治四个方面对《回回药方》进行了详细的阐释。该书内容包括《回回药方》的特色、《回回药方》的整理研究、《回回药方》的理论体系、《回回药方》的疾病诊治，以及《回回药方》简体版等。

牛阳主编。银川：阳光出版社 2010 年

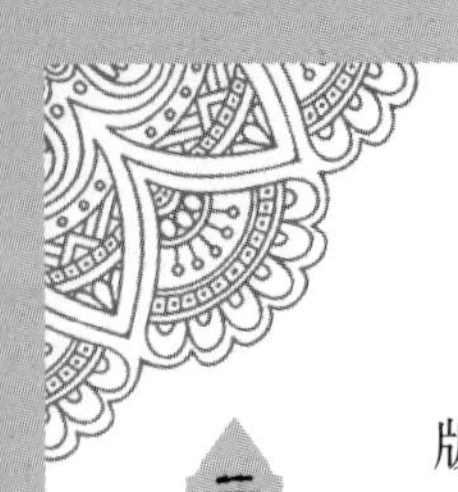

版，348 页。

流水号：20279

《国家中医药管理局民族医药文献整理丛书——回药本草》

ISBN：7-227-02844-5

主题词：回族 - 民族医学 - 本草

中图分类号：R291.3

内容提要及说明：该书共收载回族医学常用药物 371 味，上篇 247 味，其中植物药 195 味、动物药 21 味；下篇《海药本草》载药 124 味，所载药物下列简介、性味功效、验方举例。

单于德主编。银川：宁夏人民出版社 2005 年版，201 页。

流水号：20280

《国家中医药管理局民族医药文献整理丛书——回族医方集萃》

ISBN：978-7-227-04004-0

主题词：回族 - 民族医学 - 方书 - 汇编

中图分类号：R291.3:R289.2

内容提要及说明：该书分为上、下两篇 12 章，上篇为回族医治疗学，载方 420 首；下篇为清真食疗方，选撷经方 101 首。

高如宏、陈卫川主编。银川：宁夏人民出版社 2008 年版，343 页。

流水号：20281

《国家中医药管理局民族医药文献整理丛书——回族医学奥义》

ISBN：7-227-02842-9

主题词：回族 - 民族医学 - 回族 - 民族医学

中图分类号：R291.3

内容提要及说明：该书较系统地论述了回族医学理论，从高层面上揭示了回族医学的内涵，对弘扬回族医学文化产生了积极影响。全书共 7 章。

单于德主编。银川：宁夏人民出版社 2005 年版，206 页。

流水号：20282

《回族医药学简史》

ISBN：7-227-02845-3

主题词：回族 - 民族医学 - 医学史

中图分类号：R291.3

内容提要及说明：该书共 5 章，讲述了回族医学的发展史。从阿拉伯伊斯兰医学的形成与发展、阿拉伯伊斯兰医药输入中国的时代到回族医学理论形成崛起等方面一一做了介绍。

单于德主编。银川：宁夏人民出版社 2004 年版，156 页。

流水号：20283

《先知医学》

民族语言题名：阿拉伯语

其他题名文种：英文、回文、汉文

正文文种：汉文、回文、阿拉伯文

ISBN：978-988-15667-5-1

主题词：回族－民族医药－医学－药学

中图分类号：R291.3

内容提要及说明：该书以《古兰经》明文和可靠"圣训"为依据，对先知穆罕默德（愿主福安之）的医学思想和实践作了全面分析与总结。全书内容分为三章：第一章简要论述了疾病分类和医疗原则；第二章论述了常见病治疗方法；第三章介绍了精神治疗和常用药物的指导意见。阅读此书，不仅可以了解先知医学，掌握防病治病的方法，促进个人身心健康，更能效仿先知圣行，弘扬治病救人的精神。

海默主编，伊斯兰文化协会（香港）编写。香港：伊斯兰文化协会（香港）2015年版，有插图。

流水号：20284

《中国回族民间实用药方》

其他题名文种：汉文、回文

ISBN：7-80049-214-1

主题词：中国－回族－验方

中图分类号：R291.7

内容提要及说明：该书上篇为清真食疗方，下篇为实用药疗方，合计共1466首，并介绍其用法、来源等。

马应乖主编。北京：国际文化出版公司1993年第1版。纸质，铅印本，587页。

流水号：20285

《国家中医药管理局民族医药文献整理丛书——中国回族医药》

ISBN：7-227-02843-7

主题词：回族－民族医学

中图分类号：R291.3

内容提要及说明：该书是一部阐述回族医药的形成、发展和学术思想的应时之作，全书共9章，有鲜明的回族特色及学术观点和医疗方法。

马成义、陈卫川主编。银川：宁夏人民出版社2005年版，242页。

11. 瑶　族

流水号：20286

《湖南瑶族医药》

ISBN：978-7-80761-734-1

主题词：瑶族－民族医学－湖南－瑶族－民族医学

中图分类号：R295.1

内容提要及说明：该书全面收集、整理了湖南瑶医瑶药资料，分别归类为药物篇、理疗篇、针灸火灸篇和民间传说篇。另外还收集了一部分流传较广的民间方术。

赵辛保主编。长沙：岳麓书社2012年版，297页。

流水号：20287

《国家自然科学基金研究专著：湖南瑶族医药研究》

题名文种：汉文

ISBN：7-5357-3427-8

主题词：瑶族－民族医学－研究－湖南

中图分类号：R295.1

内容提要及说明：该书介绍了瑶医对疾病的认识与治疗方法，湖南流传的瑶族“庞桶药浴”及药浴植物，湖南瑶族传统端午药市调查与比较研究等内容。

刘育衡主编。长沙：湖南科学技术出版社 2002 年版，510 页。

流水号：20288

《国家中医药管理局民族医药文献整理丛书——实用瑶药学》

ISBN：978-7-80763-216-0

主题词：瑶族－民族医药学

中图分类号：R295.1

内容提要及说明：该书分为总论和各论两大部分。总论阐述瑶药学的含义、范畴，瑶药的起源、发展，以及瑶药的药性分类和应用特点；各论按瑶医的用药经验对瑶药进行分类，从临床方面对瑶药在相关病症中的实际应用、配方举例等进行阐述，并配有每味瑶药的实物图片。

庞声航主编。南宁：广西科学技术出版社 2008 年版，373 页。

流水号：20289

《实用瑶医学》

题名文种：汉文

ISBN：7-5067-3063-4

主题词：瑶族－民族医学

中图分类号：R295.1

内容提要及说明：该书从理论上全面系统地加以论述，并介绍了瑶医特色诊法、技法以及瑶族用药特色，同时收录了一些疗效确切、临床效果显著的瑶医治疗专科专病的经验。

李彤主编，唐农、秦胜军、覃迅云编。北京：中国医药科技出版社 2005 年第 1 版。铅印本，526 页，734 千字。

流水号：20290

《瑶医效方选编》

统一书号 :14138.10

主题词：瑶族－民族医学－验方

中图分类号：R285.1

内容提要及说明：该书共选效方 419 条，每方药名包括瑶名、正名、当地汉别名、用法、疗效，并按其主治病症分类。

罗金裕主编，刘扬建、覃显玉编。南宁：广西民族出版社 1987 年版，159 页。

流水号：20291

《中国现代瑶药》

题名文种：汉文、英文

ISBN：978-7-80763-430-0

主题词：中国－瑶族－民族医学

中图分类号：R295.1

内容提要及说明：该书收录具有代表性的传统瑶药"五虎九牛十八钻七十二风"和常用瑶药共215味225种，附图千余幅，附方千余条。每味药按瑶药名、别名、植物来源及形态、药材性状、显微鉴别及理化鉴别、性味功用及科研资料等项叙述。

戴斌主编。南宁：广西科学技术出版社2009年版，702页。

流水号：20292

《中国瑶药学》

ISBN：7-105-05289-9

中图分类号：R285.1

内容提要及说明：该书分为总论与各论两部分。总论介绍瑶药发展简史、瑶药资源与品种、瑶药的采收与炮制、瑶药用药理论；各论分为老班药、常用植物药、动物药、矿物药及其他药五章。收载瑶药970种。

覃迅云主编，罗金裕、高志刚编。北京：民族出版社2002年版。

流水号：20293

《中国瑶医学》

ISBN：7-105-04753-4

主题词：中国－瑶族－民族医学

中图分类号：R295.1

内容提要及说明：该书对瑶医药溯源与沿革、疾病的分类与命名、病因病理与病症、诊法治则与方法、方药理论、常用药物、方剂专科专病经验等进行系统整理，对所收集的几千条瑶医秘方、验方，按疾病分类一一列举，全书共计百余万字，40余幅图片，系统地论述了瑶族医学。

覃迅云、李彤主编。北京：民族出版社2001年版，780页。

12. 侗　族

流水号：20294

《侗药大观》

题名文种：汉文

ISBN：7-105-07906-1

主题词：侗族－民族医学

中图分类号：R281.464.4

内容提要及说明：该书介绍侗族常用的中草药，分根及根茎类、全草类、花叶类、藤木类、果实及种子类、皮及其他类等6章。每种药材都按侗文名称、学名、别名、拉丁名、性味功能、临床应用、用量与用法详细介绍，具有科学性和实用性，每种药都配以照片。

陆中午、吴炳升主编。北京：民族出版社2006年版，369页。

流水号：20295

《侗族常用药物图鉴》

并列题名：Tujian Gaeml meenh gongh Ems

题名文种：汉文、侗文

ISBN：978-7-80662-758-7

主题词：侗族－民族医学－中草药－

图解

中图分类号：R297.2-64/1

内容提要及说明：该书分为四部分，即植物药、动物药、矿物药和附录，分别介绍侗族常用药物的基源、形态、生境、采集、分布、现代研究、应用、用量等项内容。

龙运光、袁涛忠主编，龙运光摄影。贵阳：贵州科技出版社2009年版。铅印本，536页，450千字，有插图，精装。

流水号：20296

《国家中医药管理局民族医药文献整理丛书——侗族药物方剂学》

民族语言题名：Fanghjilxoc ems gaeml

并列题名：dong zu yao wu fang ji xue

其他题名文种：汉文、侗文

ISBN：978-7-80662-795-2

主题词：侗族－民族医学－方剂学

中图分类号：R297.2/1

内容提要及说明：该书按侗族药物的分类，以药物侗语名称的拼音字顺为序，按植物药、动物药排列，收载了侗医应用较广泛的植物药138种，动物药13种。

龙运光、袁涛忠主编，金鸣昌、周茜编，国家中医药管理局、《侗族药物方剂学》编委会编写。贵阳：贵州科技出版社2009年第1版。铅印本，315页，520千字，有插图，精装。

流水号：20297

《侗族医学》

题名文种：汉文

ISBN：7-80584-116-0

主题词：侗族－民族医药学

中图分类号：R297.2

内容提要及说明：该书主要论述了侗药的起源与侗药学的形成和发展、侗药的产地与采集、侗药的分类、侗药的性味与入塔、侗药的炮制、侗药的应用、侗药的研究方法等内容。分上、下篇，上篇介绍侗医的基础理论和常见的218种病症；下篇介绍侗药的基本知识和常用的294种药物。

陆科闵主编。贵阳：贵州科技出版社1992年版，397页。

流水号：20298

《侗族医药探秘》

ISBN：7-80665-392-9

主题词：侗族－民族医学

中图分类号：R297.2

内容提要及说明：该书内容包括侗族医药简史、民间故事传说、侗医药古籍藏书及对疾病的命名和分类、预防医学、临床医学选录、民间单方拾萃、验方集锦、偏方歌诀50首等，对侗族医药做了科学的总结，具有较高的实用价值。

萧成纹主编。长沙：岳麓书社2004年版，324页。

流水号：20299

《中国侗族医药》

ISBN：978-7-5152-0063-7

主题词：侗族－民族医学

中图分类号：R297.2

内容提要及说明：该书详细介绍了侗族医药在不同历史时期的发展过程，系统总结了侗族医药完整的理论学术体系和丰富的实践经验，阐释了侗族医药天、地、气、水、人五位一体的核心学术思想和问病、望诊、摸审、切脉的诊疗方法，收集了大量的侗族医药民间秘方药方。

龙运光等主编。北京：中医古籍出版社 2011 年版，739 页。

流水号：20300

《国家中医药管理局民族医药文献整理丛书——中国侗族医药史》

ISBN：978-7-515-20338-6

内容提要及说明：田华咏主编。北京：中医古籍出版社 2014 年第 1 版。纸质，铅印本，418 页。

流水号：20301

《中国侗族医药研究》

题名文种：汉文、英文

ISBN：978-7-5357-6595-6

主题词：侗族－民族医学－研究－中国

中图分类号：R297.2

内容提要及说明：该书采用“社会—心理—生物—医学”的研究模式，不仅在国内侗族主要聚居地调查研究侗族医药中的病征、药物、医方，而且将侗族医药视为一种文化现象进行考察，研究侗族所特有的生活环境、社会活动、宗教文化、民族心理、民族习俗、经济活动等因素与医药的关系。该书分为上、下两编，该书上编为总论，包括中国侗族及其医药发展简史、侗族医学概述、侗族药物研究等；下编为各论，包括中国侗医病征录，收录侗医病名 1655 种，病征 615 种；中国侗药谱，收录侗药 856 种；中国侗族医方类聚，收录医方 2007 首。

刘育衡主编，丁锋编。长沙：湖南科学技术出版社 2012 年版，550 页。

13. 畲　族

流水号：20302

《福安畲医畲药》

题名文种：汉文

ISBN：978-7-80597-942-7

主题词：畲族－民族医学－福安市

中图分类号：R298.3

内容提要及说明：该书以挖掘抢救传承畲医畲药为主线，介绍了福安市和福建省唯一的畲族开发区及坂中、穆云、康厝三个畲族乡的畲族分布概况和风俗；福安畲族医药历史和渊源；阐述了畲医“望、问、切”辨证施治，对疾病分“寒、气、风、血”类型，治疗方法有内服、外敷、挑病珠、刮捏痧等，以及自制治疗刀具、接骨医疗用具；并对福安知名畲医，特别是“四大名畲医”，逐一进行介绍；对福安畲族单验方、民间单方和食疗、药膳等进行整理和总结；编入畲族青草药300多种。

钟隐芳主编。福州：海风出版社2010年版，390页。

流水号：20303

《三明畲族民间医药》

ISBN：7-5615-1959-1

主题词：畲族－民族医学－研究－三明

中图分类号：R298.3

内容提要及说明：该书主要介绍了三明市畲族医药的历史、现状、特点、用药经验、民间疗法、卫生习俗，收载常用青草药280种、动物药63种、附方1457首。

宋纬文、许志福主编，福建省三明市医学科学研究所编写。厦门：厦门大学出版社2002年版，361页。

流水号：20304

《浙江省非物质文化遗产代表作丛书——畲族医药（痧症疗法）》

ISBN：978-7-5514-0487-7

主题词：畲族－痧症－民族医学

中图分类号：R298.3

内容提要及说明：该书主要内容包括畲医痧症概况、畲医痧症疗法、畲医常用畲药、畲族民间医药特点、畲族医药的抢救与保护等。

鄢连和主编。杭州：浙江摄影出版社2014年版，171页。

流水号：20305

《畲族医药学》

ISBN：7-5367-1196-4

主题词：畲族－民族医学

中图分类号：R298.3

内容提要及说明：该书是“中国少数民族医药丛书”之一。该书共有8章：畲族概况、畲族医药现状与特点、畲族临床简介、畲族特殊疗法、畲族的预防医学和流行病学、畲族的盘瓠信仰和民族养生、畲族单验方选辑和畲族常用中草药。

陈泽远、关祥祖主编。昆明：云南民族出版社1996年版，447页。

流水号：20306

《闽东畲族文化全书·医药卷》

ISBN：978-7-105-09945-0

主题词：民族文化－福建－畲族－民族医学

中图分类号：K288.3:R298.3

内容提要及说明：该书介绍了畲族医药的特点、历史和现状，畲族临床简介，畲族特殊疗法，畲族的疾病预防与保健，畲族单验方选辑，畲族常用青草药等内容。

钟雷兴主编，陈泽远、陈利灿、林品轩编撰。北京：民族出版社2009年版，446页。

流水号：20307

《中国畲族医药学》

ISBN：978-7-80231-251-7

主题词：畲族 – 民族医学

中图分类号：R298.3

内容提要及说明：该书以课题为主线，以课题研究结果为主要资料，介绍了畲族概况、畲族医药的历史与现状、畲医药理论基础、畲医常用病名、畲医的特色疗法、畲医病症论治、畲医用药特点、常用畲药及民间常用处方选等内容。

雷后兴、李水福主编。北京：中国中医药出版社 2007 年版，506 页。

14. 拉祜族

流水号：20308

《拉祜族常用药》

题名文种：汉文、拉祜文

正文文种：汉文、拉祜文

ISBN：7-5367-0061-X

统一书号：M141 84.13

主题词：拉祜族 – 中药志

中图分类号：R932.93

内容提要及说明：该书收集拉祜族常用有效草药 100 种，每味草药下列正名、别名、音译、识别特征、药用部分、性味功能等。

彭志清主编，思茅地区民族传统医药研究所编写。昆明：云南民族出版社 1987 年第 1 版。纸质，铅印本，408 页，有插图。

流水号：20309

《拉祜族民间特色药用植物》

并列题名：Ladhof Ceol qhatqhaw yied lot ve natzhid zitmawd

题名文种：汉文、拉祜文

正文文种：汉文、拉祜文

ISBN：978-7-5367-4527-8

主题词：拉祜族 – 民族医学 – 药用植物

中图分类号：R295.8

内容提要及说明：该书收录了普洱市拉祜族常用的药用植物种类，这些药用植物既是药物，又是食物，性味平和，无毒副作用，适用于家庭自我治疗。

张绍云、李巧宏、付开聪、杨建昆、叶金科、杨永平主编。昆明：云南民族出版社 2009 年第 1 版。铅印本，110 页，161 千字，精装。

流水号：20310

《拉祜族医药验方精选》

题名文种：汉文、拉祜文

正文文种：汉文、拉祜文

ISBN：978-7-5367-4413-4

主题词：中国 – 汇编 – 拉祜族 – 民族医学 – 验方

中图分类号：R295.8

内容提要及说明：该书简要介绍了拉祜族医药历史及研究现状和发展趋势，书中收录了大量拉祜族医药验方，以汉语和拉祜语编写，并附有相应图片。

付开聪、张绍云编著，普洱市民族传

统医药研究所编写。昆明：云南民族出版社 2009 年第 1 版。铅印本，241 页，190 千字。

流水号：20311

《者米拉祜族药用民族植物学研究》

民族语言题名：（拉祜语）

题名文种：汉文

ISBN：7-5067-3099-5

主题词：拉祜族 – 药用植物 – 研究

中图分类号：R295.8/1

内容提要及说明：药用民族植物学是研究传统医药体系或民间医药实践中植物药的一门科学。该书共 13 章，内容涉及拉祜族对植物资源的分类与命名、常用药用植物的编目、药用植物与环境的关系、草医之间有关知识的比较、文献研究、拉祜族传统医药现状与发展趋势、拉祜族传统医药的形成与传承等，尤其对药用民族植物学的概念、发展现状和常用研究方法进行了比较详细的论述。

淮虎银著。北京：中国医药科技出版社 2005 年第 1 版。铅印本，235 页，112 千字。

流水号：20312

《中国拉祜族医药》

民族语言题名：cokawr ladhof natzhid lir

其他题名文种：汉文、拉祜文

正文文种：汉文、拉祜文

ISBN：7-5367-1314-2

主题词：民族医药 – 中国 – 拉祜族

中图分类号：R295.8

内容提要及说明：该书收集有《拉祜族医药单验方精选》《拉祜族民间特色药用植物》两部分内容。

张绍云主编，倪亚、邓泽、仓汉德、冯德强、戴丽冰译。昆明：云南民族出版社 1996 年第 1 版。铅印本，258 页，213 千字。

15. 哈尼族

流水号：20313

《哈尼族医药丛书·哈尼族医药》

ISBN：978-7-5367-5317-4

主题词：哈尼族 – 民族医学 – 中国

中图分类号：R295.4

内容提要及说明：该书对哈尼族主要聚居区普洱、红河、玉溪、西双版纳等州市的哈尼族医药进行了搜集、整理，搜集到 800 多份哈尼族常用药物标本和 3000 多个单验方、秘方等。

付开聪、张绍云、侯凤飞主编，普洱市民族传统医药研究所编写。昆明：云南民族出版社 2012 年版，268 页。

流水号：20314

《西双版纳哈尼族医药》

题名文种：汉文、英文

ISBN：7-5367-1886-1

正文文种：哈尼文、汉文、英文

主题词：哈尼族 – 中草药 – 云南 – 手册 – 哈尼族 – 中草药

中图分类号：R282.7-62:R295.4-62

内容提要及说明：该书共收集200种药物及其配方，其中以植物药为主，有少数动物和矿物药，分别注明拉丁名、性味、科属、功用、组方原则、治法与治则、禁忌证、毒副作用和临床应用特点等。

阿海等搜集整理，沙朗、黄荣生哈尼文翻译，陈来荣英文翻译。昆明：云南民族出版社1999年版，829页。

流水号：20315

《元江哈尼族药》

民族语言题名：yei qjai haqniqcuq naiciiq

其他题名文种：汉文、哈尼文

主题词：元江哈尼族彝族傣族自治县－中药志

内容提要及说明：该书介绍了100种药的哈尼族名称、英译、汉译、来源和用药经验等。

周明康主编，田之良、淘世新、马德润、李学恩编，云南省玉溪地区药品检验所、元江哈尼族彝族傣族自治县药检所编写。1985年版，纸质，铅印本，212页，有插图。

流水号：20316

《中国哈尼族医药》

ISBN：7-5367-1812-8

主题词：哈尼族－民族医学－中国

中图分类号：R295.4

内容提要及说明：该书对哈尼族医药的相关内容给予全面的搜集与整理。收集了哈尼族药物396种。

何建疆、黄晴岚主编。昆明：云南民族出版社1999年版，409页。

16. 哈萨克族

流水号：20317

《哈萨克药志》（第01、02卷）

ISBN：978-7-5067-5523-8

主题词：哈萨克族－民族医学－中药志

中图分类号：R293.6

内容提要及说明：第一卷辑录阿勒泰地区药用植物158种，每种植物的叙述内容依次包括植物名称、哈萨克语名、拉丁名、药用基源、形态特征、生境分布、采集加工、化学成分、性味功能、主治功能、附方等项。第二卷记载了新疆阿勒泰地区哈萨克民间特效植物药材161种，描述了每种药的拉丁学名、生态分布、形态特征、采收加工、性味功能、主治用法及附方应用等。

巴哈尔古丽·黄尔汗，徐新主编。北京：中国医药科技出版社2012年版，489页。

流水号：20318

《哈萨克医药常用处方选集》

ISBN：978-7-5425-1111-9

主题词：哈萨克族－民族医学－处

方－汇编

中图分类号：R293.6

内容提要及说明：该书将传统哈萨克族医药与现代科技相结合，搜集整理了上百个常用的协定处方，用于哈医内外科、哈医骨伤科，蕴含丰富的防病治病经验和医疗技术。

《哈萨克医药常用处方选集》编委会编写。奎屯：伊犁人民出版社 2010 年版，286 页。

流水号：20319

《哈萨克族医学概论》

ISBN：978-7-80174-797-6

主题词：哈萨克族－民族医学－概论

中图分类号：R293.6/11

内容提要及说明：该书从哈萨克民族的哲学观和自然观出发，系统阐述了反映自然万物和人体生命的"六元"学说，即天元、地元、明元、暗元、寒元、热元。这"六元"学说奠定了哈萨克医学的理论基础，贯穿于哈萨克医学的诊疗思想的始终。

努巴河提·斯马胡勒主编，巴合达吾列提·阿力太、努尔太·土曼拜、王仁编。北京：中医古籍出版社 2010 年第 1 版。铅印本，264 页，353 千字，有插图。

流水号：20320

《医药志解析》

内容提要及说明：该书内容分三部分：基础医学、临床医学和预防医学。作者通过对医药学的研究，分析了包括古今哈萨克传统医学在内的各兄弟民族医学观点和中医、西医的异同，以及它们之间的辩证关系，并提出了新的见解。

巴贺道列提著。乌鲁木齐：新疆科学技术出版社 2005 年版。

17. 白　族

流水号：20321

《白族惯用植物药》

ISBN：978-7-5132-1724-8

主题词：白族－植物药

中图分类号：R282.71

内容提要及说明：该书介绍了白族医药的起源和发展、白族药的资源状况及用药特点，收录了白族常用植物药 263 种，每种药物介绍其正名、别名、白语名称、来源、植物形态、生长生境、采收加工、产地、化学成分、药理、性味功效、主治用法、白族民间应用、白族民间选方、使用注意等。

姜北、段宝忠主编。北京：中国中医药出版社 2014 年版，479 页。

流水号：20322

《大理百种健康食用花卉》

题名文种：汉文、老白文

ISBN：978-7-5367-5173-6

中图分类号：S68

内容提要及说明：云南大理人民几千年来一直有栽种和食用花卉的习惯，选择性地食用花卉可起到美容养颜和延年益寿的功效。该书具有很强的可读性、实用性和很高的鉴赏价值。书中详细介绍了食用花卉的生物学特性、食用方式，并配有彩图。该书介绍了大理花卉及食用大理花卉，共 5 章，内容有：大理地区自然概况、食用花卉植物的概念和植物的结构、大理地区常见食用花卉的识别及应用等。

钱金栿、董晓东、李建昌主编。昆明：云南民族出版社 2011 年版，147 页。

流水号：20323

《香格里拉民族医药研究丛书——云南白族医药》

ISBN：978-7-5416-3622-6

主题词：白族 - 民族医学 - 研究 - 云南省

中图分类号：R295.2

内容提要及说明：该书共收集了近年在大理州拍摄的常见植物药 113 种，收载药物主要以白族名笔画排序，每种药物条目下，按“白族名、别名、基原、生长环境、省内分布、性味、功效、主治、用法、单方验方和禁忌”顺序记述。

刘毅、郑进主编，杨鸿生、李勇、赵勇、徐畅江编，云南中医学院编著。昆明：云南科技出版社 2010 年第 1 版。铅印本，130 页，166 千字，有插图。

18. 傈僳族

流水号：20324

《民族医药抢救性发掘整理——傈僳族医药简介》

ISBN：978-7-515-20551-9

内容提要及说明：该书主要介绍傈僳族基本状况、傈僳族医药发展沿革、傈僳族医药理论及传承方式，傈僳族对于疾病的防治和养生保健的认识、傈僳族常用药物、傈僳族医药起源与发展、傈僳族医药理论和民间单方、验方及傈僳族民间医药状况等内容。

杨玉琪、贺铮铮主编。北京：中医古籍出版社 2014 年第 1 版。铅印本，164 页，143 千字，有插图。

流水号：20325

《香格里拉民族医药研究丛书——怒江流域民族医药》

题名文种：汉文、现代傈僳文

ISBN：978-7-5416-4186-2

主题词：傈僳族 - 民族医学 - 研究 - 怒江

中图分类号：R295.6

内容提要及说明：该书分 6 章，介绍了民族医药的相关知识，内容包括怒江流域概况、怒江流域民族医药研究、傈僳族特色医药诊疗方法、植物药、动物药等。

周元川、郑进主编，杨鸿生、李勇、

赵勇、徐畅江编，云南中医学院编著。昆明：云南出版集团公司、云南科技出版社2010年第1版。铅印本，439页，471千字。

流水号：20326

《怒江中草药》

民族语言题名：（傈僳语）

其他题名文种：汉文、现代傈僳文

正文文种：汉文、现代傈僳文

ISBN：7-5416-0369-4

主题词：中药志－怒江傈僳族自治州

中图分类号：R281.474/1

内容提要及说明：《怒江中草药》仅印1300册，是第一部收载傈僳族用药的专著。作者历经七年，行程数万里，深入怒江傈僳族自治州内各乡镇，进行实地调查，采集标本样品，获得了大量第一手资料，并请植物分类学家协助鉴定标本后，经精心整理，用傈僳文、汉文两种文字编纂而成。该专著收载怒江州境内现已查明的药用植物689种、常用药用动物32种，并指明了药物的采集季节、临床用药等注意要点。名称正确，内容切合实际，科学性强，用途可靠，附图细致逼真，图文对照，便于应用，是一部比较完善的整理总结云南省傈僳族药的有价值的著作，对保护、开发、利用怒江药用资源有着重要的现实意义和深远的历史意义，为继承和发扬傈僳族药做出了很大贡献。

云南省怒江傈僳族自治州卫生局编写。昆明：云南科技出版社1991年12月第1版，铅印本，1001页，738千字，有插图，精装。

19. 满　族

流水号：20327

《满族传统医药新编》

内容提要及说明：全书共分4个章节，分别是满族传统医药概述、满族传统药方、满族成方制剂和满族传统医药歌诀。

张凌巍、宋玉荣编著。北京：中医古籍出版社2011年版。

流水号：20328

《民族医药抢救性发掘整理：满族医药》

ISBN：978-7-515-20559-5

内容提要及说明：该书主要介绍满族基本状况，满族医药发展沿革，满族医药理论及传承方式，满族对疾病的防治和养生保健的认识，满族常用药物，满族医药起源与发展，满族医药理论和民间单方、验方及满族民间医状况等内容。

刘淑云、宋柏林编。北京：中医古籍出版社2014年第1版。铅印本，182页，168千字，有插图。

流水号：20329

《满族医药文化概述》

ISBN：7-206-04316-X

主题词：满族－民族医学－中国

中图分类号：R292.1

内容提要及说明：该书共分 6 章，系统地介绍了满族民间九大传统疗法、动植矿等药物炮制技术以及常见病的用药和医疗的科研成果，介绍了满族的鲜为人知的生产生活习俗，客观地反映了满族民间医药文化的现状。主要内容为：满族历史概况、萨满教与满族早期医药、满族医药的发展和进步、满族民间常用药物、满族风俗中的医药文化遗存、满族医药文化遗产的挖掘整理及其价值等。

崔勿骄主编。长春：吉林人民出版社 2006 年版，239 页。

20. 纳西族

流水号：20330

《香格里拉民族医药研究丛书——纳西东巴医药研究》

ISBN：7-5416-2386-5

主题词：纳西族－民族医学－研究

中图分类号：R295.7

内容提要及说明：该书系统研究了纳西东巴医药的发展史和现状，并从纳西东巴医药与东巴文化的结合处切入，研究并初步提出了纳西东巴医药所具有的豁达向上的生命观、注重环境的疾病观、具有辩证思维的诊疗观。

王寅、郑进主编，王世英、和丽生编，云南中医学院编写。昆明：云南科技出版社 2006 年第 1 版。铅印本，179 页，144 千字，有插图。

流水号：20331

《纳西族东巴医学史》

内容提要及说明：该书为存目图书。原文献已佚，文献研究中采集，后人多部著作记载和引用过。

流水号：20332

《中国纳西东巴医药学》

民族语言题名：[illegible]

并列题名：zhu guef Naq xi do bbaq gguq mal ma cher zzeeq ggue

题名文种：汉文、纳西东巴文、多种文字

正文文种：汉文、纳西东巴文

ISBN：7-5367-3562-6

主题词：研究－纳西族－民族医学

中图分类号：R295.7/2612

内容提要及说明：该书全面介绍了纳西医药的发展历史，论述了东巴医学的起源、发展及哲学基础，挖掘整理了《东巴经》书中记载的对病痛的认识、疾病的治疗方法、药物的起源、发展及近现代研究、纳西民间医生用药经验等。精选介绍了《东巴经》中及民间广为运用的纳西民族药，同时还重辑了数十年未见原本的纳西族医药典籍《玉龙本草》。全书内容分为三章：纳西东巴医学、纳西东巴民族药、重辑《玉龙本草》，论述了东巴医学的起源、发展及哲学基础。

和丽生、马伟光主编。昆明：云南民族出版社 2006 年第 1 版。铅印本，872 页，1566 千字，有插图，精装。

21. 羌　族

流水号：20333

《尔玛思柏·中国羌药谱》

ISBN：978-7-109-16429-1

主题词：羌族 - 民族医学

中图分类号：R297.4

内容提要及说明：该书收录药材 600 种，涵盖了羌药中的动物、植物、菌类及矿物类，从科名、中药名、地方名、学名、性味归经、药用部位、中药效用、羌药效用、形状、生长生态环境等方面介绍羌药；还将羌药药效、用途与中药药效、用途进行比较，让羌药在对比中显出它的独特。

李荣贵主编。北京：中国农业出版社 2013 年版，506 页。

流水号：20334

《羌族医药》

内容提要及说明：该书对羌医药基本理论作了初步整理和表述。

张艺、钟国跃主编。

流水号：20335

《羌族医药文化的保护与传承》

ISBN：978-7-564-32836-8

内容提要及说明：该书是研究羌族医药文化保护与传承的学术专著，主要内容包括羌族医药文化的历史和生存环境、基本理论、特色实践、文化价值和传承模式；羌族宗教信仰、释比文化与羌医药的传承、保护以及主要影响因素；羌族医药特色档案的建立、文化遗产的申报和发展前景分析。《羌族医药文化的保护与传承》主要收录了汶川地震后羌族医药文化保护、传承的现状和面临的挑战、地震对羌族医药文化的影响、地震后羌族医药文化的艰难处境、地震后羌族医药的保护与传承中存在的问题等内容。

程伶俐、张善云著。成都：西南交通大学出版社 2014 年第 1 版。纸质，铅印本，211 页。

22. 水　族

流水号：20336

《水族民间用药选编》

正文文种：汉文

统一书号 :M14138.14

中图分类号：R932.467/6

内容提要有说明：方鼎主编，罗金玉、苏广询、陶一鹏等编。南宁：广西民族出版社 1985 年第 1 版。铅印本，300 页，9.375 千字，有插图。

流水号：20337

《水族医药》

题名文种：汉文、英文

ISBN：7-5412-0718-7

主题词：水族 - 民族医药

中图分类号：R296.9/1

内容提要及说明：该书系统地收集整理了水族药物 182 种，单验方 395 个。包括水族医药简史、水族医药基本理论和治疗方法、水族药物、水族单验方选四个部分，较全面地反映了水族民族医药状况，填补了水族医药无文字记载的空白。

王厚安主编，贵州省民委文教处、贵州省中医管理局、贵州省中医研究所编写。贵阳：贵州民族出版社 1997 年第 1 版。铅印本，476 页，270 千字，有插图，精装。

流水号：20338

《中国水族医药宝典（全彩集）》

题名文种：汉文、水文

ISBN：978-7-5412-1473-8

主题词：水族 - 民族医学

中图分类号：R296.9

内容提要及说明：该书总结出医治各种疾病配方 200 多种。书中对每种药的药物名称、水族语名、形态特征、性味、功用、如何采集加工等都做了详细描述，是一部比较全面系统反映三都水族医资源和总结医治各种疾病经验的书籍。

司有奇、陆龙辉主编，中共三都水族自治县委员会、三都水族自治县人民政府、贵州省民族事务委员会编写。贵阳：贵州民族出版社 2007 年版，583 页。

23. 佤　族

流水号：20339

《民族医药抢救性发掘整理——佤族医药简介》

ISBN：978-7-515-20558-8

内容提要及说明：该书主要介绍佤族基本状况、佤族医药发展沿革、佤族医药理论及传承方式、佤族对疾病的防治和养生保健的认识、佤族常用药物、佤族医药起源与发展、佤族医药理论和民间单方、验方及佤族民间医药状况等内容。

邓泽等主编。北京：中医古籍出版社 2014 年第 1 版。铅印本，130 页，106 千字，有插图。

流水号：20340

《云南佤族医药》

ISBN：978-7-5132-0586-3

主题词：佤族 - 民族医学 - 云南省

中图分类号：R295.5

内容提要及说明：该书收录了许多佤族民间的常用单、验方，并分析和总结了佤族医药中的用药特点和组方规律，同时将佤族医药中的医疗经验进行了初步总结。该书共分七部分，即发展现状、组方用药规律、常用药物应用特点、佤山遗方、临床常见疾病的治疗经验和用药规律、诊断方法。

王志红主编，郑进、冯德强、刘宝林

编。北京：中国中医药出版社 2011 年第 1 版。铅印本，269 页，187 千字，有插图。

流水号：20341

《中国佤族医药》（第 1、2、3、4 册）

民族语言题名：si ndah ba raog joung gox

其他题名文种：汉文、佤文

正文文种：汉文、佤文

ISBN：7-5367-0261-2；7-5367-0597-2；7-5367-1375-4

主题词：中国 - 民族医学 - 佤族

中图分类号：R295.3/1

内容提要及说明：共 4 册。第 1、2 册为植物药，第 3 册为动、矿物药，第 4 册为佤族医药方剂选。第 1 册书共收载药用植物 100 种。

郭绍荣主编，段桦、郭大昌、陈学明、童江红编译。昆明：云南民族出版社 1990 年第 1 版。铅印本，230 千字，有插图。

24. 其他民族

流水号：20342

《毛南族医药》

民族属性：毛南族

题名文种：汉文

ISBN：7-5412-1364-0

主题词：毛南族 - 民族医学

中图分类号：R297.6/1

内容提要及说明：该书在广泛普查调研的基础上，对毛南族医药的历史和现状进行了介绍。全书分为医史、医药基础理论和治疗方法、医药单验方四个部分。

孙济平主编，胡成刚、马四补、韦波、罗迎春编，贵阳中医学院编写。贵阳：贵州民族出版社 2006 年第 1 版。铅印本，485 页，386 千字，有插图，覆膜。

流水号：20343

《毛南族医药》

民族属性：毛南族

ISBN：978-7-5363-5355-8

主题词：毛南族 - 民族医学

中图分类号：R297.6

内容提要及说明：该书搜集的毛南族民间中草药 231 种，按病种处方 5000 余方，其中有内科、外科、妇科、儿科、五官科、其他疑难杂症等内容。

谭恩广主编。南宁：广西民族出版社 2007 年版，589 页。

流水号：20344

《德昂族药集》

民族属性：德昂族

题名文种：汉文

正文文种：汉文、德昂文

ISBN：7-80525-071-5

主题词：中药志 - 德昂族

内容提要及说明：该书是德昂族第一部药物专著，收集德昂族植物药 102 种、动物药 3 种、单验方 40 个。

方茂琴主编，德宏傣族景颇族自治州卫生局药品检验所编写。芒市：德宏民族出版社 1990 年第 1 版。铅印本，369 页，190 千字，有插图。

流水号：20345

《民族医药抢救性发掘整理——德昂族医药简介》

民族属性：德昂族

ISBN：978-7-515-20553-3

内容提要及说明：该书主要介绍了德昂族基本状况、德昂族医药发展沿革、德昂族医药理论及传承方式、德昂族对疾病的防治和养生保健的认识、德昂族常用药物、德昂族医药起源与发展、德昂族医药理论和民间单方、验方及德昂族民间医药状况等内容。

瞿广城、方路主编。北京：中医古籍出版社 2014 年第 1 版。纸质，铅印本，119 页，有插图。

流水号：20346

《民族医药抢救性发掘整理——阿昌族医药简介》

民族属性：阿昌族

ISBN：978-7-515-20555-7

内容提要及说明：该书主要介绍了阿昌族基本状况、阿昌族医药发展沿革、阿昌族医药理论及传承方式、阿昌族对疾病的防治和养生保健的认识、阿昌族常用药物、阿昌族医药起源与发展、阿昌族医药理论和民间单方、验方及阿昌族民间医药状况等内容。

陆宇慧等主编。北京：中医古籍出版社 2014 年第 1 版。铅印本，150 页，133 千字，有插图。

流水号：20347

《民族医药抢救性发掘整理——布朗族医药简介》

民族属性：布朗族

ISBN：978-7-515-20554-0

内容提要及说明：该书主要介绍了布朗族基本状况、布朗族医药发展沿革、布朗族医药理论及传承方式、布朗族对疾病的防治和养生保健的认识、布朗族常用药物、布朗族医药起源与发展、布朗族医药理论和民间单方、验方及布朗族民间医药状况等内容。

金锦等主编。北京：中医古籍出版社 2014 年第 1 版。铅印本，111 页，101 千字，有插图。

流水号：20348

《布依族医药》

民族属性：布依族

正文文种：汉文、布依文

ISBN：7-5412-1120-6

主题词：布依族 - 民族医药

中图分类号：R296.8

内容提要及说明：该书对布依族医药进行了概述，全书分为医史、基础理论和治疗方法、药物、单验方四部分。

潘炉台主编，赵俊华、张景梅编，贵阳中医学院等编写。贵阳：贵州民族出版社 2003 年第 1 版。铅印本，718 页，600

千字。

流水号：20349

《鄂伦春民族习惯用药》

民族属性：鄂伦春族

ISBN：978-7-80231-228-9

主题词：鄂伦春族－用药法

中图分类号：R292.4/11

内容提要及说明：该书为我国第一部全面介绍鄂伦春民族习惯用药的书籍。本书分为上篇总论及下篇各论两部分。上篇总论介绍了鄂伦春民族特点、鄂伦春族民族医药的起源与发展、鄂药的资源状况及鄂药用药特点；下篇为单味鄂药的具体介绍，其中包括植物药130多种、动物药30多种，具体介绍了160多种鄂药的性味功效、临床应用等。

孙保芳、刘树民主编，刘树民、郝亚琴、张琳编。北京：中国中医药出版社2007年第1版。铅印本，224页，221千字，有插图。

流水号：20350

《民族医药抢救性发掘整理——鄂温克族医药简介》

民族属性：鄂温克族

ISBN：978-7-515-20549-6

内容提要及说明：该书主要介绍了鄂温克族基本状况、鄂温克族医药发展沿革、鄂温克族医药理论及传承方式、鄂温克族对疾病的防治和养生保健的认识、鄂温克族常用药物、鄂温克族医药起源与发展、鄂温克族医药理论和民间单方、验方及鄂温克族民间医药状况等内容。

北京：中医古籍出版社2014年第1版。铅印本，170页，156千字，有插图。

流水号：20351

《基诺族医药》

民族属性：基诺族

ISBN：7-5416-1328-2

主题词：基诺族－民族医学－研究

中图分类号：R297.81

内容提要及说明：该书共分上、中、下三篇。上篇为基诺族医药、中篇为基诺族常用药、下篇为常用方剂，共收载基诺族常用药物319种，常用方剂248个，并附药物墨线形态图303幅。

杨世林主编，郭绍荣、郑品昌、李学兰、段桦编。昆明：云南科技出版社2001年第1版。铅印本，351页，850千字，有插图，覆膜。

流水号：20352

《黎族医药》

民族属性：黎族

题名文种：汉文、黎文

ISBN：978-7-5443-2615-5

主题词：黎族－民族医学

中图分类号：R298.1

内容提要及说明：该书系统总结梳理了黎医诊断理论和黎药给药方法，是全面系统阐述黎族医药的开山之作，分“医”和“药”两部分，填补了我国少数民族传统医学的一项空白。

钟捷东主编。海口：海南出版社 2008 年版，449 页。

流水号：20353

《仫佬医药》

民族属性：仫佬族

ISBN：978-7-5363-6665-7

主题词：仫佬族－民族医学－中国

中图分类号：R297.5

内容提要及说明：该书全面总结和记载了 301 种仫佬医药病症及验方，以及 308 种仫佬族医药常用药物、26 种特色诊疗技法。首次总结了仫佬族及其先民对大自然与人体关系的宏观认识，提出了“灵气”“意念”“和调”以及“七窗四门”“气、血、精、骨、筋肉”等仫佬族医药生理病理，从而使仫佬医药的临床实践有了相应的理论指导。

梁栋、全永健主编。南宁：广西民族出版社 2013 年版，600 页。

流水号：20354

《民族医药抢救性发掘整理——怒族医药简介》

民族属性：怒族

ISBN：978-7-515-20556-4

内容提要及说明：该书主要介绍了怒族基本状况、怒族医药发展沿革、怒族医药理论及传承方式、怒族对疾病的防治和养生保健的认识、怒族常用药物、怒族医药起源与发展、怒族医药理论和民间单方、验方及怒族民间医药状况等内容。

郭世民、余永琼主编。北京：中医古籍出版社 2014 年第 1 版。纸质，铅印本，99 页，有插图。

流水号：20355

《普米族单方治疗杂病手册》（内治分册）

民族属性：普米族

ISBN：7-5067-0692-X

主题词：普米族－秘方

中图分类号：R289.5:R296.6

内容提要及说明：该书收载普米族单方、秘方 2000 余首，依现代医学分为 11 类。每病述临床表现、辨证施治，并介绍了中西医疗法等。

和胜主编，云南兰坪白族普米族自治县卫生局主持编写。北京：中国医药科技出版社 1992 年第 1 版。铅印本，342 页，234 千字。

流水号：20356

《仡佬族医药》

民族属性：仡佬族

ISBN：7-5412-1057-9

主题词：仡佬族－民族医药

中图分类号：R297.1/1

内容提要及说明：该书分为医药简史、基础理论、治疗方法、药物、单验方 5 部分。书后附药用动植物拉丁学名索引、中文名索引。

赵俊华主编，潘炉台、张景梅、杜江

编，贵州省中医药研究院编写。贵阳：贵州民族出版社 2003 年第 1 版。铅印本，511 页，403 千字，有插图，精装。

25. 多民族

流水号：20357

《象形医学：彝族苗族传统医药学精要》

民族属性：彝族、苗族

民族语言题名：[illegible]

ISBN：7-5367-1143-3

主题词：彝医 – 苗族 – 民族医学

中图分类号：R291.7:R291.6

内容提要及说明：该书概括论述了彝医、苗族的民族医药学。

陶永富、戈隆阿弘执笔主编，戈隆阿弘编，红河州彝族学学会编写。昆明：云南民族出版社 1996 年第 1 版。铅印本，253 页，190 千字，覆膜。

流水号：20358

《安多藏蒙医药学史研究》

民族属性：藏族、蒙古族

民族语言题名：ཨ་མདོ་བོད་སོག་གསོ་རིག་ལོ་རྒྱུས་ཞིབ་འཇུག

ISBN：7-5421-0326-1

主题词：中国 – 藏医 – 医学史 – 蒙医

中图分类号：R291.4-09:R291.2-09

内容提要及说明：国家自然科学基金资助项目资助。

王弘振主编。兰州：甘肃民族出版社 1994 年第 1 版，218 页。

流水号：20359

《常用民族医药验方 100 首》

民族属性：多民族

ISBN：978-7-219-06160-2

主题词：民族医学 – 验方 – 中国

中图分类号：R29

内容提要及说明：该书分为内科、外科、妇科、儿科、皮肤科、五官科 6 部分。采用一病一方或多方的形式进行介绍，共计 41 种病症，100 首处方。

韦浩明、钟鸣、覃文波主编，广西壮族自治区中医药管理局编写。南宁：广西人民出版社 2008 年版，40 页。

流水号：20360

《德宏世居少数民族医药概观》

民族属性：多民族

ISBN：978-7-5482-1285-0

主题词：少数民族 – 民族医学 – 概况 – 德宏傣族景颇族自治州

中图分类号：R29

内容提要及说明：该书旨在展示德宏傣族、景颇族、阿昌族、傈僳族、德昂族 5 个世居少数民族的医药风貌，编者在编写过程中致力于本土资料的收集、挖掘，通过诊疗特色、常用药物、常用验方的举例，体现出 5 个世居少数民族医药的特点。

苏玲丽主编。昆明：云南大学出版社 2012 年版，148 页。

流水号：20361

《广西民族药简编》

民族属性：多民族

主题词：中草药－民族医学－广西－汇编

中图分类号：R281.467

内容提要及说明：该书记载了壮族、瑶族、侗族、仫佬族、苗族、毛南族、京族等少数民族常用的、来源清楚的植、动、矿物药1021种，药方303条。

黄燮才、周珍诚、张骏主编。南宁：广西壮族自治区卫生局药品检验所1980年版。

流水号：20362

《广西民族医验方汇编》（第06辑）

民族属性：多民族

主题词：广西－少数民族－医药－验方－汇编

内容提要及说明：该书汇集了广西多种少数民族民间治疗疾病的经验方。

王鉴钧、黄汉儒、黄瑾明、周增锐主编，广西民族医药研究所编。南宁：广西民族出版社1991年版。

流水号：20363

《广西少数民族常见病便方选》

民族属性：多民族

内容提要及说明：该书收集广西壮族、瑶族、苗族、侗族、仡佬族、毛南族、京族、彝族等少数民族治疗常见病的简便方1048个，每一便方后都附有民族地区来源等内容。

张超良、苏广洵、冯礼华、曹庆荣、李挺千、葛爱发、陆小鸿、朱贵宝主编。南宁：广西民族出版社1985年版。

流水号：20364

《贵州民族医药卫生事业发展历程：病有所医的回望》

民族属性：多民族

ISBN：978-7-5647-0860-3

主题词：民族医学－概况－贵州

中图分类号：R29

内容提要及说明：该书介绍了贵州民族自治区医药卫生发展历程、贵州民族自治县医药卫生发展历程、贵州世居民族医药概述、贵州民族医药资源调查与研究等内容。

谭厚锋主编。成都：电子科技大学出版社2011年版。纸质，铅印本，153页。

流水号：20365

《贵州少数民族药物集》

民族属性：多民族

ISBN：7-5412-0617-2

中图分类号：R29/6

内容提要及说明：该书在深入贵州省民族地区、走访民族名医、收集病种验方、采集药物标本，做了大量调查研究工作的基础上，收集了91种药物，1144个单验方，可防治多种疾病，且对骨折、蛇伤、肝炎、心脏病等有显著疗效。

罗廷华主编，于俊生编，贵州省民委

文教处编写。贵阳：贵州民族出版社 1997 年第 1 版。铅印本，291 页，140 千字，有插图，覆膜。

流水号：20366

《湖南世居少数民族医药宝典》

民族属性：多民族

内容提要及说明：该书对湖南土家族、苗族等 8 个世居少数民族的简史，民族医药起源、形成与发展，各民族医药的基本理论、医药特点、常用药物，民族医药诊疗技术经验，及其长期在临床上应用的单验方药做了详尽的论述。

邓星煌、肖成纹、刘逢吉、罗康隆主编。北京：光明日报出版社 2005 年版。

流水号：20367

《瘤结新治：民族医药特色疗法》

民族属性：多民族

ISBN：978-7-5363-5448-7

主题词：肿瘤

中图分类号：R730.5

内容提要及说明：瘤结这类疾病，自古以来被列为难症。言其难，难于医理弗明，难于治法未清，难于无良方、良药。理、法、方、药是辨证论治之四大关键。“削坚汤”是该书治疗瘤结的基本方，以“去菀陈莝”为理论依据，采用广西民间名贵药材配伍而成。该书主要从“水浊、淤血合结发为瘤结”的观点来研究、探讨肿瘤、结块、组织硬化症治疗方法。观点新颖，别开生面，是一本富有实用价值之书。

覃显明主编。南宁：广西民族出版社 2008 年第 1 版，136 页。

流水号：20368

《论民族医药：医学类型和表达范式的比较研究》

民族属性：多民族

ISBN：978-7-80174-951-2

主题词：民族医学 – 研究 – 中国

中图分类号：R29

内容提要及说明：该书内容主要包括导论、濒危失落的医药文明、部分民族医药卫生史料分析、民族医药学术源流、辽夏金元医药制度、民族医药哲理比较研究、医药文化类型研究、讨论与结论、结语九个部分。从医药史学、医药人类学、社会医学、宗教医学等多个视角，反映出疾病医学向健康医学模式转变过程中民族医药学的客观潜能，并且预言其必将彰显出惊人的价值。

梁峻主编。北京：中医古籍出版社 2011 年版，444 页。

流水号：20369

《生物多样性与传统知识丛书——民族地区医药传统知识传承与惠益分享》

民族属性：多民族

题名文种：汉文、英文

ISBN：978-7-80209-983-8

主题词：民族医学 – 研究 – 中国

中图分类号：R29/13

内容提要及说明：该书基于对我国部分少数民族的传统医药知识的调查和案例研究，特别是针对贵州黔东南地区的侗药和苗药、四川凉山地区的彝药、西藏日喀则等地区的藏药，以及内蒙古地区的蒙药等五类民族医药的实地调查和典型案例分析，系统地总结了我国民族医药珍贵的传统知识等。

薛达元主编，赵富伟、须黎军、成功编。北京：中国环境科学出版社 2009 年第 1 版。铅印本，224 页，320 千字，有插图。

流水号：20370

《民族药》

民族属性：多民族

ISBN：978-7-5136-2480-0

主题词：民族医学 – 中草药 – 中国 – 中药志

中图分类号：R281.4

内容提要及说明：该书共 9 章，内容包括各族人民健康的守护神——民族药，如藏药、蒙药、维药、傣药、彝药、苗药、朝药、壮药、侗药和羌药，以及民族药产业化存在的问题与政策建议。

中央民族大学民族药课题组编写。北京：中国经济出版社 2013 年版，450 页。

流水号：20371

《民族药研究开发概论》

民族属性：多民族

题名文种：汉文

ISBN：978-7-81108-943-1

主题词：民族医学 – 新药 – 研究 – 概论

中图分类号：TQ461

内容提要及说明：该书分为 4 章，即总论、药品注册管理办法解读、民族药新药研究的技术指导原则、民族医药文献的手工检索。

刘同祥、李银生主编。北京：中央民族大学出版社 2012 年版，纸质，铅印本，326 页。

流水号：20372

《民族医药名老专家：成才之路》

民族属性：多民族

ISBN：978-7-5132-1694-4

主题词：民族医药 – 医学家 – 生平事迹 – 中国

中国分类号：K826.2

内容提要及说明：该书精选了 20 位来自 9 个民族的顶级民族医药专家，讲述其成才之路，其中不乏国医大师、藏医活佛、傣族民间医生等，他们求医生涯中传奇般的经历，让读者读之思之，受益无穷。

黄福开主编。北京：中国中医药出版社 2014 年版，纸质，铅印本，135 页。

流水号：20373

《民族医药名老专家：典型医案集》

民族属性：多民族

ISBN：978-7-5132-1671-5

主题词：民族医学－医案－中国－汇编

中图分类号：R29

内容提要及说明：该书为汇集当代全国民族医药界顶级名老专家从医经验的传承集萃之作。该书在对来自藏族、蒙古族、维吾尔族、傣族、朝鲜族、壮族等9个民族的20位名老民族专家2000多份医案进行充分整理的基础上，进一步精选编辑完成，充分反映了这些专家们的临床学术思想与治疗特色，是各位专家毕生临床实践的经验总结。该书为广大民族医药工作者提供了第一手研究资料，弥足珍贵。

黄福开主编。北京：中国中医药出版社2013年版，纸质，铅印本，452页。

流水号：20374

《中国民族医药外治大全》

民族属性：多民族

ISBN：7-5367-0931-5

主题词：民族医学－外治法－手册

中图分类号：R29-62/8033

内容提要及说明：该书有8章53节，共收录各民族医药方子3523首，病症401个，其中内科疾病124个方子。全书以外治为原则，包括内病外治和外病外治。该书通俗易懂，药源广泛，是一本科普性的民族医药书籍。

关祖祥主编。昆明：云南民族出版社1994年版。铅印本，1065页，859.2千字，精装。

流水号：20375

《民族医药文献检索与利用》

民族属性：多民族

ISBN：978-7-81108-752-9

主题词：民族医学－情报检索

中图分类号：G252.7

内容提要及说明：该书介绍了常用中文医药文献检索数据库、常用外文医药文献检索数据库、网络医药信息资源检索、重要医药信息网站、特种信息资源检索、医药卫生科技查新、医药综述及学位论文撰写等内容。

刘同祥编著。北京：中央民族大学出版社2009年版，472页。

流水号：20376

《民族医药研究》

民族属性：多民族

内容提要及说明：1987年版，纸质，铅印本。

流水号：20377

《民族医药与方剂学》

民族属性：多民族

题名文种：汉文

ISBN：7-80666-744-X

主题词：民族医学－中国－民族医学－方剂学

中图分类号：R29

内容提要及说明：该书由采访和收集各少数民族民间常用中草药知识之经验及精华，以及有关文献及多年的临床实践经验总结汇集而成。该书正文共收集传统常用中草药300种，每种药后附有来源、植物形态、生境分布、采集加工、药理、性能、主治、用法、附方2—3个、附注，共600多条方，民间常用方共分为20章。按药物功能进行分类，书后附植物药标本采集、常用公制与市制计量单位的换算。

覃道光主编。南宁：广西科学技术出版社2006年版，233页。

流水号：20378

《恩施州民族医药研究丛书：医学萃精》

民族属性：多民族

主题词：恩施－民族医学

中图分类号：R29

内容提要及说明：该套丛书共3部6册，即《医学萃精》《恩施州名中医医案集》《恩施本草精选》，将湖北鄂西百年民族医药发展史较全面地展现给世人，是当今鄂西民族医药发展史上重要的里程碑。

湖北省恩施土家族苗族自治州卫生局、湖北省恩施土家族苗族自治州中心医院、湖北省恩施土家族苗族自治州中医药学会组织编著。北京：国际文化出版公司2002年版。

流水号：20379

《菩提树下的藏医学和蒙古医学》

民族属性：多民族

ISBN：7-105-03502-1

主题词：研究－藏医－蒙医

中图分类号：R291.4:R291.2

内容提要及说明：该书主要内容包括藏族、蒙古族民族医学的历史渊源，随藏传佛教而来的西藏医学，藏医学在蒙古地区的传播等。

苏诺著。北京：民族出版社2001年版，201页。

流水号：20380

《殊方异药：出土文书与西域医学》

民族属性：多民族

其他题名文种：汉文

ISBN：7-301-07953-2

中图分类号：R29

主题词：西域医学

内容提要及说明：该书论述了我国医学界长期空白的西域医学、中印医学交流等问题，从整体上勾勒出古代西域医学的大致轮廓。同时，该书对研究中外医学文化关系史、重构封建西域社会生活史都是很有帮助的。

陈明著。北京：北京大学出版社2005年版，392页。

流水号：20381

《思维的和谐：中国民族医药思想研究》

民族属性：多民族

ISBN：978-7-5352-6320-9

主题词：少数民族－民族医学－医学思想－研究－中国

中图分类号：R29

内容提要及说明：该书分为7章，内容包括中国传统医药思想概述、中国民族医药系统化与比较研究、瑶医药、壮医药、土家医药、中国其他民族医药简介。作者取各民族医药的精髓，通过解读医学思想，研究医药特点，反映民族医药的最新研究成果。该书有利于研究者快速、准确地获取各种民族医药的信息，了解民族医药的背景。

洪荒主编，吕丰著。武汉：湖北科学技术出版社2013年版，378页。

流水号：20382

《文山三七治奇症·三七古道》

民族属性：多民族

ISBN：978-7-117-09346-0

主题词：验方研究

中图分类号：R221

内容提要及说明：任怀祥主编，谭伟森、杨正明、张开云编。北京：人民卫生出版社2008年版，铅印本，216页，170千字，有插图。

流水号：20383

《西南少数民族医药古籍文献的发掘利用研究》

民族属性：多民族

题名文种：汉文

ISBN：978-7-105-11565-5

主题词：少数民族－民族医学－古籍－研究－西南地区

中图分类号：R29

内容提要及说明：该书是一部探讨研究西南地区少数民族医药古籍文献的文化起源、产生形成、形制种类、内容价值、现状问题和发掘利用等方面的学术专著。

陈海玉著。北京：民族出版社2011年版，293页。

流水号：20384

《云南民族医药文化浅探》

民族属性：多民族

ISBN：978-7-222-05293-2

主题词：民族医学－医学史－研究－云南

中图分类号：R29

内容提要及说明：该书比较全面系统地研究了云南民族医药，内容包括概述、医药史、理论体系、巫医同源、民间验方、文献简介、医家简介、医药产业、大产业植物药资源品种简介9章内容。

龙鳞著。昆明：云南人民出版社2008年版，224页。

流水号：20385

《云南民族医药研究》（2008）

民族属性：多民族

ISBN：978-7-5367-4040-2

主题词：少数民族－民族医学－研究－云南省

中图分类号：R29-53/1

内容提要及说明：该书由民族医药发展论坛、民族医药基础理论研究、民族医药文献整理研究、民族医药开发研究、民族医药临床研究5个板块组成。

郑进、张超主编。昆明：云南民族出版社2008年版。铅印本，422页，350千字，有插图。

流水号：20386

《云南民族医药研究》（2010）

民族属性：多民族

ISBN：978-7-5367-4890-3

主题词：少数民族－民族医学－研究－云南省

中图分类号：R29

内容提要及说明：该书由民族医药发展论坛、民族医药基础理论研究、民族医药文献整理研究、民族医药开发研究、民族医药临床研究、民族医药文化研究、民族医药教育研究7个板块组成。

郑进、张超主编，吴永贵、王寅编，云南中医学院民族医药研究发展中心编写。昆明：云南民族出版社2010年版。铅印本，433页，372千字，有插图。

流水号：20387

《云南省文山壮族苗族自治州医药志》

民族属性：多民族

主题词：壮族－民族医学－中药志－文山壮族苗族自治州－苗族

中图分类号：R281.4:R291.8

内容提要及说明：该志上限追溯到有史可考，下限截至1995年。全书设有机构、中药材资源、中药材生产、三七、工业、商业、管理和党群组织等8章内容。

施冠杰主编，文山壮族苗族自治州医药管理局编撰的地方志。文山：1998年版，390页。

流水号：20388

《云南省中医（民族医）药临床基层适宜技术》（第一辑）

民族属性：多民族

ISBN：978-7-5367-4345-8

主题词：云南－民族医学

中图分类号：R29

内容提要及说明：2000年，国家中医药管理局设立了中医临床诊疗技术整理与研究项目，决定对中医临床诊疗技术进行系统的整理与科学严谨的技术规范研究，最终鉴定筛选出一批临床安全、有效、规范的诊疗技术，加以推广，从而进一步提高中医临床疗效，提高中医服务能力。本书分为上下两篇，上篇收录基层临床常见、多发病48种，并附西医征候诊断要点；下篇收录中医、民族医习用的药用植物原色图谱134种，附注常用名、别名、基原、省内分布、生长环境、性味、功效、主治、用法用量和注意事项。

杨鸿生主编，陈觉民、赵勇、姜旭、杨镔辑，云南省卫生厅、云南省中医管理局编写。昆明：云南民族出版社2009年版。铅印本，183页，135千字，有插图。

流水号：20389

《中国八个民族体质调查报告》

民族属性：多民族

统一书号：11116.71

主题词：体质－少数民族－调查报告－中国

内容提要及说明：中国人类学会编写。昆明：云南人民出版社 1982 年版。铅印本，137 页，200 千字，有插图。

流水号：20390

《中国传统医疗绝技大全》

民族属性：多民族

ISBN：7-5377-1019-8

主题词：中国－传统医药　治疗绝技

中图分类号：R407

内容提要及说明：该书分两编，上编介绍疾病治疗的各家绝招妙法，下编阐述方药、气功、骨伤、毒蛇咬伤等治疗绝技的基本技法、适应范围、注意事项。

刘智壶主编。太原：山西科学技术出版社 1994 年版。铅印本，1138 页，900 千字，有插图，精装。

流水号：20391

《中国传统医药概览》

民族属性：多民族

题名文种：汉文

ISBN：7-80089-744-3

主题词：中国医药学－概况－民族医药学

中图分类号：R2/53

内容提要及说明：该书是我国第一部全面反映各民族医药状况的专著，内容包括各民族医药的发展简史、事业现状、理论体系、诊疗方法、药物资源等，为了解各民族医药提供了较为翔实的资料。

陈士奎、蔡景峰主编。北京：中国中医药出版社 1997 年版。铅印本，726 页，510 千字，覆膜。

流水号：20392

《中国当代民族医药集成》（卷一）

民族属性：多民族

辑号：卷一

题名文种：汉文，英文

ISBN：7-5364-3201-1

主题词：民族医学－中国－现代－文集

中图分类号：R2-53

内容提要及说明：该书是一部临证综合类中医著作。全书包括上篇“少数民族医药”，下篇“传统中医药”两部分。收录蒙古族、侗族、傣族、基洛族、瑶族、壮族、朝鲜族、高山族、哈萨克族、回族、藏族、维吾尔族等多个少数民族医药和传统中医药研究论文三百二十多篇，论述了民族医药的起源、形成及发展、现状与未来、医学基本知识、药学基本知识及临床经验等，为研究中华民族医药的重要参考文献。

蔡谷荣等主编。成都：四川科学技术出版社 1995 年版，625 页。

流水号：20393

《中国民族药炮制集成》

民族属性：多民族

ISBN：7-80013-918-2

主题词：民族医学－中药炮制学

中图分类号：R29/3

内容提要及说明：该书共收载蒙古族、藏族、维吾尔族、傣族、朝鲜族、苗族、土家族、彝族、壮族、侗族等各民族所用约1100种药物的30多种炮制方法，并分别详述每种药物的具体炮制方法、炮制作用及来源、性味、功用主治、贮存等。该书对于中医药临床、科研、教学人员有开阔视野、增长学识之用。

田华咏主编，瞿显友、熊鹏辉、孔增科编。北京：中医古籍出版社2000年版。铅印本，548页，773千字，覆膜。

流水号：20394

《中国民族药食大全》

民族属性：多民族

题名文种：汉文

ISBN：7-5377-0836-3

主题词：食物疗法－验方

中图分类号：R247.1/131

内容提要及说明：该书汇集了51个民族的食疗方共4598首，按病种分344类编排，分为内科、外科、妇科、儿科、眼科等11个部分。

张力群、关祥祖主编，王光辉、白乙拉、包兴华编。太原：山西科学技术出版社1994年版。铅印本，1791页，1400千字，覆膜。

流水号：20395

《中国民族药物学概论》

民族属性：多民族

ISBN：978-7-5409-3562-7

主题词：中国－民族医学

中图分类号：R29

内容提要及说明：该书由“世界及中国传统医药学概论”“中国各民族医药学概论”“中国各民族常用药物”三大部分组成，收载药物82味，插图359幅，近750千字。

刘圆、张浩主编。成都：四川民族出版社2007年版。

流水号：20396

《中国民族医药理论与实践》

民族属性：多民族

ISBN：7-80079-321-4

主题词：民族医学－中国－文集－民族医学

中图分类号：R29-53

内容提要及说明：马忠堂、周其全主编。北京：中国人口出版社1996年版，444页。

流水号：20397

《中国民族医药散论》

民族属性：多民族

ISBN：7-5067-3462-1

主题词：民族医药学－中国－文集－民族医药学

中图分类号：R29-53

内容提要及说明：该书对民族医学的概念、内涵，及其与中医学的联系和区别做了明确阐述，对民族医学的历史、现状和当前存在的问题做了具体分析，并提出了相应的发展方略和意见。

诸国本主编。北京：中国医药科技出版社 2006 年版，524 页。

流水号：20398

《中国少数民族传统特色医疗技法》

民族属性：多民族

内容提要及说明：该书内容包括中国少数民族传统医疗技法的形成、发展简史；蒙古族、藏族、苗族等少数民族诊疗技法的沿革、具体诊疗技法的应用方法、适应证、注意事项等。

庞宗然编著。北京：中央民族大学出版社 2012 年版。

流水号：20399

《中国少数民族传统医疗技法》

民族属性：多民族

ISBN：978-7-811-08736-9

内容提要及说明：该书内容包括民族医药文献典籍的发掘整理，民族医药医、教、研的发展，民族药物资源调查，民族药品的研发等。在“民族医药的发展现状”章节中有民族医药文献典籍的发掘整理相关内容。

庞宗然主编。北京：中央民族大学出版社。

流水号：20400

《中国少数民族传统医学概论》

民族属性：多民族

ISBN：978-7-81108-292-0

主题词：中国－民族医学

中图分类号：R29

内容提要及说明：该书是全国少数民族优秀图书出版资金资助项目。内容涉及藏族、蒙古族、维吾尔族、壮族、苗族、傣族、瑶族、彝族、土家族、朝鲜族、回族、哈萨克族、畲族等民族医药学，阐述了近几十年来发掘整理的十几个少数民族的医学基本理论、特色诊疗方法和基本用药概况。该书包括藏族医药学、蒙古族医药学、维吾尔族医药学、朝鲜族医药学、壮族医药学、回族医药学等 14 章内容。

崔箭、唐丽主编，云南省少数民族古籍整理出版规划办公室编写。北京：中央民族大学出版社 2007 年版，436 页。

流水号：20401

《中国少数民族传统医药大全》

民族属性：多民族

题名文种：汉文、英文

ISBN：978-986-126-389-2，986-126-389-6

主题词：中国－民族医学－方剂学

中图分类号：R29

内容提要及说明：奇玲、罗达尚主编。台北：合记图书出版社 2007 年版，1494 页。

流水号：20402

《中国少数民族传统医药大系》

民族属性：多民族

题名文种：汉文、英文

ISBN：7-5380-0755-5

主题词：中国－民族医学

中图分类号：R29

内容提要及说明：该书由国家科学技术学术著作出版基金资助出版。全书共收载了我国35个少数民族的医药发展简史、医药基础理论、疾病分类及治疗、药物资源概况等，也涉及部分民族哲学、宗教、历史、文化等内容。该书是目前我国民族医药研究方面包括族别医药最多和较系统的专著。该书详细介绍了我国每个民族的医药学简史、医药理论、疾病诊断与治疗方法、疾病分类及治疗举例、药物资源概况，在药物项下包括名称、入药部位、性味功能、主治、用法用量等内容。

奇玲、罗达尚主编。呼和浩特：内蒙古科学技术出版社2000年版。1446页，2438千字，精装。

流水号：20403

《中国少数民族科学技术史丛书·医学卷》

民族属性：多民族

ISBN：7-80619-458-4

主题词：医学史－少数民族－中国－技术

中图分类号：N092

内容提要及说明：作为一部中国民族医学史丛书，该书不仅尽量搜罗现代55个少数民族的医药，而且也对古代的匈奴、契丹、党项等民族医药加以研究和探讨。该书十分尊重各民族自我医治的首创精神，书后附有少数民族医学史大事年表。

李迪、洪武娌卷主编，田敬国等执笔。南宁：广西科学技术出版社1996年版，447页。

流水号：20404

《中国少数民族特色医疗技法》

民族属性：多民族

ISBN：978-7-81108-736-9

主题词：少数民族－民族医学－中国

中图分类号：R29

内容提要及说明：本书共分8章，包括藏医学特色技法、蒙医学特色技法、维吾尔医学特色技法、回医学特色技法、壮医学特色技法等。少数民族医药在其发展进程中，通过不断的实践而得以丰富和提高。目前经过系统整理的民族医学资料有35种，这些民族医药学理论知识通过本民族文字记载传承下来，如藏医学、蒙医学、维吾尔医学、傣医学等，至今仍保留着较为完整的医学历史文献资料，并在现代社会的实践过程中得到了进一步发展；也有一些少数民族医药通过实践活动积累了丰富的医学知识、医疗技术和治病方法，但这些医学知识、技术和方法大多散布于民间，没有文字记载，主要通过祖传、师徒等口传心授形式传承下来，经现代民族医学专家学者的研究整理，总结出具有科学性的民族医学学术著作，使民族医学理论体系得以系统和完善。在各少数民族医学中有着许多独特而有奇效的疗法，这些特色诊疗技法是少数民族传统医学中的精华，至今仍是少数民族防病治病的重要手段，有待系统地挖掘、整理与提高。

庞宗然编著。北京：中央民族大学出版社2009年版。铅印本，173页，200千字。

流水号：20405

《中国少数民族医术绝招》（上、下卷）

民族属性：多民族

ISBN：7-80595-509-3

主题词：中国－民族医学－验方

中图分类号：R29

内容提要及说明：该书收载各民族医治内科、妇科、儿科、五官科等的简便易学、操作容易的民族传统疗法，详尽介绍了每一种疾病的中医、西医及民族医病名、发病原因、临床症状和1200余首经过验证、疗效理想的处方及其治法和用法。

王文安编著。呼和浩特：远方出版社，上卷1998年出版，下卷2000年出版。

流水号：20406

《中国少数民族医学》

民族属性：多民族

内容提要及说明：该书内容包括民族医药学概论、民族医药学特色基础理论、民族医药学特色诊断、民族医药学特色治疗、民族医药学特色药物、民族医药学饮食与保健方法6章。

李峰、马淑然主编。北京：中国中医药出版社2009年版。

流水号：20407

《中国少数民族医药保健》

民族属性：多民族

ISBN：7-5085-1000-3

主题词：少数民族－民族医药－中国

中图分类号：R29/9

内容提要及说明：该书概况部分对中国民族医药特性、民族医药文化、民族医药分类、民族医药与西医的关系等进行简要概述。主体章节介绍藏族、蒙古族、傣族等典型民族医药基础理论、中国民族药物、特色诊断、疾病治疗、饮食与保健、用药原则等。该书为“中国民族多元文化丛书”之一，主要对中国民族医药进行了简要的概述；介绍了中国民族医药基础理论，中国民族药物、特色诊断、疾病治疗、饮食与保健等知识；分析了中国民族医药理论的共同特征、药物理论及用药原则等。

余言、任可编著。北京：五洲传播出版社2006年版。纸质，铅印本，96页，有插图，覆膜。

流水号：20408

《中国少数民族医药文献研究》

民族属性：多民族

ISBN：978-7-5100-8725-7

主题词：中国 – 民族医学

中图分类号：R29

内容提要及说明：该书主要内容包括中国少数民族医药概论、中国少数民族医药文献概述、中国少数民族医药文献研究与保护、中国少数民族医药文献的开发利用、少数民族医药文献检索与利用和中国少数民族医药文献成果简介等。

郭凌云、李敏、张桂民著。广州：世界图书出版公司 2014 年版。纸质，铅印本，196 页。

流水号：20409

《中华文化通志 · 医药学志》

民族属性：多民族

ISBN：7-208-02317-4

主题词：中医药 – 少数民族医药

中图分类号：K203

内容提要及说明：该志是一部全方位反映我国中医药学发展状况和基本内容的专志。第七典“科学技术”专栏系统性介绍了中医及少数民族医药学。

余瀛鳌、蔡景峰撰。上海：上海人民出版社 1998 年版。铅印本，386 页，306 千字，有插图，精装。

（二）民族医药教材

1. 藏　族

流水号：20410

《“赤脚医生”教材》

民族语言题名：ཀང་རྗེན་སྨན་པའི་སློབ་དེབ།

题名文种：汉文、藏文对照

主题词：医药学 – 教材 – 汉 – 藏

中图分类号：R-43

内容提要及说明：该书为汉藏对照版。青海医学院革命委员会、青海民族学院革命委员会编译。西宁：青海民族出版社 1972 年版，1005 页。

流水号：20411

《方剂学》（藏医）

民族语言题名：zhi byed sman sbyor-smad chalo rim dang po

其他题名文种：藏文

正文文种：藏文

ISBN：978-7-5420-1432-0

主题词：藏医 – 方剂学 – 专业学校 – 教材

中图分类号：R291.4

内容提要及说明：bkra shis 主编。西宁：青海民族出版社 2009 年版，142 页。

流水号：20412

《妇科学　儿科学》

民族语言题名：མོ་ནད་རིམ་པ། བྱིས་པའི་རིམ་པ།

并列题名：mo nad gso ba byis pa gso ba-smad cha：lo rim gnyis pa

其他题名文种：藏文

正文文种：藏文

ISBN：978-7-5420-1430-6

主题词：藏医 - 妇科学 - 专业学校 - 教材

中图分类号：R291.4

内容提要及说明：lha mtsho sgrol ma 主编。西宁：青海民族出版社 2009 年版，83 页。

流水号：20413

《药王山藏医学院课本——缓俊疗法》

民族语言题名：སྦྱོང་བྱེད་ལས།

其他题名文种：藏文

正文文种：藏文

内容提要及说明：版权页欠奉。

纸质铅印本，绿色封面，99 页，右侧装订。

流水号：20414

《解毒学　汇论学》

并列题名：dug nad gso ba mjug don yongs gtad-smad cha：lo rim gnyis pa

其他题名文种：藏文

ISBN：978-7-5420-1430-6

主题词：藏医 - 解毒学 - 汇论学 - 专业学校 - 教材

中图分类号：R291.4

内容提要及说明：dpav vbum rgyal dang bkra shis 主编。西宁：青海民族出版社 2009 年版，127 页。

流水号：20415

《精神病学》

民族语言题名：གདོན་ནད་གསོ་བ།

并列题名：gdon nad gso ba-stod cha

其他题名文种：藏文

ISBN：978-7-5420-1429-0

主题词：藏医 - 精神病学 - 专业学校 - 教材

中图分类号：R291.4

内容提要及说明：gyang go 主编。西宁：青海民族出版社 2009 年版，54 页。

流水号：20416

《21 世纪藏医本科教育规划教材——课程教学大纲》

民族语言题名：དུས་རབས་༢༡པོད་སྨན་དངོས་གཞི་སློབ་གསོ་འཆར་གཞི་སློབ་དེབ།

并列题名：dus rabs 21 pavi bod lugs sman rig dngos tshan slob gsovi vchar vgod slob deb kyi slob tshan slob khrid rtsa vdzin

其他题名文种：藏文

ISBN：978-7-223-03631-3

主题词：藏医 - 中药学 - 高等学校 - 教学大纲

中图分类号：R291.4

内容提要及说明：mig dmar che ba 主

编。拉萨：西藏人民出版社 2012 年版，162 页。

流水号：20417

《内科学》

民族语言题名：ཁོང་ནད་རིག་པ།

并列题名：khong nad gso ba-smad cha：lo rim gnyis pa

其他题名文种：藏文

ISBN：978-7-5420-1430-6

主题词：藏医 – 内科学 – 专业学校 – 教材

中图分类号：R291.4

内容提要及说明：bdud mgon tshe ring 主编。西宁：青海民族出版社 2009 年版，116 页。

流水号：20418

《热病学》

民族语言题名：ཚ་ནད་རིག་པ།

并列题名：tsha ba gso ba-tsha ba gso ba

其他题名文种：藏文

ISBN：978-7-5420-1429-0

主题词：藏医 – 热病学 – 专业学校 – 教材

中图分类号：R291.4

内容提要及说明：skar ma don grub 主编。西宁：青海民族出版社 2009 年版，140 页。

流水号：20419

《21 世纪藏医本科教育规划教材——四部医典汇论》

民族语言题名：རྒྱུད་བཞི་ཕྱོགས་བསྡུས།

并列题名：mjug don yongs gtd

其他题名文种：藏文

正文文种：藏文

ISBN：7-105-06442-0

主题词：藏医 – 古籍 – 医学院校 – 教材

中图分类号：R291.4

内容提要及说明：该书是五省区统一编写的 21 世纪藏医本科教育规划系列教材之一。

艾措千（vo tshogs chen）主编，《四部医典汇论》编写小组编写。北京：民族出版社 2004 年版。纸质，铅印本，117 页。

流水号：20420

《药王山藏医学院课本——四部医典汇论》

民族语言题名：སྨན་རིག་སྐར་རྩིས།

其他题名文种：藏文

正文文种：藏文

中图分类号：R291.4

内容提要及说明：版权页欠奉。

纸质，铅印本，绿色封面，115 页。

流水号：20421

《21 世纪藏医本科教育规划教材——天文历算学》

民族语言题名：གནམ་རིག་སྐར་རྩིས།

并列题名：gnm rig skr rtsis

其他题名文种：藏文

正文文种：藏文

ISBN：7-105-06464-1

主题词：藏历－五官科学－医学院校－教材

中图分类号：R291.4

内容提要及说明：该书是五省区统一编写的21世纪藏医本科教育规划系列教材之一。

桑珠加措（bsm grub rgy mtsho）主编，《天文历算学》编写小组编写。北京：民族出版社2004年版。纸质，铅印本，344页，有插图。

流水号：20422

《药王山藏医学院课本——天文历算学》

民族语言题名：གནམ་རིག་སྐར་རྩིས།

其他题名文种：藏文

正文文种：藏文

内容提要及说明：版权页欠奉。

纸质，铅印本，褐色封面，157页。

流水号：20423

《外科学》

民族语言题名：ལྷན་སྐྱེས་རྨ་གསོ་བ།

并列题名：lhan skyes rma gso ba-stod cha：lo rim gnyis pa

其他题名文种：藏文

ISBN：978-7-5420-1429-0

主题词：藏医－外科学－专业学校－教材

中图分类号：R291.4

内容提要及说明：gcod pa rgyal主编。西宁：青海民族出版社2009年版，43页。

流水号：20424

《外伤学》

民族语言题名：མཚོན་རྨ་གསོ་བ།

并列题名：mtshon rma gso ba-smad cha：lo rim gnyis pa

其他题名文种：藏文

ISBN：978-7-5420-1430-6

主题词：藏医－外伤学－专业学校－教材

中图分类号：R291.4

内容提要及说明：gyang go主编。西宁：青海民族出版社2009年版，251页。

流水号：20425

《五官学》

民族语言题名：ལུས་སྟོད་གསོ་བ།

并列题名：lus stod gso ba-smad cha

其他题名文种：藏文

ISBN：978-7-5420-1430-6

主题词：藏医－五官科学－专业学校－教材

中图分类号：R291.4

内容提要及说明：snyan grags rgya mtsho主编。西宁：青海民族出版社2009年版，70页。

流水号：20426

《泻治学》

民族语言题名：སྦྱོང་བྱེད་ལས།

并列题名：sbyong byed las lnga–stod cha：lo rim gnyis pa

其他题名文种：藏文

ISBN：978–7–5420–1429–0

主题词：藏医 – 泻治学 – 专业学校 – 教材

中图分类号：R291.4

内容提要及说明：bkra shis 主编。西宁：青海民族出版社 2009 年版，59 页。

流水号：20427

《药理学》

民族语言题名：སྦྱོར་བ་སྨན།

并列题名：sbyor ba sman–smad cha：lo rim dang po

其他题名文种：藏文

ISBN：978–7–5420–1432–0

主题词：藏医 – 药理学 – 专业学校 – 教材

中图分类号：R291.6

内容提要及说明：bkra shis 主编。西宁：青海民族出版社 2009 年版，83 页。

流水号：20428

《药王山藏医学院课本——医法月光论精选》

民族语言题名：སྨན་རྩིས་ཟླ་འོད་རབ་གསལ།

其他题名文种：藏文

正文文种：藏文

内容提要及说明：现译题名，版权页欠奉。

纸质，铅印本，粉色封面，60 页。

流水号：20429

《疫病学》

民族语言题名：གཉན་རིམས་གསོ་བ།

并列题名：gnyan rims gso ba–smad cha：lo rim gnyis pa

其他题名文种：藏文

ISBN：978–7–5420–1430–6

主题词：藏医 – 疫病学 – 专业学校 – 教材

中图分类号：R291.4

内容提要及说明：lha mchog thar 主编。西宁：青海民族出版社 2009 年版，722 页。

流水号：20430

《21 世纪藏医本科教育规划教材——藏医保健学》

民族语言题名：ཐ་མལ་ནད་མེད།

并列题名：th ml nd med

其他题名文种：藏文

正文文种：藏文

ISBN：7–105–06450–1

主题词：藏医 – 五官科学 – 医学院校 – 教材

中图分类号：R291.4

内容提要及说明：该书是五省区统一编写的 21 世纪藏医本科教育规划系列教

材之一。

伟科（pd kho）主编，《藏医保健学》编写小组编写。北京：民族出版社 2004 年版。纸质，铅印本，116 页。

流水号：20431

《全国中等藏医学校试用教材——藏医保健学》

民族语言题名：ཐ་མལ་ནད་མེད།

题名文种：藏文

正文文种：藏文

ISBN：7-5420-0020-9

中图分类号：R291.4

内容提要及说明：藏文藏医药教材。

桑旦主编。西宁：青海民族出版社 1987 年版。纸质，铅印本，111 页。

流水号：20432

《药王山藏医学院课本——藏医保健学》

民族语言题名：ཐ་མལ་ནད་མེད།

其他题名文种：藏文

正文文种：藏文

内容提要及说明：版权页欠奉。

纸质，铅印本，淡青色封面，178 页。

流水号：20433

《21 世纪藏医本科教育规划教材——藏医病机学》

民族语言题名：འཕེལ་འགྲིབ་ནད།

并列题名：vphel vgrib nd

其他题名文种：藏文

正文文种：藏文

ISBN：7-105-06452-8

主题词：藏医－病机－中医－医学院校－教材

中图分类号：R291.4

内容提要及说明：该书是五省区统一编写的 21 世纪藏医本科教育规划系列教材之一。

格桑陈来（skl bzng vphrin ls）主编，《藏医病机学》编写小组编写。北京：民族出版社 2004 年版。纸质，铅印本，淡青色封面，104 页。

流水号：20434

《药王山藏医学院课本——藏医病机学》

民族语言题名：འཕེལ་གྲིབ་ནད།

其他题名文种：藏文

正文文种：藏文

内容提要及说明：版权页欠奉。

纸质，铅印本，青色封面，69 页。

流水号：20435

《21 世纪藏医本科教育规划教材——藏医儿科学》

民族语言题名：བྱིས་པ་གསོ་བ།

并列题名：byis p gso b

其他题名文种：藏文

正文文种：藏文

ISBN：7-105-06462-5

主题词：藏医－儿科学－医学院校－教材

中图分类号：R291.4

内容提要及说明：本书是五省区统一编写的 21 世纪藏医本科教育规划系列教材之一。

智美（dri med vod zer）主编，《藏医儿科学》编写小组编写。北京：民族出版社 2004 年版。纸质，铅印本，159 页。

流水号：20436

《藏医儿科学》（第 2 版　修订本）

民族语言题名：བྱིས་པ་གསོ་བ།

并列题名：byis pa gso ba

其他题名文种：藏文

ISBN：978-7-105-11537-2

主题词：藏医 – 儿科学 – 医学院校 – 教材 – 藏语

中图分类号：R291.4

内容提要及说明：byis pa gso ba slob deb rtsom sgrig tsho chung 编著，dpal rgyam dang bsod nams tshe brtan 修订。北京：民族出版社，2010 年、2011 年重印，193 页。

流水号：20437

《药王山藏医学院课本——藏医儿科学》

民族语言题名：བྱིས་པ་གསོ་བ།

其他题名文种：藏文

正文文种：藏文

内容提要及说明：版权页欠奉。

纸质，铅印本，黄色封面，50 页。

流水号：20438

《21 世纪藏医本科教育规划教材——藏医方剂学》

民族语言题名：ཞི་བྱེད་སྨན་སྦྱོར།

并列题名：zhi byed smn sbyor

其他题名文种：藏文

正文文种：藏文

ISBN：7-105-06457-9

主题词：藏医 – 方剂学 – 医学院校 – 教材

中图分类号：R291.4

内容提要及说明：本书是五省区统一编写的 21 世纪藏医本科教育规划系列教材之一。

旦科（bstn kho）主编，《藏医方剂学》编写小组编写。北京：民族出版社 2004 年版。纸质，铅印本，239 页。

流水号：20439

《藏医方剂学》（第 2 版　修订本）

民族语言题名：ཞི་བྱེད་སྨན་སྦྱོར།

并列题名：zhi byed sman sbyor

其他题名文种：藏文

ISBN：978-7-105-11163-3

主题词：藏医 – 方剂学 – 医学院校 – 教材

中图分类号：R291.4

内容提要及说明：tsi bha 主编，zhi byed sman sbyor slob deb rtsom sgrig tsho chung 编著，tsi bha 修订。北京：民族出版社，2010 年、2011 年重印，286 页。

流水号：20440

《21 世纪藏医本科教育规划教材——藏医妇科学》

民族语言题名：མོ་ནད་གསོ་བ།

并列题名：mo nd gso b

其他题名文种：藏文

正文文种：藏文

ISBN：7-105-06461-7

主题词：藏医 - 妇科学 - 医学院校 - 教材

中图分类号：R291.4

内容提要及说明：该书是五省区统一编写的 21 世纪藏医本科教育规划系列教材之一。

强巴卓嘎（byms p sgrol dkr）主编，《藏医妇科学》编写小组编写。北京：民族出版社 2004 年版。纸质，铅印本，70 页。

流水号：20441

《全国中等藏医学校试用教材——藏医妇科学　藏医儿科学　藏医神志病学》

民族语言题名：མོ་ནད་གསོ་བ། བྱིས་པ་གསོ་བ། གདོན་ནད་གསོ་བ།

题名文种：藏文

正文文种：藏文

ISBN：7-5420-0026-8

中图分类号：R291.4

内容提要及说明：藏文藏医药教材。

昂翁降措・智美俄赛主编，扎洛、多杰、仁增才让著。西宁：青海民族出版社 1987 年版。纸质，铅印本，112 页。

流水号：20442

《藏医妇科学》（第 2 版　修订本）

民族语言题名：མོ་ནད་གསོ་བ།

并列题名：mo nad gso ba

其他题名文种：藏文

ISBN：978-7-105-11529-7

主题词：藏医 - 妇科学 - 医学院校 - 教材 - 藏语

中图分类号：R291.4

内容提要及说明：mo nad gso ba slob deb rtsom sgrig tsho chung 编著，rdo rje rin chen 等修订。北京：民族出版社，2010 年、2011 年重印，99 页。

流水号：20443

《药王山藏医学院课本——藏医妇科学》

民族语言题名：མོ་ནད་གསོ་བ།

其他题名文种：藏文

正文文种：藏文

内容提要及说明：版权页欠奉。

纸质，铅印本，黄色封面，45 页。

流水号：20444

《21 世纪藏医本科教育规划教材——藏医解毒学》

民族语言题名：དུག་ནད་གསོ་བ།

并列题名：dug nd gso b

其他题名文种：藏文

正文文种：藏文

ISBN：7-105-06458-0

主题词：藏医 - 解毒学 - 医学院校 -

教材

中图分类号：R291.4

内容提要及说明：本书是五省区统一编写的21世纪藏医本科教育规划系列教材之一。

拉毛加主编，《藏医解毒学》编写小组编写。北京：民族出版社2004年版。纸质，铅印本，126页。

流水号：20445

《药王山藏医学院课本——藏医解毒学》

民族语言题名：དུག་ནད་གསོ་བ།

其他题名文种：藏文

正文文种：藏文

内容提要及说明：版权页欠奉。

纸质，铅印本，黄色封面，111页。

流水号：20446

《21世纪藏医本科教育规划教材——藏医精神病学》

民族语言题名：གདོན་ནད་གསོ་བ།

并列题名：gdon nd gso b

其他题名文种：藏文

正文文种：藏文

ISBN：7-105-06460-9

主题词：藏医－精神病学－医学院校－教材

中图分类号：R291.4

内容提要及说明：本书是五省区统一编写的21世纪藏医本科教育规划系列教材之一。

李加先、by mdo klu byms rgyl 主编，《藏医精神病学》编写小组编写。北京：民族出版社2004年版。纸质，铅印本，216页。

流水号：20447

《藏医精神病学》（第2版　修订本）

民族语言题名：གདོན་ནད་གསོ་བ།

并列题名：gdon nad gso ba

其他题名文种：藏文

正文文种：藏文

ISBN：978-7-105-11164-0

主题词：藏医－精神病学－医学院校－教材

中图分类号：R291.4

内容提要及说明：bya mdo klu byams rgyal 主编，gdon nad gso bavi slob deb rtsom sgrig tsho chung 编著，bya mdo klu byams rgyal 修订。北京：民族出版社，2010年、2011年重印，226页。

流水号：20448

《药王山藏医学院课本——藏医精神病学》

民族语言题名：གདོན་ནད་གསོ་བ།

其他题名文种：藏文

正文文种：藏文

内容提要及说明：版权页欠奉。

纸质，铅印本，黄色封面，82页。

流水号：20449

《藏医疗毒学》

民族语言题名：དུག་ནད་གསོ་བ།

并列题名：dug nad gso ba

其他题名文种：藏文

ISBN：978-7-105-11959-2

主题词：藏医 – 中毒 – 治疗 – 医学院校 – 教材 – 藏语

中图分类号：R291.4

内容提要及说明：该书是21世纪藏医本科教育规划教材之一，主要以藏医经典《四部医典》为理论依据，介绍了藏医治疗由于中毒而引起的各种疾病的治疗法，以内服外涂油脂或者将油脂注入诸孔窍的治疗法。

dug nad gso ba slob deb rtsom sgrig tsho chung 编著，lha mo skyabs 等修订。北京：民族出版社 2011 年版，104 页。

流水号：20450

《藏医临床诊断》

民族语言题名：ངོས་འཛིན་རྟགས་ཀྱི་རྣམ་བཤད།

并列题名：ngos vdzin rtags kyi rnam bshad

其他题名文种：藏文

ISBN：7-105-05518-9

主题词：藏医 – 诊断学

中图分类号：R291.4

内容提要及说明：thub bstan phun tshog 著。北京：民族出版社 2003 年版，378 页。

流水号：20451

《21 世纪藏医本科教育规划教材——藏医伦理学》

民族语言题名：བྱ་བྱེད་སྨན་པ།

并列题名：by byed smn p

其他题名文种：藏文

正文文种：藏文

ISBN：7-105-06443-9

主题词：藏医 – 医学伦理学 – 医学院校 – 教材

中图分类号：R291.4

内容提要及说明：该书是五省区统一编写的 21 世纪藏医本科教育规划系列教材之一。

完德才让（bn de tshe ring）主编，《藏医伦理学》编写小组编写。北京：民族出版社 2004 年版。纸质，铅印本，105 页。

流水号：20452

《21 世纪藏医本科教育规划教材——藏医内科学》

民族语言题名：ཁོང་ནད་གསོ་བ།

并列题名：khong nd gso b

其他题名文种：藏文

正文文种：藏文

ISBN：7-105-06456-0

主题词：藏医 – 内科学 – 医学院校 – 教材

中图分类号：R291.4

内容提要及说明：该书是五省区统一编写的 21 世纪藏医本科教育规划系列教材之一。

多布杰（stobs rgys）主编，《藏医内科学》编写小组编写。北京：民族出版社 2004 年版。纸质，铅印本，222 页。

流水号：20453

《全国中等藏医学校试用教材——藏医内科学》

民族语言题名：ཁོང་ནད་གསོ་བ།

题名文种：藏文

正文文种：藏文

ISBN：7-5420-0027-6

中图分类号：R291.4

内容提要及说明：藏文藏医药教材。

优宁主编，尕黄、邓德扎编。西宁：青海民族出版社 1987 年版。纸质，铅印本，247 页。

流水号：20454

《藏医内科学》

民族语言题名：ཁོང་ནད་གསོ་བ།

并列题名：bod sman khog nad rig pavi spyi bshad bdud rtsivi bum bzang

其他题名文种：藏文

正文文种：藏文

ISBN：978-7-223-03476-0

主题词：藏医 – 内科学 – 藏语

中图分类号：R291.4

内容提要及说明 ：bsod nams bag dro 著。拉萨：西藏人民出版社 2012 年版，317 页。

流水号：20455

《藏医内科学》（第 2 版　修订本）

民族语言题名：ཁོང་ནད་གསོ་བ།

并列题名：khong nad gso ba

其他题名文种：藏文

正文文种：藏文

ISBN：978-7-105-11956-1

主题词：藏医 – 内科学 – 医学院校 – 教材 – 藏语

中图分类号：R291.4

内容提要及说明：khong nad gso ba slob deb rtsom sgrig tsho chung 编著，kun rnam 等修订。北京：民族出版社 2011 年版，322 页。

流水号：20456

《药王山藏医学院课本——藏医内科学》

民族语言题名：ཁོག་ནད་གསོ་བ།

其他题名文种：藏文

正文文种：藏文

内容提要及说明：版权页欠奉。

纸质，铅印本，黄色封面，135 页。

流水号：20457

《21 世纪藏医本科教育规划教材——藏医热病学》

民族语言题名：ཚ་བ་གསོ་བ།

并列题名：tsh b gso b

其他题名文种：藏文

正文文种：藏文

ISBN：7-105-06446-3

主题词：藏医 – 瘟病学 – 医学院校 – 教材

中图分类号：R291.4

内容提要及说明：该书是五省区统一编写的21世纪藏医本科教育规划系列教材之一。

旦正加（rt mgrin rgyl）主编，《藏医热病学》编写小组编写。北京：民族出版社2004年版，纸质，铅印本，217页。

流水号：20458

《藏医热病学》（第2版 修订本）

民族语言题名：ཚ་བ་གསོ་བ།

并列题名：tsha ba gso ba

其他题名文种：藏文

正文文种：藏文

ISBN：978-7-105-11538-9

主题词：藏医－瘟病学－医学院校－教材－藏语

中图分类号：R291.4

内容提要及说明：tsha ba gso ba slob deb rtsom sgrig tsho chung 编著，rin chen don grub dang kun bzang rgyal 修订。北京：民族出版社，2010年、2011年重印，256页。

流水号：20459

《药王山藏医学院课本——藏医热病学》

民族语言题名：ཚ་བ་གསོ་བ།

其他题名文种：藏文

正文文种：藏文

内容提要及说明：版权页欠奉。

纸质，铅印本，黄色封面，267页。

流水号：20460

《全国中等藏医学校试用教材——藏医热病疫病学》

民族语言题名：གཉན་རིམས་གསོ་བ།

题名文种：藏文

正文文种：藏文

ISBN：7-5420-0018-7

中图分类号：R291.4

内容提要及说明：藏文藏医药教材。

桑旦主编。西宁：青海民族出版社1987年版。纸质，铅印本，67页。

流水号：20461

《21世纪藏医本科教育规划教材——藏医人体学》

民族语言题名：གྲུབ་པ་ལུས། འཕེལ་གྱིབ་ནད།

并列题名：grub p lus

其他题名文种：藏文

正文文种：藏文

ISBN：7-105-06454-4

主题词：藏医－人体学－医学院校－教材

中图分类号：R291.4

内容提要及说明：该书是五省区统一编写的21世纪藏医本科教育规划系列教材之一。

措如·才郎（khro ru tshe rnm）主编，《藏医人体学》编写小组编写。北京：民族出版社2004年版。纸质，铅印本，176页，有插图。

流水号：20462

《药王山藏医学院课本——藏医人体学》

民族语言题名：གྲུབ་པ་ལུས།

其他题名文种：藏文

正文文种：藏文

内容提要及说明：版权页欠奉。

纸质，铅印本，淡青色封面，196 页。

流水号：20463

《全国中等藏医学校试用教材——藏医人体学　藏医病机学》

民族语言题名：གྲུབ་པ་ལུས། འཕེལ་གྲིབ་ནད།

题名文种：藏文

正文文种：藏文

ISBN：7-5420-0028-4

中图分类号：R291.4

内容提要及说明：藏文藏医药教材。

桑旦主编。西宁：青海民族出版社 1987 年版。纸质，铅印本，242 页。

流水号：20464

《药王山藏医学院课本——藏医三大基因病学》

民族语言题名：ཉེས་གསུམ་གསོ་བ།

其他题名文种：藏文

正文文种：藏文

内容提要及说明：版权页欠奉。

纸质，铅印本，黄色封面，132 页。

流水号：20465

《21 世纪藏医本科教育规划教材——藏医外科学》

民族语言题名：ལྷན་སྐྱེས་རྨ་གསོ་བ།

并列题名：lhan skyes rma gso ba

其他题名文种：藏文

正文文种：藏文

ISBN：7-105-06449-8

主题词：藏医 - 外科学 - 医学院校 - 教材

中图分类号：R291.4

内容提要及说明：该书是五省区统一编写的 21 世纪藏医本科教育规划系列教材之一。

西绕群培（shes rab chos vphel）主编，《藏医外科学》编写小组编写。北京：民族出版社 2004 年版。纸质，铅印本，92 页。

流水号：20466

《全国中等藏医学校试用教材——藏医外科学　藏医五官科学》

民族语言题名：ལྷན་སྐྱེས་རྨ། ལུས་སྟོད་གསོ་བ།

题名文种：藏文

正文文种：藏文

ISBN：7-5420-0019-5

中图分类号：R291.4

内容提要及说明：藏文藏医药教材。

斗嘎、多杰主编。西宁：青海民族出版社 1987 年版。纸质，铅印本，82 页。

流水号：20467

《藏医外科学》（第 2 版 修订本）

民族语言题名：ལྷན་སྐྱེས་རྨ་གསོ་བ།

并列题名：lhan skyes rma gso ba

其他题名文种：藏文

正文文种：藏文

ISBN：978-7-105-11536-5

主题词：藏医－外科学－医学院校－教材－藏语

中图分类号：R291.4

内容提要及说明：gyang mer 主编，lhan skyes rma gso ba slob deb rtsom sgrig tsho chung 编著，gyang mer 等修订。北京：民族出版社，2010 年、2011 年重印。

流水号：20468

《21 世纪藏医本科教育规划教材——藏医外伤学》

民族语言题名：མཚོན་རྨ་གསོ་བ།

并列题名：mtshon rm gso b

其他题名文种：藏文

正文文种：藏文

ISBN：7-105-06459-5

主题词：藏医－外伤－医学院校－教材

中图分类号：R291.4

内容提要及说明：该书是五省区统一编写的 21 世纪藏医本科教育规划系列教材之一。

伦珠旦达（lhun grub bstn dr）主编，《藏医外伤学》编写小组编写。北京：民族出版社 2004 年版。纸质，铅印本，284 页。

流水号：20469

《藏医外伤学》（第 2 版 修订本）

民族语言题名：ཆ་བྱད་དཔྱད།

并列题名：mtshon rma gso ba

其他题名文种：藏文

正文文种：藏文

ISBN：978-7-105-11539-6

主题词：藏医－外伤－医学院校－教材－藏语

中图分类号：R291.4

内容提要及说明：bsod nams tshe ring 等主编，mtshon rma gso ba slob deb rtsom sgrig tsho chung 编著，bsod nams tshe ring 等修订。北京：民族出版社，2010 年、2011 年重印，358 页。

流水号：20470

《药王山藏医学院课本——藏医外伤学》

民族语言题名：མཚོན་སྨན་གསོ་བ།

其他题名文种：藏文

正文文种：藏文

内容提要及说明：版权页欠奉。

纸质，铅印本，黄色封面，308 页。

流水号：20471

《21 世纪藏医本科教育规划教材——藏医外治学》

民族语言题名：ཆ་བྱད་དཔྱད།

并列题名：ch byd dpyd

其他题名文种：藏文

正文文种：藏文

ISBN：7-105-06439-0

主题词：藏医－外治法－医学院校－教材

中图分类号：R291.4

内容提要及说明：该书是五省区统一编写的21世纪藏医本科教育规划系列教材之一。

旦切（blo bjng dm chos）主编，《藏医外治学》编写小组编写。北京：民族出版社2004年版。纸质，铅印本，212页，有插图。

流水号：20472

《21世纪藏医本科教育规划教材——藏医五官科学》

民族语言题名：ལུས་སྟོད་གསོ་བ།

并列题名：lus stot gso b

其他题名文种：藏文

正文文种：藏文

ISBN：7-105-06448-X

主题词：藏医－五官科学－医学院校－教材

中图分类号：R291.4

内容提要及说明：该书是五省区统一编写的21世纪藏医本科教育规划系列教材之一。

唐卡拉杰（th gngg dbng rgy mtsh）主编，《藏医五官科学》编写小组编写。北京：民族出版社2004年版。纸质，铅印本，148页。

流水号：20473

《藏医五官科学》（第2版　修订本）

民族语言题名：ལུས་སྟོད་གསོ་བ།

并列题名：lus stod gso ba

其他题名文种：藏文

正文文种：藏文

ISBN：978-7-105-11533-4

主题词：藏医－五官科学－医学院校－教材－藏语

中图分类号：R291.4

内容提要及说明：lus stod gso ba slob deb rtsom sgrig tsho chung编著，vjam dbyangs bsod nams dang blo bzang don grub修订。北京：民族出版社，2010年、2011年重印，191页。

流水号：20474

《药王山藏医学院课本——藏医五官学》

民族语言题名：ལུས་སྟོད་གསོ་བ།

其他题名文种：藏文

正文文种：藏文

内容提要及说明：版权页欠奉。

纸质，铅印本，黄色封面，70页。

流水号：20475

《21世纪藏医本科教育规划教材——藏医泻治学》

民族语言题名：སྦྱོང་བྱེད་ལས།

并列题名：sbyong byed ls

其他题名文种：藏文

正文文种：藏文

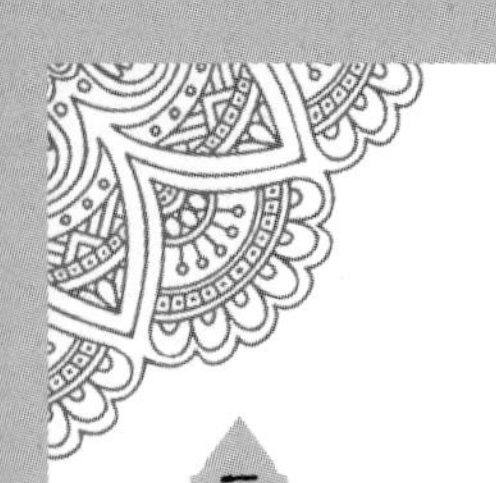

ISBN：7-105-06444-7

主题词：藏医－止泻－医学院校－教材

中图分类号：R291.4

内容提要及说明：该书是五省区统一编写的21世纪藏医本科教育规划系列教材之一。

加央伦球（vjm dbyngs lhun grub）主编，《藏医泻治学》编写小组编写。北京：民族出版社2004年版，纸质，铅印本，80页。

流水号：20476

《藏医泻治学》（第2版　修订本）

民族语言题名：སྦྱོང་བྱེད་ལས།

并列题名：sbyong byed las

其他题名文种：藏文

正文文种：藏文

ISBN：978-7-105-11540-2

主题词：藏医－止泻－医学院校－教材－藏语

中图分类号：R291.4

内容提要及说明：sbyong byed las slob deb rtsom sgrig tsho chung 编著，vjam dbyangs lhun grub 修订。北京：民族出版社，2010年、2011年重印，125页。

流水号：20477

《藏医心身概论》

民族语言题名：ལུང་ཁམས་སྐྱིད་མཆེད།

其他题名文种：藏文

正文文种：汉文、藏文

ISBN：7-105-08125-2

主题词：藏医－心身医学－医学院校－教材藏语

中图分类号：R291.4/10

内容提要及说明：该书是青海大学藏医学院、甘肃中医学院藏医学院，以及四川、北京和云南等省（市）的藏医药方面的专家共同编纂的藏药学专业本科（四年制）系列教材之一。四年制教材编审委员会由6个顾问、1个主任委员、6个副主任委员、25个委员组成。该书主要讲述了藏医药学理论基础。

旦正加主编。北京：民族出版社2006年版。纸质，铅印本，236页，150千字。

流水号：20478

《21世纪藏医本科教育规划教材——藏医学概论》

民族语言题名：བོད་ཀྱི་གསོ་བ་རིག་པ་སྤྱིད་མཆེད།

并列题名：rts rgyud

其他题名文种：藏文

正文文种：藏文

ISBN：7-105-06447-1

主题词：藏医－医学院校－教材

中图分类号：R291.4

内容提要及说明：该书是五省区统一编写的21世纪藏医本科教育规划系列教材之一。书背面名称与版权页名称不符。

尼玛次仁（nyi m tshe ring）主编，《藏医药学概论》编写小组编写。北京：民族出版社2004年版。纸质，铅印本，

83 页，有插图。

流水号：20479

《21 世纪藏医本科教育规划教材——藏医学史（藏医药学史）》

民族语言题名：བོད་ཀྱི་གསོ་བ་རིག་པའི་ལོ་རྒྱུས།

并列题名：gso rig lo rgyus

其他题名文种：藏文

正文文种：藏文

ISBN：7-105-06455-2

主题词：藏医－药学史－医学院校－教材

中图分类号：R291.4

内容提要及说明：该书是五省区统一编写的 21 世纪藏医本科教育规划系列教材之一。书背面名称与版权页名称不符。

强巴赤列（byms p vphrin ls）主编，《藏医药学史》编写小组编写。北京：民族出版社 2004 年版。纸质，铅印本，143 页。

流水号：20480

《21 世纪藏医本科教育规划教材——藏医药理学》

民族语言题名：སྦྱོར་བ་སྨན།

并列题名：sbyor b smn

其他题名文种：藏文

正文文种：藏文

ISBN：7-105-06441-2

主题词：藏医－药理学－医学院校－教材

中图分类号：R291.4

内容提要及说明：该书是五省区统一编写的 21 世纪藏医本科教育规划系列教材之一。

尕玛措尼（krm tshogs gnyis）主编，《藏医药理学》编写小组编写。北京：民族出版社 2004 年版。纸质，铅印本，390 页。

流水号：20481

《藏医药理学》（第 2 版　修订本）

民族语言题名：སྦྱོར་བ་སྨན།

并列题名：sbyor ba sman

其他题名文种：藏文

正文文种：藏文

ISBN：978-7-105-11534-1

主题词：藏医－药理学－医学院校－教材－藏语

中图分类号：R291.4

内容提要及说明：sbyor ba sman slob deb rtsom sgrig tsho chung 编著，karma tshogs gnyis dang vbrug rtse 修订。北京：民族出版社，2010 年、2011 年重印，438 页。

流水号：20482

《药王山藏医学院课本——藏医药理学》（上册）

民族语言题名：སྦྱོར་བ་སྨན། སྟོད།

其他题名文种：藏文

正文文种：藏文

内容提要及说明：版权页欠奉。

纸质，铅印本，淡青色封面，171 页。

流水号：20483

《药王山藏医学院课本——藏医药理学》（下册）

民族语言题名：སྦྱོར་བ་སྨན། སྨད།

其他题名文种：藏文

正文文种：藏文

内容提要及说明：版权页欠奉。

纸质，铅印本，绿色封面，236 页。

流水号：20484

《藏医药学科研设计与方法》

民族语言题名：བོད་ཀྱི་གསོ་བ་རིག་པའི་ཚན་རིག་ཞིབ་འཇུག་གི་གཞུང་ལུགས་དང་ཐབས་ལམ་ཇུས་འགོད།

并列题名：bod kyi gso ba rig pavi tshan rig zhib vjug gi gzhung lugs dang thabs lam jus vgod

其他题名文种：藏文

正文文种：藏文

ISBN：978-7-105-12218-9

主题词：藏医 – 科学研究 – 设计 – 研究方法 – 研究生 – 教材 – 藏语

中图分类号：R291.4

内容提要及说明：该书约 25 万字，包括藏医学科研概述，藏医学科研思维，藏医学科研选题、设计与申报，藏医临床研究，医学文献检索与阅读，医学科技论文写作等，系统地介绍了藏医学科研方法的基本知识和技能，实用性、可操作性强，是藏医学专业人员从事科研的入门指南。该书既可作为研究生的教科书，也适用于一线的藏医医疗、教学、预防保健人员作为工具书参考阅读。

dkon mchog rgyal mtshan 主编。北京：民族出版社 2012 年版，427 页。

流水号：20485

《21 世纪藏医本科教育规划教材——藏医疫病学》

民族语言题名：གཉན་རིམས་གསོ་བ།

并列题名：gnyn rims gso b

其他题名文种：藏文

正文文种：藏文

ISBN：7-105-06451-X

主题词：藏医 – 瘟疫 – 防治 – 医学院校 – 教材

中图分类号：R291.4

内容提要及说明：该书是五省区统一编写的 21 世纪藏医本科教育规划系列教材之一。

次智木（tshul khrims）主编，《藏医疫病学》编写小组编写。北京：民族出版社 2004 年版。纸质，铅印本，148 页。

流水号：20486

《藏医疫病学》（第 2 版　修订本）

民族语言题名：གཉན་རིམས་གསོ་བ།

并列题名：gnyan rims gso ba

其他题名文种：藏文

正文文种：藏文

ISBN：978-7-105-11958-5

主题词：藏医 – 瘟疫 – 防治 – 医学院校 – 教材 – 藏语

中图分类号：R291.4

内容提要及说明：tshe ring dang rta mgrin dbang phyug 主编，gnyan rims gso ba slob deb rtsom sgrig tsho chung 编著。tshe ring dang rta mgrin dbang phyug 修订。北京：民族出版社 2011 年版，232 页。

流水号：20487

《21 世纪藏医本科教育规划教材——藏医杂病学》

民族语言题名：ཐོར་ནད་གསོ་བ།

并列题名：thor nd gso b

其他题名文种：藏文

正文文种：藏文

ISBN：7-105-06463-3

主题词：藏医 – 疑难病 – 医学院校 – 教材

中图分类号：R291.4

内容提要及说明：该书是五省区统一编写的 21 世纪藏医本科教育规划系列教材之一。

尼玛（nyi m）主编，《藏医杂病学》编写小组编写。北京：民族出版社 2004 年版。纸质，铅印本，249 页。

流水号：20488

《藏医杂病学》（第 2 版　修订本）

民族语言题名：ཐོར་ནད་གསོ་བ།

并列题名：thor nad gso ba

其他题名文种：藏文

正文文种：藏文

ISBN：978-7-105-11957-8

主题词：藏医 – 医学院校 – 教材 – 藏语

中图分类号：R291.4

内容提要及说明：thor nad gso ba slob deb rtsom sgrig tsho chung 编著，don grub tshe ring dang gcod pa rgyal 修订。北京：民族出版社 2011 年版，292 页。

流水号：20489

《药王山藏医学院课本——藏医杂病学》

民族语言题名：ཐོར་ནད་གསོ་བ།

其他题名文种：藏文

正文文种：藏文

内容提要及说明：版权页欠奉。

纸质，铅印本，黄色封面，117 页。

流水号：20490

《21 世纪藏医本科教育规划教材——藏医诊断学》

民族语言题名：ངོས་བཟུང་བརྟགས།

并列题名：ngos bzung rtgs

其他题名文种：藏文

正文文种：藏文

ISBN：7-105-06440-4

主题词：藏医 – 诊断学 – 医学院校 – 教材

中图分类号：R291.4

内容提要及说明：该书是五省区统一编写的 21 世纪藏医本科教育规划系列教材之一。

三智加（bsm grub rgyl）主编，《藏医诊断学》编写小组编写。北京：民族出版社 2004 年版。纸质，铅印本，142 页。

流水号：20491

《全国中等藏医学校试用教材——藏医诊断学》

民族语言题名：ངོས་བཟུང་རྟགས།

题名文种：藏文

正文文种：藏文

ISBN：7-5420-0029-2

中图分类号：R291.4

内容提要及说明：藏文藏医药教材。

桑旦主编。西宁：青海民族出版社1987年版。纸质，铅印本，107页。

流水号：20492

《藏医诊断学》（第2版　修订本）

民族语言题名：ངོས་བཟུང་རྟགས།

并列题名：ngos bzung rtags

其他题名文种：藏文

正文文种：藏文

ISBN：978-7-105-11165-7

主题词：藏医 - 诊断学 - 医学院校 - 教材

中图分类号：R291.4

内容提要及说明：ngos bzung rtags slob deb rtsom sgrig tsho chung 编著，bsam grub rgyal 修订。北京：民族出版社2010年版，178页。

流水号：20493

《药王山藏医学院课本——藏医诊断学》

民族语言题名：ངོས་བཟུང་རྟགས།

其他题名文种：藏文

正文文种：藏文

内容提要及说明：版权页欠奉。

纸质，铅印本，淡青色封面，152页。

流水号：20494

《21世纪藏医本科教育规划教材——藏医治疗学》

民族语言题名：གསོ་བྱེད་ཐབས།

并列题名：gso byed thbs

其他题名文种：藏文

正文文种：藏文

ISBN：7-105-06445-5

主题词：藏医 - 治疗学 - 医学院校 - 教材

中图分类号：R291.4

内容提要及说明：该书是五省区统一编写的21世纪藏医本科教育规划系列教材之一。

班旦加措（dpl ldn rgy mtsho）主编，《藏医治疗学》编写小组编写。北京：民族出版社2004年版。纸质，铅印本，112页。

流水号：20495

《全国中等藏医学校试用教材——藏医治疗学　藏医外科学》

民族语言题名：གསོ་བྱེད་ཐབས། ལྷན་སྐྱེས་ཐ།

题名文种：藏文

正文文种：藏文

ISBN：7-5420-0021-7

中图分类号：R291.4

内容提要及说明：藏文藏医药教材。

桑旦主编。西宁：青海民族出版社1987年版。纸质，铅印本，129页。

流水号：20496

《药王山藏医学院课本——藏医治疗学》

民族语言题名：གསོ་བྱེད་ཐབས།

其他题名文种：藏文

正文文种：藏文

内容提要及说明：版权页欠奉。

纸质，铅印本，淡青色封面，42页。

流水号：20497

《诊断学》

民族语言题名：ངོས་བཟུང་བརྟགས།

并列题名：ngos bzang rtags-smad cha：lo rim dang po

其他题名文种：藏文

正文文种：藏文

ISBN：978-7-5420-1432-0

主题词：藏医－诊断学－专业学校－教材

中图分类号：R291.5

内容提要及说明：dpav vbum rgyal 主编。西宁：青海民族出版社2009年版，76页。

2. 壮　族

流水号：20498

《高等学校壮医药专业教材——壮药药材学》

ISBN：7-5363-5222-0

主题词：壮族－药材学

中图分类号：R291.8

内容提要及说明：该书收载常用壮药材200种，插图420多幅，介绍了每种壮药的名称、来源、形态特征、生境分布、药材性状、性味功能、主治用法和显微鉴别、理化鉴别、药理作用、化学成分、临床应用等方面的研究成果。

朱华主编，韦松基编。南宁：广西民族出版社2006年版。

流水号：20499

《高等学校壮医药专业教材——壮药资源学》

ISBN：7-5363-5188-7

主题词：教材－壮族－民族医学－药材－自然资源

中图分类号：R291.8

内容提要及说明：该书共6章，重点介绍壮药资源学的含义、范围、任务，壮药资源的生态学分析以及壮药资源的调查、开发利用、保护和管理；各论精选100多种常用壮药按壮名、别名、来源、植物形态、功能主治进行编写，并在每一

味药后附该药的资源分布图。

辛宁著。南宁：广西民族出版社 2006 年版，183 页。

流水号：20500

《高等学校壮医药专业教材——壮医方药学》

ISBN：7-5363-5223-9

主题词：壮族－方药学

中图分类号：R291.8

内容提要及说明：该书共分上、下两编，上编系统地介绍了壮药学的基本理论与应用等内容，共收载常用壮药 179 味。下编主要介绍了壮医方剂组成、剂型、汤剂用法等，共选正方 132 首，附方 37 首。

易自刚、徐冬英、冼寒梅主编。南宁：广西民族出版社 2006 年版。

流水号：20501

《高等学校壮医药专业教材——壮医妇科学》

ISBN：7-5363-5191-7

主题词：壮族－妇科学

中图分类号：R291.8

内容提要及说明：该书全面系统地介绍了壮医妇科学发展的历史进程、壮医妇科学的基础知识和基本理论，阐述了壮族民间诊疗方法。

覃菁主编。南宁：广西民族出版社 2006 年版。

流水号：20502

《高等学校壮医药专业教材——壮医内科学》

ISBN：7-5363-5189-5

主题词：壮族－内科学

中图分类号：R291.8

内容提要及说明：该书分为壮医内科学概述、各论两部分。概述部分主要包括壮医内科学发展简史、壮医内科学的基本理论、壮医内科学病因病机理论。各论部分有 7 章共 48 个病证。

董少龙主编。南宁：广西民族出版社 2006 年版。

流水号：20503

《高等学校壮医药专业教材——壮医伤科学》

ISBN：7-5363-5192-5

主题词：高等学校－教材－壮族－民族医学－骨科学

中图分类号：R291.8

内容提要及说明：该书分总论及各论两部分，对壮医伤科的理论发掘、诊断和治疗方法做了阐述。内容包括发展简史、病因病机、壮医伤科辨证诊断技能、治疗方法、骨折、脱位、筋伤。

廖小波、钟远鸣主编。南宁：广西民族出版社 2006 年版，260 页。

流水号：20504

《高等学校壮医药专业教材——壮医外科学》

ISBN：7-5363-5190-9

主题词：壮族－外科学

中图分类号：R291.8

内容提要及说明：该书分上、下篇：上篇包括壮医外科学发展概况、壮医外科学范围和疾病命名及分类、病因病理、诊法、治法等内容；下篇包括疮疡、皮肤病、性病、蛇虫咬伤、肛门直肠疾病、现代外科常见疾病等内容。

肖廷刚主编。南宁：广西民族出版社2006年版。

流水号：20505

《高等学校壮医药专业教材——壮医药线点灸学》

ISBN：7-5363-5193-3

主题词：壮族－民族医学－针灸疗法－高等学校－教材－针灸疗法

中图分类号：R291.8

内容提要及说明：本书介绍了药线点灸的来源、病因病机、治疗依据、操作方法等，并对药线点灸的常用腧穴进行了较系统的论述。

黄瑾明、林辰主编。南宁：广西民族出版社2006年版，185页。

流水号：20506

《高等学校壮医药专业教材——壮医药学概论》

ISBN：7-5363-5186-0

主题词：壮族－民族医学－高等学校－教材

中图分类号：R291.8

内容提要及说明：该书包含壮族社会历史、壮族地区历史人文地理与壮医药的关系、壮医药的起源、壮医药的积累、壮医药的形成与发展，以及壮医药的发掘整理等内容。

庞宇舟、林辰、黄冬玲主编。南宁：广西民族出版社2006年版，184页。

流水号：20507

《高等学校壮医药专业教材——壮医诊断学》

ISBN：978-7-5363-5248-3

主题词：教材－壮族－民族医学－诊断学

中图分类号：R291.8

内容提要及说明：该书共有8个章节，主要内容是望诊、询诊、闻诊、按诊、探诊及疾病判定和诊断病案。

伟刚林主编。南宁：广西民族出版社2007年版，109页。

流水号：20508

《高等学校壮医药专业教材——壮族医学史》

ISBN：7-5363-5221-2

主题词：教材－壮族－民族医学－医学史

中图分类号：R–092

内容提要及说明：该书介绍了壮族医学起源、形成和发展的历史，展示了壮族医学发展的历史规律。

戴铭主编。南宁：广西民族出版社2006年版，125页。

3. 傣　族

流水号：20509

《国家中医药管理局21世纪傣医本科教育规划教材——傣药学》

ISBN：978–7–80231–326–2

主题词：傣族－民族医药学－高等学校－教材

中图分类号：R295.3–43/5

民族语言题名：[illegible]

内容提要及说明：该书主要论述了傣药的起源与傣药学的形成和发展、傣药的产地与采集、傣药的分类、傣药的性味与入塔、傣药的炮制、傣药的应用、傣药的研究方法等内容。

朱成兰主编，赵应红、马伟光、冯德强编，国家中医药管理局《傣医学》编委会编写。北京：中国中医药出版社，2007年版。铅印本，288页，434千字，覆膜。

流水号：20510

《国家中医药管理局21世纪傣医本科教育规划教材——傣医方剂学》

民族语言题名：[illegible]

ISBN：978–7–80231–326–2

主题词：傣族－民族医学－高等教育－教材

中图分类号：R295.3

内容提要及说明：该书主要介绍了傣医方剂、傣医方剂学的定义、傣医方剂学的性质和教学任务、傣医方剂的起源与发展、傣医方剂的组方原则、傣医的治则、傣医常用治法、傣医方剂的分类等内容。

贾克琳、赵应红主编，胥筱云，邱明丰编。北京：中国中医药出版社2007年版。铅印本，195页，296千字。

流水号：20511

《国家中医药管理局21世纪傣医本科教育规划教材——傣医基础理论》

民族语言题名：[illegible]

正文文种：汉文、傣文

ISBN：978–7–80231–326–2

主题词：傣族－民族医学－高等教育－教材

中图分类号：R295.3

内容提要及说明：该书总结以往发掘

整理的傣医药理论研究成果，进一步对傣医药理论体系进行了梳理、提炼，内容主要包括“四塔五蕴”理论、“三盘”学说、“雅解”学说、人体解说、病因学、发病学等内容。

张超主编，王志红、李顺英、玉腊波编。北京：中国中医药出版社 2007 年版。铅印本，130 页，200 千字。

流水号：20512

《国家中医药管理局 21 世纪傣医本科教育规划教材——傣医经典选读》

民族语言题名：[illegible]

正文文种：汉文、傣文

ISBN：978-7-80231-326-2

主题词：傣族 – 民族医学 – 高等教育 – 教材

中图分类号：R295.3

内容提要及说明：该书是在《嘎牙山哈雅》《嘎比迪沙迪巴尼》《风病条辨》三本书的基础上编著的，这些著作涵盖了傣医药学的主要基本理论，体现了傣族人民千百年来医疗实践的积累和总结。

王寅主编，玉腊波、张晓琳、林艳芳编。北京：中国中医药出版社 2007 年版。铅印本，249 页，374 千字。

流水号：20513

《国家中医药管理局 21 世纪傣医本科教育规划教材——傣医临床学》

民族语言题名：[illegible]

ISBN：978-7-80231-326-2

主题词：傣族 – 民族医学 – 高等教育 – 教材

中图分类号：R295.3–43/7

内容提要及说明：该书为 21 世纪傣医本科教育规划教材之一。该教材可供傣医药本科教育、傣医药高等专科教育、傣医药成人高等教育方面的学生使用，同时可作为中医药和其他医学专业本科教育的选修课程，也可作为国家傣医执业医师资格考试、国家傣医药专业技术人员职称资格考试的参考书籍。

林艳芳主编，张超、叶建洲、段立纲编，国家中医药管理局《傣医临床学》编委会编写。北京：中国中医药出版社 2007 年版。铅印本，380 页，577 千字，覆膜。

流水号：20514

《国家中医药管理局 21 世纪傣医本科教育规划教材——傣医药学史》

ISBN：978-7-80231-326-2

主题词：傣族 – 民族医学 – 医学史 – 高等学校 – 教材

中图分类号：R295.3

民族语言题名：[illegible]

[illegible]

内容提要及说明：该书主要介绍了傣族社会历史与傣医药、傣医药的起源与形成、傣医药理论和治疗方法概述、傣医药文化与其他文化的关系、傣医药的发掘整理与研究开发等内容。

依专、吴永贵主编。北京：中国中医药出版社 2007 年版，99 页。

流水号：20515

《国家中医药管理局 21 世纪傣医本科教育规划教材——傣医诊断学》

ISBN：978-7-80231-326-2

主题词：傣族－民族医学－高等教育－教材

中图分类号：R295.3

民族语言题名：[illegible]

内容提要及说明：该书在以往发掘整理的傣医药理论基础上编写而成，主要介绍了“帕雅”（诊法）、“辨解帕雅”（辨病方法）、傣医诊法与辨病的临床应用、傣医病案书写等内容。

杨梅主编，张超、李顺英、玉腊波编。北京：中国中医药出版社 2007 年版。铅印本，150 页，229 千字。

4. 苗　族

流水号：20516

《苗医药系列教材——苗药资源学》

ISBN：7-80174-447-0

主题词：高等学校－教材－苗族－民族医学－药材－自然资源

中图分类号：R291.6

内容提要及说明：该书内容包括苗药的概念及特点、苗药化学资源、苗药资源分布概况、苗药资源的调查研究、苗药资源的评价等内容。该书分为苗医药形成发展简史、苗医基本理论、苗药与配方、常见病诊疗等章节，是较为系统的介绍苗药资源的专著。

胡成刚主编，贵阳中医学院、贵州省民族事务委员会编。北京：中医古籍出版社 2007 年版，504 页。

流水号：20517

《苗医药系列教材——苗医基础》

ISBN：7-80174-447-0

主题词：教材－苗族－民族医学

中图分类号：R291.6

内容提要及说明：该书主要包括基本理论、疾病的诊断方法、疾病的治疗方法、组方特点、传统疾病的分类和证治等内容。

杜江、张景梅主编。北京：中医古籍出版社 2007 年版，294 页。

流水号：20518

《苗医药系列教材——苗医药发展史》

ISBN：7-80174-447-0

主题词：苗族 - 民族医学 - 医学史 - 教材

中图分类号：R291.6

内容提要及说明：该书将苗医药发展史分为远古时期、古代、近代和现代几个历史阶段，介绍苗族医药历史及苗族医药进展和相关的情况。

杜江、田华咏、张景梅主编，贵阳中医学院、贵州省民族事务委员会编。北京：中医古籍出版社 2007 年版，111 页。

流水号：20519

《苗医药系列教材——苗族文化》

ISBN：7-80174-447-0

主题词：苗族 - 民族医学 - 教材

中图分类号：R291.6-43/1

内容提要及说明：苗医药是我国苗族创造的医药理论与治疗经验，是我国传统医学中的一朵奇葩。该书分苗医药形成发展简史、苗医基本理论、苗药与配方、常见病诊疗等章节。供培训苗医药人才使用。

张志发、潘炉台、张景梅主编，贵阳中医学院、贵州省民族事务委员会编。北京：中国古籍出版社 2007 年版。纸质，铅印本，242 页。

5. 黎　族

流水号：20520

《黎药学概论》

ISBN：978-7-117-10011-3

主题词：高等学校 - 教材 - 黎族 - 民族医学

中图分类号：R298.1

内容提要及说明：该书从黎药名、别名、来源、植物形态、药材性状、分布、性味、功能主治、用法用量、使用注意、化学成分等 15 个方面，对 128 种黎族习用药用植物做了介绍。

刘明生主编。北京：人民卫生出版社 2008 年版，191 页。

6. 多民族

流水号：20521

《中国民族医药学概论》

民族属性：多民族

ISBN：978-7-80231-638-6

主题词：民族医学 - 中国 - 中医学院 - 教材

中图分类号：R29

内容提要及说明：该书分为中国民族医药学概况、中国民族医药学特色基础理论、中国民族医药学特色诊断、中国民族医药学特色治疗、中国民族医药学特色药物、中国民族医药学饮食与保健方法等 6 章。

李峰、马淑然主编。北京：中国中医药出版社 2009 年版，176 页。

（三）民族医药论文集

流水号：20522

《措如・才郎大师论文集》

民族语言题名：སློབ་དཔོན་ཚེ་རིང་དཔྱད་རྩོམ་གཅེས་བསྡུས།

并列题名：khro ru tshe rnam gyi gsung rtsom thor bu phyogs bsgrigs

其他题名文种：藏文

正文文种：藏文

ISBN：7-223-01516-0

主题词：藏医 – 文集 – 藏语

中图分类号：R291.4-53

内容提要及说明：措如・才郎（khro ru tshe rnam）编著。拉萨：西藏人民出版社 2003 年版。铅印本，298 页，142 千字。

流水号：20523

《青海藏医学院学术论文集》（01）

民族语言题名：མཚོ་སྔོན་བོད་ལུགས་གསོ་རིག་སློབ་གླིང་དཔྱད་རྩོམ་གཅེས་བསྡུས།

正文文种：藏文

ISBN：7-5420-0704-1

内容提要及说明：艾措千主编。西宁：青海民族出版社 1998 年版。纸质，铅印本，232 页。

流水号：20524

《青海大学首届藏医药学教育教学研讨会论文集》

民族语言题名：མཚོ་སྔོན་སློབ་ཆེན་སྐབས་དང་པོ་བོད་གསོ་རིག་པ་སློབ་གསོ་དང་སློབ་ཁྲིད་ཀྱི་དཔྱད་བསྡུས།

并列题名：mtsho sngon slob chen skabs dang povi bod kyi gso rig slob gsovi bgro gleng tshogs vduvi dpyad rtsom gces bsdus

ISBN：978-7-5420-1712-3

主题词：藏医 – 高等教育 – 学术会议 – 文集 – 藏语

中图分类号：R291.4

内容提要及说明：该论文集为青海大学藏医学院首届藏医药学教育教学研讨会主要成果之一，其中收集论文 25 篇。它们以藏医药高等教育实践教学中存在的问题和当时国内藏医药实践教学现状为主题，从藏医优秀传统教学的继承与发扬，国内外现代教学方法与手段的引进，藏医实践教学的优化与完善、教学体系建设、临床教学模式改革、实践教学管理机制创建、教学效果评价体系建立等方面，提出了不少既有理论深度，又有实践可行性的观点和建议。

西宁：青海民族出版社 2012 年版，238 页。

流水号：20525

《全国藏医药学术与技术交流会论文集》（2012）

民族语言题名：2012 རྒྱལ་ཡོངས་བོད་ཀ་གསོ་རིག་གཞུང་བགྲོ་གླེང་དང་ལག་ལེན་བརྗེ་རེས་ཀྱི་ཚོགས་འདུའི་དཔྱད་རྩོམ་ཕྱོགས་བསྒྲིགས།

并列题名：2012 lovi rgyal yongs bod kyi gso ba rig pavi rig gzhung bgro gleng dang lag len brje res kyi tshogs vduvi dpyad rtsom phyogs bsgrigs

其他题名文种：汉文、藏文

ISBN：978-7-105-12732-0

主题词：藏医－学术会议－文集－藏语

中图分类号：R291.4-53

内容提要及说明：该书收集了西藏、青海、甘肃、四川、云南、北京等省区市藏医药专业技术工作者撰写的有关藏医药基础理论、临床报道、制剂研发、特色外治、藏医护理、文献研究、天文历算、未来展望、实验研究等内容的论文 139 篇。

krung go mi rigs gso rig slob tshogs dang kan suvu zhing chen bod kyi gso rig zhib vjug gling 主编，中国民族医药学会、甘肃省藏医药研究院编写。北京：民族出版社 2013 年版，558 页。

流水号：20526

《西南五省（区）六市药剂学交流会议论文集·西藏分册》

内容提要及说明：中国药学会西藏分会编写。拉萨 1939 年出版，纸质，铅印本，49 页。

流水号：20527

《全国藏医药学术研讨会议文集（1999）——藏医药研究荟萃》

民族语言题名：རྒྱལ་ཡོངས་བོད་ཀྱི་གསོ་བ་རིག་པའི་རིག་གཞུང་བགྲོ་གླེང་ཚོགས་འདུའི་དཔྱད་རྩོམ་ཕྱོགས་བསྒྲིགས།1999

其他题名文种：汉文、藏文

正文文种：藏文

ISBN：7-105-03816-0

内容提要及说明：藏医学术会议论文集。

《藏医药研究荟萃》编委会编写。北京：民族出版社 2000 年版。纸质，铅印本，254 页，有插图。

流水号：20528

《藏医药研究文集（纪念北京藏医院建院十周年 1992—2002）》

民族语言题名：བོད་ཀྱི་གསོ་རིག་ཞིབ་འཇུག་ཞིབ་འཇུག་ཕྱོགས་བསྒྲིགས

ISBN：7-80057-658-2

主题词：文集－藏医

中图分类号：R291.4-53

内容提要及说明：该书共收录北京藏医院及其合作单位专家撰写的藏医药学研究论文 60 余篇，反映了近 10 年国内藏医药科研水平。

黄福开主编。北京：中国藏学出版社 2003 年版，432 页。

流水号：20529

《藏医医学论文集》（第 2 期）

民族语言题名：བོད་གསོ་དཔྱད་རྩོམ་ཕྱོགས་བསྒྲིགས།

其他题名文种：藏文

正文文种：藏文

内容提要及说明：题名为藏文译意，绿色封面。

中华医药学会藏医分会、西藏藏医学院（责任编辑）编写。1985 年出版，纸质，铅印本，183 页，有插图。

流水号：20530

《藏医医学论文集》（第 3 期）

民族语言题名：བོད་གསོ་དཔྱད་རྩོམ་ཕྱོགས་བསྒྲིགས།

其他题名文种：藏文

正文文种：藏文

内容提要及说明：题名为藏文译意，白色封面。

西藏藏医学院（责任编辑）编写。1985 年出版，216 页，有插图。

流水号：20531

《藏医医学论文集》（第 4 期）

民族语言题名：བོད་གསོ་དཔྱད་རྩོམ་ཕྱོགས་བསྒྲིགས།

其他题名文种：藏文

正文文种：藏文

内容提要及说明：题名为藏文译意，白色封面。

西藏藏医学院（责任编辑）编写。1985 年出版，纸质，铅印本，230 页，有插图。

流水号：20532

《藏医诊治论文选》

民族语言题名：གསོ་རིག་སྙོར་ཀྱི་རྒྱུན་ཡོན་གལ་ཆེ་གདམས་བསྒྲིགས།

其他题名文种：藏文

正文文种：藏文

ISBN：7-105-05196-5

主题词：藏医 - 诊疗 - 文集

中图分类号：R291.4-53

内容提要及说明：工竹元旦加措（yon tan rgya mtsho sogs）著，rdo rje rgya bo 主编，多吉杰博撰编。北京：民族出版社 2004 年第 2 版。纸质，铅印本，434 页。

流水号：20533

《西双版纳州卫生防疫站建站 50 年》

民族语言题名：[illegible]

其他题名文种：傣文

内容提要及说明：西双版纳傣族自治州防疫站编写。111 页。

流水号：20534

《回族医药学术讨论会论文集》

内容提要及说明：该书精选了 1990 年在西安召开的回族医药学术讨论会的 65 篇论文，介绍了回族医药卫生习俗，包含卫生学、营养学、体育学、生理学、心理学以及药物学等丰富内容。

《回族医药学术讨论会论文集》编写组编写。陕西：陕西科学技术出版社 1990 年版。

流水号：20535

《彝族古文献与传统医药开发国际学术研讨会论文集》

民族语言题名：[illegible]

其他题名文种：彝文

ISBN：7-5367-2395-4

主题词：彝族古文献 – 传统医药 – 国际学术会议 – 文集

中图分类号：R291.7

内容提要及说明：该书主要内容包括彝族医药理论研究、彝族医药理论探源、彝族医药古籍文献综述、努力继承和发扬彝医药遗产、彝医的临床用药及治疗特点等方面。

李联会、黄建明主编，杨凤江、王其昕编，彝族古文献与传统医药开发国际学术研讨会组委员会编写。昆明：云南民族出版社 2002 年版。铅印本，632 页，500 千字，有插图，精装。

流水号：20536

《国际民族医药·首届国际民族医药科技研讨会及展览会文集》

内容提要及说明：麻仲学主编。新加坡：世界科学出版社 1997 年版。

流水号：20537

《民族医药发展论坛论文集》

主题词：少数民族 – 民族医学 – 研究

中图分类号：R29

内容提要及说明：大湄公河民族医药发展论坛论文集暨第四届湄公河次区域传统医药交流会的论文集。该书汇集了湄公河流域区域的民族医药研究相关论文。

牟双江主编，郑进、李毅、张超编，云南省科协编写。2010 年出版，纸质，铅印本，344 页。

流水号：20538

《民族医药论文集》

ISBN：978-7-105-10577-9

主题词：民族医学 – 中国 – 文集

中图分类号：R29-53

内容提要及说明：该书收录了《著名藏医学家斋康·强巴土旺》《维吾尔医重点专科专病建设思路与实践》《维吾尔医治疗白癜风疗效分析》《发展中的哈萨克医药》等文章。收录内容涉及藏族、维吾尔族、哈萨克族、蒙古族、回族、苗族、畲族等民族医药的论文 29 篇。

国家民委文化宣传司编写。北京：民族出版社 2010 年版，250 页。

流水号：20539

《全国第二届民族民间医药学术交流会论文专集》

内容提要及说明：该书为全国第二届民族民间医药学术交流会大会形成的论文

专集。

纸质，铅印本，1130页。

流水号：20540

《全国民族医药图情工作委员会成立全国首届民族民间医药学术交流会论文专集》

内容提要及说明：该论文集为全国民族医药图情工作委员会成立，举办全国首届民族民间医药学术交流会形成的论文专集。

昆明：《中国民族民间医药》杂志增刊，1992年出版，纸质，铅印本，1048页。

（四）民族民间草药验方疗法类图书

流水号：20541

《内蒙古中草药》

主题词：中草药－蒙药

中图分类号：R281.426

内容提要及说明：该书由内蒙古自治区革命委员会卫生局主编，载有内蒙古地方中草药及民族药。

内蒙古自治区革命委员会卫生局编写。呼和浩特：内蒙古人民出版社1972年版。纸质，铅印本，839页，有插图，精装。

流水号：20542

《内蒙古中草药》

中图分类号：R932.4/2218

内容提要及说明：1972年3月由内蒙古自治区革命委员会卫生局主编，收载内蒙古地区中草药、民族药用植物等。

呼和浩特：内蒙古人民出版社1972年版。987页，有插图，简装。

流水号：20543

《龙卷风文库——侗乡药膳》

ISBN：978-7-104-02853-6

主题词：食物疗法－食谱－芷江侗族自治县

中图分类号：R247.1:TS972.161

内容提要及说明：该书分为三部分：第一部分介绍侗乡饮食文化的渊源及趣味神话；第二部分收集了芷江侗乡部分药膳秘方的配伍、制作方法和功效及临床适应证；第三部分介绍了侗乡中医、民间名医的治病特长及其独到之处。

龙文忠主编，芷江侗族自治县民间医药学会、芷江侗族自治县民族宗教事务局编写。北京：中国戏剧出版社2008年版，207页。

流水号：20544

《佤族民间常用植物药》

并列题名：si ndah rib ndaing siao gon ba raog

其他题名文种：汉文、现代佤文

正文文种：汉文、佤文

ISBN：978-7-5367-4982-5

主题词：佤族－民族医学－植物药

内容提要及说明：该书介绍了七叶一枝花、通光散、刀壳树、灯台树、三丫苦、小红参等佤族民间常用植物药，反映了佤族传统医药的用药经验和特点。

刘宝林、田秀兰主编，沧源佤族自治县佤医佤药研究所编写。昆明：云南民族出版社2011年版。铅印本，189页，100千字，有插图。

流水号：20545

《南涧彝族自治县民间草药验方选编（无量山区域）》（上、下册）

民族语言题名：[illegible]

内容提要及说明：李富选编，南涧彝族自治县卫生局编写。1996年出版，纸质复印件，61页。

流水号：20546

《常见病民间便方》

统一书号：14113.33

主题词：土方

中图分类号：R289.5

内容提要及说明：记载常用民间土方。

王鉴均主编，黄燮才编。南宁：广西人民出版社1982年版。铅印本，176页，57千字。

流水号：20547

《常用中草药手册》

内容提要及说明：宜良县革命委员会中草药展览馆编写。1970年出版，纸质，铅印本，879页，有插图。

流水号：20548

《大理州中药资料选编》

内容提要及说明：大理白族自治州革命委员会卫生组编写。内部发行，大理州人民印刷厂印刷。1971年出版，纸质，铅印本。

流水号：20549

《贵阳民间药草》

统一书号：14115.22

主题词：中药志－贵阳

中图分类号：R932/16

内容提要及说明：贵阳市卫生局编写。贵阳：贵州人民出版社1959年版。铅印本，281页，131千字，有插图。

流水号：20550

《贵州民间方验集》

统一书号：14115.24

主题词：验方－贵州

中图分类号：R289.5

内容提要及说明：该书记载了贵州省民间单方、（中药）秘方等。

杨济秋主编，杨济中编。贵阳：贵州人民出版社1958年版。铅印本，571页，112千字，有插图。

流水号：20551

《红河中草药》（第一册）

内容提要及说明：红河哈尼族彝族自治州卫生局编写。1971年出版，纸质，铅印本，608页，有插图，简装。

流水号：20552

《红河中草药》（第二册）

内容提要及说明：红河哈尼族彝族自治州卫生局编写。1972年出版，纸质，铅印本，有插图，简装。

流水号：20553

《昆明草药志》

内容提要及说明：昆明市卫生局药品检验所编写。每种草药后都附有许多验方。1966年出版，纸质，手抄油印本。

流水号：20554

《昆明民间常用草药》（内部发行）

内容提要及说明：各种中草药功效、主治及常见处方。

昆明市卫生局编写。昆明：昆明市卫生局1970年版。纸质，铅印本，713页，有插图，精装。

流水号：20555

《丽江中草药》

内容提要及说明：云南省丽江地区革命委员会生产指挥组卫生组集体编撰的丽江地区中草药民族药的合集。

云南省丽江地区革命委员会生产指挥组卫生组编写。1971年出版，纸质，铅印本，有插图。

流水号：20556

《蒙自中草药通讯》

内容提要及说明：蒙自中草药科研领导小组编写。1973年出版，纸质，铅印本，24页。

流水号：20557

《弥勒县民间验方选编》

内容提要及说明：弥勒县科学技术委员会编写。1984年出版，纸质，铅印本，133页。

流水号：20558

《民间常用草药汇编》

统一书号：14118.35

主题词：中药志－四川

中图分类号：R281.471

内容提要及说明：成都市卫生局编写。成都：四川人民出版社1965年版。铅印本，226页，153千字，有插图。

流水号：20559

《民间单方·中草药》（第二集）

内容提要及说明：通海县人民卫生防治院编写。1970年出版，纸质，铅印本，有插图。

流水号：20560

《民间单方汇编》（第 01 集）

内容提要及说明：通海县人民卫生防治院编写。1969 年出版，纸质，铅印本，61 页。

流水号：20561

《民间秘方偏方精选》

ISBN：7-80020-171-6

主题词：民间偏方秘方

中图分类号：R307

内容提要及说明：该书系作者祖传五代抄本，其中有祖传秘方、验方及实用偏方。

郑庆良撰（著）。北京：人民军医出版社 1990 年版。纸质，铅印本，390 页。

流水号：20562

《民间祛病偏方验方 1600 例》

ISBN：978-7-5091-1152-9

主题词：土方 - 验方

中图分类号：R289.5

内容提要及说明：该书收集民间治病的偏方、验方 1600 例，为便于查阅使用，按呼吸系统、消化系统、血液系统、泌尿系统、神经系统、内分泌系统，五官口腔科、皮肤科、男性性功能障碍、妇产科、儿科、外科等疾病分类介绍。

于宇、由能力主编。北京：人民军医出版社 2007 年版。纸质，铅印本，279 页。

流水号：20563

《民间药膳药酒良方选》

ISBN：7-5363-1130-3

主题词：药酒 - 鲜花入药

内容提要及说明：该书从药膳、药酒两方面详细介绍了来源于民间的有关饮食、健身、养生的各种良方。

梁兴才主编，沈成英撰（著）编。南宁：广西壮族出版社 1991 年版。铅印本，224 页，140 千字。

流水号：20564

《民间医药秘诀》

ISBN：7-5363-0452-8

中图分类号：R289.5/6

内容提要及说明：该书是本草、方歌的古籍著作。

韦炳智主编，南宁：广西民族出版社 1989 年版。铅印本，249 页，15 千字，有插图。

流水号：20565

《民间御草》

内容提要及说明：该书是论述云南民间珍奇草药的专集。

布云南撰（著），纸质，铅印本，有插图。版权页欠奉。

流水号：20566

《民族民间医药丛书——民间诊病奇术》

ISBN：7-5363-1771-9

主题词：诊法

中图分类号：R241

内容提要及说明：该书共收编各种民间诊病方法 167 条，有通过性格预测疾病、观察大便诊病、目诊术、诊产妇危症、肺经痘等。

牙廷艺主编。南宁：广西民族出版社 1992 年版，113 页。

流水号：20567

《民族民间方剂选》

ISBN：7–5367–0270–1

主题词：方剂

中图分类号：R289.2

内容提要及说明：该书选药 667 种，选方 198 个。每首药方均收载了所用药物、民族药名、民族药用经验等。

方文才主编，龚继民编。昆明：云南民族出版社 1990 年版。铅印本，214 页，161 千字。

流水号：20568

《民族民间实用小验方》

中图分类号：R295.5

内容提要及说明：该书记录了民间常用的民族偏方验方，积累了很多强身治病的方法、经验和知识。

聂勒、鲍明秀编译。昆明：云南民族出版社 1994 年版。

流水号：20569

《民族民间特异疗法大全》

ISBN：7–5377–2503–9

主题词：中国 – 民间疗法

中图分类号：R242

内容提要及说明：该书收集到的 100 多种“特异疗法”，有药物和非药物疗法、内治和外治疗法、整体特异疗法、少数民族医药的秘验方疗法，更有鲜为人知的宗教医药特异疗法，大多为首次披露。

张力群主编。太原：山西科学科技出版社 2005 年版。

流水号：20570

《民族民间药物治疗内科病症》

ISBN：7–5367–0178–0

内容提要及说明：龚继民主编，方文才编。昆明：云南民族出版社 1989 年版。铅印本，252 页，200 千字。

流水号：20571

《民族民间医药千方集萃》

ISBN：7–5367–0596–4

主题词：验方

中图分类号：R289.5/76

内容提要及说明：该书收集了 1950—1983 年国内医药刊物上发表的单方、验方及秘方共 1474 首，涉及内科、妇科、外科、儿科等临床各科，分 8 个系统，254 个病种。

关祥祖主编，王清仁、晏桂芬、王敏、任怀祥编。昆明：云南民族出版社 1992 年版。铅印本，467 页，350 千字，覆膜。

流水号：20572

《中国民间名医偏方大全》

主题词：土方

内容提要及说明：该书包括全国民间著名老中医简介、内科常见病防治偏方、外科常见病防治偏方、妇科常见病防治偏方、儿科常见病防治偏方、皮肤科常见病防治偏方、五官科常见病防治偏方、男性科常见病防治偏方、肿瘤防治偏方、长寿滋补偏方及解毒偏方共11篇。

良石主编。延吉：延边大学出版社，311页。

流水号：20573

《曲靖专区中草药手册》

主题词：曲靖－中草药

中图分类号：R282

内容提要及说明：曲靖地区常用中草药性味功效及用法等。该书为内部发行。

云南省曲靖专区革命委员会生产指挥组卫生组编写。1970年出版，纸质，铅印本，1023页，有插图，简装。

流水号：20574

《少数民族民间治疗疑难怪病绝技》

ISBN：978-7-5377-4074-6

主题词：少数民族－民族医学－疑难病－诊疗－中国

中图分类号：R29

内容提要及说明：该书是张力群继《中国各民族民间秘方全书》《中国各民族民间外治秘方全书》《中国各民族民间药食秘方全书》（均系再版）以及《中国民族民间特异疗法大全》之后又一部力作。该书介绍了各民族民间治疗疑难怪病的处方和单方，以及各种民间治疗疑难怪病的经验和绝技。作者通过多年对民族民间奇方异草、古籍、手抄本的研究，广收少数民族民间特色疗法，针对内外科常见病，编制出实用性较强的内容。该书分内科、外科、妇产科、小儿科、皮肤科、眼科、耳鼻喉科、口腔科、男科、肿瘤科，收集抗癌中草药及治疗反应绝技、抗癌治疗反应选技，以及性病、其他病症等的少数民族民间特殊疗法。

张力群、李友刚主编。太原：山西科学技术出版社2012年版。铅印本，244页，350千字。

流水号：20575

《思茅专区单方验方秘方选编》（初稿）

内容提要及说明：思茅专区革命委员会中草医药学习班编写。1970年出版，纸质，铅印本，线装。

流水号：20576

《天宝本草新编》

ISBN：7-80013-972-7

主题词：中药志－四川省

中图分类号：R281.471/1

内容提要及说明：该书是清代人整理编写的一部四川省民间草药书，内容包括民间草药的别名、形态特征、药图、生境分布、采集加工、性味功能、现代临床应

用及校注、附注等。

龚锡麟主编，谢宗万、邬家林编。北京：中医古籍出版社 2001 年版。铅印本，311 页，245 千字，有插图，覆膜。

流水号：20577

《文山中草药》

内容提要及说明：该书内容主要是云南省文山壮族苗族自治州常用中草药性味功效介绍。

云南省文山壮族苗族自治州革命委员会生产指挥组卫生组编写。1970 年出版，纸质，铅印本，有插图。

流水号：20578

《西藏植物志》（第 01 卷）

中图分类号：Q948.2/5

内容提要及说明：该书为青藏高原科学考察丛书之一。

中医科学院青藏高原综合科学考察队编写。北京：科学出版社 1983 年版。铅印本，794 页，1172 千字，有插图，精装。

流水号：20579

《西藏植物志》（第 02 卷）

中图分类号：Q948.2/5

内容提要及说明：该书为青藏高原科学考察丛书之一。

中医科学院青藏高原综合科学考察队编写。北京：科学出版社 1985 年版。铅印本，965 页，1417 千字，有插图，精装。

流水号：20580

《西藏植物志》（第 03 卷）

中图分类号：Q948.2/5

内容提要及说明：该书为青藏高原科学考察丛书之一。

中医科学院青藏高原综合科学考察队编写。北京：科学出版社 1986 年版。铅印本，1057 页，1552 千字，有插图，精装。

流水号：20581

《永平县中草药资料选编》

内容提要及说明：永平县革命委员会生产指挥组编写。1971 年出版，纸质，铅印本，160 页。

流水号：20582

《玉溪中草药》

内容提要及说明：云南省玉溪地区革命委员会卫生组编写。1971 年出版，纸质，铅印本，简装。

流水号：20583

《云南常用中草药彩色图谱》

ISBN：7-5443-1023-X；978-7-5443-1023-9

主题词：中草药 - 图谱

中图分类号：R282-64

内容提要及说明：该图谱有云南省民间在防病、治病工作中较常用的中草药 258 种。该书有翔实准确的形态描述和实用有效的功能介绍，是基层医师和中医药爱好者就地取材、防病治病的指南。

朱成兰主编。海口：海南出版社 2003 年版。影印本，287 页，180 千字，有插图。

流水号：20584

《云南常用中草药单验方荟萃》

ISBN：978-7-5416-2552-7

主题词：中草药 – 简介 – 云南省 – 验方 – 汇编

中图分类号：R282/51

内容提要及说明：该书选择云南省各地常用中草药 200 种，目录名称为云南多数地方习用的名称，并附上科种、生长环境、省内分布、性味功效、主治用法和常用单验方，具有较强的指导性及实用性。

刘毅主编，陈羲之编。昆明：云南科技出版社 2007 年版。铅印本，218 页，170 千字，有插图，覆膜。

流水号：20585

《云南抗癌中草药》

统一书号：14116.68

中图分类号：R932.474.3

内容提要及说明：该书汇编了云南省抗癌中草药的多个品种。

胡月英主编，宣明盛编。昆明：云南人民出版社 1982 年版。铅印本，349 页，275 千字，有插图。

流水号：20586

《云南民族民间单验方集》

ISBN：7-5367-0737-1

主题词：云南 – 民族医学 – 验方

内容提要及说明：该书收有云南各族民间单方验方 2700 余个，内容分为呼吸系统疾病、泌尿系统疾病、妇科疾病等 15 章。

邓勇主编，王鹏瑞、刘清明、朱兆云编，云南省药材公司编写。昆明：云南民族出版社 1993 年版。铅印本，256 千字。

流水号：20587

《云南思茅中草药选》

内容提要及说明：该书将云南省思茅地区的中草药和民族药辑录成册。

云南省思茅地区革命委员会生产指挥组文卫组编写。1971 年出版，纸质，铅印本，676 页，有插图，简装。

流水号：20588

《云南药用植物》

ISBN：978-7-5416-5900-3

内容提要及说明：该书汇集了云南 300 种常见药用植物。

金航、李晚谊主编。昆明：云南科技出版社 2012 年版。304 页，平装。

流水号：20589

《云南中草药》

统一书号：14116.33

主题词：中草药 – 云南

中图分类号：R281.474

内容提要及说明：该书共分药物、处方、附录三个部分，收载云南省各地常用中草药 435 种、常见疾病防治处方 900 余个。

云南省卫生局革命委员会编写。昆明：云南人民出版社 1971 年版。纸质铅印本，1077 页。

流水号：20590

《云南中草药》（40 年经典版）

ISBN：978-7-222-07339-5

主题词：中草药简介 - 云南省

中图分类号：R281.474

内容提要及说明：该书在《云南中草药》（1971 年版）、《云南中草药（续集）》（1975 年版）的基础上，经过整理、修订而成，共收录云南常见、常用中草药 757 种，常用医方 1500 余个。

云南中草药整理组编写。昆明：云南人民出版社 2011 年版。铅印本，482 页，670 千字，有插图，覆膜。

流水号：20591

《云南中草药》（续集）

统一书号：14116.41

主题词：中草药 - 云南

中图分类号：R281.474:R932.474/1

内容提要及说明：该书共分药物介绍、药物配方选、药物效用索引、别名索引、学名索引五部分，并附重量换算表。继续收集云南省各地常用中草药 322 种、防治疾病的药物配方 500 多个。

云南省卫生局编写。昆明：云南人民出版社 1975 年版。纸质，铅印本，805 页，有插图，覆膜。

流水号：20592

《云南中草药处方选》（初稿）

内容提要及说明：云南中医中药展览馆编写。1969 年出版，纸质，铅印本，39 页，线装。内部资料，版权页欠奉。

流水号：20593

《云南中草药选》

内容提要及说明：该书由昆明军区后勤部卫生部编印发行。该书为云南中草药的汇集，介绍了云南的中草药及民族药资源。

昆明军区后勤部卫生部编写。天津人民印刷厂 1970 年出版，铅印本，787 页，320 千字，有插图，简装。

流水号：20594

《云南中草药展览资料选编》（第一卷）

内容提要及说明：该书为内部资料。云南省卫生局 1970 年出版，纸质，手抄油印本，267 页。

流水号：20595

《云南中药资源名录》

ISBN：7-03-002895-3

内容提要及说明：该书共收载药用植物、动物、矿物 6000 多种，主要介绍了中药名、别名、生态环境、分布、药用部分、性味、效用等。

北京：科学出版社 1993 年版。铅印

本，878 页，1394 千字，精装。

流水号：20596

《中草药单方验方》

内容提要及说明：玉溪专区革命委员会卫生组中草药展览馆编写。1970 年出版，纸质，铅印本，101 页。

流水号：20597

《中草药单方验方选编》（第 01 集）

内容提要及说明：巍山县革命委员会生产指挥组卫生组编写。1971 年出版，纸质，铅印本，168 页，简装。

流水号：20598

《中草药单方验方针剂汇集》

内容提要及说明：楚雄县东风公社中草药展览办公室编写。1970 年出版，纸质，手抄油印本。

流水号：20599

《中草药单验方选编》

内容提要及说明：下关市革委会生产指挥组卫生组编写。1970 年出版，纸质，铅印本。

流水号：20600

《中草药功效归类大全》

ISBN：7-5416-0471-2

主题词：中药疗法

内容提要及说明：白洪龙主编，黄传贵、路红云、白玲、白涛编。昆明：云南科技出版社 1994 年版。铅印本，950 千字，覆膜。

流水号：20601

《中草药讲义》

内容提要及说明：云南省玉溪地区卫生局编写。1977 年出版，纸质，铅印本，319 页，有插图。

流水号：20602

《中草药新针疗法验方选编》

内容提要及说明：嵩明县医院革委会编写。纸质，手抄本，59 页，有插图。

流水号：20603

《中草药验方》

内容提要及说明：楚雄彝族自治州卫生科编写。纸质，铅印本。

流水号：20604

《中草药验方（红河州中西医结合成就展览）》

内容提要及说明：该书收录了 382 例方子，均有来源，部分有病例。

红河州革命委员会生产指挥组卫生局编写。1970 年出版，纸质，铅印本。

流水号：20605

《中草药验方汇编》

内容提要及说明：保山地区革委会驻军中草药展览馆编写。1970 年出版，纸质，铅印本，217 页。

流水号：20606

《中草药验方集》

内容提要及说明：禄劝县革命委员会文卫组编写。1970年出版，纸质，复印件，66页。

流水号：20607

《中草医民间单方、验方、秘方介绍》

内容提要及说明：思茅专区卫生防治院防疫科编写。纸质，铅印本，63页。

流水号：20608

《中草医药方剂汇编》

内容提要及说明：临沧专区革命委员会生产指挥组文卫组编写。1970年出版，纸质，铅印本，240页。

流水号：20609

《中国各民族民间外治秘方大全》

ISBN：978-7-5337-3205-5

主题词：民间疗法－外治法

中图分类号：R244/30

内容提要及说明：张力群主编，赵贵铭、江文全、蔡昌化、肖正南编。太原：山西科学技术出版社2008年第1次修订再版。铅印本，698页，670千字，覆膜。

流水号：20610

《中国各民族民间药食全书》

ISBN：978-7-5377-3204-8

主题词：食物疗法－验方

中图分类号：R247.1

内容提要及说明：该书收集了我国51个民族民间有关食疗的经验配方，并且以病统方，以方配料，取材方便，突出了我国各民族的中医理论，合理选择食物，形成了各民族的独特配膳方法。

张力群、赵贵铭主编。太原：山西科学技术出版社2008年版，655页。

流水号：20611

《中国民间医学丛书——中国民间百病良方》

ISBN：7-5364-2099-4

主题词：民间医学－验方

内容提要及说明：该书介绍了治疗急症、四季病、常见病和疑难杂症共计100个病症的700余个方剂。

刘光瑞主编，刘少林、黄再军著。成都：四川科学技术出版社1992年版。铅印本，234页，150千字。

流水号：20612

《中国民间百草良方》

ISBN：7-5357-1035-2

主题词：验方－中草药

中图分类号：R289.5/86

内容提要及说明：该书汇集了常用药草352种、验方300余首，描述了药物的形态特征，并附有插图。

周萍主编，周力勤、周晓波、彭汉忠、刘汉胜编。长沙：湖南科学技术出版社1992年版。铅印本，785页，893千字，有插图，覆膜。

流水号：20613

《中国民间百草良方》

ISBN：7-5634-2030-4

主题词：验方－汇编

中图分类号：R289.2/190

内容提要及说明："中国民间本草偏方宜忌大全"套书包括《精编本草纲目》《中国民间本草良方》《中国民间偏方大全》《民间饮食宜忌大全》。该书介绍了民间常用草药及偏方验方。

王国防主编。延吉：延边大学出版社2006年版。铅印本，455页，2000千字，有插图。

流水号：20614

《中国民间百草良方》

ISBN：7-80106-313-9

主题词：验方－中草药

中图分类号：R289.2/190

内容提要及说明：该书选择300多种常见中草药分别从形态特征、生长环境、性味功效等方面进行详细介绍，并收录了民间验方、秘方3000多例。

北京：线装书局2005年第2版。铅印本，528页，300千字，有插图。

流水号：20615

《中国民间草药方》

ISBN：7-5364-0917-6

主题词：民间草药方

中图分类号：R244.1

内容提要及说明：该书介绍了草药方近3000种，每方有药物组成、用量及用法。

刘光瑞主编，刘少林著。成都：四川科学技术出版社1992年第5版。铅印本，191页，110千字。

流水号：20616

《中国民间传统疗法》

ISBN：7-5359-1780-1

主题词：民间疗法

中图分类号：R242

内容提要及说明：黄明河、林涛主编。广州：广东科技出版社1997年版，688页。

流水号：20617

《中国民间疗法大全》

ISBN：7-80089-432-0

主题词：中国－民间疗法

中图分类号：R242

内容提要及说明：陈鹤秀、李柏主编，马宗娟等编写。北京：中国中医药出版社1996年版。

流水号：20618

《中国民间民医偏方》

主题词：土方

内容提要及说明：该书介绍了民间名医治疗各种疾病的偏方、验方、单方、秘方，针对病症共270种、方剂共2394首。

张宏才、周银贤主编。北京：科学技术文献出版社2001年版，547页。

流水号：20619

《中国民间偏方大全》

内容提要及说明：王国防主编。延吉：延边大学出版社 2005 年版。

流水号：20620

《中国民间奇特灸法》

ISBN：7-5323-7057-7

主题词：灸法

中图分类号：R245.8/11

内容提要及说明：该书在全面系统地收集古今有关灸疗文献的基础上，通过整理筛选，共收集民间的各种灸疗方法 115 种，详细介绍了各种灸法的具体操作之法及在临床各类病症中的应用和病案，共介绍病症 300 余种。

张仁主编，刘坚编。上海：上海科学技术出版社 2004 年版。铅印本，337 页，500 千字，有插图，精装。

流水号：20621

《中国民间实用偏方大全》

内容提要及说明：冯雅芝主编。北京：国际文化出版公司 1999 年版。

流水号：20622

《中国民间外治独特疗法》

ISBN：7-5323-7291-X

主题词：民间疗法 - 外治法

中图分类号：R244

内容提要及说明：该书分总论、各论两部分，介绍了传统外治法 70 种、现代外治法 6 种的具体操作方法、适应范围、注意事项等，阐述了内科、外科、皮肤科等各科疾病的具体外治法。

唐汉钧、汝丽娟主编。上海：上海科学技术出版社 2004 年版，316 页。

流水号：20623

《中国民间小单方》

ISBN：7-5364-1914-4

主题词：民间小单方

中图分类号：R244.1

内容提要及说明：该书除介绍了作者祖传单方外，还广泛收集了民间实用的单方共 710 个，适于治疗常见各科病症 55 种。

刘少林、刘光瑞主编。成都：四川科学技术出版社 1992 年版。铅印本，344 页，220 千字。

流水号：20624

《中国民间穴位疗法》

ISBN：7-5082-2015-4

内容提要及说明：该书分 8 章。分别介绍了我国民间常用的经络综合疗法等在 170 余种常见病治疗中的应用。

陈国珍主编。北京：金盾出版社 2002 年版。366 页，平装。

流水号：20625

《中国民族民间秘方大全》

ISBN：7-5377-0413-9

主题词：秘方 - 中国 - 手册 - 秘方

中图分类号：R289.5

内容提要及说明：该书共征集处方8500余首，收录44个民族的秘方、验方、单方3760首。全书分为内科、外科、妇科、儿科、眼科、口腔科、肿瘤科等12章。

张力群等主编。太原：山西科学技术出版社1992年版，1274页。

流水号：20626

《中国民族民间秘方大全（修订版）》

中图分类号：R289.2

内容提要及说明：作者通过多年对民族民间奇方异草、古籍、手抄本的研究，广收少数民族民间特色疗法，针对内外科常见病，编写了实用性较强的内容。

张力群、李友刚主编。太原：山西科学科技出版社2012年版。

流水号：20627

《中国民族民间特异疗法大全》

ISBN：7-5377-2503-9

主题词：中国－民间疗法

中图分类号：R242/111

内容提要及说明：该书汇集了100多种"特异疗法"，包括药物和非药物疗法、内治和外治疗法、整体特异疗法、少数民族医药的验方疗法、宗教医药特异疗法。这些疗法大多为首次披露，是半个世纪来民族民间医药特异疗法的结晶。

张力群主编，田华泳、吴德远、侯启年、钟庆良编。太原：山西科学技术出版社2006年版。铅印本，888页，1294千字，有插图。

流水号：20628

《中国民族民间药物外治大全》

ISBN：7-5377-1284-0

主题词：外治方－外治药

中图分类号：R289.6

内容提要及说明：该书收集了近50种民族民间药物外治疗法方药4015首，其中涉及内科134种病942首、妇产科46种病249首、儿科48种病280首、外科53种病858首、骨伤科28种病407首、眼科33种病166首、口腔科54种病443首以及皮肤科56种病670首。

张力群、赵贵铭、姚越苏主编。太原：山西科学技术出版社1997年版，1255页。

流水号：20629

《中国少数民族民间验方精选》

正文文种：多种文字

ISBN：7-5363-4673-5

主题词：汇编－民族医学－验方

中图分类号：R29

内容提要及说明：该书所载验方约1000条，收集了约1000条实用、简便、有效的藏族、蒙古族、回族、壮族、布依族、瑶族、土家族、白族、纳西族、满族、高山族、独龙族等44个民族的民间医药验方。

罗日泽、罗东波主编。南宁：广西

民族出版社 2004 年版。铅印本，452 页，352 千字。

（五）含民族医药内容的中医药类、综合类图书

流水号：20630

《滇医汇讲·国庆 60 周年优秀论文集》

其他题名文种：汉文

ISBN：978-7-5416-3524-3

主题词：民族医学－云南－文集－民族医学

中图分类号：R29-53

内容提要及说明：该书分主题讨论、理论探讨、方药研究、临床报告、民间绝技、医话医事、药食同源、单方验方栏目。

吕光荣主编，云南省民族民间医药研究会编写。昆明：云南科技出版社 2009 年版，250 页。

流水号：20631

《甘肃古代医学》

其他题名文种：汉文

ISBN：978-7-5077-3527-7

主题词：中医学－医学史－甘肃省

中图分类号：R-092/93

内容提要及说明：该书共分 4 篇，内容包括庆阳岐伯医学与《黄帝内经》、武威汉代医学、灵台皇甫谧针灸学、敦煌医学。

鄢卫东、李顺保主编，何天有、安定祥、张延昌编，甘肃省中医药管理局编写。北京：学苑出版社 2010 年版。铅印本，620 页，921 千字，有插图。

流水号：20632

《岭南本草集锦》

其他题名文种：汉文

ISBN：978-7-03-029191-2

主题词：本草－研究－广东省

中图分类号：R281.465/1

内容提要及说明：该书概述了岭南中草药资源及历史文化背景，简介了岭南道地药材、岭南草药、民族药及外来药，描述了岭南常见观赏植物、特色水果、蔬菜、天然饮品及粮食作物的药用价值，分析了药典中含岭南药的成方制剂和单味制剂。

马骥、张宏伟主编，刘传明、袁立霞、陈兴兴编。北京：科学出版社 2010 年版。铅印本，256 页，398 千字，有插图，精装。

流水号：20633

《南方草木状考补》

其他题名文种：汉文

ISBN：7-5367-0392-9

主题词：研究－南方草木状－植物志

中图分类号：Q94/15

内容提要及说明：《南方草木状》是世界上最早的一部区系植物志，该书对其进行了考证，且研究了书中部分民族药物。

中国科学院昆明植物研究所编写。昆明：云南民族出版社 1991 年版。铅印本，446 页，344 千字，有插图。

流水号：20634

《实践与探索：中国高等中医药教育四十年》

其他题名文种：汉文

ISBN：7-80089-912-8

主题词：中国医药学 - 医学教育 - 高等教育 - 教育史 - 中国

中图分类号：R-092/76

内容提要及说明：该书主要对中医药高等教育理论进行了全面的探讨。第 63—65 页，民族传统医学院校办学现状；第 251—258 页，民族医药教育现状和发展。

刘振民、崔文志主编，漆浩、张书斋、马健编。北京：中国中医药出版社 1998 年版。铅印本，417 页，341 千字。

流水号：20635

《医林朝暮》

其他题名文种：汉文

ISBN：978-7-80174-642-9

主题词：中国医药学 - 文集

中图分类号：R2-53/113

内容提要及说明：该书分中医药、民族医药和《梦边吟》诗稿三部分。每部分基本上按写作年代排序。该书包含对中医药的深刻理解，研究了当代中医药的传承发展等。第 146—157 页，民族医药作为非物质文化遗产加以保护的重要意义；第 275—468 页，为民族医药部分。

诸国本著。北京：中医古籍出版社 2008 年版。铅印本，571 页，455 千字。

流水号：20636

《云南医药卫生简史》

其他题名文种：汉文

ISBN：7-5416-0039-3

统一书号：14466.24

中图分类号：R-092/9

内容提要及说明：该书介绍了云南从远古、古代、近代直至现代各个历史时期医药卫生的发展情况和规律，并对云南多民族所积累的丰富医药经验做了概述、分析和评价。第 1—42 页，云南少数民族医学历史概述；第 190—192 页，中医和民族医药的振兴。

田敬园主编，常鹏、赵鹏远、张仁明、李本孝编。昆明：云南科技出版社 1987 年版。铅印本，210 页，160 千字。

流水号：20637

《春华秋实，继往开来·中国医学文献研究所建所二十周年纪念文集》

其他题名文种：汉文、英文

ISBN：7-80174-100-5

主题词：中国医药学文献 - 研究 -

文集

中图分类号：R–092/49

内容提要及说明：该书分为贺信贺辞、医史探赜、基础文献、临床文献、信息研究、医药通论、临证治疗、大事记 8 部分。第 7—14 页，祖国民族医学史研究的回顾与回望；第 24—44 页，壮医发展史与学术体系概述；第 88—91 页，关于藏汉（中）医诊脉部位名称的探讨；第 95–98 页，壮族医药史上的里程碑。

彭春龙、陶广正、朱定华、王森林主编，中国中医研究院中国医史文献研究室编写。北京：中医古籍出版社 2002 年版。铅印本，335 页，524 千字，有插图。

流水号：20638

《中国传统医学丛书——中国传统医学史》

其他题名文种：汉文

ISBN：7–03–002911–9

中图分类号：R–092/32

内容提要及说明：该书阐明了医学实践和理论在发展过程中的辩证关系，论述了社会政治、经济、科学文化与医学发展的关系，介绍了中国人民和医学家做出的贡献、历代医学发展特点和主要成就、重大医事活动及中国传统医学发展的规律。

史兰华主编。北京：科学出版社 1992 年版。铅印本，349 页，281 千字。

流水号：20639

《中国近代药学史》

其他题名文种：汉文

ISBN：7–117–01641–8

中图分类号：R–092/30

内容提要及说明：该书反映了 1840 年以后的百余年间，我国传统的中药学在内外反动势力重压之下为生存而不断斗争的历史。第 197—207 页，少数民族药学简史及近代发展概况。

陈新谦主编，张天禄撰。北京：人民卫生出版社 1992 年版。铅印本，306 页，254 千字。

流水号：20640

《中国医学通史 · 古代卷》

其他题名文种：汉文、英文

ISBN：7–117–03436–X

主题词：中国医药学 – 医学史 – 古代

中图分类号：R–092/37

内容提要及说明：该书论述了中国古代的医学史。少数民族医学，有关民族医学重要著作的介绍散见于书中：第 150—158 页，第 206—210 页，第 271—280 页，第 443—450 页，第 627—637 页。

李经纬、林昭庚主编，赵璞珊、傅芳、马伯英等编，《中国医学通史》编审委员会编写。北京：人民卫生出版社 2000 年版。铅印本，764 页，1436 千字，有插图，精装。

流水号：20641

《中国医学通史·文物图谱卷》

其他题名文种：汉文、英文

ISBN：7-117-03347-9

主题词：医学史－中国－图集－医学－文物

中图分类号：R-092/37

内容提要及说明：该书为中国医学的历史文物的图谱。第369—392页，少数民族医学。

傅维康、李经纬、林昭庚主编，张厚墉、廖果等编，《中国医学通史》编审委员会编写。北京：人民卫生出版社2000年版。彩印本，578页，287千字，有插图，精装。

流水号：20642

《中国医学通史·现代卷》

其他题名文种：汉文、英文

ISBN：7-117-03434-3

主题词：医学史－中国－现代

中图分类号：R-092/37

内容提要及说明：该书介绍了1949—1995年的中国医学通史。第477—497页，民族医学的发展。

蔡景峰、李庆华、张冰浣主编，朱克文、张文等编，《中国医学通史》编审委员会编写。北京：人民卫生出版社2000年版。铅印本，650页，1259千字，精装。

流水号：20643

《中国医药卫生学术文库》（第01辑）

其他题名文种：汉文、英文

ISBN：7-5023-2793-2

主题词：医药学－文集－基础医学－临床医学

中图分类号：R-53/9

内容提要及说明：第1805—1818页，民族医学。

王镭主编，田翠华、李裕镒、朱预、罗慰慈编，《中国医药卫生学术文库》编委会编写。北京：科学技术文献出版社1997年版。铅印本，1358页，17565千字（6册合计），精装。

流水号：20644

《中国医药卫生学术文库》（第02辑）

其他题名文种：汉文、英文

ISBN：7-5023-2794-0

主题词：医药学－基础医学－文集－临床医学

中图分类号：R-53/9

内容提要及说明：第1743—1763页，民族医学。

王镭主编，田翠华、李裕镒、朱预、罗慰慈编，《中国医药卫生学术文库》编委会编写。北京：科学技术文献出版社1997年版。铅印本，17274千字（6册合计），精装。

流水号：20645

《中国中医药发展五十年（1949—1999）》

其他题名文种：汉文

ISBN：7-81048-336-6

主题词：中国医药学 - 医学史

中图分类号：R-092/36

内容提要及说明：该书记录了中国医药学 1949—1999 年的医学发展历史。第 597—700 页，中国民族医药的发展。

孟庆云主编，刘艳骄、周永生、鞠大宏、于家菊编，《中国中医药发展五十年》编辑委员会编写。郑州：河南医科大学出版社 1999 年版。铅印本，960 页，1660 千字，有插图，精装。

流水号：20646

《民族知识丛书——傣族》

民族语言题名：[illegible] —— [illegible]

ISBN：7-105-06028-X

统一书号：3049. 112

主题词：傣族 - 概况

中图分类号：K285.3/5

内容提要及说明：该书介绍了傣族发展的简要历史、民族经济和社会形态、文化特点和风俗习惯以及目前的发展状况，还介绍了傣族的语言文字、数学历法、医药、教育等内容。第 57 页，傣族医药，约 500 字；第 104—105 页，傣族医药，约 600 字。

曹成章主编，张元庆著。北京：民族出版社 1984 年第 1 版，2004 年第 2 次印刷。铅印本，150 页，102 千字，有插图。

流水号：20647

《国家民委〈民族问题五种丛书〉之二　中国少数民族简史丛书（修订本）——傣族简史》

民族语言题名：[illegible]、[illegible]（[illegible]）—— [illegible]

统一书号：11116.127

主题词：傣族 - 民族历史 - 中国

中图分类号：K285.3/3

内容提要及说明：该书第 224—225 页，数学和医学，约 800 字。

《傣族简史》编写组编写。昆明：云南人民出版社 1986 年版。铅印本，284 页，200 千字，有插图。

流水号：20648

《西南边疆民族研究书系·云南民族村寨调查：傣族——勐海勐遮乡曼刚寨》

民族语言题名：[illegible]、[illegible]

题名文种：汉文、傣文

ISBN：7-81068-240-7

主题词：勐海县 - 傣族 - 民族调查

中图分类号：K280.74

内容提要及说明：该书对傣族的风俗习惯、生产方式、生活态度、家庭、人物做了一定程度的记录和描绘。

张晓辉主编，傣族调查组编写。昆明：云南大学出版社 2001 年版，280 页。

流水号：20649

《傣族生态文化研究》

民族语言题名：[illegible]

ISBN：978-7-5482-0344-5

主题词：中国－傣族－民族文化

中图分类号：K285.3

内容提要及说明：该书分为 7 章，内容包括傣族稻作生产中的生态文化、傣族饮食中的生态文化、傣族服饰中的生态文化、傣族村寨中的生态文化、傣族生态文化的特征及现实意义等。

刘荣昆著。昆明：云南大学出版社 2011 年版。铅印本，224 页，190 千字。

流水号：20650

《云南少数民族文化史丛书——傣族文化史》

民族语言题名：[illegible]

题名文种：汉文、英文

ISBN：7-5367-3093-4

主题词：傣族－民族文化－文化史

中图分类号：K285.3/11

内容提要及说明：该书介绍了傣族的生存环境、历史渊源、经济、建筑、饮食习俗、服饰习俗、婚丧和节庆习俗、家庭和伦理道德、宗教信仰、语言文字、文学、艺术、思想观念、天文历法等内容。第 383—386 页，传统医药，约 2000 字。

刀承华主编，蔡荣男著，云南省民族研究所编写。昆明：云南民族出版社 2005 年版。铅印本，422 页，320 千字，覆膜。

流水号：20651

《国家民委〈民族问题五种丛书〉——德宏傣族社会历史调查》（01）

民族语言题名：[illegible]

ISBN：7-222-00014-3

统一书号：11116.94，11116.179（3）

主题词：傣族－社会调查－德宏傣族景颇族自治州

中图分类号：K285.3

内容提要及说明：该书主要包括德宏傣族景颇族自治州的几项调查，德宏傣族景颇族自治州傣族、景颇族、傈僳族、阿昌族等民族的文化、宗教及习俗，梁河县情况调查报告等内容。

《民族问题五种丛书》云南省编辑委员会编写。北京：民族出版社 1984 年版。

流水号：20652

《国家民委〈民族问题五种丛书〉——德宏傣族社会历史调查》（03）

民族语言题名：[illegible]

ISBN：7-222-00014-3

主题词：傣族－民族历史－社会调查－云南

中图分类号：K285.3

内容提要及说明：《德宏傣族社会历史调查》问世以来，民族自治地方社会和文化发展取得了长足进步，各方面情况有了不少变化。为了进一步发挥这些历史调查资料的作用，促进各民族"共同团结奋斗，共同繁荣发展"，国家民委决定修订、再版《中国少数民族社会历史调查资料丛刊》，并将其列为国家民委重点科研项目。

《民族问题五种丛书》云南省编辑组编写。北京：民族出版社 1987 年版。

流水号：20653

《双江傣族简史》

民族语言题名：[illegible]

题名文种：汉文、傣文

内容提要及说明：该书为张文彬医生根据当地民间情况编撰的手稿，已印刷装订。

1992 年出版，纸质，铅印本，451 页，有插图。

流水号：20654

《国家民委〈民族问题五种丛书〉——西双版纳傣族社会综合调查》（01）

民族语言题名：[illegible]

统一书号：11184.12

主题词：社会调查－傣族－西双版纳

中图分类号：K285.3

内容提要及说明：该书主要内容包括西双版纳自然概况、景洪县曼龙枫寨解放前社会生产力水平调查、西双版纳傣族封建土地关系调查、勐腊县磨歇盐厂情况、勐海傣族的制陶术等。

《民族问题五种丛书》云南省编辑委员会编写。昆明：云南民族出版社 1983 年版，194 页。

流水号：20655

《中国少数民族现状与发展调查研究丛书·傣族卷（瑞丽市）》

民族语言题名：[illegible]

ISBN：7-105-07780-8

主题词：傣族－社会调查－瑞丽市－少数民族

中图分类号：D633.3:D633.353

内容提要及说明：该书由综合篇、典型篇和专题篇组成，概括反映了瑞丽市经济社会发展过程，对具有代表性和典型意义的乡村、企业、学校、开发区等进行了较为详细的调查研究。

郝时远、任一飞主编。北京：民族出版社 2007 年版。纸质，铅印本，271 页。

流水号：20656

《中国少数民族文库——纳西东巴文化》

ISBN：7-5383-0651-X

主题词：中国－民族文化－纳西族

中图分类号：K285.7

内容提要及说明：该书内容包括东巴文化产生和发展的历史背景、东巴教和纳西古文化、东巴文、东巴经、东巴文学和东巴古典绘画及舞蹈艺术等。

和志武主编。长春：吉林教育出版社1989年版。

流水号：20657

《纳西东巴文化要籍及传承概览》

内容提要及说明：卜金荣主编。昆明：云南民族出版社1999年版。

流水号：20658

《民族知识丛书——纳西族》

ISBN：7-105-05913-3

中图分类号：K285.7/2

内容提要及说明：该书分别介绍了纳西族发展的简要历史，在新中国成立初期的经济社会形态、文化特点和风俗习惯以及目前的发展状况等内容。第60—62页，科学技术绽开新花。

李近春、王承权著。北京：民族出版社1984年版。铅印本，125页，89千字，有插图。

流水号：20659

《国家民委〈民族问题五种丛书〉之二　中国少数民族简史丛书（修订本）——纳西族简史》

ISBN：978-7-105-08693-1

主题词：纳西族－民族历史－中国

中图分类号：K285.7/1

内容提要及说明：该书内含民族医药介绍。

赵心愚主编，杨福泉、周智生、卢亚兰编，《纳西族简史》编写组编写。北京：民族出版社2008年版。铅印本，211页，190千字。

流水号：20660

《云南民族文化大观丛书——纳西族文化大观》

ISBN：7-5367-1839-X

主题词：纳西族－民族文化概况－云南

中图分类号：K285.7

内容提要及说明：该书讲述了纳西族的民族文化，包含民族医药内容。第615—625页，医药卫生。

格桑顿珠、郭大烈主编，马化清、高广、段金录、袁晓林编，云南省民族事务委员会编写。昆明：云南民族出版社1999年版。铅印本，805页，626千字，有插图。

流水号：20661

《云南少数民族文化史丛书（修订本）——纳西族文化史》

题名文种：汉文、英文

正文文种：汉文、纳西文

ISBN：7-5367-2104-8

主题词：纳西族－文化史

中图分类号：K285.7/3

内容提要及说明：该书为“九五”国家重点图书。该书作者以文化史学和民族文化学的视角和方法，全面、系统地对纳西族灿烂文化的历史面貌作了生动明晰的阐论。内含民族医药介绍。

和少英撰，云南省民族研究所编写。昆明：云南民族出版社2001年版。铅印本，373页，295千字，覆膜。

流水号：20662

《纳西族文化丛书——千古奇人生命的最后旅程·徐霞客与丽江》

题名文种：汉文

ISBN：7-5367-1770-9

内容提要及说明：该书客观系统地介绍了徐霞客游丽江的史实，并对此做了不乏新意的探究，有助于读者了解纳西族的历史与文化。酥油茶——酥油由牛奶提取制作，以牦牛酥油为上品。先煨好茶汤，在特制的酥油桶中放入核桃仁、花生米等香料，加酥油、盐、鸡蛋等，冲上茶汤，用“打茶棒”上下捣动，直到水乳交融为止。酥油茶是高蛋白、高热量食品，提神醒脑，最适于在寒冷季节食用。米酒——由大米、小麦、大麦、苞谷等发酵而成，可以生食，也可以熟食。熟食时先将水烧开，然后将米酒、鸡蛋、糖、元宵等放入，煮熟食用。这种煮米酒具有滋阴、壮阳、补气等功效，通经活络，解乏解渴。一般纳西人家常年备有一大罐，随时食用。

夫巴主编。昆明：云南民族出版社1999年版。铅印本，99页，55千字。

流水号：20663

《西南民族研究书集——纳西族历史文化研究》

民族属性：纳西族

ISBN：978-7-105-095414

主题词：纳西族—历史—文化

中图分类号：K285.1

内容提要及说明：赵心愚著。北京：民族出版社2008年版，324页。

流水号：20664

《瑶学丛书——茶山瑶历史与文化》

ISBN：978-7-105-11700-0

主题词：瑶族－民族文化－研究－金秀瑶族自治县

中图分类号：K285.1

内容提要及说明：该书共10章，内容包括茶山瑶迁居大瑶山及早期社会、明清时期茶山瑶社会的初步发展，茶山瑶的政治制度与伦理道德，茶山瑶的语言和文学艺术等。

吴学东主编。北京：民族出版社2011年版，348页。

流水号：20665

《瑶学丛书——红瑶历史与文化》

ISBN：978-7-105-09912-2

主题词：中国－瑶族－民族历史－民族文化

中图分类号：K285.1

内容提要及说明：该书共10章，内容包括绪论、红瑶的来源与迁徙、红瑶的历史发展、社会主义时期的红瑶社会、红瑶生活文化等。

粟卫宏等著。北京：民族出版社2008年版，285页。

流水号：20666

《瑶族风俗志》

ISBN：978-7-81108-371-2

主题词：中国－瑶族－少数民族风俗习惯

中图分类号：K892.351/1

内容提要及说明：该书主要介绍了瑶族的风俗习惯，内容涉及服饰、饮食、房屋建筑、生产技艺、神灵信仰与禁忌、医药卫生、传统艺术、葬礼、民族节日、民间文学等。第88—89页，瑶医药浴，约1400字。

刘保元著。北京：中央民族大学出版社2007年版。铅印本，143页，113千字，有插图。

流水号：20667

《西南边疆民族研究书系·云南民族村寨调查：瑶族——河口瑶山乡水槽村》

ISBN：7-81068-240-7

主题词：少数民族－居住区－调查－报告－云南省

中图分类号：K285.1/3

内容提要及说明：该书从多学科结合的角度，对新时期瑶族村落的政治、经济、文化、社会模式、科技教育、生态、心理与伦理等方面作了实际调查分析。第141—142页，传统中医医疗，约1200字。

匡自明主编，瑶族调查组编写。昆明：云南大学出版社2001年版。铅印本，225页，178千字，有插图。

流水号：20668

《国家民委〈民族问题五种丛书〉之二　中国少数民族简史丛书（修订本）——瑶族简史》

ISBN：978-7-105-08711-2

主题词：瑶族－民族历史－中国

中图分类号：K285.1/2

内容提要及说明：该书的编写以历史唯物主义、马克思主义民族理论以及党和国家的民族政策为指导，立足于我国改革开放的实践，特别是民族地区政治、经济、文化和社会发展的新形势，充分吸收借鉴了国内外相关研究成果。该书客观准确、简明扼要地阐述了我国瑶族的历史发展进程，反映了其近50年的发展概貌和成就，集思想性、科学性和资料性于一

体。第252—257页，民族医药。

赵庆伟主编，陈桂、张有隽编，《瑶族简史》编写组编写。北京：民族出版社2008年版。铅印本，293页，250千字。

流水号：20669

《20世纪中国民族学人类学经典著作丛书——瑶族调查报告文集》

ISBN：978-7-105-09012-9

主题词：瑶族－民族调查－调查报告－广西－广东

中图分类号：K285.1

内容提要及说明：该文集分广西瑶族卷和广东瑶族卷两部分。收录了《花蓝瑶社会组织》《四上瑶山》《广西象平间瑶民之饮食》《广东北江瑶人的文化现象与体质型》《广东瑶人之今昔观》等20多篇文章。

杨成志等著。北京：民族出版社2007年版，465页。

流水号：20670

《瑶学丛书——瑶族文化变迁》

ISBN：7-105-07416-7

主题词：研究－中国－瑶族－民族文化

中图分类号：K285.1

内容提要及说明：该书包括绪论、山地经济文化的变迁、饮食居住文化的变化、婚姻家庭制度的变迁、丧葬制度的变化、社会组织的变化、语言文字的变化等有关瑶族文化变迁的内容。

玉时阶著。北京：民族出版社2005年版，331页。

流水号：20671

《云南省少数民族古籍译丛——裴妥梅妮 苏嫫（祖神源流）》

民族语言题名：[illegible]

正文文种：汉文、彝文

ISBN：7-5367-0401-1

主题词：彝语－中国－对照读物－彝族－祭祖诗

中图分类号：K892.317/4

内容提要及说明：该书为汉语、彝语对照图书文献，是彝族的祭祖诗，包含民族医药内容。第84—101页，挖药炼丹。

师有福主编，阿者倮濮、罗希吾戈、杨家福编，云南省少数民族古籍整理出版规划办公室编写。昆明：云南民族出版社1991年版。铅印本，320页，233千字，有插图。

流水号：20672

《人文楚雄丛书——彝风管窥》

民族语言题名：[illegible]

ISBN：7-5367-3375-5

主题词：彝族－少数民族－风俗－习惯

中图分类号：K892.317/5

内容提要及说明：该书以图文并茂、生动直观的方式介绍了彝族的祭祀与占卜、彝族的服饰和音乐舞蹈、彝族建筑文化、南华英武彝族民俗等。第 30 页，毕摩对传统医药的贡献，约 200 字。

张方玉主编。昆明：云南民族出版社 2006 年版。纸质，铅印本，263 页，有插图，覆膜。

流水号：20673

《彝文古籍整理与研究》

民族语言题名：[illegible]

ISBN：978-7-105-09576-6

主题词：研究 – 中国 – 彝语 – 古籍整理

中图分类号：G256.1

内容提要及说明：该书内容主要包括古彝文及其典籍文献研究综论、彝文古籍的地区类型、彝文古籍征集与收藏情况述要、彝族历史典籍与文学作品及文论的整理研究、彝文医药典籍与天文历法论著的整理研究等。

朱崇先著。北京：民族出版社 2008 年版，499 页。

流水号：20674

《彝学探微》

民族语言题名：[illegible]

ISBN：978-7-81112-443-9

主题词：研究 – 彝族 – 民族学

中图分类号：K281.7

内容提要及说明：该书介绍了彝族宇宙观与彝族原始宗教、彝族语言文字、彝族奇特文字考释、彝族文学、彝族文化、禄劝彝族民间契约等内容。

张纯德、李昆著。昆明：云南大学出版社 2007 年版，263 页。

流水号：20675

《云南民族文化大观丛书——彝族文化大观》

民族语言题名：[illegible]——[illegible]

ISBN：7-5367-1834-9

主题词：彝族 – 民族文化概况 – 中国

中图分类号：K281.7/5

内容提要及说明：该书为全面概述彝族文化的著作，其中包含彝族医药的内容，记录除了彝文的医学书籍外，在彝族地区，还有广泛口传和世代继承的医药知识等丰富的内容。第 781—800 页，医药卫生。

格桑顿珠、张建华主编，马化清、高广、段金录、袁晓林编，云南省民族事务委员会编写。昆明：云南民族出版社 1999 年版。铅印本，945 页，760 千字，有插图。

流水号：20676

《中国少数民族现状与发展调查研究丛书·彝族卷（昭觉县）》

民族语言题名：[illegible]（[illegible]）

ISBN：7-105-03641-9

中图分类号：D633.3:D633.355

内容提要及说明：该卷共分综合篇、

典型篇、专题篇三部分，反映了昭觉县彝族地区政治、经济、文化教育和社会各方面的现状及未来发展趋势。

史金波等撰著，中国社会科学院民族研究所编写。北京：民族出版社 2011 年版。纸质，铅印本，300 页。

流水号：20677

《中国彝族通史纲要》

民族语言题名：[illegible]

ISBN：7-5367-0750-9

主题词：彝族 – 通史

中图分类号：K281.7/10

内容提要及说明：该书由《中国彝族通史》编委会编写，是研究彝族历史文化和发展的成果汇集，整理了彝族史研究及彝文典籍整理研究的成果。第 168—169 页，彝族的医学，约 1200 字。

陇贤君主编，《中国彝族通史》编委会编写。昆明：云南民族出版社 1993 年版。铅印本，324 页，236 千字，覆膜。

流水号：20678

《西藏传统养生体育文化》

民族语言题名：བོད་ལྗོངས་སྲོལ་རྒྱུ་ལུས་གསོ།ལུས་རྩལ་དང་རིག་གནས་ཤེས་བྱ་མེ་ལོང་།

ISBN：7-223-01316-8

主题词：藏医 – 养生（中医）

中图分类号：R281.4

内容提要及说明：该书总结和吸收了大量的藏医学文献典籍、藏族史料、藏族体育文献等，结合现代养生体育教育实践和现代养生体育研究成果，介绍了藏医学的传统养生、保健方法。

丁玲辉主编。拉萨：西藏人民出版社 2005 年版。铅印本，244 页，166 千字，有插图。

流水号：20679

《藏彝走廊研究丛书——蟹螺藏族：民族学田野调查及研究》

ISBN：978-7-105-09032-7

主题词：四川 – 藏族 – 民族调查

中图分类号：K281.4

内容提要及说明：该书内容包含三个部分：一是以田野日志的方式介绍民族学田野调查的过程；二是对蟹螺堡子（即蟹螺江坝村 5 组）的“尔苏”，对木耳和猛种堡子（即蟹螺猛种 1、2 组）的“木雅”，做了较详细的民族志叙述；三是在分析民族志资料的基础上，针对民族史及民族文化方面的诸多问题，作者提出了见解和思考。

李星星著。北京：民族出版社 2007 年版，449 页。

流水号：20680

《藏族历史文化》

民族语言题名：བོད་རིག་ལོ་རྒྱུས་རིག་གནས།

ISBN：7-105-06334-3

主题词：西藏 – 地方史 – 风俗习惯

中图分类号：K297.5/2

内容提要及说明：该书分为藏族历史

篇和藏族文化篇两篇。书中内容包括远古藏族历史（公元6世纪以前）、唐代藏族历史（公元7世纪—9世纪）、精神文化、物质文化等。第195—201页，藏医药。

曾国庆著。北京：民族出版社2004年版。铅印本，322页，230千字。

流水号：20681

《西南边疆民族研究书系·云南民族村寨调查：藏族——中甸尼西乡形朵村》

ISBN：7-81068-240-7

主题词：中甸县－藏族－民族调查

中图分类号：K281.4

内容提要及说明：该书介绍了藏族的生态环境、人口、经济、社会结构、习惯法、民俗风情、科技与医疗卫生、宗教等内容。该书是普通高等学校人文社会科学重点研究基地资助项目。

张实主编，藏族调查组编写。昆明：云南大学出版社2001年版。纸质，铅印本，222页，有插图。

流水号：20682

《中国少数民族现状与发展调查研究丛书·藏族卷（玛沁县）》

民族语言题名：ཀྲུང་གོ་གྲངས་ཉུང་མི་རིགས་ཀྱི་གནས་ཚུལ་དང་འཕེལ་རྒྱས་ལ་དཔྱད་གཞི་བྱེད་པའི་དཔེ་ཚ།

ISBN：7-105-07519-8

主题词：藏族－社会调查－玛沁县－少数民族

中图分类号：D633.3:D633.314

内容提要及说明：该书从历史、地理、政治、经济、社会、文化等方面反映了玛沁县从1958年至2003年的发展历程和现状，通过典型调查，重点研究该地区的现状以及在经济发展中面临的突出问题。

郝时远、任一飞、穆赤·云登嘉措等著，中国社会科学院民族研究所编写。北京：民族出版社2006年版。纸质，铅印本，377页，有插图。

流水号：20683

《中国少数民族宗教与文化丛书·藏族宗教与文化》

民族语言题名：ཀྲུང་གོ་གྲངས་ཉུང་མི་རིགས་ཆོས་ལུགས་དང་རིག་གནས་དཔེ་བའི། བོད་ཆོས་དང་རིག་གནས།

ISBN：7-81056-700-4

主题词：藏族－宗教－民族文化－研究

中图分类号：K281.4/11

内容提要及说明：该书为中国藏族的民族宗教文化研究专著。第95—96页，藏医藏药，约1000字。

魏强主编，嘉雍群培、周润年撰。北京：中央民族大学出版社2002年版。铅印本，260页，185千字。

流水号：20684

《中山大学人类学民族学文丛·乡土西藏文化传统的选择与重构》

ISBN：7-105-07960-6

主题词：藏族－民族文化－研究－中国

中图分类号：K281.4/13

内容提要及说明：该书是对一个微观的藏族社区——拉萨市娘热乡社会文化的描述分析，立足点不在于说明某种经济和社会发展状态，而是在对藏族乡村社会结构进行分析的基础上，通过一些标志文化事项（就医行为方式的选择、洁净的观念和原则、饮食文化等），从整体的观点来理解蕴含于其中的文化逻辑。第227—263页，就医行为选择上的文化逻辑。

刘志扬著。北京：民族出版社2006年版。铅印本，335页，260千字，有插图，覆膜。

流水号：20685

《国家民委〈民族问题五种丛书〉之二　中国少数民族简史丛书（修订本）——拉祜族简史》

ISBN：978-7-105-08690-0

主题词：拉祜族－民族历史－中国

中图分类号：K285.8/2

内容提要及说明：纵观历史，全面系统地调查研究、编辑出版介绍各个少数民族的丛书在中国前所未有。该书由政府部门组织编写。第222—225页，拉祜族医药。

张超主编，梁克生、曾明奇编，《拉祜族简史》编写组编写。北京：民族出版社2008年版。铅印本，241页，210千字。

流水号：20686

《西南边疆民族研究书系·云南民族村寨调查：拉祜族——澜沧糯福乡南段老寨》

ISBN：7-81068-240-7

主题词：澜沧拉祜族自治县－拉祜族－民族调查

中图分类号：K285.8

内容提要及说明：该书从历史沿革、自然环境、人口状况、经济、社会、政治、习惯法、文化、教育等方面对拉祜族进行了全面的调查。

高发元主编，拉祜族调查组编写。昆明：云南大学出版社2001年版。铅印本，252页，207千字。

流水号：20687

《云南民族文化大观丛书——拉祜族文化大观》

ISBN：7-5367-1845-4

主题词：拉祜族－民族文化概况－中国

中图分类号：K285.8/3

内容提要及说明：该书包含很多民族医药的内容。第261—270页，医药卫生。

格桑顿珠、雷波主编，马化清、高广、段金录、袁晓林、刘劲荣编，云南省民族事务委员会编写。昆明：云南民族出版社1999年版。铅印本，305页，245千字，有插图。

流水号：20688

《双江拉祜族打歌七十二套路》

民族语言题名：shuacia ladhof ceol qaf sifchi nidcawt

其他题名文种：汉文、拉祜文

正文文种：汉文、拉祜文

ISBN：978-7-5367-4731-9

主题词：双江拉祜族佤族布朗族傣族自治县－拉祜族

内容提要及说明：该书集传说、史志、论文、剧本、药方、曲谱、食谱等于一体，较为全面地记录了拉祜族的历史、情感，及生产生活的方方面面。

罗满英编著。昆明：云南民族出版社2010年版。铅印本，184页，150千字，有插图。

流水号：20689

《双江拉祜族文化风韵》

民族语言题名：shuacia ladhof ceol lirvet-thadvet

其他题名文种：汉文、拉祜文

正文文种：汉文、拉祜文

ISBN：978-7-5367-4689-3

内容提要及说明：该书讲述了拉祜族世代传承下来的民风民俗和人物故事，涵盖了拉祜族的物质文化、社会文化和精神文化，展现了拉祜族民间文化的丰富多彩。含有拉祜族医药的内容。

昆明：云南民族出版社2010年版。铅印本，257页，360千字，有插图。

流水号：20690

《中国少数民族社会历史调查资料丛刊：拉祜族社会历史调查》（2）

统一书号：11116.62

主题词：中国－社会调查－拉祜族

中图分类号：K285.8

内容提要及说明：《中国少数民族社会历史调查资料丛刊》是国家民委《民族问题五种丛书》之五，内容包括了20世纪50年代中央访问团收集的资料，全国人大民委、中央民委等组织民族社会历史调查以及民族识别等工作所搜集到的资料。20世纪80年代以后由各省、自治区陆续分别出版，全套社会历史调查资料丛刊共有84种145本。该书集中记录了我国拉祜族社会历史的基本情况，是民族研究和民族工作中的重要参考资料。

云南省编辑组编辑。昆明：云南人民出版社1981年版，113页。

流水号：20691

《西南边疆民族研究书系·云南民族村寨调查：独龙族——贡山丙中洛乡小茶腊社》

ISBN：7-81068-240-7

主题词：贡山独龙族怒族自治县－独龙族－民族调查

中图分类号：K286.5

内容提要及说明：该书介绍了独龙族的自然环境与生态状况、人口、经济、社会、政治、习惯法、文化、教育、科技与卫生等方面的变化与发展。独龙族居住地往往山高林密，各种有毒的蛇虫经常出没，对外出劳作的人们造成一定的威胁。在长期的生活实践中，独龙族能够利用一些草药驱赶蛇虫和治疗蛇伤。

高发元、郑维川主编。昆明：云南大学出版社2004年版。铅印本，285页，236千字。

流水号：20692

《国家民委〈民族问题五种丛书〉之二　中国少数民族简史丛书（修订本）——独龙族简史》

ISBN：978-7-105-08721-1

主题词：独龙族－民族历史－中国

中图分类号：K286.5/3

内容提要及说明：该书介绍了独龙族的人口分布和所处的自然环境、新中国成立前独龙族的社会组织和婚姻制度等内容。第140页，医药卫生。

魏新春主编，刘俊哲、王岚、陈金龙、黄瑞编，《独龙族简史》编写组编写。北京：民族出版社2008年版。铅印本，166页，150千字。

流水号：20693

《云南民族文化大观丛书——独龙族文化大观》

ISBN：7-5367-1838-1

主题词：独龙族－民族文化概况－中国

中图分类号：K286.5

内容提要及说明：该书讲述了独龙族的民族文化，包含民族医药内容。第257—261页，民间医药卫生。

格桑顿珠、李金明主编，马化清、高广、段金录、袁晓林编，云南省民族事务委员会编写。昆明：云南民族出版社1999年版。铅印本，348页，285千字，有插图。

流水号：20694

《云南少数民族文化史丛书——独龙族文化史》

ISBN：7-5367-1954-X

主题词：云南－独龙族－民族文化－文化史

中图分类号：K286.5

内容提要及说明：该书分历史源流、人地关系、社会物质生产方式、语言与文字、宗教信仰等11章，全面地研究和总结了云南独龙族文化的规律、特点及其发展情况。

张桥贵著，云南省民族研究院、云南民族出版社编写。昆明：云南民族出版社2000年版，195页。

流水号：20695

《藏彝走廊研究丛书——藏彝走廊中的独龙族社会历史考察》

ISBN：978-7-105-09325-0

主题词：调查报告－西南地区－独龙族－社会调查

中图分类号：K286.5

内容提要及说明：该考察报告侧重于

20世纪80年代初独龙族生产生活方式中的物质文化方面，特别是对于原始信仰及崇拜活动做了细致的观察和记述。

蔡家麒著。北京：民族出版社2008年版，218页。

流水号：20696

《国家民委〈民族问题五种丛书〉之二　中国少数民族简史丛书（修订本）——白族简史》

ISBN：978-7-105-08715-0

主题词：白族－民族历史－中国

中图分类号：K285.2/4

内容提要及说明：我国是一个统一的多民族国家，在共同建设我们伟大祖国的过程中，各族人民都做出过自己的贡献。该书第268—269页，白族建筑和医学知识，约400字。

袁定基主编，李学龙、谢道辛、田怀清、李公编，《白族简史》编写组编写。北京：民族出版社2008年版。铅印本，360页，310千字。

流水号：20697

《云南民族文化大观丛书——白族文化大观》

ISBN：7-5376-1841-1

主题词：白族－民族文化概况－中国

中图分类号：K285.2

内容提要及说明：该书讲述了白族的民族文化，包含民族医药内容。第518—537页，医药卫生。

格桑顿珠、李缵绪、杨应新主编，马化清、高广、段金录、袁晓林编，云南省民族事务委员会编写。昆明：云南民族出版社1999年版。铅印本，678页，550千字，有插图。

流水号：20698

《白族研究百年》（第二册）

ISBN：978-7-105-09217-8

主题词：白族

中图分类号：K285.2

内容提要及说明：该书内容包括白族的社会历史、经济、文学、艺术、考古、宗教信仰、语言文字等，大体囊括了近现代白族文化研究的著名学者各时期、各领域的代表作。

赵寅松主编。北京：民族出版社2007年版。

流水号：20699

《南诏文化论》

ISBN：7-222-00809-8

主题词：文集－文化史－南诏

中图分类号：K289

内容提要及说明：该书收集了数十篇论文，探讨了南诏文化的源流和特点、南诏大理国的考古文化，内容涉及生殖文化、佛教文化以及民俗服饰、居民建筑等各方面。南诏医药亦较发达，物产可供药用者不下50种，有清热、驱虫、祛寒、固涩、安神镇静、理气、解表、补血、补阳、渗湿利水、芳香开窍、理血、泻下、

止咳、化痰平喘、健胃等18种之多。当时医事分科已有内科、儿科。再有菊花、水晶、琉璃、盐等眼科用药，及秦僧眼医一人引进，可知当时已有眼科。再有雄黄、象皮、桃叶、麝香、夜合、枣树皮、盐等疮疡外伤药物，及官制之根据，可知当时已有疮疡外伤医之分工。再加上药物有诃子、鹿茸、麝香、桃仁、柚等妇科用药，可证明南诏已有妇人科。

杨仲录等主编。昆明：云南人民出版社1991年版，648页。

流水号：20700

《20世纪中国民族学人类学经典著作丛书——贵州苗夷社会研究》

ISBN：7-105-05974-5

主题词：苗族－民族社会学－研究－贵州

中图分类号：K281.6

内容提要及说明：该书收集了吴泽霖、陈国钧、张少微等学者20世纪三四十年代在各种报刊上发表的论文51篇，内容涵盖贵州少数民族社会经济、文化教育、风俗习惯、地理分布、语言和习惯法等。

吴泽霖、陈国钧等著。北京：民族出版社2004年版，309页。

流水号：20701

《国家民委〈民族问题五种丛书〉之二　中国少数民族简史丛书（修订本）——苗族简史》

ISBN：978-7-105-08698-6

主题词：苗族－民族历史－中国

中图分类号：K281.6/6

内容提要及说明：苗族是我国人口较多、分布较广的少数民族之一。几千年来，苗族一直以其历史悠久、分布面广、文化丰富多彩而著称于世。苗族在古代曾聚居于长江中下游及黄河流域的部分地区，后来西迁聚居于以沅江流域为中心的今湘、黔、渝、鄂、桂五省市毗邻地带，而后再由此迁居各地。现在，他们主要分布于以贵州为中心的中南和西南的各省市山区里。我国的历史文献中有关苗族及其先民的记载极多。第348—353页，医药。

柏喜贵主编，孙东方、程苹、吴曙光编，《苗族简史》编写组编写。北京：民族出版社2008年版。铅印本，411页，350千字。

流水号：20702

《苗族社会历史调查》（01）

ISBN：978-7-105-08772-3

主题词：社会调查－贵州－苗族－民族历史

中图分类号：K281.6

内容提要及说明：该书收录了苗族社会历史调查报告7编，内容包括贵州省台江县巫脚交苗族经济发展状况、贵州省台江县反排苗族社会历史调查资料、贵州省台江县苗族的节日等。

《民族问题五种丛书》贵州省编辑组、《中国少数民族社会历史调查资料丛刊》修订编辑委员会编写。北京：民族出版社

2009 年版，370 页。

流水号：20703

《中国少数民族现状与发展调查研究丛书·苗族卷（台江县）》

ISBN：7-105-03642-7

主题词：少数民族 – 社会调查 – 苗族

中图分类号：D633.3:D633.316

内容提要及说明：该书介绍了关于中国苗族台江县社会调查研究的内容。

卢勋等撰著主编，陈国安、颜勇、马启忠撰著，中国社会科学院民族研究所编写。北京：民族出版社 1999 年版。纸质，铅印本，316 页。

流水号：20704

《国家民委〈民族问题五种丛书〉——阿昌族社会历史调查》

统一书号：11184.10

主题词：阿昌族 – 民族历史 – 社会调查 – 云南

中图分类号：K286.2

内容提要及说明：该书主要内容包括户腊撒阿昌族社会经济调查、梁河县丙盖乡芒展村阿昌族社会历史调查、潞西县（今潞西市）高埂田乡阿昌族社会历史调查、潞西县高埂田乡阿昌族社会历史概况。

《民族问题五种丛书》云南省编辑委员会编写。昆明：云南民族出版社 1983 年版，203 页。

流水号：20705

《云南民族文化大观丛书——阿昌族文化大观》

ISBN：7-5367-1846-2

主题词：阿昌族 – 民族文化概况 – 中国

中图分类号：K286.2

内容提要及说明：第 127 页，巫医术，约 400 字。

格桑顿珠、曹先强主编，马化清、高广、段金录、袁晓林编，云南省民族事务委员会编写。昆明：云南民族出版社 1999 年版。铅印本，312 页，250 千字，有插图。

流水号：20706

《德宏傣族景颇族自治州五种世居少数民族发展变迁史料丛书——梁河阿昌族今昔》

ISBN：7-5367-2526-4

主题词：阿昌族 – 民族历史 – 德宏傣族景颇族自治州

中图分类号：K286.2/3

内容提要及说明：该书通过广博翔实的数据实例，介绍了梁河县阿昌族的历史变迁，逐一介绍了梁河县阿昌族古老的历史、政治上的解放、经济上的巨大进步及宗教信仰、民族习俗等。第 136—137 页，民族民间医药，约 1000 字。

段一全主编，杨叶生、赵家富、赵家斌、藺江编，中国人民政治协商会议梁河县委员会编写。昆明：云南民族出版社

2003年版。铅印本，397页，310千字，有插图，覆膜。

流水号：20707

《国家民委〈民族问题五种丛书〉之二　中国少数民族简史丛书（修订本）——德昂族简史》

ISBN：978-7-105-08714-3

主题词：德昂族－民族历史－中国

中图分类号：K286.4/1

内容提要及说明：该书介绍了德昂族的民族分布和地理环境、德昂族的古代社会、滇西南有肩石斧和有肩青铜斧的主人、昆明民族与昆明国、昆明的衰落与茫人的发展等。第182—183页，传统医药，约1000字。

杨嘉铭主编，桑耀华、俞茹、尹建东、王田编，《德昂族简史》编写组编写。北京：民族出版社2008年版。铅印本，210页，180千字。

流水号：20708

《西南边疆民族研究书系·云南民族村寨调查：德昂族——潞西三台山乡勐丹村》

ISBN：7-81068-240-7

主题词：潞西市－德昂族－民族调查

中图分类号：K286.4

内容提要及说明：该书采用多种形式结合的方法，真实地反映了德昂族村民的生产、婚俗、社会、经济、文化等方面的发展和变化，概述了德昂族对病症的诊断，对草药的加工炮制方法以及疾病的治疗等医药内容。

高发元、汤芝兰、李韬主编，德昂族调查组编写。昆明：云南大学出版社2001年版。铅印本，194页，157千字。

流水号：20709

《云南民族文化大观丛书——德昂族文化大观》

ISBN：7-5367-1848-9

主题词：德昂族－民族文化概况－中国

中图分类号：K286.4

内容提要及说明：该书讲述了德昂族的民族文化，包含民族医药内容。第163—167页，医药卫生。

格桑顿珠、桑耀华主编，马化清、高广、段金录、袁晓林编，云南省民族事务委员会编写。昆明：云南民族出版社1999年版。铅印本，183页，160千字，有插图。

流水号：20710

《国家民委〈民族问题五种丛书〉之二　中国少数民族简史丛书（修订本）——哈尼族简史》

ISBN：978-7-105-08694-8

主题词：哈尼族－民族历史－中国

中图分类号：K285.4/3

内容提要及说明：根据国家民委对《民族问题五种丛书》进行修订的指示精神，遵照学校有关部门的要求，组成了

《哈尼族简史》修订课题组，从2005年底开始进行修订工作。该项目是国家民委重点科研项目，其课题组由马廷中（西南民族大学副教授、博士）、姜定忠（哈尼族，云南省地方志办公室编审）、李维纪（西南民族大学教师）和王尔松（哈尼族，中央民族大学教授）4位同志组成。第116—117页，历法、医术与文化。

马廷中主编，姜定忠、李维纪、王尔松编，《哈尼族简史》编写组编写。北京：民族出版社2008年版。铅印本，247页，210千字。

流水号：20711

《云南民族文化大观丛书——哈尼族文化大观》

ISBN：7-5367-1835-7

主题词：哈尼族－民族文化概况－中国

中图分类号：K285.4

内容提要及说明：该书讲述了哈尼族的民族文化，包含民族医药内容。第530-534页，医药卫生。

格桑顿珠、史军超主编，马化清、高广、段金录、袁晓林编，云南省民族事务委员会编写。昆明：云南民族出版社1999年版。铅印本，562页，450千字，有插图。

流水号：20712

《云南省少数民族古籍译丛——斯批黑遮·哈尼族殡葬祭歌》

正文文种：汉文、哈尼文

ISBN：7-5367-0343-0

主题词：彝族－古籍

中图分类号：K280.74-51/1

内容提要及说明：汉文、哈尼文对照。第118—124页，寻找起死回生药。

云南省少数民族古籍整理出版规划办公室编写。昆明：云南民族出版社1990年版。铅印本，466页，91千字。

流水号：20713

《国家民委〈民族问题五种丛书〉之二　中国少数民族简史丛书（修订本）——基诺族简史》

ISBN：978-7-105-08699-3

主题词：基诺族－民族历史－中国

中图分类号：K287.8/4

内容提要及说明：该书全面系统地调查研究介绍了基诺族的基本政治、经济、文化概况。第108页，现代医疗卫生事业的建立；第137—138页，医疗卫生事业的发展。

张世均主编，杜玉亭、白珍编，《基诺族简史》编写组编写。北京：民族出版社2008年版。铅印本，164页，140千字。

流水号：20714

《西南边疆民族研究书系·云南民族村寨调查：基诺族——景洪基诺山基诺族乡》

ISBN：7-81068-240-7

主题词：景洪市－基诺族－民族调查

中图分类号：K287.8

内容提要及说明：该书从民族政治、民族经济、民族文化、民族教育、民族人口、民族科技等10个方面完整地反映了基诺族生活的变化与发展。

高发元、张锡盛主编，基诺族调查组编写。昆明：云南大学出版社2001年版。铅印本，278页，228千字。

流水号：20715

《云南民族文化大观丛书——基诺族文化大观》

ISBN：7-5367-1840-3

主题词：基诺族－民族文化概况－中国

中图分类号：K287.8/1

内容提要及说明：在基诺族的生活中，对辣椒、姜、蒜、葱、芫荽、香茅草、荆芥、香椿、大薄荷、野八角、野花椒、麻根等作料的消费较多。因此，他们一般在房前屋后或村边地脚围一小块园圃地，种上这些作料。这种对辛辣食品的偏爱，与其所处的环境和气候有较大的关系。一方面这些作料可使食物更加入味，也能帮助消化；另一方面还有杀菌解毒的功效。用萝芙木、山登花煎水吃治感冒；用麻梨嘎叶和红糖、胡椒煨水止泻；用马鞭草、蒿子和淘米水煎服通小便；用野八角嚼碎敷在肚脐上止肚子痛……他们还知道用松明子削成碎屑放在竹筒内烧着后拔火罐；用美登木的叶子煮水吃防癌症；用野生砂仁的鲜果泡酒吃或炖肉吃消食调气。第251—255页，医药卫生。

格桑顿珠、刘怡主编，马化清、高广、段金录、袁晓林编，云南省民族事务委员会编写。昆明：云南民族出版社1999年版。铅印本，285页，220千字，有插图。

流水号：20716

《国家民委〈民族问题五种丛书〉之二　中国少数民族简史丛书（修订本）——景颇族简史》

ISBN：978-7-105-08689-4

主题词：景颇族－民族历史－中国

中图分类号：K285.9/1

内容提要及说明：该书系统介绍了景颇族政治、经济、文化概况。第129—131页，卫生事业。

郑长德主编，钟海燕、潘俞先编，《景颇族简史》编写组编写。北京：民族出版社2008年版。铅印本，158页，130千字。

流水号：20717

《西南边疆民族研究书系·云南民族村寨调查：景颇族——瑞丽弄岛乡等嘎村》

ISBN：7-81068-240-7

主题词：瑞丽市－景颇族－民族调查

中图分类号：K285.9

内容提要及说明：书中记载有景颇族治疗肺结核等疾病的常用药材、药物煎煮及服用方法等，热包疗法、蒸熏治疗、外搽法等为特色疗法。

高发元、王皎主编，景颇族调查组编写。昆明：云南大学出版社 2001 年版。铅印本，231 页，192 千字。

流水号：20718

《云南少数民族文化史丛书——景颇族文化史》

题名文种：汉文

正文文种：汉文、改良景颇文

ISBN：7-5367-2455-1

主题词：景颇族－文化史

中图分类号：K285.9/2

内容提要及说明：该书对云南景颇族的民族文化进行了全方位的扫描，反映了景颇族文化的全貌，勾勒出景颇族文化的起源、发展、演变的历史轨迹，描绘了景颇族奇异、多姿的风貌。第 314—317 页，民族医药，约 2000 字。

刘刚主编，石锐、王皎著，云南省民族研究所编写。昆明：云南民族出版社 2002 年版。铅印本，355 页，280 千字，覆膜。

流水号：20719

《国家民委〈民族问题五种丛书〉之二　中国少数民族简史丛书（修订本）——傈僳族简史》

ISBN：978-7-105-08717-4

主题词：傈僳族－民族历史－中国

中图分类号：K285.6/1

内容提要及说明：该书系统介绍了傈僳族政治、经济、文化概况。第 174—176 页，医疗卫生事业。

秦和平主编，徐整运编，《傈僳族简史》编写组编写。北京：民族出版社 2008 年版。铅印本，239 页，200 千字。

流水号：20720

《西南边疆民族研究书系·云南民族村寨调查：傈僳族——泸水上江乡百花岭村》

ISBN：7-81068-240-7

主题词：泸水县－傈僳族－民族调查

中图分类号：K285.6

内容提要及说明：该书从历史沿革、环境、人口、经济、社会、政治、法律、文化、教育、科技、宗教 11 个方面对百花岭村进行了深入细致的调查。百花岭村有许多药草，最主要的药用植物为黄连。随着黄连采掘量的增大，许多村民把黄连作为商品出售，致使野生黄连越来越少，逐渐被家种黄连所代替。其次为木棉花（攀枝花）。木棉花（攀枝花）的药用价值较高，其根、皮均可入药，当地村民利用该植物清热祛湿、收敛止血的特性，治疗慢性胃炎、产后浮肿、赤痢、跌打扭伤等。百花岭村自然环境适宜多种植物生长，许多植物被村民采为药用，最主要的有攀枝花根、臭灵丹、薄荷、益母草、鱼腥草、车前子、砂仁、马蹄叶、野草果、龙胆草、紫花草。

高发元、肖迎主编，傈僳族调查组编写。昆明：云南大学出版社 2001 年版。铅印本，234 页，200 千字 .

流水号：20721

《云南民族文化大观丛书——傈僳族文化大观》

ISBN：7-5376-1844-6

主题词：傈僳族 – 民族文化概况 – 中国

中图分类号：K285.6/2

内容提要及说明：该书介绍了傈僳族渊源历史、语言文字、宗教信仰、风俗习惯、哲学思想、经济生产、建筑名胜等各个方面，展示了傈僳族丰富多彩的民族文化。第 353—360 页，医药卫生。

格桑顿珠、斯陆益主编，马化清、高广、段金录、袁晓林编，云南省民族事务委员会编写。昆明：云南民族出版社 1999 年版。铅印本，436 页，360 千字，有插图。

流水号：20722

《西南边疆民族研究书系·云南民族村寨调查：布朗族——勐海布朗山乡新曼峨村》

ISBN：7-81068-240-7

主题词：勐海县 – 布朗族 – 民族调查

中图分类号：K286.1

内容提要及说明：该书力图通过深入的调查，展示新曼峨布朗村寨的社会面貌，探索在改革开放中当地民族发展所面临的新情况、新问题及其对策。医药方面主要涉及肚子胀痛、扭伤、头痛、眼疾、腹泻、外伤、耳聋、耳痛、咽喉病、便秘、过敏、嘴角疼、腋窝疼、头晕、心绞痛的治疗方法等。

高发元、王晓珠、谭晓健主编，布朗族调查组编写。昆明：云南大学出版社 2001 年版。铅印本，324 页，265 千字。

流水号：20723

《云南民族文化大观丛书——布朗族文化大观》

正文文种：汉文、布朗文

ISBN：7-5367-1843-8

主题词：布朗族 – 民族文化概况 – 中国

中图分类号：K286.1

内容提要及说明：该书讲述布朗族的民族文化，包含民族医药内容。第 247—251 页，医药卫生。

格桑顿珠、穆文春主编，马化清、高广、段金录、袁晓林编，云南省民族事务委员会编写。昆明：云南民族出版社 1999 年版。铅印本，283 页，224 千字，有插图。

流水号：20724

《国家民委〈民族问题五种丛书〉之二　中国少数民族简史丛书（修订本）——布依族简史》

ISBN：978-7-105-08700-6

主题词：布依族 - 民族历史 - 中国

中图分类号：K286.8/1

内容提要及说明：该书记述了布依族各历史阶段及其发展进程。其中第201—202页，布依族卫生事业逐年发展。

李庆福主编，许宪隆编，《布依族简史》编写组编写。北京：民族出版社2008年版。铅印本，282页，240千字。

流水号：20725

《西南边疆民族研究书系·云南民族村寨调查：布依族——罗平鲁布革乡多依村》

ISBN：7-81068-240-7

主题词：罗平县 - 布依族 - 民族调查

中图分类号：K286.8

内容提要及说明：该书运用多学科结合的方法，从多渠道了解多依村布依族在改革开放20年中社会、经济、旅游资源、风俗习惯、生态环境等方面的巨大变化。

杨南丽主编，布依族调查组编写。昆明：云南大学出版社2001年版。纸质，铅印本，158页，有插图。

流水号：20726

《国家民委〈民族问题五种丛书〉之二　中国少数民族简史丛书（修订本）——回族简史》

ISBN：978-7-105-08727-3

主题词：回族 - 民族历史 - 中国

中图分类号：K281.3/1

内容提要及说明：该书介绍了回族简要历史，介绍了唐宋时期的回族先民、元朝时期的回族人、明朝时期的回族、清朝时期的回族、民国时期的回族、中华人民共和国成立以来的回族等。第93—94页，回族医药学，约1000字。

丁俊主编，金云峰、张世海、马建春、周传斌编，《回族简史》编写组编写。北京：民族出版社2008年版。铅印本，369页，310千字。

流水号：20727

《中国少数民族现状与发展调查研究丛书·回族卷（同心县）》

ISBN：7-105-03427-0

主题词：中国 - 少数民族 - 社会调查 - 回族

中图分类号：D633:D633.313

内容提要及说明：李希等撰著，中国社会科学院民族研究所编写。北京：民族出版社2010年版。纸质，铅印本，308页。

流水号：20728

《西南边疆民族研究书系·云南民族村寨调查：满族——保山瓦房乡水沟洼村》

ISBN：7-81068-240-7

主题词：保山市－满族－民族调查

中图分类号：K282.1

内容提要及说明：该书介绍了保山瓦房乡水沟洼村的满族的民族溯源、人口、社会婚姻家庭、村级政治组织及村民的政治态度、多民族融合的文化等内容。水沟洼村的山称得上“一屁股坐得着三棵药”，不仅品种多，而且蕴藏量大，主要野生药材有猪苓、党参、苦草、益母、龙胆、牡丹皮、乌头、贝母、虫草、重楼、知母、天麻、当归、茯苓、三七、铜皮等。水沟洼村满族一般人家都懂得按摩、用铜钱刮痧、扎针放血和采集一般草药治病的方法。其药剂多为鲜用，采回来后捣碎，取其汁液加第二次淘米水喝下。如需去火，可加白糖，也有采取煨服的。水沟洼村的满族中有几个专业医生，如柳坝的黄加康、平安寨的黄加贺等。他们还将药物晒干碾成粉，或经过煎煮浓缩，提取其药物精华。医疗方法有传统的“望、闻、问、切”，其中切脉的技术一般都较高，医疗采取内服外敷相结合的方法。

高发元、冯良方主编，满族调查组编写。昆明：云南大学出版社2001年版。铅印本，208页，176千字。

流水号：20729

《中国少数民族现状与发展调查研究丛书·满族卷》

ISBN：978-7-105-09311-3

主题词：中国－满族－社会调查－新宾满族自治县

中图分类号：D633.3:D633.321

内容提要及说明：该书由“综合篇”“典型篇”“专题篇”三部分组成，较为全面、客观地反映了辽宁省抚顺市新宾满族自治县政治、经济、文化、教育和社会各方面的现状及发展趋势。

郝时远、任一飞、何晓芳等撰著。北京：民族出版社2008年版。纸质，铅印本，351页。

流水号：20730

《云南民族文化大观丛书——怒族文化大观》

ISBN：7-5367-1837-3

主题词：怒族－民族文化－概况－中国

中图分类号：K286.3/2

内容提要及说明：第227-232页，医药卫生。

刘达成主编。昆明：云南民族出版社1999年版。铅印本，345页，260千字，有插图，覆膜。

流水号：20731

《云南少数民族文化史丛书——怒族文化史》

题名文种：汉文、英文

ISBN：7-5367-1577-3

主题词：云南－怒族－民族文化－文化史

中图分类号：K286.3

内容提要及说明：书中关于民族医药的部分介绍了怒族同胞在与疾病的漫长斗争中掌握的一些治病的方法。

陶天麟著，云南省民族研究所、云南民族出版社编写。昆明：云南民族出版社1997年版。铅印本，331页，260千字。

流水号：20732

《西南边疆民族研究书系·云南民族村寨调查：普米族——宁蒗永宁乡落水村》

ISBN：7-81068-240-7

主题词：宁蒗彝族自治县－普米族－民族调查

中图分类号：K286.6

内容提要及说明：该书共分7章，即重新建设中的落水村生态环境、由传统走向现代化的民族经济、落水村普米族的禁忌与习惯法、婚礼中的宗教仪式等。医药方面包括落水村普米族传统医药及落水村普米族对疾病的医治方法。

高发元、刘韵涵主编，普米族调查组编写。昆明：云南大学出版社2001年版。铅印本，185页，155千字。

流水号：20733

《云南民族文化大观丛书——普米族文化大观》

ISBN：7-5367-1836-5

主题词：普米族－民族文化概况－中国

中图分类号：K286.6/1

内容提要及说明：书中民族医药文化部分介绍了普米族同胞治疗日常疾病、外伤等所使用的治疗方法和草药知识。第237—238页，医药卫生。

格桑顿珠、杨照辉主编，马化清、高广、段金录、袁晓林编，云南省民族事务委员会编写。昆明：云南民族出版社1999年版。铅印本，254页，200千字，有插图。

流水号：20734

《中国社会科学院文库·历史考古研究系列——蒙古族简史》

题名文种：汉文

ISBN：978-7-80230-420-8

主题词：蒙古族－民族历史－中国

中图分类号：K281.2/5

内容提要及说明：该书介绍了我国蒙古族防病治病的一些方法和药物。第212—213页，医学天文历象，约600字。

《蒙古族简史》编写组编写。北京：社会科学文献出版社2007年版。铅印本，431页，415千字，有插图，覆膜。

流水号: 20735

《国家民委〈民族问题五种丛书〉之二 中国少数民族简史丛书(修订本)——羌族简史》

ISBN: 978-7-105-08692-4

主题词: 羌族－民族历史－中国

中图分类号: K287.4/3

内容提要及说明: 该书概述古代羌族及近现代羌族的历史文化，记述当代羌族传统的习俗、宗教、文艺和科技等内容。其中第143—147页，卫生和体育部分涉及羌族的医药文化。

郎维伟主编，王永正、王康编，《羌族简史》编写组编写。北京: 民族出版社2008年版。铅印本，274页，230千字。

流水号: 20736

《西南边疆民族研究书系·云南民族村寨调查: 水族——富源古敢乡都章村》

ISBN: 7-81068-240-7

主题词: 富源县－水族－民族调查

中图分类号: K286.9

内容提要及说明: 该书从人口、经济、历史沿革、政治、习惯法及其变迁、文化、教育、宗教等方面介绍了水族生活的变化与发展。

高发元、张巨成主编，水族调查组编写。昆明: 云南大学出版社2001年版。纸质，铅印本，236页。

流水号: 20737

《国家民委〈民族问题五种丛书〉之二 中国少数民族简史丛书(修订本)——佤族简史》

ISBN: 978-7-105-08705-1

主题词: 佤族－民族历史－中国

中图分类号: K285.5/2

内容提要及说明: 该书客观准确、简明扼要地阐述了我国佤族的历史发展进程，反映了佤族近50年的发展概貌和成就，集思想性、科学性和资料性于一体。随着改革开放和中国特色社会主义现代化建设事业的不断前进，佤族经济发展，社会进步，取得了显著成绩，发生着沧桑巨变。第172—174页，医疗卫生事业的继续进步。

徐学初主编，张立辉、田继周、罗之基、刘继红编，《佤族简史》编写组编写。北京: 民族出版社2008年版。铅印本，221页，190千字。

流水号: 20738

《天下只有一个和田: 文化、教育、民族医药》(3)

题名文种: 维吾尔文

ISBN: 7-228-08242-7

主题词: 和田地区－文化－教育－民族医学－概况－中国－新疆

中图分类号: K924.52

内容提要及说明: 阿布都拉·苏莱满主编。乌鲁木齐: 新疆人民出版社2003年版，367页。

流水号：20739

《茶马古道上的民族文化》

ISBN：978-7-222-09141-2

中图分类号：K280.7

内容提要及说明：该书内容包括悠远而长存的古道、茶马古道上的文化特征、茶地的考察、百岁老人谈茶说古道、人类生活的布景——丽江五个部分。

木霁弘主编。昆明：云南人民出版社、云南大学出版社2012年版。纸质，铅印本，315页，有插图。

流水号：20740

《云南民族文化知识丛书——滇人天衍：云南民族医药》

ISBN：7-5415-1868-9

主题词：民族医药－云南

中图分类号：K203

内容提要及说明：该书是“云南民族文化知识丛书”之一，全面系统地研究了云南民族医药。内容包括“云南民族医药史话”“云南民族医药理论概说”“云南医药故事”“从民族中寻找新药”等。

曾育麟主编。昆明：云南教育出版社2000年版。铅印本，162页，115千字，有插图，精装。

流水号：20741

《敦煌学研究文库——敦煌佛儒道相关医书释要》

ISBN：7-105-07951-7

主题词：敦煌学－中国医药学－古籍－研究

中图分类号：R2-52

内容提要及说明：该书分六部分，对敦煌佛、儒、道相关医书进行了释要，其中包括写在佛书正面或背面的医书（如3481页《针灸甲乙经·卷之四病形脉诊》节选本、2115页《张仲景五脏论》等）、写在儒书正面或背面的医书（如3378页《杂疗病药方》等）、写在道书正面或背面的医书（如2882页天宝七载张惟澄奏上杂疗病方残卷等）。

李应存主编，史正刚编。北京：民族出版社2006年版，320页。

流水号：20742

《国家民委〈民族问题五种丛书〉之三　中国少数民族自治地方概况丛书——禄劝彝族苗族自治县概况》

ISBN：7-5367-0278-7

主题词：彝族－概况－禄劝彝族苗族自治县－苗族

中图分类号：K297.44/26

内容提要及说明：该书介绍了云南省禄劝彝族苗族自治县的概况，含民族医药内容。第148—152页，医药卫生。

禄劝彝族苗族自治县概况编写组编写。昆明：云南民族出版社1990年版。铅印本，174页，138千字，有插图。

流水号：20743

《南涧彝族自治县概况》

统一书号：11184.61

主题词：南涧彝族自治县－概况

中图分类号：K297.44

内容提要及说明：《南涧彝族自治县概况》编写组编写。昆明：云南民族出版社1986年版，128页。

流水号：20744

《西南民族大学民族经济研究文库——西部少数民族文化资源开发走向市场》

题名文种：汉文

ISBN：978-7-105-04746-8

主题词：少数民族－民族文化－资源开发－研究

中图分类号：K280.4/1

内容提要及说明：该书是一本立足于西部大开发的实践，综合运用民族学、发展经济学和社会学等多种学科的理论和方法，探索西部少数民族文化资源开发的理论和实践的应用性研究专著。第178—208页，西部少数民族传统医药文化与医用资源开发。

来仪著。北京：民族出版社2007年版。铅印本，296页，250千字，覆膜。

流水号：20745

《国家民委〈民族问题五种丛书〉之三　中国少数民族自治地方概况丛书（修订本）——云南大理白族自治州概况》

ISBN：978-7-105-08558-3

主题词：大理白族自治州－概况

中图分类号：K297.44/12

内容提要及说明：该书全面反映了大理白族自治州的地理环境、历史沿革与社会变革、民族区域自治、农业、工业、交通通信、财政金融、贸易、旅游、对外开放、社会事业、城乡建设、环境保护等方面的内容。第365—369页，民族医药。

赵立雄主编，赵波、马健全、杨秀星、杨宴君编。北京：民族出版社2007年版。铅印本，454页，350千字，有插图。

流水号：20746

《国家民委〈民族问题五种丛书〉之三　中国少数民族自治地方概况丛书（修订本）——云南河口瑶族自治县概况》

ISBN：978-7-105-08587-3

主题词：河口瑶族自治县－概况

中图分类号：K297.44/41

内容提要及说明：该书介绍了河口瑶族自治县的地理环境、历史沿革与社会变革、民族区域自治、农业、工业、交通通信、财政金融、贸易、旅游、对外开放、社会事业、城乡建设、环境保护等方面的内容。第226—229页，民族医药。

邓永和主编，侯开华、杨军、王家强、邓福旺编。北京：民族出版社2008年版。铅印本，276页，223千字，有插图。

流水号：20747

《国家民委〈民族问题五种丛书〉之三　中国少数民族自治地方概况丛书（修订本）——云南红河哈尼族彝族自治州概况》

ISBN：978-7-105-08567-5

主题词：红河哈尼彝族自治州－概况

中图分类号：K297.44/5

内容提要及说明：该书介绍了云南红河哈尼族彝族自治州的地理环境、历史沿革与社会变革、民族区域自治、农业、工业、交通通信、财政金融、贸易、旅游等内容。第370—384页，民族医药。

杨福生主编，松万明、马子凡、谭智荣、李相如编。北京：民族出版社2008年版。铅印本，439页，370千字，有插图。

流水号：20748

《国家民委〈民族问题五种丛书〉之三 中国少数民族自治地方概况丛书（修订本）——云南兰坪白族普米族自治县概况》

ISBN：978-7-105-08566-8

主题词：兰坪白族普米族自治县－概况

中图分类号：K297.44/35

内容提要及说明：该书介绍了云南兰坪白族普米族自治县的基本概况，内容涵盖地理环境、历史沿革与社会变迁、农业、工业、交通通信、财税金融、贸易、旅游、医药、社会事业等方面。第245—247页，民族医药，约1200字。

羊明主编，熊元德、和松堂、罗德胜、李松发编。北京：民族出版社2008年版。铅印本，280页，248千字，有插图。

流水号：20749

《国家民委〈民族问题五种丛书〉之三 中国少数民族自治地方概况丛书（修订本）——云南禄劝彝族苗族自治县概况》

ISBN：978-7-105-08560-6

主题词：禄劝彝族苗族自治县－概况

中图分类号：K297.44/26

内容提要及说明：该书介绍了云南禄劝彝族苗族自治县的地理环境、历史沿革与社会变革、民族区域自治、农业、工业、交通通信、财政金融、贸易、旅游等内容。第234—235页，民族医药，约800字。

王桂泽主编，张光文、张丽仙、吴明泽、张映华编。北京：民族出版社2007年版。铅印本，286页，220千字，有插图。

流水号：20750

《国家民委〈民族问题五种丛书〉之三 中国少数民族自治地方概况丛书（修订本）——云南墨江哈尼族自治县概况》

ISBN：978-7-105-08568-2

主题词：墨江哈尼族自治县－概况

中图分类号：K297.44/3

内容提要及说明：该书主要介绍了云南墨江哈尼族自治县的地理环境、历史沿革与社会变革、民族区域自治、农业、工业、交通通信、财税金融、旅游、对外开放、社会事业等。第234—235页，民族医药，约800字。

李洪武主编，黄显学、王斌、罗俊才、王建国编。北京：民族出版社 2008 年版。铅印本，259 页，210 千字，有插图。

流水号：20751

《国家民委〈民族问题五种丛书〉之三 中国少数民族自治地方概况丛书（修订本）——云南怒江傈僳族自治州概况》

ISBN：978-7-105-08581-1

主题词：怒江傈僳族自治州 - 概况

中图分类号：K297.44/37

内容提要及说明：该书主要介绍了云南怒江傈僳族自治州基本概况、历史沿革与社会变革、民族区域自治、农业、工业、交通通信、财政金融、贸易、旅游、对外开放、社会事业、城镇建设等。第 327—329 页，民族医药。

侯新华主编，杜绍林、丁秀花、马义民、邓文学编，《怒江傈僳族自治州概况》编写组、《怒江傈僳族自治州概况》修订本编写组编写。北京：民族出版社 2008 年版。铅印本，371 页，330 千字，有插图。

流水号：20752

《国家民委〈民族问题五种丛书〉之三 中国少数民族自治地方概况丛书（修订本）——云南屏边苗族自治县概况》

ISBN：978-7-105-08578-1

主题词：屏边苗族自治县 - 概况

中图分类号：K297.44/18

内容提要及说明：该书介绍了云南屏边苗族自治县的地理环境、历史沿革与社会变革、民族区域自治、农业、工业、交通通信、财政金融、贸易、旅游、对外开放、社会事业、城乡建设、环境保护等。第 205—206 页，民族医药，约 800 字。

杨国椿主编，杨旺林、刘翔、李洪能、陆永奎编，《屏边苗族自治县概况》编写组、《屏边苗族自治县概况》修订本编写组编写。北京：民族出版社 2008 年版。铅印本，226 页，190 千字，有插图。

流水号：20753

《云南少数民族传统科技文物》

题名文种：汉文、英文

ISBN：7-5367-2842-5

主题词：云南 - 少数民族 - 科学技术 - 历史文物

中图分类号：K872.74/2

内容提要及说明：该书对云南世代居住的 25 个少数民族世代创造的涉及社会制度、社会生产、社会生活各个层面的神话、天文历法、民族医药、民族纺织技术等进行了介绍。

普卫华主编，杨松海、桂榕、秋么尔布、张红云编。昆明：云南民族出版社 2004 年版。铅印本，298 页，300 千字，有插图。

流水号：20754

《云南少数民族概览》

ISBN：7-222-02597-9

主题词：概况－云南－少数民族

中图分类号：K280.74/17

内容提要及说明：该书介绍了云南少数民族概况及医药文化。在知识与艺术部分包含有对民族医药的介绍。

郭净主编，段玉明、杨福泉编。昆明：云南人民出版社 1999 年版。铅印本，919 页，740 千字，有插图。

流水号：20755

《云南少数民族社会历史调查资料汇编》(05)

ISBN：978-7-105-08839-3

主题词：云南－少数民族－民族历史－社会调查

中图分类号：K280.74

内容提要及说明：该书汇编了云南少数民族社会历史调查报告 43 篇，涉及苗族、瑶族、蒙古族、彝族、基诺族、白族、傣族、普米族、布依族、水族等民族。

云南省编辑组、《中国少数民族社会历史调查资料丛刊》修订编辑委员会编写。北京：民族出版社 2009 年版，435 页。

流水号：20756

《云南特色文化》

ISBN：7-80230-094-0

主题词：少数民族－民族文化－云南省

中图分类号：K280.74/7

内容提要及说明：该书分为历史文化、民族文化和地域文化三篇，论述了云南的史前文化、抗战文化、神话文化、生态文化、烟草文化、书画文化等。第 682—700 页，医药文化。

杨寿川主编，郑良、耿德铭、鲁刚、段炳昌编，云南省社会科学界联合会编写。北京：社会科学文献出版社 2006 年版。铅印本，883 页，1127 千字，有插图，精装。

流水号：20757

《社会文化人类学丛书——云南特有族群社会文化调查》

题名文种：汉文、英文

ISBN：7-81112-154-9

主题词：少数民族－民族文化－社会调查－云南省

中图分类号：K280.74/18

内容提要及说明：该书受国家社会科学基金暨云南省省院省校合作项目基金资助。该书对云南境内的部分特有族群进行了较为全面深入的调查研究，系统、客观、科学地记录和保存了生动丰富的资料。卫生与健康、生育部分的介绍，包含民族医药信息。

和少英主编，王正华编。昆明：云南大学出版社 2006 年版。铅印本，288 页，350 千字，有插图。

流水号：20758

《国家民委〈民族问题五种丛书〉之三 中国少数民族自治地方概况丛书（修订本）——云南文山壮族苗族自治州概况》

ISBN：978-7-105-08563-7

主题词：文山壮族苗族自治州－概况

中图分类号：K297.44/39

内容提要及说明：该书介绍了云南文山壮族苗族自治州的行政区划、自然资源、民族分布、历史发展、政权建设、社会变革、经济文化以及名胜古迹、宗教信仰、风俗习惯等内容。第346—350页，民族医药。

王承才主编，钱磊、刘卓武、陆庆怀、马斌编，《文山壮族苗族自治州概况》修订本编写组编写。北京：民族出版社2008年版。铅印本，388页，316千字，有插图。

流水号：20759

《国家民委〈民族问题五种丛书〉之三 中国少数民族自治地方概况丛书（修订本）——云南西盟佤族自治县概况》

ISBN：978-7-105-08572-9

主题词：西盟佤族自治县－概况

中图分类号：K297.44/15

内容提要及说明：该书介绍了云南西盟佤族自治县的地理环境、历史沿革与社会变革、民族区域自治、农业、工业、交通和通信等。第220—223页，民族医药。

岩再主编，鲁斌、魏岩斋、杨绍武、李正洪编。北京：民族出版社2008年版。铅印本，273页，200千字，有插图。

流水号：20760

《云南医林人物》

ISBN：7-5416-0331-7

中图分类号：R60

内容提要及说明：该书记述了从宋代开始，至1987年止，云南的医林人物，及其在当时当地对中医学、民族医学、草医学的影响等。书中收录了一些在医学方面有贡献的民族医药、草药。

邱纪凤主编，顾琼珠、赵国志、张延瑜、尚华编，云南中医学院科研处、图书馆编写。昆明：云南科技出版社1992年版。铅印本，404页，285千字。

流水号：20761

《国家民委〈民族问题五种丛书〉之三 中国少数民族自治地方概况丛书（修订本）——云南玉龙纳西族自治县概况》

ISBN：978-7-105-08593-4

主题词：玉龙纳西族自治县－概况

中图分类号：K297.44/36

内容提要及说明：该书主要介绍了云南玉龙纳西族自治县各自治地方的行政区划、自然资源、民族分布、历史发展、政权建设、社会变革、经济文化以及名胜古迹、宗教信仰、风俗习惯等内容。第249—250页为民族医药内容，约1000字。

和慧军主编，陈彪、杨承新、木志

英、张赛东编。北京：民族出版社 2008 年版。铅印本，288 页，230 千字，有插图。

流水号：20762

《国家民委〈民族问题五种丛书〉之三 中国少数民族自治地方概况丛书（修订本）——云南元江哈尼族彝族傣族自治县概况》

ISBN：978-7-105-08564-4

主题词：元江哈尼族彝族傣族自治县 - 概况

中图分类号：K297.44/38

内容提要及说明：该书介绍了云南元江哈尼族彝族傣族自治县的地理环境、历史沿革与社会变革、民族区域自治、农业、工业、交通通信、财政金融、贸易、旅游等内容。第 250—256 页为民族医药内容。

杨忠武主编，吉寿海、白友光、李松阳、郑荣编。北京：民族出版社 2008 年版。铅印本，294 页，240 千字，有插图。

流水号：20763

《国家民委〈民族问题五种丛书〉之三 中国少数民族自治地方概况丛书（修订本）——云南镇沅彝族哈尼族拉祜族自治县概况》

ISBN：978-7-105-08569-9

主题词：镇沅彝族哈尼族拉祜族自治县 - 概况

中图分类号：K297.44/40

内容提要及说明：该书主要介绍了云南镇沅彝族哈尼族拉祜族自治县的地理环境、历史沿革与社会变革、民族区域自治、农业、工业、交通通信、财政金融等情况。第 218—219 页为民族医药内容，约 1200 字。

李向华主编，王兴、祁海、肖再全、郝金文编。北京：民族出版社 2008 年版。铅印本，242 页，215 千字，有插图。

流水号：20764

《云南中医学院建院四十周年论文汇编》（1949—1989）

中图分类号：R2-53/52

内容提要及说明：第 17—19 页，从民族医药中寻找新药；第 112—120 页，纳西族的本草书——《玉龙本草》。

吕光荣主编，马逢生、吴帆、岳胜难编。昆明：云南中医学院 2003 年版。纸质，铅印本，286 页，有插图。

流水号：20765

《中国中医药科技成果获奖项目汇编》（1978—2002）

ISBN：7-80174-024-6

主题词：中国医药学 - 科技成果 - 汇编

中图分类号：R2-53/73

内容提要及说明：该书介绍了我国中医药的发展，包括基础研究、医史文献研究、软科学研究、临床研究、中药学等内容，同时还有中医药 1978—2002 年的科技成果。第 559—573 页，少数民族医药学。

李振吉主编，何惠宇、刘保延、贺兴东、洪净编，国家中医药管理局编写。北京：中医古籍出版社 2003 年版。铅印本，636 页，1100 千字，精装。

流水号：20766

《中华医学会双江分会会员论文选集》（1990—1992）

内容提要及说明：云南双江中华医学会分会组织编印的论文集，有民族医药的专题论文。

双江，纸质，铅印本，53 页。

（六）民族药用植物及现代研究类图书

流水号：20767

《民族植物学》

民族语言题名：[illegible]

题名文种：汉文、傣文

ISBN：978-7-5323-9104-2

主题词：民族学 - 植物学

中图分类号：Q948.2

内容提要及说明：该书是我国第一本系统性的民族植物学论著，是在充分吸收、消化国外理论、方法和经验的基础上，经过长期探索和积累我国各地研究工作的实际经验及集成创新的基础上，总结而成的一本适合我国的民族植物学专著。全书共分为 12 章，从民族植物学的定义、发展历史、理论与方法、研究内容等方面对民族植物学做了系统介绍。内容新颖、系统、全面，并大量引用国内外研究工作实际案例阐明理论、观点和解释途径方法。

裴盛基主编，淮虎银著。上海：上海科技出版社（上海世纪出版股份有限公司）2007 年版。铅印本，341 页，314 千字，有插图，精装。

流水号：20768

《黎药的 DNA 条形码鉴定研究》

ISBN：978-7-5067-6299-1

主题词：脱氧核糖核酸 - 应用 - 黎族 - 民族医学 - 植物药 - 鉴定

中图分类号：R298.1

内容提要及说明：该书分总论、各论两部分，介绍黎药植物资源，共收载黎药植物 82 种。书中采用目前国际上流行的 DNA 条形码技术，对黎药植物进行标准化鉴定，每一个黎药介绍其中文名、汉语拼音、拉丁学名、材料来源、DNA 条形码序列特征、序列鉴定方法与判定标准，书后附药材彩图。

唐历波主编。北京：中国医药科技出版社 2013 年版，107 页。

流水号：20769

《瑶医常用植物药化学与药理研究》

ISBN：978-7-80653-988-0

主题词：研究－瑶族－民族医学－药用植物－生物化学－药理学

中图分类号：R295.1

内容提要及说明：该书是以介绍瑶医常用植物药的化学及药理研究为主要内容的专业书籍，共分为总论、各论、附录三部分，介绍瑶医常用植物药 233 种。

尹显洪主编。广州：广东旅游出版社 2008 年版，213 页。

流水号：20770

《常用壮药生药学质量标准研究》

ISBN：7-5363-4416-3

主题词：鉴定－研究－壮族－民族医学－中药化学成分

中图分类号：R291.8

内容提要及说明：该书汇集了 226 种疗效确凿、应用广泛的药物，按照根及根状茎类、茎类、叶类、花类、果实及种子类、全草类的顺序，以基本的鉴定方法和技术为主线，以药材性状、组织结构和粉末特征为要点进行整理与研究。

韦松基、朱华主编。南宁：广西民族出版社 2003 年版，417 页。

流水号：20771

《青藏高原药物图鉴》（第 1—3 册）

民族语言题名：མདོ་དབུས་མཐོ་སྒང་སྨན་རིས་གསལ་བའི་མེ་ལོང་།

其他题名文种：汉文、藏文

正文文种：汉文、藏文

统一书号：14097.42

主题词：青藏高原－图谱－药用植物

中图分类号：R932.4/4039

内容提要及说明：第一、二册收集了青藏高原植物类药物 309 种，第三册收集青藏高原动物类药物 77 种。药名用藏、汉两种文字对照，药名后有拉丁学名。每种药物均插有动植物图样。

青海省生物研究所、同仁县隆务卫生所编写。西宁：青海人民出版社 1972—1978 年第 1 版。纸质，铅印本，452 页，有插图，简装。

流水号：20772

《民族药物高通量筛选新技术》

正文文种：汉文、英文

ISBN：978-7-81108-590-7

主题词：民族医药学－药物筛选－新技术

中图分类号：R29/12

内容提要及说明：该书介绍了如何利用高通量药物筛选技术快速开发民族药物，以及民族药物高通量筛选新技术的内容、特点、方法、应用等问题。

刘庆山主编。北京：中央民族大学出版社 2008 年版。铅印本，386 页，410 千字，有插图。

流水号：20773

《民族植物学手册》

ISBN：7-5416-1214-6

主题词：植物学－手册

中图分类号：Q94-62/3

内容提要及说明：该书为“人与植物保护手册”丛书之一，论述了民族植物学的相关内容。第72—100页，民族药物学及相关领域。

盖利·J.马丁主编，裴盛基、贺善安译。昆明：云南科技出版社1998年版。铅印本，322页，290千字，有插图。

流水号：20774

《传统知识与资源可持续利用丛书——民族植物学与植物资源可持续利用的研究》

题名文种：汉文、英文

ISBN：7-5416-1353-3

主题词：植物－关系－人类－理论－研究

中图分类号：Q948.12/1

内容提要及说明：该书分概念和方法、植物资源和可持续利用、生物多样性保护3章，收录了《民族植物学研究方向和研究方法》《社区药用植物资源和可持续管理》《我国杀虫植物资源开发利用研究进展》等20余篇论文。第65—75页，藏药。

许建初主编，王正友、王雨华、王建华、王春编。昆明：云南科技出版社2000年版。铅印本，295页，250千字，有插图。

流水号：20775

《少数民族地区药用植物多糖的化学与药理》

ISBN：978-7-81108-509-9

主题词：药用植物－多糖－中药化学成分

中图分类号：R284/15

内容提要及说明：该书分为上、下篇。上篇为总论，主要以多糖化合物为主线，介绍了多糖的生物活性、来源、分布、结构、性质以及分离提纯结构鉴定方法；下篇为各论，对少数民族地区药用植物不同部位多糖类化合物的提取、纯化、结构测定和药理作用进行了综合分析和整理归纳。

刘春兰主编，徐靳凡、崔箭编。北京：中央民族大学出版社2008年版。铅印本，324页，373千字，有插图，覆膜。

流水号：20776

《西双版纳药用植物名录》

题名文种：汉文、英文

ISBN：7-5367-0324-4

主题词：西双版纳－名录－药用植物

中图分类号：Q949.95-1

内容提要及说明：郭绍荣、段桦主编，中国医学科学院药用植物资源开发研究所云南分所编写。昆明：云南民族出版社1991年版。铅印本，522页，390千字，有插图。

流水号：20777

《西双版纳植物名录》

题名文种：汉文

统一书号：13184.18

主题词：植物志－西双版纳

中图分类号：Q948.32/1

内容提要及说明：中国科学院云南热带植物研究所编写。昆明：云南民族出版社1984年版。纸质，铅印本，509页。

流水号：20778

《药草与人类健康：中国'99昆明世界园艺博览会药草园》

ISBN：7-5416-1430-0

主题词：药用植物学简介-中国

中图分类号：S567/20

内容提要及说明：该书内容由药草园散记、药用植物简介、室内展简介等几个部分组成，通过对药草园概况的介绍，反映中国人民应用天然植物防病治病的灿烂历史和发展现状。

刘七一主编，李国光、张启贤、杨国祥、钱子刚编，云南中医学院药草园工程办编写。昆明：云南科技出版社2000年版。铅印本，194页，188千字，有插图。

流水号：20779

《药物集成Ⅴ：中成药及民族药制剂》

ISBN：978-7-5067-3868-2

主题词：中国-汇编-药物-中成药-民族医学

中图分类号：R97:R286

内容提要及说明：该书收载中成药1632种，民族药制剂775种。按药品通用名的汉语拼音排序，截稿时间为2007年9月。各药品记载有药品编号、名称（正名药品及其他名称）、药物管理信息、药物应用信息和药物成分信息五部分内容。

梁安鹏、李玉龙总编，王满恩主编，王孝敏、郝日晋、王娜、白而力编。北京：中国医药科技出版社2008年版。铅印本，5053页，1840千字，精装。

流水号：20780

《云南资源植物学》

ISBN：7-5415-1374-1

主题词：云南-植物资源

中图分类号：Q94/17

内容提要及说明：第74—92页，药用及保健植物。

熊子仙主编。昆明：云南教育出版社1997年版。铅印本，144页，110千字。

流水号：20781

《中国少数民族药用植物学》

ISBN：978-7-81108-577-8

主题词：少数民族-民族医学-药用植物学

中图分类号：R29/11

内容提要及说明：该书内容为中国少数民族药用植物的分类、中国少数民族药用植物资源与保护、中国少数民族传统医学的发展前景、学习少数民族药用植物学的方法等，可供民族医学和药学专业的本科生和研究生使用。书中讲解了少数民族药用植物的细胞、组织、器官的形态特征，营养器官和繁殖器官形态解剖的基本知识、技能和技巧，少数民族药用植物与

其特有环境的相关性，少数民族药用植物资源研究的基本理论和技能。

崔箭主编，阿里穆斯、朴香兰、徐斯凡、杨若明编。北京：中央民族大学出版社2008年版。铅印本，268页，290千字，有插图。

流水号：20782

《中国少数民族有毒药物研究与应用》

题名文种：汉文

ISBN：978-7-5660-0015-6

主题词：少数民族－民族医学－毒性－药物－研究－中国

中图分类号：R29

内容提要及说明：该书内容包括天然药物，中药与民族药关系，我国民族医药发展简史，我国民族医药发展现状，我国民族医药发展战略，少数民族有毒药物应用概况，民族药毒性反应与临床特征，中药、民族药毒性分级，少数民族有毒药物研究意义等。该书由上、下两编组成。上编总论主要介绍了我国民族药的应用与研究现状、少数民族有毒药物应用与毒性反应、中药及民族药不良反应的预防与监控、毒理学基础、药物毒性评价方法等内容；下编各论则介绍了我国白族、布依族、朝鲜族、傣族等近30个少数民族使用的有毒药物400多种，每味民族药根据文献资料现代研究分别列出药物的民族药名、别名、来源、民族用药经验等内容。

李志勇主编，北京：中央民族大学出版社2011年版，395页。

三、民族医药文献检索工具、参考工具书

（一）民族医药专科工具书

流水号：30001

《常用藏药目录》

民族语言题名：རྒྱུན་སྤྱོད་བོད་སྨན་དཀར་ཆག།

其他题名文种：汉文、藏文

正文文种：汉文、藏文

ISBN：978-7-223-02521-8

主题词：藏药－目录－藏汉

中图分类号：R291.4-7/1

内容提要及说明：索朗扎西主编，尼玛次仁、巴桑、索朗德吉、占堆编著。拉萨：西藏人民出版社2008年版。

流水号：30002

《常用藏中药简编》

民族语言题名：རྒྱ་སྤྱོད་བོད་རྒྱ་སྨན་རིག་མདོར་བསྡུས།

正文文种：汉文、藏文

ISBN：978-7-5421-1188-3

主题词：藏医－药物中药材

中图分类号：R291.4:R282

内容提要及说明：该书介绍了130种常用藏药、中药材的药源及其在临床中的应用等。

雒成林主编，金建平、刘峰林编。兰州：甘肃民族出版社2007年版。

流水号：30003

《甘南藏族自治州藏医志》

民族语言题名：ཀན་ལྷོ་བོད་རིགས་རང་སྐྱོང་ཁུལ་བོད་སྨན་ལོ་རྒྱུས་།

ISBN：7-5421-0248-6

主题词：概况－甘南藏族自治州－藏医

中图分类号：R199.2:R291.4

内容提要及说明：该书从藏医机构、

藏医教育事业、甘南藏药、藏医人物等10个方面，介绍了藏医的发展变化。

甘南藏族自治州卫生局藏医志编纂委员会编写。兰州：甘肃民族出版社 1993 年版，238 页。

流水号：30004

《甘珠尔所载之医药部分》

民族语言题名：བཀའ་འགྱུར་ལས་འཕྲོས་པའི་གསོ་རིག

其他题名文种：藏文

正文文种：藏文

ISBN：7-223-00195-X

内容提要及说明：《甘珠尔所载之医药部分》（嘎玛赤热整理，拉萨：西藏人民出版社 1988 年版）、《医药学选编》（北京：民族出版社，1989 年、1992 年、1992 年、1996 年版）、《丹珠尔藏医药学文献精要》（九西加、本考、旦正加选编整理，兰州：甘肃民族出版社 2007 年版）是 3 本辑选藏文《大藏经》中有关藏医药内容的著作，并不是专门的藏医药古籍文献目录著作。但这 3 本著作的内容均反映出藏传佛教经典中收录的藏医药古籍文献的情况，对于了解藏医药古籍的整体状况有所帮助。

嘎玛赤热主编。拉萨：西藏人民出版社 1988 年版。纸质，铅印本，228 页。

流水号：30005

《古今藏医药文献书目编制》

民族语言题名：བོད་རྒྱ་ཤན་སྦྱར་ཚིག་མཛོད།

ISBN：7-223-01959-X

主题词：藏医－文献－编目

中图分类号：G254

正文文种：藏汉英对照

内容提要及说明：《古今藏医药文献书目编制》（藏汉英对照），由西藏自治区藏医院编纂，由索朗措姆、拉珍主持整理，于 2006 年由西藏人民出版社出版。该书为“国家中医药管理局民族医药文献整理丛书”之一，全书以藏、汉、英 3 种文字，对 531 种藏医药古籍文献的书名、著者、年代、版本、收藏处所、备注以及内容摘要进行了介绍。其中 390 种文献为西藏自治区藏医院所藏。这是目前为止编纂最为系统的一部藏医药古籍文献目录。唯一的缺憾是没有涉及除西藏自治区外的其他省区所藏的藏医药古籍文献。

bsod nams mtsho mo，lhag sgrol 整理主编。拉萨：西藏人民出版社 2006 年版。

流水号：30006

《西藏藏医学院馆藏典籍目录》（01）

民族语言题名：བོད་ལྗོངས་གསོ་རིག་སློབ་གླིང་གི་འགྲེམ་སྟོན་ཁང་སོགས་སུ་ཉར་བའི་བསྟན་བཅོས་དཀར་ཆག（དང་པོ）

并列题名：bod ljongs bod lugs gso rig slob graw chen mor bzhugs su gsol bavi dpe rnying dkar chag-deb dang po：deb dang po

ISBN：978-7-223-02275-0

主题词：西藏藏医学院－古籍－图书馆目录－藏语

中图分类号：Z838

正文文种：藏文

内容提要及说明：《西藏藏医学院馆藏典籍目录》是由西藏藏医学院编纂，于2008年由西藏人民出版社出版。该目录收录了西藏藏医学院收藏的古籍，其中医学类古籍56种、天文历算类古籍17种。著录的信息包括登录号、章节、书名、著者、著作时间、页数、印经院、版本以及规格。该目录是一部高等院校图书馆的工具书，其目的是便于教师及学生查找阅览，从这个角度来说，这是一部很实用的目录书。但是，因为馆藏藏医古籍较少，所以尚无法反映藏医古籍的总体状况。

glang mthong rdo rje sgrol dkar 编著。拉萨：西藏人民出版社 2013 年版，621 页。

流水号：30007

《西藏藏医学院馆藏典籍目录》（02）（第 2 版）

民族语言题名：བོད་ལྗོངས་གསོ་རིག་སློབ་གྲྭ་ཆེན་མོར་བཞུགས་སུ་གསོལ་བའི་དཔེ་རྙིང་དཀར་ཆག（གཉིས་པ）

并列题名：bod ljongs bod lugs gso rig slob graw chen mor bzhugs su gsol bavi dpe rnying dkar chag-deb gnyis pa：deb gnyis pa

ISBN：978-7-223-02395-5

主题词：藏医－古籍－图书馆目录－藏语

中图分类号：Z838

正文文种：藏文

内容提要及说明：glang mthong rdo rje sgrol dkar 编著。拉萨：西藏人民出版社 2013 年版，739 页。

流水号：30008

《西藏常见药用植物名录》（汉藏对照）

民族语言题名：བོད་ཀྱི་སྨན་སྦྱོད་རྩི་ཤིང་དཀར་ཆག（རྒྱ་བོད་ཤན་སྦྱར）

其他题名文种：汉文、藏文

正文文种：汉文、藏文

ISBN：978-7-223-02285-9

主题词：药用植物－西藏－名录－藏语－汉语－拉丁语

中图分类号：Q949.95-62/2

内容提要及说明：该书为汉文、藏文对照。包括藏文、汉文、拉丁文西藏常见药用植物名录。

蒋思萍、拉巴主编，道帏、才让多杰译。拉萨：西藏人民出版社 2008 年版。

流水号：30009

《藏汉合璧常用藏成药实用手册》

民族语言题名：བོད་རྒྱ་ཤན་སྦྱར་གྱི་རྒྱུན་སྤྱོད་བོད་སྨན་ལག་དེབ།

其他题名文种：汉文、藏文

正文文种：藏文

ISBN：7-105-08139-2

主题词：藏医－中成药－手册

中图分类号：R291.4-62

内容提要及说明：该书作者为西藏藏医院药检科科长、副教授，他长期从事藏药药检工作，对藏成药具有很深的了解。书中收录了350多种现今常用藏成药，分药名（曾用名）、主要成分、性状、作用类别、功能主治、注意事项、不良反应、禁忌、用法用量、规格、贮藏等12个大类。

索朗顿珠主编。北京：民族出版社2006年版。纸质，铅印本，461页，精装。

流水号：30010

《藏汉拉对照藏药词汇》

民族语言题名：བོད་རྒྱ་ལ་གསུམ་གྱི་བོད་སྨན་མིང་མཛོད།

其他题名文种：汉文、藏文、拉丁文

正文文种：汉文、藏文、拉丁文

ISBN：7-5420-0662-2

中图分类号：R29.7

内容提要及说明：俄仓巴·卓玛东珠主编。西宁：青海民族出版社1998年版。

流水号：30011

《藏药标准》（1、2册合订本）

民族语言题名：བོད་སྨན་ཚད་གཞི།

并列题名：bod sman gyi tshad gzhi-deb gnyis pa

其他题名文种：藏文

统一书号：M14181.8

主题词：医药标准－西藏

中图分类号：R291

内容提要及说明：藏族药用药标准。

zhing chen dang rang sk yongl jongs drug givp hrod bsten cu 主编，六省区卫生局编写。西宁：青海民族出版社1980年版，496页。

流水号：30012

《藏药志》

民族语言题名：བོད་སྨན་གྱི་རྣམ་བཤད།

其他题名文种：汉文、藏文

正文文种：汉文、藏文

ISBN：7-225-00426-3

主题词：藏医－中药志

中图分类号：R281.475

内容提要及说明：该书收常用藏药431种，每种药物首载其藏文名称，并注汉文音译、成分考证、原植物、性味功用等项。

杨永昌主编，中国科学院西北高原生物研究所编著。西宁：青海人民出版社1991年版。

流水号：30013

《藏医标准》

民族语言题名：བོད་སྨན་ཚད་གཞི།

内容提要及说明：西宁：青海人民出版社，298页。

流水号：30014

《藏医数词词典》

民族语言题名：གསོ་རིག་གྲངས་བརྗོད་ཀྱི་མིང་།

其他题名文种：藏文

正文文种：藏文

ISBN：7-5409-1532-3

中图分类号：R291.11

内容提要及说明：尼玛泽仁主编。成都：四川民族出版社 1998 年版。

流水号：30015

《藏医消化系统疾病诊断及疗效评定标准》

民族语言题名：རྒྱུ་སྦྱོད་རྒྱ་བོད་སྨན་རིག་མདོར་བསྡུས།

并列题名：bod lugs gso rig gi vju byed nad rigs kyi nad ngos dang sman bcos phan vbras kyi tshad gzhi

其他题名文种：藏文

正文文种：藏文

ISBN：7-223-01536-5

主题词：藏医 – 消化诊断

中图分类号：R291.4

内容提要及说明：bod ljongs sman rtsis khang vju byed tshan khag 主编，西藏自治区藏医医院消化科编写。拉萨：西藏人民出版社 2003 年版。

流水号：30016

《藏医药大典》

民族语言题名：བོད་ལུགས་གསོ་རིག་ཀུན་འདུས་ཆེན་མོ།

内容提要及说明：全书 60 卷，收录了 638 部藏医药经典古籍和近现代代表性论著，涵盖了藏医药学从理论到实践几乎所有的内容。

青海省藏医药研究院组织编纂。北京：民族出版社 2012 年版。

流水号：30017

《藏医药典籍目录》

民族语言题名：བོད་གསོ་རིག་པའི་བསྟན་བཅོས་དཀར་ཆག（བོད་ཡིག）

正文文种：藏文

内容提要及说明：该书由拉玛加编，1997 年由甘肃民族出版社出版。该书收录了 150 位历代藏族医学家近 1200 部藏医药学著作目录，并附有其中 1101 部著作的作者简介，信息量较大。全书以藏文字母顺序编排，没有进行分类，读者无法宏观掌握藏医药古籍文献的基本情况；且全书以藏文著成，这对于该书的推广应用有一定的限制。

流水号：30018

《藏医药学梵藏对照辞典》

民族语言题名：བོད་ལུགས་གསོ་རིག་དང་ལེགས་སྦྱར་ཤན་སྦྱར་ཚིག་མཛོད་ཆེན་མོ།

并列题名：bod kyi gso ba rig par nye bar mkho bavi legs bod shan sbyar

其他题名文种：藏文

正文文种：藏文

ISBN：978-7-223-02289-7

主题词：藏医 – 对照词典 – 梵藏对照

中图分类号：R291.4-61

内容提要及说明：康萨 · 索朗其美（khang sar bsod nmas vchi med）主编。拉

萨：西藏人民出版社 2007 年版。

流水号：30019

《藏医药研究丛书——中国藏医药文献目录索引》（1907—2001）

民族语言题名：བོད་གསོ་རིག་པའི་ཞིབ་འཇུག་དཔེ་ཚ—ཀྲུང་གོ་བོད་གསོ་རིག་པ་ཚད་ལྡན་ཡིག་ཆའི་དཀར་ཆག་སྒྲིགས་བསྡུས།

ISBN：7-80057-660-4

主题词：藏医 - 论文 - 篇名索引 - 书目索引

中图分类号：Z89:R291.4

内容提要及说明：该书是我国第一部藏医药专题目录索引，著录 1907—2001 年间国内藏医药文献 2000 多种，包括研究论文、图书专著、新闻报道、文献译文等多种形式的文献条目，并按著作名、作者名等编排了索引。该书共分为 8 编，主要按藏医分支领域分类。书中阐述了藏医学综述、藏医医史研究、藏医基础理论、藏药研究、藏医临床等内容。其中藏医药专著 178 种，涉及古籍整理出版文献 102 种（数量增加 60 种）。著作的著录信息包括书名、编著者、出版地、出版者、出版年月、页码。全书仅以名录的方式罗列藏医方面的论文（包括新闻报道）、论著的主要信息，没有附内容提要，除文献基本信息外，读者难以了解更多的内容。

黄福开主编。北京：中国藏学出版社 2003 年版，226 页。

流水号：30020

《中国医学百科全书 · 藏医学》

民族语言题名：ཀྲུང་གོ་གསོ་རིག་ཀུན་འདུས། བོད་ཀྱི་གསོ་བ་རིག་པ།

ISBN：7-5323-4979-9

中图分类号：R-61/6

内容提要及说明：该书是《中国医学百科全书 · 藏医学》（藏文版）的汉文译本。内容包括藏医药简史、藏医基础、生理、病理、诊断、保健、医德、内科、外科、妇科、儿科、五官科、骨伤科、热病疫病、神志病、治疗、药物、方剂等基础和临床各科，是一部博采古今藏医药精华的综合性藏医药著作。

土旦次仁主编，《中国医学百科全书》编辑委员会、《藏医学》编辑委员会编写。上海：上海科学技术出版社 1999 年版。

流水号：30021

《中华本草 · 藏药卷》

民族语言题名：ཀྲུང་ཧྭ་སྔོ་འབུམ། བོད་སྨན།

其他题名文种：汉文、藏文

正文文种：汉文、藏文

ISBN：978-7-5323-6628-6

主题词：藏族 - 药物 - 中国 - 汇编 - 本草 - 藏医

中图分类号：R281.3/29

内容提要及说明：该书收载了藏医临床常用、疗效确切的藏药材 396 味，其中矿物药 39 味、植物药 309 味、动物药 48 味，是迄今为止所有藏药本草文献中项目最全的版本。

嘎玛曲培主编，益西坚赞、占堆、次仁巴珠、格桑巴珠编，西藏自治区藏医院药物研究所、国家中医药管理局《中华本草》编委会编写。上海：上海科学技术出版社 2002 年版。

流水号：30022

《傣医药丛书——傣医常用名词术语解释》

民族语言题名：ᦷᦑᦲᧃ ᦷᦎᦶᧉ ᦶᦡᦲᧈ ᦊᦱ ᦑᦱ ᦉᦱ ᦺᦑ–ᦞᦲ ᦶᦟᦸ ᦞᦲᦃᦸ ᦉᦲ ᦓᦓᦰ ᦷᦎᦶᧉ ᦶᦡᦲᧈ ᦊᦱ ᦑᦱ ᦉᦱ ᦺᦑ

其他题名文种：汉文、傣文

正文文种：傣文

ISBN：978-7-5367-4250-5

主题词：名词术语－傣族－民族医学

中图分类号：R295.3-61

内容提要及说明：该书共收集傣医药相关名词术语 1550 条，其中傣医药历史类 29 条、傣医基础理论类 202 条、傣医诊断类 238 条、傣医临床类 449 条、傣医治法类 30 条、傣医方剂类 43 条、傣药类 464 条，其他类 95 条。

林艳芳、玉腊波、段立刚主编，岩罕单、谭志刚、潘玉秀、赵应红、彭美玲编，西双版纳州民族医药研究所编写。昆明：云南民族出版社 2008 年版。

流水号：30023

《傣医传统方药志》

民族语言题名：ᦷᦑᦲᧃ ᦊᦱ ᦺᦑ ᦅᦲ ᦟᦲᦔᦲ ᦊᦲᦔᦲᦵ ᦗᦱ

其他题名文种：汉文、傣文

正文文种：汉文、傣文

统一书号：M14184.8

主题词：民族医学－傣族－方书－汇编

中图分类号：R295.3

内容提要及说明：该书为《西双版纳傣药志》之续篇。包括傣医古验方 111 首，傣药 105 种。采用汉、傣两种文字对照编写。

赵世望、周兆奎主编，西双版纳州民族医药调研办公室编写。昆明：云南民族出版社 1985 年版。

流水号：30024

《傣医诊断疗效标准》

民族语言题名：ᦑᦱ ᦓᦓᦲᧃ ᦗᦲᦰ ᦊᦱ ᦺᦑ ᦶᦅᦲᧃ ᦵᦗᦲ ᦑᦱᦰ ᦡᦱᧃ

内容提要及说明：昆明：云南民族出版社，158 页。

流水号：30025

《西双版纳傣药志》（01）

民族语言题名：ᦅᦲᧃ ᦵᦐᦱ ᦊᦱ ᦺᦑ ᦑᦵ ᦷᦑᦲᧃ ᦵᦐᦱ

（ᦵᦃᦲᦔ ᦵᦐᦲ ᦟᧇ）

其他题名文种：汉文、傣文

正文文种：汉文、西双版纳傣文

中图分类号：R933

内容提要及说明：该书是中文与傣语对照版。

赵世望、刀正员主编，中国科学院云南热带植物研究所、中国医学科学院药物研究所云南站、西双版纳州民族医药科研所、西双版纳州药品检验所编写。西双版纳：西双版纳州卫生局民族药调查研究办公室 1979 年版。纸质，铅印本，141 页，有插图。

流水号：30026

《西双版纳傣族药志》

民族语言题名：[illegible]

题名文种：汉文、傣文

内容提要及说明：西双版纳：西双版纳州民族药调查研究办公室 1980 年版，314 页。

流水号：30027

《云南省中药材标准 2005 年版 · 傣族药》（第 03 册）

民族语言题名：[illegible]

正文文种：汉文、傣文

ISBN：978-7-5416-2746-0

主题词：云南 – 中药材 – 傣族 – 民族医学 – 药物 – 汇编

中图分类号：R282-65/3

内容提要及说明：该书共收载傣族药材质量标准及其起草说明 54 个，原植物图片 162 张，药材照片 100 张。首次将傣医“性味与入塔”与中医“性味与归经”并列纳入标准，突出了傣族医药的独特应用。

孙学明、刀林荫（[illegible]）主编，陈洪、黄显初、吴生元、郑博仁、岑化虎、周原林、丘明丰、江建成编，云南省食品药品监督管理局编写。昆明：云南科技出版社 2007 年版。

流水号：30028

《中华本草 · 傣药卷》

民族语言题名：[illegible]

题名文种：汉文、傣文

正文文种：汉文、傣文

ISBN：7-5323-8009-2

主题词：傣族 – 民族医学 – 本草

中图分类号：R281.3

内容提要及说明：该书共载傣药 400 味，其中矿物药 11 味，植物药 373 味，动物药 16 味。该书以正名、异名、品种考证、来源、原植物、采收加工、药材鉴别、化学成分、药理等项目，对药物分别进行详细介绍。

茶旭、詹文涛主编，云南省中医中药研究所、西双版纳州民族医药研究所编写。上海：上海科学技术出版社 2005 年版。

流水号：30029

《辽宁省蒙医药志》

ISBN：978-7-5078-2804-7

主题词：辽宁 – 蒙医 – 医学史

中图分类号：R291.2

内容提要及说明：该书记述了辽宁蒙古族医药的产生、形成及发展、历史地位与现实作用，内容涵盖了辽宁蒙古族医药的源流、理论体系、治疗原则、传统疗法及医术成就。

海龙宝主编。北京：中国国际广播出版社 2008 年版，235 页。

流水号：30030

《蒙医病证诊断疗效标准》

ISBN：978-7-105-08453-1

中图分类号：R291.2

内容提要及说明：该书由蒙医内科、外科、骨科、妇科、儿科、五官科、湿病科、五疗科（传统疗术）等 8 个学科的 432 种病症诊断疗效标准组成，填补了蒙医无具有权威性和影响力的有关蒙医病证诊断与疗效判定标准的空白。

内蒙古自治区卫生厅、内蒙古自治区财政厅、《蒙医病证诊断疗效标准》编审委员会编。北京：民族出版社 2007 年版。

流水号：30031

《蒙医志略》

ISBN：978-7-80723-242-1

主题词：中国－蒙医－医学史

中图分类号：R291.2

内容提要及说明：该书对蒙古族医药数千年的发展历史进行了全面详尽的记述，并从养生、教育、科研等方面进行了论述。

胡斯力、郑泽民著。呼和浩特：远方出版社 2007 年版，421 页。

流水号：30032

《中国医学百科全书·蒙医学》

ISBN：7-5323-2572-5

主题词：百科全书－医学－蒙医

中图分类号：R-61

内容提要及说明：该书内容包括祖国医学、基础医学、临床医学、预防医学和特种医学等各个学科和专业，用条目形式撰写。

《中国医学百科全书》编辑委员会编写。上海：上海科学技术出版社 1992 年版，294 页。

流水号：30033

《中华本草·蒙药卷》

ISBN：7-5323-7582-X

主题词：中国－汇编－本草－蒙医

中图分类号：R281.3:R281.426

内容提要及说明：该书共收载了蒙医临床上常用、疗效确切或有一定研究开发价值的传统蒙医药材 422 味。该书对每味药以正名、异名、品种考证、形态、栽培、鉴别、化学成分、药理、功能主治等项目进行描写。

柳白乙拉、武绍新卷主编，国家中医药管理局《中华本草》编委会编写。上海：上海科学技术出版社 2004 年版，533 页。

流水号：30034

《贵州省中药材、民族药材质量标准》

ISBN：7-80662-280-2

主题词：贵州 -2003- 汇编 – 中药材 – 质量标准 – 民族医学

中图分类号：R282.7–65

内容提要及说明：该标准共收集药材品种 420 种，针对药材介绍中文名称、来源、性状、鉴别、含量测定、功能主治及用法用量等内容。

贵州省药品监督管理局编写。贵阳：贵州科技出版社 2003 年版，542 页。

流水号：30035

《湘西苗药汇编》

主题词：本草 – 苗族 – 湘西土家族苗族自治州

中图分类号：R282.464

内容提要及说明：该书收录了湘西土家族苗族自治州境内的民族药 478 种，单验方 2000 多个。

欧志安编著，湖南少数民族古籍办公室、湖南凤凰县民族事务委员会主持编写。长沙：岳麓书社 1990 年版，822 页。

流水号：30036

《中国苗族药物彩色图集》

ISBN：7–80662–195–4

主题词：苗族 – 中草药 – 图集

中图分类号：K291.6–64

内容提要及说明：该书收集了苗族常用药物 368 味，分别按苗族药名、汉族药名、来源、植物形态、生境产地、采集、主要化学成分、属经、效用、主治、用量及苗族常用方药等体例编写，每味药配 2 张原植物的彩色图片。

汪毅主编，李朝斗、司晓文、郭锡勇、龙运光编。贵阳：贵州科技出版社 2002 年版。

流水号：30037

《中华本草·苗药卷》

题名文种：汉文、苗文

ISBN：7–80662–305–1

主题词：中药学 – 汇编 – 本草 – 苗族 – 民族医学

中图分类号：R281.3/19

内容提要及说明：该书包括概论、药物、附录及索引 4 个部分。上篇概论，概述苗族医药学发展简史、苗药学基础理论；下篇，收载药物 391 味，按正名首字笔画排列，包括药物名称、品种考证、来源、原植（动、矿）物、栽培、采收加工、药材鉴别等；附篇为国家标准民族药（苗药）品种及全书的参考书目；最后为索引。该书对这些药物的名称、来源、栽培、采集加工、药材鉴别、药理药化、特殊炮制、苗药的应用等进行了详细说明，药理药化的研究资料既广且新。该书共收载苗族药物 391 味，插图 400 多幅，系统全面地反映了苗药的使用情况和科研成果，是当代苗药研究的标志性成果，对苗医药教学、科研、临床实践有重要指导意义。

宋立人、邱德文等主编，杜江、田振华、冉懋雄、龙瑞敏编纂，国家中医药管理局《中华本草》编委会、贵阳中医学院编写。贵阳：贵州科技出版社 2005 年版。

流水号：30038

《中华本草・苗药卷》（彩色图谱）

题名文种：汉文、苗文

ISBN：7-80174-346-6

主题词：中国－图谱－苗族－民族医学－本草

中图分类号：R281.473-64

内容提要及说明：该书收录了 391 味苗药，经过考核辨识配以原植物彩色图片、相应文字说明，反映了每种药物生长的各个阶段。

邱德文、杜江、夏同珩主编，贵阳中医学院、贵州省中医药研究院、贵州省中药现代化科技产业协调领导小组编纂。北京：中医古籍出版社 2006 年版，433 页。

流水号：30039

《阿、波、乌、维——维吾尔医药学名词词典》

民族语言题名：erebche，parsche，orduche，uyghurche uyghur tébabiti atalghuliri lughiti

ISBN：978-7-5372-4451-0

主题词：维吾尔族－民族医学－对照词典

中图分类号：R291.5-61

内容提要及说明：abduk é ririm tursuntoxti著。乌鲁木齐：新疆人民卫生出版社 2009 年版，491 页。

流水号：30040

《维吾尔药志》（上、下册）

ISBN：7-5372-1987-7，7-5372-1201-5

统一书号 :14098.25

主题词：中药志－维吾尔族

中图分类号：R281.445:R291.5

内容提要及说明：该书上、下册共收录维吾尔族常用药材和少部分民间药材 328 种，其中包括进口药材 66 种。书中介绍了各种药材的植物来源、性状、显微鉴别、理化鉴别、化学成分、药理作用、功能主治、采集保管等。

刘勇民、沙吾提・伊克木编著。乌鲁木齐：新疆科技卫生出版社 1986 年版（上册）；1999 年版（下册），分别为 618 页、491 页。

流水号：30041

《中国医学百科全书・维吾尔医学》

ISBN：7-5323-7793-8

主题词：百科全书－医学－维吾尔族－民族医学

中图分类号：R-61:R291.5-61

内容提要及说明：该书是一部专业性的医学参考工具书，内容包括维吾尔医药史、维吾尔医学基础理论、生理、病理、五官科学、内科学、外科学、皮肤科学、男性病学、妇科学、儿科学、骨伤科学、维药学、方剂学等临床学科。

易沙克江・马合穆德（卷）主编，《中国医学百科全书》编辑委员会编。上

海：上海科学技术出版社 2005 年版，407 页。

流水号：30042

《中华人民共和国卫生部药品标准·维吾尔分册》

内容提要及说明：新疆维吾尔自治区维吾尔医医院研制内部制剂有 100 多种，其中 36 种被收入此书，如祖卡木颗粒、石榴补血糖浆等 19 个品种，投放市场后，已取得良好效益。

流水号：30043

《彝族医籍录》

民族语言题名：[illegible]

内容提要及说明：成都：成都军区民族民间医药研究所。

流水号：30044

《云南省中药材标准 2005 年版·彝族药（一）》（第 02 册）

民族语言题名：[illegible]2005[illegible]（[illegible]）（02[illegible]）

ISBN：978-7-5416-2551-0

主题词：中药材 - 标准 - 汇编 - 云南 - 彝药

中图分类号：R282-65/3

内容提要及说明：该册标准收载药物品种均为彝医临床用药，涉及云南省 16 个药品生产企业生产的 36 个成药处方用药材和 6 种医院制剂。

杨元茂主编，方海云、马军、豆涛编。昆明：云南科技出版社 2007 年版。

流水号：30045

《云南省中药材标准 2005 年版·彝族药（二）》（第 04 册）

民族语言题名：[illegible]2005[illegible]（[illegible]）[illegible]（04[illegible]）

正文文种：汉文、彝文

ISBN：978-7-5416-2797-2

主题词：彝医 - 药物 - 标准 - 汇编 - 云南省

中图分类号：R282-65/3

内容提要及说明：该册收载了 51 个彝族药材标准，系统规定了药材的质量控制指标及功能主治，突出了彝族医药的独特应用。

杨元茂主编，唐聆燕、方海云、马军、豆涛编，云南省食品药品监督管理局编写。昆明：云南科技出版社 2008 年版。

流水号：30046

《云南省中药材标准 2005 年版·彝族药（三）》（第 06 册）

民族语言题名：[illegible]2005[illegible]（[illegible]）[illegible]（06[illegible]）

ISBN：978-7-5416-3748-3

主题词：彝族药物研究 - 中药材标准 - 云南

中图分类号：R291.7-65/1408

内容提要及说明：该册收载了 52 个彝族药材标准，系统规定了药材的质量控制指标及功能主治，突出了彝族医药的独特应用。

云南省食品药品监督管理局编写。昆明：云南科技出版社2010年版。

流水号：30047

《朝药志》

题名文种：汉文

ISBN：7-80599-256-8

主题词：朝鲜族－中药志

中图分类号：R291.9

内容提要及说明：该书收载了朝鲜族药物200种。其中选择了100种最常用有代表性的药物，每种记述药名、别名、拉丁学名、功能、主治、用法、用量，及化学成分、药理作用及临床研究也一并收入，是一部既有系统理论研究又有实际应用意义的民族药学的专著。

崔松男主编。延边：延边人民出版社1995年版。纸质，铅印本，279页，有插图，精装。

流水号：30048

《中国朝医学全书》

ISBN：7-5634-1192-5

主题词：朝鲜族－民族医学

中图分类号：R291.9

内容提要及说明：该书内容有中国朝鲜族医学基础理论、辨象辨（症）学、朝药药理学、朝药方剂学、临床疾病学、朝鲜族医学家著作选编等，后附中草药中文索引。

金弘德、张文宣著。延吉：延边大学出版社2001年版，381页。

流水号：30049

《中国医学百科全书·朝医学》

ISBN：7-5323-2415-X

主题词：中国－朝鲜族－民族医学

中图分类号：R-61

内容提要及说明：该书选编了中国朝鲜族医学发展史、基础理论、诊断学、临床学、朝药学、方剂学、预防保健学等内容。

蔡春锡主编。上海：上海科学技术出版社1992年版，108页。

流水号：30050

《白族医药丛书——白族古代医药文献辑录》

ISBN：978-7-5416-7879-0

主题词：白族－民族医药

中图分类号：R295.2

内容提要及说明：该书收集整理了唐代以来著作、碑刻等文献中的白族医药资料，记录了一批珍贵的史料。

丁一先、郭治中、罗伟建、王瑛、沈锦相、凌发义、张锡禄等编著，大理白族自治州卫生局编写。昆明：云南科技出版社2013年版。

流水号：30051

《黎族药志》（第1、2、3册）

ISBN：978-7-5046-5143-3，978-7-5046-5580-6，978-7-5046-6437-2

内容提要及说明：第 1 册共收录黎药 200 种，从药名及其别名、植物来源、植物特性、产地、采收加工、性味功能、化学成分、药理和民间应用几方面进行整理和综述。第 2 册介绍了每种黎族药物的中文名、黎语名和拉丁学名，并对药物的性味功能和化学成分做了分析，同时收录了黎族民间对各种药物的应用经验。第 3 册收录了多种海南药用植物，大多为近 10 年的研究热点，分别从原植物及其分布、性味归经等方面进行整理和综述，并且增加了黎族语名称。

戴好富、梅文莉等主编。北京：中国科学技术出版社，2008 年出版第 1 册，2010 年出版第 2 册，2014 年出版第 3 册。

流水号：30052

《广西壮族自治区壮药质量标准》（2008 年版　第一卷）

ISBN：978-7-80763-220-7

主题词：壮族－民族医药学－药材－质量标准－广西壮族自治区

中图分类号：R291.8-65

内容提要及说明：该标准收载药物均以壮医临床较常用，且能以壮医理论进行阐述和说明，基本符合民族性、传统性、地域性的特点和要求作为入选的条件和标准，加强了对原药材、鲜药材的质量控制。

广西壮族自治区食品药品监督管理局编写。南宁：广西科学技术出版社 2008 年版，208 页。

流水号：30053

《藏蒙医学词典》

民族属性：藏族、蒙古族

民族语言题名：བོད་སོག་གསོ་རིག་བརྡ་ཡིག

并列题名：tübed mong γ ol emnelge-yin toli

其他题名文种：蒙文、藏文

统一书号：M17089.29

主题词：藏医－蒙医－词典

中图分类号：R29-61

内容提要及说明：齐·嘎拉森主编。呼和浩特：内蒙古人民出版社 1982 年版，795 页。

流水号：30054

《德宏民族药名录》

其他题名文种：汉文、傣文、改良景颇文

正文文种：汉文、傣文、改良景颇文

ISBN：7-80525-092-8

主题词：名录－德宏傣族景颇族自治州－民族医学－中草药

中图分类号：R29

内容提要及说明：该书共收集 60 余种民间常用的动、植、矿物药，并注明各民族用药经验及配伍禁忌。

李荣兴主编，段国明编。芒市：德宏民族出版社 1990 年版。

流水号：30055

《德宏民族药志》

其他题名文种：汉文、傣文、改良景颇文

正文文种：汉文、傣文、改良景颇文

内容提要及说明：云南省德宏州卫生局药品检验所编写。云南省德宏州卫生局药品检验所1983年出版，纸质，铅印本，272页，有插图。

流水号：30056

《鄂西民族药志》（第01册）

题名文种：汉文

主题词：鄂西州－地方志－专志－中药志

中图分类号：R281.463

内容提要及说明：湖北省鄂西土家族苗族自治州民委卫生局编写。鄂西土家族苗族自治州民委卫生局1985年出版，289页。

流水号：30057

《西双版纳州卫生志》

内容提要及说明：西双版纳：内部资料，558页。

流水号：30058

《香格里拉民族医药研究丛书——香格里拉民族药图鉴》

ISBN：978-7-5416-2921-1

主题词：民族药－民族－图谱

中图分类号：R291.4-64

内容提要及说明：该书是一本民族药图谱，收载了近年在迪庆州香格里拉地区拍摄的常见植物药289种，每种药物条目下，按“别名、基原、生长环境、省内分布、性味、功效、主治、用法、选方”顺序记述。该书选择香格里拉地区民族民间较为常用、资源丰富、生长周期短、合理利用不会破坏生态环境的药用植物289种，供广大药用植物爱好者参考使用。每种药物均附原色图片并注明性味、功效、用法和选方。香格里拉民族医药以藏医为主，藏医常用的药物大多数以当地资源为主，所以书中多为藏医习用的药材，同时附上藏医的功效用法。

刘毅、郑进主编，杨鸿生、李勇、赵勇编，云南中医学院编写。昆明：云南科技出版社2008年版。

流水号：30059

《云南民族药名录》（油印本）

内容提要及说明：云南省药品检验所编写。云南省药品检验所1983年出版，纸质，手抄油印本。

流水号：30060

《云南民族药志》（第一卷）

题名文种：汉文、英文

正文文种：汉文、其他多种文字

ISBN：978-7-5367-3857-7

主题词：云南－民族医学－中药志

中图分类号：R281.474/5

内容提要及说明：2008年出版第一

卷；2009年出版第二卷；2010年出版第三卷；2012年出版第四卷。该书汇集了云南各个民族的认药知识和用药经验。书中收载的每种药物均记载了民族药名、民族药用经验、药物图片。全书收载云南民族药物208种、各民族验方1000余首。每种药物还附有植物图片、植物形态的描述、分布生境和现代研究成果等内容。

朱兆云、韦群辉主编，高丽、赵毅、王京昆等编，云南省药物研究所、云南省民族药工程技术研究中心编写。昆明：云南民族出版社2008年版。

流水号：30061

《云南民族药志》（第二卷）

题名文种：汉文、英文

ISBN：978-7-5367-4549-0

主题词：民族医学－中药志－云南省

中图分类号：R281.474/5

内容提要及说明：该书汇集了云南各个民族的认药知识和用药经验。收载的每种药物均记载了民族药名、民族药用经验、药物图片。每种药物还附有植物图片、植物形态的描述、分布生境和现代研究成果等内容。

朱兆云主编，高丽、韦群辉、赵毅、王京昆、包·照日格图等编，云南省药物研究所、云南省民族药工程技术研究中心编写。昆明：云南民族出版社2009年版。

流水号：30062

《中草药与民族药药材图谱》

题名文种：汉文

ISBN：7-81071-747-2

主题词：图谱－中草药－民族医学

中图分类号：R282-64/18

内容提要及说明：该图谱收载了《中华人民共和国药典》中常用的中药材品种和苗、藏等民族药材珍稀品种。图谱中药材按药用部位分为根茎类、藤木类、皮类、叶类、果实及种子类、全草类、动物类、矿物类、其他类，全书共收载中草药与民族药药材910种，对每一种都介绍了其来源、主产地、性状特征、品质、性味功效、附注、鉴定人和编号等。

黄璐琦主编，邵爱娟、陈虎彪、谢宗万、王敏编。北京：北京大学医学出版社2005年版。

流水号：30063

《中国民族药志》（第1—4卷）

ISBN：7-117-00990-X，978-7-5409-3759-1

统一书号：14048.4354

中图分类号：R29/1

内容提要及说明：该书由卫生部药品生物制品检定所、云南省药品检验所、内蒙古自治区药品检验所等编。该书中民族药名、民族药用经验、药材检验三项内容，均系实地调查和科学实验结果，大部分系首次发表，可供中药研究、生产、药检、教学等有关部门参考，亦可作为今后进一步深入研究民族药的新起点，对促进民族地区经济发展将会发挥重要作用。

卫生部药品生物制品检定所、云南省药品检验所、《中国民族药志》编委会等编写。北京：人民卫生出版社 1984 年版（第一卷），成都：四川民族出版社 1990、2001、2007 年版（第二、三、四卷）。

流水号：30064

《中国民族药志要》

ISBN：7–5067–3251–3

主题词：民族医学 – 中药志 – 中国

中图分类号：R281.4

内容提要及说明：该书引用了当前已出版的各少数民族著作 50 多部，近几年公开发表的民族医药的文章 200 多篇，涉及少数民族 44 个，药物 5500 多种（含植物、动物和矿物）。书的体例包括每味药的拉丁学名、中文名（科名）、民族药名、不同药用部位及主要治疗的疾病、文献来源，并对上述各项进行提纲式的归纳简介。该书是一部民族用药的工具书，供与民族工作有关的科研、教学、生产、检验技术人员、民族医药工作者参考，同时对国际传统药的学习交流（不少民族药直接来自国外）和新药的研究开发均有帮助。

贾敏如、李星炜主编，张浩、严诗云编。北京：中国医药科技出版社 2005 年版。

流水号：30065

《西藏自治区振兴藏医工作大会文件汇编》

民族语言题名：བོད་རང་སྐྱོང་ལྗོངས་བོད་སྨན་དར་རྒྱས་ཀྱི་ལས་དོན་ཚོགས་འདུའི་ཡིག་ཆ་ཕྱོགས་སྒྲིག

其他题名文种：汉文、藏文

正文文种：汉文、藏文

内容提要及说明：西藏自治区卫生厅编写。1986 年出版，纸质，铅印本，127 页，有插图。

流水号：30066

《中国药典 · 藏药专册》（2000 年版）

民族语言题名：ཀྲུང་གོ་སྨན་གཞུང་ 2000 ལོའི་བོད་སྨན་ཆེད་དེབ།

并列题名：krung govi sman mdzod 2000 lovi par gzhivi bod sman ched bsgrigs

其他题名文种：藏文

正文文种：汉文、藏文

ISBN：7–5420–0978–8

主题词：藏药 –2000 年版

中图分类号：R291.4

内容提要及说明：rgyal khab sman mdzod u yon lhan khang 编，sngo tshang pa sgrol ma don grub，mgon po 译编，国家药典委员会编写。西宁：青海民族出版社 2002 年版。

流水号：30067

《云南省中药材标准 2005 年版 · 傣族药（二）》（第 05 册）

民族语言题名：[illegible]（[illegible]）· [illegible]（[illegible]）

正文文种：汉文、傣文

ISBN：978-7-5416-3583-0

主题词：傣族－药物－标准－汇编－云南省

中图分类号：R295.3-65

内容提要及说明：该书共收载傣族药材质量标准及其起草说明 50 个、52 种药材原植物图片、52 种药材照片，将傣医“性味与入塔”与中医“性味与归经”并列纳入标准，突出了傣族医药的独特应用。

刀林荫（[illegible]）主编，罗红江、周原林、江建成、段立纲编，云南省食品药品监督管理局编写。昆明：云南科技出版社 2009 年版。

（二）含民族医药内容的医药学、综合类工具书

流水号：30068

《黔东南苗族侗族自治州中医民族医医生名录》（第 01 集）

题名文种：汉文、藏文

ISBN：978-7-80662-715-0

主题词：中医师－人名录－黔东南苗族侗族自治州－现代－少数民族－民族医学－医生

中图分类号：K826.2=76

内容提要及说明：该书分上、下两篇，上篇介绍了具有特色的中医、民族医医生共 64 人的生平、技术专长；下篇介绍了他们独特的诊疗技法、秘方验方、论文心得共 32 篇。

龙运光、罗建新、袁涛忠主编，黔东南苗族侗族自治州卫生局、黔东南苗族侗族自治州医学会、黔东南苗族侗族自治州民族医药研究所编写。贵阳：贵州科技出版社 2008 年版，235 页。

流水号：30069

《中药别名速查大辞典》

民族语言题名：[illegible]

ISBN：7-5077-1023-8

主题词：标准－云南－中药材－彝

医－药物

中图分类号：R282-61

内容提要及说明：含彝族药等内容。

李顺保主编。北京：学苑出版社 1997 年版。

流水号：30070

《大理中药资源志》

题名文种：汉文、老白文

ISBN：7-5367-0391-0

主题词：名贵药材－民族药－中药资源名录－大理市－中药志

中图分类号：R281.474

内容提要及说明：该书介绍了大理州中药资源产销历史、地理环境及分布，对名贵药材进行了专述，并介绍了当地的民族药。

朱兆云主编，大理白族自治州人民政府主持编写。昆明：云南民族出版社 1991 年版。纸质，铅印本，389 页，有插图。

流水号：30071

《宁夏药事志》（1032—2000）

题名文种：汉文

ISBN：978-7-227-04360-7

内容提要及说明：《宁夏药事志》（1032—2000）是一部"专业志"，也是宁夏地方志的组成部分，全书除"卷首篇目"和"卷尾篇目"外，"志"的主体篇目共 20 篇，从宁夏药学事业的各个方面全方位客观系统反映了宁夏药学事业发展的历史轨迹。该书内容包括药材资源、民族药学、药品研发、药品生产（医药商业）、药品经营、药品检验、药疗器材、医院药学、药学教育、药学科研、科技成果、药学交流、行业管理、药政管理等。

宁夏药监局、宁夏药学会、《宁夏药事志》编纂委员会编写。银川：宁夏人民出版社 2009 年版，978 页。

流水号：30072

《卫生医药志》

内容提要及说明：景谷傣族彝族自治县《卫生医药志》领导小组编写。昆明：云南大学出版社 1996 年版，263 页。

流水号：30073

《云南省卫生通志》

ISBN：7-5416-1144-1

主题词：卫生工作－概况－云南

中图分类号：R199.2/2

内容提要及说明：第 387-403 页，为少数民族医学内容。

云南省卫生厅编写。昆明：云南科技出版社 1999 年版。

流水号：30074

《云南省中药材标准 2005 年版》（第 01 册）

ISBN：7-80695-331-0

主题词：标准－云南－中药材

中图分类号：R282-65/3

内容提要及说明：该书收载了 50 个药材品种，每种药材包括"中药材标准”“中药材标准起草说明”“中药材彩色照片”三部分。

孙学明主编，黄显初、乐开礼、郑博仁、罗天诰编，云南省食品药品监督管理局编写。昆明：云南美术出版社 2005 年版。

流水号：30075

《中国卫生年鉴》（1983）

统一书号：14048.4597

中图分类号：R1-54/1

内容提要及说明：《中国卫生年鉴》（1983）一书，是综合反映我国卫生工作各方面情况、进展、成就的资料性工具书，是由卫生部主办，由卫生部、全国爱国卫生运动委员会、国家发展和改革委员会、劳动和社会保障部、国家中医药管理局、国家质量监督检验检疫总局、解放军总后勤部卫生部共同编写的。该书自 1983 年以来，已出版 24 卷。本卷为 1983 年卷。第 150 页，草医草药；第 155—156 页，发展中的民族医药事业、西藏自治区继承和发展中医藏药；第 470—471 页，积极发展藏医药事业为创造祖国的心医药学贡献力量；第 157 页，傣医学。

《中国卫生年鉴》编辑委员会编写。北京：人民卫生出版社 1984 年版。

流水号：30076

《中国卫生年鉴》（1984）

统一书号：14048.4886

中图分类号：R1-54/1

内容提要及说明：本卷第 224 页，培养少数民族高级医药卫生人才；第 227 页，贵州、广西、云南重视发展少数民族中等医学教育；第 414—415 页，民族医药遗产得到发掘继承；第 418 页，藏医藏药有了很大发展。

《中国卫生年鉴》编辑委员会编写。北京：人民卫生出版社 1985 年版。

流水号：30077

《中国卫生年鉴》（1986）

统一书号：14048.5408

中图分类号：R1-54/1

内容提要及说明：本卷第 105—106 页，民族医药工作进展，约 400 字；第 337—338 页，民族医药，约 200 字

《中国卫生年鉴》编辑委员会编写。北京：人民卫生出版社 1987 年版。

流水号：30078

《中国卫生年鉴》（1987）

ISBN：7-117-00604-8

中图分类号：R1-54/1

内容提要及说明：本卷第 146—147 页，民族医学教育发展情况；第 169—170 页，少数民族地区卫生工作考察；第 427—428 页，发展中的藏医藏药事业。

《中国卫生年鉴》编辑委员会编写。北京：人民卫生出版社 1988 年版。

流水号：30079

《中国卫生年鉴》（1988）

ISBN：7-117-00942-X

中图分类号：R1-54/1

内容提要及说明：本卷第168页，发展中的民族医药；第435—436页，民族医药获新生。

《中国卫生年鉴》编辑委员会编写。北京：人民卫生出版社1989年版。

流水号：30080

《中国卫生年鉴》（1990）

ISBN：7-117-01481-4

中图分类号：R1-54/1

内容提要及说明：本卷第175页，全国民族医院工作会议；第178页，西藏大学藏医学院和新疆维医专科学校成立。

《中国卫生年鉴》编辑委员会编写。北京：人民卫生出版社1991年版。

流水号：30081

《中国卫生年鉴》（1992）

ISBN：7-117-01803-8

中图分类号：R1-54/1

内容提要及说明：本卷第117—118页，西藏藏医药状况；第470—471页，发展藏医药。

《中国卫生年鉴》编辑委员会编写。北京：人民卫生出版社1992年版。

流水号：30082

《中国卫生年鉴》（2003）

ISBN：7-117-05764-5

主题词：卫生工作-中国-2003-年鉴

中图分类号：R1-54/1

内容提要及说明：本卷第279页，21世纪藏医本科教育规划教材名称和编写人员确定；第482—483页，中医药工作；第490页，藏医藏药工作。

《中国卫生年鉴》编辑委员会编写。北京：人民卫生出版社2003年版。

流水号：30083

《中国卫生年鉴》（2004）

ISBN：7-117-06470-6

主题词：卫生工作-中国-2004-年鉴

中图分类号：R1-54/1

内容提要及说明：本卷第283页，全国民族医重点专科（专病）建设工作；第288页，21世纪藏医本科教育规划教材审定出版；第470页，藏医藏药工作。

《中国卫生年鉴》编辑委员会编写。北京：人民卫生出版社2004年版。

流水号：30084

《中国卫生年鉴》（2008）

ISBN：978-7-117-10559-0

主题词：卫生工作-中国-2008-年鉴

中图分类号：R1-54/1

内容提要及说明：本卷第418—419页，中医药和民族医药；第420—421页，

藏医药事业发展。

《中国卫生年鉴》编辑委员会编写。北京：人民卫生出版社2008年版。

流水号：30085

《中国医学疗法大全》

ISBN：7-5331-0738-1

主题词：中医疗法

中图分类号：R242/54

内容提要及说明：全书收载的疗法共39类、300多种，1000多法。第817—833页，藏族、蒙古族、傣族、壮族、维吾尔族、朝鲜族民族医学疗法简介。

麻仲学主编，毛德西、傅延龄、胡国庆、曹宏欣编，《中国医学疗法大全》编委会编写。济南：山东科学技术出版社2000年版。

流水号：30086

《中国中医·中西医结合·民族医医疗机构大全》

主题词：医药卫生组织机构－中国－名录－医药卫生组织机构

中图分类号：R199.2-61

内容提要及说明：中华人民共和国国家中医药管理局主编。北京：北京科学技术出版社1994年版，1687页。

流水号：30087

《中国中医机构志》

ISBN：7-80013-235-8

主题词：医药卫生组织机构－中国医药学－名录

中图分类号：R197.4-62/1

内容提要及说明：该书是关于中国中医机构的志书。在“云南省”部分有关于思茅地区民族传统医药研究所、西双版纳傣族自治州民族医药研究所、迪庆藏族自治州藏医院的介绍，在“西藏自治区”部分，有关于藏医学校、医院的介绍，在“其他少数民族省份”也有部分民族医院、学校研究所的介绍。

史宇广主编，傅景华、单书健、胡熙明、田景福编，《中国中医机构志》编委会编写。北京：中医古籍出版社1989年版。

流水号：30088

《中国中医药年鉴》（1989）

ISBN：7-117-01252-8

主题词：中国医药学－1989－年鉴

中图分类号：R2-54/2

内容提要及说明：《中国中医药年鉴》创刊于1983年，是由国家中医药管理局主持编写的反映中医药事业进展的综合性、史料性工具书。首卷名为《中医年鉴》，由卫生部原中医司主办、人民卫生出版社出版发行；1991年国家中医药管理局成立后，更名为《中国中医药年鉴》，并改由中国中医药出版社出版；2003年起，《中国中医药年鉴》拆分为行政与学术两卷，行政卷由中国中医药出版社出版。本书第364页，彝医名著《聂苏诺期》；第374页，拉祜族传统医学简介；

第 380—383 页，民族医药。

《中国中医药年鉴》编辑委员会编写。北京：人民卫生出版社 1990 年版。

流水号：30089

《中国中医药年鉴》（1990）

ISBN：7-117-01476-8

主题词：中国医药学 -1990- 年鉴

中图分类号：R2-54/2

内容提要及说明：该书记录了 1990 年我国中医药事业的发展情况和学术进展情况，共分为 7 部分。第 435—443 页，民族医药。

《中国中医药年鉴》编辑委员会编写。北京：人民卫生出版社 1991 年版。

流水号：30090

《中国中医药年鉴》（1991）

ISBN：7-80089-008-2

主题词：中国医药学 -1991- 年鉴

中图分类号：R2-54/2

内容提要及说明：第 483—484 页，藏族医史学家第司·桑吉嘉措；第 484—485 页，吐蕃时期的藏医学发展简史；第 486 页，藏医历算大师绕罗布；第 491—497 页，民族医药。

张伯讷主编，李军、肖敏材、肖德馨、沙凤桐编，《中国中医药年鉴》编辑委员会编写。北京：中国中医药出版社 1992 年版。

流水号：30091

《中国中医药年鉴》（1992）

ISBN：7-80089-164-X

主题词：中国医药学 -1992- 年鉴

中图分类号：R2-54/2

内容提要及说明：第 38—40 页，西藏藏医药有待发展；第 450—451 页，藏医珍贵文物系列挂图“曼汤”；第 475—482 页，民族医药。

张伯讷主编，李军、肖敏材、肖德馨、沙凤桐编，《中国中医药年鉴》编辑委员会编写。北京：中国中医药出版社 1993 年版。

流水号：30092

《中国中医药年鉴》（1993）

ISBN：7-80089-270-0

主题词：中国医药学 -1993- 年鉴

中图分类号：R2-54/2

内容提要及说明：第 4 页，藏医事业要走向全国走向世界；第 480—481 页，藏医名著《月王药诊》考；第 490—491 页，藏医妊娠生理及胚胎学简介；第 500—506 页，民族医药。

张伯讷主编，肖敏材、许志仁、李军、肖德馨编，《中国中医药年鉴》编辑委员会编写。北京：中国中医药出版社 1994 年版。

流水号：30093

《中国中医药年鉴》（1994）

ISBN：7-80089-406-1

主题词：中国医药学 -1994- 年鉴

中图分类号：R2-54/2

内容提要及说明：第 475—482 页，民族医药。

张伯讷主编，肖敏材、许志仁、李军、肖德馨编，《中国中医药年鉴》编辑委员会编写。北京：中国中医药出版社 1994 年版。

流水号：30094

《中国中医药年鉴》（1996）

ISBN：7-80089-578-5

主题词：中国医药学 - 年鉴 -1996

中图分类号：R2-54/2

内容提要及说明：第 455—464 页，民族医药。

施杞主编，肖敏材、许志仁、李军、肖德馨编，《中国中医药年鉴》编辑委员会编写。北京：中国中医药出版社 1996 年版。

流水号：30095

《中国中医药年鉴》（1997）

ISBN：7-80089-748-6

主题词：中国医药学 - 年鉴 -1997

中图分类号：R2-54/2

内容提要及说明：第 502—510 页，民族医药。

施杞主编，肖敏材、许志仁、傅芳、沈施德编，《中国中医药年鉴》编辑委员会编写。北京：中国中医药出版社 1997 年版。

流水号：30096

《中国中医药年鉴》（1998）

ISBN：7-80089-942

主题词：中国 - 医疗保健事业 - 中国 -1998- 年鉴

中图分类号：R2-54/2

内容提要及说明：第 438—445 页，民族医药。

施杞主编，肖敏材、许志仁、傅芳、沈施德编，《中国中医药年鉴》编辑委员会编写。北京：中国中医药出版社 1998 年版。

流水号：30097

《中国中医药年鉴》（1999）

ISBN：7-80156-064-7

主题词：中国医药学 -1999- 年鉴

中图分类号：R2-54/2

内容提要及说明：第 386 页，古代彝族医史；第 392—397 页，民族医药。

施杞主编，肖敏材、阎树江、傅芳、沈施德编，《中国中医药年鉴》编辑委员会编写。北京：中国中医药出版社 2000 年版。

流水号：30098

《中国中医药年鉴》（2000）

ISBN：7-80156-101-5

主题词：中国医药学 -2000- 年鉴

中图分类号：R2-54/2

内容提要及说明：第 17—18 页，民族医药的可持续发展之路；第 383—389

页，民族医药。

施杞主编，沈施德、阎树江、傅芳、肖敏材编，《中国中医药年鉴》编辑委员会编写。北京：人民卫生出版社 2001 年版。

流水号：30099

《中国中医药年鉴》（2002）

ISBN：7-80156-347-6

主题词：中国医药学 -2002- 年鉴

中图分类号：R2-54/2

内容提要及说明：第 25—27 页，中国民族医药走向世界面临的机遇和挑战；第 479—484 页，民族医药。

严世芸主编，沈施德、周雷、傅芳、张玉萍编，《中国中医药年鉴》编辑委员会编写。北京：中国中医药出版社 2002 年版。

流水号：30100

《中国中医药年鉴》（2005）

ISBN：7-80156-919-9

主题词：中国医药学 -2005- 年鉴

中图分类号：R2-54/2

内容提要及说明：第 77 页，我国第一套藏医专业本科教材出版；第 78 页，《中国壮医内科学》出版发行；第 78 页，“全国民族医药文献整理丛书”出版；第 78 页，藏医药学巨著《四部医典八十幅彩色挂图蓝琉璃之光》出版；第 147 页，加强中医药、民族医药科研工作。

严世芸主编，《中国中医药年鉴》编辑委员会编写。北京：中国中医药出版社 2005 年版。

流水号：30101

《中国中医药年鉴》（2006）

ISBN：7-80231-138-1

主题词：中国医药学 -2006- 年鉴

中图分类号：R2-54/2

内容提要及说明：第 127 页，《中华本草》民族药卷出版；第 191 页，进一步挖掘、整理、完善民族医药古籍文献；第 268 页，中国民族医药学会。

严世芸主编，《中国中医药年鉴》编辑委员会编写。北京：中国中医药出版社 2006 年版。

流水号：30102

《中国中医药年鉴（学术卷）》（2006）

ISBN：7-81010-944-8

主题词：中国医药学 -2006- 年鉴

中图分类号：R2-54/2

内容提要及说明：第 273—275 页，民族类药材中的化学成分研究；第 364—365 页，《黄帝内经》与《四部医典》的历史渊源；第 385—390 页，名中医药。

谢建群主编，刘平、张玉萍、蒋健、陈秋生编，《中国中医药年鉴（学术卷）》编辑委员会编写。上海：上海中医药大学出版社 2006 年版。

流水号：30103

《中国中医药年鉴（学术卷）》（2008）

ISBN：978-7-81121-132-0

主题词：中国医药学 -2008- 年鉴

中图分类号：R2-54/5

内容提要及说明：第 422—429 页，民族医药。

谢建群主编，刘平、张玉萍、王志勇、王克勤编，《中国中医药年鉴（学术卷）》编辑委员会编写。上海：上海中医药大学出版社 2009 年版。

流水号：30104

《中国中医药年鉴（学术卷）》（2009）

ISBN：978-7-81121-167-2

主题词：中国医药学 -2009- 年鉴

中图分类号：R2-54/4

内容提要及说明：第 392—398 页，民族医药。

谢建群主编，刘平、张玉萍、王志勇、华卫国编，《中国中医药年鉴（学术卷）》编辑委员会编写。上海：上海中医药大学出版社 2010 年版。

流水号：30105

《中国中医药年鉴（学术卷）》（2010）

ISBN：978-7-81121-192-4

主题词：中国医药学 -2010- 年鉴

中图分类号：R2-54/6

内容提要及说明：第 413—419 页，民族医药。

谢建群主编，闫树江、刘平、张玉萍、华卫国编，《中国中医药年鉴（学术卷）》编辑委员会编写。上海：上海中医药大学出版社 2010 年版。

流水号：30106

《中国中医药学术年鉴》（2003）

ISBN：7-81010-721-6

主题词：中国医药学 -2003- 年鉴

中图分类号：R2-54/3

内容提要及说明：该年鉴设有中医药管理、学术进展、中医医疗机构、科研机构等类目，翔实地反映了 2002 年中国中医药事业的发展情况。第 188—189 页，藏药资源的开发与利用；第 287 页，《四部医典》中的针灸学；第 306—312 页，民族医药。

严世芸主编，沈施德、周雷、朱邦贤、张玉萍编，《中国中医药学术年鉴》编辑委员会、国家中医药管理局主管，上海中医药大学主办、编写。上海：上海中医药大学出版社 2003 年版。

流水号：30107

《中国中医药学术年鉴》（2004）

ISBN：7-81010-840-9

主题词：中国医药学 -2004- 年鉴

中图分类号：R2-54/3

内容提要及说明：第 204—205 页，云南省药用植物资源的研究；第 325—329 页，民族医药。

严世芸主编，沈施德、周雷、朱邦贤、张玉萍编，《中国中医药学术年鉴》

编辑委员会编写。上海：上海中医药大学出版社 2004 年版。

流水号：30108

《中医年鉴》（1985）

统一书号：14048.5180

主题词：中医学 -1985- 年鉴

中图分类号：R2-54/1

内容提要及说明：《中医年鉴》（1985）是中医药专业的综合性、资料性工具书。第 447—448 页，湘西苗族医药简介；第 459—460 页，《晶珠本草》简介；第 531—534 页，在全国民族医药工作会议闭幕式上的讲话；第 535—537 页，重视发展民族医药；第 537—541 页，民族医药事业在“七五”发展规划中的意见；第 541—543 页，关于加强全国民族医药工作的几点意见；第 565—566 页，少数民族传统医药情况。

张伯讷主编，肖敏材、张令铮、陆鸿元、马钟媚编，上海中医学院编写。北京：人民卫生出版社 1986 年版。

流水号：30109

《中医年鉴》（1986）

统一书号：14048.5180

中图分类号：R2-54/1

内容提要及说明：《中医年鉴》（1986）是中医药专业的综合性、资料性工具书。第 422—428 页，民族医药。

张伯讷主编，肖敏材、张令铮、陆鸿元、朱宝贵编。北京：人民卫生出版社 1987 年版。

流水号：30110

《中医年鉴》（1987）

ISBN：7-117-00610-2

中图分类号：R2-54/1

内容提要及说明：《中医年鉴》（1987）是中医药专业的综合性、资料性工具书。第 338 页，《四部医典》的创伤外科成就；第 368—373 页，民族医药。

张伯讷主编，肖敏材、张令铮、陆鸿元、朱宝贵编，上海中医学院编写。北京：人民卫生出版社 1988 年版。

流水号：30111

《红河彝族辞典》

民族语言题名：[illegible]

ISBN：7-5367-2427-6

主题词：彝族 - 红河彝族 - 辞典

中图分类号：K281.7-61/1

内容提要及说明：该辞典分为 13 类，共收入 3544 条辞目，有自然地理人口、历史建制、经济科技、教育文化、哲学宗教、语言文字文学、音乐舞蹈、工艺美术、文物名胜、体育卫生等。在体育卫生类辞目中含有民族医药信息。

师有福主编，施友万、童家昌、龙倮贵、张智明编。昆明：云南民族出版社 2002 年版。

流水号：30112

《红河彝族文化遗产古籍典藏》（第五卷）

民族语言题名：[illegible]（[illegible]）

ISBN：978-7-222-06450-8

主题词：红河哈尼族彝族自治州－汇编－彝族－古籍－影印本

中图分类号：Z121.7

内容提要及说明：该书共20卷，收录了93部彝文典籍珍本。按创世史诗、叙事长诗、神话传说、民间故事、丧葬礼仪、驱秽除邪、祈福祭祀、天文历算、绘画艺术、医药卫生的顺序依次排列。收录范围以流传于红河哈尼族彝族自治州的彝文古籍为重点，并适当兼顾玉溪市等其他红河流域彝族地区的彝文古籍。

李涛、普学旺主编，红河哈尼族彝族自治州人民政府编写。昆明：云南人民出版社2010年版。

流水号：30113

《红河彝族文化遗产古籍典藏》（第六卷）

民族语言题名：[illegible]（[illegible]）

ISBN：978-7-222-06450-9

内容提要及说明：该书分为20卷，按创世史诗、叙事长诗、神话传说、民间故事、丧葬礼仪、驱秽除邪、祈福祭祀、天文历算、绘画艺术、医药卫生的顺序依次排列。收录范围以流传于红河哈尼族彝族自治州的彝文古籍为重点，共计收录滇南彝族文化遗产古籍善本、珍本及孤本93部。

红河哈尼族彝族自治州人民政府编写。昆明：云南人民出版社2010年版。

流水号：30114

《红河彝族文化遗产古籍典藏》（第七卷）

民族语言题名：[illegible]（[illegible]）

ISBN：978-7-222-06450-10

内容提要及说明：本书分为20卷，按创世史诗、叙事长诗、神话传说、民间故事、丧葬礼仪、驱秽除邪、祈福祭祀、天文历算、绘画艺术、医药卫生的顺序依次排列。收录范围以流传于红河哈尼族彝族自治州的彝文古籍为重点，共计收录滇南彝族文化遗产古籍善本、珍本及孤本93部。

红河哈尼族彝族自治州人民政府编写。昆明：云南人民出版社2010年版。

流水号：30115

《红河彝族文化遗产古籍典藏》（第十二卷）

民族语言题名：[illegible]（[illegible]）

题名文种：汉文、彝文

正文文种：汉文、彝文

ISBN：978-7-222-06450-8

内容提要及说明：李涛、普学旺主

编，红河哈尼族彝族自治州人民政府编写。昆明：云南人民出版社 2010 年版。

流水号：30116

《德钦县卫生志》

民族语言题名：བདེ་ཆེན་རྫོང་འཕྲོད་བསྟེན་ལོ་རྒྱུས་ཀྱི་དེབ་ཐོ།

其他题名文种：汉文、藏文

ISBN：7-5416-0577-8

主题词：专志 – 云南 – 德钦县 – 医药卫生志

中图分类号：R199.2

内容提要及说明：李根和著，德钦县卫生志编纂委员会编写。昆明：云南科技出版社 1994 年版。

流水号：30117

《迪庆年鉴》（2003）

民族语言题名：བདེ་ཆེན་གྱི་ལོ་རིམ་མེ་ལོང་།

其他题名文种：汉文、藏文

ISBN：7-80695-051-6

主题词：迪庆藏族自治州 -2003- 年鉴

中图分类号：Z527.42

内容提要及说明：该书是一部全面反映迪庆藏族自治州政治、经济、文化和社会发展的基本情况的地方性综合年鉴。

鲁永明主编，迪庆州志办公室、迪庆年鉴编辑部编写。昆明：云南美术出版社 2003 年版。

流水号：30118

《藏族大辞典》

民族语言题名：བོད་རིགས་ཚིག་མཛོད་ཆེན་མོ།

其他题名文种：汉文

ISBN：7-226-02030-0

主题词：藏族 – 辞典

中图分类号：K281.4-61

内容提要及说明：该辞典以历史唯物主义的观点，详细记述了藏族古代社会的宗教、文化、历史以及近现代藏区的经济与社会等方面的发展与进步。辞典内有藏医和藏药相关词条。

丹珠昂奔主编，周润年、莫福山、李双剑、罗桑开珠编，《藏族大辞典》编委会编写。兰州：甘肃人民出版社 2003 年版。

流水号：30119

《耿马傣族佤族自治县志》

民族语言题名：[illegible]

ISBN：7-5367-1033-X

主题词：地方志 – 县志 – 云南 – 耿马

中图分类号：K297.44

内容提要及说明：杨铸主编，耿马傣族佤族自治县地方志编纂委员会编写。昆明：云南民族出版社 1995 年版，934 页。

流水号：30120

《西双版纳傣族自治州民族医药研究所・西双版纳傣族自治州傣医医院志》

民族语言题名：[illegible]

[illegible]

ISBN：978-7-5367-5511-6

主题词：医院 – 州民族医药研究所 – 州傣医医院

中图分类号：R199.2

内容提要及说明：该志记述时间是上溯至傣医药事业的发端，下至 2008 年 12 月底，重大事件后延至 2011 年，采用述、记、志、传、图、表、录七种体裁，反映了西双版纳傣族自治州傣医药事业发展的历史和现状。

王梓主编，西双版纳傣族自治州民族医药研究所等编写。昆明：云南民族出版社 2012 年版。

流水号：30121

《中华人民共和国地方志丛书——沧源佤族自治县志》

ISBN：7-5367-1498-X

主题词：沧源佤族自治县 – 地方志

中图分类号：K297.44

内容提要及说明：该志记述时间上至事物发端之时，下至 1990 年。

李明富主编，沧源佤族自治县地方志编纂委员会编写。昆明：云南民族出版社 1998 年版，1025 页。

流水号：30122

《峨边彝族自治县志》

ISBN：7-80543-406-9

主题词：地方志 – 县志 – 四川 – 峨边县

中图分类号：K297.14

内容提要及说明：峨边彝族自治县志编纂委员会编写。成都：四川辞书出版社 1994 年版，681 页。

流水号：30123

《峨边彝族自治县志》（1988—2003）

ISBN：978-7-80238-057-8

主题词：地方志 – 县志 – 四川 – 峨边县

中图分类号：K297.14

内容提要及说明：峨边彝族自治县志编纂委员会编写。北京：方志出版社 2007 年版，716 页。

流水号：30124

《中华人民共和国地方志丛书——峨山彝族自治县志》

ISBN：7-101-02920-5

主题词：峨山彝族自治县 – 地方志

中图分类号：K297.44

内容提要及说明：该书记述时间上起有资料记载的最早时间，下至 1993 年。全书记录了从自然到社会、从经济到政治、从生产活动的各个领域到社会各项事业、从物质生产活动到思想意识等县情资料，是“中华人民共和国地方志丛书”之一。

云南省峨山彝族自治县志编纂委员会编写。北京：中华书局 2001 年版，

905页。

流水号：30125

《建国40年中医药科技成就》

ISBN：7-80013-199-8

中图分类号：R2/35

内容提要及说明：该书按基础理论，中医各科针灸、推拿、气功、中药、医史文献、图书情报等诸多方面，设122个专题，进行介绍。第708—714页，民族医药；708—714页，民族医药。

胡熙明主编，田景福、吴咸中、唐由之、任继学编，国家中医药管理局编写。北京：中医古籍出版社1989年版。

流水号：30126

《景东彝族自治县志》

ISBN：7-80543-383-6

主题词：地方志－县志－云南－景东

中图分类号：K297.44

内容提要及说明：景东彝族自治县志编纂委员会编写。成都：四川辞书出版社1994年版，616页。

流水号：30127

《景谷傣族彝族自治县志·医药卫生志》

ISBN：7-80543-321-6

主题词：地方志－县志－云南－景谷

中图分类号：K297.44

内容提要及说明：该书以述、记、志、传、图、表、录的形式，全方位展示了改革开放30年景谷深化改革、锐意进取的建设实践成果，记述了全县经济发展、政治稳定、文化繁荣、社会进步、民族团结、边疆巩固的历史经验和成就。包含民族医药内容。

云南省景谷傣族彝族自治县志编纂委员会编写。成都：四川辞书出版社1993年版，763页。

流水号：30128

《马边彝族自治县志》

ISBN：7-5616-2973-7

主题词：地方志－县志－四川－马边彝族自治县

中图分类号：K297.14

内容提要及说明：马边彝族自治县地方志编纂委员会编写。成都：成都科技大学出版社1994年版，643页。

流水号：30129

《孟连傣族拉祜族佤族自治县志》

ISBN：7-222-02625-8

主题词：地方志－县志－云南－孟连

中图分类号：K297.44

内容提要及说明：孟连傣族拉祜族佤族自治县志编纂委员会编写。昆明：云南民族出版社1999年版，433页。

流水号：30130

《南方药用植物图鉴》

题名文种：汉文、其他

ISBN：7-81036-859-1

主题词：药用植物－华南地区

中图分类号：R282.71-64

内容提要及说明：该书以彩图版形式借助 2000 幅图片，介绍中国南方常见的 558 种药用植物的特征、药用部位、功能主治、主要成分等，是中国药用植物图鉴系列之一。

王玉生主编，蔡岳文编。广东：汕头大学出版社 2005 年版。

流水号：30131

《中华人民共和国地方志丛书——南涧彝族自治县志》

ISBN：7-80543-271-6

主题词：南涧彝族自治县 - 地方志

中图分类号：K297.44

内容提要及说明：该书由述、记、志、传、图、表、录等部分组成，以事物发端和有据可查者为上限，下限至 1989 年，是“中华人民共和国地方志丛书”之一。

南涧县志编纂委员会编写。成都：四川辞书出版社 1993 年版，571 页。

流水号：30132

《中华人民共和国地方志丛书——普洱哈尼族彝族自治县志》

ISBN：7-108-00596-4

内容提要及说明：普洱哈尼族彝族自治县志是一部社会主义的新方志。是普洱的第一部县志，上限为 1911 年，下限为 1990 年。

云南省普洱哈尼族彝族自治县地方志编纂委员会编写。北京：三联书店 1993 年版，767 页。

流水号：30133

《中华人民共和国地方志丛书——双江拉祜族佤族布朗族傣族自治县志》

ISBN：7-5367-1080-1

主题词：双江拉祜族佤族布朗族傣族自治县 - 地方志

中图分类号：K297.44

内容提要及说明：赵成龙主编，双江拉祜族佤族布朗族傣族自治县志编纂委员会编写。昆明：云南民族出版社 1996 年版，945 页。

流水号：30134

《西藏百科全书（2009 年修订版）》

民族语言题名：བོད་ལྗོངས་ཀྱི་རིག་གནས་ཀུན་བཏུས་དཔེ་དེབ།

其他题名文种：汉文、外文

ISBN：7-223-01900-X

主题词：西藏 - 概况 - 百科全书

中图分类号：K927.5-61

内容提要及说明：该书主要由西藏自治区、正文及附件（大事年表、索引等）三部分组成，条目总数 1284 条，涵盖了历史、地理、政治、经济、文化等各个方面，并以大中条目为主体。全书有藏医、藏药相关词条。

崔玉英主编，旺堆次仁、刘立强、张虎生编。拉萨：西藏人民出版社 2005 年。

流水号：30135

《中华人民共和国地方志丛书——西盟佤族自治县志》

ISBN：7-222-02180-9

主题词：西盟佤族自治县 - 地方志

中图分类号：K297.44

内容提要及说明：西盟佤族自治县志编纂委员会编写。昆明：云南人民出版社 1997 年版，442 页。

流水号：30136

《新编云南省情》

ISBN：7-222-02069-1

中图分类号：K297.4/7

内容提要及说明：该书是一部系统反映云南基本情况的资料工具书，分 12 篇、119 卷和 17 个地州市情及附篇。第 618—619 页，民族医药，约 1000 字。

沈安波主编，莫泰尧、戴炽昌、吴锡藻、徐平编。昆明：云南人民出版社 1996 年版。

流水号：30137

《漾濞彝族自治县志》

ISBN：7-222-02578-2

主题词：地方志 - 县志 - 云南 - 漾濞

中图分类号：K297.44

内容提要及说明：云南省漾濞彝族自治县地方志编纂委员会编写。昆明：云南人民出版社 2000 年版，824 页。

流水号：30138

《云南省情》（1949—1984）

统一书号：17116.65

中图分类号：K297.4/7

内容提要及说明：该书既全面概略记载了云南历史、地理、气候、资源、民族、宗教等基本情况和新中国成立以来云南经济、社会的发展历程，又着重叙述了改革开放以来，尤其是近十几年来云南在经济建设、政治建设、文化建设、社会建设以及生态文明建设和党的建设等方面的新变化、新发展。第 1128—1129 页，民族卫生，约 600 字。

中共云南省委政策研究室编写。昆明：云南人民出版社 1986 年版。

流水号：30139

《中华人民共和国地方志丛书——云南省志・民族志》

正文文种：汉文、藏文

ISBN：7-222-03540-0

主题词：地方志 - 省志 - 云南 - 民族志

中图分类号：K297.4

内容提要及说明：该书在各民族的医药部分有民族医药的相关内容介绍。

格桑顿珠主编，高广、杜玉婷、段发和、郭大烈编，云南省地方志编纂委员会编写。昆明：云南人民出版社 2002 年版。

流水号：30140

《中华人民共和国地方志丛书——云南省志·卫生志》

ISBN：7-222-03198-7

主题词：地方志－省志－云南－医药卫生志

中图分类号：K297.4

内容提要及说明：第380—393页，少数民族医学。

尧挥彬主编，詹海峰、田敬国、包佶、伍法同编，云南省地方志编纂委员会编写。昆明：云南人民出版社2002年版。

流水号：30141

《中华人民共和国地方志丛书——云南省志·医药志》

ISBN：7-222-01044-0

主题词：地方志－省志－云南－医药卫生志

中图分类号：K297.4

内容提要及说明：李文辉主编，李铁军、李昌府、胡月英、戚育芳编，云南省地方志编纂委员会编写。昆明：云南人民出版社1995年版。

流水号：30142

《中国大百科全书——中国传统医学》

正文文种：汉文、英文

ISBN：7-5000-0373-0，7-5000-0374-9

主题词：中国医药学－文献－索引

中图分类号：Z227/1

内容提要及说明：《中国大百科全书》的内容包括哲学、社会科学、文学艺术、文化教育、自然科学、工程技术等各个学科和领域。全书总卷数为80卷，每卷约120万—150万字。全书各学科的内容按该学科的体系、层次，以条目的形式编写，收条目10万条左右。该册为中国传统医学卷。病症名、经络、穴位名用英文标识。

施奠邦主编，邓铁涛、陆广莘、陈绍武、傅世垣编。北京：中国大百科全书出版社1992年版。

流水号：30143

《中国古文献与传统文化学术研讨会论文集》

ISBN：7-5075-1857-4

主题词：文集－古文献学－传统文化

中图分类号：G256.1-53:K203-53

内容提要及说明：该书收录了暨南大学中国文化史籍研究所于2004年举办的以弘扬传统文化为中心的“中国古文献与传统文化学术研讨会”论文33篇。

张玉春主编。北京：华文出版社2005年版，431页。

流水号：30144

《中国图书年鉴》

ISBN：7-216-03018-4

内容提要及说明：该年鉴主要反映了每年度全国图书出版工作的状况和信息，其主要栏目有“专论”“图书分类评述”“图书出版研究”“图书市场分析”“新书简介”“图书出版纪事”等。其中含有民族医药文献信息。

流水号：30145

《中国各民族原始宗教资料集成——傣族原始宗教主要论著目录》

民族语言题名：ဩ၀မ္ ဟာ ၡ၀မ္ ၆ၥ၉၆ ဏၥၵ သာ သ ၄ၥ ၉ပ၆ ဘာ သာ ၆ၵ၅၆ ၆ဂ၉——၆ဟ ၆ဗ၃ ၀ာ လ၉၆ ၆ၥ၉၆ ဏၥၵ ဟ၅၅ သာ သ ၄ၥ ဘာ သာ ၆ဌ

ISBN：978-7-5004-2068-2

内容提要及说明：吕大吉、何耀华主编。北京：中国社会科学出版社 1999 年版。

流水号：30146

《西南少数民族文字文献（傣族文字文献）》

民族语言题名：လ၆ၵ ၆တ ဘာ သာ ၄ပ၆ ဟ၉၅ ၀၅ ၆တ ၵ၃၉၆ ဟ၉၅ ၆တ၆（လ၆ၵ ၆တ ဘာ သာ ၆ဌ）

ISBN：978-7-3110-2103-0

内容提要及说明：岩温扁（ဘ၃၆ ဘ၃၉၅၆ ဂဂ၃၉）主编。甘肃：兰州大学出版社 2003 年版。

流水号：30147

《中国傣族史料辑要》

民族语言题名为：၄၆၉ ၆ၥ၅ ဘာ သာ ၆ဌ ၆ၵ၉၆ ၆ဂ၉

ISBN：7-5367-0188-8

主题词：民族历史－傣族－中国－古代

中图分类号：K285.3

内容提要及说明：该书汇集了汉文古籍史料中有关傣族的部分，主要是清代以前的有关傣族的史料。

刀永明主编。昆明：云南民族出版社 1989 年版，970 页。

（三）含民族医药内容的综合类检索工具书

流水号：30148

《中国云南德宏傣文古籍编目》

民族语言题名：၆ဟ ၆ဗ၃ ၆ၥ၉ ဘာ သာ ၆ဌ ဏ၉၆ ဏ၀၅၆ ၆တ၆ ၆၉ ယ၆၅၆ ၄ၥ၅၆ ၆ၵ၉၆ ၆ဂ၉

ISBN：7-5367-2519-1

主题词：德宏傣族景颇族自治州－傣语－古籍－图书目录

中图分类号：Z838

内容提要及说明：该书所收条目涵盖文学、佛经、历史、语言、医药、天文、法律、礼仪、占卜、咒术、其他十一种类型。书内附有英文对照。收录德宏傣族医药古籍文献 16 种。

尹绍亭、唐立等主编。昆明：云南民族出版社 2002 年版，881 页。

流水号：30149

《中国云南耿马傣文古籍编目》

民族语言题名：၆ဟ ၆ဗ၃ ၆ၥ၉ ဘာ သာ ၆ဌ

[illegible]

其他题名文种：汉文、傣文

ISBN：7-5367-3289-9

主题词：古籍书目－傣文

中图分类号：Z838

内容提要及说明：包含医药文献的目录信息。

尹绍亭、唐立主编。昆明：云南民族出版社 2005 年版。

流水号：30150

《中国云南孟连傣文古籍编目》

民族语言题名：[illegible]

其他题名文种：汉文、傣文

ISBN：978-7-5367-4787-6

主题词：孟连傣族拉祜族佤族自治县－傣语－古籍－图书目录

中图分类号：Z838

内容提要及说明：该书所收条目涵盖历史、语言、文学、习俗、宗教等方面的内容。包含医药文献的目录信息。

尹仑、唐立、郑静主编，云南大学西南边疆少数民族研究中心、日本东京外国语大学亚非语言文化研究所、孟连傣族拉祜族佤族自治县民族历史博物馆编写。昆明：云南民族出版社 2010 年版。

流水号：30151

《楚雄彝族自治州图书馆馆藏彝族文献书目提要》（第 01 卷）

民族语言题名：[illegible]（[illegible]）

其他题名文种：汉文

ISBN：978-7-5367-3974-1

主题词：楚雄彝族自治州－文献－图书馆目录－彝族

中图分类号：Z822.1

内容提要及说明：该书是彝族文献检索工具书。该书收录彝族文献书目提要目录 2240 种，包括书名、作者、卷数、藏者、出版年代、出版者、主要内容和篇目等项。

姜荣文主编，龙玮、张欲辉编。昆明：云南民族出版社 2008 年版。

流水号：30152

《峨山彝族古籍编目》

民族语言题名：[illegible]

内容提要及说明：广泛流传于峨山彝族民间的彝文古籍文献，经过普查收集工作后，目前除有少部分分别收藏于民间毕摩经师或毕摩后人家庭外，绝大部分被峨山县民委（民族宗教事务局）收集，这些已被收集的古籍共有 76 本，统一保存在今天的民族宗教事务局民族语言文字研究室办公室，由李增华先生专人保管。76 本彝文经书中，有 59 本分别属于 1984 年到 1990 年收集，有 17 本书是李增华于 2004 年前后收集的。李增华先生，彝族，甸中镇大寨村委会旧寨村人，1986 年毕业于西南民族学院民族语言文学系彝族语言文学专业，精通古彝文，他对这批古籍视如珍宝。后来他应云南民族宗教事务委员会云南少数民族古籍整理出版规划办公室邀请，对原收的59本彝文旧抄本进行整理，完成了《峨山彝族古籍编目》，另17本属未编目之书，经李增华先生努力，把两种彝文古籍文献分别以“李增华峨山彝族古籍编目收录文献名目”和“峨山县民宗局保存17本未编目彝古籍名录”列出。对前者，资料录用采取缩减法，只引录其大要；对后者，每本书一一释读，并记述其基本内容。

版权页欠奉。

流水号：30153

《彝族古籍文献概要》

民族语言题名：[illegible]

ISBN：7-5367-0815-8

主题词：古文献学－彝语

中图分类号：G256.1:K281.7

内容提要及说明：该书对彝族古籍文献的起源、材料种类、制作方式、书面形式、语言特点、文献分类及其收藏与传播等进行了介绍，为全面系统认识其属性、特征奠定了基础，其中提到16本彝族医药古籍。

黄建明主编。昆明：云南民族出版社1993年版，188页。

流水号：30154

《中国少数民族古籍总目提要·贵州彝族卷（毕节地区）》

民族语言题名：[illegible]

题名文种：汉文、彝族

ISBN：978-7-5412-1783-8

主题词：毕节地区－少数民族－古籍－内容提要－彝族

中图分类号：Z838

内容提要及说明：该书收录了贵州彝族古籍条目2911条，内容涵盖历史、哲学、文学、教育、军事等诸多方面，真实记录了彝族的历史发展进程和文化发展轨迹。

陈乐基、王继超主编，贵州省民族古籍整理办公室编写。贵阳：贵州民族出版社2010年版。纸质，铅印本，609页，有插图。

流水号：30155

《哈佛燕京图书馆书目丛刊·中国纳西族象形文经典分类目录》

主题词：哈佛大学－东巴文－经籍－图书馆目录

中图分类号：Z88:H257

内容提要及说明：著录的民族医药文献仅30余种。

朱宝田主编。美国：哈佛大学哈佛燕京图书馆1997年版，936页。

流水号：30156

《中国少数民族古籍总目提要·纳西族卷》

其他题名文种：汉文

ISBN：7-5000-6731-3

主题词：中国－纳西族－古籍－内容

提要

中图分类号：Z838

内容提要及说明：该书收录了纳西族古籍条目 1834 条，展示了纳西族丰富多彩的民族历史文化遗产，反映了纳西族人民在共同缔造中华民族文明中所做出的贡献。

张公瑾、郭大烈主编，国家民族事务委员会全国少数民族古籍整理研究室编写。北京：中国大百科全书出版社 2003 年版。纸质，铅印本，662 页，有插图，精装。

流水号：30157

《医学与文学著作目录（1951—2005）》（上、下册）

内容提要及说明：该书由艾则孜·阿塔吾拉·萨尔特肯主编，于 2006 年由新疆人民卫生出版社出版。该书是一部综合性目录著作，收录了 1951—2005 年新疆地区数十种杂志发表的 108135 篇论文摘要，以及新疆各出版社出版的 2594 种书籍目录。其中维吾尔医药学专著约 100 种，论文 2725 篇，涉及医学史、古籍与古典、民间医学、民俗与健康、医学论文写作、名医介绍、兄弟民族医学等主题。著录的信息包括书名、论文篇目、著者、出版者、杂志名称、出版地点、出版年月。该书收录的论文及专著均为现代出版物，提供了大量有关维吾尔医学古籍的各类信息，对维吾尔医药古籍文献的收集、编目、整理和研究具有一定的参考价值。

流水号：30158

《中国少数民族古籍总目提要·维吾尔族卷》

其他题名文种：汉文

ISBN：978-7-5000-8741-0

主题词：中国－维吾尔族－古籍－内容提要

中图分类号：Z838

内容提要及说明：该书是一部系统介绍维吾尔族古籍总体情况，反映维吾尔族古籍概貌的资料性工具书。它展示了维吾尔族丰富多彩的民族历史文化遗产，反映了维吾尔族人在缔造中华文明的过程中所做出的贡献。该书共收录维吾尔族铭刻类古籍条目 19 条，文书类古籍条目 333 条，讲唱类古籍条目 1189 条。

张公瑾主编，国家民族事务委员会全国少数民族古籍整理研究室编写。北京：中国大百科全书出版社 2011 年版。纸质，铅印本，390 页，有插图，精装。

流水号：30159

《北京地区藏文古籍总目》

民族语言题名：པེ་ཅིན་ས་གནས་ཀྱི་གནའ་གཞུང་དཀར་ཆག་ཕྱོགས་བསྡུས།

内容提要及说明：在北京市民委（现北京市民族宗教事务委员会）的直接领导下，对分散保存在各图书馆、档案馆、科研院所等单位的书籍、文书、拓片、金石铭刻等进行普查核对、数据著录、分析研究等工作，编辑成此书。

阿华·阿旺华丹主编。北京：中国藏

学出版社 2013 年版。

流水号：30160

《中国藏学书目》

民族语言题名：ཀྲུང་གོའི་བོད་རིག་པའི་དཔེ་ཆའི་དཀར་ཆག

ISBN：7-119-00029-2

主题词：中国 -1949-1991- 藏学 - 图书目录

中图分类号：Z88:K297.5

内容提要及说明：《中国藏学书目》编辑委员会分别于 1995 年、1997 年和 2001 年编辑出版了《中国藏学书目（1949—1991）》《中国藏学书目续编（1992—1995）》和《中国藏学书目三编（1996—2000）》3 部藏学目录。第 1 部收录了 1949—1991 年间中国近 200 家出版社的图书（不含港、澳、台出版物）共 1497 种，涉及中国西藏自治区和各省藏族自治地方的概况，以及藏族与藏族地区哲学、宗教、政治等各个方面。这 3 部目录收录了 1949 年 10 月至 2000 年之间，中国大陆近 200 家出版社正式出版的藏学方面的图书共计 3169 种，与藏医药相关的藏、汉文出版物共 131 种，其中涉及藏医古籍 93 种（因《帝玛·丹增彭措医著选集》一书集结了公元 17 世纪著名学者帝玛·丹增彭措一生医学著述共 61 篇，故而将它们看成独立的文献比较合适）。著录的信息包括书名、编著者、出版地、出版者、出版年月、页码、开本、丛书项、统一书号或国际标准书号、装帧，并附内容提要。藏文图书附汉、英译文，汉文图书附英译文，英文图书附汉译文。这 3 部目录收录的内容涵盖整个藏学研究，收录文献的形式为现代出版物，其中藏医古籍占 3%。该目录的优点是对每部著作均附有内容提要，有助于读者了解其基本内容。随着文献数据库的出现和发展，对 2000 年之后出版的藏学著作，未有续编出版。

《中国藏学书目》编委会编写。北京：外文出版社 1994 年版，428 页。

流水号：30161

《中国少数民族古籍总目提要·白族卷》

其他题名文种：汉文

ISBN：7-5000-7163-9

主题词：中国 - 少数民族 - 古籍 - 内容提要 - 白族

中图分类号：Z838

内容提要及说明：该书收录了白族古籍条目 1707 条，分书籍类、铭刻类、文书类、讲唱类四部分，展示了白族丰富多彩的民族历史文化遗产，反映了白族人民在共同缔造中华民族文明的过程中所做出的贡献。

张公瑾、杨恒灿、普学旺主编，国家民族事务委员会全国少数民族古籍整理研究室编写。北京：中国大百科全书出版社 2004 年版。纸质，铅印本，358 页，有插图，精装。

流水号：30162

《布依族研究资料目录》

ISBN：7-80060-242-7

主题词：布依族研究－资料目录

中图分类号：K286.8-63

内容提要及说明：该书是一部有关布依族文献的索引。该书力图全面反映布依族、布依族地区的过去和现在。

贾忠匀主编。北京：学苑出版社，297页。

流水号：30163

《中国少数民族古籍总目提要·达斡尔族卷》

其他题名文种：汉文

ISBN：978-7-5000-8248-4

主题词：达斡尔族－古籍－内容提要－中国

中图分类号：Z838

内容提要及说明：该书按甲、乙、丙、丁四编的顺序排列。甲编为书籍类，乙编为铭刻类，丙编为文书类，丁编为讲唱类。

吴长林主编，国家民族事务委员会全国少数民族古籍整理研究室编写。北京：中国大百科全书出版社2009年版。纸质，铅印本，257页，有插图。

流水号：30164

《中国少数民族古籍总目提要·侗族卷》

其他题名文种：汉文

ISBN：978-7-5000-8499-0

主题词：侗族－古籍－内容提要

中图分类号：Z838

内容提要及说明：该书按甲、乙、丙、丁四编的顺序排列。甲编为书籍类，乙编为铭刻类，丙编为文书类，丁编为讲唱类。

张公瑾主编，国家民族事务委员会全国少数民族古籍整理研究室编写。北京：中国大百科全书出版社2010年版。纸质，铅印本，422页，有插图，精装。

流水号：30165

《中国少数民族古籍总目提要·鄂伦春族卷》

其他题名文种：汉文

ISBN：978-7-5000-8365-8

主题词：鄂伦春族－古籍－内容提要

中图分类号：Z838

内容提要及说明：该书收入的鄂伦春族古籍条目分为文书类和讲唱类两大类，介绍了鄂伦春族古籍的总体情况。

张公瑾、吴长林主编，国家民族事务委员会全国少数民族古籍整理研究室编写。北京：中国大百科全书出版社2010年版。纸质，铅印本，340页，有插图，精装。

流水号：30166

《中国少数民族古籍总目提要·鄂温克族卷》

其他题名文种：汉文

ISBN：978-7-5000-8331-3

主题词：少数民族－古籍－内容提要－鄂温克族

中图分类号：Z838

内容提要及说明：该书收录了鄂温克族古籍条目2143条，内容包括历史、宗教、政治、经济、文学、艺术等诸多方面，真实记录了这个民族的历史发展进程和文化发展轨迹。

吴长林主编，国家民族事务委员会全国少数民族古籍整理研究室编写。北京：中国大百科全书出版社2010年版。纸质，铅印本，352页，有插图，精装。

流水号：30167

《中国少数民族古籍总目提要·哈尼族卷》

ISBN：978-7-5000-7992-7

主题词：中国－少数民族－古籍－内容提要－哈尼族

中图分类号：Z838

内容提要及说明：该书收录了哈尼族古籍条目1599条。其中书籍类25条、铭刻类12条、文书类6条、讲唱类1556条。按甲、乙、丙、丁四编的顺序排列。记录了哈尼族的历史发展进程，是哈尼族文化遗产的总汇，具有重要的历史价值和文化价值。

张公瑾等主编，李克忠、普学旺、史军超分卷主编，国家民族事务委员会全国少数民族古籍整理研究室编写。北京：中国大百科全书出版社2008年版，346页。

流水号：30168

《中国少数民族古籍总目提要·哈萨克族卷》

其他题名文种：汉文

ISBN：978-7-5000-8711-3

主题词：中国－哈萨克族－古籍－内容提要

中图分类号：Z838

内容提要及说明：该书对1949年以前哈萨克族的书籍、铭刻、文书、讲唱等方面的古籍，以条目的形式，分别介绍其作者、成书年代、主要内容、文献价值、版本及保存、流传等情况。该书共收入哈萨克族估计条目1916条，按甲、乙、丙、丁四编的顺序排列。甲编为书籍类，乙编为铭刻类，丙编为文书类，丁编为讲唱类。

张公瑾主编，国家民族事务委员会全国少数民族古籍整理研究室编写。北京：中国大百科全书出版社2011年版。纸质，铅印本，454页，有插图，精装。

流水号：30169

《中国少数民族古籍总目提要·赫哲族卷》

其他题名文种：汉文

ISBN：978-7-5000-8498-3

主题词：中国－赫哲族－古籍－内容提要

中图分类号：Z838

内容提要及说明：该书按甲、乙、丙、丁四编的顺序排列。甲编为书籍类，

乙编为铭刻类，丙编为文书类，丁编为讲唱类。

张公瑾主编，都永浩、谷文双分卷主编，国家民族事务委员会全国少数民族古籍整理研究室编写。北京：中国大百科全书出版社 2010 年版。纸质，铅印本，282 页，有插图，精装。

流水号：30170

《中国少数民族古籍总目提要·回族卷》

其他题名文种：汉文

ISBN：978-7-5000-8003-9

主题词：中国－回族－古籍－内容提要

中图分类号：Z838

内容提要及说明：该书共收录回族铭刻类古籍条目 1454 条，按内容分为建修清真寺碑、圣旨敕谕碑、功德记事碑、教义教规碑、人物碑、匾额、楹联、铭文、砖雕等 15 大类。

张公瑾主编，国家民族事务委员会全国少数民族古籍整理研究室编写。北京：中国大百科全书出版社 2008 年版。纸质，铅印本，260 页，有插图，精装。

流水号：30171

《中国少数民族古籍总目提要·柯尔克孜族卷》

其他题名文种：汉文

ISBN：978-7-5000-8002-2

主题词：中国－柯尔克孜族－古籍－内容提要

中图分类号：Z838

内容提要及说明：该书收录了新疆维吾尔自治区、黑龙江省的柯尔克孜族古籍条目 1571 条，其中书籍类 4 条，讲唱类 1567 条。该书全面反映了柯尔克孜族现存古籍铭刻的面貌，涵盖书籍类、讲唱类等古籍资料，展现了柯尔克孜族丰富多彩的民族文化遗产。

张公瑾主编，马克来克·玉买尔拜分卷主编，国家民族事务委员会全国少数民族古籍整理研究室编写。北京：中国大百科全书出版社 2008 年版。纸质，铅印本，323 页，有插图，精装。

流水号：30172

《中国少数民族古籍总目提要·毛南族卷　京族卷》

其他题名文种：汉文

ISBN：978-7-5000-8244-6

主题词：中国－少数民族－古籍－内容提要－毛南族－京族

中图分类号：Z838

内容提要及说明：该书按甲、乙、丙、丁四编的顺序排列。甲编为书籍类，乙编为铭刻类，丙编为文书类，丁编为讲唱类。

张公瑾主编，国家民族事务委员会全国少数民族古籍整理研究室编写。北京：中国大百科全书出版社 2009 年版。纸质，铅印本，219 页，有插图，精装。

流水号：30173

《内蒙古自治区蒙医药博物馆馆藏古籍文献图解》

内容提要及说明：《内蒙古自治区蒙医药博物馆馆藏古籍文献图解》由毕立夫主编，于2009年由内蒙古人民出版社出版。该目录收录从蒙医药博物馆收藏的1680部古籍中摘选出的经典著作148部，重点介绍了39部，其中蒙医药古籍文献著作20部，阿育吠陀医学著作7部，藏医学古籍文献著作12部。全书按成书年代先后排列，对重点介绍的39部医药著作的书名、著者、版本、收藏等级和内容梗概进行了介绍。其余109部古籍则介绍了书名、著者、版本、备注、藏品等级。全书以蒙、汉两种文字编写，并附有彩色图片。该书除蒙医药古籍文献外，还收录了部分藏医古籍文献和古印度阿育吠陀医学的著作，充分体现出藏蒙文化圈中传统医学间的互相影响。遗憾的是，全书仅针对蒙医药博物馆中所藏的古籍文献，并不能反映蒙医药古籍文献的全貌。

流水号：30174

《中国少数民族古籍总目提要·苗族卷》

其他题名文种：汉文

ISBN：978-7-5000-8457-0

主题词：中国－苗族－古籍－内容提要

中图分类号：Z838

内容提要及说明：该书收录苗族的古籍条目3000多条，内容包括书籍、铭刻、文书、讲唱等诸多方面，真实记录了苗族的历史发展进程和文化发展轨迹。

张公瑾主编，陈乐基分卷主编，国家民族事务委员会全国少数民族古籍整理研究室编写。北京：中国大百科全书出版社2009年版。纸质，铅印本，681页，有插图，精装。

流水号：30175

《中国少数民族古籍总目提要·仫佬族卷》

其他题名文种：汉文

ISBN：978-7-5000-8245-3

主题词：中国－仫佬族－古籍－内容提要

中图分类号：Z838

内容提要及说明：该书收录仫佬族古籍条目829条。按甲、乙、丙、丁四编的顺序排列。甲编为书籍类，收录122条；乙编为铭刻类，收录58条；丙编为文书类，收录258条；丁编为讲唱类，收录391条。

张公瑾主编，欧薇薇分卷主编，国家民族事务委员会全国少数民族古籍整理研究室编写。北京：中国大百科全书出版社2009年版。纸质，铅印本，211页，有插图，精装。

流水号：30176

《丽江地区普米族韩规经籍初步编目资料》

内容提要及说明：2004 年 2 月到 2006 年 9 月，李国文课题组经由胡文明、胡镜明、措皮·迪吉偏初调查，木里县依吉乡机素村、达都村、后所村的麦色偏处、邀基扎拉、扎西、南卡、东龙·阿巴等韩规后期整理。该书尚未正式出版。

流水号：30177

《中国少数民族古籍总目提要·羌族卷》

其他题名文种：汉文

ISBN：978-7-5000-8128-9

主题词：中国－羌族－古籍－内容提要

中图分类号：Z838

内容提要及说明：该书收录羌族的古籍条目 1592 条，内容包括宗教、政治、经济、文学、艺术等诸多方面，真实记录了羌族的历史发展进程和文化发展轨迹。

张公瑾主编，龙彦分卷主编，国家民族事务委员会全国少数民族古籍整理研究室编写。北京：中国大百科全书出版社 2009 年版。纸质，铅印本，264 页，有插图，精装。

流水号：30178

《中国少数民族古籍总目提要·塔吉克族卷》

其他题名文种：汉文

ISBN：978-7-5000-8688-8

主题词：中国－塔吉克族－古籍－内容提要

中图分类号：Z838

内容提要及说明：该书包括书籍类和讲唱类，其中，书籍类条目有 52 条，演唱类条目有 1573 条。按甲、乙、丙、丁四编的顺序排列，甲编为书籍类，乙编为铭刻类，丙编为文书类，丁编为讲唱类。

张公瑾主编，国家民族事务委员会全国少数民族古籍整理研究室编写。北京：中国大百科全书出版社 2011 年版。纸质，铅印本，422 页，有插图，精装。

流水号：30179

《中国少数民族古籍总目提要·土家族卷》

其他题名文种：汉文

ISBN：978-7-5000-8312-2

主题词：中国－土家族－古籍－内容提要

中图分类号：Z838

内容提要及说明：该书共收录土家族古籍条目 4000 余条。全书分为甲、乙、丙、丁四编。其中甲编为书籍类，分经卷、史志、谱牒、艺文、科技及其他五个部分；乙编为铭刻类，分石碑、牌坊、墓碑、摩崖石刻及其他铭刻五个部分；丙编为文书类，分朝廷文书、地方文书、民间文书三个部分；丁编为讲唱类，分神话、传说、故事、歌谣四个部分。

张公瑾主编，梁先学分卷主编，国家

民族事务委员会全国少数民族古籍整理研究室编写。北京：中国大百科全书出版社2010年版。纸质，铅印本，493页，有插图，精装。

流水号：30180

《中国少数民族古籍总目提要·锡伯族卷》

其他题名文种：汉文

ISBN：978-7-5000-7763-3

主题词：中国 – 锡伯族 – 古籍 – 内容提要

中图分类号：Z838

内容提要及说明：该书收录锡伯族的古籍条目2338条，内容包括宗教、政治、经济、文学、艺术等诸多方面，真实记录了锡伯族的历史发展进程和文化发展轨迹。

张公瑾主编，贺忠德分卷主编，国家民族事务委员会全国少数民族古籍整理研究室编写。北京：中国大百科全书出版社2007年版。纸质，铅印本，376页，有插图。

流水号：30181

《大理古籍书目提要》

ISBN：978-7-5367-5603-8

主题词：古籍 – 图书目录 – 大理市

中图分类号：Z838

内容提要及说明：该书以云南省图书馆、大理州公共图书馆及部分高校馆藏古籍为收录对象，并以反映版本特征为记述内容，收录古籍1167种，主要是关于大理籍人物的著述。含有少量白族医药古籍信息。

孙沁南、杨萌主编，杨锐明、刘丽校注。昆明：云南民族出版社2013年版。

流水号：30182

《二十世纪中国少数民族文献分布及学术研究成果：国际性书目之书目》

ISBN：978-710-0045-001

内容提要及说明：该书是迄今为止世界上收录范围较为广泛，收录内容较全面的中国少数民族学术研究书目。作为书目之书目，该书不仅开创了中国书目之书目将收录内容拓展到世界范围的先例，开创了中国专题书目之书目的先河，而且填补了中国学者编撰世界书目之书目的空白，具有里程碑式的目录学价值。作为中国少数民族学术研究的必备参考工具书，该书不仅为海内外学者提供了极其珍贵的治学门径，而且全面地勾勒了世界各国有关中国少数民族学术研究和文献收藏的概貌，极大地开拓了我国专家学者的研究视野，具有促进中国少数民族学术研究国际交流的重要学术价值。

张海惠主编。北京：商务印书馆2006年版。

流水号：30183

《新中国六十年中医图书总目》（1949—2008）

ISBN：978-7-117-12290-0

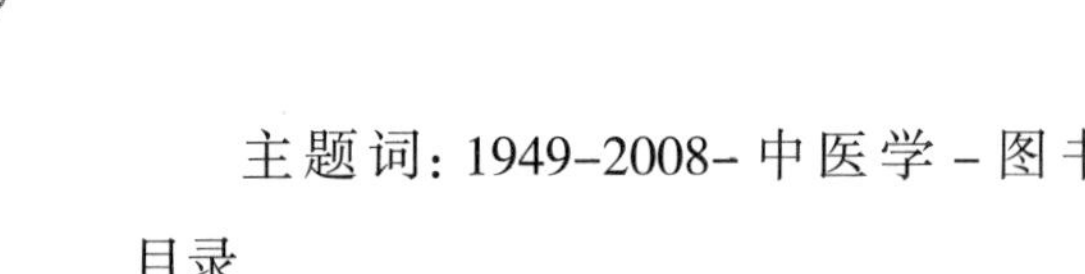

主题词：1949-2008- 中医学 - 图书目录

中图分类号：Z88:R2

内容提要及说明：该目录由中国中医科学院中医药信息研究所编纂，裘俭、何远景、段青担任主编，于2010年由人民卫生出版社出版。该目录收录了1949—2008年60年间全国各地公开出版的中医药著作共37572种，内容涉及中医药学的各个领域，集中反映出中医药事业在科研、临床、教育以及管理等方面所取得的成就。其中民族医药方面的出版物730种，涉及藏族、蒙古族、维吾尔族、傣族、苗族、彝族、壮族、瑶族、朝鲜族、满族、鄂伦春族、哈萨克族、哈尼族、佤族、纳西族、拉祜族、德昂族、普米族、布依族、水族、仡佬族、侗族、土家族、畲族、黎族、毛南族、基诺族共27个少数民族。著录的信息有书名、文种、著者、著者朝代（针对古籍）、版本（针对古籍）、版次、出版地、出版者、出版年、页数或册数、尺寸、丛书书名、国际标准书号和价格。该目录所收录的均为民族医药的现代出版物，包含1949年后整理的、以现代著作形式出版的民族医药古籍96部，难以真实、全面地反映民族医药古籍的整体状况。

裘俭、何远景、段青主编。北京：人民卫生出版社2010年版，2225页。

流水号：30184

《云南史料目录概说》

统一书号：11018.1176

主题词：地方史 - 云南 - 史料

中图分类号：K297.4

内容提要及说明：该书将目录学研究与云南史地研究紧密结合，深入探讨了史料目录与历史研究的关系。经过长期艰苦不懈的探索，强调史料目录是历史研究的基础，并确立了编撰边疆民族地区史料目录要以阐明真实历史为目的的指导思想。

方国瑜主编。北京：中华书局1984年版，1345页。

流水号：30185

《中国科技期刊中医药文献索引》（1988）

其他题名文种：汉文

ISBN：7-80013-593-6

主题词：中国医药学 - 文献 - 索引

中图分类号：Z89:R/1

内容提要及说明：该书是中医药文献的检索工具，内含民族医药相关信息。第440页，民族医药学。

薛清录主编，毕俊英、马芳莉、巴恩荣、曹小玉编。北京：中医古籍出版社1994年版。

流水号：30186

《中国科技期刊中医药文献索引》（1989）

其他题名文种：汉文

ISBN：7-80013-672-8

主题词：中国医药学－文献－索引

中图分类号：Z89:R/1

内容提要及说明：该书是中医药文献的检索工具，内含民族医药相关信息。第448—449页，民族医药学。

薛清录主编，马芳莉、毕俊英、曹小玉、方玲编。北京：中医古籍出版社1996年版。

流水号：30187

《中国科技期刊中医药文献索引》（1990）

其他题名文种：汉文

ISBN：7-80013-869-0

主题词：中国医药学－文献－索引

中图分类号：Z89:R/1

内容提要及说明：该书是中医药文献的检索工具，内含民族医药相关信息。第497—499页，民族医药学。

薛清录主编，马芳莉、毕俊英、邓青青、范为宇编。北京：中医古籍出版社1999年版。

流水号：30188

《中国科技期刊中医药文献索引》（1991）

其他题名文种：汉文

ISBN：7-80013-829-1

主题词：中国医药学－文献－索引

中图分类号：Z89:R/1

内容提要及说明：该书是中医药文献的检索工具，内含民族医药相关信息。第525—526页，少数民族医学。

薛清录主编，周继贤、毕俊英、邓青青、范为宇编。北京：中医古籍出版社1998年版。

流水号：30189

《中国科技期刊中医药文献索引》（1992）

其他题名文种：汉文

ISBN：7-80013-913-1

主题词：中国医药学－文献－索引

中图分类号：Z89:R/1

内容提要及说明：该书是中医药文献的检索工具，内含民族医药相关信息。第485—486页，中国少数民族医学。

薛清录主编，周继贤、毕俊英、邓青青、范为宇编。北京：中医古籍出版社2001年版。

流水号：30190

《中国科技期刊中医药文献索引》（1993）

其他题名文种：汉文

ISBN：7-80013-913-1

主题词：中国医药学－文献－索引

中图分类号：Z89:R/1

内容提要及说明：该书是中医药文献的检索工具，内含民族医药相关信息。第576—577页，少数民族医学。

薛清录主编，周继贤、马芳莉、巴恩荣、毕俊英编。北京：中医古籍出版社

2001 年版。

流水号：30191

《中国科技期刊中医药文献索引》（1994）

其他题名文种：汉文

ISBN：7-80013-776-7

主题词：中国医药学－文献－索引

中图分类号：Z89:R/1

内容提要及说明：该书是中医药文献的检索工具，内含民族医药相关信息。第748—752 页，中国少数民族医学。

薛清录主编，周继贤、马芳莉、毕俊英、温先荣编。北京：中医古籍出版社 1998 年版。

流水号：30192

《中国科技期刊中医药文献索引》（1995）

其他题名文种：汉文

ISBN：7-80013-873-9

主题词：中国医药学－文献－索引

中图分类号：Z89:R/1

内容提要及说明：该书是中医药文献的检索工具，内含民族医药相关信息。第674—676 页，少数民族医学。

薛清录主编，周继贤、马芳莉、毕俊英、程英编。北京：中医古籍出版社 2000 年版。

流水号：30193

《中国少数民族古籍总目提要·东乡族卷　裕固族卷　保安族卷》

其他题名文种：汉文

ISBN：7-5000-7515-4

主题词：中国－少数民族－古籍－内容提要－东乡族－裕固族－保安族

中图分类号：Z838

内容提要及说明：该书收录了东乡族、裕固族、保安族三个民族的古籍条目，内容包括历史、宗教、政治、经济、文学、艺术等诸多方面，真实记录了这三个民族的历史发展进程和文化发展轨迹。

马自祥（东乡族卷）、贺卫光（裕固族卷）、马少青（保安族卷）主编，国家民族事务委员会全国少数民族古籍整理研究室编写。北京：中国大百科全书出版社 2006 年版。纸质，铅印本，284 页，有插图，精装。

流水号：30194

《中国少数民族古籍总目提要·土族卷　撒拉族卷》

其他题名文种：汉文

ISBN：978-7-5000-7648-3

主题词：中国－少数民族－古籍－内容提要－土族－撒拉族

中图分类号：Z838

内容提要及说明：该书收录了土族和撒拉族的古籍条目 2942 条，内容包括历史、宗教、政治、经济、文学、艺术等诸多方面，真实记录了这两个民族的历史发展进程和文化发展轨迹。

张公瑾主编，国家民族事务委员会全国少数民族古籍整理研究室编写。北京：中国大百科全书出版社 2007 年版。纸质，铅印本，536 页，有插图，精装。

流水号：30195

《中国少数民族古籍总目提要·乌孜别克族卷　塔塔尔族卷　俄罗斯族卷》

其他题名文种：汉文

ISBN：978-7-5000-8689-5

主题词：少数民族 - 古籍 - 内容提要 - 乌孜别克族 - 塔塔尔族 - 俄罗斯族

中图分类号：Z838

内容提要及说明：该书是一部系统介绍乌孜别克族、塔塔尔族、俄罗斯族古籍总体情况，反映其古籍概貌的书籍。它不仅是一部了解这三个民族历史文化的读物，也是研究其政治、经济、历史、宗教、文化的参考工具书，展示了丰富多彩的民族历史文化遗产，反映了这三个民族为缔造中华民族文明所做出的贡献。

张公瑾主编，国家民族事务委员会全国少数民族古籍整理研究室编写。北京：中国大百科全书出版社 2011 年版。纸质，铅印本，411 页，有插图，精装。

附　录

（一）中国少数民族主要分布区域地图

［审图号：GS（2014）1342］

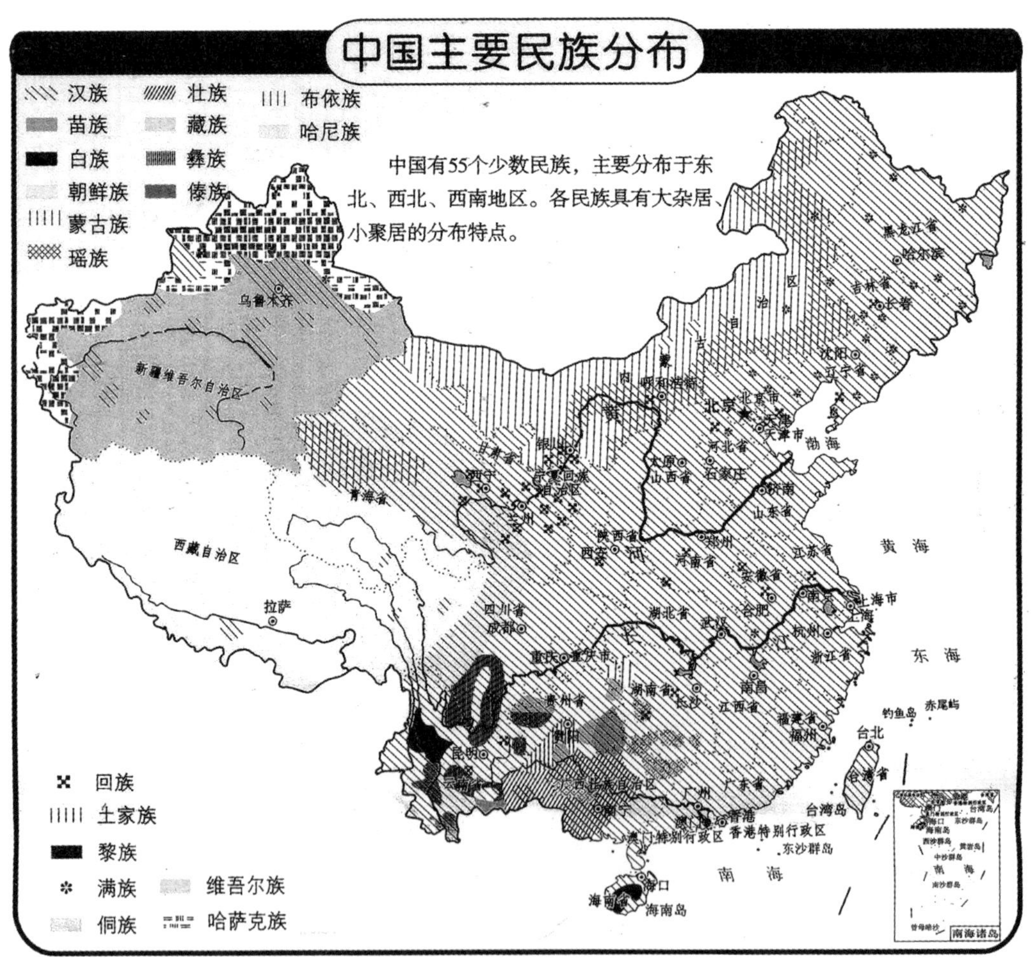

（说明：本分布图来源于“地图窝下载”，http：// www.onegreen. net/maps/html/60249. html）

（二）云南省少数民族名录

云南省少数民族成分（55个）：彝族、哈尼族、白族、傣族、壮族、苗族、回族、傈僳族、拉祜族、佤族、纳西族、瑶族、景颇族、藏族、布朗族、布依族、阿昌族、普米族、蒙古族、怒族、基诺族、德昂族、水族、满族、独龙族、土家族、侗族、土族、仡佬族、朝鲜族、黎族、维吾尔族、京族、羌族、畲族、仫佬族、哈萨克族、东乡族、达斡尔族、锡伯族、毛南族、高山族、撒拉族、柯尔克孜族、俄罗斯族、塔吉克族、鄂温克族、赫哲族、塔塔尔族、裕固族、保安族、门巴族、乌孜别克族、鄂伦春族、珞巴族。

云南的世居少数民族（25个）：彝族、白族、哈尼族、壮族、傣族、苗族、回族、傈僳族、拉祜族、佤族、纳西族、瑶族、景颇族、藏族、布朗族、布依族、阿昌族、普米族、蒙古族、怒族、基诺族、德昂族、水族、满族、独龙族。

云南的特有少数民族（15个）：白族、哈尼族、傣族、傈僳族、拉祜族、佤族、纳西族、景颇族、布朗族、阿昌族、普米族、怒族、基诺族、德昂族、独龙族。

云南省人口较少的特有少数民族（7个）：布朗族、阿昌族、普米族、怒族、基诺族、德昂族、独龙族。

（三）新中国成立以来民族医药大事记①

编写“新中国成立以来民族医药大事记”旨在服务于为民族医药研究工作做出努力的专业人员，让大家能更好地依时序把握重要的历史资料。我们尽力梳理了我国民族医药领域发生的重大事项，对1949—2019年相关重大事件进行整理编排，较准确地呈现出我国民族医药的发展轨迹，但难免仍有疏漏或错误，恳请同道补充、指正。

1951年

8月23日—30日　中央人民政府卫生部在北京举行了全国民族卫生会议。

12月1日　政务院文教委员会批准实施《全国少数民族卫生工作方案》，提出了总结与提高民族医药的方针：“对于草药土方治病之民族医，应尽量团结与提高。”

1956年

5月　内蒙古自治区呼和浩特市成立了内蒙古自治区中蒙医研究所。

1958年

9月　内蒙古自治区呼和浩特市成立了内蒙古自治区中蒙医医院。

1959年

3月　西藏民主改革后，将“门孜康”和药王山医学利众院两处医疗机构合并，挂牌为拉萨市军管会第一门诊部。

1961年

7月6日　云南中医学院组成的医疗队深入边疆民族地区发掘整理兄弟民族民间医药经验，搜集到验方、单方600多种，发现未见记载的中草药200多种，撰写成《滇南本草续编》和《云南民族民间方药选》。

9月　拉萨市委决定保留“门孜康”机构，成立拉萨市藏医院，钦绕罗布任院长。

10月28日　《人民日报》报道，内蒙古数千名蒙古族新老蒙医医疗队经过5年的努力，用蒙古文整理出版了古典医学文献——《四部医典》，发掘了三百多年前的《但教经》和其他大量古代蒙古医学史科。

1962年

2月21日　内蒙古自治区卫生厅在报请内蒙古党委宣传部同意后，正式发文将“喇嘛医”一律改称“蒙医”。

---

① 甄艳，胡颖翀．现代民族医药大事记［J］．中华医史杂志，2012，42（4）：249-256.

1963 年

10 月 29 日　《今日新闻》报道，反映维吾尔族医学成就的《卡农且》(医学法规)和《维吾尔民族医常用复方制剂手册》在新疆用维吾尔文出版。

1964 年

1 月　一部蒙医理论著作《蒙药药理学概要》(蒙文)由蒙古族医生占布拉绍奴编著完成。

1970 年

1 月 1 日　甘肃省夏河县藏医院正式开诊。

1973 年

7 月 3 日，国务院批转卫生部《关于加强西藏自治区医药卫生事业建设的报告》。

12 月 25 日　蒙医蒙药工作座谈会在内蒙古自治区锡林浩特召开。

1975 年

10 月 15 日　西藏自治区在拉萨召开卫生工作会议。

1976 年

9 月 5 日　新华社报道，西藏自治区拉萨市藏医院藏医研究所开始整理藏医、藏药的重要古典名著——《居悉》(藏文)(汉译为《四部医典》)，第一部、第二部整理初稿已经完成。

1976 年，卫生部组成的藏医古籍调查整理小组进藏。

1978 年

2 月 22 日　一部总结藏医药学基本经验的重要著作《藏医药选编》(藏文)在青海省出版，该著作由罗桑佩却(蒙古族)编著。

5 月 26 日　国务院发出《关于国家民族事务委员会工作任务和机构设置的通知》。

6 月 21 日　中央组织部和国家民委召开少数民族干部工作座谈会。

10 月 6 日　中央组织部发出会议期间草拟的《关于少数民族地区干部工作的几点意见》及通知。

12 月 26 日　《人民日报》报道，西藏自治区出版了藏医古籍名著《四部医典》和《新编藏医学》《西藏星算天文基础知识》(以上均为藏文)等书。

1979 年

1 月　国家民委在北京召开民族问题五套丛书编辑会议，研究部署“中国少数民族”“中国少数民族简史丛书”“中国少数民族语言简志丛书”“中国少数民族自治地方

概况丛书”和“中国少数民族社会历史调查资料丛刊”五种丛书的编写工作。

4月5日　西藏门巴族聚居地之一的错那县勒布区的医院实行免费医疗，天花、梅毒、瘟疫等疾病已被消灭。

5月　全国群众性民族研究学术团体——中国民族研究学会成立。

5月　中国民族理论研究会和中国民族语言学会也相继成立。

5月5日　新华社报道，西藏拉萨市藏医院收集整理出24种（套）藏医古籍的木刻原版3004块。

5月19日　新疆召开民族医药调查整理座谈会，就贯彻党的中医政策，解决民族医药队伍后继乏人以及继承、发掘、整理、提高民族医药学，走中西医结合的道路等问题进行讨论。

5月22日至6月7日　国家民委第一次委员（扩大）会议在天津举行，这次会议是国家民委成立以来，首次全国性的民族工作盛会。

6月10日　广大蒙医蒙药工作者发掘、整理、编辑的《四部医典》《蒙药学》等20余部有关蒙药医典籍出版。

9月29日　云南白族、傣族、纳西族、景颇族、哈尼族等17个少数民族歌手在首都登台演出。

10月　云南楚雄彝族自治州双柏县74岁的彝族医生杨思有献出明嘉靖四十五年（1566年）的彝文医药书。这是云南首次发现的明代彝文医药专书。

1979年，北方六省区蒙药协作会议在长春举行。

1979年，西双版纳州民族医药研究所正式成立。

1980年

1月　中华全国中医学会西藏中藏医分会在拉萨召开首届全区学术会议。

2月27日　云南大理白族自治州13个县（市）中有11个县（市）恢复了传统的集市街期。

4月9日　《藏医医学词典》（藏文版）编纂完成。

4月　李维汉所著的《关于民族理论和民族政策的若干问题》一书，由民族出版社出版。

5月　卫生部、国家民委、教育部印发《关于加强少数民族地区医学教育工作的意见》，要求“重视使用少数民族语言和翻译出版医学书籍”。

6月17日　在北京举行全国首届世界民族研究学术讨论会。

8月11日　在北京召开首届全国民族理论科学讨论会。

9月　西藏自治区“拉萨市藏医院”扩建，更名为“西藏自治区藏医院”，设有门诊部、住院部、藏药厂、研究所等。

10月 《中华医史杂志》复刊，开辟了“少数民族医学史”专栏。这是第一次有了少数民族医学史研究方面专门的专栏。

10月9日 国家民委、教育部向中共中央、国务院上报《关于加强民族教育工作的意见》。

10月21日 中共中央、国务院批准了《关于加强民族教育工作的意见》的报告。

10月20日—26日 在贵阳举行首届全国民族学学术讨论会。

1981年

2月25日 全国性的少数民族文学期刊——《民族文学》（汉文版）在京创刊。

5月14日 国家民委学术委员会在京召开第一次会议，初步审定了各民族学院学士、硕士学位授予点。

6月 由《国家民委民族问题五套丛书》编委会组织编写的《中国少数民族》一书，出版发行。这部知识性著作为新中国成立以来公开发行的第一部全面系统地介绍中国少数民族情况的专著。

11月 蒙医药、藏医药工作者在呼和浩特进行学术交流。

1982年

1月19日 云南民院建校以来首批包括本省的21名少数民族本科大学生毕业。

2月22日 全国少数民族地区经济发展战略问题讨论会在昆明举行。

3月5日 新疆维吾尔自治区卫生厅维吾尔医研究室成立。

3月10日—14日 藏医工作座谈会由西藏自治区拉萨市卫生局主持召开，会议总结了藏医工作经验，进行了藏医学术探讨，还给民间藏医、县卫生科发了四部藏医医典、藏医临床论和藏医学术报告录音磁带。

5月28日 中国中医科学院中国医史文献研究所正式建立，设立“民族医史研究室”，专门从事民族医药的医学史研究。这是我国第一次成立专门的民族医药史研究机构。

10月1日 西藏山南地区藏医院在古镇泽当正式开诊。这是继拉萨和日喀则建立了藏医院之后的第3所。

11月24日 《光明日报》报道，95岁侗族医师吴定元把医案《草木春秋》献给国家。吴定元家九代行医，他从20岁起随父学医采药，行医已达80多年。他认得出动植物类药达千余种，为苗岭山区中草药名医，曾多次被评为自治州和县的模范工作者。

12月23日 《西藏日报》报道，西藏安多县扎萨区卫生院于该年5月份，从全区各

社队挑选具有一定的藏医基础、热爱藏医学的赤脚医生举办脱产4个月的藏医培训班，请民间老藏医讲授藏医学知识、治疗方法及藏药的性能和采集制作等内容，并带教临床实习。

12月25日　全国首次民族医药学讨论会在云南省西双版纳傣族自治州景洪县举行。

1983年

1983年初　在国务院的关怀下，国家民委成立了第一个抢救、保护少数民族古籍机构——全国少数民族古籍出版规划小组。在小组领导下，中国大部分省（自治区、直辖市）、自治州、地、盟建立了民族古籍整理与研究机构，一些民族院校和民族地区先后建立了古籍研究所。作为少数民族古籍整理研究工作重要组成部分的民族医药古籍文献的整理工作也取得了突破性进展，不仅抢救了大量的民族医药古籍文献，还公开出版了一些有价值、有影响力的少数民族医药文献精品。一大批民族医药古籍文献诸如蒙医药古籍《甘露四部》《蒙药正典》，维医药古籍《姆帕日库路普》，壮医古籍《发掘整理中的壮医》等因此得到了保护、发掘、整理和开发利用。

2月5日　《光明日报》报道，乌鲁木齐市建成一所维吾尔医医院，这是新疆最大的一所民族医院。

3月11日　著名藏医强巴赤列应邀参加4月在意大利举行的国际藏医学术讨论会。这是西藏自治区首次派专家参加国际性藏医学术讨论会。

5月8日—14日　全国少数民族卫生工作会议在北京召开，由卫生部和国家民族事务委员会主持。会议根据党的十二大的精神和中央的工作指示要求，认真总结了30多年来民族地区医药工作的历史经验，提出了开创民族地区医药工作新局面的具体任务和政策措施，讨论了关于继承发扬民族医药学的意见。会议还要求各地加强民族医药机构的建设，重点建设好几个医、教、研基地，并发挥少数民族地区药材资源丰富的优势，开展民族药的整理和研究，搞好民族药材和中草药的收购、供应，加强民族医成药的生产、科研、质量检验和管理。

6月19日　卫生部、国家民委和教育部联合发出《关于全国重点高等医学院培养少数民族高级医学人才的意见》，向有关大专院校提出了培养方法、学生来源、招生分配名额以及经费开支。国家确定傣医药为我国四大民族医药之一。

7月　卫生部、国家民委印发了《关于继承发扬民族医药学的意见》，说明了“民族医药的历史发展情况”，指出了“新中国成立以来民族医药工作的发展和目前存在的问题”及“今后工作的意见”，提出“要加强民族医文献的整理、翻译、出版、追访工作，有关省、区要于1983年底以前制定出1984至1990年民族医古籍整理出版工作计划”。

7月20日　卫生部、国家民委发布《关于继承发扬民族医药学的意见》（卫中字第

14 号）。

8 月 12 日—16 日　内蒙古自治区科学史医学史学术讨论会在呼和浩特市召开，由内蒙医史学会主持。

8 月 25 日—9 月 2 日　新疆维吾尔自治区维吾尔医基础理论学术会议在喀什召开。这是继 1982 年自治区召开的民族医学术会议之后，首次举行维医学术会议。

9 月 6 日　新华社报道，新疆成立维吾尔医学研究室，挖掘整理维吾尔族医学遗产，建立维吾尔医医疗机构 14 所，已拥有一支 600 多名维吾尔医药人员的医疗队伍。

10 月　藏医学经典著作《四部医典》的第一部汉译本由人民卫生出版社出版。原译者是藏语专家、中医研究院特约编译员李永年。他以蒙译本为校对本，经 10 多年努力后译出。1980 年 5 月经卫生部批准，在西藏自治区卫生局主持下，召开了由卫生部中医研究院、拉萨藏医院、内蒙古医学院和青海民族学院等 10 个单位的专家参加的审稿会议，认真审订了汉文全译稿的全文，并委派专人负责重新修订。它的出版，对于国际藏学研究，推动少数民族学、民俗学等方面的研究，起到有益的促进作用。

1984 年

1 月 3 日　中国民族工艺品洽谈会在香港开幕。新疆、云南、内蒙古、贵州等地的工艺品包括民族绣品、蜡染制品和民族服装，以及古拙质朴的陶器和哈萨克牧民的毡房，参与展示、洽谈。

3 月 15 日　《健康报》报道，青海省藏医院于不久前在西宁建成开诊。全院建筑面积为 2480 平方米，设有内科、外科、妇科、儿科等。该院全部是藏族医务人员。

4 月 19 日　国务院批准国家民委关于抢救整理少数民族古籍的请示。

4 月 29 日　《健康报》报道，四川省卫生厅为了更好地为甘孜、阿坝两个藏族自治州的 85 万藏族同胞服务，近年来在若尔盖、甘孜、理塘等地新建了 7 个藏医院。同时，甘孜、阿坝两个州的卫校增设了藏医专业，培养了 170 名学生。

5 月 10 日—14 日　青海省藏医科研工作会议在西宁召开。参加会议的有全省各藏（蒙）医院院长、名老藏（蒙）医代表、青海民族学院和中国科学院西北高原生物研究所等有关单位的代表。

5 月 25 日—27 日　《彝族医药史》和《彝族动物药》两本书的评审会议在四川省西昌市召开，来自天津、内蒙古、湖南、云南、四川等省（市）19 个单位的 32 名代表出席了会议，并特邀彝族、蒙古族代表参加。与会代表认为这两本书较系统地记录了彝族传统医药的起源和发展，填补了彝族医药文献的一个空白。

5 月 31 日　第六届全国人民代表大会通过《中华人民共和国民族区域自治法》，其中第四十条规定："发展现代医药和民族传统医药"。

7月5日　新华社报道，我国第一部少数民族药物志——《中国民族药志》第1卷由人民卫生出版社出版。该卷共83万字，收录135种药物。

7月18日　西藏自治区受卫生部委托首次举办全国藏医进修班。

9月1日—5日　卫生部和国家民委在呼和浩特联合召开了首届全国民族医药工作会议，总结了我国民族医药工作的情况，制定了《民族医药事业“七五”发展规划和意见》，并经国务院办公厅转发了《关于加强全国民族医药工作的几点意见》，明确了“发展民族医药不是权宜之计，而是发展我国医学科学，建设具有中国特色的社会主义卫生事业的一项重要内容”，要“有计划、有步骤地发展民族医药事业”。

10月7日　《健康报》报道，中国第一部关于蒙成药标准的著作由内蒙古科学技术出版社出版，全书23万字，共收载了103个蒙药方剂，分别为汤剂、散剂、丸剂、膏剂和外用药。它的出版发行，为今后蒙药的生产和使用提供了依据。

10月29日　在北京召开全国少数民族文物工作会议。

11月6日　《健康报》报道，青海省药品检验所13位科技工作者经过3年的调查，先后踏遍了青海、西藏、甘肃、云南、四川、内蒙古等地，发现并确定的藏药植物达2174种，基本查清了原需进口的40种藏药在国内的野生栽培情况，核实了汉藏交叉用药的数量和异同，并建立了一个拥有3495号标本，总数有1万余份的较大规模的藏药植物标本室。这次调查获得的资料，为今后合理开发利用藏药资源提供了依据。

11月22日　《健康报》报道，黎族医药研究会在海南黎族苗族自治州通什镇成立。黎族医药研究会的主要任务是对自治州各县（市）黎族民间医药进行搜集、整理，编纂黎族民间医药史。

11月23日　国务院办公厅转发卫生部、国家民族事务委员会《关于加强全国民族医药工作的几点意见》的通知（国办发〔1984〕102号）。

1985年

1月5日　云南省印刷技术研究所研制出一台能处理傣、汉、英3种文字的电脑系统，成功地建立了西双版纳傣文字库及其编码。

3月15日—19日　在乌鲁木齐市召开新疆维吾尔自治区首届民族医药工作会议。

4月2日　《健康报》报道，根据西藏与青海两省区洽商的经济技术协作项目确定，从1985年起，西藏卫生部门将开始为青海定量供应藏药，继续代培一定数量的藏医中专生和进修生。

4月28日　《健康报》报道，我国第一家壮医门诊部1日在南宁市开诊。该门诊部由广西中医学院主办，经广西壮族自治区卫生厅批准，并得到自治区民族委员会的热情支持。

4月28日 《健康报》报道，云南省江城哈尼族彝族自治县，最近发现了具有300多年历史的《彝族治病药书》，在思茅地区民族医药研究所的主持下，已完成了该书的翻译工作。《彝族治病药书》属老彝文传抄本，最早抄于康熙三年（1664年），原版本早已失传。翻译本是普金才在光绪三十二年（1906年）的手抄本，约有彝文9000字。该书记述常见病216条，附方263方，药物390味。

4月29日 《光明日报》报道，青海省首届藏医专业班39名学生，经过3年的专业培训，于最近在黄南藏族自治州民族卫生学校毕业。这是青海省依靠自己的力量培养的第一批藏医专业人才。

5月18日—22日 全国中等藏医教材编审工作会议在西宁市召开。代表来自西藏、青海、四川、甘肃、云南5个省和自治区的卫生厅（局）、藏医学校、卫校藏医专业有关人员以及名老藏医共46名。会议讨论并决定了中等藏医教材的编审工作。

7月22日 由文化部主持召开的全国民族文化遗产搜集、整理和研究工作经验交流会在西宁开幕。

8月1日—5日 中华全国中医学会甘肃分会民族医学会成立大会暨学术交流会在藏族自治州合作镇召开。会议成立了学会机构，交流了学术经验。

9月25日 卫生部全国藏医院工作会议在拉萨举行。会议强调指出，必须提高藏医院的管理水平，使藏医院工作逐步走向规范化、系列化、现代化。

12月4日 国家民委召开少数民族古籍整理工作会议。

1986年

3月16日 《健康报》报道，西藏自治区藏医院复制成功世界上第一套古藏医药教学挂图。这套彩色挂图有80幅，问世于1704年。

5月 《中医杂志》第5期讯，私立贵州大方国医学院该年设立了少数民族班。从毕节地区招收了包括彝族、苗族、回族、蒙古族、仡佬族等10个民族的学生60人。学生免费入学，由地区民委向学校交纳学费并每月向每个学员发放15元助学金。

6月 《中国大百科全书·民族卷》出版发行。

6月17日—20日 黔湘鄂民族医药研究协作组片区会暨苗族医药学术研讨会在贵阳市召开。会议总结、交流了三省开展民族医药工作的经验及继续进行三省协作的具体措施，并就苗族医药的学术问题进行深入讨论。

8月11日 黑龙江省首届蒙医学术交流会在杜蒙自治县蒙古族医院召开。与会者认为，通过这次会议学到了经验，开阔了眼界，表示今后一定要遵循蒙医药理论体系，突出蒙医特色，振兴蒙医药事业。

8月23日—25日 广西少数民族医药古籍普查整理工作会议在南宁市召开。

9 月 23 日　第二届全国少数民族文学创作会议在北京开幕。

10 月 27 日　《中医报》报道，青海省藏医学会（筹）于最近成立。青海省副省长班玛旦增当选为藏医学会理事长。青海省藏医学会的成立对进一步落实党的民族医药政策，大力发展民族医药事业，具有重要的意义。

12 月 16 日—19 日　广西首届民族医药学术交流会在南宁召开。会议期间，成立了广西民族医药协会（筹委会），总结并部署了少数民族医药古籍普查整理重点县的工作任务。

12 月 25 日　国家民委主持编辑出版的《中国少数民族地区画集丛刊》全部出齐。

12 月 30 日　内蒙古中蒙医研究所、中蒙医院隆重集会纪念建所 30 周年和建院 28 周年。

1987 年

1 月 12 日　中国少数民族人口综合研究筹划会在贵阳结束。国家教委首次把少数民族人口综合研究作为“七五”期间重要的科研项目，并开始了调查研究。

1 月 20 日　中央民族学院少数民族文艺研究所编纂的《中国少数民族乐器志》出版。该书是我国少数民族第一部民族音乐志书。

4 月 22 日　经国家教委批准，我国第一所蒙医学院——内蒙古蒙医学院在通辽市成立。该院办学宗旨是突出蒙医药特色，培养高级蒙医药人才，为继承和发扬蒙医药服务。

5 月 22 日　我国第一所蒙医医院——内蒙古蒙医医院在通辽市成立。

8 月 15 日　《健康报》报道，西藏藏医学院院长、藏医主任医师强巴赤列，荣获 1987 年国家科委授予的“国家级有突出贡献的专家”称号，并受到自治区表彰。58 岁的强巴赤列是一位学识渊博，造诣精深的藏医和天文历算学家。他曾写有《藏医基础学》《秘诀部形象论记》等专著、译著和论文约 30 种。

12 月 11 日—12 日　贵州省民族民间医药研究会成立大会暨学术研讨会在贵阳市召开。参加大会的有汉族、苗族、布依族、彝族、满族、瑶族、壮族、土家族、侗族、仡佬族、水族等 11 个民族的民间医务工作者及民族医院院长、民族医药科研人员。

12 月 21 日—23 日　青海省藏医学会成立大会暨第一届会员代表大会在西宁市召开。会议选举了该学会第一届理事会，修改并通过《青海省藏医学会章程》，制订了 1988—1990 年学会工作规划。

12 月 24 日—25 日　青海省藏蒙医院院长工作会议在西宁市召开。省内各级藏医院、蒙医院、藏蒙医院的院长及藏医代表出席了会议。与会者分析了各级藏蒙医院及全省藏蒙医药事业中存在的问题，探讨解决这些问题的途径和方法。

12月　中华医学会医史学会在昆明召开了第七次全国医史学术会议少数民族医史学术专题讨论会，并成立了医史学会少数民族医史学组。事实证明，这次会议对于我国少数民族医史研究的全面展开起到了积极的推动作用。

1988年

4月　西双版纳州傣医医院正式成立，其基础为1979年成立的西双版纳州民族医药研究所。

10月12日　《内蒙古日报》报道，《中国医学百科全书》蒙医分卷（上、下卷）蒙文版分别于1986年、1987年出版。

1989年

6月5日　《中国中医药报》报道，由西藏自治区医院、国家教科委、中国中医研究院等共同协作编著的《四部医典系列挂图全集》藏汉本、藏英本，在拉萨通过科技鉴定。该书以彩色连续图画的形式，系统介绍了医药卫生科学理论及实践技术，不但在祖国医药学历史中绝无仅有，在世界医药学历史中亦属罕见，是医学内容与艺术表现相结合的产物。

6月　首次壮医药线点灸经验交流会暨研究会在广西壮族自治区南宁市召开。大会期间成立了壮医药线点灸研究会。

9月3日　西藏藏医学院在拉萨正式成立，设大学部、中专部。

9月19日—23日　国家中医药管理局在乌鲁木齐召开了全国民族医医院工作会议。

12月11日—13日　全国首次回族医药学术讨论会在西安召开。

1990年

6月11日—7月7日　国家中医药管理局医政司委托上海市卫生局中医处和上海市中医文献馆，举办了首届全国民族医医院院长学习班。

8月14日—18日　国家中医药管理局医政司在青海省西宁市召开了全国民族医培训基地暨民族药制剂中心建设工作会议。

8月22日—26日　全国首届民族医药图书情报工作会议由全国中医药图书情报工作委员会主办，内蒙古中蒙医研究所承办，在呼和浩特市召开。

11月5日—9日　云南省傣医学发展战略研讨会在西双版纳州景洪县召开。

1991年

4月20日—24日　国家中医药管理局在内蒙古自治区呼和浩特市召开了蒙医医院标准化建设工作会议。

9月25日　新疆维吾尔医学专科学校在和田市成立，举行了隆重的成立典礼。该校

暂设维医医疗1个专业，办学规模为500人，学制4年。

10月12日—14日　贵州省水家学会第二次学术讨论会在黔南州荔波县召开。

11月23日　我国第一部《民族自治地方自治条例汇编》（1984—1990年），由全国人大民委法案室编辑完成。

1992年

1月14日　在党中央、国务院召开的中央民族工作会议上，江泽民同志讲话指出，要“挖掘和发展民族医药，切实改变一些地方缺医少药的状况”。

6月12日　《中国中医药报》报道，青海藏医学院经过5年紧张的筹建，现已粗具规模，今年开始面向省内招生。青海藏医学院是由国家教委和青海省人民政府正式批准建立的二级学院。首次招收学员30名，均为在职藏医药人员。学制3年，毕业后发给大专文凭。

9月5日　国家中医药管理局发布“关于印发《藏医院建设检查标准（试行）》和《藏病案书写规范（试行）》的通知”（国中医药医〔1992〕13号），决定在全国藏医院试行《藏医院建设检查标准（试行）》及《藏病案书写规范（试行）》。发布“关于印发《蒙医院建设检查标准（试行）》和《蒙病案书写规范（试行）》的通知”（国中医药医〔1992〕12号），决定在全国蒙医院试行《蒙医院建设检查标准（试行）》及《蒙病案书写规范（试行）》。

9月14日—16日　甘肃首届藏医工作会议在甘南州首府合作镇召开。

10月　《中国少数民族哲学史》一书由安徽人民出版社出版，填补了我国少数民族哲学史的空白。

10月26日—30日　全国民族医药图书情报专业委员会成立大会在云南省昆明市召开，成立大会是与云南省民族民间医药研究会主办的全国民族民间医药学术交流会同时举行的，参加大会的代表近200人。会议经过讨论，通过了会章，并确定了今后的工作任务。根据今后工作任务内涵，决定将原来的“全国民族医药图书情报专业委员会”更名为“全国民族医药信息文献工作委员会”。会上选举产生了工作委员会的组成人员，内蒙古中蒙医研究所被选为主任委员单位。

11月10日　中国藏学研究中心和西藏山南藏医院在北京联合创办的第一家北京藏医院的成立并正式开诊。

11月20日　卫生部发布《关于制定民族药部颁标准的通知》，并责成卫生部药典委员会承办。药典委员会形成“各民族药本着先建立地方标准，然后筛选其精华制定国家标准的原则”的决定。

1993 年

8 月　经国务院批准，国家民委发布施行《城市民族工作条例》，第二十一条规定，少数民族人口较多的城市的人民政府，应当根据实际需要和条件，建立民族医院、民族医药学研究机构，发展少数民族传统医药科学。

1994 年

2 月 18 日　国家民政部批准成立中国民族医药学会。

5 月 29 日　西南五省区（市）中药、天然药及民族药学术研究会在贵州省铜仁梵净山召开。

8 月　颁发的《中共中央国务院关于加快西藏发展、维护社会稳定的意见》指出，要把农牧区卫生预防保健和发展藏医藏药作为卫生工作的重点。

10 月 22 日—26 日　全国第三届民族民间医药学术交流会暨科技成果展销会在四川省西昌市召开。

1995 年

4 月 11 日　云南楚雄彝族自治州“情系金沙”美术展在中国美术馆展出，在中国美术馆举办自治州一级美术展尚属首次。

5 月 16 日—19 日　全国民族医药学术交流暨信息工作研讨会在福州市召开。

7 月　云南省第八届人大常委会第十四次会议通过的《云南省发展中医条例》指出，“本条例所称的中医，是指我国各民族的传统医药”。

10 月　蔡景峰主编《中国藏医学》(汉文）出版。

11 月 15 日—17 日　国家中医药管理局和国家民委在昆明联合召开了全国第二届民族医药工作会议，提出组织实施“316 工程”。“3”是指在全国筛选 30 个民族医的医、教、研机构，进行重点建设；“1”是指培养 100 名在各自学科领域里处于先进水平的民族医药临床和技术骨干，作为学科带头人；“6”是指在民族药方面确定 60 个基地，包括民族药材的生产、采购，民族药品的生产、销售。

1996 年

2 月　傣文印刷字体不仅实现了零的突破，而且实现了电脑化，已拥有从铅字到电脑激光照排印刷等字体 14 种，字号 135 种。

10 月 21 日—24 日　全国第五届民族民间医药学术交流会在贵州省贵阳市召开。与会代表认为，民族民间医药是我国中医药一个重要组成部分，应运用现代科学手段加以发掘、整理和提高。

10 月　洪武娌主编的《中国少数民族科学技术史丛书·医学卷》出版。

1997 年

1 月 《中共中央、国务院关于卫生改革与发展的决定》中指出，“各民族医药是中华民族传统医药的组成部分，要努力发掘、整理、总结、提高，充分发挥其保护各族人民健康的作用。”

2 月 19 日 国家中医药管理局和国家民委联合下发了《关于进一步加强民族医药工作的意见》，对民族医药工作提出进一步要求，要“充分利用先进的科学技术和现代化手段促进民族医药的发展”，“从政策、技术、资金等方面重点扶持好一批民族医药医、教、研机构”。

8 月 18 日—21 日 第二届全国民族医药学术交流会暨《中国民族医药杂志》编委会成立大会在呼和浩特市召开。

11 月 17 日 全国第五届少数民族文学创作颁奖大会在北京举行，形成我国 56 个民族都有作家作品获过奖的好局面。

11 月 19 日 中国民族医药学会召开成立大会，选举诸国本为首届会长。

11 月 陈士奎、蔡景峰主编的《中国传统医药概览》出版。

1998 年

6 月 国家民委展开第二次全国民族工作大调查。

7 月 7 日 首届中国藏医药发展研讨会在拉萨召开。

1999 年

5 月 28 日 第二届全国民族医药产品科研成果推广研讨会在京召开，与会专家一致呼吁，民族医药要着眼于长远，实施可持续发展战略。

8 月 9 日 全国藏医药学术研讨会在西宁举行。

2000 年

1 月 24 日 “通辽蒙药产业化发展战略研讨会”在呼和浩特市举行。与会者就蒙药产业的发展规划，蒙药企业改革、技术创新等展开了讨论。

5 月 26 日—28 日 中国民族医药学会举办的第三届全国民族医药学术发展研讨会在北京举行。

6 月 12 日 《中国中医药报》报道，青海省人民政府批准成立青海省中藏医药管理局。

6 月 在“新疆维吾尔自治区卫生厅维吾尔医研究室成研究室”的基础上，成立“新疆维吾尔自治区维吾尔医研究所”。

7 月 15 日—17 日　由中国民族医药学会、西藏自治区卫生厅和西藏藏医学院共同主办的“2000 年国际藏医药学术会议”在西藏拉萨隆重举行。这是我国举办的第一次国际藏医药学术会议。

7 月 16 日　内蒙古民族大学在通辽成立。该大学由原内蒙古民族师范学院、内蒙古蒙医学院和哲里木畜牧学院组成，涵盖了理、工、农、医等 8 个学科门类，近 40 个专业，3 个硕士点，在校生 6500 人，成人本专科生 4400 余人。大学成立后将坚持“立足当地、面向全区、服务社会”的办学宗旨，办成以师范类专业为主，兼办非师范类专业的综合性大学，其中的蒙医专业为特色专业。

2001 年

4 月　《甘肃省甘南藏族自治州发展藏医药条例》要求“自治州各级人民政府及有关部门要加强藏医药文献的保护、整理、开发和利用”。

5 月 26 日—27 日　第四届全国民族医药发展研讨会在北京召开。

7 月　中共中央国务院颁发的《中共中央国务院关于做好新世纪初西藏发展稳定工作的意见》进一步强调，要大力培育和发展藏医药业，努力把资源优势转化为现实的经济优势。

8 月 18 日—20 日　内蒙古自治区人民政府和国家中医药管理局主办的“2001 年国际蒙医药学术会议”在呼和浩特市召开。这是我国第一次举办的蒙医国际会议，会议的主要内容是蒙医学术交流，同时举办了内蒙古自治区蒙医药发展 50 年成就展览。

12 月 5 日—7 日　中国民族医药学会在湖南省湘西土家族苗族自治州首府吉首市召开全国土家族医药学术会议。

2001 年，国家中医药管理局启动“民族医药文献整理研究项目”。经总体规划、分类指导、分步实施后，陆续出版了一批民族医药文献整理丛书。

2001 年，全国高等院校藏医学专业教材编审委员会成立。

2002 年

2 月　由国家民委主办的《中国民族工作年鉴》创刊号面向国内外发行。它是目前唯一一部由国家政府主管部门主办的有关少数民族发展的大型资料性工具书。

3 月 29 日　《青海省发展中医藏医蒙医条例》经青海省第九届人民代表大会常务委员会第二十九次会议通过，于 2002 年 6 月 1 日起在全省施行。

4 月 19 日—20 日　新疆维吾尔自治区中医、民族医药工作会议在乌鲁木齐召开。

5 月 20 日　新疆修订《加强中医民族医药工作的意见》。

6 月 25 日　首届全国民族医药特色疗法总结展示推广活动在北京民族文化宫成功举

行，活动由国家中医药管理局和国家民委主办。

7月8日　四川阿坝州成立中医藏医羌医管理局。

7月17日　西藏大学、西藏藏医学院首届硕士研究生毕业典礼在拉萨举行。这标志着西藏有了自己培养的硕士研究生。

7月22日　西藏自治区人事厅、卫生厅召开第二批老藏医药专家学术经验继承工作总结暨出师颁证会，11名继承人出师。

7月29日　青海省第九届人民代表大会常务委员会第三十一次会议通过《青海省发展中药藏药蒙药条例》，要求“县级以上人民政府有关部门应当采取措施，做好中藏蒙药文献、古籍的收集、整理、研究、翻译、出版以及传统中藏蒙药秘方、验方、组方和炮制工艺的挖掘、抢救、保护工作。对捐献有价值的中藏蒙药文献、秘方、验方、组方的单位和个人，应当给予奖励”。

8月7日　“2002年中日藏医学学术交流会”在西宁召开。

9月2日　由中国民族医药学会主办的全国土家族苗族医药学术研讨会在湖北省恩施市举行。

9月　21世纪藏医本科教育规划教材名称和编写人员确定。由国家中医药管理局组织编写的“21世纪藏医本科教育规划教材”，经全国高等院校藏医学专业教材委员会批准，确定了《藏医药史》等26种为21世纪藏医本科教育规划教材。

9月　全国蒙医药学术会议在大连召开，中国民族医药学会蒙医药专家委员会宣布正式成立。

10月　我国第一部较为全面介绍藏医药学发展史的汉文专著《藏医学通史》出版。

10月29日　中共中央、国务院颁发《关于进一步加强农村卫生工作的决定》（中发〔2002〕13号），强调“要认真发掘、整理和推广民族医药技术”。

11月　全国高等院校蒙医学专业教材编审委员会成立。

12月3日　《中国民族报》报道，浙江省第一所民族医院在武义县柳城畲族镇挂牌成立。该民族医院的成立，对于抢救畲族医药遗产，缓解贫困山区缺医少药的状况起到一定的促进作用。

12月20日　广西壮医医院正式开业。此举标志着广西壮族医药研究和应用开始走向规范化。

12月　《中华本草》民族药卷的首部巨著——《中华本草·藏药卷》由上海科学技术出版社出版。全书100万字，收药近400味，由国家中医药管理局组织西藏自治区藏医院药物研究所的40余位专家学者历时13年编纂而成，并由南京中医药大学最终审定。

12月　我国大型瑶药著作《中国瑶药学》由民族出版社出版发行。

2003 年

7 月 11 日　我国申办世界人类学民族学大会获得成功。在意大利举行的第 15 届人类学民族学大会以绝对优势通过决议：人类学民族学联合会第 16 届世界大会计划于 2008 年在中国云南省昆明市举行（后改期举行）。

8 月 18 日—22 日　国家中医药管理局与新疆维吾尔自治区人民政府共同举办的“2003 年国际维吾尔医药学术会议”在乌鲁木齐召开，这是继藏医药、蒙医药国际学术会议后中国传统医药的又一次高层次的国际学术会议。

9 月 24 日　我国申报的纳西族东巴古籍入选《世界记忆名录》。至此，我国已有 3 项文献遗产入选《世界记忆名录》。

10 月 1 日　开始实施的《中华人民共和国中医药条例》在附则中规定：“民族医药的管理参照本条例执行。”

10 月 15 日　云南民族大学建成国内一流的“少数民族语言电子基因库”，该“基因库”现已收录了云南省主要少数民族语言 10 种，其中包括濒危的少数民族语种。

10 月 29 日　我国第一个苗族侗族药物标本库在贵州省黔东南苗族侗族自治州民族医药研究所建成开放。这个标本库收藏了中药、民族药标本 2300 余种共 1.2 万份。

11 月 11 日 《中国少数民族古籍总目提要》云南各卷编纂出版。云南省编纂完成的《纳西族卷》作为《中国少数民族古籍总目提要》套书中的第一卷，在北京人民大会堂举行了首发式，继《纳西族卷》之后,《白族卷》出版。

2004 年

2 月　时任国务院副总理吴仪出席全国中医药工作会议并讲话，她指出：“民族医药在保障人民群众身体健康方面也发挥着重要作用，要认真做好挖掘、整理、总结、提高工作，大力促进其发展。”“在少数民族集中居住的农村和偏远山区、牧区，还要注意发挥民族医药的作用，要高度重视民族医药的发展。”

6 月 《布依族医药》等 10 部著作的编辑工作已完成，朝鲜族、回族、彝族、傣族、部分藏族、部分蒙古族等医药文献于 2004 年出版。

9 月 19 日—21 日　全国民族医药文献整理研究座谈会在宁夏召开。

9 月　我国第一套藏医药学专业本科（5 年制）教材——“21 世纪藏医本科教育规划教材”由民族出版社正式出版发行。该套教材在学科划分及科目上，充分尊重藏医药传统的学科体系特色，保持藏医药学理论的系统性和完整性。同时紧密结合现代高等医药教育要求和教学规律，解决了教学适应性和科学性的关系，较全面、系统、完整地继承了藏医药学的基础理论、基本知识和基本技能，并反映了我国藏医药学发展的新水平和新成果。

9月28日　国家中医药管理局在北京举行了"21世纪藏医本科教育规划教材"出版发行座谈会。

10月　由广西民族医药研究所所长庞声航等人员主编的《中国壮医内科学》出版发行。

12月　由宁夏回族自治区卫生厅中医药管理局组织专家、学者编纂的《中国回族医药》《回族医药学简史》《回药本草》和《回族医学奥义》4部回族医药研究文献，正式由宁夏人民出版社出版。

12月　由文化部、国家民委等共同发起主办的大型文化基础建设工程"十部中国民族民间文艺集成志书"历经25年完成全部书稿的编纂。该书较为全面地反映了我国各地各民族戏曲、音乐、舞蹈、民间文学的状况。

2005年

1月　由湘西自治州民族医药研究所所长田华咏主编的我国第一部土家族医药史学专著《土家族医学史》由中医古籍出版社出版发行。

1月　《中国藏医药学》的英文版 *China's Tibetan Medicine* 由外文出版社正式出版。该书为我国第一部用英文撰写的藏医药学专著。

5月　党中央、国务院召开中央民族工作会议，印发了《中共中央、国务院关于进一步加强民族工作，加快少数民族和民族地区经济社会发展的决定》(中发〔2005〕10号)，要求"保护、扶持民族医药，加快发展民族医药事业"。

5月31日　国务院颁布《实施<中华人民共和国民族区域自治法>若干规定》，第26条指出"各级人民政府加大对民族医药事业的投入，保护、扶持和发展民族医药学，提高各民族的健康水平"。

9月　贵州省第十届人民代表大会常务委员会第十七次会议通过《贵州省发展中医药条例》(以下简称《条例》)。《条例》明确"县级以上人民政府应当采取多种形式，宣传以苗药为代表的民族医药的独特疗效和作用，帮助、扶持发展民族医药事业"。

10月10日—11日　2005国际傣医药学术会议在云南西双版纳傣族自治州景洪市举行。

10月26日　广西中医学院壮医药学院成立暨揭牌仪式在广西中医学院举行。

11月25日　全国首家畲族医药研究会在浙江省丽水市成立。

12月　中国中医科学院中国医史文献研究所经过科技体制改革，正式设立"民族医学研究室"，专门从事民族医药的医史文献研究，其前身是于1982年5月成立的"民族医史研究室"。

2005年底，《中华本草》的"藏药卷""蒙药卷""维吾尔药卷"和"傣药卷"4卷民族药本出版发行。至此，34 卷本的《中华本草》全部出齐。

2005 年，国家食品药品监督管理局颁布了第 5 次调整后的 2004 版《国家基本药物制剂品种目录》，其中民族药品种达到 78 个，蒙古族药、彝族药、傣族药首次进入。

2006 年

1 月　我国规模最大、较为完整的国家级中国各民族永生细胞库，经过十余年努力已基本建成。这一科研项目获 2005 年国家自然科学二等奖。

2 月　青海电视台藏语卫视综合频道正式开播，热地、阿沛·阿旺晋美等致电祝贺。

2 月 17 日　中国博物馆学会民族博物馆专业委员会成立大会暨首届学术研讨会在国家民委举行。这标志着我国的民族博物馆事业的发展进入一个新的历史时期。

7 月　傣医医师资格考试在云南省西双版纳傣族自治州开始试点。报考门类包括具有规定学历傣医执业医师、执业助理医师以及师承和确有专长傣医执业医师、执业助理医师 4 个门类。

8 月　由著名藏医药学家、天文历算学家强巴赤列主编的藏医药巨著《四部医典八十幅彩色挂图蓝琉璃之光》藏文版出版。

8 月 29 日　卫生部、国家中医药管理局、国家发改委、财政部联合发布《关于印发 < 农村卫生服务体系建设与发展规划 > 的通知》，将中医和民族医功能建设作为乡镇卫生院建设的主要内容之一。

9 月 9 日　世界第一座藏医药文化博物馆——中国藏医药文化博物馆在青海正式开馆。

9 月 9 日—10 日　2006 年全国藏医药学术研讨会在青海省西宁市召开。

9 月 16 日　2006 中国中医药民族医药发展论坛在湖北省恩施州举办。

10 月 6 日《中共中央关于构建社会主义和谐社会若干重大问题决定》指出，要“大力扶持中医药和民族医药发展”。

10 月 23 日　时任总书记胡锦涛在中央政治局作题为《走中国特色医疗卫生改革发展道路》的讲话，指出:“要继承和发展中医药和民族医药，制订扶持中医药和民族医药发展的政策措施，加强中医临床研究基地和中医医院建设，丰富和发展中医药和民族医药的理论和实践，研究探索治疗疾病的新技术新方法，推进中医药和民族医药标准化、规范化、现代化。”11 月 20 日，在中国中文信息学会举办的“中文信息处理重大成果汇报展”上，蒙古族、藏族、维吾尔族、苗族、彝族、壮族、朝鲜族、侗族、哈萨克族、傣族等 10 个少数民族的文字手机正式亮相。手机操作菜单用民族文字显示，并用民族文字收发短信。这一技术填补了少数民族通信市场的空白。首部多民族文字手机是由网道信通（北京）数码技术有限公司联合国内手机生产厂家设计研制成功的。

12月8日—9日　国家民委和国家中医药管理局联合召开第三届全国民族医药工作会议，时任卫生部副部长兼国家中医药管理局局长佘靖和时任国家民委副主任丹珠昂奔出席会议并讲话，分别从不同的角度阐述了民族医药现存的问题，指出："要认识民族医药价值，提升民族医药地位，发挥民族医药重要作用；加大民族医药在医疗卫生资源配置大格局中的比重，努力拓展民族医药的发展空间；加大政策扶持，增强服务能力，为民族医药事业创造良好的发展环境；以现代应用和开发为主题，把握难得机遇，大力推进民族医药产业化；贯彻科学发展观，重视民族药用资源的可持续利用，加强民族医药知识产权保护工作。"

12月24日　大庆发展和改革委员会与黑龙江中医药大学在北京联合召开"瑶医药产业发展专家论证会"。

2006年，国家中医药管理局首次组织记者赴民族地区开展新闻调研活动。

2007年

1月7日　中共中央宣传部、国家民委、财政部、国家税务总局、新闻出版总署联合发出《关于进一步加大对少数民族文字出版事业扶持力度的通知》，国家将通过专项资金、教材补贴、税收优惠等政策，进一步加大对少数民族文字出版事业扶持力度。

1月19日　根据《国务院办公厅关于进一步加强古籍保护工作的意见》（国办发〔2007〕6号）的要求，从2007年开始，在全国范围内组织开展古籍普查登记工作，以了解我国现存古籍保护的现状，加强对古籍的保护和管理。

1月30日　由清华大学等单位的40多位科研人员参与研制的我国少数民族文字文档识别系统通过教育部组织的技术鉴定。

3月5日　时任国务院总理温家宝在十届人大五次会议做政府工作报告中强调要"大力扶持中医药和民族医药发展，充分发挥祖国传统医药在防病治病中的重要作用"。

3月7日—8日　由国家民委文化宣传司主办、北京民族医院暨北京藏医院承办的中国民族医药产业化论坛第一次研讨会在北京举行。

3月29日　中国政府公布了《少数民族事业"十一五"规划（2006—2010年）》，这是1949年新中国成立以来首次专门就少数民族事业发展制定规划。该规划的出台是中国为进一步加快少数民族地区发展做出的一系列重大部署之一。

3月30日　中国人类学民族学研究会成立大会在京举行。该研究会是国家民委主管的全国性一级社团，目前正在积极筹备计划在中国云南举办的2008年人类学民族学世界大会。

4月6日　经国家新闻出版总署批准，由青海金诃藏医药集团公司主办，我国首部正式对外公开发行的藏医药学术期刊《中国藏医药》杂志创刊首发式在青海西宁举行。

5月　“新疆维吾尔自治区维吾尔医研究所”更名为“新疆维吾尔自治区维吾尔医药研究所”。

6月5日　藏医药有3个代表性项目被列入文化部公布的国家级非物质文化遗产项目名录。

8月23日　中国内蒙古自治区卫生厅与俄罗斯布里亚特共和国卫生部在国际合作范围内在满洲里召开首届国际学术会议，重点探讨普外科学和蒙医药等传统医学学术问题。

8月30日　我国首座收集民族最全、样品量最大的中国少数民族DNA基因库在云南大学建成。基因库采集了我国54个少数民族的DNA样本，保存了8000余份少数民族DNA样品。

9月1日—5日　全国民族医药博览会在北京民族文化宫举办。这既是对我国民族医药发展成果的全面展示，也是对民族医药知识的普及和民族医药文化的弘扬。

9月5日　中国民族医药协会在北京宣告成立，协会将致力于为我国民族医药发展献计献策。

9月14日　由中国民族医药学会、西藏自治区卫生厅主办的2007年全国藏医药学术研讨会在拉萨召开。

10月24日　时任总书记胡锦涛在十七大报告中重申要“扶持中医药和民族医药事业发展”。

10月25日　国家中医药管理局、国家民族事务委员会、卫生部、国家发展和改革委员会、教育部、科学技术部、财政部、人事部、劳动和社会保障部、国家食品药品监督管理局、国家知识产权局11个部委局联合发布《关于切实加强民族医药事业发展的指导意见》（国中医药发〔2007〕48号）。

11月18日　国家中医药管理局、国家民委、卫生部、发改委等11个部委局联合发布《关于切实加强民族医药事业发展的指导意见》，明确了发展民族医药事业的指导思想、基本原则和工作目标，提出了推动和加强民族医药发展的具体指导意见。

11月24日　由国家民族事务委员会文化宣传司和教育部语言文字信息管理司联合主办、中央民族大学承办的“中国少数民族语言文字工作成就展暨民族语文国际学术研讨会”在北京隆重举行。

2008年

6月19日　中国民族卫生协会主办、广西卫生厅和食品药品监管局协办的首届中国民族卫生医药发展论坛在南宁市举办。

6月23日　国家语言资源监测与研究中心少数民族语言分中心成立。

6月　首届中国民族卫生医药发展论坛日前在南宁举行。

7月19日　中国（西藏）首届民族传统医药博览会新闻发布会暨启动仪式在北京人民大会堂举行。

8月19日　《中国民族报》报道，我国“蒙古药方剂数据库”在内蒙古医学院蒙古药学院建成。这个数据库是目前收录文献最全、方剂最多的蒙古医药数据库，课题成果的共享性、开放性、通用性、网络化及蒙古、汉两种文字操作等都属于在蒙古医药领域和少数民族文字信息技术领域中的创新之举。

8月22日—25日　“2008年中国回族医药学术研讨会”在宁夏银川举行。

11月　《广西壮族自治区发展中医药壮医药条例》提出“县级以上人民政府应当采取措施加强中医药、壮医药文献的收集、整理、研究工作，保护有价值的中医药、壮医药文献”。

2009年

1月　《延边朝鲜族自治州发展朝医药条例》要求“自治州、县（市）人民政府应当采取措施加强对朝医药文献的收集、整理、研究和保护工作”，“有关单位和朝医医疗机构应当加强重要朝医药文献资料的管理、保护和利用”。

2月27日　广西壮族自治区人大法制委员会、自治区卫生厅举行新闻发布会，宣布《广西壮族自治区发展中医药壮医药条例》于2009年3月1日正式实施。

3月16日　国家中医药管理局发布《关于将傣医正式纳入国家医师资格考试的函》（国中医药函〔2009〕43号）。

3月27日　湘西土家族苗族自治州十二届人民代表大会第二次会议通过《湘西土家族苗族自治州土家医药苗医药保护条例》。

4月21日　国务院下发《国务院关于扶持和促进中医药事业发展的若干意见》（国发〔2009〕22号），其中提出要“加快民族医药发展”。

4月28日　“金秀瑶族自治县科学发展暨广西瑶医瑶药发展高层论坛”在金秀县城召开。

6月　黑龙江省第十一届人大常委会第十次会议通过《黑龙江省杜尔伯特蒙古族自治县发展蒙医药条例》。

7月1日　《湘西土家族苗族自治州土家医药苗医药保护条例》经湖南省第十一届人民代表大会常务委员会第八次会议批准施行。

9月　《全国民族医药近期重点工作实施方案（2010—2012年）》中提出要“组织开展民族医药文献整理和抢救发掘工作。国家中医药管理局组织开展150部民族医药文献的整理、校勘、注释、出版工作，完成仫佬族、阿昌族、哈尼族、怒族、布朗族、傈僳族、德昂族、鄂温克族等民族医药常用医技医法、习惯用药、秘方验方、养生保健方法等医药知识、文献的抢救性发掘整理研究，开展独龙族、京族、柯尔克孜族等民族医药的抢救性发掘整理研究，将其中重要著作汉译出版；组织编著民族医药文献目录；开展哈尼族、哈萨克族、仫佬族等民族医理论整理研究”。

10月28日　“2009年中国—东盟传统医药高峰论坛”在南宁召开。中国与东盟10国就传统医药合作达成一致，共同发表《南宁宣言》，提出应根据中国及东盟各国的具体情况，尊重、保护、促进传统医学知识的传播；各国政府应制定国家政策、法规和标准，把传统医学纳入国家综合卫生体系，确保其安全、有效使用。

11月4日　宁夏回族自治区发展中医药回医药大会在银川召开。

11月22日　“2009年首届中国黎族医药产业发展高层论坛”在海南省海口市召开，论坛由海口市科学技术工业信息化局和海口市黎族医药产业发展促进会共同举办。

12月19日　时任卫生部副部长、国家中医药管理局局长王国强，时任新疆维吾尔自治区人民政府副主席铁力瓦尔迪·阿不都热西提共同为新疆中医药管理局揭牌。

2010年

4月29日　全国首家瑶医药高等教育科研机构瑶医药学院在广西中医学院成立。

5月2日　国务院办公厅印发《关于进一步支持甘肃经济社会发展的若干意见》指出，支持中（藏）医院建设，扶持中（藏）医药事业发展。

5月23日　第三届中国民族卫生医药发展论坛暨2010瑶医药发展高层论坛在广西金秀县举办。

7月29日—30日　国家中医药管理局在广西召开民族医药文献整理和适宜技术筛选推广项目启动会。根据《国家中医药管理局关于印发2010年中医药部门公共卫生专项资金项目管理方案的通知》（国中医药规财发〔2010〕35号）要求，到2012年底，国家将投入7480万元建成民族医药古籍文献基础数据库《全国民族医药古籍文献总目》，出版150部民族医药文献，筛选推广140项民族医药适宜技术。这是迄今为止中央财政投入经费强度最大、直接用于民族医药文献整理及适宜技术筛选推广的公共卫生专项资金项目。

7月　内蒙古自治区第十一届人大常委会第十六次会议通过《内蒙古自治区蒙医药中医药条例》。

9月3日　中国中医科学院与新疆维吾尔医医院对口支援工作启动仪式暨“中医中医科学院新疆维吾尔医药研究基地”揭牌仪式在乌鲁木齐市举行。

9月25日　国家中医药管理局会同国家民委、卫生部、国家食品药品监督管理局等4部委共同制定并印发了《全国民族医药近期重点工作实施方案（2010—2012）》，明确

了民族医药工作的目标、重点任务和主要措施，进一步推动了民族医药事业的发展。

10月25日　由北京藏医院和中国藏学研究中心藏医药研究所联合举办的2010年全国藏医药高级研修班在北京藏医院开课，教学过程通过“天使工程”全国会诊中心技术，首次向西藏、青海、四川、甘肃、云南5大省区（市）的藏医药专业技术人员远程现场直播。

11月14日　西藏自治区人民政府出台了《关于进一步扶持和促进藏医药事业发展的意见》，被称作是西藏“十二五”期间乃至今后一个时期藏医药事业发展的纲领性文件。

11月14日—15日　中国民族医药学会第二次全国会员代表大会在北京召开，时任国家中医药管理局副局长马建中当选新一届学会会长。

12月14日　在北京召开的第三次全国少数民族古籍工作会议上了解到，近年来我国大力推进少数民族古籍的抢救和保护工作，古籍文献整理取得重要进展，少数民族古籍出版物已有5000余种。

12月15日　我国正在进行《中国少数民族古籍总目提要》的编纂出版工作，已完成《纳西族卷》《白族卷》《哈尼族卷》等19个民族卷，全部完成后将有60余卷，约110册，收录书目30余万条。

2011年

5月24日　云南省第十一届人民代表大会常务委员会第二十三次会议通过《云南省发展中医药条例》，明确指出“县级以上人民政府应当大力扶持民族医药的发展，加强民族医药人才的培养”。

6月16日　国家中医药管理局出台《关于支持西藏自治区藏医药事业发展的意见》，提出了西藏“十二五”期间发展藏医药事业的九项重点任务，包括建立健全西藏藏医药服务体系、开展藏药资源保护与利用和藏医药知识产权保护研究、加强藏医药法规和标准化建设等。

11月　党中央在十八大报告中又特别强调“要扶持中医药和民族医药事业的发展”。

12月　广西壮族自治区十一届人民政府第九十六次常务会议审议通过《广西壮族自治区人民政府关于加快中医药民族医药发展的决定》《广西壮族自治区壮瑶医药振兴计划（2011—2020年）》及《广西壮族自治区中医药民族医药发展十大重点工程实施方案（2011—2015年）》。

2012年

10月24日　云南省玉溪市民族民间医药文化研究协会在市中医医院举行玉溪市民族民间医药普查暨《玉溪民族民间医药》编撰工作座谈会。时任市民族民间医药文化研究协会会长、民建会员张丽华向参会者作情况汇报：市民族民间医药协会拟在全市范围内开展一次民族民间医药的普查工作，并据此编辑整理形成《玉溪民族民间医药》一书。

11月　党中央在十八大报告中又特别强调“要扶持中医药和民族医药事业的发展”。

2013年

9月9日　广西壮族自治区人民政府办公厅印发《实施壮瑶医药振兴计划2013年主要工作安排》，这无疑是对壮瑶医药发展的激励。

2014年

1月　贵州省黔东南州十三届人大四次会议审议通过了《黔东南苗族侗族自治州苗医药侗医药发展条例》。

3月　第十二届全国人民代表大会第二次会议上，李克强总理作政府工作报告，再次重申“扶持中医药和民族医药事业发展”。

5月21日—22日　在云南省迪庆藏族自治州举办中国科学技术协会和云南省人民政府主办的第十六届中国科协年会：中国藏医藏药暨西部民族医药发展论坛，旨在集成国内外专家智慧，共同推进我国藏医藏药暨西部民族医药的传承创新和可持续发展。

7月31日　《黔东南苗族侗族自治州苗医药侗医药发展条例》经贵州省第十二届人民代表大会常务委员会第十次会议批准，于10月1日起施行。

2015年

3月5日　十二届全国人大三次会议在北京人民大会堂开幕。国务院总理李克强代表国务院向十二届全国人大三次会议作政府工作报告，“积极发展中医药和民族医药事业”在报告中被提及。

4月15日　新疆维吾尔自治区召开2015年中医民族医药工作电视电话会议，提出2015年新疆将大力提升基层中医民族医药服务体系和能力建设，启动丝绸之路经济带核心区中医民族医药国际服务中心、服务区与服务点建设。

4月30日　贵州省人民政府办公厅下发《关于支持苗药做大做强若干政策措施的通知》。要求巩固发挥贵州省苗药特色优势，支持苗药产业加快发展。

4月　工业和信息化部和国家中医药管理局等12部门联合印发《中药材保护和发展规划（2015—2020年）》。这是第一个关于中药材保护和发展的国家级专项规划，全面规划部署当前和今后一个时期我国中药材资源保护和中药材产业发展。

5月　《四部医典》相关版本入选第四批《中国档案文献遗产名录》，民族医药继承发展取得新进步。

5月7日　国务院办公厅印发《中医药健康服务发展规划（2015—2020年）》（下简称《规划》）。《规划》指出，中医药（含民族医药）是我国独具特色的健康服务资源。充分发挥中医药特色优势，加快发展中医药健康服务，是全面发展中医药事业的必然要求，是促进健康服务业发展的重要任务，对于深化医药卫生体制改革、提升全民健康素质、转变经济发展方式具有重要意义。

8月15日　普米族高僧资赤塔青传承和弘扬民族医药发布会在昆举行。

11月　中国民族医药学会发布《白病（白癜风）维吾尔医疗诊疗指南》等14项维吾尔医临床技术标准。

2016年

2月26日　国务院出台《中医药发展战略规划纲要（2016—2030年）》，其重点任务包括促进民族医药发展。

3月5日　第十二届全国人民代表大会第四次会议上，国务院总理李克强在政府工作报告中指出，鼓励社会办医，发展中医药、民族医药事业。

3月17日　《中华人民共和国国民经济和社会发展第十三个五年规划纲要》发布。在第六十章“推进健康中国建设”中，将“促进中医药传承与发展”单列一节，提出支持民族医药发展。

6月　《中国民族药辞典》由中国医药科技出版社出版发行。全书共收录已公开出版的有关现代各少数民族医药的图书180部，以及30多年来有关少数民族的期刊文献1118篇。

8月11日　国家中医药管理局发布中医药发展“十三五”规划。规划总结了“十二五”期间中医药发展取得的成就，当中包括民族医药工作进一步加强。全国民族医医院增加到253所。建成藏医药国家中医临床研究基地。筛选推广140项民族医药适宜技术。建立民族医药古籍文献基础数据库，国家集中整理出版150部民族医药文献，形成《全国民族医药古籍文献总目》，民族医药保护传承取得实效。“十三五”规划提出促进民族医药发展。将民族医药发展纳入民族地区和民族自治地方经济社会发展规划，加强民族医医疗机构建设，鼓励有条件的民族自治地方举办民族医医院，鼓励民族地区各类医疗卫生机构设立民族医药科，鼓励社会力量举办民族医医院和诊所。加强民族医医院内涵建设，支持民族医特色专科建设与发展。结合民族医药发展现状和自身特点建立并完善民族医药从业人员执业准入及管理制度。加强民族医药传承保护、理论研究和文献的抢救与整理。加强民族医药人才培养，有条件的民族地区和高等院校开办民族医药专业，开展民族医药研究生教育。推进民族药标准建设，提高民族药质量，促进民族药产业发展。

10月　贵州省政府办公厅印发《贵州省关于促进医药产业健康发展的实施意见》，深入推进医药产业供给侧结构性改革，加快形成具有贵州特色的医药产业体系，把贵州省建成全国重要的民族医药产业集聚区。

10月31日　中共中央、国务院印发《健康中国2030规划纲要》，当中指出充分发挥中医药独特优势，促进民族医药发展。

11月　新疆维吾尔自治区人民政府发布《新疆维吾尔自治区中药民族药资源保护与产业发展规划（2016—2020年）》及《中国·新疆丝绸之路经济带核心区医疗服务中心——中医民族医药发展规划（2016—2020年）》全面推动自治区中医民族医药事业发

展和医药产业进步。

12月6日　国务院发布《中国的中医药》白皮书，介绍了中医药的发展脉络及其特点，充分介绍了中国发展中医药的国家政策和主要措施，展示了中医药的科学价值和文化特点。

12月25日　十二届全国人大常委会第二十五次会议表决通过《中华人民共和国中医药法》。

2017年

2月23日　《2017年版基本医疗保险药品目录》发布。较2012年版的目录增加了43个少数民族药品种，增幅达95%。

3月5日　十二届全国人大五次会议上，李克强总理在2017年政府工作报告中提出：支持中医药民族医药事业发展。

7月1日　《中华人民共和国中医药法》正式实施。这是我国首部中医药综合性法律。

10月18日　党的十九大召开，习近平总书记在大会报告中提出，"坚持中西医并重，传承发展中医药事业。"

10月31日　青海持续抢救少数民族各类古籍，其中包括藏医药古籍。

11月21日　第四届全国少数民族医药工作会议召开，总结了党的十八大以来少数民族医药工作取得的重大进展。2017年版国家医保药品目录增加43个少数民族药品种，增幅达95%，远超整体目录17.1%的增幅。2016年全国共有少数民族医医院266所。已有2万多人取得了少数民族医专业医师资格，比2012年增长53%。系统整理了160多部少数民族医药重要文献，编纂了1864部古籍目录，筛选推广了140项少数民族医药特色诊疗技术，30多种常用大宗少数民族药材实现规模化种植养殖。

11月26日　由中国民族医药学会主办的科学技术奖颁奖大会在四川成都举行。此奖于2017年首设，经国家科学技术奖励工作办公室批准，从中国民族医药学会专家库中遴选专家评审，评奖内容包括挖掘整理、临床疗效、药物研究、开发和创新等方面。奖励周期为每2年1次。

2018年

5月18日　文化和旅游部认定第五批国家级非物质文化遗产代表性项目代表性传承人，其中包括瑶医、藏医、蒙医、哈萨克医、维医、回医等多个民族医药传承人入选。

6月18日　世卫组织发布新版《国际疾病分类》，将传统医学纳入分类系统，有助于以标准化和可国际比较的方式来对待传统医学。

8月23日　国家中医药管理局、国家民族事务委员会等13部委局联合发布《关于加强新时代少数民族医药工作的若干意见》，提出全面传承保护少数民族医药。

8月31日　著名纳西民族民间医生和士秀先生逝世，中医药界同人沉痛悼念。

11月17日　第十五届世界中医药大会发布《罗马宣言》，将每年的10月11日定为“世界中医药日”。

11月28日　联合国教科文组织保护非物质文化遗产政府间委员会批准中国申报的“藏医药浴法”列入人类非物质文化遗产代表作名录。这是继2010年“中医针灸”申遗成功后，包含少数民族医药在内的中医药再次列入人类非遗。

2019年

6月　全国首届傣医学班学生毕业典礼在云南中医药大学民族医药博物馆举行，我国有了首批本科学历傣医医生。

6月26日《云南民族药大辞典》新书发布会在云南中医药大学举行，全书由60多名民族医药工作者历经9年完成。这是30多年来云南民族医药研究收集种类最多，涉及民族最广的集大成之作。

6月30日　国家级民族医药标准化项目《土家医药医疗标准》正式发布，这是我国土家医药第一次发布团体医疗标准，标志着我国土家医药事业发展站在了一个新的起点上。

10月　中共中央、国务院印发了《关于促进中医药传承创新发展的意见》，提出少数民族医药是中医药的重要组成部分，有关地方可根据本意见，制定和完善促进本地区少数民族医药发展的相关政策举措。

10月25日　全国中医药大会在北京召开。习近平总书记对中医药工作作出重要指示强调，充分发挥中医药防病治病的独特优势和作用，为建设健康中国、实现中华民族伟大复兴的中国梦贡献力量。

民族医药文献题名音序索引

A

B

C

D

E

F

G

J

K

L

M

N

P

Q

R

S

T

X

Y

Z

民族医药文献按少数民族分类音序索引

A

B

德昂族

侗族

独龙族

J

基诺族

景颇族

K

柯尔克孜族

L

拉祜族

黎族

苗族

仫佬族

N

纳西族

怒族

P

普米族

Q

羌族

S

畲族

水族

T

塔吉克族

土家族

W

佤族

维吾尔族

X

锡伯族

Y

瑶族

彝族

Z

藏族

20441

藏医妇科学（第 2 版　修订本） 20442

药王山藏医学院课本——藏医妇科学 20443

21 世纪藏医本科教育规划教材——藏医解毒学　20444

药王山藏医学院课本——藏医解毒学 20445

21 世纪藏医本科教育规划教材——藏医精神病学　20446

藏医精神病学（第 2 版　修订本） 20447

药王山藏医学院课本——藏医精神病学　20448

藏医疗毒学　20449

藏医临床诊断　20450

21 世纪藏医本科教育规划教材——藏医伦理学　20451

21 世纪藏医本科教育规划教材——藏医内科学　20452

全国中等藏医学校试用教材——藏医内科学　20453

藏医内科学　20454

藏医内科学（第 2 版　修订本） 20455

药王山藏医学院课本——藏医内科学 20456

21 世纪藏医本科教育规划教材——藏医热病学　20457

藏医热病学（第 2 版　修订本） 20458

药王山藏医学院课本——藏医热病学 20459

全国中等藏医学校试用教材——藏医热病疫病学　20460

21 世纪藏医本科教育规划教材——藏医人体学　20461

药王山藏医学院课本——藏医人体学 20462

全国中等藏医学校试用教材——藏医人体学　藏医病机学　20463

药王山藏医学院课本——藏医三大基因病学　20464

21 世纪藏医本科教育规划教材——藏医外科学　20465

全国中等藏医学校试用教材——藏医外科学　藏医五官科学　20466

藏医外科学（第 2 版　修订本） 20467

21 世纪藏医本科教育规划教材——藏医外伤学　20468

藏医外伤学（第 2 版　修订本） 20469

药王山藏医学院课本——藏医外伤学 20470

21 世纪藏医本科教育规划教材——藏医外治学　20471

21 世纪藏医本科教育规划教材——藏医五官科学　20472

藏医五官科学（第 2 版　修订本） 20473

药王山藏医学院课本——藏医五官学 20474

21 世纪藏医本科教育规划教材——藏医泻治学　20475

藏医泻治学（第 2 版　修订本） 20476

藏医心身概论　20477

21 世纪藏医本科教育规划教材——藏医学概论　20478

壮族

多民族

德宏民族药志　30055

鄂西民族药志（第 01 册）　30056

西双版纳州卫生志　30057

香格里拉民族医药研究丛书——香格里拉民族药图鉴　30058

云南民族药名录（油印本）　30059

云南民族药志（第一卷）　30060

云南民族药志（第二卷）　30061

中草药与民族药药材图谱　30062

中国民族药志（第 1—4 卷）　30063

中国民族药志要　30064

黔东南苗族侗族自治州中医民族医医生名录（第 01 集）　30068

中药别名速查大辞典　30069

大理中药资源志　30070

宁夏药事志（1032—2000）　30071

卫生医药志　30072

云南省卫生通志　30073

云南省中药材标准 2005 年版（第 01 册）　30074

中国卫生年鉴（1983）　30075

中国卫生年鉴（1984）　30076

中国卫生年鉴（1986）　30077

中国卫生年鉴（1987）　30078

中国卫生年鉴（1988）　30079

中国卫生年鉴（1990）　30080

中国卫生年鉴（1992）　30081

中国卫生年鉴（2003）　30082

中国卫生年鉴（2004）　30083

中国卫生年鉴（2008）　30084

中国医学疗法大全　30085

中国中医・中西医结合・民族医医疗机构大全　30086

中国中医机构志　30087

中国中医药年鉴（1989）　30088

中国中医药年鉴（1990）　30089

中国中医药年鉴（1991）　30090

中国中医药年鉴（1992）　30091

中国中医药年鉴（1993）　30092

中国中医药年鉴（1994）　30093

中国中医药年鉴（1996）　30094

中国中医药年鉴（1997）　30095

中国中医药年鉴（1998）　30096

中国中医药年鉴（1999）　30097

中国中医药年鉴（2000）　30098

中国中医药年鉴（2002）　30099

中国中医药年鉴（2005）　30100

中国中医药年鉴（2006）　30101

中国中医药年鉴（学术卷）（2006）30102

中国中医药年鉴（学术卷）（2008）30103

中国中医药年鉴（学术卷）（2009）30104

中国中医药年鉴（学术卷）（2010）30105

中国中医药学术年鉴（2003）　30106

中国中医药学术年鉴（2004）　30107

中医年鉴（1985）　30108

中医年鉴（1986）　30109

中医年鉴（1987）　30110

中华人民共和国地方志丛书——沧源佤族自治县志　30121

峨边彝族自治县志　30122

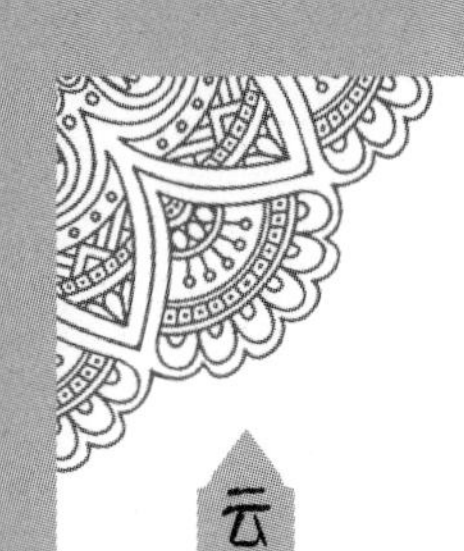

民族医药古籍、影印再版译注文献收藏单位和个人音序索引

C

存目书籍

楚雄彝族自治州民族文化研究所

楚雄彝族自治州图书馆·中国彝族文献图书馆

H

K

L

丽江市宁蒗彝族自治县大兴镇干河子社区第五组　依火乌撒

丽江市宁蒗彝族自治县拉伯乡加泽村委会树枝村　石宝寿

丽江市宁蒗彝族自治县拉伯乡托甸村委会布落村　石佳阿等

丽江市宁蒗彝族自治县拉伯乡油米村石玉吓

丽江市宁蒗彝族自治县新营盘乡长青自然村　阿余双梯

丽江市玉龙纳西族自治县宝山乡吾木村委会吾木村　和学义、和茂春、木光、六十胡等

署酷　10328

丽江市玉龙纳西族自治县鲁甸乡新主村委会红光社　和桂生

祭素神仪式，给素神献神药　10306

丽江市玉龙纳西族自治县鲁甸乡新主村委会红光社　和盛典

查看药物书，占卜，巴格占卜经　10280

超度死者亡灵仪式，超度有眼疾亡灵使之复明经　10281

超度死者亡灵仪式，绸布之来历，以五色绸布献药　10285

给病人化符治病的咒语　10289

祭壬神仪式，献饭、献药及仪式规程　10295

祭署神仪式，给署神献药经　10297

祭署神仪式，举行祭仪陈述因由，署神之出处来历，给署神献药　10298　10299

祭署神仪式，许愿署神，偿还署神的债，给署神献药　10304

祭素神仪式，叙述考神药之来历，给素神献考神药　10307

祭素神仪式，叙述考神药的来历，给素神献神药　10308

祭天神地神居中的柏神仪式，献神药，许愿经　10309

求胜利神赐寿岁仪式，神药之来历，给三百六十位嘎劳神献药　10322

求胜利神赐寿岁仪式，叙述神药之来历，以神药祭献神灵　10323

为生病的人念咒化符经　10330

以生病之时刻占卜病之吉凶经　10332

丽江市玉龙纳西族自治县塔城乡陇巴村委会 10 村　杨万清、和武

祭署神仪式，署神之来历，给署神献药经　10301

祭天神仪式，神药之来历，献神药　10311

祭天神仪式，神药之来历，献神药　10312

丽江市玉龙纳西族自治县塔城乡陇巴村委会 11 村 杨俊

超度死者亡灵仪式，崇忍潘迪找药经　10283

祭天神仪式，神药之来历，献神药　10313

占卜类书，以生病日子查看吉凶经　10334

丽江市玉龙纳西族自治县塔城乡陇巴村委会 2 村　陈四才、李文先

祭署神仪式，崇忍潘迪找药经　10296

祭署神仪式，署神之来历，给署神献药，招署神之魂　10300

祭署神仪式，许愿，献药，还债　10302

S

西双版纳傣族自治州景洪市勐罕镇波罕洪

档哈雅波罕洪　10036

西双版纳傣族自治州景洪市勐罕镇曼法 岩罕单、岩翁罕

档哈哈帕雅毫雅帕沙傣　10016

西双版纳傣族自治州景洪市勐罕镇曼法 岩翁罕

档哈雅波涛法　10039

档哈雅波在腊　10048

西双版纳傣族自治州景洪市勐罕镇曼法代 岩燕

档哈雅帕亚害　10113

档哈雅岩燕　10144

西双版纳傣族自治州景洪市勐罕镇曼法代 波罕燕

档哈雅波罕燕　10023

西双版纳傣族自治州景洪市勐罕镇曼嘎俭村 艾诺

八雅（药方）10003

档哈牙（草医药典）10018

档哈牙（药典）10019

档哈牙贺迈（草医药典）10020

西双版纳傣族自治州景洪市勐罕镇曼景欢 波玉波

档哈雅波玉波　10046

西双版纳傣族自治州景洪市勐罕镇曼脑 岩洪温

档哈雅玛哈香勐混　10094

西双版纳傣族自治州景洪市勐罕镇曼脑 岩温洪

档哈雅沙巴雅档来　10131

档哈雅召法　10150

西双版纳傣族自治州景洪市勐罕镇曼脑 岩温洪脑

档哈雅迪勐滚　10053

西双版纳傣族自治州景洪市勐罕镇曼脑 波温洪脑

档哈雅召发先迪　10149

西双版纳傣族自治州景洪市勐罕镇勐罕镇曼秀 波温洪

档哈雅波温法　10042

档哈雅波温洪　10043

西双版纳傣族自治州景洪市勐龙镇

档哈雅波磨勐龙　10038

档哈雅波涛磨雅嘎囡　10040

档哈雅勐龙　10103

档哈雅勐龙康朗应　10104

西双版纳傣族自治州景洪镇曼阁佛寺

达沙斑　10011

Y

玉溪地区玉溪市民族宗教事务局

云南中医药大学（原云南中医学院）民族医药学院

云南中医药大学（原云南中医学院）图书馆　滇文轩

云南中医药大学（原云南中医学院）图书馆医药样本书工具书室